戴震年譜長編

潘定武　朱宏勝　張慶偉◎著

戴學文庫（第一輯）

潘定武　朱宏勝◎主編

北京师范大学出版集团
BEIJING NORMAL UNIVERSITY PUBLISHING GROUP
安徽大学出版社

圖書在版編目(CIP)數據

戴震年譜長編/潘定武,朱宏勝,張慶偉著. 一合肥:安徽大學出版社,2023.8
(戴學文庫/潘定武,朱宏勝主編. 第一輯)
ISBN 978-7-5664-2631-4

Ⅰ. ①戴… Ⅱ. ①潘… ②朱… ③張… Ⅲ. ①戴震(1723—1777)—年譜
Ⅳ. ①B249.65

中國國家版本館 CIP 數據核字(2023)第 093651 號

2013 年度國家社科基金一般項目"戴震年譜長編"(13BZS015)的最終成果

戴震年譜長編

Dai Zhen Nianpu Changbian

潘定武　朱宏勝　張慶偉 著

出版發行:北京師範大學出版集團
安徽大學出版社
(安徽省合肥市肥西路 3 號 郵編 230039)
www.bnupg.com
www.ahupress.com.cn
印　　刷:合肥華苑印刷包裝有限公司
經　　銷:全國新華書店
開　　本:710 mm×1010 mm　1/16
印　　張:42.5
字　　數:592 千字
版　　次:2023 年 8 月第 1 版
印　　次:2023 年 8 月第 1 次印刷
定　　價:98.00 圓
ISBN 978-7-5664-2631-4

策劃編輯:李　君
責任編輯:李加凱
責任校對:龔婧瑶
裝幀設計:李　軍
美術編輯:李　軍
責任印製:陳　如　孟獻輝

《戴學文庫(第一輯)》編委會名單

《戴學文庫(第一輯)》弁言

章學誠《書朱陸篇後》有論:"及戴(震)著《論性》《原善》諸篇,於天人理氣,實有發前人所未發者;時人則謂空説義理,可以無作,是固不知戴學者矣。""戴學"一詞,首見於此。近代以來,則有劉師培、梁啓超、張舜徽、張立文諸先生屢次論及"戴學"。前賢所論"戴學",概指戴震學術思想;稍引申之,則可以包括對戴震學術思想及生平著述等的研究。猶如學界熟知的"紅學""龍學"等。

戴震(1724—1777),字東原,清代徽州休寧隆阜(今黄山市屯溪區)人。黄山學院横江校區正坐落於隆阜,毗鄰先賢故里。黄山學院(前身徽州師專)得此地利,傳承弘揚先賢學術思想也當義不容辭,故於1986年即成立了戴震研究會。研究會於國内最先整理出版了現代點校本《戴震全集》(全六册,清華大學出版社 1991－1999 年),并多次組織、舉辦相關學術會議,進行學術研究,取得了可觀的研究成果。在此基礎上,研究會汪良發會長率研究會同人謀劃若干新的戴學研究計劃,包括《戴震年譜長編》(課題成功申報2013年度國家社科基金項目)和戴學普及性系列作品《戴震著作譯注》(分戴震哲學、語言學、自然科學及序跋書信等四册)以及《戴震二百年誕辰紀念文彙》。本計劃得到了上海戴鴻安先生的傾力支持,并有安徽大學徐道彬教授、淮北師範大學郭全芝教授、山東農業大學張慶偉副教授等熱情參與。《戴震年譜長編》經歷六載終於初步完成并順利結題,《戴震著作譯注》等則歷時三年陸續完稿。時值戴震誕生三百周年之際,研究會同人不揣淺陋,欲以上述初步成果聊作紀念,并擬爲《戴學文庫(第一輯)》。

從《戴震年譜長編》到《戴震著作譯注》系列,均得到了中國人民大學張立文先生、中國社會科學院陳祖武先生、劉躍進先生、南京大學李開先生及安徽省社會科學院陶清先生等的熱情關心和指導。在此一并致以誠摯的謝意!

潘定武

2023年7月26日

序　言

魯迅《且介亭雜文·序言》曰:"分類有益於揣摩文章,編年有利於明白時勢,倘要知人論世,是非看編年的文集不可的。現在新作的古人年譜的流行,即證明着已經有許多人省悟了此中消息。"有的時候,歷史的真相往往藏在歷史細節裏。因此,研究一位作家,要從他的年譜、交游考證做起,熟讀他的全部著作,最終還是要關注他所處的時代。研究一本書,也要從這部書的版本流傳做起,繼而掌握作者的全部資料,最終還是要關注作者的時代。同樣,研究一個領域、一個專題,也是如此,都要從資料的收集、整理入手。系統整理資料,有助於我們走進中國歷史的宏大敘事中,也有助於我們從細枝末節中發現歷史的某些面相。

《戴震年譜長編》(以下簡稱"《年譜》")就是這樣一部注重細節的學術著作。

戴震(1724—1777)字東原,安徽休寧人,清代乾嘉漢學中皖派的代表,平生著作、纂述頗豐。據梁啓超《東原著述纂校書目》及《安徽叢書·戴東原先生全集》所附《戴先生所著書》著録五十餘種,涉及天算、地理、聲韵、訓詁、哲學、文學等方面。其弟子亦多爲當時著名學者,如段玉裁、王念孫等,幾乎代表了清代學術的最高水準。戴震學術不僅影響當時,近現代以來更是超越國界,成爲清代學術史研究的熱門話題。《年譜》充分占有資料、排比資料,不僅對戴震生平、著述及相關事實材料進行全面整理,還將當時學界重要人物及其活動、重要著作撰寫出版等資訊,逐年編排,通過譜主可以全景式地展現乾嘉時期的學術生態。

全書正編分爲两個部分，隱含着著者對譜主生平思想的理解。

上編梳理了休寧隆阜戴氏世系，考察了戴震赴京之前在徽州的交游、讀書和著述等情況，重點關注戴震與程恂、江永等師輩交往和不疏園時期的交游，其中涉及程恂的生平著述以及江永容像上題名戴震之題贊的真僞等問題，是上編的獨到之處。上編還對戴震、江永關係進行了考察和辨析，同時考察了戴震的其他行迹。

乾隆十九年(1754)春天，戴震三十二歲，離鄉赴京，經錢大昕引薦，開始了新的學術人生。《年譜》下編始於本年，終至乾隆四十二年(1777)戴震逝世。著者細緻辨析了戴震被迫離鄉赴京的時間和原因，而對戴震由京師而揚州，返鄉後復至京師并再下揚州，在京師、江寧两次參加鄉試，先後六次會試不售，由在保定與修《直隸河渠書》到山西各地纂修諸種方志，再至浙東主講金華書院，四庫館開而應召入館，對前後二十餘年生平事實盡可能予以充實，并將戴震著述盡可能繫年。戴震一生後半期游歷範圍廣，交游複雜，著述亦多，交游及著述方面待考之疑難問題也頗多。圍繞戴震引發争議的重要問題，如《屈原賦注》之《音義》三卷撰者問題，戴震江南鄉試制藝三篇和《平定两金川大功告成頌》等佚文，《直隸河渠書》問題，《水經注》公案問題，戴震與章學誠史志之争及戴震與錢載等争執及交惡問題，《古經解鉤沉序》作年問題，《原善》《緒言》《孟子私淑録》《孟子字義疏證》先後關係問題等，著者均用心探索，提出自己的見解。

綜觀全書，我認爲著者在下列幾個方面做出了自己的貢獻：第一，盡力搜羅并發現了部分戴震新文獻，發現并補充戴震鄉試制藝文三篇及《平定两金川大功告成頌》等重要佚文，詳細考察了此頌文的撰寫背景及其在戴震生平思想研究方面的重要意義。第二，全面補充完善并辨析戴震生平、交游、著述等諸多內容，如從休寧隆阜戴氏的族譜中梳理了戴震先祖至其父戴弁世系；發掘了戴震師輩程恂的生平著述材料，第一次確定了程恂的生卒年；梳理了戴震與江永的關係，對戴震是否背師做了重新辨析，認爲戴震推崇江永學術、對光大江永學術功績至偉,二人關係可被稱爲亦師亦友;對戴震離鄉赴京原因進行重新考察,認爲鄉里欲以文字羅織戴震罪名之説實屬無稽;從錢大昕自編年譜、王昶行迹、王文治詩歌等多方考察并確定戴震赴京時間;以汪梧鳳之子汪灼之詩文等對汪梧鳳卒年補充新的最有力佐證資料。第三,考辨了與戴震有關的諸多問題,如對江永畫像之題贊進行辨僞,認爲此題贊字迹與戴震真書貌似而實異,實爲假託戴震之名者所爲;對《鳳儀書院碑》作時進行辨正,認爲魏建功《戴東原年譜》定爲乾隆十五年(1750)實誤;對《序劍》寫作背景等進行考論,考明了方友璜其人,《序劍》應作於乾隆四十年(1775)左右;對《古經解鉤沉序》作年進行考辨,認爲此序或作於戴震入四庫館後之乾隆四十一年(1776)左右;對戴震編纂《直隸河渠書》和《水經注》(殿本)及所涉及的問題進行考論,《直隸河渠書》爲官修之書,由直隸總督方觀承領銜主編并署其名,趙一清、戴震等均衹爲與修之人;而據龐鴻書《讀水經注小識》所引戴震同郡後輩程恩澤語,考知殿本《水經注》主要纂修人雖爲戴震,但校録文字實際雜出四庫館臣多人之手;對《戴東原先生墓表》作者進行考辨,確證該文作者并非任兆麟,而是任基振;對《漢學師承記》所記戴震以錢大昕爲當今學者第二人問題進行分析,以爲對此宜以知人論世眼光,考察其實際背景等等,均見著者的心力。

《年譜》附編的編排獨具匠心,始自戴震逝世的次年(1778),終於戴震弟子段玉裁逝世之年(1815),很好地反映了戴震學術的承傳影響及乾嘉之交學風嬗變。

段玉裁是戴震最忠實的弟子,對戴震推崇備至。乾隆二十八年(1763),段玉裁二十九歲時,即堅持拜已四十一歲但却晚於自己兩年中舉的戴震爲師。十年後,戴震入四庫館。段玉裁一度想將自己的著作列入,但依規定,不録存者著作,所以戴震在乾隆四十二年(1777)正月還與段玉裁書信有所説明:"《四庫全書》例於現在人撰述不録,僕之《考工記圖》《屈原賦注》,巳年江南巡撫曾取以進館中,依例去之。今大著亦不得抄入。”[①]可見,段玉裁曾想將自己的著作列入《四庫全書》,戴震没有辦法幫助,特作如此説明。[②] 兩人關係之密切可見一斑。段玉裁晚年在曲阜孔繼涵微波榭所刻《戴震文集》十卷基礎上重新編刻《東原文集》十二卷,盡心搜羅戴震生平材料及其著述文字,撰成《戴東原先生年譜》約三萬字,是爲研究戴震的重要文獻。段玉裁與姚鼐卒於同年(1815),與戴震有重要交往的學者紀昀、王昶、盧文弨、錢大昕、王鳴盛、金榜、程瑶田等則均卒於本年之前。所以,這部《年譜》,在某種程度上具有乾嘉學術編年的意義。

戴震臨終那年春天,《孟子字義疏證》最終完成。戴震的著述很多,其樸學著作尤爲學界推崇。而他本人却最看重《孟子字義疏證》,在致段玉裁信中説:“僕生平著述最大者,爲《孟子字義疏證》一書。此正人心之要。今人無論正邪,盡以意見誤名之曰理,而禍斯民,故《疏證》不得不作。”具有一種强烈的爲民請命的精神,這在乾嘉樸學傳統中是非常突出的。這説明,以他爲代表的乾嘉樸學,從來就不是簡簡單單地埋頭故紙堆,其背後還有思想的支撑。以《孟子字義疏證》爲標志,戴震也由樸學家進入思想家行列。《年譜》著者圍繞《孟子字義疏證》徵引頗多文獻,述論戴震學術思想得失。就某種意義上説,這部《年譜》不僅僅是戴震生平與學術資料長編,也是一部清代乾嘉學術思想史資料編年。執此一編,讀者不僅僅可以看到乾嘉學術本身成就,還可以考察到這個時期學術思想的演變。戴震的意義,在此也得到更充分的展現。是爲序。

劉躍進

2021 年 12 月 22 日

於中國社會科學院文學研究所

---

① 劉盼遂《段玉裁先生年譜》“乾隆四十二年”下引戴震書,見《經韵樓集》附録,上海:上海古籍出版社 2008 年版,第 444 頁。

② 作爲總纂官的紀昀却將自己的著作《玉台新詠考異》换上其父親的名字收録在《四庫全書》中,此事已經爲學界發覆。詳見拙著《玉台新詠研究》,北京:中華書局 2000 年版。

前　言

戴震（1724年1月19日—1777年7月1日），清代杰出學者和思想家。在其卒後，同時學人洪榜、王昶、錢大昕等爲之撰行狀、墓志銘及傳記等，而弟子段玉裁所撰《戴東原先生年譜》約三萬字，是爲乾嘉時期關於戴震生平最翔實之文獻。然《段譜》仍較爲簡略，且因爲撰於段玉裁晚年，訛誤難免。晚清以來，又有劉師培、梁啓超等學者所撰多種戴震傳記，而材料基本上依據前賢，少有增益。1925年，魏建功先生作《戴東原年譜》（未完，止於乾隆壬申，即1752年）約兩萬字，對戴震生平著述有若干補充性考辨，而亦有若干誤考之處（如以《鳳儀書院碑》爲戴震乾隆十五年所撰）。1936年，《安徽叢書》第六期刊行《戴東原先生全集》，附胡樸安先生所撰《戴先生所著書考》，對稍前梁啓超先生《東原著述纂校書目考》略有補充，然未有關於戴震生平之其他考論。

戴震雖一直受到海内外學術界的高度關注，戴震研究學術成果甚豐，而現代以來，關於戴震生平等論述之補充性資料相對較少。李開先生《戴震評傳》（南京大學出版社1992年版）所述戴震生平著述等最爲詳細，然亦有若干疏漏。1987—1999年，以黄山市戴震研究會相關學者爲主體編纂的《戴震全集》（全6册，約260萬字，清華大學出版社1991—1999年版）彙集所見戴震全部著述，并附若干傳記、評論文字，而於戴震年譜資料未有明顯補充。1994—1997年，黄山書社出版《戴震全書》（全7册，張岱年主編），是書2010年修訂後再版（仍由黄山書社出版，因張岱年先生2004年逝世，修訂本由楊應芹、諸偉奇主編，全7册，總300萬字）。《戴震全書》（修訂本）搜輯戴震著述最爲全面，其第七册爲戴震年譜、生平及評論資料彙編，楊應芹先生特撰《段著東原年譜訂補》數萬字，補充了若干戴震年譜之新資料，辨析了《戴東原先生年譜》之部分訛誤，堪爲戴震逝世以來最翔實之年譜資料。然《段著東原年譜訂補》仍未詳盡，且仍有若干考辨欠當之處。要之，數萬字之戴震年譜顯然過於簡略，戴震生平著述之諸多問題更有待進一步考論。撰寫更爲詳盡的戴震年譜，爲戴震研究提供更好的基礎資料和平臺，尤爲身居東原故里之戴震研究會同人義不容辭的責任。

鑒於此，2013年，戴震研究會潘定武、朱宏勝等聯合戴學界同人張慶偉申報了《戴震年譜長編》國家社科基金項目，獲准立項。項目負責人才疏識淺，而幸得項目組两位前輩汪大白教授和方利山教授始終一貫的熱情指導，項目組同人更能通力合作；在項目研究過程中，更有幸得到張立文先生、陳祖武先生等戴學界諸多賢哲以及戴震研究會其他同人之熱情支持與幫助，雖仍時時有“力微任重定不支”之虞，而終能勉力推進。項目組歷時五年多，終成近60萬字之書稿。書稿對戴震生平及著述等主要問題盡可能予以考辨、補充，以求展示戴震較爲明晰的生平著述及學術思想經歷。正編之中附以同期主要學人之著述活動及重要時事，有助於了解戴震思想、著述之背景等；附編内容自戴震卒後至段玉裁逝世，以略見戴震學術思想之影響及乾嘉學風之嬗變。結項後雖又經兩年有餘的修改，但諸多疑難問題仍遠未完滿解決，謬誤之處，定當難免。稍加完善，唯俟時日。同時祈請學界方家不吝郢正。

潘定武

2022年10月

凡 例

一、《戴震年譜長編》主體内容含正編(上、下)和附編,另綴附録。正編上、下以戴震赴京爲分界:上編爲雍正元年至乾隆十八年;下編爲乾隆十九年至乾隆四十二年戴震逝世。附編起於乾隆四十三年,止於段玉裁逝世之年(嘉慶二十年),重在述及戴震對乾嘉學術之重要影響。附録爲戴震著作編年簡表等内容。

二、《戴震年譜長編》每年之下首先敘述譜主事迹,以段玉裁《戴東原先生年譜》(簡稱"《段譜》")、魏建功《戴東原年譜》(簡稱"《魏譜》")、楊應芹《段著東原年譜訂補》(簡稱"《段譜訂補》")等前賢所撰諸譜爲重要參考,并對《段譜》《魏譜》等所引文獻進行適當考述。然後述及重要時事,含重要學人活動與著述,清廷重要文化活動等,以助於對譜主生平思想之理解,對有疑議之時事問題亦酌加考述。考述文字一般以"按"字領起。

三、《戴震年譜長編》所引《段譜》,據《安徽叢書》本《戴東原先生全集》(《安徽叢書》第六期,安徽叢書編印處 1936 年版),同時參以段玉裁《經韵樓集》(鍾敬華校點,上海古籍出版社 2008 年版),陳祖武選《乾嘉名儒年譜》(北京圖書館出版社編,北京圖書館出版社 2006 年版)及《戴震全書》(修訂本,楊應芹、諸偉奇主編,黄山書社 2010 年版);《魏譜》據北京大學《國學季刊》1925 年第二卷第一號;《段譜訂補》據《戴震全書》(修訂本第七册,楊應芹、諸偉奇主編,黄山書社 2010 年版)。

四、《戴震年譜長編》所引戴震著作，《戴震文集》據趙玉新點校本（中華書局1980年版，簡稱"《文集》"），《孟子字義疏證》（含《原善》《緒言》《孟子私淑録》）據何文光整理本（中華書局1961年版），其他戴震著作如無特别説明，均據《戴震全書》（修訂本，楊應芹、諸偉奇主編，黄山書社2010年版）。戴震佚文另有説明。

五、《戴震年譜長編》所引其他文獻資料，均注明來源（少數難以詳考外，儘量詳注出處）。

六、爲保證年譜可靠性與學術性，對有關戴震之故事傳説一般不予采信，如有采用，特加説明。

七、爲行文簡便，非特殊情況，譜主一般均稱"戴震"；其他人物亦均稱名。非特殊情況，文字采用繁體；引文一般保留异體字，原文之衍文或誤字以"()"標出，正字以"[ ]"標出，脱文以"□"標出，一般不另作説明。

八、凡是古人的著述，書名號内又有書名或篇名時，裏面一層一般不標書名號，如《杲溪詩經補注》一般不作《杲溪〈詩經〉補注》。

目　次

正編上

雍正元年癸卯(1723)—乾隆十八年癸酉(1753)

正編下

乾隆十九年甲戌(1754)—乾隆四十二年丁酉(1777)

附編

乾隆四十三年戊戌(1778)—嘉慶二十年乙亥(1815)

正編上

雍正元年癸卯(1723)—乾隆十八年癸酉(1753)

休寧隆阜戴震先祖世系

戴震《族支譜序》:"戴之先,子姓。至春秋時,宋有戴、武、宣、穆、莊之族。謹按宗法,國君之子,所謂大夫不敢祖諸侯者,故有宗道以合族屬。……據此考之,戴公之子武公,武公之子宣公,此世子嗣國爲君者也。宋之有戴族,則戴公之群公子從宗而合族屬焉。武族、宣族,則武公、宣公之群公子各從宗而合族屬焉。莊、穆以下亦然。……戴氏之稱,緣於戴族。顔師古注史游《急就篇》云'戴公生公子文,遂稱戴氏'是也。前代治譜牒者,不知有公子文,而承武公、宣公下,及書傳所有公卿名人,悉牽引聯采。且於武公注云'官至司徒',則不解宋以武公廢司徒之語矣。於宣公注云'始以王父謚爲姓',則不解字族之辨、錫姓之義矣。蓋譜牒所記,戴公以下,護公以上,不審信也。護公(南)唐天祐中爲兵馬使,本據歙之篁墩,因戍守婺,留居婺鳳亭里。護公子曰壽公,爲中書舍人。壽公子曰安公,官銀青光禄大夫,謚忠恭,即今隆阜所追之一世。遷隆阜自顔公之子睿公,睿公凡十四傳至外公,是爲三門支系所起。又十四傳至弁,而謹述是譜繫次,斷自護公始,信則傳信也。公子文至護公,中間代系遥隔,不從舊譜序列,不敢濫承也。"[①]是爲戴震自序其宗族世次。

---

① 戴震著,趙玉新點校:《戴震文集》卷一一,北京:中華書局1980年版,第168～169頁。下引《戴震文集》版本同,衹標出卷數。

明天啓年間，曹嗣軒撰《休寧名族志》曰：

戴氏，出宋戴公之後，宋亡居亳州。晋尚書曰濟，中書侍御曰夔，從琅琊王渡江，居金陵小蔓村。唐末避黄巢亂，遷黄墩（按：黄墩原屬歙縣，今屬黄山市屯溪區）。（南）唐時曰護，爲兵馬使。子曰壽，拜武翼郎、中書舍人。壽子曰安，歙州刺史，歷官銀青光禄大夫檢校、國子祭酒兼監察御史、上柱國，卒於饒，謚“忠恭”，詔葬樂平檳榔山，立祠廟食，夫人廉氏，葬歙小練源。子曰奢，遷隆阜。

隆阜，在邑東南三十里。南唐保大間曰安，來刺歙州。子奢，卜居於此。有盧、睿、處、虔四枝，散在徽、饒。居隆阜曰睿，歷六世曰逢亮，曰逢時，曰逢堯。逢堯遷居安，逢時職迪功郎。九世曰之禮，官朝議。十世曰端，會稽縣尉。曰靖，授事功郎。十一世曰清飛，待補學生。曰宗明，遷嘉興僉判。曰宗得，建康府録參軍。十二世曰杼，江東提舉司幹官。曰栱，江東轉運司幹官。十三世曰希吕，清流縣尹。曰元凱，宋景定庚申右科進士，授成忠郎、池州制幹。曰登庸，淘金提領。曰元傑，龔蓬縣尹。曰清之，待補學生。曰若采，領咸熙庚午鄉薦。十四世曰三復，制置司參議。十五世曰蘭，永康主簿。曰琥，至正庚寅鄉舉備榜，授句容教諭，擢知高郵州。曰玭，至正癸巳以薦辟授浙江道監察御史。二十世曰静夫，領正德癸酉鄉薦，登嘉靖癸未進士，授南京户部主事。世宗入繼，或以“繼統不繼嗣”爲言，大學士楊廷和執議“爲人後者不得顧其私親”，南京刑部主事張璁、桂萼建言“兄終弟及”，邀戴連名。静夫難之曰：“若然，置孝廟、武廟於何地？”張、桂上其議，稱旨，驟膺寵擢，静夫出爲邵武通判，時論惜之。曰廣憲、曰賜、曰德，偕侄曰朗、曰棐、曰護，倡建屯溪石梁，以濟通衢，此無量功德也。二十一世曰暳，娶邑南汪氏女名遇珠。暳病劇，謂妻曰：“我死無子，汝肯守乎？”妻曰：“死而已，豈有二志！”及夫死將殯，密自經死，同日葬焉。從子勉哀之，求士大夫詩文以彰其烈，刻有《彰烈録》。二十二世曰冠，太學生。二十三世曰寵，尚周府郡主，拜爵儀賓。曰玉，太學生。曰鳴鳳，太學生。曰誥，邑庠生。曰廷選，由太學授山東布政司理問。二十三世(按：疑爲"二十四世"之誤)曰周冕，由太學生選授萬年縣二尹，九子皆令器。

隆、曆以後各門士紳詳列於左：

【三門】戴華，字君實，號渤海。寄籍淮安府山陽縣，領萬曆乙卯鄉薦。廷榮，監生，衛經歷。大園，號隆嶽，監生。喬臣，字國幹，監生。文明，字龍徵，監生。廷臣，字台甫，監生。戴章，字士含，庠生。[①]

據戴震《族支譜序》，戴震爲休寧隆阜戴氏三門支後裔。

明崇禎年間刻戴堯天纂《休寧戴氏族譜》叙隆阜戴氏世系云：

戴氏所追遷休寧隆阜一世祖安公，又諱鳴，字寧叔，又字適之。兵馬使護之孫，中書舍人壽之子。南唐銀青光禄大夫，檢校國子祭酒兼監察御史，上柱國。謚忠恭。

二世祖顔公，又諱耆，字君儉，始遷隆阜，世稱孝隱先生。(按：此與戴震所記"遷隆阜自顔公之子睿公"稍异。)

三世祖睿公，字光榮。顔公第二子。生於宋開寶三年(970)，卒於大中祥符二年(1009)。

四世祖充公，字子實。睿公第三子，朝議大夫。生於宋至道二年(996)，卒於皇祐五年(1053)。

五世祖公甫(輔)公，字朝用，官朝議。充公長子。生於宋天聖二年(1024)，卒於治平二年(1065)。

六世祖俊公，字士英。公甫公長子，官朝議。生於宋皇祐二年(1050)，卒於政和二年(1112)。

---

① 曹嗣軒撰，胡中生、王夔點校：《休寧名族志》卷三，合肥：黄山書社 2007 年版，第 550～552 頁。

七世祖吉公，字汝寧。俊公第二子，官朝議。生於宋熙寧三年(1070)，卒於紹興十四年(1144)。

八世祖逢時公，字應元。吉公第三子，迪功郎。生於宋元符元年(1098)，卒於乾道九年(1173)。

九世祖之禮公，字仲欽。逢時公第二子，官朝議。生於宋宣和七年(1125)，卒於淳熙十二年(1185)。

十世祖靖公，字安國。之禮公第二子，官從事郎，婺州知税。生於宋紹興二十五年(1155)，卒於嘉定十四年(1221)。

十一世祖宗德公，字希萬。靖公第二子，建康府録參軍。生於宋淳熙九年(1182)，卒於淳祐十二年(1252)。

十二世祖棋公，字用升。宗德公第三子。生於宋嘉定十五年(1222)，卒於元至元三十年(1293)。

十三世祖若采公，字秋宇。棋公第二子。生於宋寶祐元年(1253)，卒於元至治三年(1323)。

十四世祖節公，字時可。若采公第二子。生於元至元二十二年(1285)，卒於至正十二年(1352)。

十五世祖武公，字子文。節公長子。生於元皇慶元年(1312)，卒於明洪武十七年(1384)。

十六世祖外公，字希遠。武公第三子。生於元至正三年(1343)，卒年不詳。

十七世祥同公，字德徵。外公第三子。生卒年失考，享年九十三歲。

十八世快公，字伯樂，生卒年失考，祥同公長子。

十九世：守薩，快公長子；守禮，快公次子；守義，快公第三子。

二十世：太京、太超、太宏(守薩之子)。太安(守禮之子)。太永、太橋、太平、太希、太曉(守義之子)。

二十一世：世美、世春、世光、世興、世遠(太京之子)。應奇(太超之子)。應時、應隆(太宏之子)。千萬(太安之子)。宗祐、宗興（太永之子）。宗德、宗道（太橋之子）。宗超（太平之子）。宗旺、宗彪（太希之子）。宗勢（太曉之子）。①

以上爲《休寧戴氏族譜》所載休寧隆阜戴氏世系。戴震係隆阜戴氏三門支後裔，隆阜戴氏十六世外公爲戴震所述"三門支系所起"。自外公十二傳而至戴震曾祖景良公。然因《三門支譜》失傳，雖經多方搜索，未能發現隆阜戴氏三門支族支譜或其他能提供有價值綫索之資料，故戴震曾祖以上所承失考，其曾祖景良公以上五世之名號亦暫付闕如。

二十二世：未詳待考。

二十三世：未詳待考。

二十四世：未詳待考。

二十五世：未詳待考。

二十六世：未詳待考。

二十七世景良公（戴震曾祖）。生卒年待考。

二十八世寧仁公（戴震祖父）。生卒年待考。

二十九世弁公（戴震父），字啓承。生於清康熙三十九年（1700），卒於乾隆四十四年（1779）。

弁生震，字東原。戴震爲隆阜戴氏三十世裔孫，生於清雍正元年十二月二十四（公元1724年1月19日），卒於乾隆四十二年五月二十七（公元1777年7月1日）。

又，《魏譜》之《家世》云：

許多學術大師的成就淵源於家學，戴東原却不如此。從前戴家的先世雖很顯貴，等到東原的父祖時代却久已衰敗零落了。東原有篇《族支譜序》，自述先世：

戴之先，子姓；至春秋時，宋有戴、武、宣、穆、莊之族。

戴氏之稱，緣於戴族。史游《急就篇》"戴公生公子文，遂稱

① 戴堯天纂：《休寧戴氏族譜》，明崇禎五年（1632）刻本。

戴氏”,是也。前代治譜牒者不知有公子文,而承武公宣公下,及書傳所有公卿名人,悉牽引聯采。

蓋譜牒所記,戴公以下護公以上不審信也。

護公,南唐(按:“南”字當衍)天祐中(按:904—906)爲兵馬使,本居歙之篁墩,因戍守婺,留居婺鳳亭里。

護公子曰壽公,爲中書舍人。

壽公子曰安公,官銀青光禄大夫,謚忠恭,即今隆阜所追之一世。洪《狀》(按:指洪榜《戴先生行狀》。下同):“戴氏自唐銀青光禄大夫檢校國子祭酒兼監察御史曰安,有子曰顔,由饒州樂平遷徽州,葬母於歙之黄墩小練源,廬於墓側,稱孝隱先生;卒葬休寧隆阜,因家焉,世爲休寧人。”

遷隆阜自顔公之子睿公。戴《軼事》(按:指戴琴泉《戴東原先生軼事》。下同):“睿公凡十一傳,至若采公,乃分爲三門。”

睿公凡十四傳,至外公,是爲三門支系所起。戴《軼事》:“其時隆阜支丁極繁,族中共分十三門,多建支祠。我家敬愛祠即紫竹門、樓門、三門三支所合建。三門自若采公後十三傳,至景良公,即公(按:指東原)曾祖。”洪《狀》:“曾祖景良,不仕,妣邵氏、王氏。”戴《軼事》:“景良公傳寧仁公。”洪《狀》:“祖寧仁,不仕,妣程氏。”

外公又十四傳,至弁。戴《軼事》:“寧仁公傳公(指東原)父弁,商於南豐,輕財尚義,嘗修《三門支譜》,獨立建衆廳,以爲族黨燕敘之所。”洪《狀》:“父弁,封文林郎;妣朱氏,贈孺人。”洪《狀》:“先生爲嫡長宗。名震,字慎修,又字東原。”

休寧地“少平原曠野,依山爲居,商賈東西,行營於外,以就口食。然生民得山之氣質,重矜氣節;雖爲賈者,咸近士風”(《戴節婦家傳》)。這是他自稱他鄉里風氣的話,現在寫來當做他環境的情形。①

① 魏建功:《戴東原年譜》,北京大學《國學季刊》1925年第二卷第一號,下引同。

雍正元年癸卯(1723)　一歲

是年十二月二十四日己巳(公元1724年1月19日),先生生於徽州府休寧縣東鄉隆阜(今爲安徽省黄山市屯溪區黎陽鎮隆阜三村)。

先生姓戴氏,名震,字東原(乾嘉學者或書作"東源""東園""東邃"),曾字慎修。先生爲隆阜戴氏三門支後裔,文林郎戴弁長子,母朱氏。

先生曾祖景良公,生卒年待考。祖父寧仁公,生卒年待考。父弁,字啓承,生於清康熙三十九年(1700),卒於乾隆四十四年(1779)。

休寧居徽州府西南,屬《禹貢》"揚州"之南境,春秋時屬吴,吴亡屬越,越亡歸楚。秦時屬鄣郡,漢時屬丹陽郡歙縣地,漢末析置休陽縣,孫吴改海陽縣,屬新都郡。西晋改海寧縣,屬新安郡。隋朝改海寧爲休寧。唐時屬歙州,宋宣和三年(1121)改歙州爲徽州,宋元明清,休寧均屬徽州。新中國成立後,休寧先後隸屬徽州專區、蕪湖專區、徽州地區。1949年,析休寧東境而設屯溪市,原屬休寧東境之黎陽劃入。1987年,撤徽州地區建制,設地級黄山市,休寧爲黄山市三區四縣之一縣,改屯溪市爲黄山市屯溪區。休寧山水秀麗,境内十之八九爲山地,有道教名山齊雲山,又爲新安江之上源,新安江上游兩大支流横江、率水會合於黎陽之隆阜附近。隆阜古村東臨横江,濱水而建,自唐宋以來,商業日漸繁榮。隆阜名族有戴氏、曹氏、羅氏、吴氏等,戴氏自五代南唐時遷居隆阜,一世祖曰戴安,始遷祖戴奢(據明崇禎年間刻戴堯天纂《休寧戴氏族譜》),世系已見前。休寧向屬文化發達之地,宋元明清進士、舉人特多,有"中國狀元縣"之譽。隆阜自古文風昌盛,戴震即誕生於此。

《乾隆壬午科江南鄉試詩四房同門録》:"戴震,字東原,號□□,行一。徽州府休寧縣學附監生,癸卯十二月廿四日生,住休寧縣東鄉隆阜。"①

---

① 《乾隆壬午科江南鄉試詩四房同門録》,乾隆刻本,温州市圖書館藏。此《同門録》爲彙集乾隆壬午科(1762)江南鄉試部分試子制藝之文集,戴震鄉試時制藝文三篇《鄉人儺朝服而立於阼階》《禘嘗之義》《遠方之人爲食》亦載於其中。

《段譜》[①]："世宗憲皇帝雍正元年癸卯，先生生。先生諱震，字東原。曾祖景良。祖寧仁，贈文林郎。父弁，封文林郎。世居休寧隆阜。妣朱氏，贈孺人。先生以十二月己巳生邑里之居第。"

《段譜訂補》[②]：

> 又字慎修。早年室名"遊藝塾"。《考工記圖》書末落款："時柔兆攝提格日在南北河之間，東原氏書於遊藝塾。"中年後題名爲"愛日樓"。北大圖書館藏《水經》一卷抄本，卷首題有"愛日樓定本"五字。上海圖書館藏《聲韵考》稿本，封面書"愛日樓聲韵考"。胡適曰："揚子《法言·孝至篇》：'不可得而久者，事親之謂也，孝子愛日。'東原之父尚在，已年高，故樓名'愛日'。"

洪榜《戴先生行狀》："本貫：徽州休寧縣由山鄉忠義里。先生姓戴，諱震，字慎修，一字東原。"[③]

程瑶田《五友記》："東原名震，休寧隆阜人。"[④]

汪灼《四先生合傳》："先生名震，姓戴氏，字東原。"[⑤]

任兆麟《戴東原先生墓表》："東原先生諱震，戴氏，係出子姓宋戴公子文之後。"[⑥]

江藩《國朝漢學師承記·戴震》："戴震，字慎修，一字東原。"[⑦]

---

① 戴震著，趙玉新點校：《戴震文集》附録。

② 楊應芹、諸偉奇主編：《戴震全書》（修訂本）第七册，合肥：黄山書社 2010 年版，下引同。

③ 洪榜：《初堂遺稿》卷一，見《清代詩文集彙編》第 410 册，上海：上海古籍出版社 2010 年版。

④ 程瑶田：《修辭餘鈔》（不分卷），見《清代詩文集彙編》第 355 册，上海：上海古籍出版社 2010 年版。

⑤ 汪灼：《漁村文集》卷五，清抄本，中國國家圖書舘藏。

⑥ 任兆麟：《有竹居集》卷十，見《清代詩文集彙編》第 484 册，上海：上海古籍出版社 2010 年版。按：此《戴東原先生墓表》撰者實爲任基振，考辨詳見本譜"乾隆三十七年"下。

⑦ 江藩纂，漆永祥箋釋：《漢學師承記箋釋》卷五，上海：上海古籍出版社 2013 年版，第 523 頁。

支偉成《清代樸學大師列傳·戴震》:"戴震,字慎修,一字東原。"①

梁啓超《飲冰室文集》卷四〇《戴東原先生傳》:"先生姓戴,字慎修,一字東原。"②

朱汝珍《詞林輯略》卷四"乾隆四十年乙未科":"戴震,字慎修,號東原,江南休寧人。"③

《魏譜》:"時先生父年二十四。(《段譜》言先生死時,父年七十八,推知。)先生名震,字慎修,一字東原。四十四歲時注《詩》,稱杲溪。"

洪榜(1746—1779)爲徽州歙縣人,年輩稍晚於戴震,而從戴震游學多年,其《戴先生行狀》末署"乾隆四十二年六月",可知撰於戴震病卒之後一月,其所載戴震"字慎修"無疑可信。故《段譜》雖未載戴震"字慎修","慎修"爲戴震曾用之字當無誤。然朱汝珍《詞林輯略》所言"字慎修,號東原",諸文獻均無戴震號東原之説,此或爲朱氏誤記。江永亦字慎修,戴震後避此字而專字東原,確因尊師之故。

戴震之得名,傳因其爲長男,出生時又適有雷鳴,故取名"震"④。

---

① 支偉成:《清代樸學大師列傳·皖派經學大師列傳第五》,上海:上海泰東圖書局1925年版。

② 梁啓超:《飲冰室文集》卷四〇,上海:中華書局1936年版,第41頁。

③ 朱汝珍:《詞林輯略》卷四,周駿富輯《清代傳記叢刊·學林類十八》,臺北:明文書局1985年版。

④ 《周易·説卦》:"震一索而得男,故謂之長男。"戴震生時有雷鳴,亦或爲後人傅會。徽州關於戴震之傳説故事頗多,大抵屬於傅會。如謂戴震少時就塾讀書,塾師以學舘牆壁之墨竹圖出上聯"畫竹終難生筍",戴震即對下聯"書燈也可開花"(載吴壽宜編著:《黄山楹聯》,合肥:黄山書社1997年版,第131頁)。按:道光《休寧縣志》卷二四《瑣記》引戴以循《東原别記》:"戴章甫少時,資頗鈍,其師每欲辭歸,父不允。一日,不辭潛遁。其父謂之曰:'汝能趕先生回,即可。不然,毋見我。'公追至,哭迎歸。其師戲曰:'有一對,汝能答方可,曰:畫竹終無生筍日。'即應曰:'書燈自有結花時。'師遂與同歸。蓋公前一夜夢人换其骨子,後竟登進士。"因知戴震捷對故事顯係移花接木。戴震族裔戴琴泉先生《戴東原先生軼事》(刊民國十三年二月二十四日至二十六日《新聞報》)所載戴震軼事較多,除與乾嘉諸賢所記相近之内容外,亦多係鄉里傳説。如謂戴震嘗讀書至午夜,妻朱氏送粽糖以充飢,戴震專心致志,竟蘸墨而食之。因潛心讀書治學而誤食之故事古今中外均不乏其例,而真假莫辨。諸如此類戴震傳説故事本編一般不予采信,謹此説明。

戴震之二字"慎修""東原"均取自《周易》。《周易・震卦》:"洊雷,震。君子以恐懼修省。"《周易・説卦》:"萬物出乎震,震,東方也。"

《魏譜》謂戴震"四十四歲時注《詩》,稱杲溪";俞樟華等《中國學術編年・清代卷》"乾隆四十二年"下謂戴震"字東原,一字慎修,又字杲溪"[1],均以"杲溪"爲戴震之字號,實屬誤解。杲溪本徽州歙縣地名。戴震中年有《杲溪詩經補注》,《段譜》:"名之曰《杲溪詩經補注》,'杲溪'二字,蓋以自别於諸言詩者。先生不隨俗爲别號,天下稱東原先生而已。"今徐道彬先生更有專文辨析,謂"杲溪"本南宋徽州學者吴友堂之號,此著用之,約有三意:其一爲著述刊刻之地名,其二爲别於他人之言詩者,其三亦寓作者之心志[2]。徐文論述合理,可參看。

戴震生年,依中國傳統紀年爲雍正元年癸卯,依公元紀年則爲公元1724年。現代學者多依公元紀年,然有注其生年爲1723年者,乃因不明戴震出生日期之雍正元年十二月二十四日,當爲公元1724年1月19日。至於戴震卒年爲乾隆四十二年,當爲公元1777年,諸家無异辭;唯蔣維喬《中國近三百年哲學史》稱戴震"歿於乾隆四十五年(紀元一七八〇)"[3],不知何據。

戴震故居早已不存,其舊址在今安徽省黄山市屯溪區黎陽鎮隆阜村三村戴震小學内,後因修建運動場地之需,原殘存地基均被填平,遺迹今蕩然無存。

據洪榜《戴先生行狀》,蓋隆阜時屬由山鄉,戴震生於隆阜村之忠義里。由山鄉範圍約屬今黎陽鎮之北部,由山之名,今作"油山",在隆阜村西南約兩千米,爲隆阜戴氏祖塋所在地。

戴震曾祖至父輩略考如下:

曾祖景良公,生平不詳,原配邵氏,續配王氏。

---

① 俞樟華等撰:《中國學術編年・清代卷》,上海:華東師範大學出版社2013年版,第890頁。

② 徐道彬:《戴震研究之糾謬四題》,汪良發、潘定武主編《2014全國戴震學術研討會論文集》,合肥:黄山書社2015年版。

③ 蔣維喬:《中國近三百年哲學史》,上海:上海古籍出版社2013年版,第36頁。

祖寧仁公，生平不詳，贈文林郎，配程氏。

戴震父弁，字啓承，身爲徽州小布商，因子封文林郎。道光《休寧縣志》卷一一《仕宦・封贈》："戴弁，字啓承，隆阜人，以子震封翰林。"[①]戴弁生卒年文獻無載。據戴震乾隆四十二年五月致書段玉裁："僕歸後，老親七十有八。"則其父當生於康熙三十九年(1700)。又段玉裁《誥封孺人戴母朱夫人八十壽序》(《經韵樓集》卷八)："既葬先生，而中立又病殁，文林公享年八十而亡。"知戴弁卒於乾隆四十四年(1779)。

戴震母朱氏，生卒年未詳。洪榜《戴先生行狀》："妣朱氏，贈孺人。"

又，戴震有弟戴霦，字漁卿，生卒年不詳，乾隆四十二年(1777)舉人[②]。乾隆四十四年(1779)，戴震之子中立病卒，無後。戴震夫人朱氏謀於宗族，以戴震胞弟戴霦之子中孚(字信堂)爲後。段玉裁《誥封孺人戴母朱夫人八十壽序》："中立已娶，無子，夫人謀於宗族，以先生之弟漁卿孝廉之子中孚爲後，漁卿祇此一子，俟中孚子多，分紹之。爲中孚娶婦，婦卒，又爲續娶。"[③]

【時事】

是年二月，雍正下諭："國家掄才大典，首重試官。主考憑房考閱薦之文，定其去取，則一榜衡鑒之當否，係於分校諸臣之賢不肖，亦匪輕矣。近科以來，皇考……特命每房各用二人，同閱試卷，使之互相覺察，彼此鈐制，用意良爲周密。但法久弊生，一房兩考官，豈皆遇秉公持正之人？設有一狡黠者參雜其間，即爲賢者之累。況兩人或皆不肖，則朋比作姦，爲弊更甚。嗣後仍著照原定科場條例，各房止用

---

① 道光《休寧縣志》，見《中國地方志集成・安徽府縣志輯》，南京：江蘇古籍出版社1998年版，第233頁。

② 道光《休寧縣志》卷九《選舉・舉人》，見《中國地方志集成・安徽府縣志輯》，南京：江蘇古籍出版社1998年版，第168頁。

③ 段玉裁：《經韵樓集》卷八，上海：上海古籍出版社2008年版，第201頁。

一人校閲，其責既專，其功罪亦難推諉。”①五月，雍正諭大學士等：“《孝經》一書，與《五經》并重。蓋孝爲百行之首。我聖祖仁皇帝《御定孝經衍義》，以闡發至德要道，誠化民成俗之本也。鄉、會試二場，向以《孝經》爲論題，後改用《太極圖説》《通書》《西銘》《正蒙》。夫宋儒之書，雖足羽翼經傳，豈若聖言之廣大悉備。今自雍正元年會試爲始，二場論題，宜仍用《孝經》，庶士子咸知誦習，而民間亦敦本勵行，即移孝作忠之道胥由乎此。”②

七月，清廷以張廷玉（1672—1755）等充明史舘總裁，命繼續編纂《明史》。雍正諭曰：“目今相去明季將及百年，幸簡編之紀載猶存，故老之傳聞不遠。應令文學大臣董率其事，慎選儒臣以任分修。再訪山林績學之士，忠厚淹通者，一同編輯。俾得各展其所長，取捨折衷，歸於盡善，庶成一代信史，足以昭示於無窮。”③

是年，雍正命蔣廷錫（1669—1732）等重新編校《古今圖書集成》，其原總纂陳夢雷（1651—1741）於上年被雍正革職，發遣邊外。初，陳夢雷編纂《古今圖書集成》，甚得康熙第三子胤祉支持。胤祉於康熙諸皇子中雖無意皇位之争，然與前太子胤礽親近，雍正即位後，即罰胤祉守先帝之陵，後又藉故將其囚禁。

是年，詔以隆科多、王頊齡爲《明史》監修官，以張廷玉等爲總裁官，纂修《明史》。

上元（今江蘇南京）程廷祚（原籍徽州歙縣）著《禘祫辨誤》二卷。徽州婺源學者汪紱著《詩韵析》六卷成書。

數學家梅文鼎所著《勿庵曆算全書》六十卷由楊作枚、魏荔彤校勘刊行。梅文鼎（1633—1721），字定九，號勿庵，安徽宣城人，天文學家、數學家，其著述對江永、戴震有重要影響。

是年，學者王鴻緒（1645—1723）卒。王鴻緒，字季友，華亭（今上

---

① 《清世宗實録》卷四，《清實録》第七册，北京：中華書局 1986 年版，第 102 頁。

② 《清世宗實録》卷九，《清實録》第七册，北京：中華書局 1986 年版，第 148 頁。

③ 《清世宗實録》卷九，《清實録》第七册，北京：中華書局 1986 年版，第 174 頁。

海金山)人,删訂史學家萬斯同(1638—1702)所定五百卷《明史稿》,成《明史稿》三百一十卷。

學者李光坡卒(1651—1723)。李光坡,字耜卿,福建安溪人。潜心著述,有《周禮述注》二十四卷,《儀禮述注》十七卷,《禮記述注》二十八卷(合稱《三禮述注》)。《四庫全書總目》卷一九評其《周禮述注》曰:"不及漢學之博奥,亦不至如宋學之蔓衍。平心静氣,務求理明而辭達,於説經之家,亦可謂適中之道矣。"①

方以智(1611—1671)卒已五十二年。朱舜水(1600—1682)、顧炎武(1613—1682)卒已四十一年。王夫之(1619—1692)卒已三十一年。黄宗羲(1610—1695)卒已二十八年。顔元(1635—1704)卒已十九年。李顒(1627—1705)卒已十八年。朱彝尊(1629—1709)卒已十四年。毛奇齡(1623—1716)卒已七年。李光地(1642—1718)卒已五年。梅文鼎(1633—1721)卒已兩年。

方苞(1668—1749)五十六歲。沈德潜(1673—1769)五十一歲。方粲如(1674—?)五十歲。江永(1681—1762)四十三歲。戴瀚(1686—1755)三十八歲。沈彤(1688—1752)三十六歲。盧見曾(1690—1768)三十四歲。程廷祚(1691—1767)三十三歲。汪由敦(1692—1758)三十二歲。汪紱(1692—1759)三十二歲。鄭燮(1693—1765)三十一歲。王安國(1694—1757)三十歲。杭世駿(1696—1773)二十八歲。程恂(1697—1749 或 1750)二十七歲。惠棟(1697—1758)二十七歲。夏之蓉(1697—1784)二十七歲。方觀承(1698—1768)二十六歲。劉大櫆(1698—1779)二十六歲。沈大成(1700—1771)二十四歲。吴敬梓(1701—1754)二十三歲。秦蕙田(1702—1764)二十二歲。全祖望(1705—1755)十九歲。齊召南(1706—1768)十八歲。錢載(1708—1793)十六歲。趙一清(1709—1764)十五歲。裘曰修(1712—1773)十二歲。張元洋(1712—1785)十二歲。鄭牧(1714—

① 永瑢等:《四庫全書總目》,北京:中華書局 1965 年版,第 155 頁。

1792)十歲。于敏中(1714—1780)十歲。袁枚(1716—1798)八歲。盧文弨(1717—1795)七歲。程晋芳(1718—1784)六歲。江聲(1721—1799)三歲。王鳴盛(1722—1798)二歲。汪肇瀧(一名肇龍)(1722—1780)二歲。

雍正二年甲辰(1724) 二歲

戴震在鄉。

【時事】

是年,理學家張伯行《性理正宗》四十卷著成。

《四庫全書總目》卷九七:"伯行自序,謂《性理大全》一書,雜采天文、地志、律曆、兵機、讖緯、術數之學,及釋家、《參同契》、縱横家言,概有取焉。未免失之駁而不純。因删其繁蕪,補其闕略,尊道統以清其源,述師傳以别其派。爰取周、程、張、朱五子以下,及元、明諸儒之言,分類次之。……伯行以性理、事功岐而爲二,故卷中於宋儒如邵子之《皇極經世》、蔡元定《律吕新書》皆在存而不論之列,亦未免主持稍過矣。"①

是年,紀昀生。

紀昀(1724—1805),字曉嵐,一字春帆,直隸獻縣(今屬河北)人。乾隆十九年(1754)進士,授翰林院編修,以學問優等擢翰林院侍讀。乾隆三十三年(1768)因盧見曾案,遣戍烏魯木齊,乾隆三十六年(1771)被召回朝廷,受詔校秘書。三十八年(1773)四庫全書舘開,與陸錫熊、孫士毅同任總纂官,而紀昀貢獻最大,尤以主纂《四庫全書總目》稱譽朝野。後又任《契丹國志》總纂、《八旗通志》總裁等。晚任兵部侍郎、禮部尚書,加太子少保。卒謚文達。其文言小説集《閱微草堂筆記》與蒲松齡《聊齋志异》齊名,詩文著述有《紀文達公遺集》三十二卷。

① 永瑢等:《四庫全書總目》,北京:中華書局1965年版,第828頁。

朱珪《監事謚文達紀公墓志銘》:“(乾隆)三十八年擢侍讀,時開四庫全書舘,命爲總纂官,搜羅逸書……而公實總其成……公綰書局,筆削考核,一手删定爲《全書總目》,裒然巨觀,弆之七閣,真本朝大手筆也。”①《清史稿》卷三二〇本傳:“昀學問淵通。撰《四庫全書提要》,進退百家,鉤深摘隱,各得其要指,始終條理,蔚爲巨觀。懲明季講學之習,宋五子書功令所重,不敢顯立异同;而於南宋以後諸儒,深文詆諆,不無門户出入之見云。”②

乾隆十九年(1754),紀昀與錢大昕等初登進士,而戴震以一介落魄秀才孑然赴京。戴震此時雖已博通經籍,且有若干著述,但在京師僅被目爲“狂生”而已。錢大昕首識戴震,贊爲奇才,而後秦蕙田、紀昀等與之交游。而紀昀之推重戴震,對戴震無疑頗具影響。紀昀讀戴震《考工記圖》,贊嘆之餘,即着手爲之付梓。紀昀盛贊戴震“深明小學”,考證之學“爲漢以降儒者所不能及”,自此,戴震與紀昀交游逾二十年,關係始終密切。紀氏《閲微草堂筆記》亦采摘戴震所述故事數則。戴震初赴京師,多得紀昀相助,戴震寓居紀昀處約一年之久;乾隆二十二年(1757)薦戴震赴揚州,戴震得與惠棟交游;四庫舘開,紀昀即與裘曰修共薦戴震入舘。在學術方面,戴震、紀昀長期切磋交流,戴震不時受到紀昀影響,而戴震影響紀昀當更多。青年紀昀考據并非優長,戴震之精深於考據及後來之反理學思想,均對紀昀有鮮明影響。紀昀主事《四庫全書》,尤其主纂《四庫全書總目》,體現極爲明顯之“標榜漢學、排除宋學”傾向,當與戴震之主張直接相關。余嘉錫論紀昀:“自名漢學,深惡性理,遂峻詞醜詆,攻擊宋儒。”③紀昀《閲微草堂筆記》中多有對戴震思想觀點之認同,尤其是肯定理在事中、理存欲中,批判理學“以理殺人”,幾與戴震同出一轍。戴震卒後多年,

---

① 朱珪:《知足齋文集》卷五,見《續修四庫全書》第1452册,上海:上海古籍出版社2002年版,第333頁。

② 趙爾巽等:《清史稿》,北京:中華書局1977年版,第10771頁。

③ 余嘉錫:《四庫提要辨證叙録》,《四庫提要辨證》,北京:中華書局1980年版。

紀昀作有《偶懷故友戴東原成二絶句録示王懷祖給事，給事東原高足也》[1]，詩曰：

> 披肝露膽兩無疑，情話分明憶舊時。宦海浮沉頭欲白，更無人似此公癡。
>
> 六經訓詁倩誰明，偶展遺書百感生。揮麈清談王輔嗣，似聞頗薄鄭康成。

可見紀昀對戴震之深情厚誼。

二月，雍正將《聖諭廣訓》頒發全國，推行宣講，并定爲考試之内容。《聖諭廣訓》爲雍正對康熙九年(1670)所定"《聖諭》十六條"之注釋推衍，旨在訓諭世人守德遵法，明理安身。《四庫全書總目》卷九四："《聖諭》十六條，聖祖仁皇帝所頒。《廣訓》一萬餘言，則我世宗皇帝推繹聖謨以垂範奕世者也。"[2]

閏四月，准禮部侍郎蔣廷錫奏，續修《大清會典》。五月，以吏部尚書隆科多、户部尚書張廷玉、左都御史尹泰、朱軾爲《大清會典》總裁官，吏部侍郎史貽直、禮部侍郎蔣廷錫等爲副總裁官。

本月，清廷命嚴禁白蓮、羅門等"邪教"活動。

按：白蓮教自元代以來，屢禁不止。而羅門教(即羅教)則起自明代，清代頗流行於江南、湖廣、河南、山東等地漕運水手之間。

十月，策試貢士王安國等於太和殿。王安國(1694－1757)以一甲第二名及第，授翰林院編修。汪由敦、程恂等新科進士被選爲庶吉士。

是年，禁西方傳教士傳教。凡國人信西教者，當改信他教，違者處以極刑。

是年，禁售淫詞小説，有售賣者，板、書皆須銷毁。

---

① 紀昀：《紀文達公遺集・詩集》卷一一，見《續修四庫全書》第1435册，上海：上海古籍出版社2002年版。

② 永瑢等：《四庫全書總目》，北京：中華書局1965年版，第795頁。

是年，清廷以陸隴其從祀孔子廟。

陸隴其(1630－1692)，字稼書，浙江平湖人。宗程、朱而排陸、王，清廷譽爲“本朝理學儒臣第一”。後人彙其著作爲《陸子全書》。《清史稿》卷二六五《湯斌陸隴其張伯行傳論》:“清世以名臣從祀孔子廟，斌、隴其、伯行三人而已，皆以外吏起家，蒙聖祖恩遇。隴其官止御史，而廉能清正，民愛之如父母，與斌、伯行如一，其不爲時所容而爲聖祖所愛護也亦如一。君明而臣良，漢、唐以後，蓋亦罕矣。斌不薄王守仁，隴其篤守程、朱，斥守仁甚峻，而伯行繼之。要其躬行實踐，施於政事，皆能無負其所學，雖趨嚮稍有廣隘，亦無所軒輊焉。”①

雍正三年乙巳(1725)　三歲

戴震在鄉。

【時事】

是年，學者程川編纂《朱子五經語類》八十卷成書。

程川，字鄘渠，錢塘(今浙江杭州)人，生卒年不詳。《四庫全書總目》卷三三:“是書……取《朱子語録》之説《五經》者，州分部居，各以類從，以便參考。凡《易》四十卷、《書》九卷、《詩》七卷、《春秋》三卷、《禮》二十一卷。昔朱子之孫鑒，嘗緝文公《易説》二十三卷，又緝《詩傳遺説》六卷。國朝李光地又有《朱子禮纂》五卷。而《書》與《春秋》卒無專書。特諸家援引遺文，據以折衷衆説而已。且其間各以意爲去取，不能盡睹其全。又不著爲某氏某年所録，亦無以考其异同先後之由。黎靖德所編《語録》，雖薈萃無遺，然不及一一詮次，亦猝不得其端緒。川此編於每經皆以總論居前，論舊説得失者次之，其餘則以經文爲序，并各著某人所録於下，且注其年月及朱子是時年若干歲於首條。條分縷析，至爲明白。雖其間記録或失其真，前後偶异其説者

① 趙爾巽等:《清史稿》，北京:中華書局 1977 年版，第 9940～9941 頁。

未爲一一辨明，然比類而觀，互相勘校，其得失亦粲然具見矣。”①

是年，汪梧鳳生，王傑生，王昶生，程瑶田生，戴祖啓生。

汪梧鳳(1725—1772)，字在湘，號松溪。徽州歙縣西溪人。西溪不疏園主人，汪灼(1748—1821)之父。中舉後不應會試，以讀書自娱。其父汪泰安建不疏園，藏書極富。乾隆十七至十九年(1752—1754)，戴震應汪梧鳳之請，授課汪灼，江永亦應聘至汪氏不疏園。汪梧鳳與戴震等均師從江永，而梧鳳常與戴震、鄭牧、金榜等探討學問，時稱戴震深於經，鄭牧精於史，梧鳳熟於子。江永、戴震等師弟游學於不疏園，於奠定乾嘉皖派學術意義極大，於戴震治學之路亦影響極大。

程瑶田(1725—1814)，字易田，後改字易疇，號讓堂、萁荷。徽州歙縣人。與戴震同師事於江永，平生以著述爲事，通音樂，能書法，旁及詩歌，精於鑒别，亦能篆刻，所繪墨蘭頗有逸趣。阮元《疇人傳》卷四九：“少與休寧戴震相友善，故其經術最深。生平潛心實學，精於鑒别，尤肆力於《考工記》，旁涉六書九數。蓋以其治經考古，皆莫離乎書、數二事。”②其著述有《通藝録》十九種，含《喪服文足徵記》《宗法小記》《溝洫疆里小記》《禹貢三江考》《九穀考》《磬折古義》《水地小記》等。

王傑(1725—1805)，字偉人，號惺國，陝西韓城人。乾隆二十六年(1761)狀元。遷内閣學士，授刑部侍郎，調吏部，擢左都御史等職。王傑於乾隆四十二年(1777)十月任四庫舘副總裁。

王昶(1725—1806)，字德甫，號述庵，又號蘭泉，江蘇青浦(今屬上海市)人。乾隆十九年(1754)進士，官至刑部右侍郎。工詩文，爲學無所不通，尤精於《易》。有《春融堂詩文集》《金石萃編》等。

戴震自乾隆十九年(1754)至京師，即與錢大昕、紀昀、王昶等交

① 永瑢等:《四庫全書總目》，北京:中華書局1965年版，第278頁。

② 阮元:《疇人傳》，見《續修四庫全書》第516册，上海:上海古籍出版社2002年版，第489頁。

游。乾隆二十四年(1759),爲王昶作《鄭學齋記》。乾隆四十一年(1776)王昶回京師後,頻招戴震等京師學者聚其府中。戴震卒,王昶約於當年冬撰《戴東原先生墓誌銘》,詳述其生平及學術。

戴祖啓(1725—1783),字敬咸,號東田,又號未堂,江蘇上元(今南京)人,祖籍徽州休寧。乾隆二十七年(1762)與戴震同舉於鄉,時有"二戴"之稱。乾隆四十三年(1778)進士,授中書舍人,官至國子監學正。嘗主講關中書院。宗宋儒,篤經籍,善詩文。著有《尚書協异》《史記協异》《師華山房文集》等。錢大昕《國子監學正戴先生墓誌銘》:"乾隆四十有八年三月十四日,國子監學正上元戴先生卒,春秋五十有九。嗚呼!先生,今之經師也。往歲壬午,與族人東原同舉於鄉,一時有二戴之目。予與東原交最久,東原殁後,始得交先生,而意氣相投,猶東原也。"①

戴祖啓《師華山房文集》卷三《答衍善問經學書》有論及戴震之語:"今之經學則不然:六經之本不必上口,諸家之義訓無所動心,所習者《爾雅》《説文》之業,所證者《山經》《地志》之書,相逐以名,相高以聲,相辨以無窮。其實身心不待此而治也,天下國家不待此而理也,及其英華既竭,精力消耗,珠本無有,櫝亦見還,則茫然與不學之人同耳。吾家東原蓋痛悔之,晚嬰末疾,自京師與余書曰:'生平所記都茫如隔世,惟義理可以養心耳。'又云:'吾向所著書,彊半爲人竊取。'不知學有心得者,公諸四達之衢而人不能竊也。"②王芑孫《師華山房文集序》所記略同。

是年,陳夢雷、蔣廷錫等編纂之大型類書《古今圖書集成》告成,凡一萬卷。

理學家張伯行(1652—1725)卒。張伯行,字孝先,河南儀封(今

---

① 錢大昕:《潛研堂文集》卷四六,《潛研堂集》,上海:上海古籍出版社 2009 年版,第 814 頁。

② 戴祖啓:《師華山房文集》卷三,見《清代詩文集彙編》第 359 册,上海:上海古籍出版社 2010 年版。

河南蘭考)人,康熙譽其“操守爲天下第一”,學宗程、朱,著有《正誼堂文集》《續近思録》《廣近思録》《性理正宗》等。

吕留良遺著《吕晚村先生文集》八卷及《續集》四卷是年刊行。

是年,年羹堯下獄,明年初雍正賜其自裁於獄中。年羹堯(1679—1726),字亮工,平定西藏之亂,多建戰功,官至川陝總督、撫遠大將軍,一時極受雍正寵倖,而旋遭忌恨。

三月,年羹堯以日月合璧、五星聯珠,賀奏朝廷,而奏摺誤書“朝乾夕惕”爲“夕陽朝乾”。雍正以此爲由,斥責之曰:“年羹堯平日非粗心辦事之人,直不欲以‘朝乾夕惕’四字歸之於朕耳……今年羹堯既不以‘朝乾夕惕’許朕,則年羹堯青海之功,亦在朕許與不許之間,而未定也。朕今降旨詰責,年羹堯必推託患病,係他人代書。夫臣子事君,必誠必敬,陳奏本章,縱係他人代書,豈有不經目之理。觀此,則年羹堯自恃己功,顯露不敬之意,其謬誤之處,斷非無心。此本發與年羹堯,令其明白回奏。”[①]朝野聞風而動。四月,年羹堯被貶杭州將軍;七月,復革去年羹堯將軍,授以閑散章京。朝臣紛紛彈劾年羹堯。十一月,年貴妃(年羹堯之妹)薨。十二月,雍正削奪年羹堯一切官爵,列其大罪九十二條,令其自裁。

十月,汪景祺文字獄案發。

汪景祺(1672—1726),字無已,浙江錢塘(今杭州)人。雍正二年(1724)謁年羹堯,上書稱年爲“真君子”“大丈夫”“宇宙之第一偉人”等。又著《讀書堂西征筆記》,抨擊時政,譏議聖祖謚法、雍正年號等。年羹堯事發,《讀書堂西征筆記》爲人搜查并上奏朝廷。十二月,雍正諭旨:汪景祺大逆不道,當處極刑。姑從大臣所擬,著將其斬立決并梟首示衆,其妻子發遣黑龍江等地。

是年,鄂爾泰任江蘇布政使,重修蘇州紫陽書院。

---

① 《清世宗實録》卷三〇,《清實録》第七册,北京:中華書局1986年版,第461頁。

雍正四年丙午(1726)　四歲

戴震在鄉。

【時事】

是年,《古今圖書集成》一萬卷纂成後,以新制銅活字排印刊行。

《古今圖書集成》由康熙四十年(1701)諭旨編纂[①],初名《古今圖書彙編》,至是年始最後纂成并排印。陳夢雷、蔣廷錫先後主編。是書總一億六千萬字,内容堪稱包羅萬象。

是年初,汪景祺被判斬首,後示衆達十年之久。

錢名世"名教罪人"案起。錢名世,字亮工,江蘇武進人,康熙四十二年(1703)探花。因頌年羹堯平藏之功,被雍正定爲"名教罪人",又詔令在京科舉出身官員各爲詩文,大張撻伐。雍正四年(1726),彙集 385 人詩歌并冠以雍正諭旨,名曰《名教罪人》刊行。雍正頒諭曰:"錢名世頌揚奸惡,措詞悖謬,但其所犯尚不至於死。伊既以文詞諂媚奸惡,爲名教所不容,朕即以文詞爲國法,示人臣之炯戒。著將錢名世革去職銜,發回原籍。朕書'名教罪人'四字,令該地方官製造匾額,張掛錢名世所居之宅。"[②]錢名世奉雍正御書"名教罪人"并《名教罪人》詩集回鄉。雍正又令常州知府及武進縣令,每月須檢查其所書"名教罪人"之匾是否懸掛端正。

查嗣庭試題案起。查嗣庭(? —1727),字潤木,浙江海寧人。康熙四十五年(1706)進士,得隆科多推薦,任内閣學士兼禮部侍郎,出任江西鄉試主考官,清廷因其所出試題有怨望譏刺内容,將其下獄。明年死獄中,被戮屍示衆;子坐死。其兄查慎行(1650—1727,字悔

---

① 《古今圖書集成》之編纂,初由陳夢雷呈書康熙第三子胤祉,得胤祉支持并上呈康熙。雍正即位後,因憤於胤祉與前太子胤礽親近,乃罰胤祉守陵,將陳夢雷流放,命蔣廷錫重新修訂《古今圖書集成》;又爲消除此書與胤祉之關係,并息朝野之議,雍正遂將《古今圖書集成》歸功於先帝。

② 《清世宗實録》卷四四,《清實録》第七册,北京:中華書局 1986 年版,第 467～468 頁。

余,號初白,文學家)因年老被釋。雍正以汪景祺、查嗣庭俱爲浙江人,罰停浙江鄉試、會試三年。

九月,雍正諭旨,命學官務必努力化導士民:“士習不端,民風何由而正? 其間關係,極爲重大。……凡爲學臣者,務須持正秉公,宣揚風化,於教官之稱職者,即加薦拔,溺職者,即行參革。爲教官者,訓誨士子,悉秉誠心,如父兄之督課子弟。……如此各盡其道,則士子人人崇尚品詣,砥礪廉隅,不但自淑其身,而群黎百姓,日聞善言,日觀善行,必共生感發之念,風俗之丕變,庶幾其可望也。”①

十月,雍正以浙人汪景祺、查嗣庭“肆行訕謗”,設“觀風整俗使”於浙江,以督查士人言行。後廣東、福建、湖南等省亦皆設置。

是年,京報報房探報人何遇恩、邵南山以“捏造小鈔,刊刻散佈,以無爲有”之罪名被殺。

雍正五年丁未(1727) 五歲

戴震在鄉。

【時事】

是年十月,徽州婺源學者汪紱著《六禮或問》十二卷成。

理學家胡方卒。胡方(1654—1727),字大靈,廣東新會人,理學家,著《白沙子論》等,捍衛陳獻章(1428—1500)學説。陳獻章,字公甫,廣東新會人,世稱“白沙先生”。明思想家,爲明代心學之先驅。

學者陳大章卒。陳大章(1659—1727),字仲夔,湖北黄岡人,著《毛詩名物集覽》十二卷、《讀史隨筆》等。

沈近思卒。沈近思(1671—1727),字位山,浙江錢塘(今杭州)人。康熙三十九年(1700)進士。著有《學易偶見録》《學詩偶見録》《夙興録》等。《清史稿》卷二九〇《沈近思傳》:“(雍正)四年,充江南

① 《清世宗實録》卷四八,《清實録》第七册,北京:中華書局 1986 年版,第 732~733 頁。

鄉試考官。例以鄉試録進呈，上嘉近思命題正大，策問發揮性理，諭獎之。時侍郎查嗣庭、舉人汪景祺以誹謗獲罪，停浙江人鄉、會試。近思疏言：'浙省乃有如嗣庭、景祺者，越水增羞，吴山蒙耻！'因條列整飭風俗，約束士子，凡十事。上曰：'浙省有近思，不爲習俗所移，足爲越水、吴山洗其羞耻！'所陳委曲詳盡，下巡撫李衛、觀風整俗使王國棟，如議施行。"①又論曰："聖祖以朱子之學倡天下，命大學士李光地參訂性理諸書，承學之士，聞而興起。(方)苞與光地誼在師友間，(楊)名時、(王)蘭生、(魏)廷珍、(蔡)世遠皆出光地門。(胡)煦亦佐光地修書，得受裁成於聖祖。(黄)叔琳，苞友，(雷)鋐又出世遠門，淵源有自。獨近思未與光地等游，而學術亦無异，雍正初，與世遠、苞先後蒙特擢。壽考作人，成一時之盛，聖祖之澤遠矣。"②

史學家趙翼生。趙翼(1727－1814)，字雲崧，號甌北，江蘇陽湖(今江蘇常州)人。乾隆二十六年(1761)進士。擅詩文，精於史學，所著《廿二史札記》與錢大昕《廿二史考异》、王鳴盛《十七史商榷》齊名。

是年，雍正頒詔，除徽州府"伴當"、寧國府"世僕"等細民籍，令可改入民籍。

是年正月，太常寺卿鄒汝魯進《河清頌》，因有"舊染維新，風移俗易"等"悖謬"之語，清廷以爲"顯係譏訕，甚屬可惡"而革去其職，發配勞役。

五月，結查嗣庭案。查嗣庭三月自殺於獄中，遭戮屍梟示，族兄均斬立决，唯查慎行因年老獲釋南還，數月亦卒。

十二月，徽州休寧人汪由敦(1692－1758)爲翰林院編修，充日講官。

---

① 趙爾巽等：《清史稿》，北京：中華書局 1977 年版，第 10280 頁。

② 趙爾巽等：《清史稿》，北京：中華書局 1977 年版，第 10282 頁。

雍正六年戊申(1728)　六歲

戴震在鄉。

【時事】

是年,蘇州學者沈彤著《書校本京房易傳後》。

汪紱著《樂經或問》三卷成。

《古今圖書集成》10000 卷全書印成,共印 64 部。

是年,錢大昕生,鮑廷博生,方矩生。

錢大昕(1728－1804),字曉徵,一字及之,號辛楣,又號竹汀居士,江蘇嘉定(今屬上海市)人。乾隆十九年(1754)進士,官至侍講學士、少詹事。乾隆四十年(1775)父喪歸里,引疾不出,歷主鍾山、紫陽等書院,潛心講學、著述。

錢大昕爲乾嘉著名學者,經學、史學、小學、曆算、考據、金石諸學盡皆精通,巋然一代學術大師。著述有《十駕齋養新録》《廿二史考异》《諸史拾遺》《潛研堂集》等。《清史稿》卷四八一本傳:"大昕始以辭章名,沈德潛吴中《七子詩選》,大昕居一。既乃研精經、史,於經義之聚訟難決者,皆能剖析源流。文字、音韵、訓詁、天算、地理、氏族、金石以及古人爵里、事實、年齒,瞭若指掌。古人賢奸是非疑似難明者,典章制度昔人不能明斷者,皆有確見。惟不喜二氏書,嘗曰:'立德立功立言,吾儒之不朽也。先儒言釋氏近於墨,予以爲釋氏亦終於楊氏爲己而已。彼棄父母而學道,是視己重於父母也。'"①

乾隆十九年(1754),戴震初至京師,寓新安會舘(即歙縣會舘,今北京市西城區宣武門外大街西側),饘粥不繼。時錢大昕寓居椿樹胡同(今北京市西城區宣武門外大街東約 200 米,距新安會舘極近),戴震偶得攜書造訪,錢大昕驚其博學,目爲奇人,且舉薦於秦蕙田等京

① 趙爾巽等:《清史稿》,北京:中華書局 1977 年版,第 13194 頁。

師學者，闕下一時得聞戴震之名。錢大昕可謂戴震京師第一知音，爲戴震學術影響之擴大乃至學術轉嚮助力甚巨。錢大昕與戴震之間學術交往二十餘年，既有相互問難，更有相互推重。

鮑廷博（1728－1814），字以文，號淥飲，徽州歙縣人，徙居浙江桐鄉。累世營商，家境富饒。廷博以父嗜書，乃廣購圖書，尤喜搜羅善本，遂爲浙中藏書大家，而顏其齋曰“知不足”。乾隆三十七年（1772），清廷詔求遺書，廷博進獻藏書 626 種。嘉慶間，刻《知不足齋叢書》30 集 208 種，皆爲足本，校讎精善，爲學林所重。

方矩（1728－1789），一名根矩，字晞原（一作“希原”）。徽州歙縣靈山（今屬黄山市徽州區）人。貢生。乾隆十八年（1753），江永講學歙縣西溪汪氏不疏園，方矩曾來就學，與戴震、鄭牧、汪肇龍、程瑶田、金榜等數人同師江永，在徽派樸學陣營中與同門戴震、金榜、程瑶田、汪肇龍、鄭牧、汪梧鳳并稱爲“江門七子”。而戴震等又時至靈山方矩處討論學術。

姚鼐《方晞原傳》曰：“方根矩，歙人，晞原其字也。爲歙諸生，工爲文，其文用意高遠，非今世之所謂時文者也。……余始聞方晞原之名自戴東原。東原爲言新安士三：曰鄭用牧、金蕊中及晞原也。”①

方矩事迹，文獻載録甚少。許承堯《歙事閑譚》卷二三有《方晞原佚事》一則云：

> 余於方晴初家，見汪容父（中）書一扇云：“哀樂闌心欲老身，親知零落感前塵。豈知千里江山外，三十年交尚數人。此余過皖口贈人作也。比至漢上，則舊友多逐食於此，有羈旅之感，有晏談之樂。若夫通經學古，内行淳篤，則方晞原；好古工篆隸，慷慨善交，則巴予藉（慰祖）。二子皆中同鄉，且故交，而同聚是地。知人生會合之緣，不可前知，同方合志之友，尤爲難得。晞原已老，而予藉及中皆多病。首夏過予藉齋中，書此於便面。予藉長

① 姚鼐：《惜抱軒文集》卷十，《惜抱軒全集》，北京：中國書店 1991 年版，第 110～111 頁。

客漢上，九月十月之交，晞原將歸營葬事，中將歸除服。他日三人者相見，出此書，當有尊前健在之喜，將舉酒以酧之。己酉年古唐汪中書别。”

按：方晞原事實不多見。程讓堂（瑶田）《修辭餘鈔》中有《方晞原詩序》云：“詩，道性情者也。必有什佰流輩之性情，然後能爲什佰流輩之詩，故曰：言，心聲也。仁義之人，其言藹如。夫不仁義而能仁義言者有之，然求其‘藹如’者弗可得也。彼爲詩者，曷嘗不貌漢、魏人之格調，襲盛唐人之聲律，而求其所以爲漢、魏、盛唐者無有也，夫性情之故亦微矣哉。吾乃今而後可以論吾晞原之詩矣。吾之交於晞原也，晞原年逾弱齡，而吾年亦向立矣。雖淡以成之，然苟相視輒莫逆於心，或行事失趣，則以諍友相勗，即聲色加之，心無芥蔕也。吾師座芍陂先生爲湖北按察使，招余爲世弟句讀師。明年癸卯，先生升山西方伯，余將從之行。見晞原，語半，更端白余曰：‘子年近六十矣，鄉舉後五上公車。苟當售，即不報罷。繼自今，間容人矮屋中，何復太自苦？’余曰：‘然。’已又白余曰：‘芍陂先生初以翰林擢諫垣，屢膺衡文任，出爲監司，薦升方伯，官至二品，亦榮矣。今年距周甲三歲耳。子出先生門，明進退之義，賢者固貴進取，然名遂身退，壯行老休，亦天之行也。子能從旁一言之乎？’余曰：‘然。’當是時，晞原奔父喪來漢皋，漢皋與武昌夾江相望，故瀕行來别晞原也。晞原居憂三年，歲丙午服闋矣。當是時，今吏部尚書署安徽巡撫朱公，以某部侍郎奉主命主考江南，而晞原則公之兄竹君學士督學安徽時以爲所得士之冠，於是名譽滿京師，故公久慕其人，而無由識之。今主考江南，即欲得之摸索中，而晞原則閉户空山，有非浮雲之所能觸者矣。向者漢皋與吾言，其心聲之感而遂通者乎？晞原卒，歲在己酉，時余爲嘉定學官。越三年，余歸。其子起泰、起謙從余遊，奉尊府詩一卷，請余論定。余於晞原詩，復何言哉？歲不吾與，於今又七年矣。當世知詩者不乏人，請爲道晞原之性情如此，即不讀晞原詩，而其詩有不邈焉千古也哉！”①

是年三月，魏廷珍奏徽州歙縣鄉民違例演戲，應禁止。

八月，清廷命推廣北京官話。

九月，曾静、張熙案起。曾静（1679—1735），湖南永興人，縣學生員，因贊同吕留良著作中“夷夏之防”“井田封建”等語，遣其徒張熙（？—1735）往浙江訪書。張熙結識吕留良之子吕毅中、門徒嚴鴻逵等。曾静授意，張熙化名張倬，投書川陝總督岳鍾琪，勸其反清。岳誘其供出主謀曾静等人，隨即奏聞朝廷，曾静、張熙遭拘拿審訊。雍正命各省緝捕張熙供出之人物。十月，擴大爲吕留良文字獄。

吕留良（1629—1683），字莊生，號晚村，浙江崇德（今浙江桐鄉）人，諸生。拒絶出仕清廷，并有反清言詞見諸詩文。因曾静受訊時供出嚴鴻逵及其師吕留良，清廷嚴查吕留良著作及言論，雍正痛斥吕留良悖逆、不知大義。曾静案起時，吕留良及其長子吕葆中（？—1707）均已作古。是年十一月，浙江總督李衛遵旨拘捕吕留良子孫及門徒嚴鴻逵、沈在寬等，吕留良所著《吕子文集》亦被查繳。

是年，清廷命各省重修本省通志，務期考據詳明，采摭精當，以臻完善。

是年，法國傳教士馬若瑟於廣州著《中文札記》，爲西方學者研究中國文字開創之作。

雍正七年己酉（1729）　七歲

戴震在鄉。

【時事】

是年，桐城劉大櫆舉副貢。

余蕭客生，朱筠生。

---

① 許承堯：《歙事閑譚》，合肥：黄山書社2001年版，第811～813頁。

余蕭客(1729－1777)[①],字仲林,别字古農,江蘇長洲(今江蘇蘇州)人。受業於惠棟。曾繼趙一清後,於戴震之前與修《直隸河渠書》。著《文選音義》八卷、《古經解鉤沉》三十卷等,戴震曾爲之撰《古經解鉤沉序》。

朱筠(1729－1781),字竹君,號笥河,順天大興(今北京)人。乾隆十九年(1754)進士。乾隆三十六年(1771)出任安徽學政,邵晉涵、章學誠等隨行,後洪亮吉、王念孫等亦均入幕中,一時學風甚濃;此間,朱筠表彰徽州學者江永、汪紱。三十七年(1772),奏請清廷采録《永樂大典》,并行校書之事,促成《四庫全書》之輯纂。朱筠與戴震亦有較多學術交游,然其於戴震著《孟子字義疏證》批評理學頗有微詞,洪榜撰《上朱笥河先生書》,力辯戴著"有功於六經、孔、孟之言甚大"。

是年,清廷治曾静、吕留良案。

六月,清廷命九卿等議吕留良弟子嚴鴻逵之罪。雍正諭内閣:"浙江逆賊吕留良,凶頑梗化,肆爲誣謗,極盡悖逆。乃其逆徒嚴鴻逵者,實爲吕留良之羽翼,推尊誦法,備述遺言,又從而恢張揚厲以附益之,其詞有較吕留良爲尤甚者。夫吕留良以本朝諸生,追附前明儀賓之末裔,無端反噬,憤懣倡狂,已屬從古亂臣賊子中素罕見。至若嚴鴻逵,自其祖父已爲本朝之編氓,踐土食毛,戴高履厚。嚴鴻逵之於明代,豈有故君舊國之思,而於我朝,實被遂生樂育之澤,何所庸其感忿,何所庸其追憶,而亦敢效輩乎?……似此悖逆叛亂之人煽惑民心,且獲罪於聖祖皇帝,與吕留良黨惡共濟,其罪不容於死。"[②]

六月,陸生枏(? －1729)因著《通鑒論》"借古非今"被殺於阿勒泰。謝濟世(1689－1755)因注疏《大學》《中庸》"譭謗程、朱",亦獲

---

① 關於余蕭客生卒年,任兆麟《余君蕭客墓誌銘》:"君没於乾隆四十二年某月日,年四十有九。"沈德潜《文選音義序》:"布衣余仲林,年三十,……今歲七月,以所著《文選音義》……問序於余。……乾隆戊寅(按:1758 年)秋七月,長洲沈德潜題。"任、沈所載均可信從。而江藩《漢學師承記·余古農先生》:"卒年四十有七。"吴修《續疑年録》:"余古農年四十七,雍正十年壬子生,乾隆四十三年戊戌卒。"江、吴所記均有小誤。

② 《清世宗實録》卷八二,《清實録》第八册,北京:中華書局 1986 年版,第 85 頁。

罪，與之同刑，後被赦充軍。

九月，雍正命將有關曾静案諭旨及曾静等人口供彙編刊刻，是爲《大義覺迷録》，全國頒行，務使萬民共知。

九月，廣東連州前任知州朱振基因私設吕留良牌位、建祠奉祀，被告發獲罪。

是年，劉湘煃因藏顧祖禹《讀史方輿紀要》，爲怨家告發其私藏禁書，被捕下獄，不久獲釋。

劉湘煃，生卒年不詳，字允恭，湖北江夏（今屬武漢市）人。性穎悟，有經世之志。傾服顧炎武、梅鼎祚、顧祖禹等學者，師事梅鼎祚，爲梅氏所推許。後感於其道不行，歸鄉著書以終老。

雍正八年庚戌（1730）　八歲

戴震在鄉。

【時事】

是年，汪紱著《琴譜》一卷成。

周永年生，畢沅生，余廷燦生，陳樹華生，韓夢周生。

周永年（1730—1791），字書昌，山東歷城（今山東濟南）人，乾隆三十六年（1771）進士。三十八年（1773）四庫館開，與戴震、邵晋涵、余集、楊昌霖等同徵入館，時稱“五徵君”。在館期間，於《永樂大典》輯佚文獻，負責子部書籍纂修。《清史稿》卷四八一本傳：“永年在書館，好深沉之思，四部兵、農、天算、術數諸家，鉤稽精義，褒譏悉當，爲同館所推重。見宋、元遺書湮没者多見采於《永樂大典》中，於是抉摘編摩，自永新劉氏兄弟公是、公非《集》以下，凡得十餘家，皆前人所未見者，咸著於録。”①

畢沅（1730—1797），字纕蘅，號秋帆，江蘇鎮洋（今江蘇太倉）人。

① 趙爾巽等：《清史稿》，北京：中華書局 1977 年版，第 13210～13211 頁。

乾隆二十五年(1760)狀元,官至湖廣總督。畢沅博通經史,精於小學、金石、地理等,領銜撰著《續資治通鑒》220卷。戴震曾與之有多次交游。乾隆三十八年(1773)畢沅擢陝西巡撫,乾隆四十一年(1776)進京面聖後,專訪戴震,戴震曾作《送巡撫畢公歸西安序》(詳見本譜"乾隆四十一年"下);乾隆四十二年(1777)初,畢沅欲招戴震赴陝,戴震以路途太遠難以養親謝絶。

余廷燦(1730—1798),字卿雯,號存吾,湖南長沙人。乾隆二十六年(1761)進士,授翰林院檢討,充三禮館纂修,以母老辭歸,居喪以孝聞。余廷燦學綜經史諸子,於象緯、句股、律吕、音韵均能提要鈎玄。據《清國史》之《儒林傳》下卷卷八《王文清附余廷燦傳》:"嘗與休寧戴震、河間紀昀相切劘。"[①]余氏似與戴震、紀昀等均有交往。然余廷燦所撰《戴東原先生事略》明言:"廷燦未識君面,而喜讀君書。後君之死十有二年來京師,從士大夫之後,日聞君之學與君之人。恐久就墜逸,因叙次其事略,以待史舘采擇焉。"則余廷燦并未獲交戴震,或因余氏在京師與戴震好友紀昀等多有交游,後人誤記之。然余氏治學,確受戴震影響至深,且其既能轉益多師,又不盲目信從;既推崇戴震,又能對戴氏《周禮太史正歲年解》有所指正(見其《周禮太史正歲年説》)。今存有《存吾文稿》四卷。余氏因推崇戴震,曾撰《戴東原先生事略》(見本譜"乾隆四十二年"下)。

《存吾文稿》卷首收録余廷燦之子余永賢等《先府君行狀》曰:"府君生於雍正七年十二月二十五日丑時,卒於嘉慶三年二月二十四日戌時,享壽七十。"雍正七年十二月二十五日當爲公元1730年2月12日。而梅新林、俞樟華主編《中國學術編年·清代卷》"嘉慶三年"下載余廷燦生年爲雍正十三年(1735)[②],實誤。

陳樹華(1730—1801),字芳林,江蘇元和(今江蘇蘇州)人。《清

---

① 《清國史》第十二册,北京:中華書局1993年影印嘉業堂鈔本,第600頁。

② 梅新林、俞樟華主編:《中國學術編年·清代卷中》,上海:華東師範大學出版社2013年版,第1093頁。

史列傳》:"乾隆元年,蔭貢生。……棄官歸里,遍考地理傳記、子史别集,與《左氏》經傳及注有异同者,成《春秋内傳考證》五十一卷。同時戴震、盧文弨、金榜、王念孫皆服其該洽。"①

韓夢周(1730—1798),字公復,號理堂,山東濰縣(今濰坊)人。乾隆二十二年(1757)進士。著有《理堂文集》十卷等。《清史列傳》卷六七《韓夢周傳》曰:"夢周爲學,以存養爲根本,省察爲修治,窮理爲門户,篤守程、朱,檢身若不及。……又不喜戴震《孟子字義疏證》,謂程、朱以理爲我所本有,學以復之;戴氏以理爲我所本無,但資之於學。即此觀之,孰爲得失,不待繁證深辨也。"②

王蘭生(1679—1737),字振聲,直隸交河人,於是年任安徽學政,與江永論學。江永《律吕闡微·卷首》:"聖祖論樂五條,理閡至極,臣庶未易得聞者。雍正庚戌,交河王公蘭生爲學政,視學徽郡,試竣後,召臣至署,縱言至於《樂》。"

是年二月,浙江紹興唐孫鎬作揭帖(文告),爲吕留良辯護,爲給事中唐繼祖告發并監押,五月死獄中。雍正於唐繼祖奏摺上批語:"似此妄匪之類,便令伊殺身以成其臭名,亦屬便宜他。可將此諭密密消滅,不要説曾奏聞,不可令人知有此事。"

二月,曾静獲釋後,著《歸仁説》,宣揚"本朝得統之正"及雍正聖德。雍正授意其往各地"現身説法,化導愚頑"。

六月,雍正密諭浙江總督李衛,嚴查吕留良子孫,令無有漏網者。

十月,翰林院庶吉士徐駿(徐乾學之子)文字獄案發。徐駿因事上奏,誤書"陛下"爲"狴下",雍正怒其粗率,遂命檢查其詩文。駿所著《堅蕉詩稿》等,爲大學士張廷玉等奏其"狂縱譏諷"。徐駿處斬立决,文稿盡被銷毁。

---

① 王鍾翰點校:《清史列傳》,北京:中華書局 1987 年版,第 5518 頁。按:陳樹華生卒年據段玉裁《陳芳林墓誌銘》(《經韵樓集》卷八);《清史列傳》謂陳樹華"乾隆元年蔭貢生"有誤,乾隆元年(1736)陳樹華僅七歲。

② 王鍾翰點校:《清史列傳》,北京:中華書局 1987 年版,第 5390~5391 頁。

十二月，雍正再下諭："吕留良悖逆不臣之心，假託先儒糟粕餘論，欺世盗名，以致人心陷溺。爲其迷惑已久，愚昧之徒，稱爲夫子，幾謂其駕乎程、朱之上，甚至奉祀書院以尊崇之。今其逆謀穢行無不敗露，天下焉有喪滅倫常猶得託名於理學之林，而著作尚有可取者乎？今内外臣工等合詞陳奏，朕思吕留良之罪，從前諭旨甚明，在天理國法萬無可寬。然天下至廣，讀書人至多，或者千萬人中，尚有其人，謂吕留良之罪不至於極典者。朕慎重刑罰，誅奸鋤叛必合乎人心之大公，以昭與衆棄之之義。至其所著書籍，臣工等奏請焚毁。復思吕留良不過盗襲古人之餘緒，以肆其狂誕空浮之論，有識見者固不待言，即當日被其愚惑者，今亦自然窺其底裹而嗤笑之也。況其人品心術若此，其言更何可取？今若焚滅其迹，假使毁棄不盡，則事屬空文；倘毁棄盡絶，則將來未見其書者，轉疑伊之著述實能闡發聖賢精藴，而惜其不可復得也。即吕留良書籍中有大逆不道之語，伏思我聖祖仁皇帝聖德神功，際天蟠地如日月之照臨宇宙，萬古爲昭，豈吕留良所能虧蔽於萬一乎！"①

是年，清廷命建賢良祠。祠在京師地安門外，祀王公大臣及有功於國者。

《清史稿》卷八七《禮志六》："雍正八年詔曰：'古者大烝之祭，凡法施於民，以勞定國者，皆列祀典，受明禋。我朝開國以後，名臣碩輔，先後相望。或勳垂節鉞，或節厲冰霜，既樹羽儀，宜隆俎豆。俾世世爲臣者，觀感奮發，知所慕效。庶明良喜起，副予厚期。京師宜擇地建祠，命曰賢良，春、秋展祀，永光盛典。'乃營廟宇在地安門外西偏，正殿、後室各五楹，東、西廡，歲春、秋仲月，諏吉，遣官致祭。"②

① 《清世宗實録》卷一〇一，《清實録》第八册，北京：中華書局 1986 年版，第 340 頁。

② 趙爾巽等：《清史稿》，北京：中華書局 1977 年版，第 2601 頁。

雍正九年辛亥(1731)　九歲

戴震在鄉。

凌廷堪《戴東原先生事略狀》、程瑶田《五友記》均載戴震“九歲始能言”。《段譜》等則謂十歲始能言。

《魏譜》:

先生年九歲。始能言。(程瑶田《通藝録·修辭餘鈔·五友記》。)按洪《狀》、王《墓誌銘》、《段譜》、凌《事略狀》(按:此魏氏誤記)、江《記》均作十歲,大概是舉其成數而言的;程氏親述其摯友,所説當較可信,所以就將此語從程氏説列在九歲的時候。然而九、十兩字并無多大關係,我們看了這種記載總不免覺得有些神秘。中國人最愛講靈异的,凡是一個大人物,往往就把他變作神話化的非常人,於是就會附會出種種的奇异事迹來。東原先生能説話的時候晚一點,這或者是事實。至於段氏説:“先生是年乃能言,蓋聰明藴蓄者深矣!”(在十歲下。)這種“得天獨厚”的觀念,我們却不可有。

《段譜》十歲之下云:“就傅讀書,過目成誦;日數千言不肯休。授《大學章句》,至‘右經一章’以下,問塾師曰……師無以應,曰:‘此非常兒也!’”洪《狀》、王《墓誌銘》、江《記》也都這樣説。這件事實的有無,我們不能斷定;總之東原先生的求是精神幼年時代早就有了。但是段氏把“十(或九)歲乃能言”與就傅詁師編在一年,我們不免要起疑惑。十歲始能言及十歲就傅,兩件事似乎不能并確。洪榜作先生的《行狀》,程瑶田作《五友記》,自然是時近誼切,較爲翔實;但是這事理的證明也不能少。况且東原先生自己與是仲明的信裏説:“僕自少時家貧,不獲親師;聞聖人之中有孔子者,定六經示後之人,求其一經啓而讀之,茫然無覺。”(《與是仲明論學書》。)他自己説“少不獲親師”,所以余廷燦作先生《事略》曰："少家貧，無以親師友，亦不喜隨人治世俗學；聞孔子定六經示後人，求其一經讀之，茫然無覺悟。"這種事實的有無和真假既不能定，而前人傳說又很盛的，我們祇好寫在這裏，由大家自己斷定。

凌廷堪《戴東原先生事略狀》："生九歲，始能言。"[①]

程瑶田《五友記》："東原生九歲始能言。"[②]

凌廷堪、程瑶田之説與《段譜》稍异，詳見本譜"雍正十年"下。

【時事】

是年，汪紱著《四書詮義》十五卷成。

陸費墀生，朱珪生，姚鼐生。

陸費墀(1731—1790)，字丹叔，號頤齋，浙江桐鄉人。乾隆三十一年(1766)進士。四庫舘開，任總校官、副總裁。乾隆五十二年(1787)，以續繕文瀾、文匯、文綜三閣《四庫全書》有違礙内容未經删削，罰總校陸費墀承擔各項修改費用。陸憂憤而卒。至其卒後仍抄没其家。

朱珪(1731—1806)，字石君，號南厓，順天大興(今屬北京)人。朱筠之弟。乾隆十三年(1748)進士。官至協辦大學士，進太子太傅。《清史稿》卷三四〇本傳："(朱珪)卒，上(嘉慶)親奠，哭之慟。贈太傅，祀賢良祠，賜金治喪。詔：'珪自爲師傅，凡所陳説，無非唐、虞、三代之言，稍涉時趨者不出諸口，啓沃至多。揆諸謚法，足當"正"字而無愧，特謚文正。'又見其門庭卑隘，清寒之況，不減儒素。命内府備筵，遣皇子加奠。"[③]乾隆三十四年(1769)，戴震第三次會試不第，時朱珪任山西布政使，邀戴震赴山西講學兼修纂史志，戴震因游晋三年。

姚鼐(1731—1815)，字姬傳，世稱"惜抱先生"，安徽桐城人。師

---

① 凌廷堪著，王文錦點校：《校禮堂文集》卷三五，北京：中華書局1998年版，第313頁。

② 程瑶田著，陳冠明等校點：《程瑶田全集》第三册，合肥：黄山書社2008年版，第311頁。

③ 趙爾巽等：《清史稿》，北京：中華書局1977年版，第11049頁。

事劉大櫆，與方苞、劉大櫆并稱“桐城派三祖”。乾隆二十八年(1763)進士。官刑部郎中。四庫館開，薦爲編修，因與同僚意見不合，乞歸。主江南紫陽、鍾山等書院四十年。著有《惜抱軒全集》等，纂輯《古文辭類纂》，影響甚大。

姚鼐由初期欲師從戴震到後期屢次批評戴震，至詈其“身死嗣絶”，令人感慨。詳見本譜“乾隆二十年”及“乾隆三十九年”下。

是年十一月，汪由敦爲翰林院編修，充日講官。

十二月，清廷將輯纂之《駁吕留良四書講義》刊刻，頒布學宫。先是，翰林顧成天奏稱：吕留良所刊《四書講義》《語録》等粗鄙膚淺，毫無發明，宜敕學臣曉諭多士勿惑於邪説。雍正因命大學士朱軾等詳加檢閲，逐條摘駁，纂輯成帙，是爲《駁吕留良四書講義》。

是年，杭世駿與修《浙江通志》，創“經籍”一志，并撰《兩浙經籍志序》。

雍正十年壬子(1732)　十歲

戴震在鄉，始就塾讀書[①]。塾師授以《四書》，戴氏始讀書即能深思明辨。

《段譜》：

> 十年壬子，十歲。先生是年乃能言，蓋聰明蘊蓄者深矣。就傅讀書，過目成誦，日數千言不肯休。授《大學章句》，至“右經一

---

① 戴震《與是仲明論學書》曾言：“僕自少時家貧，不獲親師。”對此，學界頗有争議。胡明輝所論頗值得關注，胡先生認爲：18世紀中國基礎教育包括雙層體制，一是相對低級的社學和義學，主要傳授基本的識讀技巧；二是相對高級的族學或私塾，主要提供經學教育。戴震所謂“不獲親師”，當指因其出身於小商人家庭，無法獲得相對高級的真正的私塾教育。戴震雖然衹能從相對低級的社學(村塾)學習開始，却不斷克服處境的不利，自覺追求更高級的經學教育，衹是戴震對經學的理解與追求并不苟同於當時的士林。戴震終其一生的堅持與追求，使其最終成爲一代學術史與思想史上的巨人。(胡明輝著，董建中譯：《青年戴震：十八世紀中國士人社會的“局外人”與儒學的新動向》，《清史研究》2010年第3期。)

章"以下，問塾師："此何以知爲孔子之言而曾子述之？又何以知爲曾子之意而門人記之？"師應之曰："此朱文公所説。"即問："朱文公何時人？"曰："宋朝人。""孔子、曾子何時人？"曰："周朝人。""周朝、宋朝相去幾何時矣？"曰："幾二千年矣。""然則朱文公何以知然？"師無以應，曰："此非常兒也。"

《段譜訂補》：

魏建功《戴東原年譜》雍正九年條曰："中國人最愛講靈异的，凡是一個大人物，往往就把他變做神話化的非常人，於是就會附會出種種的奇异事迹來。"關於"右經一章以下"云云，梁啓超《清代學術概論》十一曰："此一段故事，非惟可以説明戴氏學術之出發點，實可以代表清學派時代精神之全部。蓋無論何人之言，决不肯漫然置信，必求其所以然之故，常從衆人所不注意處覓得間隙，既得間則層層逼拶，直到盡頭處，苟終無足以起其信者，雖聖哲父師之言不信也。此種研究精神，實近世科學所賴以成立，而震以童年具此本能，其能爲一代學派完成建設之業固宜。"①

洪榜《戴先生行狀》曰：

就傅讀書，過目成誦，日數千言不肯休。授《大學章句》"右經一章"以下，問其塾師曰："此何以知其爲孔子之言而曾子述之？又何以知其爲曾子之意而門人記之？"師應之曰："此先儒子朱子所注云爾。"即問："子朱子何時人也？"曰："南宋。"又問："孔子、曾子何時人也？"曰："東周。"又問："周去宋幾何時矣？"曰："幾二千年矣。"又問："然則子朱子何以知其然？"師無以應，大奇之。

---

① 梁啓超：《清代學術概論》，上海：上海古籍出版社 1998 年版，第 34 頁。

戴震難師一事，當首載於洪榜《戴先生行狀》，而王昶《戴東原先生墓誌銘》、《段譜》、江藩《漢學師承記》、李元度《國朝先正事略》、支偉成《清代樸學大師列傳》等復載之。

戴震之難塾師，向來爲人推許，尤以梁啓超謂其"實可以代表清學派時代精神之全部"爲最。

戴震讀書勤奮，好深湛之思，是確爲其日後學術思想取得勳績之基礎。然此事或出於幼年戴震沉静而好奇之天性。又此故事是否有淵源，尚可思考。檢《朱子語類》，卷八三載：

> 問："諸家《春秋》解如何?"曰："某盡信不及。如胡文定《春秋》，某也信不及，知得聖人意裏是如此説否？今衹眼前朝報差除，尚未知朝廷意思如何，況生乎千百載之下，欲逆推乎千百載上聖人之心！況自家之心，又未如得聖人，如何知得聖人肚裏事！某所以都不敢信諸家解，除非是得孔子還魂親説出，不知如何。"①

東原之難師與朱子之詰問雖内容不同，而實有神似之處。

又，戴震之語遲，《段譜》而外，洪榜《戴先生行狀》："先生生而體貌厚重，性端嚴。生十歲乃能言。"王昶《戴東原先生墓誌銘》："東原生而體貌厚重，性端嚴。十歲乃能言。"任基振《戴東原先生墓表》："先生生而體貌厚重，性端嚴，十歲始能言。"江藩《國朝漢學師承記·戴震》："君生十歲乃能言，就傅讀書，過目成誦。"李元度《國朝先正事略·戴震》："生十歲始能言，書過目不忘。"支偉成《清代樸學大師列傳·戴震》："十歲乃能言。"劉師培《戴震傳》："生具异廪，十歲始能言。"諸家説法幾乎异口同聲，唯程瑶田、凌廷堪之説小异。程瑶田《五友記》："東原生九歲始能言。"凌廷堪《戴東原先生事略狀》："（先生）生九歲始能言。"《魏譜》於"雍正九年"下曰："程（瑶田）氏親述其

① 黎靖德編：《朱子語類》，北京：中華書局 1994 年版，第 2215 頁。

摯友，所説當較可信。”按：揆諸情理，遲至四五歲、五六歲始能言者或有之，至十歲始能言則鮮有可能。蓋戴震語遲確爲事實，亦爲奇事，或因其生性沉思藴藉，或有他因而不主動發言，不能詳考。然因其或四五歲或五六歲始能言，遂有傳聞异詞，有如《吕覽·察傳》所謂“數傳而白爲黑，黑爲白”者。

是年七月十六日，戴震夫人朱氏生。

段玉裁《誥封孺人戴母朱夫人八十壽序》：“嘉慶辛未七月十六日，夫人年登八袠。”[①]知朱氏生於是年。朱氏生地，或曰休寧新潭，待考。

【時事】

是年，汪紱著《詩經詮義》十五卷成。

學者朱澤沄卒。朱澤沄(1666－1732)，字湘陶，江蘇寶應人，精朱子之學，弟子甚衆。著有《朱子聖學考略》《宗朱子要法》等。

蔣廷錫卒。蔣廷錫(1669－1732)，字揚孫，江蘇常熟人。康熙四十二年(1703)進士。雍正時官禮部侍郎，充《聖祖實録》總裁，又奉旨繼陳夢雷主纂《古今圖書集成》。

是年二月，清廷命各省於省會建賢良祠。

七月，雍正就科舉文風諭禮部：“制科以四書文取士。言爲心聲，文章之道與政治通，所關甚巨。近科以來，文風亦覺丕變，士子逞其才氣辭華，不免有冗長浮靡之習。是以特頒諭旨曉諭考官：所拔之文，務令雅正清真，理法兼備。雖尺幅不拘一律，而支蔓浮誇之言所當屏去。”[②]

十二月，結吕留良案。雍正諭旨：“吕留良、吕葆中，俱著戮屍梟示，吕毅中著斬立決。其孫輩俱應即正典刑。朕以人數衆多，心有不忍，著從寬免死，發遣寧古塔，給與披甲人爲奴。”[③]另，嚴鴻逵死獄中，仍戮屍梟示；沈在寬(嚴鴻逵弟子)處斬立決。

---

① 段玉裁：《經韵樓集》卷八，上海：上海古籍出版社 2008 年版，第 201 頁。

② 《清世宗實録》卷一二一，《清實録》第八册，北京：中華書局 1986 年版，第 602 頁。

③ 《清世宗實録》卷一二六，《清實録》第八册，北京：中華書局 1986 年版，第 654 頁。

雍正十一年癸丑(1733)　十一歲

戴震在家鄉,仍從塾師學習《四書》等①。

是年或稍後,塾師以《説文解字》授之。洪榜《戴先生行狀》:"先生讀書,每一字必求其義,塾師略舉傳注訓解之,先生意每不釋然。師不勝其煩,因取漢許叔重《説文解字》十五卷授之。先生大好其書。"

【時事】

是年,汪紱著《書經詮義》十三卷成。

全祖望春試不第。夏,與李紱論《陸子學譜》,有書札往還。冬,寓居李紱紫藤軒,始究心《水經注》。

學者李塨卒。李塨(1659—1733),字剛主,號恕谷,蠡縣(今屬河北)人,顔元弟子。李塨發展顔元理氣一元論,批判理學家離事言理、致虚守寂之論,主張理在事中,理氣不二,世稱"顔李學派"。著有《四書傳注》《周易傳注》等。《清史稿》卷四八〇《儒林·李塨傳》:

> 李塨,字剛主,蠡縣人。弱冠與王源同師顔元。……塨學務以實用爲主,解釋經義多與宋儒不合。又其自命太高,於程、朱之講學,陸、王之證悟,皆謂之空談。蓋明季心學盛行,儒禪淆雜,其曲謹者又闊於事情,沿及順、康朝,猶存餘説,蓋顔元及塨力以務實相爭。存其説可補諸儒枵腹之弊,然不可獨以立訓,盡廢諸家。其論《易》,以觀象爲主,兼用互體,謂"聖教罕言性天,

---

① 關於戴震早期讀書,王安琪認爲:"戴震在成名之前,不僅是一個籍籍無名的試子,要跟隨時代的潮流走上讀書仕進的晉升通道,同時還是一位出身寒微的商販之子,無法獲得世家的學術資源。從戴震所處的社會及學術脈絡來看,他作爲商人子弟的底層社會地位和與之相匹配的教育、學術資源,才是戴震學問的起點。這不僅包括徽州本土的百科全書式的日用字書,當地鄉賢編纂的識字、正音的啓蒙讀物,還有彼時流行的科舉教輔,徽州知識界所共創的學術風氣。這些才是考據大師戴震成名前的知識來源。"(王安琪:《學問的起點:戴震早期知識來源》,《史學理論與史學史學刊》,2020 年第 8 期,第 183 頁。)此説可資參考。

《乾坤》四德，必歸人事，《屯蒙》以下，亦皆以人事立言。陳摶《龍圖》，劉牧《鉤隱》，以及探無極、推先天，皆使《易》道入於無用”。排擊未免過激。然明人以心學竄入《易》學，率持禪偈以詁經，言數者反置象占於不問。誣飾聖訓，弊不可窮。塨引而歸之人事，深得垂教之旨。又以《大學》格物爲《周禮》三物，謂孔子時古大學教法所謂六德、六行、六藝者，規矩尚存。故格物之學，人人所習，不必再言。惟以明德、親民標其目，以誠意指其入手而已。格物一傳，可不必補。其説本之顔元。毛奇齡惡其异己，作《逸講箋》以攻之。而當時學者多韙塨説焉。①

李塨繼承發展顔元哲學思想，對戴震當有影響。其主張理在事中，理氣不二，批判程、朱之理氣觀，程廷祚深服顔李之學，於顔元《存學編》書後云："古之害道出於儒之外，今之害道出於儒之中。習齋先生起於燕趙，當四海倡和、翕然同風之日，乃能折衷至當，而有以斥其非，蓋五百年間一人而已。故嘗謂爲先生者，其勢難於孟子，而其功倍於孟子。"

戴震與顔李學派之關係，論見本譜"乾隆三十二年"下。

翁方綱生。翁方綱（1733－1818），字正三，號覃溪，直隸大興人。乾隆十七年（1752）進士，官至内閣學士。精於鑒賞，論詩主"肌理説"。乾隆三十八年（1773）入四庫館爲纂修官，與朱筠、錢大昕、戴震、錢載、姚鼐、桂馥、丁傑等均有交往。在戴震與錢載之争中，持論較爲公允，然因推崇理學，其後對戴震《孟子字義疏證》等著作多有批評，詳見本譜"乾隆三十九年"下。

是年正月，清廷准各省於省會建立書院。

雍正諭旨："近見各省大吏，漸知崇尚實政，不事沽名邀譽之爲。而讀書應舉者，亦頗能屏去浮囂奔競之習。則建立書院，擇一省文行兼優之士讀書其中，使之朝夕講誦，整躬勵行，有所成就。俾遠近士

① 趙爾巽等：《清史稿》，北京：中華書局 1977 年版，第 13133～13134 頁。

子觀感奮發，亦興賢育才之一道也。”①

四月，雍正編成佛學著作《御選語録》，又作《御製總序》，言其學佛經歷及編纂是書之用意是爲世人指明“正法眼藏”“教外别傳”“透三關之理”，禁除魔説，使民物得安。

四月，清廷重開博學鴻詞科。

七月，浙江淳安縣告假回鄉縣丞吴茂育刊刻《求志編》，“語多狂悖、毫無忌憚”；書首李沛霖作序衹書癸卯九月，不書雍正元年，爲人告發。雍正諭旨命嚴加究審。

九月，緝查福建漳州天主教傳教士活動，嚴禁天主教傳教。

十二月，查獲四川大竹縣以書符書咒“妖言惑衆”之徒朱洪等人。

雍正十二年甲寅(1734)　十二歲

戴震在家鄉，仍從塾師學習。

【時事】

是年，汪紱著《易經詮義》十五卷成。

陸錫熊生，李調元生。

陸錫熊(1734－1792)，字健男，號耳山，松江府上海(今屬上海市)人。乾隆二十六年(1761)進士，官至刑部郎中。四庫舘開，與紀昀同任總纂官，助于敏中制定纂修條例，具體協調編纂工作，對《四庫全書》貢獻頗著。

李調元(1734－1802)，字雨村，號童山，四川綿州(今四川綿陽)人。乾隆二十八年(1763)進士。喜購書，家有萬卷樓，爲西川藏書之冠。治學通經史百家，著有《易古文》《尚書古字辨异》等。

是年，桐城人孫學顔因搜集、刻印吕留良所著《四書講義》遺稿，被誅。

---

①《清世宗實録》卷一二七，《清實録》第八册，北京：中華書局1986年版，第666頁。

九月，因各省生童常與地方官争競齟齬而相率罷考，雍正諭旨："各省生童往往因與地方有司争競齟齬，相率罷考，此風最爲惡劣。士爲四民之首，讀書明理，尤當祇遵法度，恪守憲章，化氣質之偏，祛囂凌之習。況國家之設考試，原以優待士子，與以上進之階。凡此生童，不知感戴國恩，鼓舞奮勉，而乃以私忿罷考，爲脅制官長之計，有是理乎？嗣後如果該地方官有不公不法凌辱士子等情，許令生童等赴該上司衙門控告，秉公剖斷。倘不行控告，而邀約罷考，即將罷考之人停止考試。若合邑合學俱罷考，即全停考試。"①

十一月，御史楊嗣璟奏請禁出怪題。《清世宗實録》："考官命題校士多喜割截穿搭，越章歷節，祇圖巧湊，一無義理，幾於玩侮聖言。士子思欲迎合，亦全不顧經文正義、聖賢語脈，往往逞奇弄巧，習爲輕佻儇薄。請通行禁飭，凡割截無義理之題，皆不得輕出考試，庶文風正而士習端。"②

十二月，雍正下諭鄉、會兩闈務必風清氣正。《清世宗實録》："諭：鄉、會兩闈乃國家掄才大典，必須防範周密，令肅風清。聞各省鄉試之年，官字號大小舉子入闈者，監臨、提調等官有差人饋送飲食果品之事，難保日久無雇倩傳遞之弊，不可不防其漸。嗣後著通行禁止，倘有仍蹈前轍者，即照科場作弊例，將與受之人一同治罪。"③

雍正十三年乙卯(1735)　十三歲

戴震仍在鄉入塾讀書。

約在是年或稍後，始讀《爾雅》《方言》《十三經注疏》等。

洪榜《戴先生行狀》："先生讀書，每一字必求其義，塾師略舉傳注

① 《清世宗實録》卷一四七，《清實録》第八册，北京：中華書局 1986 年版，第 827～828 頁。
② 《清世宗實録》卷一四九，《清實録》第八册，北京：中華書局 1986 年版，第 851～852 頁。
③ 《清世宗實録》卷一五〇，《清實録》第八册，北京：中華書局 1986 年版，第 862～863 頁。

訓解之,先生意每不釋然。師不勝其煩,因取漢許叔重《説文解字》十五卷授之。先生大好其書,學之三年,盡得其節目。又取《爾雅》《方言》及漢儒箋注之存於今者,搜求考究。一字之義,必貫群經、本六書以爲定詁。由是盡通前人所合集《十三經注疏》,舉其辭無遺,時先生十六七矣。"

《魏譜》:

先生年十三歲。凌《事略》:"年十餘入鄉塾,讀《詩》,即爲《小戎圖》,觀者咸訝其詳覈。"按先生就傅事雖有疑問,然據此可知:先生初識字時則曾就傅,而以其"讀書默而好深湛之思"(王《墓誌銘》),"每一字必求其義,塾師略舉傳注訓詁語之,意每不釋"(洪《狀》、王《墓誌銘》、《段譜》)。因此就未曾得著好的教師,并且没有受到塾師一點益。所以他自述就説"不獲親師"的了。照此看來,先生入塾直等於未曾入塾,完全是自己尋求得來的門徑。那末,洪《狀》、王《墓誌銘》、《段譜》、江《記》一切的記載都不過是證明他"不獲親師"——没有得到能指導他的先生——的材料而已。洪《狀》:"師不勝其煩,因取漢許叔重《説文解字》十五卷授之。先生大好其書。"先生自己就説:"求其一經,啓而讀之,茫茫然無覺,尋思久之,計於心曰:經之至者道也;所以明道者其詞也;所以成詞者字也。由字以通其詞,由詞以通其道,必有漸。求所謂字,考諸篆書,得許氏《説文解字》。"(《與是仲明論學書》)所以《段譜》云:"塾師因取近代字書及許氏《説文解字》授之,先生大好之。"與先生所説"考諸篆書,得……《説文解字》"的話相映照。再按下文,總是説"《説文解字》……先生學之三年,盡得其節目;又取《爾雅》《方言》及漢儒箋注之存於今者,搜求考究,一字之義必貫群經、本六書,以爲定詁"。我們參酌前後事實,可以把他開始學《説文解字》的年代編在這年。

鮑國順《戴震研究》有論："東原幼時，雖曾就傅，然而并未得著良師指點，故其自述曰：'僕少時家貧，不獲親師，聞聖人之中有孔子者，定六經示後之人……'余《略》亦曰：'少家貧，無以親師友，亦不喜隨人治世俗學。聞孔子定六經示後人，求其一經讀之，茫茫然無覺悟。尋思既久，乃自計曰……'此皆説明東原之學，大抵出於冥搜暗索，得於自學。而亦由此可見東原'實事求是，空諸依傍'之精神，實即發於早歲。"①亦可參考。

【時事】

是年，杭世駿《石經考异》二卷成書。

吴紹澤生，金榜生，朱文藻生，段玉裁生。

吴紹澤(1735—1789)，字蕙川，徽州歙縣人。少與戴震、方矩、金榜、程瑶田等游，後師事劉大櫆，專習古文，能得歐、蘇神理。

金榜(1735—1801)，字蕊中，一字輔之，晚年更號檠齋，徽州歙縣人。幼年從同邑鮑倚雲(1708—1778，字薇省)習制舉，於文章之事已有相當基礎，而其志在成爲一代通儒，不屑溺没聰明才智於科舉之學。未及弱冠，於歙縣西溪不疏園與戴震等受經學於江永。與戴震則在師友之間。學有根基，言無枝葉。乾隆二十六年(1761)後，劉大櫆任徽州黟縣教諭，金榜又學詩古文辭於劉大櫆。三十一歲召試舉人，擢内閣中書，在軍機處行走。乾隆三十七年(1772)，以一甲第一名及第，授翰林院修撰。僅一度爲山西副考官，後以丁外艱乞假歸，徜徉林下，著書自娱。金榜博通經學，尤精《三禮》，著作今僅存《禮箋》十卷及若干詩文散篇②。《清史稿》卷四八一本傳："(榜)師事江永，友戴震，著《禮箋》十卷，刺取其大者數十事爲三卷，寄朱珪，珪序之，以爲詞精義核。榜治禮最尊康成，然博稽而精思，慎求而能斷。

---

① 鮑國順：《戴震研究》，臺北：國立編譯舘 1997 年版，第 14～15 頁。

② 《清代詩文集彙編》(上海古籍出版社 2010 年版)第 388 册收録《萸門雜著》(不分卷)，署"清歙縣金榜撰"，實誤。此《萸門雜著》實爲乾隆時期通州(今江蘇南通市)金榜所撰。徐道彬《徽州學者金榜三論》(《安徽史學》2014 年第 5 期)辨析甚明，可參看。

嘗援鄭《志》答趙商云:'不信亦非,悉信亦非。'曰:'斯言也,敢以爲治經之大法。故鄭義所未衷者必糾正之,於鄭氏家法不敢誣也。'"①

朱文藻(1735－1806),字映漘,號朗齋,浙江仁和(今杭州)人。精六書,通史學。曾佐校《四庫全書》。

段玉裁(1735－1815),字若膺,號懋堂(一作茂堂),江蘇金壇人。乾隆二十五年(1760)舉人,三試禮部均落第,任職貴州、四川等地知縣。乾隆四十六年(1781)引疾歸里,後居蘇州等地著書、校勘。著作有《毛詩小學》《六書音均表》及《經韵樓集》等,而以《説文解字注》最爲著稱。乾隆二十八年(1763),段玉裁在京初識戴震,即師事之,至三十四年(1769),戴震方接納爲弟子。段、戴交往十數年,戴震對段玉裁學術影響極大,而段玉裁更服膺戴學,禮敬戴震,至老不衰,師徒關係堪稱典範。

段氏巋然爲乾嘉樸學大家,與王念孫合稱"段王"(王念孫亦爲戴震弟子),又與戴震及王念孫、王引之父子并稱"戴、段、二王"。

是年八月,雍正病危,密旨皇四子弘曆爲皇太子,繼皇帝位。八月二十三日,雍正崩,九月三日,弘曆即位,以明年爲乾隆元年。

九月,因在是年順天鄉試中舞弊嚴重,副考官戴瀚被革職,并杖責一百,流刑三年。刑滿後,戴瀚謫居蘇州吴江一帶,後又居江寧(今江蘇南京)。

戴瀚(1686－1755),字巨川,一字長源,號雪村,休寧隆阜人,寄籍江寧。雍正元年舉恩科進士,中一甲第二(榜眼),官至侍讀學士。戴瀚博雅,工詩文,尤長時文,戴祖啓稱其文:"縱横變化,得筆莊、蘇,沃經史之腴,極古今治亂之故,究天地民物、得失利害之情,而分寸合度,未嘗少溢。"②戴瀚爲戴震同族前輩,戴震曾師之以學制藝。

十月八日,乾隆以曾静逆犯皇考,命遴選幹員解曾静、張熙來京

---

① 趙爾巽等:《清史稿》,北京:中華書局 1977 年版,第 13201 頁。

② 戴祖啓:《師華山房文集》卷四,見《清代詩文集彙編》第 359 册,上海:上海古籍出版社 2010 年版。

候審，毋得疏縱洩漏。乾隆諭旨："今朕紹承大統，當遵皇考辦理吕留良案之例，明正曾静之罪，誅叛逆之渠魁，泄臣民之公憤。"[①]十二月十九日，以大逆不道罪處曾静、張熙凌遲。

十月，乾隆諭旨："朕思學者修辭立誠，言期有物。……務學績文者，宜勿尚浮靡，勿取姿媚，期於人心風俗有所裨益。一切章疏以及考試詩文，務期各展心思，獨抒杼軸，從前避忌之習一概掃除。"[②]

十月，清廷禁止《大義覺迷録》[③]刊行流布，并徵繳所發原書。

十二月，乾隆諭稱："滿漢均爲臣工，均爲朕之股肱，本屬一體，休戚相關。用人之際，量能授職，唯酌其人地之相宜，不宜存滿漢之成見。"[④]

十二月，《明史》總裁張廷玉奏纂修《明史》告成。以卷帙繁多，恐有錯舛，乾隆命張廷玉等再加校閲。

乾隆元年丙辰(1736)　十四歲

戴震仍在鄉學習。研讀《説文解字》，或及《爾雅》《方言》《十三經注疏》。

《魏譜》：

> 是年開博學鴻詞科，程恂以員外郎被舉，授檢討。（乾隆朝《東華録》三，陳康祺《記聞》。）恂，先生稱之曰"先師"，字慄也，與先生同縣；雍正甲辰進士，後官至中允，充《大清會典》、三禮館纂修官，與李清植同刊《儀禮》之誤，極爲研審。（《鶴徵後録》卷一。）與先生相見事在乾隆七年。

---

① 《清高宗實録》卷四，《清實録》第九册，北京：中華書局1986年版，第215～216頁。

② 《清高宗實録》卷五，《清實録》第九册，北京：中華書局1986年版，第230～231頁。

③ 《大義覺迷録》本爲雍正欽定并詔令刊行各地、廣爲宣傳（事見本譜"雍正七年"下）。乾隆即位後，即禁其流傳并予銷毀，然因廣泛流布民間，實已無法銷禁。

④ 《清高宗實録》卷八，《清實録》第九册，北京：中華書局1986年版，第303頁。

【時事】

是年，三禮舘檄縣抄送江永《禮書綱目》。方苞充三禮義疏舘副總裁，因李紱建議輯抄《永樂大典》有關《三禮》諸書，奏請出秘府《永樂大典》，取宋元人經説，始開自《永樂大典》輯佚書先河。

杭世駿中博學鴻詞，授編修，校勘武英殿《十三經》《廿一史》，與修《三禮義疏》。又輯録《續禮記集説》一百卷。

汪紱著《禮記章句》十卷并《或問》成；汪紱又致書江永，問所著《禮書綱目》大旨，以"振興末俗"共勉。汪紱《與江慎修書》略曰：

> 夫俗士之敝於辭章久矣，窮經皓首，初何當於身心；苦志青氈，實誉心於利達。是以聖賢之書，若明若晦；先王之禮，名存實亡，幾誰克起而振之者？顧振之亦難言矣，必名在天下，而後足以振興乎天下；名在一國，而後足以振興乎一國；名在一邑一鄉，而後足以振興乎一邑一鄉。尤必其貲財顯達，足以副之，而後乃得名當世，不則誰爲和之，孰令聽之？今之列當道者既多，靡靡以從俗矣，而必曰附驥尾以彰厥名，或亦志士之所不屑歟？紱誠譾劣無似，而猥聞鄉閭聚語，所譏評爲道學骨董者，則以紱與慎修并指，時用自愧。獨是憤俗學之支離，鄙詞章之靡蔓，在慎修亦會有同志，庶幾世無聖人不應在弟子之列者。然而，名不列於青衿，家無餘於擔石，則雖有憤時疾俗之志，亦徒爲夢寐予懷。抑思夫善與人同，何必在我？慎修著作之富，夫亦既足使當世信而從之，苟慎修能振興末俗，一挽支離靡蔓之狂瀾，則振之在慎修，猶在紱也。①

汪紱（1692－1759）與江永（1681－1762）俱爲徽州婺源名儒，至是年始有文字交往，而終身未嘗謀面。汪紱、江永生平與學術等分見本譜"乾隆二十四年"及"乾隆二十七年"下。

---

① 余龍光：《雙池先生年譜》，薛貞芳主編《清代徽人年譜合刊》，合肥：黄山書社 2006 年版，第 171～172 頁。

是年，清廷詔舉博學鴻詞，直隸總督李衛薦舉程恂等人。程恂以員外郎舉博學鴻詞，授檢討。程恂爲徽州休寧縣山斗鄉人，與江永交好，精於禮學。戴震師事之。

全祖望中進士，改翰林院庶吉士，與李紱共抄《永樂大典》；後因未能應博學鴻詞科之試，憤而出都，歸故里。全祖望於是年六度致書史館，商討《明史》問題。

盧見曾擢任兩淮鹽運使。

楊名時卒。楊名時(1660－1736)，字賓實，號凝齋，江蘇江陰人。著有《周易札記》《詩經札記》《四書札記》等。

朱軾卒。朱軾(1665－1736)，字若瞻，號可亭，江西高安人。著有《周易注解》《禮記纂言》《儀禮節略》等。

是年正月、二月，乾隆兩次訓飭謝濟世，謂其請用自注《學庸注疏》易朱子《章句》以頒行天下，乃"獨不自揣己與朱子分量相隔如雲泥，而肆口詆毁，狂悖已極"。

二月，僉都御史李徽奏請"訂《孝經》入《四書》"，爲高宗嚴斥。《高宗實録》卷一二："四子之書，乃朱子所自訂，刊於臨漳。頒行學宫，至元、明以及我朝，遵行已久。……《孝經》單行，篇章無多，何可與《四書》并列？……李徽欲請訂入《四書》，將使天下後世，謂《四書》訂於朱子，'五書'訂於李徽，殊不自量之甚！"[①]

二月，乾隆下諭，禁止以文字罪人。

三月，寬赦汪景祺《西征隨筆》案、查嗣庭案緣坐之族屬。

三月，頒行《十三經》《廿一史》至各省府州縣。

六月，乾隆頒諭整飭書院。諭曰："凡書院之長，必選經明行修，足爲多士模範者，以禮聘請。負笈生徒，必擇鄉里秀异，沉潛學問者，肄業其中。其恃才放誕，佻達不羈之士，不得濫入書院中。"[②]

六月，命纂《三禮義疏》，使與《易》《書》《詩》《春秋》四經并垂永

① 《清高宗實録》卷一三，《清實録》第九册，北京：中華書局1986年版，第375頁。

② 《清高宗實録》卷二〇，《清實録》第九册，北京：中華書局1986年版，第487～488頁。

久。七月，命鄂爾泰、張廷玉、朱軾等爲三禮舘總裁，楊名時、方苞等爲副總裁。

九月，乾隆親試博學鴻詞176人於保和殿，取杭世駿、程恂、齊召南等15人。

十二月，增補詹事府詹事李紱爲三禮舘副總裁。李紱反復致書三禮舘舘臣，討論纂修事宜等。

是年，命彙編名家時藝數百篇，頒行天下，爲舉業指南。乾隆諭："自坊選之禁垂諸功令，而大家名作不得通行。士子無由睹斯文之炳蔚，率多因陋就簡，剽竊陳言，襲取腐語。間或以此幸獲科名，又輾轉流布，私相仿效，馴至先正名家之風味，邈乎難尋，所係非淺鮮也。今朕欲裒集有明及本朝諸大家時藝，精選數百篇，彙爲一集，頒佈天下，以爲舉業指南。"[①]又《清史稿》卷一〇八《選舉志三》："乾隆元年，高宗詔曰：'國家以經義取士，將以覘士子學力之淺深，器識之淳薄。風會所趨，有關氣運。人心士習之端倪，呈露者甚微，而徵應者甚巨。當明示以準的，使士子曉然知所別擇。'於是學士方苞奉敕選録明、清諸大家時文四十一卷，曰《欽定四書文》，頒爲程式。行之既久，攻制義者，或剽竊浮詞，罔知根柢，楊述曾至請廢制義以救其弊。"[②]

是年，再禁國人信奉西教。凡國人仍信奉西教者，無論旗人、漢人，一律處以重刑。嚴禁傳教士以傳習天算曆學等名義傳教。

乾隆二年丁巳(1737)　十五歲

戴震仍在鄉，始力學，因研習《説文解字》等而通文字訓詁。

程瑶田《五友記·戴震》："十五始力學，既通訓詁知古人之文章，挾其真知灼見以上下古今，如是者二十年。"

洪榜《戴先生行狀》："先生讀書，每一字必求其義，塾師略舉傳注

① 《清高宗實録》卷二一，《清實録》第九册，北京：中華書局1986年版，第501～502頁。

② 趙爾巽等：《清史稿》，北京：中華書局1977年版，第3153頁。

訓解之，先生意每不釋然。師不勝其煩，因取漢許叔重《説文解字》十五卷授之。先生大好其書，學之三年，盡得其節目。”

《魏譜》：

先生年十五歲，“始力學”。（程《五友記》。）自前年得《説文解字》，至是三年，盡“知其節目，漸睹古聖人製作本始；又疑許氏於故訓未能盡，從友人假《十三經注疏》讀之，則知一字之義當貫群經、本六書，然後爲定”。（《與是仲明論學書》。）又取《爾雅》《方言》……搜求考究。（洪《狀》、王《墓誌銘》、《段譜》。）《十三經注疏》能全舉其辭。（洪《狀》、王《墓誌銘》、《段譜》。）先生對段玉裁説過：“余於疏不能盡記，經注則無不能倍誦也。”（《段譜》。）

明末流寇之亂，徽地以僻處山中，獨獲完善，休養生息，至於乾隆朝，故徽屬最稱殷富。維時族之人多務商業，以豪侈相尚，雖未知爲學之道，而故家大户藏書頗富。公父爲族人經營布業於江西之南豐，家素寒；無力購置之本，多向族人假借。公記憶力極强，鉤稽參考，夜以繼日。（戴《逸事》。）這一段記載，我們很可以注意，與先生自言的“家貧不獲親師”相參證；并且可以證明是年先生父已經經營布業於南豐了。後先生十八歲時隨父往南豐，即課學童於邵武；此時在家刻苦攻讀，亦意中事，《五友記》云“年十五始力學”，故列於此。

【時事】

是年二月，汪紱著《孝經章句》《孝經或問》各一卷成。

冬，汪紱就聖賢事業、世道人心等問題復致信江永。汪紱《雙池文集》卷三《再與江慎修書》略曰：

慎修足下：名譽日遠，斯文幸甚！鄉邦幸甚！但今人之所以稱慎修，與慎修之所爲表見於世者，紱恐非慎修本志，且不足以盡慎修，而徒以掩乎慎修之爲慎修。又以聲氣難通，未獲面晤，則未知慎修之所以覃思默會，悦心研慮者，果其在此在彼？此聖賢事業、世道人心所共關係，故敢再以書質。……慎修潛心經籍，考慎先王法制，懸揆慎修所志，當與洙泗、紫陽同一心法。然求其弗畔於道，勢不得不由博返約，而今世遂徒以博稱慎修，且或爲慎修作忼慨不遇賦，是安足以盡慎修之大，而慎修之所以苦心爲慎修者，不反以虚稱掩耶？①

是年七月，清廷補試博學鴻詞，録取萬松齡、朱荃、洪世澤、張漢四人。

十二月，乾隆頒諭，令儒臣奏呈經史毋需避忌，"各就意見所及，毋專取吉祥頌美之語"，"所望切實敷陳，昌言不諱"。

冬，揚州馬曰琯、馬曰璐兄弟開雕宋拓本《五經文字》《九經字樣》。全祖望返鄉，經揚州，應馬氏兄弟之請爲二書作序。全祖望返浙故里後，專心著述。

是年，方苞遷禮部侍郎，薦沈彤、全祖望入三禮舘修書，爲二人婉拒。

清廷令各地書院仿朱子所訂白鹿洞書院院規，設立書院條規，以檢束身心。時任鍾山書院山長楊繩武擬定《鍾山書院規約》十條，倡治學窮經通史。

乾隆三年戊午(1738)　十六歲

戴震仍在鄉讀書。戴震自十五歲"始力學"，治《説文解字》及《十三經注疏》等，每一字必求其義。

【時事】

是年春，因汪紱先後三次致書江永，江永始作書答之，闡明其立身及爲學旨趣，爲言《禮書綱目》大要。余龍光輯《雙池先生年譜》"乾

① 余龍光：《雙池先生年譜》，薛貞芳主編《清代徽人年譜合刊》，合肥：黄山書社2006年版，第175～176頁。

隆三年戊午四十七歲”下引江永復汪紱書，略曰：

前歲臘月，接燦人足下手書，再三讀之，詞旨甚高，與鄙衷殊不相入。足下所以箴規之者，大抵誤聽道途虛聲，非弟之本志也。……弟昔爲學，未知嚮方。十八九歲讀《大學》，熟玩儒先之言，知入手功夫在格物。……私心以爲，天下無不當讀之書，無不當講之事，無不當窮之理。但隨吾力所能至，與吾性所最近者，孜孜矻矻而爲之。不立界限，不計程途，亦不論此書、此事、此理他日有用與否。惟求有得於心，居安資深，左右逢原以爲快，他人是非毀譽，皆不足以回惑而搖奪之。此弟之夙志也。……又觀朱子晚歲與門人書，多拳拳於禮。慶元庚申三月九日，爲易簀前一日，猶作書與黄勉齋先生，以修《禮書》爲屬。其注意於《禮經》如此。竊不自揆，更欲爲之增損檃栝，以卒朱子之志。是以别定規模，區爲八門：一曰嘉禮，二曰賓禮，三曰凶禮，四曰吉禮，五曰軍禮，六曰通禮，七曰曲禮，八曰樂。凡百單六篇，八十有五卷。又采漢、唐、宋諸家論禮，及朱子欲修《禮書》論禮綱領者，别爲首三卷。近又附入《深衣考誤》一卷、《律吕管見》二卷，總九十一卷。凡三代以前，禮樂制度散見經傳雜書者，悉有條理可考。書凡三易稿，初曰《存羊編》，次曰《增訂儀禮經傳》，三稿始易今名爲《禮書綱目》。①

九月，汪紱又復書江永，論治禮樂及學風等事。

九月，福建學政周學健奉召入京與修《三禮》，途經蘇州，代方苞邀請沈彤，爲沈彤再次婉拒。

任大椿生，章學誠生，丁傑生，余集生。

任大椿(1738－1789)，字幼植，江蘇興化人。乾隆二十七年(1762)與戴震同舉於鄉，三十四年(1769)成進士，官禮部主事。精於

① 余龍光：《雙池先生年譜》，薛貞芳主編《清代徽人年譜合刊》，合肥：黄山書社2006年版，第176～178頁。

小學、經史，師事戴震。約乾隆二十五年(1760)與戴震交於揚州，戴震曾撰《與任孝廉幼植書》(詳見本譜"乾隆二十五年"下)。

章學誠(1738－1801)，字實齋，號少岩，浙江會稽人。乾隆四十三年(1778)進士，官國子監典籍。章學誠一生頗爲困頓，而治學勤奮，爲乾嘉時期著名學者、史學大家。其史學理論名著《文史通義》與劉知幾《史通》齊名。章氏另有修纂《和州志》《亳州志》《天門縣志》等，主編《湖北通志》等。章氏於乾隆三十一年(1766)初次結識戴震，後二人有多次交游，其治學亦頗受戴震影響。而乾隆三十七年至三十八年(1772－1773)在浙東時，章、戴二人因修志等問題爭執較多(屢見章氏文字之中)。總體而言，戴震對章學誠治學之影響明顯(余英時《論戴震與章學誠》有詳論，見本譜"乾隆三十一年"下)。然因二人關於修志理論等認識不同，章氏初雖推崇戴震《孟子字義疏證》，爾後則又不滿於戴震指斥宋儒"以理殺人"；其雖仍肯定戴氏爲一代巨儒，而批評戴震之言辭亦甚爲激烈。

《清史稿》卷四八五《章學誠傳》：

> (學誠)自少讀書，不甘爲章句之學。從山陰劉文蔚、童鈺游，習聞蕺山、南雷之説。熟於明季朝政始末，往往出於正史外，秀水鄭炳文稱其有良史才。繼游朱筠門，筠藏書甚富，因得縱覽群籍，與名流相討論，學益宏富。著《文史通義》《校讎通義》，推原官禮而有得於向、歆父子之傳。其於古今學術，輒能條别而得其宗旨，立論多前人所未發。嘗與戴震、汪中同客馮廷丞寧紹台道署，廷丞甚敬禮之。學誠好辯論，勇於自信。有《實齋文集》，視唐宋文體，夷然不屑。所修和州、亳州、永清縣諸志，皆得體要，爲世所推。[①]

---

① 趙爾巽等:《清史稿》，北京:中華書局 1977 年版，第 13398 頁。據汪喜孫《容甫先生年譜》，汪中於乾隆三十九年(1774)五月始往寧波寧紹台道署，而戴震則於乾隆三十八年(1773)夏離浙赴京，故戴震與汪中并未同客於馮廷丞道署。《清史稿》所載實誤。

丁傑(1738—1807),原名錦鴻,字升衢,號小雅,浙江歸安(今浙江湖州)人。乾隆四十六年(1781)進士。參與《四庫全書》校勘。著有《大戴禮記繹》《小西山房文集》等。與戴震有交游。乾隆四十二年(1777),戴震先後有《與丁升衢書》及《再與丁升衢書》,與之討論曆法。《清史稿》卷四八一本傳:"(傑)少家貧,就書肆中讀。肆力經史,旁及説文、音韵、算數。初至都,適四庫館開,任事者延之佐校,遂與朱筠、戴震、盧文弨、金榜、程瑶田等相講習。傑爲學長於校讎,與盧文弨最相似。得一書必審定句讀,博稽他本同异。於《大戴禮》用功尤深,著有《大戴禮記繹》。……《方言》善本,始於戴震,傑采獲裨益最多,盧文弨以爲不在戴下。"[①]張之洞稱清代校勘學家以"戴(震)、盧(文弨)、丁(傑)、顧(廣圻)爲最"[②]。

余集(1738—1823),字蓉裳,號秋室,浙江仁和(今杭州)人。乾隆四十一年(1776)進士。四庫館開,與戴震、邵晋涵、周永年等同被徵入館。遷至侍讀學士。告歸後主大梁書院。工詩畫,有《梁園歸棹集》等。

是年正月,乾隆頒諭,命舉行經筵講學。二月,首舉經筵大典。直講官阿山、任蘭枝進講《論語》"道之以德,齊之以禮,有耻且格"。

八月,高宗舉行仲秋經筵,標榜政尚寬大。諭曰:"寬信敏公,乃聖王治世之大本。而必以寬居首者,蓋寬者仁之用,仁者元之德,元者善之長,故惟寬然後能相容并育而群生之衆有所托命焉。"[③]

十月,高宗頒諭,敦勉士子"究心經學"以端正品行。諭曰:"士人以品行爲先,學問以經義爲重。故士之自立也,先道德而後文章;國家之取士也,黜浮華而崇實學。……爲士者當思國家待士之重,務爲端人正士,以樹齊民之坊表。至於學問,必有根底,方爲實學。治一

---

① 趙爾巽等:《清史稿》,北京:中華書局1977年版,第13222~13223頁。

② 張之洞著,范希曾補正,徐鵬導讀:《書目答問補正》附二,上海:上海古籍出版社2001年版,第267頁。

③ 《清高宗實録》卷七四,《清實録》第十册,北京:中華書局1986年版,第174頁。

經必深一經之藴，以此發爲文辭，自然醇正典雅。……著督撫藩司等，善爲籌畫，將士子應讀之書，多爲印發，以爲國家造士育才之助。"①

是年，兵部侍郎舒赫德上書言科舉制義空言無用，建言將考試條款改移更張，别思所以遴拔真才實學之道，爲大學士鄂爾泰等所駁。《清史稿》卷一〇八《選舉志三》：

> 乾隆三年，兵部侍郎舒赫德言："科舉之制，憑文而取，按格而官，已非良法。况積弊日深，僥倖日衆。古人詢事考言，其所言者，即其居官所當爲之職事也。時文徒空言，不適於用，墨卷房行，輾轉抄襲，膚詞詭説，蔓衍支離，苟可以取科第而止，士子各占一經，每經擬題，多者百餘，少者數十。古人畢生治之而不足，今則數月爲之而有餘。表、判可預擬而得，答策隨題敷衍，無所發明。實不足以得人。應將考試條款改移更張，别思所以遴拔真才實學之道。"章下禮部，覆奏："取士之法，三代以上出於學，漢以後出於郡縣吏，魏、晋以後出於九品中正，隋、唐至今，出於科舉。科舉之法不同，自明至今，皆出於時藝。科舉之弊，詩、賦衹尚浮華，而全無實用。明經徒事記誦，而文義不通。唐趙匡所謂'習非所用，用非所習'是也。時藝之弊，今該侍郎所陳奏是也。聖人不能使立法之無弊，在因時而補救之。蘇軾有言：'得人之道，在於知人。知人之道，在於責實。'能責實，雖由今之道，而振作鼓舞，人才自可奮興。若惟務徇名，雖高言復古，法立弊生，於造士終無所益。今謂時文、經義及表、判、策、論皆空言剿襲而無用者，此正不責實之過。凡宣之於口，筆之於書，皆空言也，何獨今之時藝爲然？時藝所論，皆孔、孟之緒言，精微之奥旨。參之經史子集，以發其光華；範之規矩準繩，以密其法律。雖曰小技，而文武幹濟、英偉特達之才，未嘗不出乎其中。不思

① 《清高宗實録》卷七九，《清實録》第十册，北京：中華書局1986年版，第243～244頁。

力挽末流之失，而轉咎作法之涼，不已過乎？即經義、表、判、論、策，苟求其實，亦豈易副？經文雖與《四書》并重，積習相沿，士子不專心學習。若著爲令甲，非工不録。表、判、論、策，皆加覆覈。必淹洽詞章、通曉律令，而後可爲表、判。有論古之識，斷制之才，通達古今，明習時務，而後可爲論、策。何一不可見之施爲，切於實用？必變今之法，行古之制，將治宫室、養遊士，百里之内，置官立師，訟獄聽於是，軍旅謀於是。又將簡不率教者，屏之遠方，終身不齒。毋乃紛擾而不可行？况人心不古，上以實求，下以名應。興孝則有割股、廬墓以邀名者矣，興廉則有惡衣菲食、敝車羸馬以飾節者矣。相率爲僞，借虚名以干進取。及涖官後，盡反所爲，至庸人之不若。此尤近日所舉孝廉方正中所可指數，又何益乎？司文衡職課士者，誠能仰體諭旨，循名責實，力除積習，杜絶僥倖，文風日盛，真才自出，無事更張定制爲也。"遂寢其議。時大學士鄂爾泰當國，力持議駁，科舉制義得以不廢。[①]

乾隆四年己未(1739)　十七歲

戴震仍在鄉讀書。經數年研習，盡通《十三經注疏》等，小學及經學根柢得以奠定。

《段譜》：

先生十六七歲以前，凡讀書，每一字必求其義。塾師略舉傳注訓詁語之，意每不釋。塾師因取近代字書及漢許氏《説文解字》授之，先生大好之，三年盡得其節目。又取《爾雅》《方言》及漢儒傳、注、箋之存於今者參伍考究，一字之義，必本六書，貫群經以爲定詁，由是盡通前人所合集《十三經注疏》，能全舉其辭。

① 趙爾巽等：《清史稿》，北京：中華書局1977年版，第3150～3151頁。

先生嘗謂玉裁曰:"余於疏不能盡記,經注則無不能倍誦也。"又嘗曰:"經之至者道也,所以明道者其辭也,所以成辭者字也。必由字以通其辭,由辭以通其道,乃可得之。"此則先生説經﨑本肇始於小學,而其敏且專可知矣。又按先生丁酉正月與玉裁曰:"僕自十七歲時,有志聞道,謂非求之六經、孔、孟不得,非從事於字義、制度、名物,無由以通其語言。宋儒譏訓詁之學,輕語言文字,是猶渡江河而棄舟楫,欲登高而無階梯也。爲之三十餘年,灼然知古今治亂之源在是。"

《魏譜》:

先生既讀《十三經注疏》,尚覺經之難明的還有許多,以爲"儒者不宜忽置不講"。他寫信給段玉裁就説過:"僕自十七歲時有志聞道,謂非求之六經、孔、孟不得,非從事於字義、制度、名物,無由以通其語言。"(《段譜》。)所以他認爲不宜忽置不講的許多經之難明者,從此就"日夜孳孳,搜集比勘,無不悉心討索,其學彌博,而探指彌約,其資愈敏,而持力愈堅"了。(王《墓誌銘》、洪《狀》。)這些經裏難明的若干事是:

(一)誦《堯典》數行,至"乃命羲和",不知恒星七政所以運行則掩卷不能卒業。

(二)誦《周南》《召南》自《關雎》而往,不知古音徒强以協韵則齟齬失讀。

(三)誦古《禮經》,先《士冠禮》,不知古者宫室、衣服等制則迷於其方,莫辨其用。

(四)不知古今地名沿革,則《禹貢》職方失其處所。

(五)不知少廣旁要,則《考工》之器不能因文而推其制。

(六)不知鳥獸蟲魚草木之狀類名號,則比興之意乖。

(七)而字學故訓音聲未始相離,聲與音又經緯衡縱,宜辨。

(八)中土測天用句股,今西人易名曰三角八線,然而三角之法窮必以句股御之，用知句股者，法之盡備、名之至當也。

(九)管、吕言五聲十二律，宫位乎中，黄鐘之宫四寸五分爲起律之本，學者蔽於鐘律失傳之後，不追溯未失傳之先，宜乎説之多鑿也。(《與是仲明論學書》。)

《段譜訂補》：

關於戴震少年治學，集中地記述在《與是仲明論學書》一文中。他説："僕自少時家貧，不獲親師。"可見是自學成才。其治學之道，除"由字以通其辭，由辭以通其道"外，更重要的還在於他嚴謹求實，好讀書而必求甚解。

是年，戴震與同邑鄭牧、婺源張元洋交游，討論文章，兼及學術。

據光绪刻本《星源甲道張氏宗譜》(星源：婺源别稱)卷六三所録鄭牧《張魯池先生文集序》及卷六十録鄭牧《明經張魯池先生傳》，張元洋(1712—1785)，字魯池，號留軒，别號文門，晚號二課居士，徽州婺源西鄉甲道人。雍正八年(1730)爲廪生，乾隆六年(1741)入貢。乾隆四年己未至五年庚申(1739—1740)，張元洋舘於休寧隆阜，鄭牧兄長奎光亦舘於隆阜，鄭牧得以與張元洋交游，而戴震時方年少，亦與二人交。"予友戴震東原方年少，好語經學，而適應童子試，爲時文。以時下揣摩之習不足學也，聞予與魯池好與人言前輩大家之文，於是東原酷嗜章大力，魯池則嗜羅文止，予方沉潛於孟旋、千子之間，而大宗則震川也。三人者，間數日必相與會集，或於野田蔓草之地席地坐，各質其所是，各論其所非，必至日暮方散。遂爲一時所不合，幾爲一世所不容，予三人遂自此窮窘而無所依倚矣。"[①]張元洋、鄭牧均

① 鄭牧：《明經張魯池先生傳》，張琴等修，《星源甲道張氏宗譜》卷六十，光緒刻本。章世純，字大力，江西臨川人，明天啓舉人。羅萬藻(？—1647)，字文止，天啓七年(1627)舉人。方應祥(1560—1628)，字孟旋，衢州西安人。艾南英(？—1647)，字千子，江西臨川人，天啓舉人。章世純等均文宗唐宋，力矯時弊。歸有光(1507—1571)，字熙甫，號震川，江蘇昆山人，爲明後期唐宋派散文之代表人物。

年長戴震十二歲，於戴震爲師友之間，少年戴震與二人交游探討，於其文章寫作及學術思辨培養均頗有助益。

《星源甲道張氏宗譜》卷六三又載戴震《題二課居士兄弟〈怡怡圖〉》（并序）（作年不詳）：

二課居士，魯池張先生晚號也。其胞弟二采先生，諱元藻，號秀溪，自幼持重，人多敬之。父毅庵公家法最嚴，母孔坊潘氏，夙嫻書史，嘗吟一聯以示訓曰："孝弟傳家寶，詩書裕後芽。"二公又得母訓，互相友愛，比長如故。而弟尤敬事之，凡遇兄試，必荷書囊以送。故太和溢於庭闈，至性孚於門内，雖妯娌亦輯睦焉。予與魯池先生爲文章知己，因見《怡怡圖》而欣賦七律二章：

滿庭喜氣頌皇仁，孝友傳家憶舊因。酒泛葡萄三世樂，花開棠棣一堂春。欣看此日田荆茂，記取當年旅雁親。令德相承家法在，他時疊看錦袍新。

竟日追隨杖履尊，圖成花萼正當門。施來家政先朝政，報得親恩後國恩。姜被敢嫌今夕冷，謝床堪與舊時論。天倫至樂人間少，長此怡怡示子孫。[①]

盧文弨《校禮堂初稿序》有曰："君之鄉戴東原庶常，吾之益友也。自戴没，而有程君易田，吾亦得而友之。今君復又繼起，顧戴不能爲詩與華藻之文，而君兼工之。"[②]自《題二課居士兄弟〈怡怡圖〉》觀之，戴震非不能爲詩，實不欲爲詩；至於藻飾之文，如《于公敏中頌》《平定兩金川大功告成頌》，戴震亦可偶一爲之，而不欲多作之由，或如蔣湘南《與田叔子論古文第三書》所論："戴先生覃思於三代之上，析芒於六經之内，精誠所積，幽微畢豁，故其文簡而奥，醇而腴，雅而奇，遒而

① 張琴等修：《星源甲道張氏宗譜》（六十四卷本）。

② 凌廷堪著，王文錦點校：《校禮堂文集》，北京：中華書局1998年版，第2頁。

穆，非好爲艱深，乃不能爲淺陋耳。”①

戴震自稱“少時家貧，不獲親師”，一方面或指因家境貧寒，不能如富貴之家聘請家塾授業，而至十歲時始能入村塾讀書；一方面或因戴震讀書好深思，不循規蹈矩，故塾師難以滿足其所學。戴震《與是仲明論學書》：“聞聖人之中有孔子者，定六經示後之人，求其一經，啓而讀之，茫茫然無覺。尋思久之，計於心曰：經之至者道也，所以明道者其詞也，所以成詞者字也。由字以通其詞，由詞以通其道，必有漸。”其早期讀書即能積思求解，憤悱而發，故能卓爾不群，終成大家。

戴震自言其是年始有志於聞道。戴震《與段玉裁等第九札》：“僕自十七歲時，有志聞道，謂非求之六經、孔、孟不得，非從事於字義、制度、名物，無由以通其語言。宋儒譏訓詁之學，輕語言文字，是欲渡江河而棄舟楫，欲登高而無階梯也。爲之卅餘年，灼然知古今治亂之源在是。”

鄭牧(1714—1792)，字用牧，徽州休寧海陽(今屬黄山市屯溪區陽湖鎮)人。與戴震同邑，家相距僅約十里，且同師江永，爲“江門七子”之一。著有《性理字訓》等。吴定《鄭用牧先生墓誌銘》曰：“當是時，以考訂之學名天下者，有戴東原、程易田、金蕊中；以古文名者，有吴蕙川；以制舉之文名者，則有潘在澗、胡澹生、胡授轂、方雨三、方晞原以逮先生。先生與此數君皆友善，數相過從，各以所長相攻錯，然是時漢儒之學盛行，求其於四子六經之書，力宗程、朱而不可有片語之違者，則惟先生。故先生雖與諸君子相得甚歡，及講論經義，常至於不合而爭。嗚呼！觀先生志趣所向者如是，則其行可知矣。”②

戴震約在乾隆十六年(1751)撰《答鄭丈用牧書》論其立身治學原則，詳見本譜“乾隆十六年”下。

---

① 蔣湘南：《七經樓文鈔》卷四，見《續修四庫全書》第1541册，上海：上海古籍出版社2002年版，第311頁。

② 吴定：《紫石泉山房文集》卷十，見《清代詩文集彙編》第408册，上海：上海古籍出版社2010年版，第379頁。

【時事】

是年春，因汪紱致信，江永復致書汪紱（據余龍光《雙池先生年譜》）。《善餘堂文集·再答汪燦人先生》略曰：

某再拜覆書燦人汪先生足下：弟與足下幸生同鄉，無緣晤面，屢辱賜札，多道路流聞，非弟心迹。故舊歲敢以長牘塵聽，正欲投磚引玉，冀賜箴誨之言，兼受講論之益。今乃拜領重九日手書，娓娓千百言，中多規切，且復聞所未聞，何幸如之！從來學人知識意見，必不能盡同。苟趨向不同，則猶南北水火，雖有同者亦异，若趨向不异，則猶針磁水乳，雖多异而不害其爲同。足下所謂吾人所共願者，讀書窮理以破愚，省躬克己以寡過，此兩言者，弟嘗佩服而訟言之，此其所大同者也。若夫討論古今，講究事理，則安能不异哉？夫不能自立而苟同人者，淺也。强欲人同己者，惑也。惡人异己，以爲入室操戈者，忮也。弟之心皆不若是，足下可共諒也。然書中所條舉與尊意不合者，大約兩端：一則知見既定，各是其是也；一則未見全書，誤會其指也。……

足下志高識遠，脱然韁鎖之外，殫心不朽之業，藏名山，俟後人，當有聞風興起者，弟不勝瞻溯而神往。所著諸書，以未得捧讀爲歉。大指引人親切體認，返躬實踐，此真前賢之所亟望後人者。惟是科名之習，舉世奔趨，利慾薰心，隱微深錮。鄙人拳拳禮樂，殫力儒先，亦自從吾所好。非有嚴父師督之，而亦不能强人皆相從於寂寞之濱，啜取於雪淡之味，士誠各有志也。若夫大聲疾呼，力挽奔瀾，此事終當望之燦人足下耳。書後及井田，因及度量權衡，此等皆非急務，各持所見，亦可忘言。但朱子論井田難復，其言不一而足，謂門人誤記，恐未安。而弟前札中，亦未嘗主用周尺，此則不可不道破耳。[①]

---

① 江永：《善餘堂文集》，見《清代詩文集彙編》第248册，上海：上海古籍出版社2010年版。

孔繼涵生。孔繼涵(1739—1784),字體生,一字誧孟,號葒谷,山東曲阜人,孔子第六十九世孫。乾隆三十六年(1771)進士,官户部主事。乾隆四十二年(1777)爲奉養慈母而辭官回籍,於微波榭中著書會友、校刻群籍。孔繼涵與戴震友善,交往甚密,戴震之女嫁繼涵次子廣根。戴震卒,孔氏勤爲搜輯其遺著,彙刊《戴氏遺書》十數種,是爲戴震著作最初之匯刻。孔繼涵亦是乾隆時期著名學者,《清史列傳》本傳稱:"(繼涵)篤於内行,雅志稽古,於天文、地志、經學、字義、算數之書,無不博綜。與休寧戴震友善,考證异同,良多資益。"①

孔繼涵與戴震交游,詳見本譜"乾隆三十三年""乾隆三十六年"下。

王澍卒。王澍(1668—1739),字若霖,號虚舟,江蘇金壇人,學者,書法家。著有《大學本文》《中庸本文》《禹貢譜》《集朱子格物法》《集朱子讀書法》等。

是年正月,雷鋐爲《張清恪公年譜》撰序,表彰張伯行(1651—1725,字孝先,謚清恪)"倡明正學"之功。其序曰:"天下有正學,斯有正人。蓋天理所恃以常存,世道所賴以不墜者也。儀封張清恪公……其居鄉居官,在在以倡明正學爲切務。鋐謂世有口談道學,而躬行不逮,當利害禍福之界,手顫色變,氣餒而不克自持者,以視公之篤志力行,歷患難顛沛而不渝,其相去爲何如?……公殁且十五年,嗣君屬序公《年譜》。自顧愚懦,惴惴焉懼負當年教澤,無以稱公屬望。然淵源所自,安敢自外於門牆?天下後世,讀此而聞風興起,抑又何殊於親炙之也哉!"②

三月,高宗准陝西學政嵩壽之奏,提倡童生學習經學。又准山東學政徐鐸之奏,以"通經致用"獎掖士子。

春,方苞奉旨重刊《十三經》《廿二史》,充經史舘總裁。五月,方

① 王鍾翰點校:《清史列傳》卷六八,北京:中華書局1987年版,第5529頁。

② 雷鋐:《經笥堂文鈔》卷上,見《清代詩文集彙編》第285册,上海:上海古籍出版社2010年版。

苞以營私爲人彈劾，乾隆革去其一切職務，命專在三禮舘修書。

四月，方苞選輯《四書》文成，進表上奏。是爲《欽定四書文》，方苞遵旨選明朝制義486篇，清朝制義297篇，成四十一卷，一以清淳雅正爲選文標準，“大抵皆詞達理解，可以傳世行遠。承學之士，於前朝諸集，可以考風格之得失；於國朝之文，可以定趨向之指歸。聖人之教無窮，於是乎在，非徒示以弋取科名之具也”①。

五月，高宗准大學士張廷玉等所奏，殿試策文推重經史。

七月，《明史》刊刻告成，凡三百三十二卷，時張廷玉任總裁，有《上明史表》。雍正元年(1723)，王鴻緒修訂《明史稿》後，史臣奉命繼續纂修。《明史》正式修撰始於康熙十八年(1679)，至最後成書，歷時六十年。

八月，金壇貢生蔣振生依石經式，手書《十三經》正文，計五十函，三百册。得清廷嘉奬，授國子監學正。

是年，清廷頒行方苞所選制藝，標名《欽定四書文》。

黄宗羲所著《明儒學案》六十二卷由慈溪鄭義門首次刊行。

乾隆五年庚申(1740)　十八歲

是年，戴震隨父弁客江西南豐。文林公戴弁行商於南豐，戴震則於南豐毗鄰之福建邵武教授學童以資口食，同時研學不輟。

《段譜》:“隨父文林公客南豐，課學童於邵武。”

洪榜《戴先生行狀》:“隨父文林公客江西南豐，就近課學童於邵武，又一年，於經學益進。”南豐今屬江西撫州，邵武今屬福建南平，兩縣毗鄰。

支偉成《清代樸學大師列傳・戴震傳》:“先生家極貧，無以爲業，年十八，隨父客南豐，設塾於邵武，課童蒙自給。越二年乃歸。”

---

①　永瑢等:《四庫全書總目》卷一九〇，北京:中華書局1965年版，第1729頁。

【時事】

是年,江永隨程恂入京師,與方苞、吴紱等論學。

江錦波、汪世重《江慎修先生年譜》:"乾隆五年庚申,六十歲。休寧山斗程太史恂,敦請館於其家。……八月,同程太史入都。三禮館總裁方苞、編修吴公紱殷勤問難。光禄梅公瑴成、學士熊公暉吉、編修杭公世駿、部郎胡公蛟齡,俱就講學焉。"①

又,戴震《江慎修先生事略狀》:"先生嘗一遊京師,以同郡程編修恂延之至也。三禮館總裁桐城方侍郎苞素負其學,及聞先生,願得見。見則以所疑《士冠禮》《士昏禮》中數事爲問,先生從容置答,乃大折服。而荆溪吴編修紱自其少於《禮》《儀》功深,及交於先生,質以《周禮》中疑義,先生是以有《周禮疑義舉要》一書。此乾隆庚申、辛酉間也。"

錢大昕《江先生永傳》、王昶《江慎修先生墓誌銘》所載略同。

江永著《翼梅》八卷成書於是年。是書一名《算學》(或爲戴震整理時所改)。《四庫全書總目》卷一〇六:

> 《算學》八卷,國朝江永撰。是編因梅文鼎《曆算全書》爲之發明訂正,而一準《欽定曆象考成》折衷其异同。一卷曰曆學補論,皆因文鼎之説而推闡所未言。二卷曰歲實消長,文鼎論歲實消長,以爲高冲近冬至而歲餘漸消,過冬至而復漸長,永則以爲歲實本無消長,消長之故在高冲者歲實稍羸,近最高者稍朒,又小輪半徑,古大今小,則加减差亦异。三卷曰恒氣注曆,文鼎論冬至加減,謂當如西法用定氣,不用恒氣,而所作《疑問補》等書又謂當如舊法用恒氣注曆,永則以爲冬至既不用恒氣,則諸節亦皆當用定氣,不用恒氣,故此二卷皆條列文鼎之説,而以所見辨於下。四卷曰冬至權度,《元史》六曆冬至載晋獻公以來四十九

① 江錦波、汪世重:《江慎修先生年譜》,薛貞芳主編《清代徽人年譜合刊》,合肥:黄山書社 2006 年版,第 62 頁。

事，文鼎因作《春秋冬至考》，删去晋獻公一事，各以其本法推求其故，永則以爲算術雖明，而未有折衷，更因文鼎之法，考證曆法史志之誤。五卷曰七政衍，文鼎論七政小輪之動由本天之動，七政之動由小輪之動，永則以恭按《欽定曆象考成》五星有三小輪，而月更有次均輪，且更有負圈，文鼎説雖精當，而各輪之左旋右旋，與帶動自動不動之异，尚未能詳剖，因各爲圖説以明之。六曰金水發微，文鼎初仍舊法，以金、水二星伏見輪同於歲輪，後因門人劉允恭悟得金、水二星自有歲輪，而伏見輪乃其繞日圓象，因詳爲之説，後楊學山乃頗以爲疑，永謂文鼎説是，學山疑非，因爲圖説以明之。七曰中西合法擬草，明徐光啓酌定新法，凡正朔閏月之類，從中不從西，定氣整度之類，從西不從中，然因用定氣，遂以每月中氣時刻爲太陽過宫時刻繫以中法十二宫之名，而西法十二宫之名又用之於表，永病其錯互，又整度一事，永亦病其言之未盡，故著此論以辨之，亦多推文鼎之説。八曰算賸，則推衍三角諸法，求其捷要。《續曆學》一卷，曰正弧三角疏義，以補算賸所未盡，故八卷各有小序，此卷獨無也。文鼎曆算，推爲絶技，此更因所已具，得所未詳。踵事而增，愈推愈密，其於測驗，亦可謂深有發明矣。[①]

《四庫提要》頗推江永此書。（按：秦蕙田纂《五禮通考》稱："勿庵之術兼統中西，誠爲冠絶古今，而江氏此篇推之更密，測之益精，能補勿庵之所未備者，其爲青冰之出矣乎。"《提要》之語或出此。）然因江氏此書推崇西學，不但極受勿庵之孫梅瑴成（字玉汝，號循齋）貶斥責難，而且爲錢大昕、阮元等所批評。錢大昕《潛研堂文集》卷三三《與戴東原書》曰：

前遇足下於曉嵐所，足下盛稱婺源江氏推步之學不在宣城

① 永瑢等：《四庫全書總目》，北京：中華書局1965年版，第901～902頁。

下，僕惟足下之言是信，恨不即得其書讀之。

頃下榻味經先生邸，始得盡觀所謂《翼梅》者。其論歲實，論定氣，大率祖歐羅巴之説而引而伸之。其意頗不滿於宣城，而吾益以知宣城之識之高。何也？宣城能用西學，江氏則爲西人所用而已。及觀其冬至權度，益啞然失笑。夫歲實之古强而今弱也，漢以前四分而有餘，漢以後四分而不足，而自“乾象”以至“授時”歲實，大率由漸而減，此皆當時實測，非出臆斷，故以古法下推，則必後天由於歲實强也；以今法上考，亦必後天由於歲實弱也。楊光輔、郭守敬輩知其然，故爲百年加減一分之率以消息之，雖過此以往，未之或知，而以之考古，則所失者鮮，是其術未始不善也。江氏乃創爲本無消長之説，極詆楊、郭，以傅會西人，然史册所書景長之日，班班可考，難以一人手掩盡天下之目也。於是爲定冬至加減之説以加之，加之而仍後天也；於是又爲本輪、均輪半徑古大今小之説以加之，加之而仍後天也。詞遁而窮，則直斷以爲史誤，毋乃如公孫龍之言“臧三耳”，甚難而實非乎！

天道至大，非一時一人之術所能御。日月五星之行，皆有盈縮，古人早知之矣，各立密率以合天行。郭太史之垛積新法之本輪、均輪，皆巧算，非真像也，約加減之數，而假像以爲立算之根，合則用之，小不合則增減之，大不合則棄之。本無輪也，何有於徑？本無徑也，何有古大而今小？且夫兩輪半徑之數之減也，西人固疑其初測之未合而改之，非定以爲古多今少之率也。就如江説兩半徑古大而今小，則仍是楊、郭百年消長之法，以矛陷盾，其何説之辭！夫以兩春分考歲實，較之兩冬至爲近，然小餘二四二一八七五者，回回之舊率而地谷所用也。崇禎時嘗改爲二四二一八八六四矣，今則又改爲二四二三三四四二矣，祇此百年之中，西士已不能守其舊率，而江欲以地谷所用之數，上考千載以前，謂必無消長也，有是理乎？本輪、均輪本是假像，今已置之不用，而别創橢圓之率，橢圓亦假像也，但使躔離交食推算與測驗相準，則言大小輪可，言橢圓亦可，然立法至今未及百年，而其根已不可用，近推如此，遠考可知，而江氏取其已棄之筌蹄，爲終古之權度，其迂闊亦甚矣。

西士之術固有勝於中法者，習其術可也，習其術而爲所愚弄不可也。有一定之丈尺而後可以度物，有一定之衡石而後可以權物，今江所持以衡量者有一定乎？無一定乎？言平歲實則其數可多可少也，言最卑行則其行忽遲忽疾也，言輪徑差則借象而非真象也。以桀爲日而詆羲和，以錐指地而嗤章、亥，持江氏之權度以適市，必爲司市所撻矣。向聞循齋總憲不喜江説，疑其有意抑之，今讀其書，乃知循齋能承家學，識見非江所及。當今學通天人者莫如足下，而獨推江無异辭，豈少習於江而特爲之延譽耶？抑更有説以解僕之惑耶？請再質之足下。[①]

梅瑴成不滿江氏之根由，當在其視江氏欲借此書與勿庵争勝（實爲梅氏之觀念，恐非江氏之初衷），然其批評江氏崇奉西學，乃至爲之辯護，確爲事實。故錢大昕亦有江氏“爲西人所用”之評。錢氏及後來之阮元均批評江永推崇西學并護其所短（阮氏之論見《疇人傳》卷四二《江永傳》）。而所可注意者，錢大昕因批評江永而兼及戴震，其所謂“當今學通天人者莫如足下，而獨推江無异辭，豈少習於江而特爲之延譽耶？抑更有説以解僕之惑耶”之質問，頗含不滿。戴震之有無復書及如何辯答不可知，然於此亦可見戴震前期對待西學之態度，當受江永影響較大，與其後期之態度似有不同。

又，江永《周禮疑義舉要》初撰於是年。據戴震《江慎修先生事略狀》：“荆溪吴編修紱自其少於《禮》《儀》功深，及交於先生，質以《周禮》中疑義，先生是以有《周禮疑義舉要》一書。此乾隆庚申、辛酉間也。”

① 錢大昕：《潛研堂集》，上海：上海古籍出版社 2009 年版，第 595～597 頁。

吴紱,字方來,江蘇宜興人。乾隆二年(1737)進士,四年授編修,入三禮館,與修《儀禮》《禮記》等。

是年,程廷祚歷時五載著《易通》十四卷成書。《四庫全書總目》卷十:"程氏《易通》十四卷。國朝程廷祚撰。……是書凡《易學要論》二卷、《周易正解》十卷、《易學精義》一卷又附録《占法訂誤》一卷,《易通》其總名也。其《要論》盡去漢人爻變、互體、飛伏、納甲諸法,未免主持稍過。然舉宋人《河》《洛》《先天》諸圖及乘承比應諸例掃而空之,則實有芟除轇轕之功。"①

彭紹升生,崔述生。

彭紹升(1740—1796),字允初,號尺木、二林居士,江蘇長洲(今江蘇蘇州)人。乾隆三十四年(1769)進士,選知縣不就,入佛。有《二林居集》等。乾隆四十二年(1777),戴震《孟子字義疏證》著成,彭紹升致書批評,戴震撰《與彭進士允初書》辯駁甚力。

崔述(1740—1816),字武承,號東壁,直隸大名(今屬河北)人。乾隆二十七年(1762)舉人。著有《考信録》等。《清史稿》卷四八二本傳:"其著書大旨,謂不以傳注雜於經,不以諸子百家雜於傳注。以經爲主,傳注之合於經者著之,不合者辨之,异説不經之言,則辟其謬而削之。"②

是年十月,爲正人心、厚風俗,乾隆諭諸臣講求宋儒之書,精研理學,謂爲國家元氣所繫。諭曰:"今之説經者,間或援引漢唐箋疏之説。夫典章制度,漢唐諸儒有所傳述,考據固不可廢。而經術之精微,必得宋儒參考而闡發之,然後聖人之微言大義如揭日月而行也。惟是講學之人,有誠有僞,誠者不可多得,而僞者托於道德性命之説,欺世盗名,漸啓標榜門户之害。此朕所深知,亦朕所深惡。然不可以僞託者獲罪於名教,遂置理學於不事,此何异於因噎而廢食乎!……

---

① 永瑢等:《四庫全書總目》,北京:中華書局1965年版,第79～80頁。

② 趙爾巽等:《清史稿》,北京:中華書局1977年版,第13271頁。

朕願諸臣研精宋儒之書，以上泝六經之閫奥。"①

十月，乾隆又以朱子"學以爲己"之説訓飭士流。諭曰："朱子同安縣諭學者云，學以爲己。……朱子此言，即是科舉中爲己之學。誠能爲己，則《四書》《五經》皆聖賢之精藴，體而行之，爲聖賢而有餘。不能爲己，則雖舉經義、治事而督課之，亦糟粕陳言，無裨實用，浮僞與時文等耳。故學者莫先於辨志，志於爲己者，聖賢之徒也；志於科名者，世俗之陋也。"②

是年，《重修大清律例》四十七卷成，刊布全國。共律 436 條，附例 1049 條，是爲清朝法制之進一步完善。

乾隆六年辛酉(1741)　十九歲

是年，戴震仍隨父在外，課學童於邵武。教學之餘，勤於研習，經學益進。

《段譜》："十九歲。經學益進。"

洪榜《戴先生行狀》："隨父文林公客江西南豐，就近課學童於邵武，又一年，於經學益進。"

【時事】

是年八月前，江永仍在京師，與方苞、吴紱、杭世駿等論學問難。戴震《江慎修先生事略狀》："先生嘗一游京師……此乾隆庚申、辛酉間也。"江錦波、汪世重《江慎修先生年譜》"乾隆六年辛酉"下："八月，自都歸里。"③

江永《周禮疑義舉要》七卷成書。乾隆五十七年(1792)書業堂刻《讀書隨筆》卷首目録下金榜題記曰："此江慎修先生《讀書隨筆》原書

---

① 《清高宗實録》卷一二八，《清實録》第十册，北京：中華書局 1986 年版，第 876 頁。

② 《清高宗實録》卷一二九，《清實録》第十册，北京：中華書局 1986 年版，第 887～888 頁。

③ 江錦波、汪世重：《江慎修先生年譜》，薛貞芳主編《清代徽人年譜合刊》，合肥：黄山書社 2006 年版，第 62 頁。

敘目也。自三卷至九卷，本名《周禮疑義舉要》，先生以其爲隨筆簽答之書，又《夏》《秋》二官尚未卒業，因改名《讀書隨筆》，而以散見群經諸條依經類次之爲十二卷。先生殁，史舘檄取其遺書，同門戴東原以《隨筆》之名難以繕進，取其説《周禮》七卷，復名《周禮疑義舉要》；其説群經五卷，更名《群經補義》，今據以録入《四庫全書》者是也。"[①]知《周禮疑義舉要》後爲江永與解説群經彙合，更名爲《讀書隨筆》。江永卒後，戴震因《讀書隨筆》之名難以進獻，而取其説《周禮》七卷復名《周禮疑義舉要》，將其説群經五卷，另行彙纂，更名爲《群經補義》[②]。

方苞著《周官義疏》四十八卷成。

是年秋，王懋竑(1668－1741)歷二十餘年著成《朱子年譜》。十月，王懋竑卒。懋竑字與中，號白田，江蘇寶應人。康熙五十七年(1718)進士，後授翰林院編修。雍正二年(1724)以老病辭歸，潛心著述。除《朱子年譜》外，有《讀經記疑》《讀史記疑》及《白田草堂集》等。

《朱子年譜》爲研究朱熹及其思想之必讀名著。《四庫全書總目》卷五七："《朱子年譜》四卷、《考异》四卷、《附録》二卷，國朝王懋竑撰。……初，李方子作《朱子年譜》三卷，其本不傳。明洪武甲戌，朱子裔孫境别刊一本，汪仲魯爲之序，已非方子之舊。正德丙寅，婺源戴銑又刊《朱子實紀》十二卷，惟主於鋪張褒贈，以誇講學之榮，殊不足道。至嘉靖壬子，建陽李默重編《年譜》五卷，《自序》謂猥冗虚謬不合載者，悉以法削之。視舊本存者十七。然默之學源出姚江，陰主朱、陸始异終同之説。多所竄亂，彌失其真。國朝康熙庚辰，有婺源洪氏續本，又有建寧朱氏新本，及武進鄒氏正訛本，或詳或略，均未爲精確。懋竑於朱子遺書，研思最久。因取李本、洪本互相參考，根據《語録》《文集》，訂補舛漏，勒爲四卷。又備列其去取之故，仿朱子校正《韓集》之例，爲《考异》四卷。并采掇論學要語，爲《附録》二卷，綴之於

① 江永：《讀書隨筆》，乾隆五十七年(1792)書業堂刻本。

② 據《讀書隨筆》江永原序："今所記録得十二卷，以經爲主，雜説附之……乾隆二十五年二月朔日婺源江永。"則其説群經部分(《群經補義》)成書頗晚。

末。其大旨在辨別爲學次序，以攻姚江《晚年定論》之説。故於學問特詳，於政事頗略。如淳熙元年劾奏知台州唐仲友事，後人頗有异論，乃置之不言。又如編類小學，既據《文集》定爲劉子澄，而編類綱目乃不著出趙師淵。《楚辭集注》本爲趙汝愚放逐而作，乃不著其名。至於生平著述，皆一一縷述年月，獨於《陰符經考异》《參同契考异》兩書不載其名，亦似有意諱之。然於朱子平生求端致力之方，考异審同之辨，元元本本，條理分明。無程瞳、陳建之浮囂，而金谿紫陽之門徑，開卷瞭然。是於年譜體例雖未盡合，以作朱子之學譜，則勝諸家所輯多矣。"①

學者惠士奇卒。惠士奇(1671－1741)，字天牧，晚號半農居士，被學者稱爲"紅豆先生"，元和(今江蘇蘇州)人，惠棟之父。惠士奇傳父惠周惕之學，推遵漢儒經説，著有《易説》《禮説》《春秋説》及《大學説》等。惠棟繼承家學，弟子有余蕭客、江聲等，王鳴盛、錢大昕、王昶等均師事之，晚與戴震交，戴震亦受其影響。《清史稿》卷四八一本傳："士奇盛年兼治經史，晚尤邃於經學，撰《易説》六卷、《禮説》十四卷、《春秋説》十五卷。於《易》，雜釋卦爻，以象爲主，力矯王弼以來空疏説經之弊。於《禮》，疏通古音、古字，俱使無疑似，復援引諸子百家之文，或以證明周制，或以參考鄭氏所引之漢制，以遞觀周制，而各闡其製作之深意。於《春秋》，事實據《左氏》，論斷多采《公》《穀》，大致出於宋張大亨《春秋五禮例宗》、沈棐《春秋比事》，而典核過之。《大學説》一卷晚出，'親民'不讀'新民'。論格物不外本末、終始、先後，即絜矩之不外上下、前後、左右，亦能根極理要，又著《交食舉隅》三卷，《琴笛理數考》四卷。子七人，棟最知名。"②

陳夢雷卒。陳夢雷(1651－1741)，字則震，福建侯官人。曾任《古今圖書集成》總裁。著有《周易淺述》等。

是年正月，乾隆命各省督撫學政采訪遺編。諭曰："從古右文之

① 永瑢等:《四庫全書總目》，北京：中華書局 1965 年版，第 517 頁。

② 趙爾巽等:《清史稿》，北京：中華書局 1977 年版，第 13179～13180 頁。

治，務訪遺編。目今内府藏書，已稱大備。但近世以來，著述日繁。如元、明諸賢，以及國朝儒學，研究六經，闡明性理，潛心正學，醇粹無疵者，當不乏人，雖業在名山，而未登天府。著直省督撫學政，留心采訪，不拘刻本、鈔本，隨時進呈，以廣石渠、天禄之儲。”①

八月，湖北通山縣全崇相刊刻其父全淵所著《四書宗注録》，其中有推崇吕留良之語，清廷下令銷毁。

九月，乾隆命銷毁謝濟世《大學注》《中庸疏》。諭曰："朕聞謝濟世將伊所注經書刊刻傳播，多係自逞意見，肆詆程、朱，甚屬狂妄。……朕從不以語言文字罪人，但此事甚有關係，亦不可置之不問也。爾等可傳諭與湖廣總督孫嘉淦，伊到任後，將謝濟世所注經書中，有顯與程、朱違悖牴牾，或標榜他人之處，令其查明具奏，即行銷毁，毋得存留。"②

按：乾隆即位之初，曾標榜"從不以語言文字罪人"，此時下令嚴查銷毁謝濟世等人著述，彰顯其文化專制之本質，思想鉗制之嚴厲一秉其父祖。自本年至乾隆統治結束，文字獄前後繼踵，而且愈演愈烈。

乾隆七年壬戌(1742)　二十歲

是年，戴震自福建邵武回鄉，拜識同邑前輩程恂，并因程恂而得識江永。

著《嬴旋車記》《自轉車記》。

《段譜》：

是年，自邵武歸。同邑程中允恂一見大愛重之。曰："載道

① 《清高宗實録》卷一三四，《清實録》第十册，北京：中華書局1986年版，第941頁。

② 《清高宗實録》卷一五一，《清實録》第十册，北京：中華書局1986年版，第1165～1166頁。

器也。吾見人多矣，如子者，巍科碩輔，誠不足言。”婺源江慎修先生永治經數十年，精於《三禮》及步算、鐘律、聲韵、地名沿革，博綜淹貫，巋然大師，先生一見傾心，取平日所學就正焉。

《魏譜》：

先生年二十歲。通五經。自邵武歸，與程恂相見，“恂一見，大愛重之，曰：載道器也！吾見人多矣，如子者，巍科碩輔誠不足言。”先生家極貧，無以爲業，至是始爲科舉文，窮幽極眇，於有明以來尤愛西安四子、西江五家所傳遺稿。每有所作，意既奥曲，辭復超遠，淺學讀之茫如，或相與非笑之。先生同族戴長源瀚，家於江寧，以科舉文著名當時。文林公往江寧攜先生同行，就謁長源。“至，一見，叩其所學，曰：當今無此人也！吾誠不能有所益。”因館於其家，令與諸子圍棋談説，不關以文事。既月餘，一日取案上《檀弓》令先生口講其義。先生每講終一節，未嘗不稱善，因命題爲時義一通。先生援筆立成，大加嗟賞。翌日，謂文林公曰：“是子誠不能限其所至，今歸矣，所業甚精，無可以示人！”（洪《狀》。）

先生“因西人龍尾車法作《蠃旋車記》，因西人引重法作《自轉車記》”。（凌《事略狀》。）《蠃旋車記》注明“壬戌春”，段刻《文集》在卷七，孔刻在卷二。《自轉車記》未注時日，所載卷數同《蠃旋車記》。兩記文字，全學《考工記》，足見先生也曾致力於古文。

先生《孟子字義疏證序》曰：“余少讀《論語》端木氏之言曰：‘夫子之文章可得而聞也，夫子之言性與天道不可得而聞也。’讀《易》，乃知言性與天道在是。”

《段譜訂補》：

程恂，字慄也，雍正二年（一七二四）進士，官至直隸定州知府。乾隆元年（一七三六），又召試博學鴻詞，授檢討，官至中允。

據江錦波、汪世重《江慎修先生年譜》載，江永與程恂關係甚密，自乾隆五年(一七四〇)起，江永數館其家。《江慎修先生七十壽序》曰："吾師江慎齋先生……震少知向慕，既數年始獲一見，又數年始拜先生於吾邑之山斗。"乾隆七年(一七四二)九月，徽州郡守朱大人敦請江永講學於紫陽書院。休寧山斗是由江村(按：當爲江灣。江永爲婺源江灣人)至徽城的必經之道，程恂的家亦在山斗。大概在這時候，戴震始得拜見江永。江永《答戴生東原書》曰："暮年得兩知己，天資敏妙，志識不凡，可與劇談天地古今，甚慰平生。"書見《善餘堂文集》，今藏上海圖書館。

程恂(生平著述詳見本譜"乾隆十五年"下)，字慄也，一字栗也，號燕侯，徽州休寧人。據《道光休寧縣志》卷一一《仕宦・封贈》："程國龍，以孫恂貤贈徵侍郎翰林院檢討；程大儒，以子恂封徵侍郎翰林院檢討。"[①]知其祖父名國龍，父名大儒，均因程恂而受封贈。

程恂爲雍正二年(1724)進士，精於禮學。程恂實爲戴震結識江永之引薦人，又宣揚戴震早期著作於當時學者中，於戴震獲知於學界助力頗多。洪榜《戴先生行狀》："先生之自邵武歸也，年甫二十，同縣程中允恂一見，大愛重之，曰：'載道器也。吾見人多矣，如子者，巍科碩輔，誠不足言。'"又紀昀《考工記圖序》："戴君語余曰：'昔丁卯、戊辰間，先師程中允出是書以示齊學士次風先生。學士一見而嘆曰：誠奇書也！今再遇子奇之，是書可不憾矣。'"[②]程恂實爲戴震鄉里第一知己，亦爲戴震之師長。

是年，婺源江永成歲貢生，訪程恂。戴震因程恂引薦而得初次拜識江永，當就若干問題初步提出請教，但因此次并未正式拜師，故江、戴二人交流或不多。

---

① 《道光休寧縣志》，南京：江蘇古籍出版社 1990 年版，第 233 頁。

② 紀昀：《紀文達公遺集》卷八，見《清代詩文集彙編》第 365 册，上海：上海古籍出版社 2010 年版。

《中國學術編年·清代卷》"乾隆七年壬戌"下:"江永被舉薦爲歲貢生,有身穿官服、頭戴官帽以耀祖光宗的畫像,戴震在畫像上題詞。"①

按:此江永畫像今藏黄山市中國徽州文化博物舘。畫像上確有署名戴震題贊一則,内容爲:"慎修夫子玉容贊曰:神範端莊,和若春陽。中秉剛直,嚴若秋霜。仕止有道,進退可法。允矣令德,匹休前哲。學冠群儒,才優德純。歲在皇清乾隆壬戌仲秋月既望日,受業東原戴震題。"對此題贊,已有徽州學者多方證明其確爲戴震手迹,并論證其重大意義。細察此題贊,應爲託名戴震者所爲。其一,題贊時間爲乾隆壬戌(1742),據《段譜》,時戴震年方二十,初識江永,而拜師江永又在數年之後。且即便戴震此時已拜師,甫一拜師即於師尊容像上題字亦於情理不合;其二,題贊字迹與戴震手迹似相近而實有别,如戴震筆迹凡横畫一律明顯斜向右上,書寫之"口"均爲封口,而題贊基本無此特點;其三,末鈐三印:"戴氏東原""震印""壬辰翰林",三枚印章内容亦有明顯問題,尤其是"壬辰翰林"一枚,不但與戴震授官時間不符(戴震實於乾隆乙未即1775年被授翰林院庶吉士,在壬辰後三年),而且於理也無三十年前題贊、三十年後再補鈐之情況。綜合以上三點,基本可斷此題贊爲戴震享譽海内之後,徽州鄉里之人欲借重東原之名者假託戴震所爲,而非戴震之撰作。

戴震研習中、西科技,於是年著《嬴旋車記》《自轉車記》。戴震研習西方科技及西方算學,或受江永啓發。

凌廷堪《戴東原先生事略狀》:"因西人龍尾車法作《嬴旋車記》,因西人引重法作《自轉車記》。"戴琴泉《戴東原先生軼事》云:"又嘗以休地山鄉,吸水灌田,所需勞力多而無補於大旱,乃變通古法,製螺旋車與自轉車,以利農田。螺旋車者,外用木廓,中軸附以螺紋板,軸出廓外,斜置水濱,以水力或人力轉之,水循螺紋而上,用力少而呈功

---

① 梅新林、俞樟華主編:《中國學術編年·清代卷》,上海:華東師範大學出版社2013年版,第641頁。

倍,與今之西式吸水機有相合者。惟彼時鮮良工,螺板與外廓難以密合而圓轉,至今農家遂失其制。自轉車者,輪置河濱,資流水之力以運水,上升高可二三丈,絲毫不需人畜之勞,灌溉能日夜不息。其製法詳公著《螺旋車記》《自轉車記》。今休地西北鄉,山河旁岸之田,多用自轉車,永無亢旱之患,各處仿其法者甚多。又嘗自製渾天儀,以爲研究天算之用。”①均可參。

贏旋,即螺旋(螺,贏之俗字)。戴震學習傳統技藝并參考西方科技,研製贏旋車及自轉車以爲鄉里灌溉之用②。《贏旋車記》曰:

車人爲溉器:六分其軸之長,以其一爲之圍。信其軸圍,以爲車廣。兩牆與軸,是謂參均也。

軸之兩端,中其軸以設其樞。斵軸欲直,設樞欲正,二者既得,軸之如將自轉焉。斵軸不直,設樞不正,二者失職,則及其轉之也,車必偏重。重者在下,輕者在上,則必如倍任矣。

爲牆因軸之圍,竟軸而爲贏旋之牆,兩牆之間謂之贏旋之溝。水之行於贏溝也,水猶然走下也,不知其旋而上也。牆之法,建之柱,而編之,而堲之,既堲,欲其無罅也。凡溝視軸徑以爲度,或倍焉,或參焉。已廣則吐水多而宜偃,已狹則吐水少而宜高。

牆之外削版爲之圍,以鐵約之,既約,以漆塗之。圍版之内,欲其附於牆也,其外,欲其合之固也。

車之上端爲輪,設之櫝。或人力,或假器若物之力,别爲任挽之輪,以發其櫝而轉之。

其銘曰:“我稼我穡,時惟爾翼。我恬我息,時惟爾力。篝車穰穰,佐我康食。銘爾之勞,終古不忒。”

---

① 戴琴泉:《戴東原先生軼事》,《新聞報》,1924年2月24—26日版。

② 戴震故里又流傳戴震早年爲屯溪設計修築珠塘壩以利防洪、灌溉之事。珠塘位於屯溪之華山嶺與楊梅山間,高於屯溪街道十數米,雨季洪水泛濫,頻繁致灾。戴震勘察地勢,設計珠塘壩,并籌資興建,自此下游水旱無憂。珠塘壩仍存,位於今戴震公園東門右側,高約10米,長約43米,底寬約22米,頂寬約8米。

《自轉車記》曰：

車人之事，爲規長二十度，博一度，度之大小視其制。車之用在輪，輪有九等，檟有二式。

以半規之十度爲輪之半徑，謂之十度之輪，週六十檟。其次九度之輪，週五十有四檟。其次八度之輪，週四十有八檟。其次七度之輪，週四十有二檟。其次六度之輪，週三十有六檟。其次五度之輪，週三十檟。其次四度之輪，週二十有四檟。其次三度之輪，周十有八檟。其次二度之輪，周十有二檟。其次爲任挽之輪，週六大檟。任挽之輪一度也，以交於十度之輪而發其檟。十度之輪，其上爲六度之輪，謂之發輪。發輪之上爲二度之輪，謂之接輪。接輪之軸，交於懸重之輪，大與接輪等。發輪之檟視六度之輪，接輪之檟視二度之輪。凡軸週六檟。爲輪方其軸，當輻之圍。夾軸而爲四輻，輻周之輞，輞設之檟。大輪輻方一度，輞厚一度。小輪有輞無輻，輞厚五分度之四。

凡輪，以上輪之檟，交於下輪之軸檟。十度之輪，其檟交於發輪之軸檟，接輪與發輪之檟相交也。是故十度之輪，暨接輪之軸，無檟。（十度之輪旋轉一周，得任挽之輪七百二十五萬七千六百周。）欲車之利轉，則任挽之輪，其軸設飛輪，或二之，或三之。

凡輪，均其圍而周分之以設檟，因於輞者爲斜檟，以鐵裹之，植於輞爲立檟，以鐵爲之。凡軸皆用立檟，輪皆用斜檟。十度之輪暨任挽之輪，亦立檟也。檟端五分度之二，檟間空五分度之三。

軸之兩端，以鐵爲之樞，樞徑五分度之三，樞長五分度之四。爲柱，以鐵穿含樞而轉之，設穿必以其輪之度。上檟與下檟相交，減三分度之一。接輪最上，發輪次之，十度之輪至二度之輪，遞次而下，任挽之輪出架外，别爲之柱。架之高與立柱等，長三之二，廣三之一。

約在是年，戴震始研習時文。洪榜《戴先生行狀》："先生之自邵武歸也，年甫二十……先生家極貧，無以爲業。至是始爲科舉文，窮幽極眇，於有明以來，尤愛西安四子、西江五家所傳遺稿。"戴震研習科舉，是否有程恂、江永之勉勵，不得而知。

西安四子，指明代中後期浙江西安縣（今浙江衢州）方應祥、徐日久、葉秉敬、徐可久等東南時文名家。西江五家爲明中後期江西五位時文名家，即章世純、艾南英、陳際泰、羅萬藻、楊以任。

【時事】

是年，江永被舉薦爲歲貢生。《江慎修先生年譜》"乾隆七年壬戌"："是年歲貢。《近思録集注》成。"王昶《江慎修先生墓誌銘》："六十二歲爲歲貢生。成《近思録集注》十四卷。"江永又應江西學政金德瑛之聘，約一月。

《魏譜》"乾隆八年"下："是年先生師江永年六十二爲歲貢生，成《近思録集注》十四卷，十月應江西學政金德瑛招。"按：乾隆八年（1743）江永六十三歲。《魏譜》所載小誤。

是年九月，江永著成《近思録集注》十四卷，推崇宋學。有《自序》曰：

> 道在天下，亘古長存，自孟子後，一線弗墜。有宋諸大儒起而昌之，所謂"爲天地立心，爲生民立道，爲去聖繼絶學，爲萬世開太平"，其功偉矣！其書廣大精微，學者所當博觀而約取，玩索而服膺者也。昔朱子與吕東萊先生晤於寒泉精舍，讀周子、程子、張子之書，歎其閎博無涯，恐始學不得其門，因共掇其關於大體、切於日用者，爲《近思録》十四卷。凡義理根原，聖學體用，皆在此編。其於學者身心疵病，應接乖違，言之尤詳，箴之極切。蓋自孔、曾、思、孟而後，僅見此書。朱子嘗謂"四子，六經之階梯；《近思録》，四子之階梯"。又謂《近思録》所言，"無不切人身、救人病者"。則此書直亞於《論》《孟》《學》《庸》，豈尋常之編録哉！其間義旨淵微，非注不顯。考朱子朝夕及門人講論，多及此

書，或解析文義，或闡發奥理，或辨别同异，或指摘瑕疵，又或因他事及之，與此相發，散見《文集》《或問》《語類》諸書，前人未有爲之薈萃者。宋淳祐間，平岩葉氏采進《近思録集解》，采朱子語甚略。近世有周公恕者，因葉氏注，以己意别立條目，移植篇章，破析句段。細校原文，或增或復，且復脱漏訛舛，大非寒泉纂集之舊。後來刻本相仍，幾不可讀。永自早歲，先人授以《朱子遺書》原本，沈潜反復有年。今已垂暮，所學無成，日置是書案頭，默自省察，以當嚴師。竊病近本既行，原書破碎，朱子精言，復多刊落。因仍原本次第，裒輯朱子之言有關此録者，悉采入注，朱子説未備，乃采平岩及他氏説補之，間亦竊附鄙説，盡其餘藴。蓋欲昭晰，不厭詳備。由是尋繹本文，彌覺義旨深遠，研之愈出，味之無窮。竊謂此《録》既爲四子之階梯，則此《注》又當爲此《録》之牡鑰，開扃發鐍，袪疑釋蔽，於讀者不無小補。晚學幸生朱子之鄉，取其遺編，輯而釋之，或亦儒先之志，既以自勵，且公諸同好，共相與砥礪焉。乾隆壬戌九月丁巳朔婺源後學江永序。①

段玉裁八歲，始讀胡安國《春秋傳》。

是年正月，湖廣總督孫嘉淦奏，謝濟世經書注釋著作被銷毁。

三月，方苞以老病得旨離京回籍，閉户著書。

杭世駿《續禮記集説》一百卷約是年成書。本書輯録自乾隆元年(1736)杭世駿纂修《三禮義疏》時。

吴玉搢著《别雅》五卷成。《四庫全書總目》卷四十：

是書取字體之假借通用者，依韵編之，各注所出而爲之辨證。於考古深爲有功。惟是古人用字，有同聲假借，有轉音變异，有别體重文、同聲轉音，均宜入之此書。至於郊、酆一作岐、

---

① 江永：《近思録集注》，《近思録專輯》第七册，上海：華東師範大學出版社 2015 年版。

豐之類，則“郊”乃“岐”之本字，《説文》明云：“郊一作岐”，實屬重文，偶然别體。《説文》《玉篇》以後彙千盈百，何可勝收，未免自亂其例。又徵引雖博，而掛漏亦夥。……然就所徵引，足以通古籍之异同，疏後學之疑滯，猶可以考見漢魏以前聲音文字之概。是固小學之資糧，藝林之津筏，非俗儒剽竊之書所能仿佛也。①

是年，鄂爾泰、張廷玉等奉命纂修《授時通考》成書，標名《欽定授時通考》，凡七十八卷。本書爲我國第一部大型官修之綜合性農書，後收入《四庫全書》。

乾隆八年癸亥(1743)　二十一歲

是年，戴震在鄉繼續研經，并習作科舉文。然“每有所作，意既奥曲，辭復超遠，淺學讀之茫如，或相與非笑之”(洪榜《戴先生行狀》)。蓋因戴震少時即好學深思、潛心真義，而不喜隨人做世俗之學；雖爲時文，亦不願刻意鑽研時藝，揣摩效仿應試範文。故發而爲文，思慮深湛，而言辭古奥。

【時事】

是年，閻若璩《尚書古文疏證》一書在揚州開刻。惠棟閲閻氏書稿，采其説入自著《古文尚書考》中。

是年，汪紱著《理學逢源》十二卷成書。其自撰《理學逢源序》曰：“紱鄉者嘗輯《理學逢源》一書，蓋欲自求於身心，而得其天性之本然。因是於經書所得，輒以類記之，欲使勿忘，而亦欲同志之人，或因是書以窺聖學之旨，非敢以著書自衒博洽鳴高也。顧曩時所輯，猶多雜亂無章，恐不足以窺聖學之藴。邇復潛心理會，補闕删蕪，定書凡十二卷。自天人性命之微，以及夫日用倫常之著，自方寸隱微之細，以達之經綸斯世之猷，亦庶幾井井有條，通融貫徹，所以反求身心以探夫

① 永瑢等：《四庫全書總目》，北京：中華書局1965年版，第343～344頁。

天命之本原者,亦可以不待外求而得終身焉足矣。"[1]

是年,雷鋐講學鉛山鵝湖書院,撰《鵝湖詩説》,闡發朱、陸异同,以爲陸氏、朱子雖各自偏於尊德性與道問學,然朱子頗取陸氏之學,而陸氏亦未嘗不重道問學。其略曰:"朱子之心,虚公廣大,所以爲百世儒宗。子静《白鹿洞講義》,朱子深取之,謂其足以發學者隱微深痼之病。蓋陸先生兄弟之學,固不可因鵝湖二詩定其生平。……陸先生未嘗教人廢書册。"[2]

是年,全祖望改定其所撰《梨洲先生神道碑文》,詳述黄宗羲生平大節,表彰黄宗羲學術意义。其略曰:"公謂明人講學,襲語録之糟粕,不以六經爲根柢,束書而從事於游談,故受業者必先窮經;經術所以經世,方不爲迂儒之學,故兼令讀史。又謂讀書不多,無以證斯理之變化,多而不求於心,則爲俗學。故凡受公之教者,不墮講學之流弊。公以濂、洛之統,綜會諸家,横渠之禮教,康節之數學,東萊之文獻,艮齋、止齋之經制,水心之文章,莫不旁推交通,連珠合璧,自來儒林所未有也。"[3]

是年,邵晋涵生。

邵晋涵(1743—1796),字與桐,一字二雲,號南江,浙江餘姚人。乾隆三十六年(1771)進士。三十八年(1773)四庫舘開,以非翰林身份與戴震等同召入舘,纂校史部,自《永樂大典》輯出薛居正《舊五代史》等,於《四庫全書》史部整理貢獻頗多。

是年二月,乾隆諭:"朱子所輯《小學》一書,始自蒙養,爲立教之本;繼以明倫,爲行道之實;終以敬身,爲自修之要。於世教民心,甚

---

① 汪紱:《雙池文集》卷五,見《續修四庫全書》第1425册,上海:上海古籍出版社2002年版。

② 雷鋐:《經笥堂文鈔》卷下,見《清代詩文集彙編》第285册,上海:上海古籍出版社2010年版。

③ 全祖望:《鮚埼亭集》卷一一,見《續修四庫全書》第1429册,上海:上海古籍出版社2002年版。

有禆補。”[①]命各省學政以朱子所輯《小學》命題，考試士子。

是年，學者杭世駿對策言滿漢畛域不可太分，被乾隆以“懷私妄奏”之名革職，返鄉後以奉親、著述爲事。

乾隆九年甲子(1744)　二十二歲

是年，戴震在鄉繼續學習，并著《籌算》（後更名《策算》）一卷。

《段譜》：

是年長至日，成《籌算》一卷。首乘，次除，次命分，次開平方，次籌式，爲横籌反對兩句股，略舉經籍之資於算者，推衍成帙，爲治經之士覽觀。自叙云：“爾後增改其書，更名《策算》，孔户部繼涵以附《九章算術》者是也。凡學《九章》者，必發軔於此。”

《魏譜》：

按《籌算》即《策算》。段刻《文集》卷七、孔刻《遺書》及《算經十書》中《策算》之首，均有《策算序》一。《序》末云：“乾隆甲子長至日，東原氏戴震序。”《序》中曰：“以九九書於策，則盡乘除之用，是爲策算。策，取可書。不曰‘籌’，而曰‘策’，以别於古籌算，不使名稱相亂也。”是是年即成《策算》，非《籌算》增改可知。段氏恐有誤。

先生既著《策算》，復從事整理《九章》，着手求其書。《刊九章算術序》曰：“《九數》即《九章》，世罕有其書。近時以算名者，如王寅旭、謝野臣、梅定九諸子，咸未之見。余訪求二十餘年不可得，疑《永樂大典》或嘗録入。”按先生後在丁亥，才因曹文埴入翰林院觀《永樂大典》，想綴集而未能。“二十餘年”至於丁亥，大概自此時始。

① 《清高宗實録》卷一八五，《清實録》第十一册，北京：中華書局 1986 年版，第 382 頁。

是年先生友人程瑶田與鄭牧交。《通藝録·修辭餘鈔·松石間書齋》記:“余憶弱冠時,與吾郡鄭用牧交。”按瑶田是年近二十歲,文中曰“弱冠時”,故附於此。

籌算之法,我國先秦兩漢時期即已産生,因以刻有數字之竹籌進行計算,故稱籌算,亦稱籌策。戴震所研究之籌算,則爲西洋籌算,由17世紀早期英國耐普爾(一譯納皮爾,1550—1617)發明,明末傳入中國。清初,數學家梅文鼎首先對其加以系統研究,撰有《籌算》七卷對其予以評述。戴震此著是在梅氏基礎上之撰作。戴震《策算自序》曰:“《漢書·律曆志》:‘演算法用竹,徑一分,長六寸,二百七十一枚而成六觚爲一握。’古算之大略可考如是。其一枚謂之一算,亦謂之籌。《梅福傳》:福上書曰:‘臣聞齊桓之時,有以九九見者。’所謂九九,蓋始一至九,因而九之,終於八十一。《周髀算經》:‘商高曰:數之法出於圓方,圓出於方,方出於矩,矩出於九九八十一是也。’以九九書於策,則盡乘除之用,是爲策算。策取可書,不曰籌而曰策,以别於古籌算,不使名稱相亂也。策列九位,位有上下。凡策或木或竹,皆兩面,一與九,二與八,三與七,四與六共策,五之一面空之爲空策,合五策而九九備。如是者十,各得十策。别用策一列,始一至九,各自乘,得方冪之數,爲開平方策。演算法雖多,乘除盡之矣,開方亦除也。平方用廣,立方罕用,故策算專爲乘、除、開平方。舉其例略,取經史中資於算者,次成一卷,俾治《九章算術》者首從事焉。乾隆甲子長至日,東原戴氏震序。”

戴震自幼即重天文曆算之學,弱冠之時,拜見江永,又頗受其影響,兼習西方科學。乾隆三十八年(1773)入四庫館後,更得便自《永樂大典》中輯校《周髀算經》等算書十種,是爲對古代算學著作之全面整理,意義深遠。梁啓超《清代學術概論》稱:“自明徐光啓以後,士大夫漸好治天文算學。清初王錫闡、梅文鼎最專精,而大師黄宗羲、江永輩皆提倡之。清聖祖尤篤嗜,召西士南懷仁等供奉内廷。風聲所被,向慕尤衆。聖祖著有《數理精藴》《曆象考成》,錫闡有《曉庵新法》,文鼎有《勿庵曆算全書》二十九種,江永有《慎修數學》九種,戴震校《周髀》以後迄六朝唐人算書十種,命曰《算經》。自爾而後,經學家十九兼治天算。尤專門者,李鋭、董祐誠、焦循、羅士林、張作楠、劉衡、徐有壬、鄒伯奇、丁取忠、李善蘭、華衡芳。"①

【時事】

是年,惠棟著成《易漢學》。其《易漢學自序》云:

> 六經定於孔子,毁於秦,傳於漢。漢學之亡久矣,獨《詩》《禮》《公羊》猶存毛、鄭、何三家。《春秋》爲杜氏所亂,《尚書》爲僞孔所亂,《易經》爲王氏所亂。杜氏雖有更定,大校同於賈、服,僞孔氏則雜采馬、王之説,漢學雖亡而未盡亡也。惟王輔嗣以假象説《易》,根本黄老,而漢經師之義蕩然無復有存者矣。故宋人趙紫芝有詩云:"輔嗣《易》行無漢學,元暉詩變有唐風。"蓋實録也。棟曾王父朴庵先生,嘗閔漢學之不存也,取李氏《易解》所載者,參衆説而爲之傳。天、崇之際,遭亂散佚,以其説口授王父,王父授之先君子,先君子於是成《易説》六卷。又嘗欲别撰漢經師説《易》之源流,而未暇也。棟趨庭之際,習聞餘論,左右采獲,成書七卷。自孟長卿以下五家之《易》,异流同源,其説略備。嗚呼!先君子即世三年矣。以棟之不才,何敢輒議著述?然以四世之學,上承先漢,存什一於千百,庶後之思漢學者,猶知取證,且使吾子孫無忘舊業云。②

是年,任啓運卒。

任啓運(1670—1744),字翼聖,被學者稱爲"釣台先生",江蘇宜興人。雍正十一年(1733)進士。乾隆八年(1743)充三禮舘副總裁,精於禮學。

---

① 梁啓超:《清代學術概論》,上海:上海古籍出版社1998年版,第48頁。

② 惠棟:《松崖文鈔》卷一,見《續修四庫全書》第1427册,上海:上海古籍出版社2002年版。

《清史稿》卷四八一《儒林·任啓運傳》:"啓運學宗朱子,嘗謂諸經已有子朱子傳,獨未及禮經,乃著《肆獻祼饋食禮》三卷。以《儀禮》特牲、少牢、饋食禮皆士禮,因據《三禮》及他傳記之有關王禮者推之,不得於經,則求諸注疏以補之,凡五篇:一曰《祭統》,二曰《吉蠲》,三曰《朝踐》,四曰《正祭》,五曰《繹祭》。其名則取《周禮》'以肆獻祼享先王''以饋食享先王'之文,較之黄幹所續《祭禮》,更爲精密。又《宫室考》十三卷,於李如圭《釋宫》之外别爲類次:曰門,曰觀,曰朝,曰廟,曰寢,曰塾,曰寧,曰等威,曰名物,曰門大小廣狹,曰明堂,曰方明,曰辟雍,考據頗爲精核。《儀禮》一經,久成絶學,啓運研究鉤貫,使條理秩然,不愧窮經之目。又《禮記章句》十卷,以《大學》《中庸》,朱子既成章句,則《曲禮》以下四十七篇,皆可釐爲章句。但所傳篇次序列紛錯,爰仿鄭康成序《儀禮》例,更其前後,并爲四十二篇。……及總裁三禮舘,喜甚,因盡發中秘所儲,平心參訂,目營手寫,漏常二十刻不輟。論必本天道,酌人情,務求合朱子遺意,而心神煎耗,竟以是終。"①

是年,吴定生,梁玉繩生,王念孫生,汪中生。

吴定(1744—1809),字殿麟,號淡泉,徽州歙縣人。師從劉大櫆習古文,與姚鼐交契。有《周易集注》《紫石泉山房文集》等。

梁玉繩(1744—1819),字耀北,自號清白士,浙江錢塘(今杭州)人。精研史部,著《史記誌疑》等。後段玉裁因趙、戴二家《水經注》事致書梁氏兄弟,有《與梁耀北書論戴趙二家水經注》。

王念孫(1744—1832),字懷祖,因生而清羸,自號石臞,江蘇高郵人。少從戴震學,得其小學真傳。乾隆四十年(1775)進士,授翰林院庶吉士。四庫舘開,任纂修。

王念孫與其子王引之(1766—1834,字伯申,號曼卿)俱爲清代小學大家,合稱"高郵二王"。王念孫《讀書雜誌》《廣雅疏證》、王引之

① 趙爾巽等:《清史稿》,北京:中華書局1977年版,第13184～13185頁。

《經義述聞》《經傳釋詞》等均爲小學經典著作。王念孫與段玉裁均爲戴震弟子,合稱“段王”,俱爲戴震樸學重要傳承人。

汪中(1745—1794),字容甫,江蘇江都人,祖籍徽州歙縣。博學工文,爲受戴震影響之揚州學派重要學者,著有《述學》内、外篇等。《清史稿》卷四八一《汪中傳》:

> 中顓意經術,與高郵王念孫、寶應劉台拱爲友,共討論之。其治《尚書》,有《尚書考异》。治《禮》,有《儀禮校本》《大戴禮記校本》。治《春秋》,有《春秋述義》。治小學,有《爾雅校本》及《小學説文求端》。中嘗謂國朝古學之興,顧炎武開其端。河、洛矯誣,至胡渭而絀。中、西推步,至梅文鼎而精。力攻古文者,閻若璩也。專治漢《易》者,惠棟也。凡此皆千餘年不傳之絶學,及戴震出而集其大成。擬作《六儒頌》,未成。①

汪中之子汪喜孫《容甫先生年譜》曰:“乾隆九年十二月二十日,先君生。”知汪中生於是年十二月二十日,當爲公元 1745 年 1 月 22 日。

是年五月,清廷鼓勵士子研習《儀禮》《周禮》。

八月,乾隆再度提倡士子講求經學。

九月,翰林院編修黄明懿諷喻北闈科場搜檢過嚴,乾隆就此嚴斥士風墮落,并以“借進講經書,諷喻時事”將其下部嚴議,黄明懿被褫職。

乾隆十年乙丑(1745)　二十三歲

戴震在鄉繼續學習。戴震正式拜師江永當在是年。

江錦波、汪世重《江慎修先生年譜》:“乾隆十年乙丑,六十五歲。館山斗程太史恂家。”而戴震《江慎修先生七十壽序》:“吾師江慎齋先

① 趙爾巽等:《清史稿》,北京:中華書局 1977 年版,第 13214 頁。

生，生朱子之鄉，上溯漢、唐、宋以來之絶學，以六經明晦爲己任。震少知向慕，既數年始獲一見，又數年，始拜先生於吾邑之斗山（當爲'山斗'之誤）。"又據《段譜》，戴震始拜識江永在乾隆七年（1742），乾隆十年（1745）正當數年之後，江永應程恂之邀，舘於程恂家。程恂之家居休寧山斗，與隆阜相距未遠，《壽序》所言時間吻合，且戴震前已獲程恂嘉許，此時拜師江永於程恂家，時機亦最適宜。

是年，戴震著成《六書論》三卷。

《段譜》：

> 是年孟冬，成《六書論》三卷，孟冬自序。先生以六書轉注之爲互訓，失其傳且二千年，言六書者詤謬日滋，爲此書辨之。今其稿未見，故不著録，而存此叙，可得其涯略。《六書論》者，論百家言六書者，皆多謬説也。若《答江慎修先生書》，則專辨言轉注者之謬也。是時先生得於小學者深，六書中轉注，許氏以考、老釋之，後儒多不解。先生有《答江先生論小學書》言："《周禮》六書，劉歆、班固云：'象形、象事、象意、象聲、轉注、假借。'鄭衆云：'象形、會意、轉注、處事、假借、諧聲。'《説文序》稱：'一指事，二象形，三形聲，四會意，五轉注，六假借。'許氏最得其次弟，許氏説轉注曰：'建類一首，同意相受，考、老是也。'後人不得考、老之義，以字形左回右轉釋之，最爲紕繆。其他或分諧聲當之，或分假借當之，皆不可通。震謂考、老二字，屬諧聲、會意者，字之體；引之言轉注者，字之用。轉注之爲言，猶曰互訓云爾。《説文》於考字訓曰老也，於老下訓曰考也，是以序中論轉注舉之。大致造字之始，事與形兩大端而已。文字既立，則聲寄於字，而字有可通之意，是又文字之兩大端也。由是之於用，數字共一者曰轉注，一字具數用者曰假借，是又用文字者兩大端也。六者之次弟出於自然。震所以信許叔重論六書必有師承也。"江先生得其書，謂："衆説紛紜，得此論定，誠無以易。"（按：先生此書作於何年，未可詳，而《六書論》成於乙丑，則此書當附見於乙丑。）

《魏譜》：

是年成《六書論》三卷。此書未見，有自序一篇，段刻《文集》卷三、孔刻《文集》卷五、《湖海文傳》卷二十二均載之。《序》末曰："乾隆乙丑孟冬，戴震撰。"《序》中云："六書也者，文字之綱領，而治經之津涉也。載籍極博，統之不外文字。文字雖廣，統之不越六書。綱領既違，訛謬日滋。故考自漢以來迄於近代，各存其説，駁别得失，爲《六書論》三卷。"《六書論》雖未得見，但是先生的《六書論》大旨可從《答江慎修論小學書》中概見一斑。《書》云："大致造字之始，無所憑依。宇宙間，'事'與'形'兩大端而已。指其事之實曰指事，一、二、上、下是也；象其形之大體曰象形，日、月、水、火是也。文字既立，則聲寄於字，而字有可調之聲；意寄於字，而字有可通之意；是又文字之兩大端也。因而博衍之，取乎聲諧曰諧聲；聲不諧而會合其意曰會意。四者書之體止此矣。由是之於用：數字共一用者，如初、哉、首、基之皆爲始，卬、吾、台、予之皆爲我，其義轉相爲注曰轉注；一字具數用者，依於義以引伸，依於聲而旁寄，假此以施於彼曰假借。所以用文字者，斯其兩大端也。六書之次弟出於自然，立法歸於易簡。"此書段玉裁編《年譜》時已佚。

《段譜訂補》：

《答江慎修先生論小學書》的内容，基本上見諸《經考》卷五《爾雅》，而《論小學書》的内容則更爲縝密具體，顯然是在《經考》卷五《爾雅》内容的基礎上寫成的。《經考》卷四《大戴禮記八十五篇》後署"乾隆丁丑夏東原氏記"，則《答江慎修先生論小學書》無疑作於乾隆二十二年丁丑之後。

戴震《六書論》三卷亡佚已久，段玉裁亦似未見，而僅存《六書論序》一文。序曰：

自昔儒者,其結髮從事,必先小學。小學者,六書之文是也。《周官》保氏掌之以教國子,司徒掌之以教萬民,而大行人所稱,論書名,聽聲音,又屬瞽、史分職專司。故其時儒者治經有法,不歧以异端。後世道闕,小學不修,古文絶於嬴氏,佐隸起於獄吏。漢興蓋百年,始徵小學之士,令説文字未央廷中。光武時,馬援上疏論文字之訛謬。及賈侍中修理舊文,而許叔重從受古學,撰《説文解字》則在安、和已後。

今考經史所載,漢時之言六書也,説歧而三:一見《周禮注》引鄭司農解;一見班孟堅《藝文志》,其一則叔重《説文解字序》,頗能詳言之。班、鄭二家,雖可以廣异聞,而綱領之正,宜從許氏。

厥後,世遠學乖,罕睹古人製作本始。謂諧聲最爲淺末者,後唐徐鍇之疏也。以指事爲加物於象形之文者,宋張有之謬也。謂形不可象則指其事,事不可指則會其意,意不可會則諧其聲者,諸家之紛紊也。謂轉聲爲轉注者,起於最後,於古無稽,特蕭楚諸人之臆見也。蓋轉注之爲互訓,失其傳且二千年矣。

六書也者,文字之綱領,而治經之津涉也。載籍極博,統之不外文字,文字雖廣,統之不越六書。綱領既違,訛謬日滋。故考自漢以來,迄於近代,各存其説,駁别得失,爲《六書論》三卷。凡所不載,智者依類推之,以拾遺補藝,將有取乎此也。乾隆乙丑孟冬,戴震撰。

《六書論》三卷雖不存,李開先生謂其於戴震治學有開創性,并有認識論與方法論意義,又論其哲學思想曰:"二十三歲的戴震亮出研究漢語言文字學的旗幟,繼後一發而不可收,他的語言文字學著作遍佈中國傳統的語言解釋學文字學、音韵學、訓詁學各個領域,而最終目的又是'以詞通道',從而形成我國十八世紀獲得空前發展的語言解釋哲學。這種學説以對語言文字的解釋爲契機,逐步達到洞察人類的心智,最終達到新理學的道德哲學。……戴震經語言解釋而'通道'和創發,進入了道德哲學的殿堂,寫下了《孟子字義疏證》那樣的不朽名著,從而使他的語言文字的解釋獲得了認識方法的意義。……(《六書論》)思想方法上是以抽象統率具體,以有限駕馭無限,以類推邏輯作爲'六書'統率衆字的邏輯依據。戴震對文字學説的闡明,本身就有豐富的哲學思想。"①

又,《段譜》繫戴震《答江慎修先生書》(即《答江慎修先生論小學書》)於是年,實有誤,《段譜訂補》已辨。可略作補證者,戴震此書有:"今讀先生手教曰:'本義外,輾轉引伸爲它義,或變音,或不變音,皆爲轉注。其無義而但借其音,或相似之音,則爲假借。'又曰:'字之本義亦有不可曉者。'"江永著作集中論述轉注者爲《群經補義》卷五。《群經補義》成書於乾隆二十五年(1760),故知戴震此書撰於乾隆十年(1745)的可能性極小。

戴震又有《聲律總持》及《六書樞言》,或撰於是年,均不傳。《六書樞言》或爲《六書論》初名。

【時事】

是年八月,汪紱撰成《春秋集傳》十六卷,有自序曰:"夫經降而從傳,傳降而爲時文,時文又降而爲剿襲,而尚詡然以經生自鳴也,不亦羞乎?予甚憫焉,欲以發明經意,自當求之於經,通經以傳爲階,自當博綜於傳,傳之立義各殊,自當折衷於一,一無可執,斷之以理,理無定是,衡之以中,中無定體,參之以時,時有不同,案之於事,聖人之道,時中而已。隨事順理,因時處宜,《春秋》筆削,不以是乎?是以敢斟酌四傳而去取之,時或斷以己意,寧淺而無深,寧直而無曲,序事必綜本末,論事必於周詳,有疑則寧闕,無敢鑿也。其所取用,不過數家,足以發明經義而止。餘俱從略,不欲其煩,匪矜博故也。"②

是年,全祖望始續補《宋元學案》。

---

① 李開:《戴震評傳》,南京:南京大學出版社 1992 年版,第 280～282 頁。

② 汪紱:《雙池文集》卷五,見《續修四庫全書》第 1425 册,上海:上海古籍出版社 2002 年版。

黄宗羲既撰成《明儒學案》後，續撰《宋元學案》，然僅完成《叙録》及正文十七卷。黄宗羲卒後，其子黄百家繼其事，亦僅成八卷而卒。全祖望自是年始至乾隆十九年(1754)，用時十年續撰此著，亦未竟而卒。後復經黄宗羲後裔及王梓材、馮雲濠續補，終成《宋元學案》一百卷巨著。

是年，閻若璩之孫閻學林刊行閻若璩《尚書古文疏證》八卷，有跋。

是年四月二十九日，乾隆欽定本科會試一甲三人：狀元錢維城、榜眼莊存與、探花王際華。本科會試共取進士 313 人。

十二月，官修《三禮義疏》告竣，乾隆諭旨"詳加閲看，以歸畫一"。

乾隆十一年丙寅(1746)　二十四歲

是年，戴震在鄉，著《考工記圖》。

《段譜》：

> 是年，《考工記圖注》成，《後序》云："柔兆攝提格，日在南北河之間，東原氏書於遊藝塾。"

《魏譜》：

> 《段譜》："是年《考工記圖注》成。《後序》云：'柔兆攝提格，日在南北河之間，東原氏書於遊藝塾。'"按段云"圖注"，誤。是年所成僅爲圖耳，注在乙亥始爲之，詳見紀昀《序》。段刻《文集》卷十、孔刻卷五，及《遺書》本《考工記圖》卷首有《考工記圖序》一篇。《序》中云："立度辯方之文，圖與傳注相表裏者也。自小學道湮，好古者靡所依據，凡六經中制度禮儀，覈之傳注，既多違誤，而爲圖者又往往自成詰詘，异其本經，古制所以日即荒謬不聞也。舊《禮圖》有梁、鄭、阮、張、夏侯諸家之學，失傳已久，惟聶

崇義《三禮圖》二十卷見於世，於《考工》諸器物尤多疏舛。同學治古文詞，苦《考工記》難讀者，余語以諸工之事，非精究少廣旁要，固不能推其制，以盡文之奥曲。鄭氏注善矣，兹爲圖翼鄭學，擇其正論，補其未逮。圖傳某工之下，俾學士顯白觀之。因一卷書當知古六書九數等，儒者結髮從事，今或皓首未之聞，何也？”段刻《文集》卷十、孔刻卷五及《遺書》本《考工記圖》卷末有《考工記圖後序》一篇。《序》中云：“執吾圖以考之群經暨古人遺器，其必有合焉爾。”《段譜》云：“先生謂：《考工記圖》既成，後來乾隆某年所上江西大鐘，正與余説合。”

《段譜訂補》：

《考工記圖注》當作《考工記圖》。《注》作於乾隆二十年乙亥。紀昀《考工記圖序》曰：“戴君東原始爲《考工記》作圖也，圖後附以己説而無注。乾隆乙亥夏，余初識戴君，奇其書，欲付之梓。遲之半載，戴君乃爲余删取先、後鄭注，而自定其説以爲補注。”梁啓超《戴東原著述纂校書目考》曰：“然則此書初本有圖又説而無注，今本乃徇紀文達之請續增者也。”

《段譜》謂戴震是年著《考工記圖注》，《魏譜》及《段譜訂補》已辨。據錢大昕《釋車序》，《考工記圖》原附《釋車》一篇。後錢坫（1744—1806，字獻之，號小蘭）著有《車制考》，蕭掄（？—1818，字冠英，號子山）著有《釋車》三卷。錢氏《釋車序》曰：“婁東蕭子山精於考古，撰《釋車》三篇。……曩者，予友戴東原撰《考工記圖》，附以《釋車》一篇，詞極簡古。予族子獻之亦有《車制考》，大約因戴説而推廣之。子山於二家未相識，并未見其書，而考證博洽則過之。”[①]戴震《釋車》（今見段玉裁編《東原文集》第七卷）曰：

① 錢大昕：《潛研堂文集》卷二四，《潛研堂集》，上海：上海古籍出版社2009年版，第392頁。

車式：較内謂之輿，其深謂之隧。枕輿下謂之軫，軫謂之收。揜輿旁謂之騎。軾前謂之軓，軓謂之陰。縮騎上者謂之較，輿前卑於較者謂之式。車闌謂之軨，騎内之軨謂之軹。式下人所對謂之轛。輪輮謂之牙，牙謂之輞。輪轑謂之輻，輻近轂謂之股，近牙謂之骹。輻段之枘建轂中者謂之菑，菑没鑿謂之弱，建牙中者謂之蚤，以偏枘入牙而出謂之綆。轂空壺中所以受軸謂之轃，轃謂之藪。以金裹轂中謂之釭，大釭謂之賢，轂末小釭謂之軒。轂端錔謂之輨，輨謂之軑。以革幬轂謂之軝。軸末謂之軎。軸當轂釭間之以金謂之鐧。軸端之鍵以制轂者謂之舝。伏兔謂之轐。輿下任正者謂之輈。輈出軓前穹而上謂之胡，胡謂之矦。輈端謂之頸，後謂之踵。當兩轐之間謂之當兔。軛謂之衡，衡下烏啄謂之軥。所以持衡者謂之軏。車蓋之杠謂之桯。蓋斗謂之部，其柄謂之達常。隆屈謂之弓，弓近部謂之股，弓末謂之蚤。大車之較謂之牝服，其内謂之箱。所以引車謂之轅。軛謂之鬲，持鬲者謂之輗。輪輾謂之渠。有輻謂之輪，無輻謂之輇。

是年，江永有《答戴生東原書》，書曰：

暮年得兩知己，天資敏妙，志識不凡，可與劇談天地古今，甚慰平生夙願。聚首兩三日，未罄鄙懷，相距非遥，所欲言者，筆札可代。

前所示《六書樞言》，中間頗有未契處，欲下筆抹出，又以見聞鄙陋，諸家書多未寓目，不敢遽下丹黄。復示《聲律總持》，則與愚見正猶南北。蓋愚意主分析，吾友主合併，是以齟齬而不相入，兩間聲籟散著萬類，大若雷霆，細至蟣蠓、牛鳴、豕駭、犬吠、雞號，何者非聲外音？獨人爲物尊，聲成文而能言，言之可以形摹象識者，蒼聖籀史，寫之爲文。漢以來名之爲字，字之於母，繁孳至於什伯千萬，其聲音蓋不可數馭法制。而後世之智者，就其聲之類括之以四，又有智者，就其音之類括之以三十六。雖起前聖，亦當歎爲至妙。蓋若四、若三十六，即聲律之總持，而吾友於三十六位中，方嫌其同韵錯出，聲實無别。又欲以十八聲爲之總持，竊恐賢者今日尚囿於方隅，狃於習俗，蹈於混淆詭謬而不自知也。

雖然，混淆詭謬非自吾友始，昔之著述等身，赫然負當世大名者，亦不免此。大率欲於三十六位中議加議減議併，顛倒凌亂，喉齶不辨，齒舌不分。方自矜創獲，輕議古人爲重復，爲倒亂，猶處暗室而疑日月。其説雖存，不足爲典要，而古人翻切之書，流傳至今者，不終磨滅。蓋聲音非一人之聲音，文字非一人之文字。合東西南北，山陬海澨，至异中有至同者存，終不可以一二人之獨知獨見，盡廢宇宙之大同者也。夫以聲音之賾也，而統之以韵，韵之開口、合口、齊齒、撮口不一也，而辨之以等，合四等之音，而分牙、舌、唇、齒，喉與半舌、半齒，總不越乎三十六。其中有最清、最濁、次清、次濁、又次清、又次濁。而清者十八，濁者亦十八也。牙、舌、唇、喉，皆四言。而齒音獨五言。牙、舌、唇、齒皆三類，一爲發，一爲送，一爲收。而喉，則惟有送與收。舌之泥别有半舌之來，齒之禪别有半齒之日。此其或少或多，若鳧脛自短，鶴脛自長，拇不可駢，唇不可缺。其疆域區分，若燕不可易而爲粤，越不可易而爲秦，研理者正當於此者默察陰陽五行之交錯，其自然之妙有如此者。

今則非類而强合之，非同而混同之，非閏而臆閏之，三十六易爲十八，有音有字者，已失其半，而曰每聲各分開闔太少，凡七十二音可盡有聲，而文不立之虚位，吾未之敢信也。平聲三十六位之外，似有七清七濁，有聲無文，又閉口以鼻出音，亦當有四音合之。凡五十四音，此外則不能强益，若欲以七十二音該乎萬類，則如雷霆、蠛蠓、牛鳴、豕駭、犬吠、雞號者，又果可盡乎哉？然觀吾友此書，詳列三十六母，輾轉音切悉依孫氏《唐韵》，兢兢默守古人成法，與世之作聰明、紊舊章者懸殊，而又有正聲、閏聲之臆見。十八聲分領三十六字之創説，由其等韵未深考，七音未細分，清濁未明辨，是以蹈於混淆詭謬而不自知。觀一條舉於、迂、魚、餘、語、女等字，謂其同聲异母，"於"字下注云"羽俱切、疑"，誠爲大誤。夫"於"字之切爲羽俱，分明是諭母，而繫之於疑母，則"疑"字豈可讀爲夷乎？於與魚迥然异母，而謂其聲則讀魚字，從方音之誤，不知魚自有正音矣。疑、諭二母，南北音混淆者多，亦有的然分明，如吾徽人呼俄、呼我，確從疑母得聲，不效金陵人之混於諭母，是爲正音。凡由一推百，爲疑母之字，若虞、若麌、若吾、若五，悉以俄、我之音呼之，則諭母自不來混，而語爲疑母，女爲孃母，一爲牙音收聲，一爲舌上音收聲，細細審之，亦自不容混同。此三母既分，則謂疑、孃、微當併入諭母陽聲者，此惑亦當漸袪矣。

平聲之陰陽易辨，仄聲之清濁難分，從并字息心静氣，細細調之，知其爲滂母之濁聲，與牙音之群，舌頭之定，舌上之澄，輕唇之奉一例，則上去入皆有清濁，而謂陰陽不可分，并母後邦母者，此説自知其誤矣。知非爲輕唇之發，敷奉爲清唇之送，微爲輕唇之收，曉匣爲喉之送，影喻爲喉之收，來似泥非泥，爲舌之半，日似禪非禪，爲齒之半，則閏聲之説，不必自我創矣。知、非、微、澂、禪爲舌抵齶。精、清、濁、從、心、邪爲齒頭，照、穿、牀、審、禪爲正齒，則不知當領照。澂不當從徹，孃不當從疑，牀不當從心，而諸字之紛然殽列者，可各歸本位矣。知穿爲牀之清，牀爲穿之濁，牀似不類穿者，乃第二等正齒音。若爲岐出，而實非齒頭之類，則牀既不混從，又不混澄。而諸字皆有本音、本位矣。《易》曰"差之毫釐，謬以千里"。吾輩讀書窮理，皆辨析毫釐，聲音一事，愈細則愈精。豈可厭昔人音切之精細，而從我之粗疏者爲是乎？然欲辨析毫釐，亦正不易，蓋我之囿於方隅者，未能超脱，狃於習俗者，未能改變，安能息心静氣以求似同之异，似是之非？

> 自度遊歷未廣，閱人未多，能於三十六母鑿鑿指陳者，未遇其人。昔有老友，頗聰明，其爲音學，亦主減字、并字，與之辨論纍日，竟未能開悟，知其溺於方音，問之曰："貴鄉呼牛字作何音？"答曰"其音如由。"予乃笑曰："呼牛爲由，宜乎疑、喻之不能辨也。"吾友高明，音學自當更求進步，决不以此一編爲已足。欲辨析毫釐，請自疑、喻二母始，如仍有窒塞，則不可强求，姑以今日所謂十八聲者，暫置一隅，待他年别有觸悟，自覺愚言之不謬。愚於此事，實曾經思索過來，亦有向所未解，近年始解者。若年齒如吾友，此日方習於俗傳之謬法，安得遽如吾友超超元箸若此編者乎？以《説文》繫之三十六母，此書必可觀，能作篆體更妙。[1]

戴震於上年拜師江永後，或即將其新著《六書樞言》（或即《六書論》）及《聲律總持》呈於江永。江永既喜於戴震天資特出、學識廣博，且視戴震爲暮年所得之一知己（按：另一知己所指未詳），更出於師友及知己之誼指正戴著之得失，并與戴震詳論古音。戴震《六書論》及《聲律總持》後均不存，或因江永批評後，戴震自覺所論欠堅實而未予保留。

【時事】

是年，江永著《律吕新義》成。（見《江慎修先生年譜》。）此爲江永論樂律之書，其自序末署"乾隆十一年丙寅上春"。

是年，洪樸生，洪榜生，洪亮吉生，李潢生。

洪樸（1746－1783），字伯初，號素人。乾隆三十六年（1771）進士，任吏部郎中、湖北督學、直隸順德知府等。有《伯初詩鈔》《伯初文存》等。戴震在京師，屢次寓居洪樸之所。戴震卒，洪樸撰《祭戴東原先生文》。

洪榜（1746－1779），字汝登（一作蕊登），號初堂，徽州歙縣人。乾隆三十三年（1768）舉人，應天府召試第一，授内閣中書。其"生平

---

[1] 江永：《善餘堂文集》，見《清代詩文集彙編》第 248 册，上海：上海古籍出版社 2010 年版。

學問之道，服膺戴氏”。所著有《周易古義録》《書經釋典》《詩經古義録》《詩經釋典》及《初堂遺稿》等。戴震卒，洪榜即撰《戴先生行狀》，并有《上朱笥河先生書》弘揚戴學。

洪樸、洪榜有弟洪梧(1750－1817)，字桐生，一字植恒。乾隆五十五年(1790)進士，授翰林院編修，後出任沂州知州。著有《易箴》等。

洪樸、洪榜、洪梧三兄弟爲徽州歙縣洪坑人。

洪亮吉(1746－1809)，字君直，一字稚存，號北江，江蘇陽湖(今江蘇常州)人。乾隆五十五年(1790)榜眼，授翰林院編修。曾與邵晋涵、王念孫等同遊朱筠安徽學政幕府。著有《春秋左傳詁》《洪北江詩文集》等。

李潢(1746－1811)，字雲門，湖北鐘祥人。乾隆三十六年(1771)進士。精於算學、天文、音律，時有“南齊(召南)北紀(昀)，不逮鐘祥一李”之説。著有《九章算術細草圖説》九卷、《海島算經圖説》一卷等，爲在戴震輯校本基礎上進一步研究之作。《清史稿》卷五〇七本傳："《九章》初經東原戴氏從《永樂大典》中録出，一刻於曲阜孔氏，再刻於常熟屈氏，悉依戴氏原校本刊刻。其時古籍甫顯，校訂較難，不無間有扞格，自是天下之習《九章》者，莫不家弆一編，奉爲圭臬。而劉徽《九章》亦從此有善本矣。潢又嘗因《古算經十書》中，《九章》之外最著者，莫如王孝通之《輯古》。唐制開科取士，獨《輯古》四條限以三年，誠以是書隱奥難通。世所傳之長塘鮑氏、曲阜孔氏、羅江李氏各刻本，又悉依汲古閣毛影宋本，衹有原術文而未詳其法，且復傳寫脱誤。雖經陽城張氏以天元一術推演細草，但天元一術創自宋、元時人，究在王氏後，似非此書本旨。爰本《九章》古義，爲之校正，凡其誤者糾之，闕者補之，著《考注》二卷。以明斜袤廣狹割截附帶分并虚實之原，務如其術乃止。"[①]

① 趙爾巽等：《清史稿》，北京：中華書局 1977 年版，第 13974～13975 頁。

是年閏三月,《明通鑒綱目》修成。乾隆撰序,稱朱熹《資治通鑒綱目》能祖述孔子《春秋》大義,非司馬光《通鑒》所能及。

五月,福建巡撫周學健奏,福寧府福安縣崇奉天主教者甚多,并有西洋人傳教。清廷處置西洋傳教士多人。

十月,乾隆下諭,重申儒臣當進講經史,以"研究經術,闡明義理"。

十二月,奉旨校刻《十三經》告竣。乾隆撰《御製重刻十三經序》。

乾隆十二年丁卯(1747)　二十五歲

是年,戴震在鄉。著成《轉語二十章》及《序》,其《序》曰:

> 人之語言萬變,而聲氣之微,有自然之節限。是故六書依聲託事,假借相禪,其用至博,操之至約也。學士茫然,莫究[所以]。今別爲十二章,各從乎聲,以原其義。
>
> 夫聲自微而之顯,言者未終,聞者已解。辨於口不繁,則耳治不惑。人口始喉,下底脣末,按位以譜之,其爲聲之大限五,小限各四,於是互相參伍,而聲之用蓋備矣。
>
> 參伍之法:台、余、予、陽,自稱之詞,在次三章;吾、卬、言、我,亦自稱之詞,在次十有五章。截四章爲一類,類有四位,三與十有五,數其位,皆至三而得之,位同也。凡同位爲正轉,位同爲變轉。爾、女、而、戎、若,謂人之詞,而如、若、然,義又交通,并在次十有一章。《周語》:"若能有濟也。"《注》云:"若,乃也。"《檀弓》:"而曰然。"《注》云:"而,乃也。"《魯論》:"吾末如之何。"即奈之何;鄭康成讀如爲那。(乃個切。案《集韵》三十八個云:"如,乃個切,若也。《書》曰:'如五器,卒乃復。'鄭康成讀。"今《尚書音義》無此,蓋開寶中所删,丁度等據未改釋文有之。《毛詩》"柔遠能邇",箋云:"能,伽也。"伽字當亦音乃個切。)曰乃、曰奈、曰那,在次七章。七與十有一,數其位,亦至三而得之。若此類,遽數之不能終其物,是以爲書明之。凡同位則同聲,同聲則可以通

乎其義;位同則聲變而同,聲變而同則其義亦可比之而通。

更就方音言,吾郡歙邑,讀若攝(失葉切),唐張參《五經文字》、顔師古注《漢書·地理志》已然。歙之正音讀如翕,翕與歙聲之位同者也。用是聽五方之音,及少兒學語未清者,其輾轉訛溷必各如其位,斯足證聲之節限位次,自然而成,不假人意厝設也。

古今言音聲之書,紛然淆雜,大致去其穿鑿,自然符合者近是。昔人既作《爾雅》《方言》《釋名》,余以謂猶闕一卷書,創爲是篇,用補其闕。俾疑於義者,以聲求之,疑於聲者,以義正之。説《經》之士,搜小學之奇觚,訪六書之逸簡,溯厥本始,其亦有樂乎此也。時乾隆丁卯仲春,戴震撰。

《段譜》曰:

十二年丁卯,二十五歲。是年仲春,成《轉語》二十章,《自序》(見《文集》):“人口始喉,下底脣末,按位以譜之,爲聲之大限五,小限各四,於是互相參伍,而聲之用蓋備。”昔人既作《爾雅》《方言》《釋名》,先生謂猶缺一卷書,創爲是編,用補其闕,俾疑於義者以聲求之,疑於聲者以義求之。玉裁按:此於聲音求訓詁之書也。訓詁必出於聲音,惜此書未成。孔檢討廣森序《戴氏遺書》,亦云未見。

《魏譜》:

是年仲春成《轉語》二十章。此書已佚。《段譜》云:“玉裁按:此於聲音求訓詁之書也。訓詁必出於聲音,惜此書未成。孔檢討廣森序《戴氏遺書》,亦云未見。”孔𢍰軒《駢儷文·戴氏遺書總序》:“先生《文集》尚有《轉語》二十章及《六書論》三卷自序,此二種遺稿未見。”段刻《文集》卷四、孔刻卷五中載其《序》文。《序》末云:“時乾隆丁卯仲春,戴震撰。”《序》中云:“夫聲自微而之顯，言者未終，聞者已解。辨於口不繁，則耳治不惑。""人之語言萬變，而聲氣之微，有自然之節限。是故六書依聲託事，假借相禪，其用至博，操之至約也。學士茫然莫究。"(孔本有"所以"二字。)"昔人既作《爾雅》《方言》《釋名》，余以爲猶闕一卷書，創爲是篇，以補其闕。"——這以上是他著作的動機。他序他的目的是："俾疑於義者以聲求之，疑於聲者以義正之。"所以他希望："説經之士，搜小學之奇觚，訪六書之逸簡，溯厥本始。"他的主要方法是："别爲二十章，各從乎聲，以原其義。"他以聲原義的結果是："人口始喉，下底脣末，按位以譜之，爲聲之大限五，小限各四，於是互相參伍，而聲之用蓋備矣。"他按位譜聲，所得的參伍之律有二：

(一)凡同位爲正轉，位同爲變轉。

(二)凡同位則同聲，同聲則可以通乎其義；位同則聲變而同，聲變而同則其義亦可以比之而通。

依他的律則："聽五方之音及少兒學語未清者，其輾轉訛溷，必各如其位。"於是定"古今言音聲之書紛然淆雜，大致去其穿鑿，自然符合者近是"。

是時齊召南見先生《考工記圖》(初無補注本)，嘆爲奇書。《紀文達公遺集》卷八《考工記圖序》："昔丁卯、戊辰間，先師程中允出是書以示齊學士次風先生。學士一見而歎曰：誠奇書也！"

《段譜訂補》：

一九二九年，曾廣源著《戴東原轉語釋補》，其《敘》曰："所著《轉語》二十章，韵經聲緯，位以錯綜，探原於《爾疋》《方言》《釋名》，而攬其樞要，六書之諧聲讀若，經子傳記之聲音通籍，皆一以貫之。學者通知其説，以詥詁言，解紛緡，郭如也。孔氏刻《東原遺書》，見餘稿大題無標爲《轉語》者，臆謂《轉語》已逸，遽取戴君丙申春間《答段氏論韵書》，與《聲類表》合爲一刻，而别録《轉語叙》於《文集》。(不審《表》與《叙》合,即爲《轉語》二十章,并未逸缺。自是《叙》《表》斯裂,無所取證,世乃疑《叙》爲徒作,以《聲類表》爲專表韵部矣。考戴君之卒在乾隆四十二年五月,距表成衹二十日,既不及爲例言以發其義,而丙申答段氏書,又浮沉至身後始達,故懋堂爲《聲類表叙》,衹稱戴君論韵集諸家大成,於聲位之説,不能有所發明。其後阮氏《學海堂經解》,刻戴君《文集》,更割裂此《叙》,存創例而盡芟要言,欲《轉語》之不亡,胡可得乎?"曾氏之説是否確當,尚未可知,姑録之備考。

關於戴震之《轉語二十章》,自段玉裁以來,學界認識頗有分歧。《段譜》謂:"此於聲音求訓詁之書也。訓詁必出於聲音,惜此書未成。孔檢討廣森序《戴氏遺書》,亦云未見。"段氏意見,一則此書未成,二則此書未見。而孔廣森《戴氏遺書總序》自注亦曰:"先生文集,尚有《轉語二十章》及《六書論》三卷,自序此二種,遺稿未見。"

近人曾廣源(生卒年不詳,字浩然,湖北江陵人,光緒二十九年舉人)著《戴東原轉語釋補》①,持《轉語》即《聲類表》之説。約同時之曾運乾(1884—1945,字星笠,湖南益陽人,音韵學家)《古聲韵學講義》亦稱:"實則戴氏《聲類表》,即其《轉語》二十章也。"②後于靖嘉亦認爲:"《聲類表》與戴氏的《轉語二十章序》是一書的首與身的關係。"③李運益《關於戴震的〈轉語二十章〉》則稱:"《轉語》已經失傳,(曾廣源之説)純屬臆斷。……《轉語》雖未成書,但關於'轉語'的學説,却在戴氏的許多著作中有所體現,特别是在他的《聲類表》中體現得更加系統完整。"④

① 曾廣源:《戴東原轉語釋補》,上海:海事編譯局1929年版。

② 轉引自曾氏弟子郭晋稀《獨闢蹊徑,自開牖户——〈聲類〉是研究聲轉的一部偉著》,《古漢語研究》,1991年第4期。

③ 于靖嘉:《戴東原〈轉語〉(〈聲類表〉)解析》,《山西大學學報(哲學社會科學版)》,1988年第4期。

④ 李運益:《關於戴震的〈轉語二十章〉》,《西南師範大學學報(人文社會科學版)》,1979年第6期。

胡奇光論曰:“戴震宣導‘轉語説’,表現出通過古音追溯與詞的淵源關係的旨趣。……他從揚雄《方言》裏攝取‘轉語’之意,發展成爲指導詞源研究的‘轉語説’。轉語説貫徹歷史演變原則。本來音與義在造詞之初,并没有絶對的聯繫,但經過社會約定的詞語,在不同時代、不同地域,却可以孳生分化爲一組語音相近、意義相通的同源詞。這種現象,揚雄有所覺察,稱之爲‘轉語’或‘語轉’,鄭玄改叫‘聲轉’。戴震比揚、鄭更進一步,明確地以江永的古音與方音對應演變説作爲理論指導。更重要的是戴震‘轉語説’貫徹了體系原則。劉熙《釋名》衹對語詞作逐一的音訓;揚雄《方言》也僅有‘轉語’的示例説明,而戴震,却已明白語言是一個系統的原理,就是説,他能從發音部位、發音方法上探索古聲母系統,同時還能擬定依據聲母系統推求語詞通轉的法則。他因此提出,要作《轉語》二十章,來補《爾雅》《方言》《釋名》之缺。”①

何九盈先生推崇戴震“轉語”研究,并據《轉語二十章序》列出《〈轉語二十章〉聲母表》,又認爲戴震此書并未著成:“戴震的‘轉語’之所以没有寫成書,大概是在寫作過程中遇到了難以克服的困難。因爲‘位同’‘同位’衹是轉語的條件之一,談‘轉語’而置韵部於不顧,勢必難以行得通。”②

戴震《轉語二十章》或久已失傳,或并未著成,而其轉語理論又爲其《聲類表》之基礎③。而程瑶田得戴氏啓發,著有《果贏轉語記》,略曰:“聲隨形命,字依聲立,屢變其物而不易其名,屢易其文而弗離其

① 胡奇光:《中國小學史》,上海:上海人民出版社2005年版,第224～225頁。

② 何九盈:《中國古代語言學史》(第四版),北京:商務印書館2013年版,第518～521頁。

③ 蔡錦芳、崔富章《戴震轉語理論研究》認爲:“戴震《轉語序》中所説的‘今别爲二十章,各從乎聲,以原其義’的‘聲’字是指聲母,戴震是立足於聲母來談轉語的。……《聲類表》是戴震在對古聲母思考的基礎上,又結合自己對古韵的獨特思考(將古韵分爲九大類二十五部),填製出來的。《表》中衹出現韵部,未出現聲母,可能是因爲戴震晚年主要在思考古韵的分部,而對聲母的思考在早年就已大致完成的緣故。由此可見,《聲類表》中融進了戴震的轉語理論,但還不能説它與《轉語二十章》完全等同。”(北京大學國學研究中心:《國學研究》第十四卷,北京:北京大學出版社2004年12月刊,第309頁。)

聲。物不相類也，而名或不得不類；形不相似，而天下之人皆得以聲形之，遂亦靡或弗似也。”[①]可爲理解轉語之一助。

而段玉裁《六書音均表》、王念孫《廣雅疏證》《讀書雜誌》等均對戴震“因聲求義”理論有所繼承與發展。

是年或明年，戴震在其父戴弁陪同下往江寧拜見戴瀚（長源）。據洪榜《戴先生行狀》載：“先生之自邵武歸也，年甫二十，同縣程中允恂一見，大愛重之，曰：‘載道器也。吾見人多矣，如子者，巍科碩輔，誠不足言。’先生家極貧，無以爲業。至是始爲科舉文，窮幽極眇，於有明以來，尤愛西安四子、西江五家所傳遺稿。每有所作，意既奥曲，辭復超遠，淺學讀之茫如，或相與非笑之。同族戴長源先生瀚以此名於時，家於江寧，文林公（戴弁）因往江寧，命先生步隨以從，就謁長源先生。至，一見，叩其所學，曰：‘當今無此人也，吾誠不能有所益。’因館於其家，令與諸子圍棋談説，不關以文事。既月餘，一日取案上《檀弓》，令先生口講其義。先生每講終一節，未嘗不稱善。因命題令爲時義一通，先生援筆立成，大加嗟賞。翌日，謂文林公曰：‘是子誠不能限其所至。今歸矣，所業甚精，可無以示人。’先生自江寧歸，時淳安方楘如先生掌教紫陽書院，一見先生文，深折服，謂己所不及。”

戴震或因其作文古奥，爲淺學非議，故隨父前往江寧，從時文名家戴瀚遊，其居於戴瀚處約數月，而洪榜《戴先生行狀》謂其自江寧歸後，方楘如執掌紫陽書院。方楘如執教紫陽書院在乾隆十五年（1750），故戴震往江寧當在本年或明年。

戴瀚（1686－1755），字長源，號雪村，休寧隆阜人，戴震同族前輩，寄籍江寧（今江蘇南京）。雍正元年（1723）榜眼，官至侍讀學士，後因事謫居鄉里。擅詩，有《雪村編年詩賸》十二卷，而尤長於時文（八股）。戴瀚當爲戴震點撥時文製作，但學術方面是否給戴震以影響，待考。

---

① 程瑶田著，陳冠明等校點：《程瑶田全集》第三册，合肥：黄山書社 2008 年版，第 491 頁。

【時事】

是年十月，楊椿《大戴禮考》成書。其自序云："余考次其書，大抵與《小戴記》《逸周書》《家語》《荀子》、賈誼《新書》《周禮》《大行人》《小行人》《典命》《司儀》相出入，而錯訛衍脱，至不可句讀。……《大戴》今微，其書未佚，則猶爲幸焉爾。"①

段玉裁十三歲，補諸生，從江蘇學政尹會一（1691－1748）習小學。

是年，乾隆先後命續修《大清會典》、纂修《續文獻通考》。《續文獻通考》記南宋寧宗嘉定至清乾隆初期政治典章沿革。至乾隆二十六年（1761），又命將清代部分補修并另纂爲《皇朝文獻通考》。

乾隆十三年戊辰（1748）　二十六歲

是年，戴震在鄉，繼續治學并著述。戴震前年所著之《考工記圖》因程恂之傳播，爲學者齊召南等所推許。戴震後謂段玉裁："《考工記圖》既成，後來乾隆某年所上江西大鐘，正與余説合。"（《段譜》附"言談輯要"。）

戴震娶夫人朱氏。朱氏（1732－1813?）時年十七歲。戴震因家境頗爲貧寒，而自邵武歸鄉後，戴震致力於讀書治學，拙於營生，幸得朱氏勤勞持家，"米鹽凌雜，一身任之，俾先生專壹於學"（段玉裁《誥封孺人戴母朱夫人八十壽序》）。

《段譜》：

> 紀文達公《考工記圖序》曰："戴君語余曰：昔丁卯、戊辰間，先師程中允出是書以示齊學士次風先生，學士一見而歎曰：'誠奇書也。'今再遇子奇之，是書可不憾矣。"是年娶孺人朱氏。

① 楊椿：《孟鄰堂文鈔》卷五，見《續修四庫全書》第 1423 册，上海：上海古籍出版社 2002 年版。

《魏譜》:

按朱夫人是時年十七。段玉裁《經韵樓集》卷八《誥封孺人戴母朱夫人八十壽序》:“誥封孺人戴母朱夫人,吾師戴東原先生之伉儷也……先生年將三十,夫人歸於先生,先生方爲諸生,攻苦食淡,以侍舅姑,事君子,米鹽凌雜,身任之,俾先生專壹於學。”按先生爲諸生,《段譜》在二十九歲時;據《壽序》看,娶朱夫人就該在那一年。但《段譜》却編在這年,從之;因爲《壽序》有些行文的關係,或不免含混,而《年譜》所述較爲翔實。戴琴泉《戴東原先生軼事》亦云:“年二十六,娶朱氏。嘗讀書至午夜,送稷糖以充飢;及畢,始知糖乃蘸墨而食。”

《段譜訂補》:

齊次風,名召南(一七〇三—一七六八),號息園,天台人。乾隆元年舉博學鴻詞,官至禮部侍郎。熟於《三禮》,尤長地理,有《水道提綱》二十八卷、《寶綸堂文鈔》八卷等。

戴震在世時,乾隆某年所上江西大鐘,正與《考工記圖》合。“當兔在輿下正中”,與一九八〇年秦俑考古發掘的大型銅馬車構件不謀而合。

朱氏事略,見段玉裁《誥封孺人戴母朱夫人八十壽序》。

【時事】

全祖望撰《亭林先生神道表》,表彰顧炎武“經學即理學”之論曰:“(先生)晚益篤志《六經》,謂古今安得别有所謂理學者,經學即理學也。自有舍經學以言理學者,而邪説以起,不知舍經學則其所謂理學者,禪學也。……其謂經學即理學,則名言也。”[1]

---

① 全祖望:《鮚埼亭集》卷一二,見《續修四庫全書》第1429册,上海:上海古籍出版社2002年版。

顧炎武"經學即理學"思想對清代學術影響甚著。顧炎武《與施愚山書》曰:"愚獨以爲理學之名,自宋人始有之。古之所謂理學,經學也,非數十年不能通也。故曰:'君子之於《春秋》,没身而已矣。'今之所謂理學,禪學也,不取之五經而但資之語録,校諸帖括之文而尤易也。又曰:'《論語》,聖人之語録也。'舍聖人之語録而從事於後儒,此之謂不知本也。"①顧氏痛心於明末空疏不學之學界風氣,矢志於經世致用之學,以匡時濟世爲己任。其"經學即理學"思想對矯正宋明理學末流之弊,開啓乾嘉樸學之風,意義自不待言,故顧炎武被視爲清代樸學之開山。然對顧氏"經學即理學"之論,梁啓超一面推其爲創學派之新旗幟,一面又曰:"以吾儕今日眼光觀之,此語有二病:其一,以經學代理學,是推翻一偶像而别供一偶像;其二,理學即哲學也,實應離經學而爲一獨立學科。"②

是年,全祖望至揚州,始校《水經注》。参校本有馬氏小玲瓏山館藏柳大中本、趙琦美本、孫潜夫本等。

八月,顧棟高著成《春秋大事表》。其《凡例》曰:"是編凡爲目五十,經始於雍正甲寅,斷手於乾隆戊辰,歷十五年。隨手輯成,不拘次序。……余於是編,備極苦心,亦藉諸賢之力。"③

是年,乾隆諭天下士人當重經義。《清高宗實録》:"制曰:……事詞章而略經術,急進取而競聲華,論文體則尚浮辭而乖實義,於聖賢道德之實,未有能體之於心、修之於行事者,將教化之未明與?抑積習之難返與?其博思所以端風尚而正人心者,切言之無隱,朕將親覽焉。"④

梁上國生。

梁上國(1748—1815),字斯儀,福建長樂人。乾隆四十年(1775)

---

① 顧炎武:《顧亭林詩文集》,北京:中華書局1959年版,第58頁。

② 梁啓超:《清代學術概論》,上海:上海古籍出版社1998年版,第10頁。

③ 顧棟高:《春秋大事表》,《文淵閣四庫全書》第179册,上海:上海古籍出版社1987年版。

④ 《清高宗實録》卷三一三,《清實録》第十三册,北京:中華書局1986年版,第138頁。

進士，授翰林院庶吉士，改編修，後官至太常寺卿。梁氏長於治經，所著《古文尚書條辨》八卷，攻駁閻若璩《古文尚書疏證》甚力，對毛奇齡亦有撥正。梁上國與戴震爲同年進士，且同授庶吉士，當有一定交往。

乾隆十四年己巳(1749)　二十七歲

是年，戴震在鄉讀書治學，與程瑶田相識并定交。《段譜》記戴震是年撰《爾雅文字考》，并有自序（經韵樓刻《文集》卷三《爾雅文字考序》）。

《段譜》：

先生有《爾雅文字考》十卷，自序（見《文集》）云："余謂儒者宜自《爾雅》始，取而讀之，殫心於兹十年，偶有所記，懼過而旋忘，録之成帙，爲題曰《爾雅文字考》若干卷，亦聊以自課而已。若考訂得失，折衷前古，於《爾雅》萬七百九十一言，合之群經，靡所扞格，姑俟諸异日。"按是書未知何年所成，據"於兹十年"之語，則自十七歲有志聞道，潛心訓詁始，成書蓋在戊辰、己巳、庚午間也。曰"姑俟諸异日"，則意有未滿之辭，然先生之於小學始基之矣。書稿藏曲阜孔户部家。蘇州吴方伯蠡濤俊者，先生壬午同年也。户部既殁，方伯之子慈鶴就其家取諸户部長子博士廣根，云將付梨棗。今書稿尚在吴處未刊。

《魏譜》：

先生年十七有志聞道，從事經。經學之難明者，皆究其本始，爲之十年，至是時漸有會通，而知"聖人之道如縣繩樹槷，豪厘不可有差。"(《與是仲明論學書》。)

是年成《爾雅文字考》十卷。《段譜》："書稿藏曲阜孔户部家。蘇州吴方伯蠡濤俊者，先生壬午同年也。户部既殁，方伯之子慈鶴就其家取諸户部長子博士廣根，云將付梨棗。今書稿尚在吴處未刊。”孔顨軒《戴氏遺書總序》：“景純有云：‘《爾雅》者，九流之津涉，六藝之鈐鍵。’虎闈小學，未束髮而知書；豹鼠奇編，不下席而觀古。故辨言之樂，對於三朝；首基之文，問於五始……爲《爾雅文字考》十卷。”先生有自序，段刻《文集》卷三、孔刻卷五載之。《段譜》：“自序云：‘余謂儒者宜自《爾雅》始，取而讀之，殫心於兹十年，偶有所記，懼過而旋忘，録之成帙，爲題曰《爾雅文字考》若干卷，亦聊以自課而已。若考訂得失，折衷前古，於《爾雅》萬七百九十一言，合之群經，靡所扞格，姑俟諸異日。’按是書未知何年所成，據‘於兹十年’之語，則自十七歲有志聞道，潜心訓詁始，成書蓋在戊辰、己巳、庚午間也。曰‘姑俟諸异日’，則意有未滿之辭；然先生之於小學，始基之矣。”先生論《爾雅》《毛詩》《説文》語：

（一）《毛詩》與《爾雅》　《答江慎修先生論小學書》：“今所有傳注莫先《毛詩》，其爲書又出《爾雅》後。《爾雅》：‘杜，甘棠；梨，山樆；榆，白枌。’立文少變。杜澀，棠甘，而名類可互見。杜，赤棠，白者棠，以棠見杜。杜甘，棠，以杜見棠。《毛詩》‘甘棠，杜也’，誤。‘枌，白榆也’，不誤。杜甘曰棠，梨山生曰樆，榆白曰枌。朱子《詩集傳》於《陳·東門之枌》云‘枌，白榆也’，本《毛詩》；於《唐·山有樞》云‘榆，白枌也’，殆稽《爾雅》而失其讀。其他《毛詩》誤用《爾雅》者甚多。先儒言《爾雅》往往取《毛詩》，非也。”

（二）《説文》與《爾雅》　程瑶田《通藝録·解字小記》，乾隆庚子元旦作《説文引經异同叙》：“昔吾友戴東原語余云：《爾雅》《説文》二書，寶書也。其异義處則互有得失，如《衛風》‘深則厲’，《説文》‘厲’作‘砅’，釋之曰‘履石渡水也’；而《爾雅》則曰：‘以衣涉水，由帶以上爲厲。’以《説文》之得，而《爾雅》之失也。”

《答江慎修先生論小學書》略同，又云："《説文》所載九千餘文，當小學廢失之後，固未能一一合於古；即《爾雅》亦多不足據，姑以《釋詁》言之：如'台、朕、賚、畀、卜、陽，予也'。台、朕、陽，當訓'予我之予'；賚、畀、卜，訓'賜予之予'，不得錯見一句中。'孔、魄、哉、延、虚、無、之、言，間也。'郭氏《注》云：'孔、穴、延、魄、虚、無，皆有間隙，餘未詳。'考之《説文》：'哉，言之間也。''言之間'即詞助；然則哉、之、言三字乃'言之間'，言爲詞助，見《詩》《易》多矣。'豫，射，厭也。'郭氏《注》云：'《詩》曰服之無射，豫未詳。''豫'蓋當訓'厭足''厭飫'之'厭'；'射'訓'厭倦''厭憎'之'厭'。此皆掇拾之病；其解釋《詩》《書》，緣詞生訓，非字義之本然者不一而足。"

是年，程瑶田、汪隨同爲博士弟子員，初識先生。《五友記》云："方是時，東原方躓於小試，而學已粗成，出其所校《大戴禮》示余。《大戴禮》者，人多不治，故經傳錯互，字句譌脱，學者恒苦其難讀，東原一一更正之。余讀而驚焉，遂與東原定交。至是稚川、松岑亦咸交於東原矣。"

《段譜訂補》：

《經雅》當成書於《爾雅文字考》之前，其二書關係待考。

是年，程瑶田與戴震一見定交。

何達善是年任徽州郡守。道光《徽州府志·職官志》："何達善字子兼，别字澹庵，河南濟源人，乾隆十四年以翰林來守是邦……公愛民而好士，紫陽諸生肄業，必延名宿爲之師。"

《爾雅文字考序》先爲孔繼涵微波榭刊入《戴氏遺書》之《東原文集》卷五，段玉裁經韵樓刻《戴東原文集》收入卷三，段刻本《爾雅文字考序》曰：

古故訓之書，其傳者莫先於《爾雅》。六藝之賴是以明也，所以通古今之异言，然後能諷誦乎章句，以求適於至道。劉歆、班固論《尚書古文經》曰："古文讀應《爾雅》解古今語而可知。"蓋士生於三古後，時之相去千百年之久，視夫地之相隔千百里之遠無以异。昔之婦孺聞而輒曉者，更經學大師轉相講授，而仍留疑義，則時爲之也。

余竊謂儒者治經，宜自《爾雅》始。取而讀之，殫心於兹十年。是書舊注之散見者六家：犍爲文學、劉歆、樊光、李巡、鄭康成(案鄭氏無《爾雅注》，《周禮・大宗伯・疏》誤引之耳)、孫炎，皆闕逸，難以輯綴；而世所傳《郭注》，復删節不全；邢氏《疏》尤多疏漏。

夫援《爾雅》以釋《詩》《書》，據《詩》《書》以證《爾雅》，由是旁及先秦已上，凡古籍之存者，綜覈條貫，而又本之六書、音聲，確然於故訓之原，庶幾可與於是學，餘未之能也。偶有所記，懼過而旋忘，録之成袟，爲題曰若干卷《爾雅文字考》，亦聊以自課而已。若考訂得失，折衷前古，於《爾雅》萬七百九十一言，合之群經傳記，靡所扞格，姑俟諸异日。

戴震《爾雅文字考》，《段譜》謂："書稿藏曲阜孔户部家。蘇州吴方伯鑫濤俊者，先生壬午同年也。户部既歿，方伯之子慈鶴就其家，取諸户部長子博士廣根，云將付梨棗。今書稿尚在吴處未刊。"

據戴震此序"余竊謂儒者治經，宜自《爾雅》始。取而讀之，殫心於兹十年"，及孔廣森《戴氏遺書總序》"虎闈小學，未束髮而知書；豹鼠奇編，不下席而觀古。故辨言之樂，對於三朝；首基之文，問於五始……爲《爾雅文字考》十卷"，則戴震約於十七歲時即究心於《爾雅》。

對於戴震此《序》，周德美《戴震〈爾雅文字考序〉考僞》曰："任氏(任基振)《爾雅注疏箋補》自序與戴震文集内《爾雅文字考序》幾乎一字不差。"(按：任基振《爾雅注疏箋補》僅三卷，定稿於乾隆三十七年，李時沛、金兆燕、戴震、任兆麟等爲之撰序。李、金、戴三序載《爾雅注疏箋補》卷首；任兆麟序題名《爾雅箋補序》，載《有竹居集》卷五。任基振亦有自序。戴震此《爾雅文字考序》與任基振自撰《爾雅注疏箋補序》文字小异者數處：戴《序》二處“故訓”，任《序》均作“訓故”；戴《序》“由是旁及先秦已上”，任《序》作“……以上”；戴《序》“爲題曰若干卷《爾雅文字考》，亦聊以自課而已”，任《序》作“爲題曰若干卷《爾雅注疏箋補》，聊以自課而已”。）該文認爲，戴震此序實任基振自撰《爾雅注疏箋補序》，其致誤原因，或爲乾隆三十七年(1772)任基振請戴震爲其《爾雅注疏箋補》撰序時，戴氏手録任氏自序，後存入戴氏雜録遺稿中，而戴震卒後，孔繼涵搜輯戴氏遺書，將其誤增入《東原文集》之中，段玉裁同樣失考。①

《段譜訂補》謂“《經雅》當成書於《爾雅文字考》之前，其二書關係待考”。

《爾雅文字考》究成於何時，亦待考。任兆麟《爾雅注疏箋補序》謂“震君著有《爾雅文字考》，書中多引其説”②，則《爾雅文字考》抑或成於任基振《爾雅注疏箋補》之後。

是年二月，戴震參加縣學考試，落第(此前有無參加縣考，不詳)。程瑶田《五友記・戴震》云：“先是己巳歲，余初識東原，當是時，東原方躓於小試，而學已粗成。”

是年，戴震與程瑶田相識并定交，程瑶田因戴震之影響而始學曆算。

程瑶田《五友記・戴震》：“東原方躓於小試，而學已粗成，出其所校《太傅禮》示余。《太傅禮》者，人多不治，故經傳錯互，字句訛脱，學者恒苦其難讀。東原一一更正之，余讀而驚焉，遂與東原定交。至是，稚川、松岑亦咸交於東原矣。”羅繼祖《程易疇先生年譜》“乾隆十

① 周德美：《戴震〈爾雅文字考序〉考僞》，《文獻》，2003 年第 3 期。又，周德美此文據任兆麟《爾雅箋補序》“戴君著有《爾雅文字考》，書中多引其説”之語，認爲戴震《爾雅文字考》當著成於任基振《爾雅注疏箋補》後，爲戴震晚年完成之著述。

② 任兆麟：《有竹居集》卷五，見《清代詩文集彙編》第 484 册，上海：上海古籍出版社 2010 年版，第 344 頁。

四年，二十五歲"下："是年識戴東原震，時東原方躓於小試，而學已成，出所校《太傅禮》示先生。《太傅禮》人多不治，故多錯互訛脱，學者恒苦其難讀。東原悉一一是正之。先生讀而驚异，遂與訂交。東原復爲言準望之法，因從學焉。是爲先生學算之始。"(按：《太傅禮》即《大戴禮》，因傳此經者西漢戴德曾爲信都王劉囂太傅而得名。)

程瑶田(1725—1814)，字易田(一作亦田)，一字易疇，號讓堂，徽州歙縣人。乾隆三十五年(1770)舉人。《清史稿》卷四八一本傳："讀書好深沉之思，學於江氏。乾隆三十五年舉人，選授太倉州學正。以身率教，廉潔自持。告歸之日，錢大昕、王鳴盛皆贈詩推重，至與平湖陸隴其并稱。嘉慶元年，舉孝廉方正。同時舉者，推錢大昭、江聲、陳鱣三人，阮元獨謂瑶田足以冠之。平生著述，長於旁搜曲證，不屑依傍傳注，所著曰《喪服文足徵記》《宗法小記》《溝洫疆里小記》《禹貢三江考》《九穀考》《磬折古義》《水地小記》《解字小記》《聲律小記》《考工創物小記》《釋草釋蟲小記》。年老目盲，猶口授孫輩成《琴音記》。東原戴氏自謂尚遜其精密。"①

程瑶田與戴震等同學於江永，有"江門七子"之稱。"江門七子"中，唯戴震、程瑶田、金榜最著，而戴震之交金榜當在明年方楘如主紫陽書院時。程瑶田《五友記·戴震》曰："庚午、辛未之間(1750—1751)，余與稚川及余姊婿汪松岑三人同研席，每論當世可交而資講習益者，余曰戴東原也。……壬申夏，松岑言於其從祖之弟在湘，在湘因延東原至其家，以教其子，於是余數人時時與東原處，故知東原最深也。"而戴震亦深推程瑶田，其乾隆辛巳(1761)《再與盧侍講書》曰："兹敝友程君亦田，名瑶田，上年秋闈後，同震到揚。今復往，特取道江陰，願摳謁大君子。其人少攻詞章之學，詩古文詞皆有法度，書法尤絶倫，直造古人境地。年來有志治經，所得甚多。與震往還十餘載，行日勵，學日進，而境日困。今遭重喪，不得已外出，情可悲也！

---

① 趙爾巽等：《清史稿》，北京：中華書局1977年版，第13189～13190頁。

其讀書沈思覈訂，比類推致，震遜其密。”後王鳴盛曾作《題讓堂話别圖奉送旋里》詩致程瑶田云：“我昔宦京國，東原多論評。有褒更無刺，於君屢有稱。”[①]

由程瑶田《五友記》知，汪肇龍（字稚川）、汪松岑（汪梧鳳從兄）是年亦與戴震定交。

【時事】

是年，何達善授徽州知府。何達善（1700－1765），字子兼，河南濟源人。乾隆元年（1736）進士。性至孝，有政聲。主徽數年，甚有口碑。何達善知徽州後，邀淳安方楘如來掌紫陽書院。

方楘如當於是年來徽州，主講紫陽書院，時已七十有六。汪梧鳳《松溪文集·送劉海峰先生歸桐城序》：“憶余生二十五年，從遊淳安方樸山先生，後三年，從遊星源江慎齋先生，二先生者皆以老，舍吾徒而去。”汪梧鳳生於雍正三年（1725），二十五歲爲乾隆十四年（1749）。

方楘如，字文輈，又字若文，號樸山，浙江淳安人。康熙十三年（1674）生，卒年不詳。康熙四十五年（1706）進士，官直隸豐潤知縣，坐事免。乾隆元年（1736）舉博學鴻詞。少受業於毛奇齡，博通經學。以古文聞於東南，文求新穎，重筆力，杭世駿等從學。與桐城方舟（1665－1701，字百川，方苞之兄）、方苞并稱“三方”。有《集虚齋學古文》《集虚齋文稿》《樸山存稿》等。

洪榜《戴先生行狀》：“時郡守何公，常以月某日，延郡之名人宿學，講論經義於書院之懷古堂。婺源江先生永治經數十年，精於《三禮》及步算、鐘律、聲韵、地名沿革，博綜淹貫，巋然大師。先生一見傾心，因取平日所學就質正焉。……時先生同志密友，郡人鄭牧、汪肇龍、程瑶田、方矩、金榜六七君，日從江先生、方先生從容質疑問難。蓋先生律曆聲韵之學，亦江先生有以發之也。”據此，似江永與方楘如同時執教於紫陽書院。而據江錦波、汪世重《江慎修先生年譜》，乾隆

---

① 程瑶田著，陳冠明等校點：《程瑶田全集》第三册，合肥：黄山書社 2008 年版，第 465 頁。

十三年至十五年間(1748—1750),江永均坐館於婺源縣城汪升家,故并未至紫陽書院。江永與方榘如當并無交往。《戴先生行狀》所謂"六七君日從江先生、方先生從容質疑問難",當指戴震等先後師從方榘如、江永問學。

是年,錢大昕始入蘇州紫陽書院,與惠棟、沈彤等結爲忘年交。時紫陽書院山長王峻(1694—1751),字次山,號艮齋,江蘇常熟人,雍正二年(1724)進士。王峻能以古學宣導後進,長於經史,尤精地理。曾謂《水經注》經、注多混淆,欲行考訂,并欲著《水經廣注》,惜未成。

八月,桐城派創始人方苞卒。方苞(1668—1749),字鳳九,一字靈皋,號望溪,安徽桐城人。爲文嚴於義法,爲古文正宗,號爲桐城派之祖。

據《段譜》所録,戴震曾評方苞曰:"方望溪釋《禮經》之文,多不似説《禮》語言,其説《春秋》較善。"

是年,徽州歙人徐士修(字禹和,鹽商)捐資重修徽州紫陽書院成,并捐銀一萬二千兩以贍養學者。汪紱撰《紫陽書院記》,宣導朱熹"居敬窮理,實踐力行"之教,謂:"若棄實學不務,而徒以浮誇掩襲之文,奔競虚名,馳驅利禄,則上負聖朝造士之典,下負賢太守及徐君樂育之心,而又何顔以立於朱子之紫陽書院乎?"

是年,張廷玉被削伯爵,以大學士銜致仕。汪由敦被免協辦大學士。

乾隆十五年庚午(1750)　二十八歲

是年,戴震在徽州,於歙縣紫陽書院從方榘如學制義。與汪肇瀧、汪松岑等定交,并與程瑶田、金榜等交游研學。

江永七十歲。戴震撰《江慎修先生七十壽序》。

戴震《與是仲明論學書》或作於是年。

《魏譜》：

先生年二十八歲。方楘如主紫陽書院，見先生文大贊服。程瑶田《河西寓公敘略》："己巳……明年，遂與吾弟光瑩及二三學友往受業。是年樸山（即楘如）先生應郡守何公之聘，來徽主紫陽講席。瑶田以門下後學亦得飫聞樸山先生緒論。"洪《狀》："先生自江寧歸，時淳安方楘如先生掌教紫陽書院，一見先生文，深折服，謂己所不及。繼而歎曰：'今之徐子卿也！'同學者請曰：'若某某句，其可通耶？'方先生指而示之曰：'是出某經某史，顧若未讀耳。'因言其命意之精，同學者駭歎，由是稍稍知先生之能文。"按此可知是時先生在紫陽書院，與郡之士子相觀摩，《段譜》不載。又先生當在是時始見江慎修而師之，《段譜》在二十歲時云："婺源江慎修先生治經數十年，精於《三禮》及步算、鐘律、聲韵、地名沿革，博綜淹貫，巋然大師。先生一見傾心，取平日所學就正焉。"段説誤。洪《狀》："時郡守何公常以月某日，延郡之名人宿學講論經義於書院之懷古堂。婺源江先生永，（中段及《段譜》所引。）……見其盛年博學，相得甚歡。一日，舉曆算中數事問先生曰：'吾有所疑，十餘年未能决。'先生請其書諦觀之，因爲剖析比較，言其所以然。江先生驚喜歎曰：'纍歲之疑，一日而釋，其敏不可及也！'先生亦歎江先生之學周詳精整。"可證。故先生此時實客於汪梧鳳家，與鄭用牧、金榜、汪肇瀧、程瑶田、方矩等從江、方二先生質疑問難，而同學諸人多問業於先生。汪中《大清故貢生汪君墓誌銘》："乾隆初紀，老師略盡，而處士江慎修崛起婺源，休寧戴東原繼之，經籍之道復明。始此兩人自奮於末流，常爲鄉俗所怪，又孤介少所合，而地僻陋無從得書。是時歙西溪汪君獨禮而致諸其家，飲食供具惟所欲，又斥千金置書，益招好學之士日夜誦習，講貫其中，久者十數年，近者七八年、四五年，業成散去。"鄭虎文《汪梧鳳行狀》："君既師江而又客戴氏、汪氏（指肇瀧）於家，汪爲尤久。久處，昕夕無他語，語必經義。義難輒辨，辨必力持，不相下則辨益疾，而君故口吃，嘗咽塞不能出聲氣，鬚眉動張，僮僕往往背立匿笑。已乃復辨，必彼我意通乃已。"洪《狀》："時先生同志密友，郡人鄭牧、汪肇龍（即肇漋）、程瑶田、方矩、金榜六七君，日從江先生、方先生從容質疑問難。蓋先生律曆聲韵之學亦江先生有以發之也。"王昶《江慎修先生墓誌銘》："余友休寧戴君東原，所謂通天地之儒也，常自述其學術實本之江慎修先生。"王《墓誌銘》："東原家居，同郡鄭牧、汪肇龍、程瑶田、方矩、金榜皆從問業。"程瑶田《五友記》："庚午、辛未之間，余與稚川（即肇漋）及余姊婿汪松岑三人同研席，每論當世士可交而資講習益者，余曰：戴東原也。"徐書受《金榜墓誌銘》："先生受經學於江永慎修暨戴東原，學詩古文辭於劉大櫆耕南，學科舉之文於方楘如樸山。數君子者各以所長擅天下，先生或師之或友之，而皆得其宗。"先生以《司馬法》賦出車徒二法難通，金榜乃舉《小司徒》"正卒""羡卒"以釋之。（江藩《漢學師承記·金榜記》。）《續疇人傳·程瑶田傳》："少與休寧戴震相友善，故其經術最深。"皆足證。

先生制義經方楘如手定。刻入《新安三子課藝》。三子是汪梧鳳、鄭用牧與先生。（鄭虎文《汪梧鳳行狀》。）

關於文章的方面，先生有些言論，見《段譜》（略）。

《序劍》一篇，段刻《文集》卷十一，孔刻卷六載之，爲方友璜作。按先生此時正與友人治古文，且壬申以後不多作應酬文。（參看壬申年事迹。）方友璜當是同遊於汪氏的朋友（疑即是方晞原），故編於此。

《代程虹宇爲程氏祀議》一篇，段刻《文集》卷十一，孔刻卷三載之。按孔刻本篇末附江慎修批語。先生二十九歲後不常居徽，與江氏接近又實在此時，故此文當在二十九歲前所作，因編於此。程虹宇不知爲誰。

《鳳儀書院碑文》一篇，段刻《文集》卷十一，孔刻卷九載之。

按碑文言，鳳儀書院乃瑞州太守楊公筠陽書院改新的。楊公不知何人。此文頗以爲先生在南豐、邵武間遊後居徽時所作，因爲先生的文名也是此時纔聞於世，故附於此。

《段譜訂補》：

是年受教於方楘如。洪榜《戴先生行狀》曰："先生自江寧歸時，淳安方楘如先生掌教紫陽書院，一見先生文，深折服，謂己所不及。繼而歎曰：'今之徐子卿也。'同學者請曰：'若某某句，其可通耶？'方先生指而示之曰：'是出某經某史，顧若未讀耳。'因言其命意之精，同學者駭歎，由是稍稍知先生之能文。"後來戴震作文，頗得方氏之道。段玉裁云："師嘗聞作文之訣於方文輈曰：'善做不如善改，善改不如善删。'故師作文不厭改删。"（見《答程易田丈書》）

方氏主紫陽期間，定有《新安三子課藝》。鄭虎文《汪明經梧鳳行狀》曰："方氏楘如所定三子者，即君與戴震、邑人鄭用牧也。"周永年《制義類編》收有戴震兩篇制義文章，即《吾十有五》和《旅酬下爲上》。

是年與汪肇瀧（字稚川，瀧亦作龍）等定交。程易田《五友記》曰："庚午、辛未之間，余與稚川及余姊婿汪松岑三人同研席，每論當世士可交而資講習益者，余曰：'戴東原也。'東原名震，休寧隆阜人。先是己巳歲，余初識東原。當是時，東原方躓於小試，而學已粗成，出其所校《太傅禮》示余。《太傅禮》者，人多不治，故《經》《傳》錯互，字句訛脱，學者恒苦其難讀，東原一一更正之。余讀而驚焉，遂與東原定交。至是，稚川、松岑亦交於東原矣。"

《五友記》又記東原語曰："《水經》酈道元《注》亦如《太傅禮》，人所不治者。其《經》《注》之錯互，字句之訛脱，與《太傅禮》無异。揚雄《方言》，所謂'懸諸日月，不刊之書'，治古文者資之，與《爾雅》《説文》同功。而文章之古，益以轉寫之訛，人望之如蠶叢未辟者然。是皆不可不治其蕪雜，使就條理。”

是年七月七日，江永七十大壽，戴震謹爲先生壽且序。詳見修訂本《戴震全書》第六册《東原文集補遺·江慎修先生七十壽序》。又《戴先生行狀》曰：“時郡守何公，常以月某日，延郡之名人宿學，講論經義於書院之懷古堂。婺源江先生永治經數十年，精於《三禮》及步算、鐘律、聲韵、地名沿革，博綜淹貫，巋然大師。先生一見傾心，因取平日所學就正焉。江先生見其盛年博學，相得甚歡。一日舉曆算中數事問先生曰：‘吾有所疑，十餘年未能决。’先生請其書，諦觀之，因爲剖析比較，言其所以然。江先生驚喜，歎曰：‘纍歲之疑，一日而釋，其敏不可及也。’先生亦歎江先生之學周詳精整。時先生同志密友，郡人鄭牧、汪肇龍、程瑶田、方矩、金榜六七君，日從江先生、方先生從容質疑問難。蓋先生律曆聲韵之學，亦江先生有以發之也。”

按：《魏譜》繫戴震《序劍》於是年，并疑方友璜即方晞原，均大誤。《序劍》當撰於乾隆四十年(1775)前後，爲宫廷畫師方友璜(號黄山)所作，詳見本譜“乾隆四十年”下。《魏譜》又繫《鳳儀書院碑》於是年，亦誤。《鳳儀書院碑》當撰於乾隆二十八年，詳見本譜“乾隆二十八年”下。

錢穆先生謂戴震《與是仲明論學書》當作於是年①。其書曰：

僕所謂經考，未嘗敢以聞於人，恐聞之而驚顧狂惑者衆。昨遇名賢枉駕，望德盛之容，令人整肅，不待加以誨語也。又欲觀末學所事得失，僕敢以《詩補傳序》并辨鄭衛之音一條，檢出呈覽。今程某奉其師命來取《詩補傳》，僕此書尚俟改正，未可遽進，請進一二言，惟名賢教之。

① 錢穆：《中國近三百年學術史》(一)，北京：九州出版社2011年版，第338頁。

僕自少時家貧，不獲親師，聞聖人之中有孔子者，定《六經》示後之人，求其一經，啓而讀之，茫茫然無覺。尋思久之，計於心曰：經之至者道也，所以明道者其詞也，所以成詞者字也。由字以通其詞，由詞以通其道，必有漸。求所謂字，考諸篆書，得許氏《説文解字》，三年知其節目，漸睹古聖人製作本始。又疑許氏於故訓未能盡，從友人假《十三經注疏》讀之，則知一字之義，當貫群經，本六書，然後爲定。

至若經之難明，尚有若干事：誦《堯典》數行，至"乃命羲和"，不知恒星七政所以運行，則掩卷不能卒業。誦《周南》《召南》，自《關雎》而往，不知古音，徒强以協韵，則齟齬失讀。誦古《禮經》，先《士冠禮》，不知古者宫室、衣服等制，則迷於其方，莫辨其用。不知古今地名沿革，則《禹貢》職方失其處所。不知少廣旁要，則《考工》之器不能因文而推其制。不知鳥獸、蟲魚、草木之狀類名號，則比興之意乖。而字學、故訓、音聲未始相離，聲與音又經緯衡從宜辨。漢末孫叔然創立反語，厥後考經論韵悉用之。釋氏之徒，從而習其法，因竊爲已有，謂來自西域，儒者數典不能記憶也。中土測天用句股，今西人易名三角八綫，其三角即句股，八綫即綴術，然而三角之法窮，必以句股御之，用知句股者，法之盡備，名之至當也。管、吕言五聲十二律，宫位乎中，黄鐘之宫，四寸五分，爲起律之本，學者蔽於鐘律失傳之後，不追溯未失傳之先，宜乎説之多鑿也。凡經之難明，右若干事，儒者不宜忽置不講。僕欲究其本始，爲之又十年，漸於經有所會通，然後知聖人之道，如懸繩樹槷，毫釐不可有差。

僕聞事於經學，蓋有三難：淹博難，識斷難，精審難。三者，僕誠不足與於其間，其私自持，暨爲書之大概，端在乎是。前人之博聞强識，如鄭漁仲、楊用修諸君子，著書滿家，淹博有之，精審未也。别有略是而謂大道可以徑至者，如宋之陸，明之陳、王，廢講習討論之學，假所謂"尊德性"以美其名，然舍夫"道問學"，則惡可命之"尊德性"乎？未得爲中正可知。

群經六藝之未達，儒者所恥。僕用是戒其頽惰，據所察知，特懼忘失，筆之於書，識見稍定，敬進於前不晚。名賢幸諒！震白。

是鏡(1693—1769)，字仲明，號誠齋，江蘇常州人。專心經學，不應科舉，長期講學於常州舜山書院，弟子甚衆。是鏡生前學行即遭頗多謗議，阮葵生(吾山)《茶餘客話》、董潮(曉滄)《東皋雜鈔》更痛詆其爲"僞道學"[①]。

《段譜》"乾隆二十二年"下曰："《與是仲明論學書》當亦其時所作。仲明名鏡，是姓，江陰人，客遊於揚者，欲索先生《詩補傳》觀之，先生答此書。平生所志，所加功，全見於此，亦以諷仲明之學非所學也。仲明築室於江陰舜過山講學，其人不爲先生所重，故諷之。"[②]或因此是仲明學行頗受譏議。然本篇語氣謙和，似無任何諷詞。而段玉裁所編《戴震文集》卷九《與是仲明論學書》題下又注"癸酉"(微波榭本《戴震文集》卷八本篇下則未注作時)，癸酉即乾隆十八年(1753)。是段氏所記自相矛盾，二説或均不確。

張敬立編、金吴瀾補注《舜山是仲明先生年譜》"乾隆十四年己巳"下有"春遊徽州"；"十五年庚午"下有"五月之徽州，遊黄山"[③]。錢穆先生繫此書於是年，主要依據於此，因此書中有"昨遇名賢枉駕，望德盛之容，令人整肅，不待加以誨語也"之語。考察戴震此書中所述，前言"得許氏《説文解字》，三年知其節目，漸睹古聖人製作本始。又疑許氏於故訓未能盡，從友人假《十三經注疏》讀之，則知一字之義，

---

① 見張敬立編、金吴瀾補注《舜山是仲明先生年譜》"乾隆三十四年"下。

② 《段譜》言是仲明爲江陰人，築室於江陰舜過山講學，均誤。張敬立編、金吴瀾補注《舜山是仲明先生年譜》及前附柳商賢撰《是仲明先生傳》均明言是仲明爲武進(今江蘇常州)人，講學於常州舜山書院。

③ 本社影印室輯：《乾嘉名儒年譜》第二册，北京：北京圖書館出版社 2006 年版，第583、588 頁。

當貫群經，本六書，然後爲定”，後言“凡經之難明，右若干事，儒者不宜忽置不講。僕欲究其本始，爲之又十年，漸於經有所會通，然後知聖人之道，如懸繩樹槷，毫釐不可有差”。可知戴震作此書，距其早年研讀《説文解字》《十三經注疏》約有十數年之久。洪榜《戴先生行狀》記：“先生讀書，每一字必求其義，塾師略舉傳注訓解之，先生意每不釋然。師不勝其煩，因取漢許叔重《説文解字》十五卷授之。先生大好其書，學之三年，盡得其節目。又取《爾雅》《方言》及漢儒箋注之存於今者，搜求考究。一字之義，必貫群經、本六書以爲定詁。由是盡通前人所合集《十三經注疏》，舉其辭無遺，時先生十六七矣。”大致與此篇所述時間相合。

陳祖武、朱彤窗所著《乾嘉學術編年》仍繫此篇於乾隆十八年(1753)；周兆茂《戴震哲學新探》[①]，梅新林、俞樟華主編《中國學術編年・清代卷上》亦均繫此篇於乾隆十八年。

錢穆先生詳論戴震此篇作於是年，又論此書代表戴震學術第一期之思想。錢氏曰：“東原早歲之學問同於江氏，其説可徵之於《與是仲明論學書》。……統觀全書，所論爲學門徑及其趣解，全是江氏一派。然東原自述爲學全出冥搜暗索，則江、戴乃規模暗合，非東原之必有待於江氏之啓迪矣。”[②]

針對戴震所倡“字學、故訓、音聲未始相離，聲與音又經緯衡從宜辨”，胡奇光論曰：“歷來小學的研究，側重在小學的外部規律，講求小學與經學、小學與名學、小學與詩學等等關係，到戴震提出‘字學、故訓、音聲’三結合的學説，才揭開了探求小學内部規律的序幕。經段玉裁、王念孫等人的努力，戴震學説在説文學、雅學裏結出了有劃時代意義的學術成果。尤其是王念孫的《廣雅疏證》，更是雅學的輝煌巨著。清人雅學研究，實出於戴震。”[③]

---

① 周兆茂：《戴震哲學新探》，合肥：安徽人民出版社 1997 年版，第 189 頁。

② 錢穆：《中國近三百年學術史》(一)，北京：九州出版社 2011 年版，第 338～340 頁。

③ 胡奇光：《中國小學史》，上海：上海人民出版社 2005 年版，第 253 頁。

李暢然則認爲《與是仲明論學書》"是戴震終生乃至整個乾嘉考據學的解經方法論綱領……完全有資格作爲放之四海而皆準的一般解釋學理論"[①]。

是年，方楘如仍主徽州紫陽書院，戴震於上年至是年師從方楘如習制藝，亦當習古文。《魏譜》及《段譜訂補》均謂方楘如於是年主講紫陽書院，戴震從學。方氏實於上年任教紫陽書院，辨見前文。

方楘如在徽時，審定戴震、汪梧鳳、鄭牧三人學藝文字爲《新安三子課藝》，後由劉大櫆刊刻。鄭虎文《明經松溪先生汪君行狀》："君（汪梧鳳）古文有《松溪文集》。劉氏大櫆所定制義，刻入《新安三子課藝》，方氏楘如所定。三子者，即君與戴震及震邑人鄭牧也。"[②]

《段譜》所引方氏關於作文"善做不如善改，善改不如善删"之論，對戴震影響極大；而方楘如對戴震之影響或不僅在作文之法。張舜徽《清人文集别録》卷五《集虚齋學古文》論曰：

> （方）楘如字文輈，號樸山。……惟其識議卓然，多可取者。觀其論及治經，有曰："生平説經，頗耽古注。謂諸經皆出漢世儒學，近有師承，校其博通，無如鄭氏。鄭氏惟泥《禮》箋《詩》，故恒以詞害志。若乃禮學是其勝場，中有失者，惟是兼信緯書，絲棼郊禘諸類。其他則彊半得之。……"若此諸論，大抵揚漢抑宋。其時漢學之幟未張，尊鄭學者殆無幾人，而楘如所言如此，亦實有開乾嘉風氣之先也。楘如説經，既尊鄭學，而鄭氏遍注群經，自《禮注》《詩箋》外，逸書猶多。楘如又旁搜博采，成《鄭注拾瀋》逸書以總會之。[③]

方楘如既治漢學，尤尊鄭氏，其對戴震治學趣嚮當不無影響。

---

① 李暢然：《戴震解經方法論發微——以〈與是仲明論學書〉爲中心》，《文史哲》，2014年第4期。

② 鄭虎文：《吞松閣集》卷三五，《四庫未收書輯刊》集部10輯第14册，北京：北京出版社1997年版，第435頁。

③ 張舜徽：《清人文集别録》，武漢：華中師範大學出版社2004年版，第118～119頁。

方桑如有推許戴震爲“今之徐子卿”之語。徐子卿，即徐日久(1573？—？)，字子卿，號率真，浙江西安（今浙江衢州）人。明萬曆三十八年(1610)進士。徐子卿生當晚明，憂於國事，著述頗豐，多爲經世致用之作，有《邊典五則》二十四卷、《子卿近集》十卷等。

是年，戴震與金榜等同學於紫陽書院，二人當定交。後又同遊於汪梧鳳不疏園，關係則在師友之間。吴定《翰林院修撰金先生墓誌銘》曰：“先生少負偉志……受經於江永慎修暨戴東原。”①

是年，江永年七十，戴震撰有壽序一篇。據江永《善餘堂文集》附録，有題戴震所撰一文，經漆永祥先生發現後，題作《江慎修先生七十壽序》②，其文曰：

> 經學之難，或一代數人，或數千年一人。若漢之鄭康成，宋之子朱子，其學殊絶之學，其人皆亘古今不可無一、不能有二之人。然而竊猶有憾者：鄭氏之學，無所不通，一洗專門固陋之習，唐賈、孔諸儒爲疏義，猶或未能盡中。朱子上接鄒魯，下繼濂洛，理精義明，群言有所折中。而踵其學者，或鮮博物考古之功，非學力之有所限，蓋能兼之難也。
>
> 吾師江慎齋先生，生朱子之鄉，上溯漢、唐、宋以來之絶學，以六經明晦爲己任。震少知向慕，既數年，始獲一見。又數年，始拜先生於吾邑之斗山。所讀諸經，往來問難，承口講指畫，然後確然見經學之本末。既而先生就館本邑，未能從學，深悵恨焉。
>
> 震之愚，固不能窺先生之萬一，又未獲盡讀先生之書，所得

① 吴定：《紫石泉山房文集》卷十，見《清代詩文集彙編》第408册，上海：上海古籍出版社2010年版，第383頁。

② 漆永祥《新發現戴震〈江慎修先生七十壽序〉佚文一篇》(《中國典籍與文化》2005年第1期)肯定此文爲戴震所撰。徐道彬《〈善餘堂文集〉辨僞》(《中國典籍與文化》2010年第4期)則以爲不可信。漆永祥復於《再論戴震研究中的幾個争議問題》(汪良發、潘定武主編：《2014全國戴震學術研討會論文集》，合肥：黄山書社2015年版)一文予以辨正。徐文未能確證其僞，今從漆説。

讀者，有《禮書綱目》《周禮舉要》《禮記擇言》《律吕新義》《深衣考誤》《近思録集注》及《古韵標準》《切韵表》《推步法解》《翼梅》數種，博大精微，不可涯涘。《禮書綱目》，前大中丞趙公暨禮館所抄者，特其梗概，先生尚欲博采衆説而論定之，卒朱子晚年之志。《律吕新義》一書積數十年精思，始悟有自然理數，寓於河洛之中，獨取《管子》《吕覽》之言，與聖祖仁皇帝論樂之旨吻合。史遷以下，凡言黄鐘最長者，皆不明中聲之理，有體無用，發千古所未發，猶恨不能起朱子及蔡西山而質之。

先生之在都中也，三禮館諸公服其精核，咸就商確，先生隨問隨答，震親見其筆札數百條，發微訂誤。宜吾邑程中允、荆溪吴編修，經術最邃者，皆以真吾師目之。先是，有《四書典林》，聊救制義家杜撰不根之弊，趙撫軍序而刻之，幾於家有其書矣。而其有關經學之大者，稿存箧笥，未能盡問世。當必有知音者，廣爲傳之。

震少覽近儒之書，所心折者數人，劉甫原、王伯厚之於考核，胡朏明、顧景范、閻百詩之於水經地志，顧寧人之於古音、梅定九之於步算，各專精一家。先生之學力思力實兼之，皆能一一指其得失，苴其闕漏，著述若此，古今良難。

今聖主崇經學，特下明詔，博采通經之士，邑侯陳公以先生爲首薦，先生堅辭，不獲已，但以所著書目報去。且致書與震，言馳騖名場非素心。又自謂生平撰著，得之午夜被中、白晝几上爲多，兀兀窮年，不知老至，能知者鮮，亦不求人知。蓋先生之所造至深而自信者審矣。

今年七月十七日，先生七十大慶，蓋非尋常稱頌之辭，可擬諸形容者，是以一切膚語，概從芟略，直舉及門以後所知，與先生所自言者書之。自兹以往，年益高，學益進，自有不朽大業，藏名山，留宇宙，作朋三壽，何足爲先生侈陳哉！乾隆十五年，歲在上章敦牂月，律中夷則，門人戴震頓首再拜撰。

《壽序》一文,極推江永學識,亦標明江永、戴震之師弟關係[①]。

【時事】

是年,江永辭謝經學舉薦。戴震《江慎修先生事略狀》:“先生嘗一遊京師,以同郡程編修恂延之至也。……此乾隆庚申、辛酉間也。後數年,程、吴諸君子已歿,先生家居寂然。值上方崇奬實學,命大臣舉經術之儒。時婺源縣知縣陳公有子在朝爲貴官,欲爲先生進其書,來起先生。先生自顧頽然就老,謂無復可用;又昔至京師,所與遊皆無在者,愈益感愴,乃辭謝。而與戴震書曰:‘馳逐名場非素心。’卒不能强起。”

江永著成《四書古人典林》四十卷,《推步法解》五卷。

程恂約卒於是年。

徽州學人中,程恂與江永均爲戴震前輩,且均對戴震産生重要影響。現代以來,學界對江永生平學術已多有探討,而由於史料相對缺乏,對程恂生平與著述至今研究甚少。故筆者試對程恂生平及著述略作梳理。

《清史稿》及《清史列傳》均無程恂傳記,唯李富孫所輯《鶴徵後録》卷一載有程恂小傳云:“程恂,字栗也,江南休寧人,雍正甲辰進士。原任北運河同知,由兵部尚書、直隸總督李衛薦舉授檢討,升中允。先生精於《三禮》,在都時,嘗延江先生慎修於邸舍,互相討論,學益深博。入詞垣,充《大清會典》、三禮舘纂修官,與李少宗伯清植同刊《儀禮》之誤,極爲研審。杭堇浦《寄同年程檢討恂休陽詩》云:‘一度看花百首詩,有詩兼酒復奚之。劇憐南國音塵杳,那解西軒宴賞遲。屋外遥山仍舊識,坐中熟客半同時。明年管領知誰氏,留待君看已後期。’”[②]李清植(1690—1745),字立侯,號穆亭,福建安溪人,大學士李光地之孫。雍正二年(1724)進士,欽點翰林院庶吉士。五年

① 徐道彬《〈善余堂文集〉辨僞》(《中國典籍與文化》2010年第4期)疑戴震《壽序》爲僞,然證據似不足。

② 《四庫未收書輯刊》第二輯,第23册,北京:北京出版社1997年版,第659頁。

(1727)，授編修。七年(1729)，典江南鄉試。稍後進京，分纂《儀禮》。八年(1730)，補右春坊中允，授三禮舘副總裁，升内閣學士兼禮部侍郎，充武英殿總裁兼理經史舘事。杭世駿(1695－1773)，仁和人，字大宗，號堇浦，有《道古堂集》。李清植與程恂同爲雍正甲辰(1724)進士，而杭世駿則與程恂於乾隆元年(1736)同舉博學鴻詞。《清史稿》卷一〇九《選舉志四》："乾隆元年，御史吴元安言：'薦舉博學鴻詞，原期得湛深經術、敦崇實學之儒，詩賦雖取兼長，經史尤爲根柢。若徒駢綴儷偶，推敲聲律，縱有文藻可觀，終覺名實未稱。'下吏部議，定爲兩場，賦、詩外增試論、策。九月，召試百七十六人於保和殿，賜燕如例。試題首場賦、詩、論各一，二場制策二。取一等五人，劉綸、潘安禮、諸錦、于振、杭世駿等，授編修。二等十人，陳兆侖、劉藻、夏之蓉、周長發、程恂等，授檢討；楊度汪、沈廷芳、汪士鍠、陳士璠、齊召南等，授庶吉士。"①

戎毓明主編《安徽人物大辭典》："程恂，字栗也。雍正二年進士，選庶吉士，授直隸定州知府，升北運河同知。曾捐俸千金，爲保定蓮池書院置學産。乾隆元年舉鴻詞，再入翰林院，充三禮舘纂修官。歿後，惟存書籍數千卷。"②萬正中《徽州人物志》略同，唯稱："恂一作洵，字栗也，清休寧人。雍正二年進士，選庶吉士，授直隸定州知府，擢河北運河同知。"③

在清代文獻中，程恂的名均作"恂"，不作"洵"。《玉篇・心部》："恂，慄也。"《論語・八佾》："使民戰栗。"則栗、慄可通。關於程恂生年，文獻無明確記載。查《清代官員履歷檔案全編》有如下内容："臣程恂，江南徽州府休寧縣人，年三十歲，由廩生雍正二年鄉會試中式五經進士。欽選翰林院庶吉士。習學國書。今蒙揀選引見。欽惟皇上大公敷政，至誠感人，賞慶刑威。愜千百國大同之願，成民阜物綿

① 趙爾巽等：《清史稿》，北京：中華書局 1977 年版，第 3177 頁。

② 戎毓明主編：《安徽人物大辭典》，北京：團結出版社 1992 年版，第 92 頁。

③ 萬正中：《徽州人物志》，合肥：黄山書社 2008 年版，第 85 頁。

億萬世太平之基。以仁孝承聖祖，以精勤答上天，沐大澤者慶涵濡而歌浩蕩；以直方勵臣工，以廉恥端士習，服至教者砥公忠而尚潔清。臣受聖恩欽選庶常，凛遵聖諭，閉户讀書，竊念臣新進微員，知識愚陋，服官蒞政，雖未諳練，然臣遭逢聖世，不敢自棄，况年齒方壯，尤宜勉力。伏祈皇上量予試用。臣惟有小心謹慎，體皇上惠養黎民之至意，奉公守法，竭力供職，仰答聖恩於萬一耳。恭繕履歷，進呈睿鑒。"[①]庶常，庶吉士之别稱。知程恂雍正二年(1724)甲辰進士中式後被欽授翰林院庶吉士。據雍正甲辰進士榜，程恂爲三甲進士。按清制，庶吉士由特派之翰林官教習，三年後經考試優等，原二甲進士授編修，原三甲進士授檢討；次者改任各部主事或知縣。又《畿輔通志》卷六〇録："定州知州。張禹錫，餘姚人，監生。雍正二年任。程恂，休寧人，進士。雍正五年任。王大年，廬陵人，進士。雍正五年任。"[②]則知程恂於雍正四年(1726)候選，五年(1727)時任定州知州。程恂候任時間當在雍正四年，則其當生於康熙三十六年(1697)。

至於程恂卒年，亦大致可定。據紀昀《紀文達公遺集》卷五《考工記圖序》："戴君語余曰：'昔丁卯戊辰間，先師程中允出是書已示齊學士次風先生，學士一見而歎曰："誠奇書也！"'"[③]據《段譜》，戴震《考工記圖》呈給紀昀時間在乾隆二十年乙亥(1755)，其稱程恂曰"先師"，可知戴震不但得程恂之延譽，同時亦向其問學，得其引導。"丁卯戊辰間"爲乾隆十二年至十三年(1747－1748)，又，乾隆戊辰(1748)冬十二月奉旨開列校刻《文獻通考》諸臣職名有："原任左春坊左中允臣程恂。"則知程恂是年十二月仍在世。而戴震於乾隆乙亥(1755)既稱程恂爲"先師"，無疑程恂已卒，故其卒年當在1749－1755年之間。戴震《江慎修先生事略狀》言："先生嘗一遊京師，以同郡程編修恂延之

① 秦國經主編：《清代官員履歷檔案全編》第14册，上海：華東師範大學出版社2008年版，第744頁。

② 《文淵閣四庫全書》第505册，上海：上海古籍出版社1987年版，第415頁。

③ 《續修四庫全書》第1435册，上海：上海古籍出版社2002年版，第342頁。

至也。……此乾隆庚申、辛酉間也。後數年,程、吴(按:指吴紱)諸君子已歿,先生家居寂然。”[①]乾隆庚申、辛酉爲1740、1741年,程恂於數年後去世,則不應晚於1750年。蔡錦芳據《清實録》載乾隆十五年(1750)十二月吏部上奏“據大學士九卿督撫等保舉經學人員共四十九人,遵旨覈定”,稱被舉薦之江永因老友已凋零,且自顧亦頹然就老,故執意不再應徵,因而推斷程恂當卒於乾隆十三年至十五年之間(1748—1750)[②]。此論大致可靠。綜上,程恂生於康熙三十六年(1697),卒於乾隆十四年(1749)或十五年(1750),壽在53至54歲之間。

程恂籍里爲休寧之山斗。《段譜》:“(乾隆)七年壬戌,二十歲。是年,自邵武歸。同邑程中允恂一見大愛重之。”[③]而江永《善餘堂文集》附録戴震《江慎修先生七十壽序》曰:“吾師江慎齋先生,生朱子之鄉,上溯漢、唐、宋以來之絶學,以六經明晦爲己任。震少知向慕,既數年始獲一見,又數年,始拜先生於吾邑之斗山。”[④]斗山,當爲“山斗”,屬休寧,爲戴震正式拜師江永之地,亦即程恂之籍里。戴震此《壽序》作於江永七十歲時,即乾隆十五年(1750)。據《壽序》内容,戴震初見江永確在段玉裁所言之乾隆七年(1742),而正式拜師江永則在數年後之乾隆十年(1745)左右。據江錦波、汪世重編《江慎修先生年譜》:“乾隆十年(1745),館山斗程太史恂家。”[⑤]正可參證。

程恂於雍正五年(1727)接任張禹錫爲直隸定州知州,但任期僅爲數月。究其原因,在於程恂任事不力,違誤水利工程。據《畿輔通志》卷五載《雍正五年九月初十日營田水利府參奏定州知州程恂等違

---

① 楊應芹、諸偉奇主編:《戴震全書》(修訂本)第六册,合肥:黄山書社2010年版,第411頁。

② 蔡錦芳:《戴震生平與作品考論》,桂林:廣西師範大學出版社2006年版,第7頁。

③ 楊應芹、諸偉奇主編:《戴震全書》(修訂本)第七册,合肥:黄山書社2010年版,第117頁。

④ 林勝彩點校:《善餘堂文集》,臺北:臺灣中國文哲研究所2013年版,第70頁。

⑤ 北京圖書館編:《北京圖書館藏珍本年譜叢刊》第92册,北京:北京圖書館出版社1999年版,第5頁。

誤工程奉》曰:“奉上諭。朕爲直隸地方興修田畝水利以厚民生,特令王大臣等經理其事。該地方有司自應休戚相關,視同一體。畿輔密邇京師,朕時加訪問,如保定府知府李正茂前在知縣任内時,正值大水之際,伊防護堤工殫心竭力,實爲盡職之賢員,朕已加恩擢用。其有阻撓公事及玩忽工程者,於國法斷難寬貸,此所參程恂、駱爲香俱著革職,在營田水利工程效力行走。程恂荒廢未開之田畝,著仍交與程恂營治,倘明年再有遲誤,定行從重治罪。”[①]可知程恂雖未調離定州,但知州已被革去。據上引《畿輔通志》卷六〇,知州一職由王大年接任。

據《世宗憲皇帝朱批御旨》及《鶴徵後録》,程恂於雍正九年(1731)左右爲北運河(按:萬正中《徽州人物志》稱“河北運河”,誤)同知,其間表現亦屬不佳。《世宗憲皇帝朱批御旨》卷一五三載:“雍正九年七月初一日巡察直隸等處農務。御史臣舒喜謹奏。爲奏聞事竊臣巡至河西務地方,訪得六月十九日正值會集之期,四鄉居民貿易甚盛,不謂有修築河堤工徒,齊聚數十人攔阻運河同知程恂於集上,需索修堤工價,拉住馬鐶圍繞喧鬧,觀者如堵。參將馬國奇聞知,即帶守備等員至集彈壓,方行解散。臣思河西務一帶,堤岸歲歲興修,工役頗多,從未聞夫役敢如此肆行無忌者,今此之舉實所罕聞。如實係散給工價不清致起釁端,則責有攸歸;若係刁徒故意凌辱官員,則風不可長。臣職司言路,訪聞既確,不敢默而不言。謹具折陳奏,伏乞皇上睿鑒施行。謹奏。”[②]可見程恂在爲政方面基本乏善可陳,或許因爲程恂本不擅長於爲政,而主要以學術見長。

乾隆元年(1736),詔令薦舉應試博學鴻詞,各地共薦舉二百餘人,程恂得直隸總督李衛之薦。九月二十八日,乾隆親臨保和殿,與試者共一百七十六人(另五十餘人未與試)。取中者總僅十五人,杭世駿等五人取爲一等,程恂與齊召南等十人取爲二等。程恂授翰林

① 《文淵閣四庫全書》第 504 册,上海:上海古籍出版社 1987 年版,第 89 頁。

② 《文淵閣四庫全書》第 422 册,上海:上海古籍出版社 1987 年版,第 592～593 頁。

院檢討,官至左春坊左中允。乾隆二年(1737),朝廷開三禮館,纂《三禮義疏》,程恂爲修纂人之一。乾隆十一年(1746),清廷校刻《十三經》,程恂亦爲修校之一。乾隆十二年(1747),續修《大清會典》,程恂亦與纂修,是書迄乾隆二十九年(1764)始修竣,程恂當卒於纂修《會典》任上。

江永無疑對戴震學術影響最大,而程恂與江永關係至密,其對戴震乃至皖派學術之影響同樣不可忽視。程恂精於禮學,且熟於句股之學,當均對戴震有所影響。沈大成《句股三述引》云:"壯客四方,獲交休寧程栗也太史……皆精於此學(句股之學)者。"[①]江永唯一一次離郡入都并與京城學者講論禮學,即在程恂邀請之下成行,《江慎修先生年譜》:"乾隆五年(1740)八月,同程太史入都,三禮舘總裁方公苞、編修吴公紱殷勤問難,光禄梅公瑴成、學士熊公暉吉、編修杭公世駿、部郎胡公蛟齡俱就講學焉。"[②]是年江永六十歲,京師之行使其飲譽海内,亦使海内初知徽州學術之博大精深。據前引《段譜》及紀昀《考工記圖序》,程恂正是第一個賞識和推介戴震之學人,時江浙學者齊召南、沈彤等俱知戴震早期著述,當正是程恂爲之播揚之結果;而且程恂也是引導戴震拜師於江永之引薦人;同時,戴震亦以程恂爲師,虚心向其問學。金天翮撰《皖志列傳稿》卷四《程恂傳》曰:"恂有人倫鑒,虚衷樂善,識戴震於風塵中,教之爲功令文。"[③]尤可注意者,乾隆十九年(1754)戴震至京時,程恂雖已故世,然其在世時早已向齊召南等京師學者推介戴震之著述。程恂先後數次邀請江永講學,又據《江慎修先生年譜》:"乾隆十一年(1746)三月,赴紫陽書院講書。"[④]

---

① 沈大成:《學福齋集》卷二〇,見《續修四庫全書》第1428册,上海:上海古籍出版社2002年版,第246頁。

② 北京圖書舘編:《北京圖書舘藏珍本年譜叢刊》第92册,北京:北京圖書舘出版社1999年版,第5頁。

③ 金天翮:《皖志列傳稿》,臺北:成文出版社有限公司1974年版,第360頁。

④ 北京圖書舘編:《北京圖書舘藏珍本年譜叢刊》第92册,北京:北京圖書舘出版社1999年版,第5～6頁。

"乾隆十八年(1753),歙門人方矩、金榜、汪梧鳳、吴紹澤從學,休寧鄭牧、戴震,歙汪肇瀧、程瑶田前已拜門下問業。是年殷勤問難,必候口講指畫,數日而後去。"[①]江永講學歙縣,受業之戴震、金榜、程瑶田等日後均成爲皖派樸學巨擘,江永也被視爲皖派樸學之奠基人,而程恂對於皖派樸學實有促成之功。

程恂并無詩文别集聞世,遍檢其同年諸錦《絳跗閣詩稿》、杭世駿《道古堂集》、沈廷芳《隱拙齋集》、齊召南《寶綸堂集》、張漢《留硯堂集》、夏之蓉《半舫齋集》、陳兆倫《紫竹山房集》、陳士璠《夢碧軒詩抄》及《夢碧軒文抄》、朱荃《香南詩抄》、劉綸《繩庵集》、于振《清漣文抄》及《南樓詩草》、周長發《賜書堂詩抄》等,唯有諸錦《絳跗閣詩稿》卷七《雪夜集清漣社聯句余適不至補之》録程恂聯句詩二句:"光怪竦楹棁,厚非天地閉。"[②]諸人亦無與程恂倡和之作,唯杭世駿有贈詩《寄同年程檢討恂休陽詩》(詩已見前),此詩載《道古堂詩集》卷八,入《翰苑集二》[③],當作於乾隆八年(1743)之前杭世駿任職翰林院時期。因乾隆八年杭世駿上書觸怒乾隆,被貶回鄉里。

夏之蓉《半舫齋編年詩抄》卷五有《同程慄也吴仰朱赴圓明園宿同年任鈞台寓齋是夕諸君講禮器夜分不寐》一詩:"鈞台吾老友,不愧古之廉。藴蓄既該洽,意思尤虚恬。偶來不宿客,擁坐垂廳簾。椀盛脱粟飯,盤列青晶鹽。問君有酒否,答云囊無錢。主人色不赧,客子意頗忺。燈前聚頭語,考禮何詹詹。雷鼓校尺寸,竹豆稽洪纖。賈孔任指駁,杜賀遭割砭。更漏已三下,討論方未厭。風味既古質,考核尤精嚴。我腹實苦儉,慚愧此三賢。"[④]此詩題作"癸亥年",即乾隆八年(1743)所作。任鈞台即任啓運(1670—1744),字翼聖,世稱"鈞台先生",江蘇宜興人。雍正元年(1723)始舉於鄉,乾隆四年(1739)擢

① 北京圖書館編:《北京圖書館藏珍本年譜叢刊》第92册,北京:北京圖書館出版社1999年版,第6頁。

② 《四庫全書存目叢書》第27册,濟南:齊魯書社1997年版,第625頁。

③ 《續修四庫全書》第1427册,上海:上海古籍出版社2002年版,第64頁。

④ 《四庫未收書輯刊》第九輯第25册,北京:北京出版社1997年版,第685頁。

侍講學士,乾隆七年(1742)擢都察院左僉都御史,八年(1743)充三禮舘副總裁,擢升宗人府府丞。

程恂實不以詩文名世,幾乎無詩作流傳,現唯一見於記載者,爲雍正四年(1726)因錢名世"名教罪人"案所作一首。是年,因錢名世頌年羹堯詩被發現,雍正大怒,親書"名教罪人"四字,責令錢名世刻匾懸於其宅,并詔令在京科舉出身官員人人作詩批判之。作詩者總385人,程恂亦在其列。程恂所作之詩曰:"天威明且赫,炯戒儆奸頑。諂媚全無行,干求實覥顔。豈知終敗露,幸許得生還。刺惡人同憤,貽慚覆載間。"近400首作品均是政治高壓之特殊産物,故無一録入各自之詩文集中。程恂本不善詩,此作更屬聊以塞責,故許承堯《歙事閑譚》卷二《程氏諸人詩》列清代休寧程氏有詩作者29人,未提及程恂。《道光休寧縣志》卷二一至二二《藝文》,亦未見程恂詩文。然或因江永與程恂交契深厚,乾隆五年(1740),江永編撰《蘭陵蕭氏二書》(指《蘭陵蕭氏本宗世系考》《蘭陵蕭氏保世滋大録》)時,邀程恂爲之撰《蕭江始祖唐上柱國江南節度使府君贊序》。序云:

> 節度使府君蕭公諱禎,字德熹,唐宰相遘之子,蕭梁昭明太子之苗裔,而江氏之鼻祖也。唐之季避居歙之篁墩,值巢寇俶擾,延及歙州,公率義旅保障一方,戮力破賊。策勳晋秩秉鉞江南,武功文德後先焜耀。無何,遭家不造,指江易姓,則造物者復鍾美於府君,昌厥後以酬其庸,而椒聊瓜瓞未有艾矣。公三子:仲鄭廬墓,季威遷衢,而伯董始遷婺源。公以别子爲始遷祖,婺爲繼别之大宗。今爲巨族者三:曰江灣,曰旃源,曰龍尾,皆科第相望,簪笏相踵,或發解,或開府,或守牧,或扞疆。文章勳業炳炳烺烺,而潛篤德行,宗法紫陽,立一言不朽者亦多若而人。吁,蕭江氏明德遠矣![1]

① 江永:《蘭陵蕭氏二書》,上海:上海圖書舘藏乾隆十八年(1753)刻本。

此序爲程恂現存之兩篇完整序文之一。程恂另一序文即《經濟文衡序》。《經濟文衡》爲朱熹後學分類輯録朱子論政論道之經世文字彙編，有前集、後集和續集各二十五卷，合七十五卷。後收入《四庫全書》儒家類。《四庫全書總目》卷九二《提要》曰："初刻於正德辛巳（按：1521），有楊一清序，但稱'先儒所集'。再刻於萬曆丙午（按：1605）。有朱吾弼序，但稱爲'董崇相家藏本'，亦不能指作者何人。黄虞稷《千頃堂書目》亦皆相合。乾隆己未（按：1739），南昌楊雲服重刊，程恂序之，稱爲宋滕珙編。考滕珙字德章，號蒙齋，婺源人。淳熙十四年（按：1187）進士，官合肥令。與兄璘俱遊朱子之門。朱子銘其父墓，稱二子皆有聲州縣間。又稱珙廷對甚佳，蓋亦新安高弟也。"①《文淵閣四庫全書》録程恂此序之前冠以楊一清、朱吾弼二序。程恂之序云：

宋婺源滕公珙采子朱子文集語類，區分條目爲《經濟文衡》三集若干卷。夫經濟以致用也，農田財賦，禮樂兵刑皆經世要務。是編不先治法而首太極，道體心性功夫，滕公輯録之意深矣。天德王道，體用同原，本體不立而求致用，道德入於清净，仁義雜以權謀，漢唐以降，二帝三王之道所以不行也。有宋大賢輩出，尋墜緒於遺經，子朱子集厥大成，躬負名世之才，而筮仕九考，立朝僅數十日，正心誠意之論，反復切摯，末繇啓沃君上無善治，而下有真儒，其將以俟後聖於無窮也。我朝列聖相承，遠宗二帝三王之心法，數千年來，道統治統始合於一，皇上至德淵微，治功巍焕，所以推而放之四海而準者，與子朱子竭誠入告之言，一一若合符節。至於紫陽之學術事功，遺籍緒論，上禆宸修，追崇表章，超軼前代。蘇氏有言：但使聖賢之相契，直如臣主之同時。蓋子朱子之經濟於斯爲大，而滕公此編，迄今而顯，亦千古一時也。南昌楊公守新安，校刻《綱目》《年譜》《名臣言行録》既

① 永瑢等：《四庫全書總目》，北京：中華書局1965年版，第784～785頁。

竣，復得此本，捐俸授梓以廣其傳，而藏板官舍，恂與婺源江永襄校厥事，爰誌此書編輯刊佈之源流如此。滕公，字德章，南夫先生之嗣，與兄璘（德粹）偕受業朱子之門，并得其學。入太學，登淳熙第，爲合肥令，有仁聲。楊公名雲服，字衛京，號檀滸，雍正甲辰進士，由户部郎歷守兩郡，今薦升江安糧儲參政。乾隆四年九月翰林院檢討新安後學程恂序。①

知楊雲服重刊之《經濟文衡》實經江永、程恂共同校訂，定其爲滕珙編纂或同樣經過江、程二人之考證。

程恂實以學者稱於世，其禮學尤著。《鶴徵後録》稱其"尤精於《三禮》"，"與李少宗伯清植同刊《儀禮》之誤，極爲研審"，當非虛譽。

自乾隆二年(1737)，朝廷開三禮舘，纂《三禮義疏》，程恂以翰林院檢討充修纂，是書歷十二年，乾隆十三年(1748)十月修竣；乾隆十一年(1746)，清廷校刻《十三經》，程恂與修校；明年，續修《大清會典》，程恂又與纂修。程恂除主要與李清植等負責校勘《三禮》，經常討論禮器、禮儀制度等，還參與進呈講義之撰寫。《四庫全書》收録《御覽經史講義》之《禮記・月令》"君子齋戒，處必掩身，毋躁，止聲色，毋或進，薄滋味，毋致和，節嗜欲，定心氣。百官静，事毋刑，以定晏陰之所成"一節講義，署"檢討臣程恂"。其文曰："鄭康成注：微陰扶精不可散也。晏，安也，陰稱安。孔穎達疏：齋戒所以敬導萌陰也。自'齋戒'至'毋刑'，皆是清净止息之事，以正定身中安陰之所成就。臣謹按：臣聞天有六氣，而陰陽爲之本。春作夏長陽也，陽極午中，一陰乃生。十二辟卦以姤當夏至六日七分。董仲舒言：陽得陰之助以成功。使陰入伏於下，而時出佐陽，則自夏至六日七分始也。以天地之氣驗之，春則和煦在外，而地中尚温；夏則炎燠在外，而地中始寒。然必陰生於中，然後陽極於外。故夏至十五日而温風至，又十日而土潤溽暑。傳曰：夏無伏陰。言陰氣上搏，斯陽氣畢達也。今夫人身，

① 《文淵閣四庫全書》第704册，上海：上海古籍出版社1987年版，第4～5頁。

一天地也。冬則中實，其脈石；夏則中虚，其脈洪。中虚者，陰生於中之象也。陰之性静，而其始生也柔。静則可以扶陽之精，而植其根荄。柔則不勝夫耆欲之攻，而趣歸消散。故使陰時出佐陽，而有功必先廉固節嗇，以保此萌陰。使日即於翕聚充實，而後有以合乎陽而爲之助。是以《月令》'仲夏之月'條君子齋戒之事，視仲冬不啻加詳焉。臣繹鄭注之意，微精之生以扶陽，精故不可使散也。陰稱安，猶陽稱壯也。又繹孔疏釋經之意，居處不顯露，又不躁動，恐幹陰也。歌舞華麗之事爲助陰静，故止之也。女御不進，微陰始動，不可動於陰事也。自齋戒至無刑，皆清静止息之事。所以正定身中安陰之所成而已。陰之所成，謂陽也。元臣吴澄亦曰：内而掩身，外而静事，皆是順時保養，以安定初生。微陰使漸至，完成而無所虧傷是也。陳澔主扶陽抑陰之説，謂夏至之陰猶微陰，微則盛陽未至。至於甚傷，故但言節耆欲。冬至之陰猶盛，陰盛則微陽，當在於善保，故直言禁耆欲。其説似鑿。又曰：夏至舉陰事，則是助陰抑陽也，故止静不行，以備陰疾。是謂陰生雖微，總不當助非禮意矣。夫月令之意，正謂夏至微陰初萌，感陽而生者。得陰而成，聖人於此敬導萌陰，使正定於中，以輔陽而成功，非助陰抑陽也。助陰所以助陽也。知仲冬之月，齋戒掩身諸事，皆爲安養微陽。則仲夏之月，齋戒以下略無异文，其爲敬導萌陰又無疑也。所以然者，陰陽之精互藏其宅，陰陽之氣迴圈迭至。以人身而論，血陰而氣陽，交滋互養，則諧暢而多壽，非有畸輕畸重之分也。又如六腑屬陽，而五藏屬陰。陰性易於虧損，難於充盈，尤以滋養生息爲貴。豈可以助陰抑陽訾之哉！更如姤之彖辭，以勿用取女明示抑陰之意。而聖人論卦之體，則曰：天地相遇，品物咸章。究非助陰而抑陽也。《月令》仲冬仲夏皆曰陰陽争，亦曰陰方盛而陽欲起、陽方盛而陰欲起云爾。陽極陰生，亦即品物咸章之義。此與履霜之惕、金柅之戒同歸而殊途，當求之法象之自然而得之也。夫食味别聲被色，聖人之同乎人也。順其時，中其節，聖人之應乎天也。然則齋戒以神明其德者，聖人事天之全功。而月令獨於二至著其文，正以陰陽萌動之初，當正定以安養之耳。臣熟復諸儒義疏，竊以鄭、孔、吴澄之説爲得禮意云。"[①]其討論經義，折中諸説，觀點確有較前賢更爲通達合理之處。

程恂與江永關係密切，程恂多次延請江永講學於其家，并與江永探討學術，於《禮經》切磋尤多。江永《禮記訓義擇言》兩處援引程恂之論并肯定之。於卷五《禮記·内則》"君衣狐白裘，錦衣以裼之"曰："程栗也云：錦衣非全用錦也，蓋中衣之緣耳，婦人衣錦褧衣亦然。此説是。"[②]卷八《禮記·雜記上》"朝服十五升，去其半而緦，加灰，錫也"曰："程栗也云：士有緦服，故以疑衰爲吊服，大夫以緦爲吊服。"[③]江永又有《答程慄也太史書》，論及己所著《禮書綱目》，曰："夙叨末契，荷眷最殷，未嘗不銘諸五内。顧以雲泥懸隔，末由炙教，引領北望，曷勝忉忉！恭惟台臺，以經國鴻才，略施霖雨，已慰蒼生，聖朝特開詞科，復裒肰爲舉首，海内宗仰，有如斗岱。側聽下風，亦竊爲之欣忭！前月末，王有老令弟到邑，獲接瑶函。捧讀再三，且感且愧。承訪及《儀禮》一書，今易名《禮書綱目》，原有八十五卷，并目録共一十九册，不止十二册也。依台命，雇衆手攢抄，并補未完者五卷。時當溽暑，兩旬竣事。謹將抄本呈閲，原本上間有音注小字未補畢，且留之。其編書緣繇，詳於拙序。又有區區之志，具於别紙。曾晤王有老，亦面言之，囑其道達。别紙所廩後一説，幸爲留神。台臺交滿寰區，固多偉人，即在貴邑，亦必有可與道此者。誠藉其力，爲聖朝備一禮樂之書，亦藝林之佳事。鄙人年逾半百，及今猶可爲，再閲數年，精力遠不逮矣。是以懇懇言之，統祈鴻裁一一開示。有便羽南來，竚望玉音。肅此，奉候台安。伏惟爲國爲民珍重，臨啓，無任神馳。"[④]江永托程恂以整理禮書之大任，不惟因爲江、程私交甚篤，而且正見程恂之精於

① 《文淵閣四庫全書》第 723 册，上海：上海古籍出版社 1987 年版，第 540～542 頁。
② 《文淵閣四庫全書》第 128 册，上海：上海古籍出版社 1987 年版，第 351 頁。
③ 《文淵閣四庫全書》第 128 册，上海：上海古籍出版社 1987 年版，第 381～382 頁。
④ 林勝彩點校：《善餘堂文集》，臺北：臺灣中國文哲研究所 2013 年版，第 38～39 頁。

禮學。

是年，學者李紱卒。李紱(1673－1750)，字巨來，號穆堂，江西臨川人。著有《穆堂類稿》五十卷、《朱子晚年全論》八卷等。李紱治學宗陸、王，梁啓超稱其爲“陸王派之最後一人”。弟子有全祖望、厲鶚、錢陳群、顧棟高等。

《清史稿》卷二九三《李紱傳》：“紱偉岸自喜。其論學大指，謂朱子道問學，陸九淵尊德性，不可偏廢，上聞而韙之。”[①]而其《朱子晚年全論》實有崇陸抑朱傾向，且欲歸朱子晚年之學於心學。李紱《朱子晚年全論序》云：“朱子與陸子之學，早年异同參半，中年异者少同者多，至晚年則符節之相合也。”而《四庫全書總目》卷九八《朱子晚年全論提要》論曰：“朱、陸之徒，自宋代即如水火，厥後各尊所聞，轉相詬厲，於是執學問之异同，以争門户之勝負。其最著者，王守仁作《朱子晚年定論》，引朱以合陸。至萬曆中，東莞陳建作《學蔀通辨》，又尊朱以攻陸。程曈，朱子之鄉人也，因作《閑辟録》以申朱子之説。紱，陸氏之鄉人也，乃又作此書以尊陸氏之學。大旨謂陳建之書與朱子之論，援據未全，且語録出門人所記，不足爲據，乃取朱子正、續、别三集所載，自五十歲至七十一歲與人答問及講義、題詞之類，排比編次，逐條各附考證論辨於下，以成是書。其説甚辨。案韓愈《送王秀才序》稱孔子之道大而能博，學焉而各得其性之所近，故子貢之敏悟，曾子之篤實，皆得聞一貫之旨，而當時未嘗相非。後之儒者，各明一義，理亦如斯。惟其私見不除，人人欲希孔庭之俎豆，於是始於争名，終於分黨，遂尋仇報復而不已，實非聖賢立教之本旨。即以近代而論，陸隴其力尊程、朱之學，湯斌遠紹陸、王之緒，而蓋棺論定，均號名臣。蓋各有所得，即各足自立，亦何必强而同之，使之各失故步乎？紱此書皆以朱子悔悟爲言，又舉凡朱子所稱切實近理用功者，一概歸之心學。夫回也屢空，焦竑以‘心無罣礙，空諸所有’解之矣，顔子其果受

① 趙爾巽等：《清史稿》，北京：中華書局1977年版，第10325頁。

之乎？仍各尊所聞而已矣。”①

是年二月，清廷下令訪求經師遺著，勿使“皓首窮經，人往而書始出”。

乾隆十六年辛未(1751)　二十九歲

是年，戴震補縣學生，其後即潛心治學與著述，雖家境頗窘而意志愈堅。

方楘如以年老辭去紫陽書院講席，歸淳安。

《段譜》：

是年，補休寧縣學生。

《魏譜》：

先生入學爲“鄉人儺”三字題，所爲文旁徵博引，考證詳明。宗師雖賞其文，而以故實幽僻，疑爲抄襲，發落日面質先生。先生歷舉所出，如數家珍，宗師大激賞，以衣冠贈之。(戴《軼事》。)此事諸家未述，雖爲傳説，姑存之。

暮春手抄《春酒堂集》若干卷。此書今藏旌德吕氏，計二册。五言古詩四十頁爲一卷、五言律詩二十六頁爲一卷，合成一册；七言律詩四十四頁爲一卷，詩餘二頁爲一卷，合成一册。當爲末後一册，最終有注字一行曰：“辛未暮春休寧戴震抄本。”下有“臣震”章一。全書用墨印格紙，頁十八行，面九行，行二十字，影寫。按《春酒堂集》是明遺民鄞人周容(鄮山)著的，今衹存二册，原寫卷數已被挖去。先生既補縣學生，乃絶志舉子業，覃思著述。(洪《狀》。)

方楘如辭紫陽書院講席歸。(程瑶田《河西寓公敘略》。)

① 永瑢等：《四庫全書總目》，北京：中華書局1965年版，第830頁。

江永不赴婺源縣知縣陳某之起薦，與書先生曰："馳逐名場非素心。"（《江慎修先生事略狀》。）

《段譜訂補》：

是年暮春手抄《春酒堂詩集》。原本兩册，爲安徽旌德吕伯威所藏。北京大學《國學季刊》一九二五年十二月第二卷第一期影印有該抄本的首頁及末頁。末頁後署有"辛未春休寧戴震抄本"，其下蓋"臣""震"二圖章。《春酒堂詩集》的作者周容，浙江鄞縣人，明末諸生，明亡後爲僧，既而因侍母返俗。其蹤迹遍天下，所交皆遺民，有人以博學鴻詞薦，竟以死拒之。

《孟子私淑録》三卷亦作於是年或稍前。繆荃孫《藝風藏書記》卷一曰："《孟子私淑録》三卷，休寧戴震撰。答問體。曲阜孔氏散出書。卷面題字'乾隆十六年歲次辛未春三月録'三行。"

據程瑶田《五友記·戴震》："先是己巳歲，余初識東原，當是時，東原方躓於小試，而學已粗成。"則戴震至少於乾隆十四年己巳(1749)已參加縣學考試，惜未中。而據鄭牧《明經張魯池先生傳》："方魯池爲諸生，與余角逐科考間，争相先後，而東原苦童子試，屢試屢屈。"[①]更知戴震已數次參加縣學考試，均未中試。王昶《戴東原先生墓誌銘》："東原以乾隆十六年補縣學生。"洪榜《戴先生行狀》："先生學日進而遇日益窮，年近三十乃補縣學生，用是絶志舉子業，覃思著述，家屢空而勵志愈專。"江藩《漢學師承記》卷五《戴震》則謂："年二十八，補縣學生。"與諸説小异。當從洪榜等説。

戴震所抄《春酒堂詩集》，著者周容(1619—1679)，字鄮山，號躄堂，鄞縣(今浙江寧波)人。明代諸生，負氣任俠，御史戴殿臣一見賞契。戴殿臣爲海盗所掠，周容身以爲質，代殿臣受刑而躄足。明亡爲僧。周容詩文書畫皆工，有《春酒堂集》傳世。

---

① 鄭牧：《明經張魯池先生傳》，張琴等修，《星源甲道張氏宗譜》卷六十，光緒刻本。

《段譜訂補》以爲《孟子私淑録》作於是年或稍前，似不確，詳見本譜“乾隆四十二年”下。

【時事】

是年七月，江永《鄉党文擇雅正編》成，有自序。

是年夏，程廷祚應薦經學，報罷，有《南歸留上海寧陳相國書》，批評當時經學制度，略曰：“即使今日之才誠有不逮，而大科已開，其人已列名而上，則國家之漸仁摩義可思也，聖主之崇儒重道可念也，豈不宜加重顧恤而畀以光華！我皇上齊聖廣淵，睿慮周詳，而朝端不聞一言之建白，能令天下釋然於其故乎！……當詞科之再舉也，宇内之士欣欣然動其好學稽古之心，已而見其如彼，則士氣爲之一不振矣。”①

是年，劉台拱生。

劉台拱(1751—1805)，字端臨，江蘇寶應人。爲揚州學派重要學者，著有《儀禮傳注》《經傳小記》及《方言校補》等。

劉氏於戴震在四庫舘時期曾與之交游。《清史稿》卷四八一《劉台拱傳》：

> 中乾隆三十五年舉人，屢試禮部不第。是時朝廷開四庫舘，海内方聞綴學之士雲集。台拱在都，與學士朱筠、編修程晋芳、庶吉士戴震、學士邵晋涵及其同郡御史任大椿、給事中王念孫等交游，稽經考古，旦夕討論。自天文、律吕至於聲音、文字，靡不該貫。其於漢、宋諸儒之説，不專一家，而惟是之求。精思所到，如與古作者晤言一室而知其意指之所在，比之閻若璩，蓋相伯仲也。段玉裁每謂“潜心《三禮》，吾所不如”。②

是年五月，乾隆策試天下貢士於太和殿，宣稱“經術昌明，無過今日”。

---

① 程廷祚：《青溪文集》卷九，見《清代詩文集彙編》第269册，上海：上海古籍出版社2010年版。

② 趙爾巽等：《清史稿》，北京：中華書局1977年版，第13206頁。

《清高宗實録》卷三八八(五月丙午):"策試天下貢士周澧等二百四十三人於太和殿前。制曰……經術昌明,無過今日。第考之於古,議大政,斷大獄,决大疑,輒引經而折其衷。此窮經之實用也。"

閏五月,乾隆再次重申,朝廷須"尚經學,求真才"。《清高宗實録》:"閏五月辛巳。諭……果有篤學碩彦,爲衆所真知灼見,如伏生之流者,即無庸調試。朕亦何妨降旨,問難經義,或加恩授以官階,示之獎勵乎?著大學士、九卿,將現舉人員,再行虚公核實,無拘人數,務取名實相孚者,確舉以聞。如果衆所共信,即可不必考試。若仍回護前舉,及彼此瞻徇,則尤重負尚經學、求真才之意。"①

是年,乾隆首次南巡,祭禹陵(在今浙江省紹興市)。

是年,文字獄復起。雲、貴、山東等地均發現僞孫嘉淦奏本,雲貴總督碩色密報民間有僞造之孫嘉淦奏稿,内容指斥乾隆甚多。乾隆大怒,命嚴查。

是年,山西發生王肇基獻詩案。王肇基係落魄文人,山西巡撫阿思哈奏其所獻"萬壽詩聯"中有狂妄悖逆處。八月癸亥,乾隆下諭杖斃。乾隆諭:"軍機大臣等:覽山西巡撫阿思哈所進王肇基書一本,癲狂悖謬,竟是瘋人所爲,與滇省僞造奏稿一案并無關涉。但此等匪徒無知妄作,譭謗聖賢,編捏時事,病廢之時尚復如此行爲,其平昔之不安本分,作奸犯科已可概見,豈可復容於化日光天之下?著傳諭該撫阿思哈將該犯立斃杖下,俾愚衆所知炯戒。其母、妻現在晋省,亦著該撫嚴加訊問是否知情,如果不知情,飭令押解直隸原籍,交地方官安插。至滇省僞造廪稿逆犯,該撫應仍遵照前旨速行密飭嚴查,不得稍有疏縱。"②

---

① 《清高宗實録》卷三九一,《清實録》第十四册,北京:中華書局1986年版,第132頁。
② 《清高宗實録》卷三九七,《清實録》第十四册,北京:中華書局1986年版,第227頁。

乾隆十七年壬申(1752)　三十歲

約在是年，戴震《句股割圜記》初稿寫成，《屈原賦注》亦寫成。

戴震著述傳至江浙，爲學者沈彤、齊召南等推許。

《段譜》：

是年，注《屈原賦》成，歙汪君梧鳳庚辰仲春跋云："自壬申秋得《屈原賦戴氏注》九卷讀之。"可證也。先生嘗語玉裁云："其年家中乏食，與麵鋪相約，日取麵爲饔飧，閉户成《屈原賦注》。"蓋先生之處困而亨如此。此書《音義》三卷，亦先生所自爲，假名汪君。《句股割圜記》以西法爲之注，亦先生自爲，假名吴君思孝。皆如左太冲《三都賦注》假名張載、劉逵也。

《魏譜》：

夏，至汪梧鳳家，教汪之子。程瑶田《五友記》："壬申夏，松岑言於其從祖之弟在湘，在湘因延東原至其家，以教其子。於是余數人時時與東原處，故知東原最深也。"據此，則先生客汪氏當在是時，而二十八歲時已與諸人相識，會文於紫陽書院了。先生至是年已成《考工記圖》《屈原賦注》《句股割圜記》。"有傳其書至浙中者，天台少宗伯齊公召南見之曰：'曠世才也！'嘉歎不絶於口。由是江以南北，稍稍知先生之名。"（洪《狀》、王《墓誌銘》。）

《考工記圖》二十四歲時成，已見前文。

《段譜》："是年注《屈原賦》成。歙汪君梧鳳庚辰仲春跋云：'自壬申秋得《屈原賦戴氏注》九卷讀之。'可證也……此書《音義》三卷，亦先生所自爲，假名汪君。"孔顨軒《駢儷文·戴氏遺書總序》："於是辨韵之餘，留觀百氏，研音之下，雅愛三閭。以爲：

娥台訪女，近窈窕之遺聲；湘水搴芳，續榛苓之逸響。叔師注尚未詳，《辨》《招》附而不可，核之《漢志》，名從主人：爲《屈原賦注》四卷。"《段譜》庚辰年下云："按《屈原賦注》，盧學士爲之序，《注》七卷，《通釋》二卷，《音義》三卷，凡十二卷。歙汪梧鳳跋其後云（見上）……然則成於壬申秋以前。壬申，先生年三十耳，而所詣如此！"

"《句股割圜記》以西法爲之注，亦先生所自爲，假名吴君思孝，皆如左太冲《三都賦注》假名張載、劉逵也。"（《段譜》。）按吴氏有二十年作序一篇云："前六載，余抄得《八線表》者，稍稍究之。"當即爲先生託名而自述者。此書刻於二十三年，後詳。是時實爲着手著作之時。

是年先生作《詩補傳》，此書未成，後别録其辯證爲《毛鄭詩考正》，詳説三十年條下。按《文集・詩比義述序》云："昔壬申、癸酉歲，震爲《詩補傳》未成，别録書内辯證成一帙。曾見有襲其説以自爲書刊行者，不知先生（指王涵齋）何由見震元書，擇其合於比義若干條，俾得以名附大著中。"可證其未成。

方沛霖字雨三，舉於鄉，將官鳳陽之虹縣教諭，其母於先生爲姑行。先生爲其外祖母作傳，載段刻《文集》卷十二，孔刻在卷九，曰《戴節婦家傳》。

程瑶田《通藝録・修辭餘鈔・刻章小傳稿草》曰："程瑶田字易田，五十以伯仲則字之曰伯易；安徽歙縣人，世居歙城之荷花池，用屈原賦'葺之兮荷蓋'之語而自號曰葺荷。"按是年先生爲程氏書篆書聯一對，文曰"論古姑舒秦以下，遊心獨在物之初"。下款署"海陽戴震"四字，而印章文則曰"葺荷散人"，曰"白玉兮爲鎮，疏石蘭兮爲芳"。款下又有識語一段：

乾隆壬申歲，戴東原爲瑶田作此聯。自以爲不能作楷書，遂令瑶田爲書款也。自是之後，即篆書亦决不肯爲。越廿有六年，歲在丁酉，東原卒於京師；又後九年，偶見故人手迹，悲感交并，因援筆記之。乙巳正月廿一日，印(易田)。

此物今藏於吴興蔣氏，影印本刊。按："海陽"即休寧古名，見《安徽通志》四十五《古迹二》"休陽廢縣及海陽廢縣"條下。"葺之兮荷蓋"見《湘夫人》四章；"白玉兮爲鎮，疏石蘭兮爲芳"見《湘夫人》五章。程氏印章用於先生款下，恐有誤會，特詳記之。

先生是年家居時極其困頓。《段譜》："先生嘗語玉裁云：其年家中乏食，與麵鋪相約，日取麵爲饔飧，閉户成《屈原賦注》。蓋先生之處困而亨如此。"又段玉裁《經韵樓集》卷八《誥封孺人戴母朱夫人八十壽序》有云："先生年將三十，夫人歸於先生，先生方爲諸生，攻苦食淡，以侍舅姑，事君子，米鹽凌雜身任之，俾先生專壹於學。"又按戴琴泉記先生軼事云："乾隆十七年，休地大旱，斗米千錢。公家乏食，日以麵果腹，閉户著《屈原賦注》十二卷。"可知是年實以旱荒困頓。

先生有《戴童子壙銘并序》一文，惜未詳記其生卒年月。文中有云"休陽之隆阜，童子所生也"。按先生娶朱夫人在二十六歲時，自是以後即輾轉奔走於外，童子之生當約在此年以前。此童子應是先生長子，早殤，詳見後文。

是年先生友人盧文弨殿試對策，直言直隸差徭之重。高宗飭總督方觀承(亦先生友人)申奏自劾。(段玉裁《盧文弨墓誌銘》。)

全祖望是年四十八歲，至是已七校《水經注》，是年度嶺至端溪書院爲山長。(董秉純《全祖望年譜》。)

先生友人盧見曾復任兩淮運使。盧見曾《金山志序》："及起用畿輔，忽忽遂十六年，余則已老矣……仰荷聖恩，仍畀原任。"

是年春程瑶田往揚州。

《段譜訂補》：

爲程瑶田作篆書對聯："論古姑舒秦以下，遊心獨在物之初。”後署“海易戴震”，爲程瑤田手迹，下加瑤田“葺荷散人”印章。瑤田别號“葺荷”，世居歙縣荷花池，故取《湘夫人》“葺之兮荷蓋”句意以爲號。下聯於署名印章下，程瑤田記曰：“乾隆壬申歲，戴東原爲瑤田作此聯，自以爲不能作楷書，遂令瑤田爲書款也。自是之後，即篆書亦絶不肯爲。越廿有六年歲在丁酉，東原卒於京師。又後九年，偶見故人手迹，悲感交并，因援筆記之。乙巳正月廿一日，易田(印)。”

《句股割圜記》是在《算學初稿四種》的基礎上寫成的。其四種即：《準望簡法》《割圜弧矢補論》《句股割圜全義圖》《方圜比例數表》。此四種的成稿約在乾隆九年前後。

是年夏，始館於汪梧鳳家。程瑤田《五友記》曰：“壬申夏，松岑言於其從祖之弟在湘，在湘因延東原至其家，以教其子。”

《題惠定宇先生授經圖》：“先生執震之手曰：‘昔亡友沈冠雲嘗語余，休寧有戴某者，相與識之也久。冠雲蓋實見子所著書。’”

洪榜《戴先生行狀》：“先生學日進而遇日益窮，年近三十乃補縣學生，用是絶志舉子業，覃思著述，家屢空而勵志愈專。所爲《考工記圖》《屈原賦注》《句股割圜記》諸書，皆成於是時矣。”

《題惠定宇先生授經圖》所云沈冠雲(1688－1752)，名彤，字冠雲，别字果堂，吴江人。沈彤蓋因讀戴震所著之書而與東原有神交。沈彤卒於乾隆十七年(1752)，則東原之書在其三十歲之前已流傳至江浙。

《魏譜》於是年下謂：“先生作《詩補傳》，此書未成，後别録其辯證爲《毛鄭詩考正》。”實《詩補傳》(《毛詩補傳》)二十六卷成於乾隆十八年癸酉(1753)。戴震《毛詩補傳序》末署“時乾隆癸酉仲夏戴震撰”，可證。然戴震於乾隆四十一年(1776)撰《詩比義述序》又曰：“昔壬申、癸酉歲，震爲《詩補傳》未成，别録書内辯證成一袟。”未明何指，或指壬申、癸酉間，其《詩補傳》尚未定稿。而此《詩補傳》長期并未刊行於世，孔廣森《戴氏遺書總序》即云："别爲《詩補傳》未成，成《周南》《召南》二卷。"《魏譜》當據此。而梁啓超又據孔廣森之言，以爲"《杲溪詩經補注》即《詩補傳》也"(《戴東原著述纂校書目考》)。

《戴童子壙銘》當是戴震爲隆阜戴氏家族某早夭之童子所撰。按：《魏譜》謂此戴童子爲戴震長子，此説實無據。此文并無絲毫資訊透露童子爲戴震所生；洪榜《戴先生行狀》、《段譜》及段玉裁《誥封孺人戴母朱夫人八十壽序》[①]等均未言及戴震有長子早夭者。且此戴童子名綸恩，其弟名洪恩(亦早夭)，而戴震之子名中立，其胞弟戴霖之子名中孚(後爲戴震嗣子)。揆諸古人取名習慣，綸恩、洪恩亦無可能爲戴震之子。

是年夏，戴震受邀至歙縣西溪汪梧鳳處，教授其子汪灼(汪梧鳳長子汪煇亦當受教)。程瑶田歸歙，戴震與之共遊處於汪梧鳳處。羅繼祖《程易疇先生年譜》"乾隆十七年壬申，二十八歲"："夏，……汪松岑從祖弟在湘延戴東原授其子，先生因得與東原共遊處，交誼益深。"[②]

戴震舘於汪梧鳳之不疏園，與程瑶田、金榜等交游，并繼續受業於江永，對戴震學術之成熟及皖派漢學之形成，均有重要意義。許承堯主纂《歙縣志》卷一《輿地志・古迹》"不疏園"條云："不疏園在西溪，汪梧鳳故宅。梧鳳藏書甚富。江慎修於此著《鄉黨圖考》并講學。戴東原輩來就學。鄭虎文、劉大櫆、汪容甫、黄仲則均嘗集此。咸豐時園毁。"

不疏園實爲汪梧鳳之父汪泰安(1699－1761，字永寧，號磐石)所建。汪梧鳳有《勤思樓記》一文記不疏園及勤思樓曰：

先君子治田爲園，園北有堂，顔之曰"不疏"。蓋取陶詩"暫

---

① 段玉裁：《經韵樓集》卷八，上海：上海古籍出版社 2008 年版，第 201～202 頁。

② 本社影印室輯：《乾嘉名儒年譜》第六册，北京：北京圖書舘出版社 2006 年版，第 159～160 頁。

與田園疏"意而反之,亦欲使後之讀書其中者常守厥志,不致苟於利禄而饕餮於寵榮也。嗚呼,至矣!

園西有樓,樓高二常,長十尋,廣十分其長而有二焉,然塵垢未治。歲辛卯,程生敦、吾兒灼相與滌汙除垢,環書架十餘於樓西而錯列之。於是樓分四室,皆燦然陳經、史、諸子百家之書。二子讀書其上,咿唔吟詠。余時高歌,慷慨與相酬答,不自知老之將至也。樓面東,田塍平布數千畝,室廬遠近,樹木參差,人迹馬牛往來如錯繡,一望中咸可指數焉。其外天馬諸山,蔥翠縈繚,每積雨初晴,和風飄拂,其嵐光明滅,靄如也。若静夜月明,煙凝漠漠,則又如平湖動盪,人在樓中,如乘艖而泛於其上。樓北開小窗,飛布靈金與黄山天都蓮華諸峰皆争奇獻笑,而風雨晦明,境變幻生,莫可名狀。余與二子顧而樂之,又不自知老之將至也。

自先君子下世,鳳居園獨守一編,將終一星矣。今程生與吾兒治樓讀書,其志固未可量也。雖然,猶有懼焉。聖聖相承,遺經未泯,所謂危微精一、允執厥中者,無他焉,求言行之盡乎其道而已矣,故業必期於精,行必期於成。子曰:"德之不修,學之不講,聞義不能從,不善不能改,是吾憂也。"倘稍分心於利禄寵榮,則爲人之心勝於爲己,不惟糟粕聖賢之言,亦非先君子勖勉後人之至意矣。故於樓成,而取韓子"業精於勤,行成於思"以名之,所以警二子,亦因以自警云。①

汪中《述學》有《故貢生汪君墓誌銘》論不疏園與戴震及徽派學術。其文云:

國初以來,學士陋有明之習,潛心大業,通於六藝者數家,故於儒學爲盛。迨乾隆初紀,老師略盡,而處士江慎修崛起於婺

① 汪梧鳳:《松溪文集》,見《清代詩文集彙編》第359册,上海:上海古籍出版社2010年版,第12頁。

源，休寧戴東原繼之，經籍之道復明。始此兩人自奮於末流，常爲鄉俗所怪，又孤介少所合，而地僻陋，無從得書。是時歙西溪汪君，獨禮而致諸其家，飲食供具惟所欲，又斥千金置書，益招好學之士，日夜誦習，講貫其中。久者十數年，近者七八年、四五年，業成散去。其後，江君没，大興朱學士來視學，遂盡取其書，上於朝，又使配食於朱子。戴君遊京師，當世推爲儒宗；後數歲，天子修四庫之書，徵領局事。是時天下之士，益彬彬然向於學矣，蓋自二人始也。抑左右而成之者，君信有力焉。[①]

不疏園於清代徽派學術之形成，確有特殊之意義。戴震於不疏園授業汪梧鳳之子汪煇、汪灼。汪灼（1748－1821），字漁村，别號方外老漁。著有《詩經言志》二十六卷，《毛詩周韵誦法》十卷，另有《漁村詩文集》三十卷。汪灼後撰《四先生合傳・戴震》曰：

四先生者，皆吾師也，先嚴直諒多聞友也。先嚴學垂成，卒於柳子厚之年。四先生亦皆未六七十卒，然其學各有成，可以信今而傳後。

四先生者，一以和易勝，一以詼諧勝，其二人以通博嚴直勝。通博者長於治經，嚴直者長於窮理，詼諧者長於詩，和易者長於文，而其旨歸，要皆不離大中至正之道。予困青衿十有八載，學無所知，人亦不之知。甲辰夏五月，墨雲鬱稠，停凝忘歸，凍雨使蕉桐簷池日夕作聲，似助哀怨狀，室廬沈於水者再，足不出門户四十日，掩卷嘆息，不知何以慘然不樂。久之，復流涕，蓋有念於老成凋謝之爲可哀也已。因述後先從遊之叙，見其人大概，并言其誘導者爲學道者則焉。

予出就傅三年，先嚴延休寧學官弟子爲兄弟之師，世人多咄咄稱怪。

---

① 汪中著，李金松校箋：《述學校箋・述學别録》，北京：中華書局2004年版，第803頁。

先生名震，姓戴氏，字東原，中乾隆壬午科孝廉。我皇上御極之三十有八年，詔開四庫全書館，首及先生名，赴京欽賜進士。明年廷試，官翰林。《四庫全書》將告成而先生死矣。先生名成於徵聘，而學之成原於兩館於余家。當是時，室人無北門之嘆，又得通博藝林，先嚴力助之也。先生目直視，光炯炯射四座。學宗漢鄭君康成，六經、秦漢之書無不讀，隨讀研究，析疑義，明制度，豈非考之約而覽之博與！嘗憶兒時入塾，先生授《説文解字》，俾逐字尋六書之義，因訓曰："讀書始於識字，積字成句，纍句成文，庶免扞格難通之弊。日爲餘功認十字，計三載可竟功。當讀之書，不外聖賢經傳。文可法者，馬遷《史記》、班固《漢書》而已。近世工剽竊，尚腔調文，與俗近者去古遠，汝曹慎之，勿學也。"與先嚴同學不疏園，南東異室處，偶讀書有得，未嘗不來先嚴處，分榻坐，抵掌談道，歡聲達牆外。有村人曁他族以事白，或持文就正先嚴者，先生即拂衣起，歸室據一席高歌無所顧，如冰炭然。而稚川先生來，則又如冰之投水，炭之在爐，冷熱各相得。京師多達官長者，聞先生處之亦若是，以故多不理人口，然猶未至世皆欲殺者，以素未肯與俗爭是非也。先生與東方日俱起，所讀之書，五色燦然，終朝握管，考覈《禮經》，爲古文辭，不作一行草字。夜則起視星斗，占人事得失。所著《句股割圜記》，集《天官書》、梅氏、利瑪竇之大成。尤精《水經》、律吕、音韵。其遺書刻自衍聖公家三十餘種，予大半不得見，惜壯也未從之遊。而先生之身爲事君，致獨不解今日洋溢之聲，竟出於昔年咄咄稱怪之口，何耶？《春秋傳》云："取精多而用物宏。"吾知先生精氣當不減於天壤。①

其狀戴震之爲學與爲人頗爲生動，而所謂"先生名成於徵聘，而學之成原於兩館於余家"，蓋非虚言。

---

① 汪灼：《漁村文集》卷五，清抄本，中國國家圖書館藏。

又據程瑶田《通藝録·修辭餘鈔·五友記》:“壬申夏,松岑言於其從祖之弟在湘,在湘因延東原至其家,以教其子。”汪灼之學業成長及後來研治詩學,均與戴震極有關係。

鄭虎文《明經松溪先生汪君行狀》記汪梧鳳與戴震等討論經義頗爲生動:“君(梧鳳)既師江而又客戴氏、汪氏(肇漋)於家,汪爲尤久。久處,昕夕無他語,語必經義,義疑則辨,辨必力持不相下,則辨益疾。而君故口吃,嘗咽塞不能出聲氣,鬚眉動張,僮僕往往背立睨視匿笑。已乃復辨,必彼我意通乃已。”①

又,汪灼《漁村詩集》卷九有《不疏園十二詠并序》,序云:“園爲先大父肥遁之所,扁以不疏,與陶詩‘暫與田園疏’之意异矣。先君子暨余兄弟子姓咸涉藝其中,竹榻蘆簾,焚芸啜茗,不期要路交,亦不絶高士迹也。隨景錫名,紀之以詩。”“十二詠”爲汪灼詠不疏園景物之詩,對了解不疏園概貌有重要意義。據汪灼自注,十二詠分别爲巴慰祖、鄭虎文、朱筠、方槃如、劉大櫆、戴震、程瑶田、汪中等書,其中戴震爲不疏園中小院“雙桐得夏陰”所書之五言四句云:“栽桐三尺彊,斗大高十丈。緑陰散空階,便生濠濮想。”②

【時事】

是年,沈彤卒。沈彤(1688—1752),字冠雲,别字果堂(一説爲其號),江蘇吴江(今屬蘇州)人。諸生。從學何焯、方苞等,經術深湛。乾隆元年(1736)薦舉博學鴻詞,不遇。與修《三禮》及《一統志》。卒,門人私謚文孝先生。著有《周官禄田考》《儀禮小疏》等。《清史稿》卷四八一本傳:“沈彤,字果堂,吴江人。自少力學,以窮經爲事。貫串前人之异同,折衷至當。”③戴震《題惠定宇先生授經圖》曰:“震自京師南還,始覿先生於揚之都轉鹽運使司署内。先生執震之手曰:‘昔亡

① 鄭虎文:《吞松閣集》卷三五,《四庫未收書輯刊》集部10輯第14册,北京:北京出版社1997年版,第435頁。

② 汪灼:《漁村詩集》卷九,清抄本,中國國家圖書館藏。

③ 趙爾巽等:《清史稿》,北京:中華書局1977年版,第13187頁。

友吴江沈冠雲嘗語余，休寧有戴某者，相與識之也久，冠雲蓋實見子所著書。'震方心訝少時未定之見，不知何緣以入沈君目，而憾沈君之已不及覯，益欣幸獲覯先生。"可知沈彤曾青睞於戴震早年著述，與戴震有神交。

是年，孔廣森生。

孔廣森(1753－1786)[①]，字巽軒，號撝約，山東曲阜人，孔子七十世孫，孔繼涵之侄。乾隆三十六年(1771)進士，改翰林院庶吉士，授檢討。《清史列傳》卷六八本傳謂其："聰穎特達，嘗受經戴震、姚鼐之門。經、史、小學，沉覽妙解，所學在《公羊春秋》。……旁通諸家，兼采《左》《穀》，擇善而從，著《春秋公羊通義》十一卷、《序》一卷。……又著《大戴禮記補注》十四卷、《詩聲類》十三卷、《禮學卮言》六卷、《經學卮言》六卷、《少廣正負術內外篇》六卷。駢體兼有漢、魏、六朝、初唐之勝，江都汪中讀之，歎爲絶手。"[②]

孔廣森中進士後，旋授翰林院庶吉士，次年授檢討。乾隆三十八年(1773)春，因母病乞假歸養。戴震奉召於是年仲秋入四庫全書館，孔廣森後亦入四庫館。因孔廣森叔父孔繼涵與戴震有深交，乾隆三十六七年間(1771－1772)，孔廣森與戴震或有接觸，但不可考。孔廣森之正式受教於戴震，當在乾隆三十八年仲秋之後。阮元《疇人傳》卷四八謂孔廣森："少曾事休寧戴震，因得盡傳其學。"[③]江藩《漢學師承記》稱孔廣森："少受經於東原氏，爲《三禮》及《公羊春秋》之學。……深於戴氏之學，故能義探其源，言則於古也。"[④]陳澧則稱："惠定宇提倡漢學，戴東原則不然，其《毛鄭詩考正》《詩經補注》有不從毛、

---

① 孔廣森生於乾隆十七年十二月初八日(當公元1753年1月12日)，卒於乾隆五十一年十一月初八日(當公元1786年12月28日)。

② 王鍾翰點校：《清史列傳》，北京：中華書局1987年版，第5528頁。

③ 阮元：《疇人傳》，見《續修四庫全書》第516册，上海：上海古籍出版社2002年版。

④ 江藩纂，漆永祥箋釋：《漢學師承記箋釋》卷六，上海：上海古籍出版社2013年版，第633頁。

鄭而從朱子者。孔巽軒從學於戴氏，其爲《公羊通義》，亦多采宋儒之説。"[1]經學義理而外，孔廣森之算學、音韵、訓詁等成就，當均與師事戴震有關。

自乾隆九年(1744)欽天監奏請重新策算星表，至是年纂成《儀象考成》三十卷，是書依當時西法星表經實測編定，録星三千零八十三顆。

是年，繼續查辦僞孫嘉淦奏本案，牽涉甚廣。

是年正月，湖北楊煙昭作卦圖，雖與僞孫嘉淦奏本案無涉，然乾隆怒其"悖誕荒唐，語極不道"，仍下諭將其杖斃，俾使"倡狂好怪之流，知所儆愓"[2]。

乾隆十八年癸酉(1753)　三十一歲

是年，江永應邀至不疏園講學，《江慎修先生年譜》"乾隆十八年癸酉"："舘歙邑西溪汪氏不疏園。歙門人方矩、金榜、汪梧鳳、吴紹澤從學；休寧鄭牧、戴震，歙汪肇龍、程瑶田前已拜門下問業。是年，殷勤問難，必候口講指畫，數日而後去。"[3]戴震、程瑶田、金榜、方矩、鄭牧、方矩、汪梧鳳等七人[4]師事江永且經學各有所成，世稱"江門七子"。

戴震在汪梧鳳不疏園，著成《詩補傳》(《毛詩補傳》)，并在此基礎上經過認真修訂而撰成《毛鄭詩考正》(成書或稍後)[5]。

---

① 陳澧：《東塾雜俎》卷一，《敬躋堂叢書》本。

② 《清高宗實録》卷四〇七，《清實録》第十四册，北京：中華書局 1986 年版，第 333 頁。

③ 江錦波、汪世重：《江慎修先生年譜》，薛貞芳主編《清代徽人年譜合刊》，合肥：黄山書社 2006 年版，第 63 頁。

④ 吴紹澤後師事劉大櫆，專習詩古文，經學則無聞，故在"江門七子"之外。

⑤ 程嫩生《戴震詩經學研究》對《毛詩補傳》和《毛鄭詩考正》有細緻比較，認爲："作爲未定稿的《毛詩補傳》創始難工，而修改後的《毛鄭詩考正》則爲一成熟之作。同時，通過比較亦可覘戴震善做不如善改這一嚴謹的治學態度。"(《戴震詩經學研究》，浙江大學 2005 年博士論文，第 43 頁。)

《段譜》：

是年，《詩補傳》成，有序，在癸酉仲夏。

《段譜訂補》：

《江慎修先生年譜》載："十八年癸酉（一七五三），七十三歲，館歙邑西溪，歙門人方矩、金榜、汪梧鳳、吴紹澤從學，休寧鄭牧、戴震、歙汪肇龍、程瑶田前已拜門下問業。是年殷勤問難，必候口講指畫，數日而後去。"

《詩補傳》二十六卷，被傳抄出去後題名曰"戴氏經考"。原抄件今藏北京國家圖書館，有"汪灼校書藏書之印""葉氏德輝鑒藏""南宫邢氏珍藏善本"等印章。由此可見該抄本在民間流傳的始末。而該書被傳抄出去，當在戴震生前，但他自己却不知道，因此晚年給王千仞《詩經比義述》一書作序時，看到書中不少引文是出自他的《詩補傳》，而感到很奇怪，故而曰："不知先生何由見震元書，擇其合於比義若干條，俾得以名附大著中。"（見《詩比義述序》。）《詩補傳》是戴震治《詩》的未定稿，故曰"震爲《詩補傳》未成"，但絶非是未完篇的意思，由於其抄本鮮爲人知，因而多生誤解。《詩補傳》的最後成書時間可能在庚午或稍前，此時所作《與是仲明論學書》曰："今程某奉其師命來取《詩補傳》，僕此書尚俟改正，未可遽進。"所謂"尚俟改正"，足見初稿已粗就。至壬申、癸酉又作修改，然戴震仍視其爲"未成"，故"别録書内辨證成一帙"。這"一帙"就是《毛鄭詩考正》。所謂"善做不如善改，刪改不如善刪"，戴震作文不厭改刪，亦於斯可見。

戴震所撰《毛詩補傳序》云：

"《詩三百》，一言以蔽之，曰思無邪。"夫子之言《詩》也。而風有貞淫，説者因以無邪爲讀《詩》之事，謂《詩》不皆無邪也，此非夫子之言《詩》也。

先儒爲《詩》者，莫明於漢之毛、鄭，宋之朱子。然一詩而以爲君臣朋友之詞者，又或以爲夫婦男女之詞，以爲刺譏之詞者，又或以爲稱美之詞；以爲他人代爲詞者，又或以爲己自爲詞。其主漢者必攻宋，主宋者必攻漢，此説之難一也。

余私謂詩之詞不可知矣，得其志則可以通乎其詞。作詩者之志愈不可知矣，斷之以"思無邪"之一言，則可以通乎其志。風雅有貞淫，詩所以表貞止淫，則上之教化時或浸微，而作詩者猶覬挽救於萬一，故詩足貴也。三百之皆無邪，至顯白也。況夫有本非男女之詩，而説者亦以淫泆之情概之。於是目其詩，則褻狎戲謔之蕆言，而聖人顧録之。淫泆者甘作詩以自播，聖人又播其蕆言於萬世，謂是可以考見其國之無政，可以俾後之人知所懲，可以與《南》《豳》《雅》《頌》之章并列之爲經，余疑其不然也。宋後儒者求之不可通，至指爲漢人竄入淫詩，以足三百之數，欲舉而去之，其亦妄矣。

今就全詩，考其字義名物於各章之下，不以作詩之意衍其説。蓋字義名物，前人或失之者，可以詳覈而知，古籍具在，有明證也。作詩之意，前人既失其傳者，非論其世，知其人，固難以臆見定也。姑以夫子之斷夫三百者，各推而論之，用附於篇題後。

司馬氏有言："《國風》好色而不淫，《小雅》怨誹而不亂。"又曰："《詩》三百篇，大抵賢聖發憤之所爲作也。"漢初師傳未絶，此必七十子所聞之大義也。余亦曰：三百篇皆忠臣、孝子、賢婦、良友之言也，其間有立言最難，用心獨苦者，則大忠而托諸詭言遜詞，亦聖人之所取也。必無取乎小人而邪僻者之蕆言，以與賢聖相雜厠焉。時乾隆癸酉仲夏，戴震撰。

戴震《毛詩補傳》二十六卷，今存原抄本藏國家圖書館，題名《戴氏經考》。據其上有"汪灼校書藏書之印"，推知其初爲汪氏不疏園所藏。

《毛詩補傳序》顯示以“思無邪”爲戴震説《詩》之宗旨，乃其在文獻散佚、《詩》義紛紜之時代，爲解决説《詩》難題所選擇之路徑與標準。戴震實將詩旨探討建立於名物制度考證之上，訓詁、義理并重，其治《詩經》，不僅求真、求是，而且求道、求善，以訓詁爲方法，以義理爲指歸。

戴震乾隆十五年(1750)《與是仲明論學書》有云：“昨遇名賢枉駕，望德盛之容，令人整肅，不待加以誨語也。又欲觀末學所事得失，僕敢以《詩補傳序》并辨鄭衛之音一條，檢出呈覽。今程某奉其師命來取《詩補傳》，僕此書尚俟改正，未可遽進。”則《詩補傳序》似作於乾隆十五年或稍前，然此序末署“乾隆癸酉仲夏”，言作於是年甚明。錢穆謂：“竊疑今東原集《詩補傳序》雖明書癸酉仲夏，然或是東原後定之稿，其出示仲明者尚在前。”①

戴震《毛鄭詩考正》亦成於是年或稍後。

戴震《詩比義述序》：“昔壬申、癸酉歲，震爲《詩補傳》未成，别録書内辯證成一袟。”此一袟即《毛鄭詩考正》。其内容在節録《詩補傳》基礎上又别有考訂，因其爲别録《詩補傳》内辯證而成，故《段譜》有“其《詩摽有梅解》，亦取諸《詩經補注・毛鄭詩考正》，初名《詩補傳》”之説。《毛鄭詩考正》四卷，或計卷首《鄭氏詩譜》作五卷。此書考辨《毛傳》《鄭箋》是非，兼闡發己見。共考《毛傳》《鄭箋》之誤近 190 條，補其未注者近 90 條，多爲實事求是之論。自音韵角度考辨正誤則爲其一大特色。近人葉德輝有叙論《戴震詩考》四册曰：“此戴東原《毛鄭詩考正》四卷之原稿也，大題‘詩經’二字下云‘戴氏經考一’。蓋當時本擬爲‘群經考’，成此一種，故存其原題。後僅成得此種，故《遺書》中名之爲《毛鄭詩考正》。其中有與所撰《詩經補注》文義相同者，殆先本一書，而後析爲二耳。書中采及宋儒之説，《集傳》外，有劉敞、蘇轍、吕祖謙、嚴粲、李樗、黄櫄、謝枋得諸家，文義與《詩考正》《補注》

① 錢穆：《中國近三百年學術史》(一)，北京：九州出版社 2011 年版，第 338 頁。

或同或不同。今《考正》《補注》於宋儒之説均已删削，此本震自序爲‘昭陽作鄂之歲’，爲乾隆十八年癸酉，距其生在雍正元年癸卯，至癸酉三十二歲。乾隆三十八年奉召充四庫全書館纂修官，四十年賜同進士出身，授翰林院庶吉士，又二年卒於官，年五十有五。是撰此書尚在未通籍以前。據王昶撰《墓誌》、錢大昕撰《傳》、凌廷堪撰《行狀》，均言戴從婺源江慎修先生永受學。江先生固篤信朱子，精於漢人《易》數、《三禮》之學者，故戴氏壯年所著書慎守師承，兼治漢、宋。迨通籍後，在四庫館，日從紀文達昀、朱文正珪、秦文恭蕙田遊，遂盡變其學，專治兩漢諸儒訓故文字、名物制度，標榜漢學。其《遺書》寫定，凡涉於宋人注解概從削除，今幸此書尚存，可以推見其一生學業之成就。如僅以名抄善本視之，亦末也。”① 葉德輝自戴震《毛鄭詩考正》原稿推戴震壯年治學漢、宋兼治；入四庫館後，受紀昀、朱珪、秦蕙田等影響，方才盡變其學，專治兩漢而拋棄宋儒。葉氏所論未必盡然。

錢穆《中國近三百年學術史》總結戴震入都之前學術曰：

> 江（永）、汪（紱）之學，蓋皆有聞於鄉先生之風而起者。東原早歲治學，亦此一路。二十二歲，成《籌算》一卷（後經增改名《策算》）。二十三歲，成《六書論》三卷（已佚）。二十四歲，成《考工記圖》（後附注成二卷）。二十五歲，成《轉語》二十章（已佚）。二十七歲，成《爾雅文字考》十卷（未刊）。三十歲，成《屈原賦注》。三十一歲，爲《詩補傳》，就全《詩》考其字義名物，不以作詩之意衍其説（未成書。葉德輝云：其家藏有東原《詩經補注》原稿，采宋人説最多，《遺書》及學海堂皆删去）。此均在東原三十二歲入都前，其學尚名物、字義、聲音、算數，全是徽人樸學矩矱也。與東原同學於江氏者，有鄭牧、汪肇龍、程瑶田、方矩、金榜諸人，而

① 葉德輝著，楊洪升點校：《郎園讀書志》卷一，上海：上海古籍出版社 2010 年版，第 41 頁。

玉成其事者則爲汪梧鳳。梧鳳，歙西溪人，家雄於財，有不疏園。[①]

余英時則云：

蓋東原自十七歲即有志於聞道，其考訂名物、制度，僅爲通古代聖賢語言之手段，其最終目的固仍在求孔、孟、六經之義理。但在第一階段中，東原既未有自得之義理，且有力倡訓詁觀點，故尚視義理與考據爲平行之關係。此即段茂堂所聞"天下有義理之源，有考據之源，有文章之源"之時也。[②]

【時事】

是年，孫嘉淦卒。孫嘉淦(1683－1753)，字錫公，號懿齋，卒謚文定，山西太原人。康熙五十二年(1713)進士，任直隸、湖廣等總督，官至協辦大學士，以敢言聞天下。有《孫文定奏議》，又著《成均講義》，批評當世學者背棄程、朱之學。《四庫全書總目》卷三七論《成均講義》曰：

是編乃嘉淦攝國子監祭酒時以《大學》"聖經"一章爲學者入德之門，乃逐節疏解，以發明朱子《章句》之義。其講"致知格物"，謂："釋氏欲正心而不先誠意，陸子静欲誠其意而不先致知，王陽明欲致其知而不先格物，惟程、朱之書，詳言格物，獨得孔子之傳。今日學者之流弊，譏釋氏之不能誠意，并其正心而失之；譏子静之不能致知，并其誠意而失之；譏陽明之不能格物，并其致知而失之；名爲守程、朱之學，并其格物而失之。古之所謂物者，盈天地之法象道器，書其一也。古之所謂格物者，極事理之廣大精微，讀書其一也。古之所謂讀書博洽，無所不通，作文其

① 錢穆：《中國近三百年學術史》(一)，北京：九州出版社2011年版，第336頁。

② 余英時：《論戴震與章學誠》，北京：生活·讀書·新知三聯書店2005年版，第216頁。

一也。古之所謂作文者，體制不可枚舉，制藝其一也。然則今日士子之所學，視古者綱領條目之大全，相去何如哉?"亦頗中學者之流弊也。[①]

是年三月，僞孫嘉淦奏稿案結案。乾隆諭:"當此承平之世，乃敢作僞逞奸，摇惑衆聽，其貽害於人心風俗者甚巨，自應并置重典，以昭炯戒。"[②]

六月，江蘇松江府丁文彬至曲阜衍聖公孔昭焕處獻其所撰《洪範春秋》等書，孔氏見其有自立國號、年號等悖逆内容，遂將其告發。丁文彬以"大逆極惡"罪處凌遲，其兄丁文耀，兄子丁士賢、丁士麟等均被處斬。江蘇學政莊有恭因此前已讀丁文彬之書而未上報，并受處罰。

七月，乾隆下諭，嚴禁將《水滸》《西廂記》等譯爲滿文。稱:"似此穢惡之書，非惟無益，而滿洲等習俗之偷，皆由於此。如愚民之惑於邪教，親近匪人者，概由看此惡書所致。於滿洲舊習，所關甚重，不可不嚴行禁止。"[③]

十月，時年七十之江西生員劉震宇於湖南鄉試時獻《治平新策》，爲湖南巡撫范時綬所查，以其有變更衣服制度等妄議朝綱内容，語涉狂悖，即時上奏朝廷。十一月，劉震宇被斬，其書版被銷毁。

是年，江西撫州衛千總盧魯生、南昌守備劉時達因匿名撰文於京報，抨擊高宗巡幸有"五不解十大過"，遭凌遲處死。傳閲、抄送該期京報者均受牽連。

---

① 永瑢等:《四庫全書總目》，北京:中華書局 1965 年版，第 317 頁。

② 《清高宗實録》卷四三四，《清實録》第十四册，北京:中華書局 1986 年版，第 665 頁。

③ 《清高宗實録》卷四四三，《清實録》第十四册，北京:中華書局 1986 年版，第 773～774 頁。

正編下

乾隆十九年甲戌(1754)—乾隆四十二年丁酉(1777)

乾隆十九年甲戌(1754)　三十二歲

是年春,戴震離鄉入京師,寓歙縣會舘,與錢大昕等京師學者會晤。

《段譜訂補》:

約在是年前後,作《水地記初稿》。孔繼涵四十二年丁酉(一七七七)六月題序曰:"乾隆丁酉夏四月,飲於同年程吏部魚門米市衚衕寓,假是二書抄之。《水地記》乃戴東原先生二十餘年前流傳之稿底也,魚門兄題云未定本。癸巳之夏,東原寓於洪刑曹素人兄處,見其所著《水地記》未曾編次,置一大簏中,手檢以相示,及抄得是本。與東原語及,東原曰:'是草稿者,不足存也。'"《水地記初稿》約有三分之一的篇幅引用了《水經注》的原文。這些引文已大部分同於殿本的文字。凡殿本有案校"近刻訛""近刻脱""近刻衍",《水地記初稿》引其文者,半數以上都作了改補删乙。如《濟水篇》有案校二百六十五條,《水地記初稿·濟水》引文涉及案校一百三十五條,已改正訛誤八十六條。《淮水篇》有案校一百四十八條,《水地記初稿·淮水》引文涉及案校九十條,已改正訛誤四十八條。《水地記初稿》是戴震早年研究《水經注》的見證,他晚年校定《水經注》之所以能取得巨大的成績,絶不是偶然的。《水地記》抄本五册,其中有初稿五卷,定稿一卷,今藏江蘇省南通市圖書館。精抄本有初稿二卷，定稿一卷及孔繼涵親筆序，今藏北京國家圖書館。

是年入都。王昶《戴東原先生墓誌銘》曰："余之獲交東原，蓋在乾隆甲戌之春，維時秦文恭公蕙田方纂《五禮通考》，延至於味經軒，偕余同輯'時享'一類，凡五閱月而别。"錢大昕自編《竹汀居士年譜》十九年甲戌條："是歲移居横街……無錫秦文恭公邀予商訂《五禮通考》。休寧戴東原初入都，造居士寓，談竟日，歎其學精博。明日言於文恭公，公即欣然與居士同車出，親訪之，因爲延譽，自是知名海内。"

《段譜》謂戴震於乾隆二十年(1755)入都，或記憶有誤。錢大昕自編年譜記其與戴震獲交於乾隆十九年(1754)。王昶《戴東原先生墓誌銘》亦謂："余之獲交東原，蓋在乾隆甲戌之春。"[①]二人均爲戴震同輩知交，所記當更可信從。

戴震離鄉之由，徽州當地有所謂因其得罪鄉里奸商，奸商遂勾結官府，欲割裂戴震文章，羅織罪名，以其語涉狂悖之罪拘拿之説。此説實無依據。戴震早期著述，均爲文字考據之類，不涉義理，更無狂悖之語，欲以其著述治其罪，純屬無稽之談。據盧文弨乾隆戊寅《與程致堂以道進士書》(文見本譜"乾隆二十三年"下)，戴震避禍入都，實因戴氏不肖子某私自出售戴氏祖墳與程氏以漁利，戴震獲知後據理相争，極力予以阻止，致程氏訟於官府，縣令[②]或因受賄而枉法，欲治戴震之罪，戴震爲避免無端之禍而孑然離鄉[③]。

徽州向重宗法，素有"千年之塚，不動一抔；千丁之族，未嘗散處；

① 王昶：《春融堂集》卷五五，見《續修四庫全書》第1438册，上海：上海古籍出版社2002年版。

② 據道光《休寧縣志》卷七《職官》，乾隆十六年至二十年(1751—1755)間休寧縣令爲萬世林，湖北江陵人，乾隆丙辰(1736)進士。

③ 李開《戴震評傳》："一説戴震早年曾著《族支譜序》，針對《隆阜戴氏宗譜》，提出過'信則傳信'，'不從舊譜序列，不敢濫承'，得罪了掌握族權的人。年輕的戴震爲逃避迫害，不得不遠走高飛。"(《戴震評傳》，南京：南京大學出版社1992年版，第85頁。)此説尚可參。

千載譜系，絲毫不紊"之説。然徽人因墳地起訟，亦極常有。許承堯《歙事閑譚》卷十八《歙風俗禮教考》："俗多負氣，訟起微末，而蔓延不休。……顧其訟也，非若武斷者流，大都墳墓之争。"①

而戴震入都時間，又有甲戌、乙亥二説②。王昶《戴東原先生墓誌銘》謂："余之獲交東原，蓋在乾隆甲戌之春。"凌廷堪《戴東原先生事略狀》亦謂："乾隆十九年，以避仇入都。"洪榜《戴先生行狀》則曰："先生於乾隆乙亥歲北上京師。"《段譜》亦曰："二十年乙亥，三十三歲。蓋是年入都。"錢大昕《戴先生震傳》："年三十餘，策蹇至京師，困於逆旅，饘粥幾不繼，人皆目爲狂生。一日，攜其所著書過予齋，談論竟日，既去，予目送之，嘆曰：'天下奇才也！'"

段玉裁言："蓋是年（乙亥）入都。"其語氣顯不能確定。錢大昕雖未明言戴震入都之年，然據其自編之《竹汀居士年譜》"乾隆十九年甲戌，年二十七歲"下載："是歲移居横街。讀《漢書》，撰次《三統曆述》四卷。無錫秦文恭公邀予商訂《五禮通考》。休寧戴東原初入都，造居士寓，談竟日，嘆其學精博。明日言於文恭公，公即欣然與居士同車出，親訪之，因爲延譽，自是知名海内。"錢氏自編之年譜，當無可疑（唯錢大昕時寓椿樹胡同，非横街③）。而王昶之與戴震初交，亦當在

① 許承堯：《歙事閑譚》，合肥：黄山書社 2001 年版，第 605 頁。

② 吴根友等又有戴震 26 歲時與族人争祖墓不勝而首次入都，33 歲時因族豪又侵其祖墳且欲致罪戴震，戴震二次入都之説（見吴根友、孫邦金等著《戴震、乾嘉學術與中國文化》，福州：福建教育出版社 2015 年版，第 795 頁）。按此實爲誤讀段玉裁《誥封孺人戴母朱夫人八十壽序》内容。段氏此《序》曰："先生年將三十，夫人歸於先生，先生方爲諸生，攻苦食淡，以侍舅姑，事君子，米鹽凌雜，身任之，俾先生專壹於學。既而先生與族中争祖墓之被侵者，訟不能勝，乃入都門。自此往來南北，以舘穀供家用。惟時夫人拮据於内者，蓋二十餘年。"此段所述與《段譜》結合，所謂戴震 26 歲時入都之事顯然并不存在。

③ 錢大昕於乾隆丙子（1756）作《移寓珠曹街與禮堂夜話五首》，其一："殘氈斷帙舊柴車，晝裏村夫子不如。僂指桑根幾度宿，五年光景七移居。"自注曰："予以壬申六月至都，寓繩匠胡同。十二月，寓草廠胡同僧舍。癸酉二月，寓潘家河沿。九月，寓椿樹胡同。乙亥二月，寓憫忠寺街。六月，寓横街。至是，凡七移居矣。"知錢大昕自癸酉（1753）九月至乙亥（1755）二月之前均寓居椿樹胡同。此詩作於丙子（1756），所記當準確無誤。而錢氏自編之年譜成於晚年，記憶偶誤則屬正常。

甲戌，因據嚴榮《述庵先生年譜》："乾隆十九年甲戌……十月，以辭家久，歸省，抵蘇州，而（母）陸太夫人已於是月二十四日逝矣。……二十年乙亥，三十二歲，居憂。……二十一年丙子，三十三歲，冬，將釋服，赴揚州運使之招。"[①]可見王昶於十九年（1754）十月後直至二十一年（1756）冬均丁憂居家，自無緣在此期間與戴震晤面於京師。又據王文治《送別戴東原》詩："我生不識字，亦復墮憂惱。寒愁衣履穿，飢畏糠覈少。讀書灶觚下，爨塵落如攪。食貧身每勞，處隘見逾小。戴君古經師，束髮恣幽討。授《禮》出淹中，講《易》超繫表。尋源漢小學，博涉乃深造。形聲辨孳乳，義理得啄抱。古今所聚訟，絲棼自纏繳。惟君眼如月，不受微雲繚。攻堅穎脱囊，裁僞風振槁。昔年逢君地，賓館媚叢篠。嗟余不得志，相棄浮海島。長鯨吹腥風，生死難可保。却觀日出處，火齊漲紅曉。鹿化春葩繁，龍卧秋雲悄。掉頭顧中原，芥舟輕渺渺。歸來剛一室，默坐厭機巧。稍窺天地奇，彌愛經籍好。獨學恐無成，賴君發奥窔。警彼入暗人，得燭目方瞭。云何合併遲，偏教別離早。征馬冲寒飆，霜晨嘶白草。長途從此去，積雪鋪魯縞。撫時增慨傷，我心懸旆嫋。聞君善推步，勾股剖分杪。三百六十度，僂指已明瞭。厄窮信人爲，主者有蒼昊。試測少微星，雲霧幾時皎。"[②]王文治（1730—1802），字禹卿，號夢樓，江蘇丹徒人。王文治於乾隆十九年（1754）春至京師，明年有琉球之行，遭遇海風奇險，性命幾不保。王氏謂初逢戴震於京師賓館，時在遭遇海險之前，則應在乾隆十九年。綜合諸種文獻，可以確認戴震入都時間當在乾隆十九年甲戌。楊應芹先生《段譜訂補》於"乾隆二十年乙亥"下亦有一定辨正，然略欠充分，因予補充確證。

戴震因祖塋被侵事而不意遭受陷害，不得不孑然離鄉，從此顛沛

① 嚴榮：《述庵先生年譜》，《乾嘉名儒年譜》第六册，北京：北京圖書館出版社 2006 年版，第 13～16 頁。

② 王文治：《夢樓詩集》卷三，見《清代詩文集彙編》第 370 册，上海：上海古籍出版社 2010 年版，第 672～673 頁。

南北，雖得以廣泛交游，學術精進，并因此享譽海内，然而生活始終困頓，直至病卒於京師而未享天年。此一事件或影響戴震至深，其晚年著《孟子字義疏證》，有“今之治人者，視古賢聖體民之情，遂民之欲，多出於鄙細隱曲，不措諸意，不足爲怪；而及其責以理也，不難舉曠世之高節，著於義而罪之。尊者以理責卑，長者以理責幼，貴者以理責賤，雖失，謂之順；卑者、幼者、賤者以理争之，雖得，謂之逆。於是天下之人不能以天下之同情、天下所同欲達之於上；上以理責其下，而在下之罪，人人不勝指數。人死於法，猶有憐之者；死於理，其誰憐之”之驚世之論，或萌生於此。章太炎先生則謂：“戴震生雍正末，見其詔令讁人不以法律，顧摭取洛、閩儒言以相稽，覘司隱微，罪及燕語。九服非不寛也，而迾之以叢棘，令士民摇手觸禁，其畫傷深。震自幼爲賈販，轉運千里，復具知民生隱曲，而上無一言之惠，故發憤著《原善》《孟子字義疏證》，專務平恕，爲臣民訴上天，明死於法可救，死於理即不可救。”[①]更可參考。

戴震初入京師，《段譜》謂其寄居歙縣會舘（即徽州會舘，或稱新安會舘，因歙縣爲徽州郡治，在今北京市西城區宣武門外大街中段西側）。錢大昕是時寓居椿樹胡同（今宣武門外大街中段東側），歙縣會舘與椿樹胡同毗鄰，故戴震有攜書造訪之便。錢大昕爲戴震至京師後第一知音，自此，錢大昕與戴震結爲數十年學術知交，相互影響頗大[②]。

---

① 章太炎：《釋戴》，《太炎文録初編》卷一，《章太炎全集》第八册，上海：上海人民出版社 2018 年版，第 121 頁。

② 錢大昕乾隆五十二年（1787）《左氏傳古注輯存序》曰：“夫窮經者必通訓詁，訓詁明而後知義理之趣。後儒不知訓詁，欲以向壁虚造之説求義理所在，夫是以支離而失其宗。”（《潛研堂文集》卷二四）又，嘉慶三年（1798）《經籍籑詁序》曰：“有文字而後有詁訓，有詁訓而後有義理。訓詁者，義理之所由出，非别有義理出乎訓詁之外者也。”（《潛研堂文集》卷二四）與戴震早年之《與是仲明論學書》“由字以通其詞，由詞以通其道，必有漸”及乾隆三十年（1765）《題惠定宇先生授經圖》“惟空憑胸臆之卒無當於賢人聖人之理義，然後求之古經；求之古經而遺文垂絶、今古懸隔也，然後求之故訓。故訓明則古經明，古經明則賢人聖人之理義明”等語如出一轍。

稍後，戴震得錢大昕引薦，入禮部侍郎秦蕙田味經軒輯校《五禮通考》，與王昶共事近半載。錢大昕《戴先生震傳》："時金匱秦文恭公蕙田兼理算學，求精於推步者，予輒舉先生名，秦公大喜，即日命駕訪之，延主其邸，與講觀象授時之旨，以爲聞所未聞。秦公撰《五禮通考》，往往采其説焉。"王昶《戴東原先生墓誌銘》："余之獲交東原，蓋在乾隆甲戌之春，維時秦文恭公蕙田方纂《五禮通考》，延致於味經軒，偕余同輯'時享'一類，凡五閱月而别。"

《段譜》"乾隆二十年"："金匱秦文恭公聞其善步算，即日命駕，延主其邸，朝夕講論《五禮通考》中'觀象授時'一門，以爲聞所未聞也。文恭全載先生《句股割圜記》三篇，爲古今演算法大全之範，其全書往往采先生説。"洪榜《戴先生行狀》："時大司寇秦文恭公方爲少宗伯，編纂《五禮通考》之書，延先生邸舍，就與商榷，其所采摭先生各經之説甚多，先生因出其笥中所藏江先生《推步法解》一書，以示秦公，秦公取全書載入焉。先生因盡言江先生之學於秦公。"可知《五禮通考》不但吸收戴震之著述成果，而且因戴震之薦，亦吸收江永之成果。

洪榜《戴先生行狀》又言："乾隆二十七年，江先生以疾卒於家，先生爲之狀其行實及著書卷數，上之續文獻通考館、史館，以備采擇。其後學士朱公督學安徽，檄盡取江先生之書上之於朝，亦由先生力爲表揚之也。"錢大昕是年《與戴東原書》曰："前遇足下於曉嵐所，足下盛稱婺源江氏推步之學不在宣城下。"（詳見本譜是年下）王昶《江慎修先生墓誌銘》言："余友休寧戴君東原，所謂通天地人之儒也，常自述其學術實本之江慎修先生。"可知戴震至京師後，曾竭力表揚江永學術，直至江永卒後，仍表彰不輟。

是年五月，王昶離京，暫赴濟南，有《將往濟南樹灃先生餞於味經窩并示吴司業尊彝（鼎）戴上舍東原（震）吴舍人荀叔（烺）及搢升鳳喈曉徵諸君》，詩曰："匆匆襆被上輕車，折簡來招再攬袪。失路長嘶嗟瘦馬，過河欲泣念枯魚。登筵頻勸三升酒，授館還叨一紙書。話到賓朋皆雪涕，燈殘賦别更踟躕。”①

【時事】

是年，錢大昕、王昶、王鳴盛、紀昀、朱筠等皆進士及第。趙翼中明通榜。

錢大昕等皆汲古名儒，而於同年及第。戴震適於是年入都，於戴震可謂風雲際會，於清代學術影響則極爲深遠。

是年夏，兩淮鹽運使盧見曾補刻朱彝尊《經義考》。

《經義考》，初名《經義存亡考》，朱彝尊撰。朱彝尊（1629—1709），字錫鬯，號竹垞，浙江秀水（今浙江嘉興）人，清初著名詞人、學者。是書總三百卷，搜集歷代解釋儒家經典之文獻，著明存佚、卷數、撰者，并附原書序跋等，間作考證。此前所刊僅及其半。盧見曾得其未刻之本於朱彝尊之孫朱稻孫，聘惠棟爲之校定，補刻之爲全帙。

戴震後謂朱氏《經義考》非考經義，譏其名不副實。章學誠曾有駁議。章氏《上朱中堂世叔》（按：朱中堂即朱珪）曰：“戴東原之經詁，可謂深矣。乃譏朱竹垞氏本非經學，而强爲《經義考》以争名，使人啞然笑也。朱氏《經考》，乃史學之支流，劉、班《七略》《藝文》之義例也，何嘗有争經學意哉？且古人之於經史，何嘗有彼疆此界，妄分孰輕孰重哉！”②

是年八月，汪紱重著《書經詮義》十三卷成，有《書經詮義後序》曰：“雍正癸丑，《尚書經詮義》既有成，門侄麗南攜以入京，麗南卒於京師，本遂亡失。後此十餘年，余秀書、靈昭兄弟皆遊吾門，屢請以《書義》見示。予從麗南家索之不得，乃默復記憶，雖卷帙繁多，辭句澀難再述，而經意大義，規模綱領，則胸中故物。且在昔嘗費探索，而使其書不存，亦予所不忍也。因敞筆硯，重理舊緒。十餘年見聞日

---

① 王昶：《春融堂集》卷五，見《續修四庫全書》第1437册，上海：上海古籍出版社2002年版，第386頁。

② 章學誠著，倉修良編注：《文史通義新編新注》，杭州：浙江古籍出版社2005年版，第759～760頁。

廣，觸緒相發，時有新得。又自喜義理猶昔，而辨析益加詳矣。凡二期而《書義》再就，大約較舊本損者三之一，益者亦三之一。”

是年，應盧見曾之聘，惠棟、沈大成等入兩淮鹽運使署校書。惠棟《秋燈夜讀圖序》：“甲戌之歲，余舘德水盧使君衙齋，講授之暇，篝燈撰著。每涉疑義，思索未通，恨無素心晨夕。一日，使君以詩文數册示余，余讀之驚，然未及詢作者何人也。久之，典謁引客入，相見則余故人雲間沈君學子。”[①]李斗《揚州畫舫録》卷十《虹橋録上》：“公（盧見曾）兩經轉運，座中皆天下士。……惠棟，字定宇，號松崖，蘇州元和人。硯溪先生之孫，半農先生之子，以孝聞於鄉。博古通今，與陳祖范、顧棟高同舉經學。公重其品，延之爲校《乾鑿度》《高氏戰國策》《鄭氏易》《鄭司農集》《尚書大傳》《李氏易傳》《匡謬正俗》《封氏聞見記》《唐摭言》《文昌雜録》《北夢瑣言》《感舊録》，輯《山左詩抄》諸書。著有《周易述》《易漢學》《易例》《易微言》《九經古義》《古文尚書考》《明堂大道録》《禘説》《山海經訓纂》《後漢書訓纂》《精華録訓纂》《紅豆山房古文集》。”[②]

是年，全祖望因喜趙一清（其故友趙昱之子）治《水經注》後來居上，撰《贈趙東潛校水經注序》以嘉勉之。略曰：“予家自先司空公、先宗伯公、先贈公三世，皆於是書（按：《水經注》）有校本，故予年二十以後，雅有志於是書。始也衣食奔走，近者衰病侵尋，雙韭山房手校之本，更是迭非，卒未得畢業，睠懷世學，不勝慚赧。而東潛奪纛而登，囊括一切，猶以予爲卑耳之馬，不棄其鞅絆，豈知羽毛齒革，君之餘也。”[③]

是年，文學家吴敬梓卒。吴敬梓（1701－1754），字敏軒，號文木老人，安徽全椒人，寓居南京，晚年曾遊揚州盧見曾府。著有著名諷

---

① 惠棟：《松崖文鈔》卷二，見《續修四庫全書》第1427册，上海：上海古籍出版社2002年版，第278頁。

② 李斗：《揚州畫舫録》，北京：中華書局1960年版，第229～230頁。

③ 全祖望：《鮚埼亭集》卷一一，見《續修四庫全書》第1429册，上海：上海古籍出版社2002年版，第267頁。

世小説《儒林外史》，批判科舉及世風甚爲深刻。《儒林外史》多個重要人物均以徽州士商爲原型，尤以第四十八回"徽州府烈婦殉夫"描寫徽州迂儒王玉輝慫恿其女殉夫以求"名節"之事爲人熟知。

是年四月，乾隆諭旨：整飭科考文風，嚴禁辨析朱陸异同。《清高宗實録》卷四六〇（四月庚寅）："上年順天鄉試，問黄河北行故道，今春會試，問黄河下流，皆孫嘉淦、陳世倌一己私見，究亦空言無補。若以此爲去取，將啓士子窺探迎合附和之弊，其漸尤不可長。即如宋、元以來，辨析朱、陸异同，初因講學，而其後遂成門户，標榜攻擊，甚爲世道人心之害。嗣後有似此者，必治其罪。"①

復諭"以明經術而端士習"。《清高宗實録》卷四六一（四月乙巳）："朕於場屋之文，屢諭以清真雅正，俾知所宗尚久矣。乃者或逞爲汗漫之詞，徒工綺麗，甚至以漢唐辭賦闌入其中。律以大雅之言，甚無當也。文之浮薄，關於心術，王通論之詳矣。今欲一本先民，别裁僞體，豈惟文治廓清，抑亦所以明經術而端士習也。"

是年，因福建道監察御史胡定之請，諭旨查禁《水滸傳》。胡定稱金聖歎"妄加贊美"之《水滸傳》，實爲"教誘犯法之書也"。乾隆下旨"行令地方官，一體嚴禁"。

乾隆二十年乙亥(1755)　三十三歲

是年，戴震始深治《方言》。有《與方晞原書》《與姚孝廉姬傳書》《與王内翰鳳喈書》。

《段譜》：

> 蓋是年入都。冬，紀文達公刻《考工記圖注》成。程易田云："是年假紀尚書家，所作《句股割圜記》，丁丑南下，戊寅溪南吴行先付刻。"是年，以《方言》寫於李燾《許氏説文五音韵譜》之上方，

① 《清高宗實録》卷四六〇，《清實録》第十四册，北京：中華書局1986年版，第977頁。

自題云："乙亥春，以楊雄《方言》分寫於每字之上，字與訓兩寫，詳略互見。"玉裁按：所謂寫其字者，以字爲主，而以《方言》之字，傅《説文》之字也；寫其訓者，以訓爲主，而以《方言》之訓，傅《説文》之字也；又或以聲爲主，而以《方言》同聲之字傅《説文》；所謂詳略互見者，兩涉則此彼分見，一詳一略，因其便也。先生知訓詁之學，自《爾雅》外，惟《方言》《説文》切於治經，故傅諸分韵之《説文》，取其易檢。既入四庫館纂修，取平時所校訂，遍稽經史諸子之義訓相合，及諸家之引用《方言》者，詳爲疏證。令此書爲小學斷不可少之書，奉命刻聚珍版惠海内。而此分寫本者，乃草創之始也。分寫本，玉裁自庚寅、己丑假觀，遂攜至玉屏。壬辰入都，拜先生於洪蕊登京寓，先生索此書曰："分韵《説文》不足貴，欲得所分寫《方言》耳。"玉裁旋入蜀，竟以道遠難寄，藏弆至今。然假此書時，未知重《方言》也，乃始將讀《説文》耳。今四十餘年，於《説文》討論成書，於《方言》亦窺閫奥，何莫非先生之覺後覺哉。

紀文達公《考工記圖序》曰："乾隆乙亥夏，余初識戴君，奇其書。"蓋先生是年訟其族子豪者侵占祖墳，族豪倚財結交縣令，令欲文致先生罪，乃脱身挾策入都。行李衣服無有也。寄旅於歙縣會館。饘粥或不繼，而歌聲出金石。是時紀太史昀、王太史鳴盛、錢太史大昕、王中翰昶、朱太史筠，俱甲戌進士，以學聞名一時，耳先生名，往訪之。叩其學，聽其言，觀其書，莫不擊節歎賞，於是聲重京師，名公卿争相交焉。金匱秦文恭公聞其善步算，即日命駕，延主其邸，朝夕講論《五禮通考》中"觀象授時"一門，以爲聞所未聞也。文恭全載先生《句股割圜記》三篇，爲古今演算法大全之範，其全書往往采先生説。

是年秋，有《與王内翰鳳喈書》，説《尚書》"光被四表"，孔《傳》"光，充也"，義本《爾雅》，字當作"桄"、作"横"。按此書可見訓詁之學，凡一字必徵之古，而靡不條貫。鳳喈後官光禄寺正卿,名鳴盛。

又有《與姚孝廉姬傳書》,論尋求遺經"有十分之見,有未至十分之見。所謂十分之見,必徵之古而靡不條貫,合諸道而不留餘議,巨細必究,本末兼察。若夫依傳聞以擬其是,擇衆説以裁其優,出空言以定其論,據孤證以信其通,溯流而不目睹源泉所導,循根而不手披枝肄所歧,皆未至十分之見也。以此治經,失不知爲不知之義,而徒增一惑,以滋學者之辨也"。

先生學高天下,而不好爲人師。姬傳是時爲孝廉,傾心先生之學,欲奉爲師。此書末,先生繳其稱謂云:"非徒自顧不足爲師,亦非謂所學如足下,斷然以不敏謝。古之所謂友,蓋分師之半,無妨交相師,以求十分之見。苟有過則相規,便是在人不在言,斯不失友之謂。"

是年夏,有《周禮太史正歲年解》二篇,又有《周髀北極璿璣四游解》二篇。又有《與方希原書》,大旨論文章必求其本,求其本更有所謂大本,大本既得矣,然後曰:是道也,非藝也。則凡馬、班、韓、柳諸君子,畢力以求其本者,固又待大本以爲榮悴者也。聖人之道在《六經》,以聖人之道被諸文,如造化之終始萬物也。希原名矩,先生同鄉同志者。

《段譜訂補》:

由王昶《墓誌銘》和錢大昕自編年譜來看,戴震入都後首先拜會錢大昕,由大昕推薦而爲秦蕙田所延請,因在秦氏味經軒同纂《五禮通考》而結識王昶。後來紀昀、王鳴盛、朱筠等先後與戴震結交。段玉裁對於同諸公定交的先後次序失考,徒據紀昀《考工記圖序》"乾隆乙亥夏,余初識戴君",以及《與王内翰鳳喈書》寫於乙亥(見經韵樓本《文集》卷三),而誤定戴震入都在乾隆二十年乙亥。

族子侵占戴震祖上墳地出賣給程氏,盧文弨曾爲之調解。

詳見盧氏乾隆戊寅《與程致堂以道進士書》。《周禮太史正歲年解》二篇、《周髀北極璿璣四游解》二篇皆節録自《經考》卷四。前二篇爲《大戴禮記》八十五篇一節的按語其文末署曰"乾隆丁丑夏東原氏記"。後二篇爲《月令》一節的按語,文末未署年月。此四篇均應記在"二十二年丁丑"條下。微波榭本《文集》於《周髀北極璿璣四游解一》題下妄加"乙亥夏"三字,段玉裁未加審視,因襲其誤。

姚鼐《方晞原傳》曰:"方根矩,歙人,晞原其字也。"此與段玉裁所記有誤,不知孰是。

《段譜》謂戴震是年入都,當有誤,詳説已見本譜"乾隆十九年"下。

是年,戴震著《與方晞原書》,其文曰:

得鄭君手札,言足下大肆力古文之學。僕嘗以爲此事在今日絶少能者,且其途易歧,一入歧途,漸去古人遠矣。

古今學問之途,其大致有三:或事於理義,或事於制數,或事於文章。事於文章者,等而末者也。然自子長、孟堅、退之、子厚諸君子之爲之,曰:"是道也,非藝也。"以云道,道固有存焉者矣,如諸君子之文,亦惡睹其非藝歟?夫以藝爲末,以道爲本,諸君子不願據其末,畢力以求據其本,本既得矣,然後曰:"是道也,非藝也。"循本末之説,有一末必有一本。譬諸草木,彼其所見之本與其末同,一株而根、枝殊爾,根固者枝茂。世人事其枝,得朝露而榮,失朝露而瘁,其爲榮不久。諸君子事其根,朝露不足以榮瘁之,彼又有所得而榮、所失而瘁者矣。且不廢浸灌之資,雨露之潤,此固學問功深,而不已於其道也。而卒不能有榮無瘁。故文章有至有未至,至者得於聖人之道則榮,未至者不得於聖人之道則瘁。以聖人之道被乎文,猶造化之終始萬物也。非曲盡物情,遊心物之先,不易解此。然則如諸君子之文,惡睹其非藝歟?

諸君子之爲道也，譬猶仰觀泰山，知群山之卑；臨視北海，知衆流之小。今有人履泰山之巔，跨北海之涯，所見不又懸殊乎哉？足下好道而肆力古文，必將求其本。求其本，更有所謂大本。大本既得矣，然後曰："是道也，非藝也。"則彼諸君子之爲道，固待斯道而榮瘁也者。

聖人之道在六經，漢儒得其制數，失其義理；宋儒得其義理，失其制數。譬有人焉，履泰山之巔，可以言山；有人焉，跨北海之涯，可以言水；二人者不相謀。天地間之巨觀，目不全收其可哉？抑言山也，言水也，時或不盡山之奥，水之奇。奥、奇，山、水所有也，不盡之，闕物情也。今足下同鄭君、汪君相與聚處，勉而薄乎巔涯，究乎奥奇不難。僕奔走避難，向之所欣，久棄不治。數千里外，聞足下爲之，意志動盪，不禁有言。足下試察其言，漫散不可收拾，其近況可弗贅陳矣。

置身無所如僕者，起古人於今日，必哀而憐之。凡事履而後知，歷而後難，曾不如古人而思得古人憐我。若强其乞憐於异乎古人者，則亦不爲也。

余英時論戴震《與方希原書》曰："在乾隆時代，正式提出義理、考證、詞章之三分法，東原似爲最早，其後姚姬傳與章實齋皆各有發揮。但可注意者，東原雖分學問爲三途，却并不以此三者都具有同等的價值。所以他説：'文章者，等而末者也。'若就其所列舉之先後觀之，則義理在全體中的地位又必高於考證。此由其力主文章之本以外，更有所謂大本一層，可以推見。因爲東原所謂'大本'即指'道'而言，而最近'道'者，自非義理莫屬。"[1]

鄔國平、王鎮遠《中國文學批評通史——清代卷》更有詳論，認爲戴震《與方希原書》集中代表了漢學家之文章觀，戴震這種"將古文家

---

① 余英時：《論戴震與章學誠》，北京：生活·讀書·新知三聯書店 2005 年版，第 128 頁。

的文以明道説具體化爲建立在考據基礎之上的文道觀，極大地突出了考據之於古文寫作的意義。錢大昕、段玉裁、焦循也持類似的看法”①。

是年，姚鼐在京結識戴震。

姚鼐與戴震結識之時間，在是年秋初，此後數月，二人交往密切，姚鼐後於《書考工記圖後》曰：“余往時與東原同居四五月。”而姚鼐初識戴震，即爲其學識所傾倒，其有《贈戴東原》詩云：“新聞高論詘田巴，槐市秋來步落花。群士盛衰占碩果，六經明晦望萌芽。漢儒祇數揚雄氏，魯使猶迷顔闔家。未必蒲輪徵晚至，即今名已動京華。”②且欲拜戴震爲師。戴震則作書婉拒之。關於戴震拒絶姚鼐拜師之由，或認爲戴震自視與姚鼐道不同，實則一方面因爲戴震向來慎於言師，而推崇古人之友道，所謂“無妨交相師，而參互以求十分之見，苟有過則相規”，確乎勝過單純之師弟授受。戴震與其師江永之關係實際也是在師友之間，戴震屢次拒絶段玉裁拜師之初衷當與拒絶姚鼐同。另一方面，姚鼐此時已中舉，而戴震僅爲一秀才，確有自覺不合情理而不能接受之成分。王達敏謂：“儘管姚鼐的請求被拒，但此事没有中斷他與戴震之間的學術交往，更没有妨礙其學術方向的調整。姚鼐此後直到任職四庫舘（1773）前夕，以戴震爲學問楷模，認同并預於漢學潮流；辭章在其爲學中降至末位。姚鼐的學術轉嚮及其後來與漢學派的復雜糾葛，對其建立桐城派産生了深刻影響。”③戴震等人對姚鼐究心漢學當確有影響，但姚鼐是否因此而視漢學爲首事、視辭章爲末位，則仍值得重新考察。

又據姚鼐《惜抱軒詩後集》自跋：“詞學以浙中爲盛，余少時嘗效焉。一日，嘉定王鳳喈語休寧戴東原曰：‘吾昔畏姬傳，今不畏之矣。’

---

① 參鄔國平、王鎮遠：《中國文學批評通史——清代卷》，上海：上海古籍出版社 1996 年版，第 584～587 頁。

② 姚鼐：《惜抱軒詩集》卷六，《惜抱軒全集》，北京：中國書店 1991 年版，第 400 頁。

③ 王達敏：《從辭章到考據——論姚鼐學術生涯的第一次重大轉折與戴震的關係》，《清華大學學報（哲學社會科學版）》2007 年第 1 期。

東原曰:‘何耶?’鳳喈曰:‘彼好多能,見人一長,輒思并之。夫專力則精,雜學則粗,故不足畏也。’東原以見告,余悚其言,多所舍棄,詞其一也。”①則姚鼐此時之欲拜師戴震,亦似與其性好多能有關。

戴震《與姚孝廉姬傳書》曰:

日者,紀太史曉嵐欲刻僕所爲《考工記圖》,是以向足下言欲改定。足下應詞非所敢聞,而意主不必汲汲成書,僕於時若雷霆驚耳。自始知學,每憾昔人成書太早,多未定之説。今足下以是規教,退不敢忘,自賀得師。何者?凡僕所以尋求於遺經,懼聖人之緒言暗汶於後世也。然尋求而獲,有十分之見,有未至十分之見。所謂十分之見,必徵之古而靡不條貫,合諸道而不留餘議,巨細必究,本末兼察。若夫依於傳聞以擬其是,擇於衆説以裁其優,出於空言以定其論,據於孤證以信其通,雖溯流可以知源,不睹源泉所導,尋根可以達杪,不手披枝肄所歧,皆未至十分之見也。以此治經,失不知爲不知之意,而徒增一惑,以滋識者之辯也。

先儒之學,如漢鄭氏、宋程子張子朱子,其爲書至詳博,然猶得失中判。其得者,取義遠,資理閎,書不克盡言,言不克盡意。學者深思自得,漸進其區,不深思自得,斯草薉於畦而茅塞其陸。其失者,即目未睹淵泉所導,手未披枝肄所歧者也。而爲説轉易曉學者,淺涉而堅信之,用自滿其量之能容受,不復求遠者閎者,故誦法康成、程、朱不必無人,而皆失康成、程、朱於誦法中,則不志乎聞道之過也。誠有能志乎聞道,必去其兩失,殫力於其兩得。既深思自得而近之矣,然後知孰爲十分之見,孰爲未至十分之見。如繩繩木,昔以爲直者,其曲於是可見也;如水準地,昔以爲平者,其坳於是可見也。夫然後傳其信,不傳其疑,疑則闕,庶幾治經不害。

---

① 姚鼐:《惜抱軒詩後集》,《惜抱軒全集》,北京:中國書店1991年版,第477頁。

僕於《考工記圖》，重違知己之意，遂欲删取成書，亦以其義淺，特考核之一端，差可自决。足下之教，其敢忽諸！至欲以僕爲師，則别有説：非徒自顧不足爲師，亦非謂所學如足下，斷然以不敏謝也。古之所謂友，固分師之半。僕與足下無妨交相師，而參互以求十分之見，苟有過則相規，使道在人不在言，斯不失友之謂，固大善。昨辱簡，自謙太過，稱夫子，非所敢當之，謹奉繳。承示文論延陵季子處識數語，并《考工記圖》呈上，乞教正也。

戴震於此信中明確提出學者治學當"志乎聞道"和"參互以求十分之見"，於方法論和認識論上意義均十分明顯。對此，梁啓超論曰："其所謂十分之見與未至十分之見者，即科學家定理與假説之分也。科學之目的，在求定理，然定理必經過假設之階段而後成。初得一義，未敢信爲真也，其真之程度，或僅一二分而已，然姑假定以爲近真焉，而憑藉之以爲研究之點，幾經試驗之結果，寢假而真之程度增至五六分、七八分，卒達於十分，於是認爲定理而主張之。其不能至十分者，或仍存爲假説以俟後人，或遂自廢棄之也。凡科學家之態度，固當如是也。震之此論，實從甘苦閱歷得來。所謂昔以爲直而今見其曲，昔以爲平而今見其坳，實科學研究法一定之歷程，而其毅然割舍，'傳信不傳疑'，又學者社會最主要之道德矣。"①

而戴震所持師友之道，實是孔子"三人行，必有我師"(《論語·述而》)於治學上之具體體現。

《段譜》："是年秋，有《與王内翰鳳喈書》。"其書曰：

承示《書堯典注》，逐條之下，辨正字體、字音，悉準乎古，及論列故訓，先徵《爾雅》，乃後廣搜漢儒之説，功勤而益巨，誠學古之津涉也。昨僕偶舉篇首"光"字，引《爾雅》："光，充也。"僕以爲此解不可無辨。欲就一字見考古之難，則請終其説以明例。

① 梁啓超：《清代學術概論》，上海：上海古籍出版社1998年版，第37頁。

孔傳："光，充也。"陸德明《釋文》無音切。孔冲遠《正義》曰："光、充，《釋言》文。"據郭本《爾雅》："桄、熲，充也。"注曰："皆充盛也。"《釋文》曰："桄，孫作光，古黄反。"用是言之，光之爲充，《爾雅》具其義。漢唐諸儒，凡於字義出於《爾雅》者，則信守之篤。然如光字，雖不解，靡不曉者，解之爲充，轉致學者疑。蔡仲默《書集傳》："光，顯也。"似比近可通，古説必遠舉光充之解何歟？雖孔《傳》出魏晋間人手，以僕觀此字據依《爾雅》，又密合古人屬詞之法，非魏晋間人所能，必襲取師師相傳舊解，見其奇古有據，遂不敢易爾。後人不用《爾雅》及古《注》，殆笑《爾雅》迂遠，古《注》膠滯，如光之訓充，兹類實繁。

余獨以爲病在後人不能遍觀盡識，輕疑前古，不知而作也。自有書契以來，科斗而篆籀，篆籀而徒隸，字畫俛仰，浸失本真。《爾雅》桄字，六經不見。《説文》："桄，充也。"孫愐《唐韵》："古曠反。"《樂記》："鐘聲鏗，鏗以立號，號以立横，横以立武。"鄭康成《注》曰："横，充也，謂氣作充滿也。"《釋文》曰："横，古曠反。"《孔子閑居篇》："夫民之父母乎，必達於禮樂之原，以致五至而行三無，以横於天下。"鄭《注》曰："横，充也。"疏家不知其義出《爾雅》。《堯典》古本必有作"横被四表"者，横被，廣被也，正如《記》所云"横於天下""横乎四海"是也。横四表，格上下對舉。溥遍所及曰横，貫通所至曰格。四表言被，以德加民言也；上下言於，以德及天地言也。《集傳》曰："被四表，格上下。"殆失古文屬詞意歟？"横"轉寫爲"桄"，脱誤爲"光"。追原古初，當讀"古曠反"，庶合充霩廣遠之義，而《釋文》於《堯典》無音切，於《爾雅》乃"古黄反"，殊少精覈。述古之難如此類者，遽數之不能終其物。

六書廢棄，經學荒謬，二千年以至今。足下思奮乎二千年之後，好古洞其原，諒不僅市古爲也。僕情僻識狹，以謂信古而愚，愈於不知而作，但宜推求，勿爲株守。例以光之一字，疑古者在兹，信古者亦在兹，漫設繁言以獻。震再拜。

丁丑仲秋，錢太史曉徵爲余舉一證曰："《後漢書》有'横被四表，昭假上下'語。"檢之《馮异傳》，永初六年安帝詔也。姚孝廉姬傳又爲余舉班孟堅《西都賦》"横被六合"。壬午孟冬，余族弟受堂舉《漢書·王莽傳》"昔唐堯横被四表"，尤顯確；又舉王子淵《聖主得賢臣頌》："化溢四表，横被無窮。"（洪榜案：《淮南·原道訓》："横四維而含陰陽。"高誘注："横讀桄車之桄。"是漢人横、桄通用甚明。段玉裁案：李善注《魏都賦》，引《東京賦》："惠風横被。"今本《東京賦》作"惠風廣被"，後人妄改也。）（按：此節文字爲若干年後補識。丁丑即乾隆二十二年，壬午爲乾隆二十七年。）

戴震此文微波榭本《東原文集》卷八、經韵樓本《戴東原集》卷三俱載，王昶纂《湖海文傳》亦收於卷四〇，題作《與王編修鳳喈書》。而數十年後，戴震已逝，王鳴盛於其《蛾術編》卷四"光被"條云：

新安戴吉士震，號爲精於經。乙亥歲，予官京師，作《尚書後案》，吉士偶過予，爲予論《堯典》"光被四表"，"光"當作"横"，予未敢信。吉士没，其《文集》出，内有與予札，云："昨讀所注今文《尚書》，逐條之下，辨正字體、字音，悉准乎古；及論詁訓，先徵《爾雅》，然後廣搜漢儒之説，功勤而益巨，誠古學之津涉也。震偶舉卷首一'光'字，語未竟而退，不可不終其説。孔傳'光，充也'，陸氏《釋文》無音，穎達《正義》曰'光，充。《釋言》文'……述古之難如此類者，遽數之不能終其物。"云云。吉士之説誠辨，後予檢《王莽傳》云"昔唐堯横被四表"，益駭服其説，吉士却不知引。及檢《毛詩·周頌·噫嘻》疏引鄭注，知鄭本已作"光"，解爲光耀，則吉士之説可不用矣，故《後案》内不載。然予之説，假令吉士尚在，聞之仍必不服，何則？吉士爲人，信心自足，眼空千古，殆如韓昌黎所謂"世無仲尼，不當在弟子列"，必謂鄭康成注不如己説精也。漢儒説經，各有家法，一人專一經，一經專一師。

鄭則兼通衆經，會合衆師，擇善而從，不守家法。在鄭自宜然，蓋其人生於漢季，其學博而且精，自七十子以下，集其大成而裁斷之，自漢至唐千餘年，天下所共宗仰。予小子則守鄭氏家法者也，方且退處義疏之末，步孔、賈後塵，此其道與吉士固大不同。道不同，不相爲謀。吉士札反覆千言，援引浩博，獨鄭光耀之義，載在《毛詩》疏者，隻字未舉及，縱無説以駁鄭，乃即硬抹殺一語亦無。然則吉士於世所稱《十三經注疏》者，檢閱尚未周而輕於立解，此則未免稍鹵莽。三十餘年前，予雖與吉士往還，曾未出鄙著相質，吉士從未以札見投，突見於其集。昔樂安李象先自刻集，内有詭稱顧亭林與之書論地理，象先答以書，辨顧説爲非，亭林呼爲"譎觚"。今吉士札譎與否不足辨，獨鄙見謂鄭注載《毛詩》疏者，竟未檢照，而遽欲改經字、創新説爲鹵莽，此則吉士在地下亦當首肯。至段玉裁初刻《戴集》，仍存此文，段已檢得《詩》疏鄭注，而此篇中并未代爲增入。不作僞，尚可取。段爲戴弟子，或信戴不信鄭，則亦聽客之所爲。

戴於漢儒所謂家法，竟不識爲何物。豈惟戴震，今天下無人不説經，無一人知家法也，即如"光被四表"，見於魏《公卿上尊號表》，載洪適《隸釋》。康成卒於建安五年，魏受禪初，距其没僅二十年，天下《尚書》皆守其家法，作"光被"。若僞孔之出，在晋元帝渡江初，相去幾及百年，并非至孔始改"光"，奈何遽欲改爲"横"？戴於洪適輩，視如蠛蠓。古之狂也肆，若戴氏，其狂而幾於妄者乎！①

洪榜《戴先生行狀》："嘉定光禄王君鳴盛嘗言曰：'方今學者，斷推兩先生，惠君之治經求其古，戴君求其是，究之，舍古亦無以爲是。'王君博雅君子，故言云然。其言先生之學，期於求是，亦不易之論。"王鳴盛於戴震，前推而後抑之。蓋因王氏經學得之於惠棟，故恪守漢

① 王鳴盛著，顧美華標校：《蛾術編》，上海：上海書店出版社 2012 年版，第 67～69 頁。

學壁壘，究與戴震之期於求是、不盡尊古异轍。又王氏之譏戴震，似稍嫌輕率。戴震所謂"《堯典》古本必有作'横被四表'者"，"必有作"非謂"必作"。王氏之意，似以戴震爲"必作"，故横加批評，乃至詆其爲"狂妄"。實則戴震此論，乃其"但宜推求，勿爲株守"之一例。戴震治學，鄙視株守古訓而勇於求是，雖偶有訛謬，然絶非自以爲是而目空古人、鄙夷時賢，從戴震自述其學與褒獎時賢乃至後輩可知。

又，非但王鳴盛誤讀戴震，王引之似亦如此。王引之《經義述聞》卷三"光被四表"條曰："戴氏《文集》曰：'《堯典》光被四表，格於上下，……然則《堯典》古本必作横被四表。'……引之謹案：光、桄、横古同聲而通用，非轉寫訛脱而爲光也。三字皆充廣之義，不必古曠反而後爲充也。……光被之光作横，又作廣，字异而聲義同，無煩是此而非彼也。至光、格對文，而鄭康成訓光爲光耀，於義爲疏。戴氏獨取'光，充也'之訓，其識卓矣。"[①]王引之雖歎戴震之卓識，然將戴氏原文"必有作"引作"必作"，亦屬小誤。

上年，經錢大昕引薦後，紀昀結識戴震。約在是年夏秋之交，戴震舘於紀昀家，修訂《句股割圜記》三卷（是書初稿成於戴震三十歲或稍前，洪榜《戴先生行狀》及《段譜》"乾隆十七年"下均有記；關於是書源流，見本譜"乾隆二十三年"下）。

又，戴震當將其所著《屈原賦注》與紀昀交流，今《屈原賦注・離騷注》之"恐美人之遲暮"下有"紀編修曰：'美人，以謂盛壯之年耳'"之語，可證。

戴震繼續研習《方言》，醖釀撰作《方言疏證》。戴震以爲"楊雄《方言》分寫於每字之上，字與訓兩寫，詳略互見"的治學方法頗有代表意義。趙航《段玉裁評傳》曰："戴震把《説文》的訓釋分寫到《方言》之上，從事'疏證'工作，段玉裁的《説文注》同樣以《説文》的單字爲訓釋對象。這種運用文字、音韵、訓詁和版本、校勘等方法，以古今文獻

① 王引之：《經義述聞》，見《續修四庫全書》第 174 册，上海：上海古籍出版社 2002 年版，第 313～315 頁。

資料爲佐證,注重語言事實,反對主觀臆斷的樸學精神,肇始於戴震,形成於乾嘉諸學者。”①

是年初秋,戴震與王鳴盛等同遊陶然亭,王鳴盛有《初秋陶然亭同戴東原褚搢升許石雲戈介舟姚姬傳閑眺》詩:“落日低銜飛鳥還,空亭縱步有躋攀。人來峭蒨青葱裹,天入峥泓蕭瑟間。野水數灣疑斷路,高城一角不遮山。東華塵土成何事,插脚無如此地閑。”②

因姚鼐與戴震結識在是年之秋,故此遊當繫於是年。

是年,錢大昕致書戴震,論江永天文曆法疏失。即《潛研堂文集》卷三三《與戴東原書》(詳見本譜“乾隆四年”下)。

【時事】

是年,錢大昕致書王昶,推尊惠棟《周易述》,謂:“松崖徵君《周易述》,摧陷廓清,獨明絶學,談漢學者無出其右矣。”(《潛研堂文集補編·與王德甫書一》)

秦蕙田輯纂《五禮通考》全書成。盧見曾爲之撰序:

> 乙亥冬,今大司寇味經秦先生辱示《五禮通考》全書,增徐氏(按:徐乾學)吉、軍、賓、嘉四禮,而喪禮補其未備。苞括百氏,剪裁衆説,舉二十二史之記載,悉以《周禮》《儀禮》提其綱。上自朝廷之製作,下逮諸經之議論,靡不搜抉仄隱,州次部居,令讀者一覽易曉。至是而世之有志禮教者,始暢然滿志而無遺憾矣。

是年,程廷祚兩度致書江蘇學政雷鋐,批評漢、宋經學之得失,謂漢儒之失在專門,宋儒之失在疏落。程氏《青溪集》卷十《再上雷公論宋儒書》曰:“若夫經學之敝在於專門,漢代治《春秋》者,持《穀梁》則非《公羊》,守二家則輕《左氏》。《詩》之齊、魯、韓、毛,終不聞其相通,迨三家皆衰而毛氏始立學官。夫聖人之經如日月,然不可以牖中所

---

① 趙航:《段玉裁評傳》,南京:江蘇人民出版社 2009 年版,第 18 頁。

② 王鳴盛:《西莊始存稿》卷十,見《續修四庫全書》第 1434 册,上海:上海古籍出版社 2002 年版,第 109 頁。

窺而自謂盡其全體。今欲以一師之言而箝天下之口,是何异於指一目所見,而以爲周天之徑也哉? 葉秀發謂,後學敢於叛聖人之經,而不敢違先儒之説,良可歎也。宋儒説經,以義理勝漢儒,而時有過當,至於指事徵實,尤多疏落。……乃自元、明以下,知尊宋儒而不得其道,未能息心静氣,求諸經義以會通其説,失與漢代之守專門無异。經學所以尚多晦塞,聖學亦多影響皮膚之見,不能直揭底藴,以與天下共游於康莊,皆職是故。”

是年,學者全祖望卒。

全祖望(1705—1755),字紹衣,號謝山,浙江鄞縣人。勤於校勘《水經注》,先後七校《水經注》,於《水經注》貢獻極大,且深刻影響趙一清。又續成黄宗羲《宋元學案》。《清史稿》卷四八一本傳曰:“祖望爲學,淵博無涯涘,於書無不貫串。在翰林,與(李)紱共借《永樂大典》讀之,每日各盡二十卷。時開明史舘,復爲書六通移之,先論藝文,次論表,次論忠義、隱逸兩列傳,皆以其言爲韙。生平服膺黄宗羲,宗羲表章明季忠節諸人,祖望益廣修枌社掌故、桑海遺聞以益之,詳盡而核實,可當續史。宗羲《宋元學案》甫創草稿,祖望博采諸書爲之補輯,編成百卷。又七校《水經注》,三箋《困學紀聞》,皆足見其汲古之深。又答弟子董秉純、張炳、蔣學鏞、盧鎬等所問經史疑義,録爲《經史問答》十卷。儀徵阮元嘗謂經學、史才、詞科三者得一足傳,而祖望兼之。其《經史問答》,實足以繼古賢,啓後學,與顧炎武《日知録》相埒。晚年定文稿,删其十七,爲《鮚埼亭文集》五十卷。”①

是年,名臣張廷玉卒。

張廷玉(1672—1755),字衡臣,安徽桐城人,與其父張英(1637—1708)俱爲清朝名臣。張廷玉著有《澄懷園全集》,又任《明史》總裁。

是年,乾隆因惡大學士鄂爾泰、張廷玉相互齟齬,致生黨争。四月,以鄂爾泰學生翰林胡中藻(號堅磨生,江西新建人)《堅磨生詩鈔》

---

① 趙爾巽等:《清史稿》,北京:中華書局1977年版,第131186~13187頁。

語多“悖逆譏訕”之罪，斬之。乾隆謂“即檢查嗣庭等舊案，其悖逆之詞，亦未有纍牘連篇，至於如此之甚者”。胡中藻之師鄂爾泰亦撤出賢良祠，鄂爾泰之侄鄂昌因與胡中藻唱和，所著《塞上吟》詩稿語含怨望，責令自殺。胡中藻案亦爲僞孫嘉淦奏本案之餘緒。

是年，山西監生劉裕後因父溺亡黄河而瘋癲，著《大江滂》一書，内容有“狂悖之處”，被杖斃。

上年十一月，福州將軍新柱奏福建興化府仙游縣生員李冠春所獻“濟時十策”，悉皆荒誕狂悖，乾隆諭查，并嚴責前任福建巡撫陳宏謀。李冠春於是年正月被誅。李冠春被斬後，閩浙總督喀爾吉善及福建巡撫鐘音聯合上奏：“臣等伏思生員身列膠庠，本爲齊民矜式，苟其馳騖放言、干犯名義，勢必煽惑同類，尤易導民爲非，罪不容誅。雖李冠春已經明正國法，而海隅山僻未盡周知，臣等現在通飭教官廣爲告誡，并諮會學臣，於歲科按試諸生齊集之時，隨棚曉諭，俾各觸目警心，共知炯戒。”①

乾隆二十一年丙子(1756)　三十四歲

是年，戴震應禮部尚書王安國之請，舘於其家，教授其子王念孫。《段譜》：

> 是年，蓋舘於大宗伯高郵王文肅公第，公子念孫從學，今永定河道王君懷祖是也。是時懷祖方受經，而其後終能得先生傳。
>
> 是年冬，有《讀淮南洪保》一篇云：“盧編修紹弓以其外王父馮山公先生景《淮南子洪保》示予，予讀其論古音有疑焉，惜隋、唐辨聲之法之失傳也。”

王安國(1694－1757)，字書城，號春圃，江蘇高郵人。雍正二年

---

① 上海書店出版社編：《清代文字獄檔》(增訂本)，上海：上海書店出版社 2011 年版，第 1007 頁。

(1724)進士,雍乾名儒,官至吏部尚書,卒謚文肅。

王念孫(1744—1832),字懷祖,號石臞,乾隆四十年(1775)進士,爲乾嘉傑出學者,樸學大家。其子王引之《石臞府君行狀》云:"府君之持躬正直,得於庭訓者甚早。休寧戴東原先生,當代碩儒,精於《三禮》、六書、九數、聲音、訓詁之學,文肅公延請授經,而府君稽古之學遂基於此矣。"①

閔爾昌《王石臞先生年譜》:"乾隆二十一年丙子,十三歲。休寧戴東原先生精於《三禮》、六書、九數、聲音、訓詁之學,文肅公延之家塾,爲先生師。先生稽古之學實基於此。"②

《清史稿》卷四八一《儒林二・王念孫傳》:"初從休寧戴震受聲音文字訓詁,其於經,熟於漢學之門户,手編《詩》三百篇、九經、《楚辭》之韵,分古音爲二十一部。於支、脂、之三部之分,段玉裁《六書音均表》亦見及此,其分至、祭、盍、輯爲四部,則段書所未及也。念孫以段書先出,遂輟作。"③

清代學術史上,戴震兩位著名弟子段玉裁、王念孫合稱"段王";戴震、段玉裁及王念孫、王引之父子又并稱"戴段二王"。王念孫治學與段玉裁同樣深受戴震影響,而戴震對王念孫則期許極高。王引之《光禄公壽辰徵文啓事》述曰:"戴東原先生,當代經師,家父所師事也。東原先生官於京師,校揚子《方言》,家君旋里,亦校是書。後至京師,攜所校與戴校本對勘,則所見多同,其小异者一二事耳。家父嘗問東原先生曰:'弟子將何學而可?'先生沈思久之,曰:'君之才,竟無所不可也。'其器重如此。"④

---

① 王引之:《王文簡公遺集》卷六,見《清代詩文集彙編》第481册,上海:上海古籍出版社2010年版,第768頁。

② 閔爾昌:《王石臞先生年譜》,鄭晚霞、吴平標點《揚州學派年譜合刊》,揚州:廣陵書社2008年版,第75頁。

③ 趙爾巽等:《清史稿》,北京:中華書局1977年版,第13212頁。

④ 王引之:《王伯申文集補編》(上),見《清代詩文集彙編》第481册,上海:上海古籍出版社2010年版,第800頁。

阮元《王石臞先生墓誌銘》曰："初，從東原戴氏受聲音、文字、訓詁，遂通《爾雅》《説文》，皆有撰述矣。既而餘姚邵學士晋涵爲《爾雅疏》，金壇段進士玉裁爲《説文注》，先生遂不再爲之。綜其經學，納入《廣雅》，撰《廣雅疏證》二十三卷，凡漢以前倉雅古訓皆搜刮而通證之。謂訓詁之旨本於聲音，就古音以求古義，引伸觸類擴充於《爾雅》《説文》之外，似乎無所不達。然聲音、文字部分之嚴，則一絲不亂，此乃藉張揖之書以納諸説，實多張揖所未及知者，而亦爲惠氏定宇、戴氏東原所未及。"①

要之，王念孫之小學考據因戴震所授而奠基，王念孫及其子王引之之小學則後來居上，更爲精審。

是年夏，戴震《考工記圖》由紀昀閲微草堂刊行。紀昀并撰《考工記圖序》云：

> 戴君東原始爲《考工記圖》也，圖後附以己説而無注。乾隆乙亥夏，余初識戴君，奇其書，欲付之梓。遲之半載，戴君乃爲余删取先、後鄭注，而自定其説以爲補注。又越半載書成，仍名曰《考工記圖》，從其始也。戴君語余曰："昔丁卯戊辰間，先師程中允出是書以示齊學士次風先生，學士一見而歎曰：'誠奇書也！'今再遇子奇之，是書可不憾矣。"
>
> 戴君深明古人小學，故其考證制度、字義，爲漢已降儒者所不能及。以是求之聖人遺經，發明獨多，《詩三百》、《尚書》二十八篇、《爾雅》等皆有撰著。自以爲恐成書太早，而獨於《考工記》則曰："是亞於經也者。考證雖難，要得其詳則止矣。"余以戴君之説與昔儒舊訓參互校覈，轂末之"軹"，明其當作"軒"，不得與《輿人》之軹、轛二名溷淆，今字書并軒字無之。《車人》"徹廣六尺"，以鬲長車廣當相等，兩轅之間六尺，旁加輻内六寸，輻廣三

① 阮元：《揅經室續集》（卷二下），見《續修四庫全書》第1479册，上海：上海古籍出版社2002年版，第473頁。

寸，綆寸，合左右凡二尺，則大車之轛亦八尺，字訛“八”爲“六”。《弓人》“膠三鋝”，一弓之膠不得過兩，有十銖二十五分銖之十四，正其當爲“三鍰”。此皆《記》文之誤，漢儒已莫之是正者。後鄭謂“軫，輿後横木”。戴君乃曰：“輈人言軫間，左右名軫之證也。加軫與轐，弓長庇軫，軫方象地，前後左右通名軫之證也。”《輈人》任正衡任，鄭以當軓與衡，而謂軓爲輿下三面材，輢式之所樹。戴君乃曰：“此爲下當兔圍，軸圍發其意也。若輢式之所樹，宜記於《輿人》，今《輈人》爲之殆非也。”……其所以補正鄭氏注者，精審類如此。他若因嘉量論黄鐘少宫，因玉人土圭、匠人爲規識景，論地與天體相應、寒暑進退、晝夜永短之理，辨天子諸侯之宫、三朝三門、宗廟社稷所在，詳明堂个與夾室之制，申井田溝洫之法，觸事廣義，俾古人制度之大暨其禮樂之器，昭然復見於今滋。是書之爲治經所取益固巨，然戴君不喜馳騁其辭，但存所是，文略。又於《輈人》龍旂鳥旟之屬，《梓人》筍虡，《車人》大車羊車之等圖不具，其言曰：思而可得者，微見其端要，留以待成學治古文者之致思可也。斯誠得論著之體矣。余獨慮守章句之儒，不知引伸，膠執舊聞，沾沾然動其喙也。是以論其大指以爲之序。河間紀昀撰。

《戴震全書》修訂版第五册《考工記圖·説明》：“《考工記圖》成書後經過增訂，於一七五五年冬由紀昀閲微草堂刊行。”[①]按：此説稍誤。紀氏《序》所謂初識戴震於乙亥夏，遲之半載戴震爲之補注，又越半載而成書，則《考工記圖》之付梓當在丙子(1756)之夏。

嗣後，姚鼐有《書考工記圖後》(當作於戴震卒後，見《惜抱軒全集》卷五)，論《考工記圖》得失，曰：

休寧戴東原作《考工記圖》，余讀之，推考古制信多當，然意

① 楊應芹、諸偉奇主編：《戴震全書》(修訂本)第五册，合肥：黄山書社 2010 年版，第 312 頁。

謂有未盡者。東原《釋車》曰:“軫,謂之收。”此非也。《記》曰:“軫之方也,以象地也。”蓋軫方六尺六寸。《記》曰:“參分車廣之一以爲隧。”蓋以二尺二寸爲輿後。其前也其廣如軫,而深四尺四寸以設立木焉,是爲收。《詩》曰:“小戎俴收。”毛公曰:“收,軫也。”謂輿深四尺四寸,收於軫矣,非謂軫名收也。古者之尺小,鞌之戰,綦毋張寓乘,韓厥肘之,使立於後。晋師入平陰,獲殖綽、郭最衿甲,坐中軍之鼓下,使軫深四尺四寸而已,此非四尺四寸所容也,故收非軫也。

夫車邸之四邊爲軫,後軫無立木,人所由登也。軫三面有立木者,謂之軓。《記》曰:“軓前十尺而策半之。”此前軓也。版之於前軓者曰陰,陰一而已。《少儀》曰:“祭左右軓。”軓有三面也,古大車轅上附輿,小車輈下附軸。其既駕也,輈附軸者上離輿七寸,揉而升之,逾軓及衡,不及軓七寸而揉始焉,故《記》曰:“軓中有灂。”今《圖》謂“軓爲陰,而揉輈自軓始”,抑誤矣。輿以上一木再揉而曲爲三横,居前曰式。其餘輿上巨木皆曰較。《記》曰:“參分式圍去一以爲較圍。”又其餘細木爲櫺,旁者曰軹,前者曰轛,故横木其高平於式,而當式後較也。注家謂之輢士輚車,其崇者輢而已。大夫以上,飾車衷甸重較輢上二尺二寸,而設重較焉。左右衡、較皆二,立較皆三,短其一,修其二。《記》曰:“以其隧之半爲之較。”崇謂重較也。天子重較則爲繆龍,《荀子》曰:“彌龍以養威也。”今戴君謂較輢不重者,失之矣。

凡戴君説《考工》車之失如此,其自《築氏》而下,亦間有然者。然其大體善者多矣,余往時與東原同居四五月,東原時始屬稿此書,余不及與盡論也。今疑義蓄余中,不及見東原而正之矣,是可惜也。

戴震《考工記圖》初成於乾隆十一年(1746),初無注,後經增訂補注而完善,至是年而刊刻問世。《考工記圖》爲圖釋《周禮・考工記》之著作,爲研究先秦文物制度之重要參考。劉師培《近儒之〈禮〉學》

曰:"近儒治《三禮》學者,始於徐乾學《讀禮通考》。而萬斯大、蔡德晋、毛奇齡、盛世佐咸治《禮經》,然雜糅無家法。……及江永作《禮經綱目》,於《三禮》咸有撰著,戴震(作《考工記圖》)、金榜(作《禮箋》)承其學。同學之士,有胡匡衷、程瑶田。後有凌廷堪、胡培翬,以廷堪《禮經釋例》爲最精。任大椿、阮元、孔廣森咸從戴震問《禮》。張惠言與榜同學,作《儀禮圖》,秦蕙田《五禮通考》(集《三禮》之大成),亦采江、戴之緒言。"[①]

是年冬,翰林院編修盧文弨以其外祖馮景所著《淮南子洪保》示戴震,戴震撰有《讀淮南子洪保》。此文孔繼涵刻戴氏遺書本《東原文集》、段玉裁經韵樓本《戴東原集》及《安徽叢書》本《戴東原先生全集》均未收,今《戴震全集》收入第六册《補遺》,《戴震全書》亦收入第六册《文集》之《補遺》中。其文曰:

> 盧編修紹弓,以其外王父馮山公先生《淮南子洪保》示余。先生與閻百詩友善,此同在淮南時辨證《尚書古文》者也。爲書之體,蓋即本閻百詩所撰《尚書古文疏證》,余讀其《論古音篇》,獨有疑焉。引焦氏《筆乘》所舉四字,合者一,不合者三。下,古音侯古切(户音),於唐人三十六字屬匣。虎,乃呼古切,屬曉,清濁不同。服,古音蒲北切,故古字服、匐通用。迫,乃博陌切,匐屬并,迫屬邦,重輕异位。(邦,發聲并送聲。)《唐韵》匐在德韵,迫在陌韵。若迫之古音補各切(音博),更與匐遠矣。降,有胡江、古巷二切,皆可訓下也。古音惟胡工切。(音紅。)
>
> 馮先生所舉十有五字,合者四,不合者十有一。雄,羽弓切,古音羽陵切(音蠅)。屬、喻在蒸韵。形,乃户經切,屬匣,在青韵。古韵耕、清、青,不與蒸、登通。《詩·無羊篇》蒸、雄、兢、崩、肱、升協句,《正月篇》陵、懲、夢、雄協句。屈原賦《九歌·國殤篇》,弓(古音肱)、懲、陵、雄協句,不涉耕、清、青三韵字。南,古

① 劉師培:《經學教科書》,上海:上海古籍出版社 2006 年版,第 134 頁。

音泥心切，在侵韵。能，乃奴登切，在登韵。古韵蒸、登不與侵通，《詩》中南、心、林協句，皆侵韵字。能之古音奴代切，故古字能、耐通用，又代韵矣。儀，古音五何切（音俄），屬疑，何乃屬匣？憂，古今音未有變。《詩·國風·載馳篇》驅、侯、悠、漕、憂協句。《黍離篇》憂、求協句，不續上苗、摇。《九歌·山鬼篇》蕭、憂協句。古音驅近蓲（去鳩切），漕近酋，蕭近脩。隋、唐定韵時，尤、侯、幽爲一類，今人讀侯韵字音少移焉（猶車、遮之异於麻）。風，古音方金切，屬非，在侵韵。芬，乃敷文切，屬敷，在文韵。古韵真、諄、臻、文、殷、魂，不與侵通。《詩》中風、心、林、欽協句，皆侵韵字。宅，古音徒洛切，故古宅、度、用通，屬定。托，乃他各切，屬透。天，古音他鄰切，在真韵。廳與汀，皆他丁切，在青韵。古韵真、諄、臻、文、殷、魂，不與耕、清、青通。威，於非切，在微韵。隈，乃烏恢切，在灰韵。古韵支、脂、之、微、齊、佳、皆、灰、咍通爲一部，陸德明氏所謂"古人韵緩，不煩改字"是也。福，古音彼力切（音逼），在職韵。必，乃卑吉切，在質韵。年，古音泥因切，在真韵。寧，乃奴丁切，在青韵。弓，古音姑宏切，故古字肱、弓通用，登韵，合口呼也。經，乃吉靈切，青韵，開口呼。凡若此者，求諸古人有韵之文，相與違异。雖然，無害其善言古音也，方古音之説，未有倡之者，紛紐鑿空，以歸於協音。古無協音，自陳季立、焦弱侯始，迨顧寧人氏而考之益精。余竊謂古音之説明於是，可斷隋、唐已來論韵之當否。然隋、唐諸君子辨聲之法，迄於宋而其傳失。辨聲失其傳，而後古音之説方出。如陳氏、顧氏，皆稽博三代有韵之文，以求古音，而未能審聲以知音。閻百詩氏曰"古音至隋、唐始盡變，漢時尚存是"，又不然。凡今音與古音异者，然後別之曰古音某。別者少，不別者多。則古音之變而异者少，未嘗變者多。其未嘗變者，今音即古音也，猶數倍於變而异者，而曰"至隋、唐盡變"乎？於虖！余獨惜隋、唐辨聲之法之傳失也。①

① 楊應芹、諸偉奇主編：《戴震全書》（修訂本）第六册，合肥：黄山書社 2010 年版，第 548～550 頁。

【時事】

是年，江永著《鄉黨圖考》成書，有自序。

江錦波、汪世重《江慎修先生年譜》是年條："《鄉黨圖考》成。證據《三禮》，因以廣言制度，於宫室、衣服、飲食諸門尤詳。"

是年，汪紱撰《易經詮義》十五卷成。

是年正月，常熟朱思藻因地方官有災不報，憤而摘編《四書》文字，撰成時文，題作"吊時"，遭告發，被乾隆斥爲"侮聖非法"而判處斬，後從寬免死，流放黑龍江。

是年四月，濮州（今河南濮陽）人劉德照編造《春秋建論辭》，語句狂悖不經，在山東德州被拿獲，山東巡撫白鍾山及直隸總督方觀承上奏清廷。劉德照隨即被斬，其弟劉德明因不知情，從寬發往黑龍江爲奴。

乾隆二十二年丁丑（1757） 三十五歲

是年正月，王安國卒，子王念孫扶柩歸高郵，戴震亦辭别王氏府邸。嗣後，戴震多半寄居紀昀處。秋冬之際，南下赴揚州，寓兩淮鹽運使盧見曾府，并交惠棟等學者。

《段譜》：

> 是年，識惠先生棟於揚之都轉運使盧君雅雨署内。《文集》内《題惠定宇先生授經圖》所云"自京師南歸，始覿先生於揚之都轉運使司署内"者也。
>
> 是年孟夏，有《大戴禮記目録後語》，内云："今春正月，盧編修紹弓以其校本示予，又得改正數字。"
>
> 又《與王鳳喈書》書後曰："丁丑仲秋，錢太史曉徵爲余舉《尚書》'横被'一證，見《後漢書·馮异傳》。"此皆先生是年在都門之證也。而《沈學子文集序》云："彊梧赤奮若之歲，余始得交於華亭沈沃田先生，既而同處一室者更裘葛。"似先生是年冬日出都，

在揚州交沈沃田。沃田名大成，華亭名士，老客揚州，以是知之。《與是仲明論學書》當亦其時所作。仲明名鏡，是姓，江陰人，客遊於揚者，欲索先生《詩補傳》觀之，先生答此書。平生所志，所加功，全見於此，亦以諷仲明之學非所學也。仲明築室於江陰舜過山講學，其人不爲先生所重，故諷之。

又先生有《金山志》一小册當亦此時鹽運使盧君雅雨屬先生渡江所爲。曾摘一節謂玉裁云："余山上偶見奇景，修此一段。"

《段譜訂補》：

又《與錢大昕書》曰："晤惠定翁，讀所著《明堂大道録》，真如禹碑商彝，周鼎齊鐘，薶藏千載，班班復睹，微不滿鄙懷者，好古太過耳。"

錢穆《中國近三百年學術史》第八章，據《是仲明年譜》所記，指出段説之誤。一、是仲明非江陰人，乃世居陽湖。二、是仲明與顧畇滋等同講學於無錫共學山居，而未曾築室於舜過山講學。三、乾隆二十二年是仲明已六十五歲，無客遊揚州事。四、《與是仲明論學書》非丁丑所作。《是譜》載，乾隆十四年己巳五十七歲，仲明春遊徽州，次年庚午五月再之徽州，遊黄山。錢穆推測，"己巳、庚午兩年，是、戴相晤於徽州"。按：戴震庚午（或稍前）隨父由江寧歸，與是仲明相見當在此年。《論學書》記"昨遇名賢枉駕，望德盛之容，令人整肅，不待加以誨語也"云云，可斷此書即作於同是仲明相晤後之數日。該書題下經韵樓本有"癸酉"二字，此二字爲微波榭本所無，顯爲段編《文集》時據《詩補傳序》作於"癸酉仲夏"而誤增，不可爲據。

是年，與金榜等又從遊江永。《江慎修先生年譜》："二十二年丁丑，七十七歲，館歙靈山方矩家，從學者如癸酉歲。"

是年春夏，戴震與盧文弨合校《大戴禮記》。有《周禮太史正歲年解》二篇及《周髀北極璿璣四游解》二篇。此四篇《段譜》繫於"乾隆二十年"之下,《段譜訂補》已辨明。

盧文弨是年充會試同考官、上書房行走。盧文弨借元刻本《大戴禮記》與戴震。戴震亦將其所注《屈原賦》稿本借與盧氏觀看,盧氏爲之作序(《戴東原注屈原賦序》載《抱經堂文集》卷六,詳見後文)。

戴震《大戴禮記目録後語二》:"余嘗訪求各本,得舊本五,參互校正。今春正月,盧編修召弓以其校本示余,又得改正數事。盧編修本所失者,則余五本中或得之。若遺文闕句,無從考得,姑俟异日。……乾隆丁丑孟夏月,戴震記。"(《戴震文集》卷一)又據盧文弨《新刻大戴禮跋》:"戴君丁丑年所見余本,即元時本耳。自後余凡六七讎校,始得自信無大謬誤。"(《抱經堂文集》卷八)知盧氏與戴震同校《大戴禮記》。

戴震《與是仲明論學書》,學者多認爲撰於乾隆十五年(1750),論述已見本譜"乾隆十五年"下。

是年秋冬,戴震離京南下,經紀昀推介,至揚州後客居兩淮鹽運使盧見曾幕府,得交惠棟、沈大成等學者[①]。而據嚴榮《述庵先生年譜》,王昶自乾隆二十一年(1756)冬應盧見曾之招赴揚州,二十二年(1757)均在揚,且"在揚州度歲"[②],則戴震當與王昶重晤并有研討。

李斗《揚州畫舫録・虹橋録上第十》有記戴震:

> 戴震。字東原,休寧人。爲漢儒之學,精於音均律算。少與

① 紀昀、盧見曾爲姻親,紀昀長女嫁盧見曾長孫盧蔭文。蔡錦芳等認爲,戴震此次南下結識惠棟,得錢大昕之引薦。所據即吴修《昭代名人尺牘》卷二三所録戴震致錢大昕書札:"晤惠定翁,讀所著《明堂大道録》,真如禹碑商彝、周鼎齊鐘,蘊藏千載,班班復睹。微不滿鄙懷者,好古太過耳。僕境遇多艱,未卜明春得北上承趨教益否也。臨楮神馳不盡。辛翁老先生大人閣下。戴震頓首。"蔡錦芳并認爲:"戴震的揚州之行,不祇是與紀昀有關,也與錢大昕密切相關,也就是説,不祇是爲了生計,也爲了學術。"(蔡錦芳《戴震生平與作品考論》,桂林:廣西師範大學出版社 2006 年版,第 81 頁。)

② 嚴榮:《述庵先生年譜》,《乾嘉名儒年譜》第六册,北京:北京圖書館出版社 2006 年版,第 16～17 頁。

江慎修遊，得其底藴。後來揚州，爲公(即盧見曾)坐上客。惠棟、沈大成見之，目爲奇人。遊京師，秦大司寇蕙田延之纂《五禮通考》。乾隆壬午，舉於鄉。奉詔重輯《永樂大典》，與邵晋涵、周永年、楊昌霖、余集同入館分纂《四庫全書》。戊戌(按：應爲乙未。余集與戴震均爲乾隆乙未科進士)，成進士，賜翰林院庶吉士，官至編修。歿於京師。著書滿家，半皆未成之作。曲阜孔葒谷刻其遺書《考工圖注》《七經小記》《屈原賦注》《日編》《水經注》《水地記》《聲類表》《孟子字義疏證》《方言疏證》《策算》《句股割圜記》《東原文集》。在館所校之書，則爲《水經注》《李如圭儀禮集釋文》。嘗注《難經》《傷寒論》《金匱》諸書，亦未卒業。①

是年冬，戴震於揚州初晤惠棟，有致錢大昕書札曰："晤惠定翁，讀所著《明堂大道録》，真如禹碑商彝、周鼎齊鐘，蘊藏千載，班班復睹。微不滿鄙懷者，好古太過耳。僕境遇多艱，未卜明春得北上承趨教益否也。臨楮神馳不盡。辛翁老先生大人閣下。戴震頓首。"②可見其推崇惠棟，同時亦與之存在分歧。

然戴震與惠棟等揚州之會，在清代學術史上確爲值得關注之事。李詳《論揚州學派》有論惠棟、戴震等學術交游曰："吾揚自盧雅雨先生爲運使，延惠定宇修定《感舊集》及《山左詩鈔》，華亭沈學子、青浦王述庵與惠同舘盧署，休寧戴東原往來其間。揚州是時已開小學校讎一派。"③

錢穆《中國近三百年學術史》詳論惠、戴之關係曰：

今考惠學淵源與戴學不同者，戴學從尊宋述朱起脚，而惠學

---

① 李斗：《揚州畫舫録》，北京：中華書局1960年版，第230頁。此段所録《七經小記》非一部著作，乃戴震數部著作之統稱，孔繼涵微波榭刻本中《句股割圜記》《原善》《原象》等均題"七經小記"。而《日編》當爲孔刻戴氏遺書之《原象》。

② 吴修編：《昭代名人尺牘》卷二三，北京：中華工商聯合出版社2014年版。

③ 李詳：《李審言文集》，南京：江蘇古籍出版社1989年版，第656頁。

則自反宋復古而來。顧亭林已言"理學之名,自宋始有,古之所謂理學者,經學也"。而通經則先識字,識字則先考音,亭林爲《音學五書》,大意在據唐以正宋,據古經以正唐,即以復古者爲反宋,以經學之訓詁破宋明之語録,其風流被三吴,是即吴學之遠源也。……江、浙人物薈萃,典册流播,聲氣易傳,考核易廣,清初諸老,尚途轍各殊,不數十年,至蘇州惠氏出,而懷疑之精神變爲篤信,辨僞之工夫轉向求真,其還歸漢儒者,乃自蔑棄唐、宋而然。以故徽學與吴學較,則吴學實爲急進,爲趨新,走先一步,帶有革命之氣度;而徽學以地僻風淳,大體仍襲東林遺緒,初志尚在闡宋,尚在述朱,并不如吴學高瞻遠矚,劃分漢、宋,若冀、越之不同道也。故定宇之評《毛詩注疏》也,曰:"棟則以爲宋儒之禍,甚於秦灰。"其激昂如是。……蓋自乾、嘉以往,詆宋之風,自東原起而愈甚,而東原論學之尊漢抑宋,則實有聞於蘇州惠氏之風而起也。[1]

余英時先生亦有論曰:

我們大致可以將東原一生的思想發展分爲三個不同的階段。第一階段的下限在東原乾隆甲戌(1754)入都,而尤以丁丑(1757)遊揚州晤惠定宇之年爲最具决定性的轉捩點。在此一階段中,東原在理論上以義理爲第一義之學,考證次之,文章居末。在實踐上,東原則從事於考證之學,欲以之扶翼程、朱之義理。因爲此時他在義理方面尚無心得,并未深感程、朱義理與六經、孔、孟之言有歧也。第二階段之下限較難確定,大約可以1766年爲分水嶺。此十年之間,東原受當時考證運動的激蕩最甚,其觀點也最接近惠定宇一派,故於宋儒之義理爲一筆抹殺之詞。其義理、考核、文章之分源論即代表此一階段之基本見解;而分源

① 錢穆:《中國近三百年學術史》(一),北京:九州出版社2011年版,第346～348頁。

論無形中則將考證提高至與義理相等的地位。但另一方面,東原自己的義理工作亦正式創始於此一階段。《原善》初稿三篇當成於丁丑(1757)至癸未(1763)之間,擴大之三卷本則成於1766年。故在第二階段之末,東原自家之義理已初步到手,宜其論學見解之復有轉變也。東原論學之歸宿期在其最後十年左右。此時東原一掃其中年依違調停之態,重新確定儒學的價值系統。所以他堅决地説:"義理即考核、文章二者之源也,義理又何源哉?熟乎義理,而後能考核、能文章。"這是當時治漢學考證的人所决不能接受的一種觀點。但在方法論的層次上,晚期的東原衹有比早期更尊重考證。一方面,義理固然是考證之源,而另一方面,名物訓詁又是證定義理是非的唯一標準。而且更重要的是,東原晚歲已斷無"宋儒得其義理"的觀點,所以他説的義理是指他自己由考核而得的六經、孔、孟的義理。[①]

陳祖武先生則以爲:"在乾隆中葉的學術界,戴震之所以能與經學大師惠棟齊名,其根本原因不僅在於他能融惠學爲己有,而且還因爲他進一步把惠學與典章制度的考究及義理之學的講求相結合,發展了惠學。……從惠學到戴學,有繼承,也有發展。戴學之繼承惠學者,爲訓詁治經的傳統。這一傳統導源於清初顧炎武的'讀九經自考文始,考文自知音始',至惠棟而門牆確立。戴震一脈相承,遂成乾嘉學派爲學的不二法門。……然而,戴學畢竟發展了惠學,它并不以諸經訓詁自限,而衹是以之爲手段,去探求六經藴含的義理,通經以明道。"[②]

惠、戴之會於戴震無疑有明顯影響,但是否爲戴震學術思想之轉捩點尚需進一步思考。惠棟之治學理路或對戴震有一定啓發,但更

---

① 余英時:《論戴震與章學誠》,北京:生活·讀書·新知三聯書店2005年版,第135~136頁。

② 陳祖武:《清儒學術拾零》,北京:故宫出版社2012年版,第176~177頁。

促使戴震思考，并堅定其“由文字、制度以明理義”治學路徑。其數年後所作《題惠定宇先生授經圖》曰：“震自愧學無所就，於前儒大師不能得所專主，是以莫之能窺測先生涯涘。然病夫六經微言，後人以歧趨而失之也。言者輒曰：‘有漢儒之學，有宋儒之學，一主於故訓，一主於理義。’此誠震之大不解也者。夫所謂理義，苟可以舍經而空憑胸臆，將人人鑿空得之，奚有於經學之云乎哉？惟空憑胸臆之卒無當於賢人聖人之理義，然後求之古經；求之古經而遺文垂絶、今古懸隔也，然後求之故訓。故訓明則古經明，古經明則賢人聖人之理義明，而我心之所同然者，乃因之而明。賢人聖人之理義非它，存乎典章制度者是也。”[①]戴震治學，雖有同於惠棟“必依故訓，疾乎鑿空”，但更强調“依乎故訓而旨在明道”。

戴震至揚州後，於盧見曾府繼續校訂《大戴禮記》，盧文弨復校之，盧見曾亦有參與。至明年校成後，雅雨堂於乾隆二十五年（1760）刊刻之。

【時事】

是年，江永舘於歙縣方矩家。江錦波、汪世重《江慎修先生年譜》“乾隆二十二年丁丑”下：“舘於靈山方矩家。見《樂律全書》。從學者如癸酉歲。”

江永此次講學於歙縣靈山方矩之家，汪梧鳳、程瑶田、金榜等繼續從學，而戴震則先在京師，後南下寓於揚州，故未能從學。

是年，程瑶田舘於汪梧鳳家，“推求準望重測用較爲法之理，疏記之爲三圖，在湘（汪梧鳳）奇之，戴東原見亦嘆服”[②]。

是年，汪紱著成《讀困知記》二卷，有《自序》評羅欽順之學，并論明儒是非。汪氏《自序》略曰：“明初鮮真儒，亦鮮賊儒。賊儒自陳白沙，繼此而王陽明、湛甘泉，大暢厥聲，無所顧忌，學者惑之，遂至於燎

---

① 戴震：《戴震文集》卷一一，北京：中華書局 1980 年版，第 168 頁。

② 羅繼祖：《程易疇先生年譜》，薛貞芳主編：《清代徽人年譜合刊》，合肥：黄山書社 2006 年版，第 322 頁。

原而不可撲滅。正、嘉之間，正二氏倡狂之會也，羅整庵與二子同時，又皆有知交之素，而辟之不遺餘力，其所守可謂正，其於儒可謂勤矣。然其以道心爲性，人心爲情，以理氣不分二物，則皆其意見之偏，而執之終身，雖林次崖力爲之辨，整庵終不服也。其自謂《困知》，其得之苦探力索之餘，故成見不能忘，而詖辭終自蔽歟？若乃惓惓於格致之功，反覆於心性之辨，則固有卓然不惑者，其大端已甚正矣。故當日猶有知王、湛之實爲儒賊者，在整庵不無功焉。余因閲《困知記》，而於愚衷有不盡合者，則援筆識之，亦彙爲一帙，以貽同志焉。"

羅欽順（1465－1547），字允升，號整庵，江西泰和人，著有《困知記》《整庵存稿》等。創立"氣學"，以氣爲宇宙萬物之根本，稱"通天地、亘古今，無非一氣而已"。其學與王守仁"心學"分庭抗禮。《困知記》論心、性、理、氣，認爲心、性不離而不混；理、氣衹是一物，理衹是氣之理，爲氣運動變化之條理。羅欽順否定王守仁"天地萬物皆吾心之變化"及"良知即天理"之説；主張人欲存在之合理性、必然性，而反對縱欲。汪紱肯定羅欽順批評王守仁、湛若水心學之謬誤，同時指出羅氏之學大端甚正而仍存意見之偏。

氣本之説，起源似甚早。《莊子・知北遊》："通天下一氣耳。"《論衡・齊世篇》："萬物之生，俱得一氣。"而張載《正蒙・太和》："太虚無形，氣之本體。"羅欽順又發展之，同時之王廷相亦曰："天地未生，衹有元氣。"（《雅述》上篇）至王夫之，則曰："盡天地之間，無不是氣，即無不是理。"（《讀四書大全説》卷十）既持氣本之説，又以理、氣不離，"物之有象，理即在焉"（《張子正蒙注》卷四）。

是年，凌廷堪生，郝懿行生。

凌廷堪（1757－1809）[①]，字次仲，徽州歙縣人。乾隆五十五年

① 阮元《揅經室二集》卷四《次仲凌君傳》："（嘉慶十四年）歸歙，病卒，年五十有五。"此載凌廷堪年壽有誤。凌廷堪弟子張其錦《凌次仲先生年譜》、戴大昌《凌次仲先生事略狀》、江藩《漢學師承記》卷七《凌廷堪》皆記凌廷堪年壽"五十有三"。

(1790)進士，精於禮學，有《禮經釋例》《燕樂考原》及《校禮堂文集》等。

在戴震卒後，乾隆四十八年(1783)，凌廷堪至京，始自翁方綱處得《戴氏遺書》讀之，後又自程瑶田處知戴震治學始末，深惜不得親炙戴震，而仍稱"自附於私淑之末"。凌氏師事翁方綱而推尊江永、戴震之學。其所撰《戴東原先生事略狀》，尤推重戴震"實事求是"之學，并頌其學説能使"古聖賢之心不爲异學曲説所汨亂"，頗能發明戴震學術思想。其狀文詳見本譜"乾隆四十二年"下。凌氏所自著《禮經釋例》《復禮論》等，能繼承弘揚戴震之自然人性論，反對宋儒之空疏義理。

郝懿行(1757—1825)，字恂九，號蘭皋，山東棲霞人。嘉慶四年(1799)進士。爲人樸訥，嗜書終老，精研訓詁，著述甚豐，有《爾雅義疏》《山海經箋疏》《春秋説略》等，而以《爾雅義疏》最著。乾嘉時期，戴震首重雅學，而王念孫、王引之發揚光大之。邵晋涵《爾雅正義》、郝氏《爾雅義疏》均爲乾嘉雅學名著。

是年，湖南茶陵生員陳安兆著《大學疑思辨斷》等批評朱注，被告發。乾隆以爲非訕謗朝政，不予追究。

四月，因河南夏邑生員段昌緒收藏吴三桂僞檄案發，牽出彭家屏私藏禁書《潞河紀聞》等明末野史一案。彭家屏(1692—1757)，字樂君，號青原，河南夏邑人。康熙六十年(1721)進士。歷任江西、雲南、江蘇等省布政使，深得民心，乾隆二十年(1755)致仕歸鄉。是年春，彭家屏因同邑段昌緒案爲人告發，雖與吴三桂僞檄案無關，然因抄得家藏明季野史數種，被拿問，復因其所刻族譜(名《大彭統紀》)爲乾隆嚴斥"狂妄自大""目無君上"，下獄死。段昌緒處斬決。

乾隆二十三年戊寅(1758)　三十六歲

上年冬至是年夏，戴震寓揚州。秋，自揚州返徽州。

《段譜》：

是年，歙人吴行先名思孝爲序刻《句股割圜記》成，記其後曰："總三篇，凡爲圖五十有五，爲術四十有九，記二千四百七十字，因《周髀》首章之言衍而極之，以備步算之全。"

是年，蓋客揚州。上年冬至是年夏，皆在揚也。故《沈學子文集序》曰"裘葛一更"。

戴震《沈學子文集序》："彊梧赤奮若之歲，余始得交於華亭沈沃田先生。既而同處一室者更裘葛。方炎夏，金石流，草木焦，而先生持經籍一卷，往復校覈無倦容。"（《戴震文集》卷一一）

彊梧赤奮若之歲即丁丑歲，戴震自序其自乾隆二十二年（丁丑）冬至是年夏，與沈大成在揚州盧見曾府同校典籍。沈大成於乾隆十九年（1754）入盧見曾幕府，與惠棟同校書籍。至是，戴震與惠棟、沈大成、王昶（乾隆二十一年冬至揚州）等學者名流均聚於盧見曾雅雨堂，校讎之外，討論學術。揚州一時成爲重要學術中心之一。而戴震與惠棟之交往，於清學及戴震之影響，意義尤爲重大。

戴震繼惠棟後復校《禮記》。顧廣圻《撫本禮記鄭注考异（代張古餘）》："曲阜孔氏别有宋槧注疏本……計必南宋初所刻，向藏吴門吴氏，惠定宇所手校，戴東原所傳校者，即此也。"①

戴震與沈大成同校《水經注》，并研討算學，戴震之算學爲沈氏所驚服。沈大成《句股三述引》曰："晚遇吾友休寧戴君東原於廣陵，專門名家，聚中西演算法之書，相與講尋討論，聞所未聞。"②

是年夏末或初秋，戴震自揚州返回徽州。蓋因盧文弨作《與程致堂以道進士書》（見後文），調解戴震與程氏之矛盾，使戴氏祖塋糾紛得以基本化解。同時，戴震《句股割圜記》將在歙縣刊刻。戴震闊别

---

① 顧廣圻：《顧千里集》卷八，北京：中華書局 2007 年版，第 132 頁。

② 沈大成：《學福齋集》卷二〇，見《續修四庫全書》第 1428 册，上海：上海古籍出版社 2002 年版，第 246 頁。

徽州六載，終得返鄉與親故一聚。

是年，戴震《句股割圜記》三卷由歙縣吴思孝（字行先）首次刊刻。卷首有題作吴思孝識語曰：

> 《句股割圜記》之書三卷，余友戴君東原所撰。戴君之於治經，分數大端，各究洞源委，步算其一也。余嘗謂儒者仰不知天道，不可以通經，如命羲和爲《堯典》之端首，一啓卷蓋已茫然；《詩·大雅·十月之交》，鄭氏箋爲周正，虞劆推之在周幽王六年建酉之月，劉原甫乃云，宜用夏正；《春秋》襄公二十一年、二十四年比月連書日食，推步家姜岌、一行皆言無比月頻食之理，楊士勳《穀梁傳疏》以爲疑古有之，而漢初高帝、文帝二十八年之間，比月日食者再，此經史不決之大疑。他端未易剖析者，遽數之不能終其物也。前六載，余抄得八綫表者，稍稍究之，今夏初，戴君以所爲《句股割圜記》示余，讀其文辭，殆非秦漢已後書，其於古今步算之大全，約以二千言而盡，可謂奇矣。戴君自識於終篇曰："因《周髀》首章之言衍而極之。"然則記中立法、稱名一用古義，蓋若劉原甫之補亡，欲踵古人傳記之後，體不得不爾也。余獨慮習今者未能驟通古，乃附注今之平三角、弧三角法於下，又以治經之士能就斯記卒業，則凡疇人子弟所守，以及西人測量之長，胥貫微靡遺焉，是以并著之。
>
> 乾隆二十三年著雝攝提格壯月歙吴思孝書於存存書屋。

《段譜》"乾隆十七年"下曰："《句股割圜記》以西法爲之注，亦先生自爲，假名吴君思孝。"據此卷首題識内容，亦當爲戴震所撰，而托吴思孝之名。

《句股割圜記》參合中西之學。汪灼《四先生合傳·戴震》云："所著《句股割圜記》，集《天官書》、梅氏、利瑪竇之大成。"《戴震全書》之《〈句股割圜記〉説明》述是書源流："因原書文字簡古，作者假吴思孝之名自加圖作注。該書初刻後，作者將原稿多次改易，所用名詞也前後不同。晚年纂《七經小記》，以此三卷作爲《原象》第五、六、七三篇，并撰補遺一篇作爲《原象》第八篇。以後又將這篇補遺合併到《割圜記》上卷，成爲《句股割圜記》最後定稿本。這個定稿本刊入微波榭本《算經十書》，後《安徽叢書》據以影印。"①

錢大昕爲焦循作《釋輪》序曰："吾友戴翰林東原，以西人三角即古人句股，乃易其弦切、割線，爲矩分、引數諸名，作《句股割圜記》三篇，以求合於古所云者，其用心蓋綦密矣。"②

戴震將《句股割圜記》列入《七經小記》，是將算數之學與經學并列。阮元《疇人傳》卷四二《戴震》稱："庶常（戴震）以天文、輿地、聲音、訓詁數大端，爲治經之本，故所爲步算諸書，類皆以經義潤色，縝密簡要，准古作者，而又網羅算氏，綴輯遺經，以紹前哲，用遺來學。蓋自有戴氏，天下學者，乃不敢輕言算數，而其道始尊。然則戴氏之功，又豈在宣城下哉？"③似不爲虛譽。

戴震《答江慎修先生論小學書》約撰於是年。其文曰：

《説文》所載九千餘文，當小學廢失之後，固未能一一合於古，即《爾雅》亦多不足據。姑以《釋詁》言之：如"台、朕、賚、畀、卜、陽，予也"。台、朕、陽，當訓予我之予，賚、畀、卜，訓賜予之予，不得錯見一句中。"孔、魄、哉、延、虛、無、之、言，間也"。郭氏注云："孔、穴、延、魄、虛、無，皆有間隙，餘未詳。"考之《説文》："哉，言之間也。"言之間即詞助。然則哉、之、言三字，乃言之間。言爲詞助，見於《詩》《易》多矣。"豫、射，厭也"。郭氏注云："《詩》曰：'服之無射。'豫未詳。"豫蓋當訓厭足、厭飫之厭，射訓厭倦、厭憎之厭，此皆掇拾之病。其解釋《詩》《書》，緣詞生訓，非

---

① 楊應芹、諸偉奇主編：《戴震全書》（修訂本）第五册，合肥：黄山書社 2010 年版，第 119 頁。

② 焦循：《焦氏叢書・釋輪卷首》，嘉慶道光間江都焦氏雕菰樓刻本。

③ 阮元：《疇人傳》，見《續修四庫全書》第 516 册，上海：上海古籍出版社 2002 年版，第 413 頁。

字義之本然者，不一而足。

然今所有《傳》《注》，莫先《毛詩》，其爲書又出《爾雅》後。《爾雅》"杜，甘棠"，"棃，山樆"，"榆，白枌"，立文少變。杜澀，甘棠，而名類可互見。"杜，赤棠，白者棠"，以棠見杜；"杜，甘棠"，以杜見棠。《毛詩》"甘棠，杜也"，誤；"枌，白榆也"，不誤。杜甘曰棠，棃山生曰樆，榆白曰枌。朱子《詩集傳》於《陳・東門之枌》云："枌，白榆也。"本《毛詩》。於《唐・山有樞》云："榆，白枌也。"殆稽《爾雅》而失其讀。其他《毛詩》誤用《爾雅》者甚多。

先儒言《爾雅》往往取諸《毛詩》，非也。若《説文》視《爾雅》《毛詩》固最後，沿本處多，要亦各有師承。《爾雅》"以衣涉水爲厲"，"由帶以上爲厲"。《説文》"砅（字又作濿，省用厲），履石渡水也"，引《詩》"深則砅"。《詩》之意，以水深必依橋梁乃可過，喻禮義之大防不可犯。若淺水則褰衣而過，尚不濡衣。酈道元《水經注》云："段國《沙洲記》：吐谷渾於河上作橋，謂之'河厲'。"此可證橋有"厲"之名。《衛詩》"淇梁""淇厲"并舉，"厲"固"梁"之屬也。就兹一字，《爾雅》失其傳，《説文》得其傳。觸類推求，遽數之不能終其物。用是知漢人之書，就一書中，有師承可據者，有失傳傅會者。

《説文》於字體字訓，罅漏不免。其論六書，則不失師承。劉歆、班固云："象形、象事、象意、象聲、轉注、假借。"鄭衆云："象形、會意、轉注、處事、假借、諧聲。"所言各乖异失倫。《説文叙》稱："一指事，二象形，三形聲，四會意，五轉注，六假借。"轉注"考""老"字，後人不解。裴務齊《切韵》猥云："考字左回，老字右轉。"戴仲達、周伯琦之書，雖正"老"字屬會意，"考"字屬諧聲，而不能不承用"左回""右轉"爲轉注，別舉"側山爲𨸏，反人爲匕"等象形之變轉者當之。徐鉉、徐鍇、鄭樵之書，就"考"字傅會，謂祖考之"考"，古銘識通用"丂"，與"丂"之本訓轉其義，而加"老"省注明之。又如犬走貌爲"猋"，《爾雅》"扶摇謂之猋"，於"猋"之本訓轉其義,“颷”則偏旁加風注明之。此以諧聲中聲義兩近者當轉注,不特一類分爲二類甚難,且校義之遠近必多穿鑿。王介甫《字説》强以意解加之諧聲字,陸佃《埤雅》中時摭之。使按之理義不悖,如程子、朱子論“中心爲忠,如心爲恕”,猶失六書本法,歧惑學者。今區分諧聲一類爲轉注,勢必强求其義之近似。況古字多假借,後人始增偏旁,其得盡證之使自爲類乎? 楊桓又謂:“三體已上,輾轉附注,是曰轉注。”斯説之謬易見。而莫謬於蕭楚、張有諸人“轉聲”爲“轉注”之説,雖好古如顧炎武亦不復深省。《説文》於假借舉“令”“長”字,乃移而屬轉注。古今音讀莫考,如好惡之“惡”,今讀去聲,古人有讀入聲者;美惡之“惡”,今讀入聲,古人有讀去聲者。宋魏文靖論《觀卦》云:“今轉注之説,則彖象爲觀示之‘觀’,六爻爲觀瞻之‘觀’。竊意未有四聲反切已前,安知不爲一音乎?”據此言之,轉聲已不易定,轉注、假借何以辨?

今讀先生手教曰:“本義外,輾轉引伸爲它義,或變音,或不變音,皆爲轉注。其無義而但借其音,或相似之音,則爲假借。”又曰:“字之本義亦有不可曉者。”震之疑不在本義不可曉,而在輾轉引伸爲他義,有遠有近,有似遠義實相因,有近而義不相因,有絶不相涉而旁推曲取又可强言其義。區分假借一類而兩之,殆無异區分諧聲一類而兩之也。六書之諧聲、假借并出於聲。諧聲以類附聲,而更成字;假借依聲託事,不更製字。或同聲,或轉聲,或聲義相倚而俱近,或聲近而義絶遠。諧聲具是數者,假借亦具是數者。後世求轉注之説不得,并破壞諧聲、假借,此震之所甚惑也。

《説文》“老,從人毛匕,言鬚髮變白也”;“考,從老省,丂聲”。其解字體,一會意,一諧聲,甚明。而引之於《叙》,以實其所論“轉注”,不宜自相矛盾,是固别有説也。使許氏説不可用,亦必得其説然後駁正之,何二千年間紛紛立説者衆,而以猥云左回、右轉者之謬悠目爲許氏，可乎哉？

震謂“考”“老”二字屬諧聲、會意者，字之體；引之言轉注者，字之用。轉注之云，古人以其語言立爲名類，通以今人語言猶曰“互訓”云爾。轉相爲注，互相爲訓，古今語也。《説文》於“考”字訓之曰“老也”，於“老”字訓之曰“考也”。是以《叙》中論轉注舉之。《爾雅·釋詁》有多至四十字共一義，其六書“轉注”之法與？别俗异言，古雅殊語，轉注而可知，故曰“建類一首，同意相受”。大致造字之始，無所依憑，宇宙之間事與形兩大端而已，指其事之實曰“指事”，一二、上下是也；象其形之大體曰“象形”，日月、水火是也。文字既立，則聲寄於字，而字有可調之聲；意寄於字，而字有可通之意。是又文字兩大端也。因而博衍之，取乎聲諧，曰“諧聲”；聲不諧，而會合其意曰“會意”。四者，書之體止此矣。由是之於用，數字共一用者，如“初、哉、首、基”之皆爲“始”；“卬、吾、台、予”之皆爲“我”，其義轉相爲注，曰“轉注”。一字具數用者，依於義以引申，依於聲而旁寄，假此以施於彼，曰“假借”。所以用文字者，斯其兩大端也。六者之次第出於自然，立法歸於易簡。震所以信許叔重論六書必有師承，而“考”“老”二字，以《説文》證《説文》，可不復疑也。存諸心十餘載，因聞教未達，遂縱言之。

對戴震所論六書“四體二用”之説，江永稱：“衆説紛紜，得此論定，誠無以易。”學界亦多予推崇，段玉裁注《説文解字》更繼承其説。然亦有批評戴説者，顧廣圻《書段氏注説文後》云：

《漢書·藝文志》：“古者八歲入小學，故《周官》保氏掌教國子，教之六書，謂象形、象事、象意、象聲、轉注、假借，造字之本也。”“造字之本”一語，必自來小學家師師相傳，以至劉歆之舊説，而班《書》承之，斷無可易者也。近段茂堂注《説文》，則欲易之。其易之之説，主戴東原《答江慎修書》，謂指事、象形、形聲、會意四者,字之體;轉注、假借二者,字之用。又推廣其言,詆班此説,實爲巨謬。……嗟乎,東原求轉注不得,指訓詁以當之,而體用之説起。茂堂力主體用而“造字之本”一語遂蒙詆而遭易。[①]

是年,盧文弨爲戴震作《與程致堂以道進士書》,書曰:

貴鄉戴東原兄,僕重其學問,與之定交。今聞其因祖墳事與賢從兄弟將生嫌郤,此固戴氏不肖子孫爲之。然其群子姓中,苟少有人心者,自不容其先世百餘年藏魄之所,一旦受侵削震驚之患,亦漠然袖手緘口,不一校計。此在常情,尚不出此,况於賢者。在貴族初買之時,必不知爲戴氏祖墳之地,今則已知之矣。卜地以葬,求其安吾親也。今如所卜之地,恐吾先人亦將不安。夫利他人有不肖之子孫,而吾得乘其間而取之,使吾亦有如是之子孫,而人以得乘其間而奪之,一彼一此,其情有异乎否乎?賢者愛其親以及人之親,其必不肯陵人之親以爲孝也明矣。今之堪輿家,動以福利啗人,僕素不明此。然第以理觀之,人方銜哀茹痛,積怨含怒,不量其力之不敵,而必欲起而爲難,以求伸其爲人子孫之志,事倘不濟,而怨毒之氣,愈不能平。是在我方欲求福,乃反以之招怨而犯怒,訐訟由之而起,釁讎由之而深,恐亦非貴族之利也。年兄天屬相關,誠宜及早調處,如其昭然遠見,舉地相讓,以安兩家之先靈,此其於仁智孝慈之道,兼備無憾。戴氏子孫,宜何如感戢也!若其勢萬不能已,亦慎毋相逼太甚,期於兩安而已。年兄亦度其所能行者而盡誠以相告焉。譬之啓窴而遇水石蟲蟻之害,亦將不改卜乎?吾之爲此言,誠私於戴君,然自年兄言之,亦可謂忠於貴族矣。佇望覆示。[②]

---

① 顧廣圻:《思適齋集》卷一五,見《續修四庫全書》第1491册,上海:上海古籍出版社2002年版,第127頁。

② 盧文弨:《抱經堂文集》卷一八,見《續修四庫全書》第1432册,上海:上海古籍出版社2002年版,第701～702頁。

乾隆十八九年間(1753—1754),因隆阜戴氏不肖子私售戴氏祖塋地於程氏,戴震力争之而反遭構陷,不得不隻身避難,遠赴京師。盧文弨知情後,出於友情而竭力斡旋此事,因盧氏此書,程氏購戴氏祖塋而狀告戴震一案或得以基本平息,戴震亦得以返鄉。據道光《休寧縣志》卷九《選舉・進士》:"程學道,字致堂,率口人,乾隆二十二年進士。"[①]乾隆十三年至二十二年間(1748—1757),休寧程氏中進士者僅程學道(字致堂)一人,且率口於清代屬黎陽東鄉,在隆阜之東南約三千米(今屬屯溪區昱中,屯溪老街東),與隆阜隔鎮海橋(初建於明嘉靖十五年)相望,則程以道應即程學道無疑。盧文弨爲乾隆十七年(1752)進士,程氏及第晚於盧氏數年,盧氏致書以"年兄"相稱,顯係出於尊敬。

是年,盧文弨、戴震校訂《大戴禮記》畢,盧見曾得之,即行刊刻入《雅雨堂叢書》。盧見曾并作《大戴禮記序》:"《大戴禮》十三卷,向不得注者名氏……余家紹弓太史,於北平黄夫子家借得元時刻本,以校今本之失,十得二三,注之爲後人刊削者,亦得據以補焉。又與其友休寧戴東原震,泛濫群書,參互考訂。既定,而以貽余。夫以戴書盧注,經千百年後,復有與之同氏族者,爲之審定而發明之,其事蓋有非偶然者,因亟授諸梓。……乾隆戊寅。"(盧見曾《雅雨堂文集》卷一)

又,盧文弨有《新刻大戴禮記跋》(《抱經堂文集》卷八)曰:"吾宗雅雨先生,思以經術迪後進。於漢、唐諸儒説經之書,既遴得若干種,付剞劂氏以行世。獨以《大戴》者,孔門之遺言,周元公之舊典,多散見於是書,自宋、元以來諸本,日益訛舛,馴至不可讀,欲加是正,以傳諸學者。知文弨與休寧戴君震夙留意是書,因索其本,并集衆家本,參伍以求其是。"

戴震在揚州時,或又校《春秋繁露》。黄丕烈《蕘圃藏書題識》卷一《春秋繁露十七卷》"鈔本述古後未知誰藏"下有黄氏自注云:"惟卷

① 道光《休寧縣志》,見《中國地方志集成・安徽府縣志輯》,南京:江蘇古籍出版社1998年版,第153頁。

一格外有墨書一行云:'休寧戴震觀於江都客邸。'"①

《汪氏捐立學田碑》約作於是年。該文爲戴震應揚州籍徽商汪立德、汪秉德兄弟之請而撰,其文曰:

揚州府暨江都、甘泉二縣先師廟,三地相望也。歙之汪氏用鹽鹽起業於斯地也久。今上初,曰應庚者,捐鐐四萬七千修治新之,越三載,復捐田千四百餘畝,入租粟以爲歲葺費,俾無墮前功。儲三年之通,資財贏饒,三館之士就布政司選也。出以佐其所不給,如是廿年矣。其孫立德、秉德,欲久久行之弗壞,念一家私任其勤非遠計,請以田分隸三學董之。

余既嘉汪氏之爲善,祖若孫相繩有終,而因歎夫後此而終之實難也。事無小大,亘古今無豫爲杜弊之法,其所恃以弊無自開者,蓋有故。凡事之經紀於官府,恒不若各自經紀之責專而爲利實。然不可已,既歸之官府矣,居官者誠能惻然有所恤,至於久久,猶以新意持之,雖侵漁之吏,饞墨之夫,千百圜視,御之如發蒙振落,咸無所肆其誨巧。或不然,則以侵漁饞墨者之肩比踵接,而臨御其上,目居官爲遽舍,不專任責。及夫既墮,乃後起廢耡根,使實利之日侵月削以幾於亡者,整之還其舊,雖致力百倍於始事者,且無濟也。此吾所以謂終之實難者也。因汪氏之請余言,爲永終其譽是圖,余遂假以道吾之惑,以明惻然有所恤之意,告涖事之君子。

戴震既嘉奬汪氏兄弟捐立學田之義舉,更對如何保障義學陳其灼見。據文中"今上初,曰應庚者,捐鐐四萬七千修治新之,越三載,復捐田千四百餘畝,入租粟以爲歲葺費,俾無墮前功。儲三年之通,資財贏饒,三館之士就布政司選也。出以佐其所不給,如是廿年矣"。推知其應作於是年或稍後。

---

① 黄丕烈:《黄丕烈藏書題跋集》,上海:上海古籍出版社2013年版,第42頁。

【時事】

是年，汪紱撰成《讀讀書録》二卷，有自序贊明儒薛瑄有功於朱子之學，而抨擊王守仁心學流派爲"壞人心術"之邪説。

薛瑄(1389－1464)，字德温，號敬軒，山西河津(今山西運城)人。著有《讀書録》《讀書續録》等。薛瑄學宗朱子，贊同性即理，而又指出"理衹在氣中，决不可分先後"，修正朱子"理在氣先"説。又認爲"理如物"，理、物不可分，"天下無無理之物，無無物之理"。(《讀書録》)

是年五月十二日(6月15日)，學者惠棟卒。

惠棟(1697－1758)，字定宇，號松崖，學者稱"小紅豆先生"。江蘇元和(今蘇州)人。承祖父周惕及父士奇家學，尤精於《易》，著有《易漢學》《周易述》等。爲吴派樸學之代表，弟子有余蕭客、江聲等。《清史稿》卷四八一《惠棟傳》：

> 棟於諸經熟洽貫串，謂詁訓古字古音，非經師不能辨，作《九經古義》二十二卷。尤邃於《易》，其撰《易漢學》八卷，掇拾孟喜、虞翻、荀爽緒論，以見大凡。其末篇附以己意，發明漢《易》之理，以辨正河圖、洛書、先天、太極之學。《易例》二卷，乃鎔鑄舊説以發明《易》之本例，實爲棟論《易》諸家發凡。其撰《周易述》二十三卷，以荀爽、虞翻爲主，而參以鄭康成、宋咸、干寶之説，約其旨爲注，演其説爲疏。書垂成而疾革，遂闕革至未濟十五卦及序卦、雜卦兩傳，雖爲未善之書，然漢學之絶者千有五百餘年，至是而粲然復明。撰《明堂大道録》八卷，《禘説》二卷，謂禘行於明堂，明堂法本於《易》。《古文尚書考》二卷，辨鄭康成所傳之二十四篇爲孔壁真古文，東晋晚出之二十五篇爲僞。又撰《後漢書補注》二十四卷，《王士禎精華録訓纂》二十四卷，《九曜齋筆記》《松崖文鈔》諸書。嘉定錢大昕嘗論："宋、元以來，説經之書盈屋充棟，高者蔑古訓以誇心得，下者襲人言以爲己有。獨惠氏世守古學，而棟所得尤精。擬諸前儒，當在何休、服虔之間，馬融、趙岐

輩不及也。”①

是年，軍機大臣汪由敦卒。

汪由敦(1692－1758)，字師茗，號謹堂，又號松泉，徽州休寧人，少時以商籍僑居錢塘(今杭州)。精於儒學，爲乾隆名臣。參與主編《大清一統志》等，著有《松泉詩文集》。

是年秋，姚鼐遊揚州，與程晋芳等交游。

乾隆二十四年己卯(1759)　三十七歲

是年春，戴震仍在徽州。夏，至京師。秋八月，在京參加北闈鄉試(即順天鄉試)，此或爲戴震首次參加鄉試，因不欲出於考官門下，落第。

戴震鄉試落第後，於是年冬再赴揚州。年末或明年初，返徽州。

有《鄭學齋記》《書小爾雅後》《春秋究遺序》。

《段譜》：

> 秋九月，爲王蘭泉舍人作《鄭學齋記》。
>
> 是年，先生北闈鄉試，相傳考官欲令出門下，而以不知避忌置之。
>
> 是年，有《書小爾雅後》一篇。

《段譜訂補》：

> 是年孟冬，爲桐城葉酉(字書山)《春秋究遺》一書作序。

是年夏，戴震至京師，助紀昀審定史榮(字雪汀)所著《風雅遺音》成稿。

① 趙爾巽等:《清史稿》，北京:中華書局1977年版，第13180～13181頁。

紀昀《審定史雪汀風雅遺音序》(《紀曉嵐文集》卷八):“甲戌夏,同年姜君白岩持史雪汀《風雅遺音》贈余。……此書於《集傳》以外,無所發明,固不敢與陸氏齒。而因人人習讀之書,救正其訛謬,以之針砭俗學,較易於信從。獨惜其不知古音,故叶韵之説多舛誤,又門目太瑣,辯難太激,於著書之體亦微乖。退食之暇,重爲編録,汰繁就簡,棄瑕取瑜,較之原書,似爲完善。其文有所損,無所益,有所潤飾,而不更其意旨,亦曰此仍史氏之書,予無與焉耳。於時休寧戴君東原主予家,去取之間,多資參酌。”

九月,戴震在京時,爲王昶(號蘭泉)校書室作《鄭學齋記》,其文曰:

> 王蘭泉舍人爲余言,始爲諸生時,有校書之室,曰鄭學齋,而屬余記之。今之知學者,説經能駸駸進於漢,進於鄭康成氏,海内蓋數人爲先倡,舍人其一也。有言者曰:“宋儒興而漢注亡。”余甚不謂然。方漢興,置五經博士,開弟子員,先師皆起建元之間。厥後鄭氏卓然爲儒宗,衆家之書亡於永嘉,師傳不絶獨鄭氏。及唐承江左義疏,《書》用梅賾所進古文,《易》用輔嗣、康伯,二經涉前儒之申鄭者目曰鄭學云爾。故廢鄭學,乃後名鄭學,以相别异,而鄭之《三禮》《詩箋》僅存。後儒淺陋,不足知其貫穿群經以立言,又苦義疏繁蕪,於是競相鑿空。
>
> 朱子嘗在朝與議孫爲祖承重服,退居時,檢得《答趙商問》,因謂王介甫新經出,士棄注疏不讀,卒有禮文之變,相視茫如。夫自制義選士以來,用宋儒之説,猶之奉新經而廢注疏也。抑亦聞朱子晚年治禮,崇鄭氏學何如哉?然曲士拘儒,一聞曰鄭學,必驚顧而狂駭。或説之曰:“是專守一師以精其業也。”或曰:“是好古以自名其學也。”皆偏曲之論,不足語學。學者大患在自失其心。心,全天德,制百行。不見天地之心者,不得己之心;不見聖人之心者,不得天地之心;不求諸前古賢聖之言與事,則無從探其心於千載下。是故由六書九數,制度名物,能通乎其詞,然

後以心相遇。是故求之茫茫，空馳以逃難，歧爲异端者，振其槁而更之，然後知古人治經有法。此之謂鄭學。余聞問學於舍人者，得所學以往如是。乾隆己卯秋九月，休寧戴震撰。

戴震既推崇鄭學，更重學有本原，當由六書、九數、制度、名物而通語言，進而得聖人之情、天地之心。反之，學無本原或因偏私則會自失其心。戴震并不認同當時所謂“宋儒興而漢注亡”之論，認爲宋儒并非全然鑿空，且充分肯定朱熹晚年治《禮》尊崇鄭氏。《鄭學齋記》體現了戴震一貫治學主張與不隨流俗、實事求是精神。

十月，又爲葉酉作《春秋究遺序》：

《春秋》一再傳，而筆削之意已失。故《傳》之存者三家，各自爲例，以明書法，不得《春秋》之書法者蓋多。何邵公、杜元凱諸人，徒據《傳》爲本，名爲治《春秋》，實治一《傳》，非治經也。唐啖、趙、陸氏而後，言《春秋》者一變。迨宋而“廢例”之説出，是爲再變。桐城葉書山先生著《春秋究遺》一書，更約爲比例數十條，列諸端首，考定書法之正，然後以知變例及异文特文等，蓋盡去昔人穿鑿碎義，而還是經之終始本末。

先生之爲書也，有取於韓退之氏“(獨)抱遺經究終始”之言。震竊謂先生所得，在《春秋》書法之先。《春秋》所以難言者，聖人裁萬事，猶造化之於萬物，洪纖高下各有攸當，而一以貫之，條理精密，即在廣大平易中。讀《春秋》者，非大其心無以見夫道之大，非精其心無以察夫義之精。以故三家之《傳》而外，説是經至數千百家，其於《春秋》書法，卒不得也。

《春秋》，魯史也，有史法在。古策書之體，其例甚嚴，所以爲禮義之防維而不敢苟，此則魯之史官守之，自魯公以來，行事有常經，魯史記書法不失者，君子以爲不必修也。而修《春秋》自隱始，則王迹熄而諸侯僭樂壞禮，肆行征伐。諸侯之政又失，而大夫操其國柄。世變相尋，行事爲史所不能書，於是書法淆亂，非有聖人之達於權，不知治變。是以《春秋》義例不可與魯史記之例同條而論，而"廢例"之説，知其益疏矣。

震嘗獲聞先生論讀書法曰："學者莫病於株守舊聞，而不復能造新意，莫病於好立异説，不深求之語言之間，以至其精微之所存。夫精微之所存，非强著書邀名者所能至也。日用飲食之地，一動一言，好學者皆有以合於當然之則。循是而尚論古人，如身居其世睹其事，然後聖人之情見乎詞者，可以吾之精心遇之。非好道之久，涵養之深，未易與於此。"先生之言若是。然則《春秋》書法以二千年不得者，先生獨能得之，在是也夫。時乾隆己卯孟冬，休寧戴震撰。

葉酉，字書山，桐城東鄉（今屬樅陽）人，乾隆四年（1739）進士，入翰林院。長於詩，而深通經學，師事方苞。著有《日下詩草》《春秋究遺》《易經補義》等。戴震此序概論《春秋》義例，并稱"讀《春秋》者，非大其心無以見夫道之大，非精其心無以察夫義之精"，可與其《春秋改元即位考》互參。

是年，戴震又作《書小爾雅後》，其文曰：

《小爾雅》一卷，大致後人皮傅掇拾而成，非古小學遺書也。如云"鵠中者謂之正"，則正鵠之分，未之考矣。"四尺謂之仞"，則"築宫仞有三尺"，不爲一丈，而爲及肩之牆矣。"澮深二仞"，無异洫深八尺矣。其解釋字義，不勝枚數以爲之駁正。故漢世大儒，不取以説經，獨王肅、杜預及東晋梅賾奏上之，《古文尚書》《孔傳》頗涉乎此。

《廣量》曰："豆四謂之區，區四謂之釜。"本[諸]《春秋傳》"四升爲豆，各自其四以登於釜"之文。[下曰]："釜二有半爲之籔。"本《聘禮記》"十六斗曰籔"。"籔二有半爲之缶"，此句無本。"缶二謂之鍾"，所謂"陳氏新量皆登一焉，鍾乃大矣"者。齊舊量蓋先王之制，區斗六升，釜六斗四升，鍾六斛四斗。陳氏從而詭更之;釜登一區則八斗,區登一豆則二斗,豆登一升則五升,而鍾實八斛。兹用舊量之豆、區、釜,用新量之鍾,兩法雜施,顯相剌謬。

《廣衡》曰:"兩有半曰捷,倍捷曰舉。"皆於古無本。"倍舉曰鋝",賈景伯所稱"俗儒以鋝重六兩"是也。不稽古訓,故目之曰俗儒云爾。

張揖作《廣雅》,於《釋器》曰:"鍾十曰斞,庾十曰筥。"斞、庾二文錯見,并當爲藪。而改"區十曰藪",斯協於《聘禮記》"十斗曰斛,十六斗曰藪,十藪曰秉"矣,"鍾十"之云謬也。此十六(斗)[斛]之秉,量名也。刈禾盈手謂之秉,秉猶把也;字同義别。《聘禮記》曰:"四秉曰筥,十筥曰稯,十稯曰秅,四百秉爲一秅。"然則"秉十"當改"秉四",又不當蒙"藪十曰秉"相亂。其掇拾之病,與《小爾雅》同。

或曰:"《小爾雅》者,後人采王肅、杜預之説爲之也。"時乾隆己卯秋,東原氏記。

《小爾雅》最早著録於《漢書·藝文志》,而不著作者姓名。沈欽韓《漢書疏證》引陳振孫曰:"《漢志》不著名氏,《唐志》有《李軌解》一卷,今《舘閣書目》云:孔鮒撰,蓋即《孔叢》第十一篇,當是好事者鈔出别行。案班氏時,《孔叢》未著,已有《小爾雅》,亦孔氏壁中文,不當謂其從《孔叢》鈔出也。"錢大昕《漢書考异》:"李善《文選注》引《小爾雅》皆作《小雅》。此書依附《爾雅》而作,本名《小雅》,後人僞造《孔叢》,以此篇竄入,因有《小爾雅》之名,失其舊矣。"戴震論《小爾雅》爲"後人皮傅掇拾而成,非古小學遺書也",後人或然或否,争議頗多,徽派學者胡承珙(1776—1832,字墨莊,安徽涇縣人)撰有《小爾雅義證》十四卷,其《自序》曰:"《小爾雅》者,《爾雅》之羽翼,六藝之緒餘也。……其中如金舄之解,公孫之稱,請命之禮,屬婦之名,合符《詩》《書》,深裨經誼。沿及魏晋,援據益彰。李軌作解,今雖不存,而所注《法言》曼無邵美,即用雅訓,是固足以名其學矣。唐以後人取爲《孔叢子》第十一篇,世遂以《孔叢》之僞而并僞之,而酈氏之注《水經》,李氏之注《文選》，陸氏之《音義》，孔、賈之《義疏》，小司馬之注《史》，釋玄應之譯經，并所徵引，核之今本，粲然具存。此可見《孔叢》本多剌取古籍，而所取之《小爾雅》，猶係完書，未必多見竄亂也。曩見東原戴氏横施駁難，僅有四科。予既援引古義，一一辨釋，因復原本雅故，區别條流。”胡氏以爲《小爾雅》非後人掇拾之書，所論較爲允當。然戴震“提出的《小爾雅》四大疑點：正鵠不分、四尺曰仞和‘澮深二仞’、齊舊量和田陳新量雜糅、捷舉之説於古無本和‘倍舉曰鋝’取俗儒而輕古訓，成爲後人研治《小爾雅》全力解决的問題。戴震首次提出了研治《小爾雅》的重點所在，這些課題是研治《小爾雅》非解决不可的，後人研治該書，無不首先著眼於解决這些難題。戴氏的學術識力如此”[①]。

是年十月，盧見曾七十壽誕，袁枚自江寧來揚州盧府賀壽，戴震時亦當在盧府，與袁枚有交往。袁枚《子不語》卷一三載有《江秀才寄話》一則：“婺源江秀才，號慎修，名永，能製奇器。……此其弟子戴震爲余言。”[②]考察戴震與袁枚之交往，最大可能在揚州，而二人揚州之交集僅此一次。

【時事】

是年，江永著成《音學辨微》一卷并刊行。江氏於此書卷首《引言》論音學之難，古今能講者極少，而江氏一生則反復致力於音學：“余有《四聲切韵表》四卷，以區别二百六部之韵。有《古韵標準》四卷，以考三百篇之古音。兹《音學辨微》一卷，略舉辨音之方，聊爲有志審音、不得其門庭者導夫先路云爾。乾隆己卯仲春，婺源江永慎修氏，書於虹川書屋。”

又，江永《古韵標準例言》云：“余既爲《四聲切韵表》，細區今韵，歸之字母音等，復與同志戴震東原商定《古韵標準》四卷、《詩韵舉例》一卷，分古韵爲十三部，論韵學不無小補。”可知江永《古韵標準》《詩

① 李開：《戴震語文學研究》，南京：江蘇古籍出版社 1998 年版，第 14 頁。

② 袁枚：《子不語》，杭州：浙江古籍出版社 2017 年版，第 159 頁。

韵舉例》《四聲切韵表》均著於是年前，而《古韵標準》《詩韵舉例》中的内容則與戴震多有商討。

是年，學者顧棟高卒。

顧棟高(1679－1759)，字復初，一字震滄，江蘇無錫人。經學融貫前賢，著有《春秋大事表》《毛詩類釋》等。

是年九月初八日，徽州學者汪紱卒。汪紱(1692－1759)與江永同爲雍乾時期徽州著名學者。余龍光《雙池先生年譜》："先生姓汪氏，名烜，一名紱，字燦人。祖廟前有方池二，因號雙池，小字重生。婺源北鄉段莘里人也。"①

《清史稿》卷四八〇《汪紱傳》曰："汪紱，初名烜，字燦人，婺源人。諸生。少禀母教，八歲，四子書、五經悉成誦。家貧，父淹滯江寧，侍母疾纍年，十日未嘗一飽。……紱自二十後，務博覽，著書十餘萬言，三十後盡燒之。自是凡有述作，凝神直書。自六經下逮樂律、天文、地輿、陣法、術數無不究暢，而一以宋五子之學爲歸。著有《易經詮義》十五卷，《尚書詮義》十二卷，《詩經詮義》十五卷，《四書詮義》十五卷，《詩韵析》六卷，《春秋集傳》十六卷，《禮記章句》十卷，《或問》四卷，《參讀禮志疑》二卷，《樂經律吕通解》五卷，《樂經或問》三卷，《孝經章句》一卷。其《參讀禮志疑》多得經意，可與陸隴其書并存。……紱之論學，謂學不可不知要。然所以得要，正須從學得多後，乃能揀擇出緊要處。謂《易》理全在象、數上乘載而來。謂《書・曆象》《禹貢》《洪範》須著力去考，都是經濟。……當時大興朱筠讀其書，稱其信乎以人任己，而頡頏古人。其後善化唐鑒亦稱其功夫體勘精密，由不欺以至誠明。"②

又，朱筠撰有《婺源縣學生汪先生墓表》，推其"博極兩漢六代諸儒疏義，元元本本，而以宋五子之學爲歸。六經皆有成書，下逮樂律、

---

① 余龍光：《雙池先生年譜》，薛貞芳主編：《清代徽人年譜合刊》，合肥：黄山書社 2006 年版，第 133 頁。

② 趙爾巽等：《清史稿》，北京：中華書局 1977 年版，第 13152～13153 頁。

天文、地輿、陣法、術數，無所不究暢，卓然傳於後”[①]。

劉師培《汪紱傳》：“蓋先生之學，體勘精密，貫徹内外，毫釐必析，由不欺以至於至誠。偶設一喻，能使盲者察、愚者明，説者以爲朱子後第一人。”[②]

林存陽有論汪紱與江永之學及雍乾之際學術嬗變曰：“就汪紱而言，其爲學宗主朱子，以四書五經爲主要探究物件，然其治學路徑，則已非像有的理學家那樣糾纏於理學概念，而是循朱子爲學之精神，致力於闡揚四書五經之大義。……與汪紱之融經學於理學之中的爲學取嚮不同，江永之爲學，雖亦兼治經學、理學，但經學之比重顯然遠大於理學，且其學風更重視考核，突破理學範圍。……雍乾之際學術的嬗變，不唯體現爲知識界爲學取嚮的轉移，而且於政治文化的更新上亦有體現，乾隆初葉三禮館的詔開即其表徵。學術自身内在邏輯的發展與政治文化更新之共趨激蕩，遂使雍乾之際呈現出由理學而經學的新態勢，清初以來的‘以經學濟理學之窮’學術取嚮因得以由興起而漸居主流地位。當然，畢竟這一階段還處於轉折期或過渡期，所以理學、經學并存，但經學掩理學而上已是大勢所趨。江永、汪紱二先生爲學取嚮之异同，正爲我們提供了觀察雍乾之際學術演進的視角。”[③]所論亦可參考。

是年，乾隆查出已故刑部尚書張照詩文狂誕，詞意怨望，因并及胡中藻事（見本譜“乾隆二十年”下），嚴斥群臣。

是年，沈大章造刻逆書案發。

據湖州府烏程縣查獲，歸安人沈大章因與烏程武舉湯御龍有嫌郤，故造刻逆書，投置湯御龍船中，企圖詐害湯御龍。浙江革職留任巡撫莊有恭詳奏其事，乾隆諭旨：沈大章凌遲處死，參與其事者葉國凡即行處斬。

---

① 朱筠：《笥河文集》卷一一，見《續修四庫全書》第 1440 册，上海：上海古籍出版社 2002 年版，第 272～273 頁。

② 劉師培：《左盦外集》卷一八，《劉申叔先生遺書》，1934 年寧武南氏校印本。

③ 林存陽：《乾嘉四大幕府研究》，北京：中國社會科學出版社 2016 年版，第 368～370 頁。

乾隆二十五年庚辰(1760)　三十八歲

上年末或是年初,戴震自揚州返徽州。夏,再客揚州。約至十月,再別揚州返鄉。有《沈處士戴笠圖題詠序》《與盧侍講紹弓書》《與任孝廉幼植書》。

冬,《屈原賦注》刻成。

《段譜》:

> 是年,客揚州。夏,有《沈處士大成戴笠圖題詠序》。
>
> 是年冬,有《與盧侍講紹弓書》,論校《大戴禮》事云:"《大戴禮記》刻後印校,俗字太多,恐傷板,所有誤字,鄙未核出,姑正其甚者。"玉裁按:校刻《大戴禮》,蓋即揚州運使盧公見曾雅雨堂本也。盧學士文弨先爲校訂,刻既成矣,先生復細校之,故有庚辰冬、辛巳夏兩與學士之書,臚舉應改之字。今考雅雨堂刻本,凡庚辰札内所舉者,已皆剜板改之,皆先生所爲也。其辛巳札内所舉,皆未之改,則先生已離揚之故也。用此知先生庚辰歲館於揚矣。
>
> 是年冬,又有《與任孝廉幼植書》,幼植名大椿,丙戌進士,弱冠負奇才,與先生書論禮,先生以此箴之。《禮經》所謂兄弟與昆弟,立文大不同,至先生而其義始著。
>
> 是冬,《屈原賦注》刻成。辛巳夏,《再與盧侍講書》云"去冬刻就《屈原賦注》,屬舍弟印送"是也。按:《屈原賦注》,盧學士爲之序,《注》七卷,《通釋》二卷,《音義》三卷,凡十二卷。歙汪梧鳳跋其後云:"自乾隆壬申秋,得戴氏《注》讀之。"然則成於壬申秋以前,壬申,先生年三十耳,而所詣已如此。《戴氏遺書》皆孔户部繼涵刊板,雖已刻者皆重刊,獨此書但有歙汪氏刊板而已,願好古者廣其傳焉。

《段譜訂補》：

任大椿當爲乾隆三十四年己丑進士（見《清史列傳》卷六八及《明清進士題名碑録索引》），段氏作“丙戌”，誤。

是年在揚州與沈大成同校何焯校本《水經注》。楊希閔過録沈大成校《水經注》，有沈大成記曰：“庚辰初夏，從吾友吴中朱文斿奂借何義門校本，復校於廣陵。同觀者休寧戴東原震，亦耆古之士也。”該《水經注》今藏中國社會科學院考古研究所，有戴震親筆校批九十七條，并圈定出《經》文，基本爲殿本《水經注》所采用。

是年夏，戴震在揚州，與友人沈大成同校《水經注》，又爲《沈處士戴笠圖題詠》撰序。《楹書隅録》卷二《校本水經注四十卷》條録沈大成於卷首作校記二則：“（乾隆）庚辰初夏，從吾友吴中朱文游奂借何義門小水校本復校於廣陵，同觀者休寧戴東原震，亦嗜古之士也。大成又記。”“是書初與戴君同校於廣陵，甫數卷而余病中輟。今幸不死竣事，而東原聞爲人譖，拂衣歸歙，余淹留卧病在家。别未半載，事變如是，未知何日再與吾友商榷也。……大雪後一日，大成又記。”[①]據此，又知戴震是年冬離揚州，乃因遭遇詆毁之言，憤而歸里。

戴震時作《沈處士戴笠圖題詠序》，曰：

沃田先生周甲子六十之明年夏，以《戴笠圖》示休寧戴震。先生在維揚使幕也久。震之得識先生也，於今四年，蓋四三見。其見也，漏下不數商而復離，離則時時縣於想似。豈形遇疏者神遇故益親邪？抑非也？

先生於六經、小學之書，條貫精覈，目接手披，丹黄爛然，而恂恂乎叔重、康成、冲遠諸人輩行而踵躡也。蓋先生卓然儒者。昔退之與崔敦詩書言：“賢者宜在上位，托於幕府則不得其所。”

① 楊紹和撰，傅增湘批注：《藏園批注楹書隅録》，北京：中華書局2017年版，第103頁。

又有“合於天而乖於人”之説。斯固近矣,余以謂未盡。

夫儒者於平生之遇,率目爲適然,獨孜孜不怠,以學自怡,竟老而不倦。不知者或又言其不得於今,欲借文學道藝立功名於後世,何見之歸於淺也！凡以事業顯當世及文學道藝垂示千古,曲士莫測其原,曰:“某如是,某如是,吾慕而力爲之,將有所至。”在儒者誠亦勤思撫志,若不忘當世與千古者,是故既睹其外,復探得其内,曰“某如是,某如是”,是信然也。語之以進乎是者,莫之或解久矣。沃田先生出其餘,足以信今而傳後。震既見先生,但樂於相親而已,有移我神而與我以各樂其天者歟?

余嘗謂學之患二:曰私,曰蔽。世之欣於禄位,從乎鄙心生者,不必掛語。若所謂事業顯當世及文學道藝垂千古,慕而企之,從乎私己之心生者也。儒者之學,將以解蔽而已矣。解蔽斯能盡我生;盡我生,斯欲盡夫義命之不可已;欲盡夫義命之不可已,而不吾慊志也,吾之行己,要爲引而極之當世與千古而無所增,窮居一室而無所損。然則退之之稱“合於天”云者,猶私之也。然則沃田先生之使吾樂於相親者,别有所以合也。

倘异時不速而遊,遇先生於清澗怪石之畔,臺笠軒然,安步几几,其又何以樂之?爰書以爲《戴笠圖題詠序》。

戴震在揚州,交任大椿,感於任大椿雖篤學敏思而輕於立論,作《與任孝廉幼植書》。

任大椿(1738—1789),字幼植,一字子田,江蘇興化人。乾隆三十四年(1769)進士,授禮部主事。三十八年(1773),與修《四庫全書》,於《禮經》裒輯爲多。戴震《與任孝廉幼植書》曰:

幼植足下:

承示禘祫、喪服等辨,今之治此者蓋希矣。好學深思如幼植,誠震所想見其人不可得者。况思之鋭,辨議之堅而緻,以此爲文,直造古人不難。以此治經,則思之所入,願弗遽以爲得,勿以前師之説可奪而更之也。今幼植奮筆加駁於孔冲遠、賈公彦諸儒，進而難漢之先師鄭君康成矣；進而訾漢以來相傳之子夏《喪服傳》爲劉歆、王莽傅會矣；進而遂訾《儀禮》之經，周公之製作，爲歆、莽之爲矣。嗚呼！《記》不云乎："毋輕議《禮》！"

方《周官經》初出，未立學官，馬融所謂入於秘府，五家之儒莫得見是也。迄王莽時，劉歆置博士。永平之初，杜子春年且九十，能通其讀，賈逵、鄭衆往受業，然後頗行於世。俗學庸淺，往往求之不可通，輒肆指摘，云劉歆竄入。若《士禮》十七篇，漢興，高堂生傳之以授蕭奮，蕭授孟卿，孟授后蒼，后授戴德、戴望、慶普。武帝時，后氏立於學官，宣帝復立大、小戴。《藝文志》故云："《禮經》十七篇，後氏、戴氏。"此後師師相傳，絶不聞此經與歆、莽相涉，史絶不聞歆、莽改博士之業，博士失其師承也。

今目爲劉歆傅會者，於《傳》則所謂"小功者，兄弟之服。不敢以兄弟之服服至尊"。於《經》則"女子子爲父母、世父母、叔父母出降服也"。《記》曰"至親以期斷"。試以此言旁差之，昆弟"期"，從父昆弟"大功"，從祖昆弟"小功"，族昆弟"緦"，由族昆弟而上，族父、族祖父、族曾祖父皆"緦"，由從祖昆弟而上，從祖父、從祖祖父皆"小功"，此制服之易知者。由從父昆弟而上，世父、叔父何以不"大功"也？自"至親以期斷"之言上差之，父何以不"期"、祖不"大功"、曾祖不"小功"、四世祖不"緦"也？立期之節象，天地則已易，四時則已變，凡在天地之中者，莫不更始。然而孝子之心不能以已也，使倍之而爲制三年之喪，故曰"三年以爲隆"。人子不隆於其親，不可以爲子。父在，爲母"期"，屈於至尊，不敢伸其私尊，而猶無不及其節也。爲人後者，爲其父母"期"，持重於大宗者，降其小宗而猶無不及其節也。幼植有取於孔冲遠，謂"至親以期斷"專爲此二者，則失制禮之深意矣。祖父母、世父母、叔父母之"期"也，亦隆也。不隆於祖，不隆於父之昆弟，不可以爲孫子。"緦麻"之加一等而"小功"，"小功"之加一等而“大功”，不可謂之隆。聖人於是爲“齊衰三月”之服，以上殺之義，故減九月、五月之數而三月。以祖雖百世有隆無替，故不敢以“功”“緦”加於祖考而“齊衰”。《傳》云：“不敢以兄弟之服服至尊。”意如是。康成申之曰：“重其衰麻，尊尊也；減其日月，恩殺也。”且喪服及曾祖，不及四世祖以上。康成因《傳》文“小功者兄弟之服”而明之曰：“正言‘小功’者，服之數盡於五，則高祖宜‘緦麻’，曾祖宜‘小功’也。據祖‘期’則曾祖宜‘大功’、高祖宜‘小功’也。高祖、曾祖皆有‘小功’之差，則曾孫、玄孫爲之服同也。”又於《緦麻三月》章曰：“族曾祖父者，曾祖昆弟之親也。族祖父者亦高祖之孫，則高祖有服明矣。”蓋通乎經所不言之意也，然而猶未盡。夫子孫之於祖考不相逮則已矣，雖不相逮，必不可曰有無服之祖也。苟相逮，皆“齊衰”三月。其殺也者，以上殺爲義；其不復殺也者，以有隆無替爲義。道并行而不相悖，夫是之謂文。《詩》曰：“曾孫篤之。”鄭《箋》云：“曾猶重也，自孫之子而下事先祖，皆稱曾孫。”《禮》注云：“於曾祖以上稱曾孫而已。”由是言之，《儀禮》言曾祖，即關四世祖以上也。

幼植知昆弟之昆爲兄，不審古人法度之言“兄弟”與“昆弟”异義，不惟《儀禮》，他經及《爾雅》皆然。《傳》曰：“何如則可謂之兄弟？《傳》曰‘小功’以下爲兄弟。”此《傳》中引《傳》相證明也。《爾雅》曰：“母與妻之黨爲兄弟。”又曰：“婦之黨爲婚兄弟，婿之黨爲姻兄弟。”《詩·小雅》：“兄弟無遠。”《鄭箋》云：“兄弟，父之黨，母之黨。”蓋兄弟云者，或專言异姓，或兼同姓异姓，皆舉遠不以關“大功”之親。《記》曰：“兄弟皆在他邦，加一等；不及知父母與兄弟居，加一等。”此惟“小功”以下即於疏，故加等。若“大功”以上則昆弟也，世父母、叔父母也，從父昆弟也，豈可以皆在他邦及少孤相依而加等哉？“大功”之親，分當相恤；其不相恤，是賊其性者也。“小功”以下而相恤，斯進之也。故《傳》有曰：“子無‘大功’之親。”不言“小功”，古人立言精微若此。《記》曰：“夫之所爲兄弟服，妻降一等。”或欲援此爲叔嫂有服之證，則與《檀弓》“奔喪逸禮”相背戾，且本篇《傳》文言“夫之昆弟無服”，亦相與背戾。閻百詩解之曰：“夫之所爲兄弟服，即夫之所爲‘小功’服。妻降一等爲‘緦麻’也。《服問》之外兄弟，指外祖父母從母在‘小功’者，是其證。”百詩此論精矣。惜尚未告之以“昆弟”不言“兄弟”，及舉遠不可闕“大功”之親，使其義益曉然也。

若女子子出降服，此與“男女异長”意同。以女子生而有適人之道，使之异於男子。豈若幼植之意，必十五以後許嫁笄，始别异哉？服有出降：或緣有適人之道而即降，以异於男子，世父母、叔父母、姑姊妹之“大功”是也；或既適人而後降，爲衆昆弟“大功”是也；或不敢降，祖父母“期”，曾祖父母“齊衰”三月是也。昔儒謂降旁親，不降正尊，可與“至親以期斷”之言，“外親之服皆緦”之言，“小功以下爲兄弟”之言，合爲義例之大要。惟降旁親，而父没則不降昆弟之爲父後者。然後婦人雖在外必有歸宗之義明，惟不降正尊，而當其既嫁從夫，不能二尊，且降父之服而爲“期”，舅姑亦“期”。然後所謂父者子之天，夫者妻之天，婦人不貳斬者，猶曰不貳天之義明。聖人制爲“父在爲母期”“女子適人者爲其父母期”，是二者，義之至也。

以幼植所深訾爲劉歆傅會者二條，今姑據此疏通證明之，其精微非聖人不足與於此，餘皆可類推。震向病同學者多株守古人，今於幼植反是。凡學未至貫本末，徹精粗，徒以意衡量，就令載籍極博，猶所謂“思而不學則殆”也。遠如鄭漁仲，近如毛大可，衹賊經害道而已矣。今幼植具异質而年富，成就當不可量，是以不敢不盡言。震再拜。

《清史列傳》卷六八《任大椿傳》：“（大椿）少工文詞，既與休寧戴震同舉於鄉，習文論説，究心漢儒之學，初爲袷禘、喪服等，辨駁孔、賈諸儒，兼難鄭君。震以其思鋭而議堅，引鄭樵、毛奇齡賊經害道爲戒，自是實事求是，所學淹通，於《禮》尤長於名物，始欲薈萃全經，久之知其浩博難罄，因思即類以求，一類既貫，乃更求他類。所著《弁服釋例》八卷、《深衣釋例》三卷、《釋繒》一卷，皆博綜群籍，衷以己意。”①

戴震此書論爲學之道，可謂深得治學之壼奥，藴含戴震對後生才俊熱情期望與嚴格要求，可見戴震扶掖後學之誠。章學誠對戴震此論極力推揚，章氏於乾隆五十五年（1790）作《〈鄭學齋記〉書後》曰："戴東原云：'鄭學微而始以鄭氏名學。'其説洵然……戴君説經不盡主鄭氏説，而其《與任幼植書》，則戒以輕畔康成，人皆疑之，不知其皆是也。大約學者於古，未能深究其所以然，必當墨守師説。及其學之既成，會通於群經與諸儒治經之言，而有以灼見前人之説不可以據，於是始得古人大體而進窺天地之純。故學於鄭而不敢盡由於鄭，乃謹嚴之至，非蔑古也。乃世之學者，喜言墨守，墨守固專家之習業，然以墨守爲至詣，則害於道矣。……任氏鋭思好學，非荒經蔑古者也；然未能有深得於古人而遽疑鄭學，此戴君所以深懼也，故又以爲戒耳。”②

是年，戴震《屈原賦注》十二卷刻成。

《屈原賦注》乃戴震爲屈原賦二十五篇（依《漢書·藝文志》）注解之作，於乾隆十七年壬申（1752）初著成。據民國二十五年（1936）《安徽叢書》第六期所刻，有影印歙縣許承堯藏《屈原賦注》寫本三卷（含《離騷經》《九歌》《天問》，原藏湖田草堂，後爲許承堯所得）。《安徽叢書》將此三卷定名爲《屈原賦注初稿》。許承堯有"初稿本"跋文曰："此爲初稿，前無抱經序，'恐美人之遲暮'下，亦不引紀曉嵐説。正文與刻本异者數十事。刻本多勝，蓋先生後據各本校正者也。其中亦有出先生改定者，如《天問》'焉有虬龍'，此本作'龍虬'，與下協韵。'環理天下'，此本從江慎修先生説'環里'。刻本則皆仍舊文。可見先生著書體例之謹嚴矣。注文亦互有詳略异同。如《離騷經》，刻本作'離騷'，訓'離'爲'隔'；此本從王逸《章句》，有'經'字。謂離牢一

① 王鍾翰點校：《清史列傳》，北京：中華書局1987年版，第5510頁。

② 章學誠著，倉修良編注：《文史通義新編新注》，杭州：浙江古籍出版社2005年版，第581頁。

聲之轉，猶今人言牢騷。又謂經之名起於周末，如音之凡首，織之有經。不取洪興祖後世尊之爲經之説。他如説蘭蕙，説啓，説蕭鐘，二本皆异。且此本駁正舊注，皆直斥其非。刻本則詞較簡渾，但申己見而已。先生之治學矜慎，不護前非如此。”其論可參。

據許承堯跋語，并參《屈原賦注初稿》與《屈原賦注》刊刻定本，可推壬申年所成者當爲初稿本。嗣後數年中，戴震對此初稿本陸續有所修訂，含增入紀昀之説，至是年方最終定稿。故其定本當爲初稿本[①]基礎上增删修訂而成。《段譜》籠統謂“成於壬申秋以前，壬申，先生年三十耳，而所詣已如此”，或致讀者《屈原賦注》壬申年即已定稿之誤解，故稍加説明。

是年冬，《屈原賦注》由汪梧鳳不疏園刊成。汪氏所刻，包括《屈原賦注》七卷，《通釋》二卷，《音義》三卷，共十二卷。卷首有盧文弨序及戴震自序。盧文弨《戴東原注屈原賦序》云：

> 吾友戴君東原，自其少時，通聲音文字之學，以是而求之遺經，遂能探古人之心於千載之上。既著《詩補傳》《考工記圖》《句股割圜記》《七經小記》諸書，又以餘力爲《屈原賦》二十五篇作注。微言奥指，具見疏抉，其本顯者不復贅焉。指博而辭約，義創而理確。其釋“三後”“純粹”，謂指楚之先君。“夏康娱以自縱”，謂“康娱”連文，篇中凡三見，不應以爲夏太康。“宓妃之所在”及有娀、有虞，皆因其人，思其地，冀往遇今之淑女，用輸寫其哀無賢士與己爲侣之意。《九歌·東皇》等篇，皆就當時祀典賦之，非祠神所歌。《九章》無次第，不盡作於頃襄王時。《懷沙》一篇，則以《史記》之文相參定。“薜荔拍兮蕙綢”，王逸釋“拍”爲“搏壁”，近代多不知此爲何物，乃引《釋名》“搏壁，以席搏著壁”，增成其義。其典確舉類此。夫屈子之志昭乎日月，而後世讀其辭，疑若放恣怪譎，不盡軌於正，良由炫其文辭而昧其指趣，以説

① 《屈原賦注初稿》雖今僅存三卷，然原或爲全帙，流傳中致散佚不全。

之者之過，遂謂其辭之未盡善。戴君則曰："屈子辭無有不醇者。"此其識不亦遠過於班孟堅、顔介、劉季和諸人之所云乎。余得觀是書，欲借鈔，既聞將有爲之梓者，乃歸其書而爲序以詒之，且慫惥其成云。姚江盧文弨。(《抱經堂文集》卷六)

戴震《自序》曰：

《漢·藝文志》："《屈原賦》二十五篇。"自《離騷》迄《漁父》，屈原所著書是也。漢初傳其書，不名《楚辭》，故《志》列之賦首，又稱其作賦以風，有惻隱古詩之義。至如宋玉以下，則不免爲辭人之賦，非詩人之賦矣。予讀屈子書，久乃得其梗概，私以謂其心至純，其學至純，其立言指要歸於至純。二十五篇之書，蓋經之亞。説《楚辭》者，既碎義逃難，未能考識精核，且彌失其所以著書之指。今取屈子書注之，觸事廣類，俾與遺經雅記合致同趣，然後贍涉之士，諷誦乎章句，可明其學，睹其心，不受後人皮傅，用相眩疑。書既稿就，名曰《屈原賦》，從《漢志》也。休寧戴震。

是書《注》七卷、《通釋》二卷均爲戴震所作，向無异説；而《音義》三卷究爲戴氏或汪氏所作，則争議頗大。《屈原賦注》版本，除乾隆二十五年(1760)汪氏不疏園刊本外，有清光緒十七年(1891)《廣雅書局叢書》本；清光緒十七年辛卯《湖北叢書》本；民國十二年(1923)沔陽盧靖慎始基齋編《湖北先正遺書》影印精抄本；民國十三年(1924)建德周氏校刊本(江蘇國學圖書舘藏)；民國十九年(1930)十月商務印書舘《萬有文庫》本；另有民國二十五年(1936)丙子《安徽叢書》第六期影歙縣許氏藏《屈原賦注》初稿本三卷(至《天問》止)等。

關於《音義》作者，汪梧鳳不疏園刊本《音義·跋》曰："右據戴君注本爲《音義》三卷。自乾隆壬申秋得《屈原賦》戴氏注九卷讀之，常置案頭，少有所疑，檢古文舊籍詳加研核，兼考各本异同，其有闕然不注者，大致文辭旁涉，無關考證。然幼學之士，期在成誦，未喻理要，雖鄙淺膚末，無妨俾按文通曉，乃後語以闕疑之指，用是稍爲埤益。又昔人叶韵之謬，陳季立作《屈宋古音義》爲之是正，惜陳氏於切韵之學殊疏，未可承用。兹一一考訂，積時録之，記在上端，越今九載矣。爰就上端鈔出，删其繁碎，次成音義，體例略擬陸德明《經典釋文》也。庚辰仲春歙汪梧鳳。”其自言就戴震《屈原賦注》九卷（《注》七卷、《通釋》二卷）而補注音義，記於上端，歷時九年，至《屈原賦注》刊刻時，就其上端抄出，體例仿《經典釋文》，删略而成《音義》三卷，與戴氏九卷一并刊成。則《音義》爲汪梧鳳所作，似無疑議。然《段譜》於“乾隆十七年”下云：“此書《音義》三卷，亦先生所自爲，假名汪君。”遂致《音義》作者成疑。後之《屈原賦注》各版本或以《音義》爲戴震所作，或仍持汪梧鳳所作（詳下湯炳正所論）。

當代學者中，蔣立甫、蔡錦芳、徐道彬等持《音義》爲戴震所作説。蔣立甫先生《關於〈屈原賦注〉的三個問題》略曰：

> 游國恩先生在其所撰《屈原》中亦斷《音義》爲汪梧鳳所作，并以胡紹煐《文選箋證》引此書稱“汪梧鳳《屈騷音義》”爲證，進而肯定“《音義》確爲汪氏所著無疑”（見該書128頁）。崔富章先生編著《楚辭書目五種續編》也不同意段玉裁“先生所自爲”的説法，認爲“考汪跋明言據戴君注本爲《音義》三卷”（見該書134頁）。馬茂元先生主編的《楚辭要籍解題》介紹《屈原賦注·音義》時，既引汪梧鳳《音義記》，又引段玉裁説，兩説“附以存參”，依違二者之間（見該書180頁）。其實，自《屈原賦注初稿》三卷發現之後，《音義》作者已經真相大白，所惜今人未深考耳。在《初稿》中，前所言作品詮釋、《通釋》《音義》三部分仍是渾然一體。許承堯跋《初稿》已指出：“《音義》三卷，段氏謂先生所自爲，託名汪君。此本《音義》《通釋》尚未析出，知段説不謬。”此乃《音義》爲戴震自撰之鐵證。①

① 蔣立甫：《關於〈屈原賦注〉的三個問題》，《古籍整理研究學刊》，1994年第1期。

蔡錦芳先生亦持《音義》爲戴震所作，認爲其中體現了戴氏學術心得，"反映的是戴震的見解和成果，在我們研究戴震時，它也是可資取證的一種極有價值的資料"[①]。

徐道彬先生《戴震〈屈原賦注・音義〉釋疑》認爲："《音義》三卷的條目和內容完全采自并配套於刻本而與初稿本不同，甚至牴牾之處甚多。"而庚辰刻本中有引紀昀之語，且稱其爲"紀編修"，紀昀爲編修在乾隆二十二年(1757)，則刻本成書應不早於是年。而汪梧鳳《音義》跋語謂其壬申秋得《屈原賦》戴氏注，則所得應爲初稿本。汪氏所得既爲初稿本，而《音義》所據實爲刻本，故汪梧鳳自言其作《音義》不可信，而唯有戴震自作《音義》方能釋此疑義。[②]

而湯炳正先生則詳論《音義》當爲汪梧鳳所作，其《關於楚辭學史上的一起疑案——論〈屈賦音義〉的撰者問題》曰：

> (前略)今先據上文所引用諸種稿本、刊本的演變之迹，列表如下，以證今本之誤：
>
> 1. 戴震《屈原賦注初稿三卷》殘本：
>
> 民國二十五年《安徽叢書》影印。此爲戴氏"初稿"本。戴氏後來"定本"的《通釋》部分，仍在注中，尚未析出別立，其説詳後。
>
> 2. 戴震《屈原賦注》精抄本：
>
> 民國十二年《湖北先正遺書》影印。此當爲汪梧鳳氏刻本之底稿。《注》七卷，《通釋》分上、下二卷(山川地名爲上卷，草木鳥獸蟲魚爲下卷)，共九卷。每標籤題下皆有"屈原賦戴氏注"六字。而全書最後的《音義》三卷(上中下)，每標籤題下却皆無"屈原賦戴氏注"字樣，衹是下卷之末附有汪梧鳳氏跋語，謂"右據戴君注本爲《音義》三卷。自乾隆壬申秋得屈原賦戴氏注九卷讀

① 蔡錦芳:《戴震生平與作品考論》，桂林:廣西師範大學出版社 2006 年版，第 171～210 頁。

② 徐道彬:《戴震〈屈原賦注・音義〉釋疑》，《文獻》，2001 年第 3 期。

之"云云，可證汪氏所見戴注祇上述"九卷"，《音義》乃汪氏所爲，不在"九卷"之内，故亦不標"屈原賦戴氏注"字樣。

3. 戴震《屈原賦注》汪梧鳳刊本：

此本刻於乾隆二十五年庚辰，距戴氏成書已九年。汪跋及段玉裁撰《年譜》皆可證。惟《年譜》又謂："《戴氏遺書》皆孔户部繼涵刊板，雖已刻者皆重刊，獨此書（指《屈原賦注》——筆者）但有歙汪氏刊板而已，願好古者廣其傳焉。"《安徽叢書》"城南居士"跋語亦謂"汪氏所刻，流傳不多"。可見汪刊本數量少，當時已屬罕見。其卷數款式，據汪跋當與上述"精抄本"一致。

4. 戴震《屈原賦注》廣雅書局重刊本：

此本刻於光緒十七年。在段玉裁《戴東原先生年譜》的影響之下，誤以《音義》亦爲戴氏所作，故删去汪梧鳳《音義》末之跋語。但又意識到《音義》既出自戴氏之手，不應又爲自己的《序》及《通釋》作音義，於是索性將汪氏爲戴氏的《序》文及《通釋》所作的音義删去，企圖將汪氏著書之痕迹全部抹掉。但汪氏爲戴氏全書《注》文所作音義，由於雜在屈賦音義之間，抉剔極其麻煩，便未能删削，仍留下了汪氏著書之見證。此本流傳極廣，影響當然最大最壞。

這個本子的款式目次仍如下：其一，《注》七卷；其二，《通釋》二卷（上、下）；其三，《音義》三卷（上、中、下）。無總目，《注》《通釋》《音義》各自起頁。

5. 戴震《屈原賦注》通行本：

以新中國成立前商務印書館的《國學基本叢書》本爲例。此書未言所據何本。《注》七卷，與原本同。惟《通釋》原爲上下二卷，此本合而爲一，不分卷；《音義》原爲上中下三卷，此亦合而爲一，不分卷。這大概是因爲汪氏所見之戴書，祇有《注》及《通釋》共九卷，而後人把《音義》三卷亦歸戴氏，即與"九卷"之數不符，故又强并《通釋》與《音義》之卷數，以求符合"九卷"之數，從而徹底掩蓋了汪氏著書之迹，段玉裁雖否定汪梧鳳撰《音義》之説，但在《年譜》裏仍認爲戴氏《屈原賦注》連同《通釋》《音義》共“十二卷”，原貌猶存。至晚近通行本，則連原書卷數已不復可知矣！至於此本又把《音義》提在《通釋》之前，使《通釋》居全書之末，其顛倒錯亂，用意頗難揣知。也許因爲《音義》列於卷末，仍有書出汪手之嫌。其用心亦苦矣！

汪梧鳳爲戴氏《屈原賦注》作《音義》之迹，從版本款式上看，至此已蕩然無存矣。但追本溯源，真相自白，歷史事實，不容抹煞。

…………

從《音義》内容而言，有如下種種情况：

第一，《音義》爲初學者計，不避淺近通行之説，多補戴注所缺。汪梧鳳於跋語中曾謂：戴《注》“九卷”，“其中闕然不注者，大致文辭旁涉，無關考證。然幼學之士，期在成誦，未喻理要，雖鄙淺膚末，無妨俾按文通曉；乃後語以闕疑之指，用是稍爲裨益。”是汪氏《音義》乃爲“幼學之士”考慮，而戴氏之注則以“考識精核”，反對“皮傅”之談自期（戴氏《自序》語），亦即盧文弨氏《序》文所謂“其本顯者，不復贅焉”。目的不同，内容自异。如戴注《天問》，多取闕疑態度，而注以“皆未聞其所指”“此章事未聞”“不可强通”“不可知”，其“寧闕無濫”之意灼然可見。而汪氏《音義》則不同。凡戴氏闕者，則字字句句皆以王、洪舊説或己説補足之，不避“鄙淺膚末”之譏。其餘篇章，大都如此。其間淺近易知不必注釋而詳爲注者，更充滿《音義》全書。例如，戴氏《注》“初稿”，對《離騷》“虯”“鷖”釋云：“《説文》：虯，龍子有角者；王注：有角曰龍，無角曰虯。鷖，鳳别名也。此等皆不必深求。”而戴注“定本”皆删去不載。但汪氏《音義》則全文按“初稿”録入。此殆即汪跋所謂戴書“有闕然不注者”，“無妨俾按文通曉，乃後語以闕疑之指”。由此可證，《注》與《通釋》乃戴氏所著，而《音義》乃汪氏所著。著者不同,目的各异,故出現此種歧异,是必然的。

第二,《音義》之説或與戴注"定本"之説不同,甚至相反,可見非出一人之手。《音義》既據戴注"定本"而作,其觀點多據戴説而引申發揮之,這是必然現象。例如《離騷》"忍尤而攘垢"戴注云:"攘讀爲讓",謂"寧受一時之尤垢"。不從王逸之説;而汪氏《音義》引申云:"《漢書》'讓'通'攘'。"亦不同意王説。但是,又因《音義》出於汪氏之手,而不是出於戴氏一人之手,故汪氏《音義》多不同於"定本"戴説,甚或與"定本"戴説相反。此種情况極多……

第三,《音義》之説,與戴注"初稿"之説亦有歧异,甚至相反,則《音義》自"初稿""析出"之説亦不可信……

第四,戴注"初稿"有自抒己見之義,"定本"又因不妥而删削從闕。但汪氏《音義》却既不取"初稿"獨創之見,亦不從"定本"闕疑之旨,而是别立新義,自成己説。……

第五,從《音義》的傳統體例看,戴氏自作《音義》之説,亦不可信。汪梧鳳氏的《音義》跋語有云:"自乾隆壬申秋得屈原賦戴氏注九卷讀之,常置案頭,少有所疑,檢古文舊籍詳加研核……越今九載矣。爰就上端鈔出,删其繁碎,次成《音義》,體例略擬陸德明《經典釋文》也。"今考《經典釋文》之體例,陸氏以爲:"注既釋經,經由注顯,若讀注不曉,則經義難明。"故陸書對"經""注"皆作"音義"。因此,汪氏仿之,《音義》既爲屈賦作音釋義,亦爲戴氏的《序》《注》《通釋》作音釋義。後世通行本,雖已將《序》及《通釋》之《音義》删去,但《音義》的其餘部分,爲戴注作音釋義之處,多不勝數。甚至極爲淺近的詞句,亦必詳其音義。……當然,爲戴注作《音義》,這是汪氏仿《經典釋文》的體例而爲之,是繼承傳統,并不是自我作古。但是,如果説這《音義》是戴氏自撰,則戴氏竟爲自己的注文作《音義》,此不僅於古無徵,於今亦罕見其例。以戴氏精賅博雅之士,决不至如此輕率。况且,《音義》之解釋戴注,其繁瑣之處,多膚淺無深意。若謂出於戴氏之手,則跟戴氏《自序》所謂反對"皮傅"之言完全背道而馳。戴氏决不會出爾反爾,自食其言。

或疑戴氏注由"初稿"到"定本",亦即由繁細到簡括,似已爲另作《音義》之計,故將訓詁字義部分從"初稿"中删去以入《音義》。實則"定本"由繁到簡,乃其總的傾向,至於訓詁字義部分,"定本"有時反比"初稿"有所增加,可見其由繁到簡,并非爲别成《音義》之計……

又如,汪、戴二氏雖皆師事江永(慎修),但不僅從學術造詣上看,汪不及戴,相距天淵,而且從他們對江氏的親疏程度上看,似乎汪也不能與戴氏相比。因此,戴氏《屈原賦注》之提及江氏,與汪氏《音義》之提及江氏,在語言的感情色彩上也是有差别的。……當然,學術問題應當各抒己見,然而戴、汪二氏對江永的稱呼口氣之間,亦略有區别,顯示出《注》與《音義》并非出於一人之手。此雖非主要標幟,亦可作爲參考。①

褚斌傑、吴賢哲《屈原賦注·前言》則持折中之説:

《音義》三卷,據乾隆刻本之汪梧鳳《跋》,《音義》當爲汪氏所作。……但由於段玉裁在他所撰的《戴東原先生年譜》中説過"此書《音義》三卷,亦先生所自爲,假名汪君"的話,因此《音義》的作者問題,便引起了後人的争論。……將《初稿》與現行的刻本對照,的確能發現《音義》中一些條目的内容,其文字完全出自《初稿》,一些條目的内容則是在《初稿》基礎上的擴充或修訂。但如果就此斷言《音義》爲戴震所作,則《音義》中的另一些問題又難以解釋,《音義》中的一些條目不是針對《屈原賦》出注的,而

① 湯炳正:《湯炳正論楚辭》,上海:上海科學技術文獻出版社 2008 年版,第 254~263 頁。

是針對戴震《注》文的，一爲戴《注》中的詞句作注釋，這種情况在《音義》中有近七十處之多；一爲戴《注》中所用的古今字、异體字或俗體字作説明。我們試想一個人不可能在爲别人的著作作注解的同時，又爲自己所作的注文再作注，而且也無必要對自己注文中所用的古今字、异體字或俗體字作説明，因此《音義》非戴震作的説法也有一定道理。根據段玉裁所撰的《戴震年譜》，細繹《屈原賦注》之《初稿》本與正式出版的刻本，我們認爲戴震《屈原賦注》的成書，大概經歷了這樣一個過程，乾隆十七年(1752)以前，戴震寫成了《初稿》，至乾隆十七年，戴震已對《初稿》作了一番修訂，成《注》七卷，并將《初稿》中的名物考證析出，作爲《通釋》二卷附於《注》七卷之後，是年此書便爲汪梧鳳收藏。據《屈原賦注》七卷、《通釋》二卷的體例，大概戴震也曾有過將《初稿》中的《音義》析出的計畫，或戴震也曾做過一些《音義》的撰寫工作，後來汪梧鳳便根據戴震的意圖，經他之手，最後完成了《音義》三卷，并由汪梧鳳出資，於乾隆二十五年(1760)冬，首次將戴震的《屈原賦注》七卷、《通釋》二卷及最後由他完成的《音義》三卷合併刊行於世。①

按：此折中之説似較圓通，然亦略有矛盾：既言“一個人不可能在爲别人的著作作注解的同時，又爲自己所作的注文再作注”，又言戴震“也曾有過將《初稿》中的《音義》析出的計畫，或戴震也曾做過一些《音義》的撰寫工作”，似乎莫衷一是。是爲既推定《音義》爲戴震自作實有違情理，又不否定段玉裁之説所致。綜合諸家之論，湯炳正先生之論似更爲合理，《音義》三卷爲汪梧鳳所作似更爲可信。可補充者，以汪梧鳳與戴震之關係及汪梧鳳之爲人，《音義》若爲戴氏所著，汪氏當不可能冒奪之而自署其名。

是年，戴震贈新刻《屈原賦注》與盧文弨，并有《與盧侍講紹弓

---

① 戴震著，褚斌傑、吴賢哲校点：《屈原賦注》，北京：中華書局 1999 年版，第 3～4 頁。

書》，與盧文弨論雅雨堂刻《大戴禮記》校勘諸事。其書曰：

《大戴禮記》刻後印校，俗字太多，恐傷壞版，姑正其甚者，不能盡還雅也。

所有誤字，向未核出：如《保傅注》“謂俎豆傳列及食之等”，“謂”訛作“男”，“食”訛作“嗜”。“環，旋也”，“旋”訛作“短”。《曾子本孝注》“處安易之道”，“之”訛作“也”。《曾子天圓注》“山川言牲，互文”，“牲”因正文訛作“牷”，“互文”訛作“玄之”。《子張問入官注》“纊瑱之設”，“瑱”訛作“須”。《盛德注》“禮察曰”，訛作“祭禮曰”。《諸侯遷廟注》“未即吉”，“吉”訛作“告”。“孫鄭等改鞠衣”，“鞠”訛作“褘”。“又云一命展衣者”，“云”訛作“下”。《少間注》“汙渻也”，“渻”訛作“深”。“朝事致饔既”，“饔”“雍”錯見。凡此類，即就印本改正。

又《保傅》“有司參夙興端冕”《注》“參職謂三月朝也”，下案云“《注》職字疑衍”，是疑“參”與“三月”嫌文，或别有意也。然古人立文，絶無有如此者。在《内則》爲三月之末，擇日以子見於父，此見之南郊，亦三月時事。正文當作“有司亝夙端冕”，《注》文當作“亝夙謂三月朝也”。明嘉靖癸巳袁氏依宋本重刊之《大戴禮記》，“齊”皆作“亝”，後人不識古字，遂訛作“參”，而“夙”字不可通於下加“興”字。《魏書·李彪傳》引此，作“有司齊肅端冕”，無興字，其竄誤無疑。《注》乃并“夙”字訛作“職”，字形轉寫之謬。前改正者，皆是也。

《凡例》末一條云：“又有雖俗字而其來已久，魏晋六朝皆用之，如‘準’之作‘准’，‘殺’之作‘煞’，‘陳’之作‘陣’，‘景’之作‘影’，亦皆不改。”震之愚，竊以爲“景”與“影”，今异字异音，古通用“景”，葛洪始加“彡”作“影”，義有可通，無妨後人滋益。“准”字，雖《魏書》有云：“欲知其名，淮水不足。”非避寇萊公諱。（吕忱《字林》用准爲平準之準，見《佩觿》。忱晋人，是此時俗字。）然許叔重在漢時，作《説文解字序》云：“詭更正文，向壁虚造不可知之書，變亂常行，猥曰‘馬頭人爲長’，‘人持十爲斗’，‘蟲者屈中也’,‘苛之字止句也’,皆不合孔氏古文,謬於史籒,怪舊埶而善野言。”則《魏書》之稱“淮水不足”,設許氏見之,必且譏爲野言者也。苟害六書之義,雖漢人亦在所當改,何况魏晋六朝?此書中仍有未盡俗謬者,“準”“准”、“殺”“煞”、“陳”“陣”,參差互見,宜使之畫一,以免學者滋惑。震愚昧,徑行改易。

其存疑未敢改者:《夏小正》“初歲祭耒,始用暢也。其曰初歲云者:暢也者,終歲之用祭也,言是月始用之也”。細繹文義,正月所繫之事,他處不言初歲,至此獨言初歲,故解之曰:“暢乃終一歲所用之於祭,而用之自是始,惟其爲終一歲之所用,故曰初歲,以見終歲皆用之。”訛作“其曰初云爾”,已不可通,又移就下“言是月”句,失其倫次。“緹縞”下“何以謂之,小正以著名也”。《爾雅》疏連引此文,本係此處無疑。朱子移置篇題之下,以是爲解“小正”二字,究無所發明,古人必不用此贅文以解篇題。合綜前後,“何以謂之”凡兩見,以四字爲句。前“雉震呴”條“正月必雷,雷不必聞,惟雉爲必聞”,中間用“何以謂之”設問,申之曰“雷則雉震呴,相識以雷”。此云“小正以著名也”,乃申上“緹先見”者也。又與後文“有見稊而後始收,是小正之序也,皆若是也”可參觀。名者,命之也。“小正以著名”者,謂小正立言之體,以緹著而先見,故不曰“縞緹”,而名其物候曰“緹縞”,“著”即“動而後著”之“著”。謹陳鄙見,惟有道正之。

【時事】

是年,秦蕙田充會試正考官,錢大昕、紀昀、朱珪充會試同考官。

五月,江永著《禮記訓義擇言》八卷成。《四庫全書總目》卷二一:“《禮記訓義擇言》八卷,國朝江永撰。是書自《檀弓》至《雜記》,於注家异同之説,擇其一是,爲之折衷,與陳澔注頗有出入,然持論多爲精核。”[①]

五月,殿試士子,畢沅中狀元。

① 永瑢等:《四庫全書總目》,北京:中華書局1965年版,第174頁。

秋，段玉裁江南鄉試中舉。是年入京師，閱顧炎武《音學五書》，有意於音韵之學。

王又樸卒，又樸（1681－1760），字介山，直隸天津人。雍正元年（1723）進士，官至徽州知府，有政聲。有《詩禮堂集》等。

乾隆二十六年辛巳（1761） 三十九歲

上年底或是年初，戴震回鄉，是年第二次館於汪梧鳳不疏園。有《再與盧侍講書》。《某翁頌辭》或爲汪梧鳳祖父而作。

《段譜》：

> 是年夏，有《再與盧侍講書》，論校《大戴禮》事。蓋《大戴禮》一書，譌舛積久，殆於不可讀，先生取雅雨堂刻一再讎校，然後學者始能從事。至癸巳，召入四庫館充纂修官，取舊説及新知悉心核訂，其書上於先生既殁後一月。自後曲阜孔廣森太史因之作《補注》。

戴震乃因"爲人譖，拂衣歸歙"，詳説已見本譜"乾隆二十五年"下。

戴震回鄉後，復館於不疏園，汪灼及兄汪煇再次受教。

據汪灼《四先生合傳・戴震傳》："先生名成於徵聘，而學之成原於兩館於余家。"又《四先生合傳・汪肇龍傳》："松麓夫子，同姓也，與先嚴、戴師交共生死。歲之辛巳，同教授於予家。余亦何幸獲此兩師耶！"可知戴震兩次館於汪梧鳳之不疏園，第一次即乾隆十七年至十八年（1752－1753），第二次即是年（或延至明年）。

而戴震回鄉時間，據其《再與盧侍講書》"去冬刻就《屈原賦注》，屬舍弟印送，諒已呈覽，尚有誤字"等語，似戴震爲刻《屈原賦注》，已於上年底返回故里，然無確證。

是年，戴震有《再與盧侍講書》，略曰：

> 去冬刻就《屈原賦注》，屬舍弟印送，諒已呈覽，尚有誤字。其《大戴禮記》一書，今正復檢一過，又得若干事。後因窮

處，多繁雜，未及訂定。兹略舉大致，以乞教正：

…………

謹録如上，一二致確處，私心頗怡樂也。伏待垂擇，不無有可附於閣下前所訂數十條末者。

兹敝友程君亦田，名瑶田，上年秋闈後，同震到揚。今復往，特取道江陰，願摳謁大君子。其人少攻詞章之學，詩、古文詞皆有法度，書法尤絶倫，直造古人境地。年來有志治經，所得甚多。與震往還十餘載，行日勵，學日進，而境日困。今遭重喪，不得已外出，情可悲也！其讀書沈思覈訂，比類推致，震遜其密。想閣下所樂取其長，而進其未逮者也。

戴震於書札中除繼續與盧文弨討論《大戴禮記》校勘外，復向盧文弨推薦程瑶田，語意懇切，且自言考覈遜程氏精密。

董秉純《春雨樓初删稿》卷四《奉編修盧磯漁先生論深衣續衽鉤邊書》："昨賜讀與戴東原論深衣書，中間辨十二片之不可。"此言盧文弨與戴震論深衣書應作於是年或上年。

是年四月，汪景晃卒。汪景晃（1666－1761），汪梧鳳祖父。九月，汪梧鳳父汪泰安亦病卒，年六十三。應汪梧鳳之請，劉大櫆爲汪景晃撰《汪府君墓誌銘》（《劉大櫆集》卷八）。

而據蔡錦芳先生論證，汪景晃卒後，戴震則爲之撰《某翁頌辭》[①]，此文不見於微波榭本、經韵樓本及《安徽叢書》本《戴震文集》，而抄本入於李氏麐嘉舘藏書之《戴東原先生文》，今藏於北京大學圖書舘，《戴震全集》及《戴震全書》均予整理收録。《某翁頌辭》云：

嗚呼某翁！爲善靡倦，里有老成，邦有碩彦。比閭是書，惇史是載，厥行何儀，在古遺愛。惜學未遂，業改於初，弱冠之年，航涉江湖。亦親鄙事，而無鄙心，識賈三倍，不瑕德音。方及耆艾，念歸鄉族，豈無永歎，則思以穀。

---

① 蔡錦芳：《戴震生平與作品考論》，桂林：廣西師範大學出版社 2006 年版，第 254～259 頁。

富不賙貧，君子之恥，意靡有涯，力贍於邇。人恤其邇，寧患不遐，儉以律躬，惟此之奢。出量乎入，匪實素封，諮蹙我聞，不忍其窮。爲之立紀，厥施有常，彼嗟無依，月予之粻。冬日栗烈，鶉褐不完，來授之襦，以免號寒。

學始童蒙，不獲親師，翁設義館，舞勺誦詩。推生及死，尤可矜者，勿使委形，露彼中野。一抔之下，得木以瞑，自曩都之，已越三千。嗚呼翁乎！閔死憐貧，幾罹於咎，苛是行仁。誒矣長吏，志不在民，翁代憂之，不喜以瞋。

是年秋，劉大櫆赴黟縣任教諭，任期共約六年。道光《黟縣志》卷四《職官・學職》載，其前任爲吉夢齋，乾隆二十五年(1760)離任；後任爲陳國林，乾隆三十二年(1767)赴任。劉大櫆《汪府君墓誌銘》亦可證。本年，汪梧鳳祖父及父親先後病卒，劉大櫆應汪梧鳳之請，撰《汪府君墓誌銘》，略曰："府君以乾隆二十六年四月十日卒，享年九十有六。仲君(按即汪梧鳳之父)以是年九月十二日卒，享年六十有三。梧鳳將以某年月日葬其祖及父，請銘於余。"汪梧鳳葬其父、祖在本年十二月，故劉大櫆至遲於本年末來徽州。而汪梧鳳《送劉海峰先生歸桐城序》："乾隆癸未秋，桐城劉海峰先生官博士於黟。"汪氏此序作於乾隆三十六年(1771)，所記劉大櫆來徽時間當有誤。劉大櫆任黟縣教諭(1761—1767)及去官居歙期間(1767—1771)，汪梧鳳、方晞原、吴定等多從遊(見汪梧鳳《送劉海峰先生歸桐城序》)。戴震與劉大櫆有無交游，尚不可考，但據汪梧鳳《送劉海峰先生歸桐城序》中叙述劉大櫆去官居歙，"於是吾徒與先生共晨夕、樂杯酒，雄論古今得失是非，悲歌歡笑，輒時時异，益念東原、蕊中遠隔數千里，不能與先生肆志於山巔水涯之間，爲可惜耳"[①]，又，吴定《翰林院修撰金先生墓誌

---

① 汪梧鳳:《松溪文集》，見《清代詩文集彙編》第 359 册，上海:上海古籍出版社 2010 年版，第 5 頁。

銘》明言金榜“學詩、古文辭於吾師劉大櫆耕南”[①]，則劉大櫆早期任黟縣教諭期間，戴震亦似與之有交游。

【時事】

是年，秦蕙田主纂《五禮通考》二百六十二卷成書，秦氏有自序，略曰：“歲甲辰，年甫逾冠，偕同邑蔡學正宸錫、吴主事大年、學士尊彝兄弟爲讀經之會，相與謂《三禮》自秦、漢諸儒抱殘守缺，注疏雜入讖緯，轇轕紛紜。《宋史》載朱子當日常欲取《儀禮》《周官》《二戴記》爲本，編次朝廷公卿大夫士民之禮，盡取漢晋以下諸儒之説，考訂辨正，以爲當代之典。今觀所著經傳經解，繼以黄勉齋、楊信齋兩先生修述，究未足爲完書。是以《三禮》疑義，至今猶蔀。乃於《禮經》之文……先之以經文之互見錯出足相印證者，繼之以注疏諸儒之牴牾訾議者，又益以唐宋以來專門名家之考論發明者，每一事一義，輒集百氏而諦審之。……辛巳冬，爰始竣事。凡爲門類七十有五，卷二百六十有二。自甲辰至是，閲寒暑三十有八，而年已六十矣。”乾隆十九年(1754)，戴震至京師，得錢大昕推薦，曾與纂此書。

是年，程廷祚歷時三年著成《尚書通義》三十卷。

是年，江藩生。

江藩(1761—1831)，字子屏，號鄭堂，晚號節甫，揚州甘泉人。江藩師承余蕭客、江聲等，爲揚州學派重要學者之一。著有《周易述補》《隸經文》等，其《國朝漢學師承記》及《國朝宋學淵源記》爲清代儒學史名著。《漢學師承記》卷五有《戴震傳》詳論戴震學術(詳見本譜“乾隆四十二年”下)。

是年，沈德潛進《國朝詩别裁集》，因首列錢謙益詩作，并入選錢名世詩，遭乾隆斥其“老憒”。至乾隆四十三年(1778)徐述夔《一柱樓詩》案發，因沈德潛曾爲徐述夔作傳，稱其品行、文章皆可法，乾隆下諭：“將沈德潛所有官爵及官銜謚典盡行革去，其鄉賢祠牌位亦一併

---

① 吴定：《紫石泉山房文集》卷十，見《清代詩文集彙編》第408册，上海：上海古籍出版社2010年版，第383頁。

撤出。所賜祭葬碑文,派阿彌達前往會同楊魁查明撲毁,以昭炯戒。”(《清高宗實録》卷一〇七一)

是年,江西李雍和投呈學政,被指有“怨天、怨孔”之語,遭凌遲之刑。甘肅王寂元編造仙佛下界等文字,投學政車中,亦遭凌遲。

是年,江蘇沛縣監生閻大鏞(1705—1761)抗糧拒差被捕,又查出其所作《俁俁集》多狂悖不經之語,乾隆下諭:“如此可惡,當引吕留良之例嚴辦。”閻大鏞被斬,株連之人甚衆,且閻大鏞曾祖閻爾梅(1603—1679)詩文亦被查禁。乾隆即位之初,曾標榜不以文字罪人,實查禁文字從未斷絶,至乾隆十六年(1751)僞孫嘉淦奏本案起,文字獄復興,且連年不絶。閻爾梅爲遺民詩人,其詩文自順治至康熙、雍正三朝尚未禁絶,乾隆因閻大鏞詩案而株連查禁其曾祖之作,其變本加厲之勢於此可見一斑。

乾隆二十七年壬午(1762)　四十歲

是年,戴震在徽州,秋,赴南京參加江南鄉試,中舉第二十九名。

江永卒。撰《江慎修先生事略狀》。是年或稍前,成《原象》八篇及《迎日推策記》。①

---

① 據乾隆丁酉(1777)曲阜孔氏微波榭刻《戴氏遺書》之《原善》三卷後附《原象》一卷(題注:《七經小記》,《戴氏遺書》之十五),孔刻此卷合載《原象》八篇及《迎日推策記》一篇。又據《段譜》附録《著述輯要》:“《原象》《迎日推策記》,孔户部所刊《戴氏遺書》十五篇合爲一册。《原象》凡八篇,一篇、二篇、三篇、四篇,即先生之《釋天》也,初名《釋天》,以《堯典》“璿璣玉衡”“中星”、《周禮》“土圭”、《洪範》“五紀”四者命題,而天行之大致畢舉。璿璣玉衡,漢後失傳,先生乃詳其儀制於四篇之末。五篇、六篇、七篇,即《句股割圜記》上、中、下三篇也。其八篇,則爲矩以準望之詳也。《迎日推策記》亦舊時所爲。玉裁與《釋天》皆於癸未抄寫,則成書皆在壬午以前可知矣。至晚年,合九篇爲《原象》,以爲《七經小記》之一。天體演算法全具於此。”而《戴震全書》(修訂本)第四册胡炳生《原象》“整理説明”,《原象》五至八篇雖采自《句股割圜記》,但與《句股割圜記》内容有明顯差异。(楊應芹、諸偉奇主編:《戴震全書》修訂本第四册,合肥:黄山書社 2010 年版,第 3～4 頁。)又,凌廷堪《戴東原先生事略狀》謂“《原象》四篇”,當爲不含采自《句股割圜記》之前四篇。江藩《漢學師承記・戴震》謂“《原象》一卷”,當屬統言之。阮元《疇人傳・戴震》稱“《原象》八篇”即不含《迎日推策記》之八篇。

《段譜》：

> 是年三月十三日，江先生卒於家，先生作《江慎修先生事略狀》，次其治經要略、著書卷數。
>
> 是年，舉於鄉。考官爲嘉興少司寇錢先生東麓，諱汝誠；大庾戴太史笈圃，諱第元；同考官爲金匱縣知縣青田韓先生介屏，諱錫胙。錢、韓二先生，即庚辰恩科玉裁之座師、房師也。韓先生嘗語玉裁曰，“闈中閲東原卷，文筆古奥，定爲讀書之士。榜發，竊自喜藻鑒不謬”云。

《段譜訂補》：

> 王昶《江慎修先生墓誌銘》曰：余友休寧戴君東原，所謂通天地人之儒也，常自述其學術實本之江慎修先生。乾隆二十七年三月，先生卒，是年東原舉於鄉，明年來京師，求所以志先生者，卒不果。又十餘年，余自蜀還朝，而東原薦授庶吉士，校理四庫館書，於是取所自爲《狀》及汪世重等《年譜》而屬余銘之……至戴君總校四庫書，乃盡取先生二十種寫之，以藏秘府。先生弟子著籍者甚衆，而戴君及金君榜尤得其傳。

是年三月十三(陽曆 4 月 6 日)，江永卒。戴震赴婺源吊師，裒集并初步整理先師江永遺著，以備史舘徵取。金榜等同門亦當參與。

五月，戴震撰《江慎修先生事略狀》，全面叙述江永學行，推崇江永之學“自漢經師康成後，罕其儔匹”。當時學者，錢大昕撰有《江先生永傳》，劉大櫆撰有《江先生傳》，王昶撰有《江慎修先生墓誌銘》(1776 年作)。

江永(1681—1762)，皖派樸學之奠基人，影響戴震亦最巨。皖派樸學之形成，戴震之成爲皖派樸學代表，均與江永有關；江永在學界影響之擴大，則有賴戴震之推揚。依據江永、戴震交往之事實，尤其是戴震作於乾隆十五年(1750)之《江慎修先生七十壽序》[①],江、戴之師生關係確定無疑。而持"戴氏不尊江氏之説"者,多依據戴震後期著述中未見稱江永爲"師",而衹言"先生",甚或稱江氏爲"吾郡老儒"。對此,梁啓超先生於《戴東原先生傳》中予以駁正曰:"啓超謂先生所以推崇慎修者,具見於所撰《江慎修先生事略狀》(段刻《文集》卷十二),其不背慎修不俟辯。至其曾否受業慎修稱弟子,則難確考。先生《與姚姬傳書》謂:'古之所謂友,固分師之半,僕與足下無妨交相師。'(段刻《文集》卷九)段茂堂上書稱弟子,先生復札云:'古人所謂友,原有相師之義,我輩但還古之友道可耳。'(《段譜》頁十六)其平日持論如是,則其所以事慎修者,固當率此義以行,況其學原非盡出慎修耶!且子貢、子思,皆字稱仲尼,未有疑其慢者。"[②]梁啓超先生因未睹戴震《壽序》,故認爲戴震或未曾受業於江永;其所論戴震并非不尊江永之觀點,得到稍後胡適先生進一步發揮。李開先生《戴震評傳》引胡適《戴震對江永的始終敬禮》一文,并稱胡適認爲戴震呼江永爲"老儒"[③]不僅不是大不敬,反而是格外尊重。李開先生對此觀點也表示認同。[④] 平心論之,"老儒"一詞的確并不如批評戴震者所謂"表明戴震不再尊江永爲師,且心存輕慢"[⑤],衹是是否顯現"格外尊重"之意,亦似可商榷。朱熹亦曾稱鄭樵爲"老儒":"舊曾有一老儒鄭漁仲更不信《小序》,衹依古本與疊在後面。某今亦衹如此。"[⑥]朱熹雖在此

① 對此《壽序》,徐道彬《〈善餘堂文集〉辨僞》(《中國典籍與文化》2010年第4期))以爲不可信,漆永祥《再論戴震學術研究中的幾個問題》(汪良發、潘定武主編《2014全國戴震學術研討會論文集》)則推論爲真。今從漆説。

② 梁啓超:《梁啓超全集》,北京:北京出版社1999年,第4182頁。

③ 戴震以"吾郡老儒"稱江永似僅兩處。《聲韵考》卷三:"吾郡老儒江慎修永據《三百篇》爲本,作《古韵標準》。"《六書音均表序》:"近昆山顧炎武更析東、陽、耕、蒸而四,析魚、歌而二,故列十部。吾郡老儒江慎修永於真以下十四韵,侵以下九韵,各析而二,蕭、宵、肴、豪及尤、侯、幽亦爲二,故列十三部。古音之學,以漸加詳如是。"

④ 李開:《戴震評傳》,南京:南京大學出版社1992年版,第17頁。

⑤ 王惠榮:《江永與戴震師生關係難定原因考》,《歷史檔案》2009年第1期。

⑥ 黎靖德編:《朱子語類》卷八〇《詩一》,北京:中華書局1994年版,第2068頁。

贊同鄭樵觀點，但似未見得對其格外尊重。余英時先生謂："'老儒'之稱適在東原論學之最後階段，亦即視義理爲考核之源之時代也。在此階段中，東原既降考據爲第二義之學，復別有自得之義理以替代宋儒之説，則慎修在東原心中之地位相應而有所降低，固爲極自然之事。蓋慎修畢生成就全在名物制度之考訂方面，至於義理則不出程、朱之舊軌，就東原晚期之見解言之，慎修之學已不足以言'聞道'矣。東原早年以師禮尊慎修，乃由'道'之立場出發，晚歲之改稱'江慎齋先生'爲'吾郡老儒江慎修永'，恐亦與東原對'道'之新體認有關。此所以東原雖於慎修'始終敬禮'，而先後稱呼仍有顯著之差异也。"[①]所論頗值得參考。

戴震後期多數情況下均稱江永爲"江慎修先生"或"江先生"，而對其他同時或稍前之學者，有時稱"某先生"，有時衹稱其字，有時或直呼其名。胡適《戴震對江永的始終敬禮》認爲，乾嘉時期稱"先生"比稱"師"更爲時尚，也格外尊重，并舉段玉裁一般也不稱戴震爲"師"，而衹稱"東原先生"或"戴先生"以證明之。[②] "先生"之稱，乾嘉時期或許特別流行，但是否比稱"師"格外尊重，也似無有力證據。不過，以上情形均不能表明戴震不尊崇江永。衆所周知，戴震本字慎修，後避而不用，專字東原，當正是尊師之舉，且綜觀戴震之爲人態度與爲學精神，無論如何都難以與"背師"聯繫起來。一方面，戴震爲人不邀世譽，且視借重昔儒先師之名爲鄙陋之舉，另一方面，戴震在看待師生關係上態度也極爲謹慎，絶不好爲人師。且戴震并未諱言其師，王昶於《江慎修先生墓誌銘》開篇即明言："余友休寧戴君東原，所

---

① 余英時：《論戴震與章學誠》，北京：生活・讀書・新知三聯書店 2005 年版，第 218～219 頁。

② 段玉裁書札中時見稱戴震爲"師"者：《答程易田丈書》云"搜閱戴師著述"；《與梁遥北書論戴趙二家〈水經注〉》云"吾師東原氏治之最勤"；《與方葆巖制府書》云"乾隆戊子延請戴東原師於蓮花書院"。以上均見段玉裁：《經韵樓集》卷七，上海：上海古籍出版社 2008 年版。

謂通天地人之儒也，常自述其學術實本之江慎修先生。”[①]而錢大昕則更因不滿戴震過度推崇江永曆算之學而致書戴震，其末曰：“當今學通天人者莫如足下，而獨推江無异辭，豈少習於江而特爲之延譽耶？”[②]江永著述得入《四庫全書》者達 16 種，更是戴震力薦之功。戴震之《江慎修先生事略狀》，大力褒揚江永之學術及爲人甚爲鮮明，亦最見其對江永之尊崇。其文曰：

> 先生姓江氏，名永，字慎修，婺源之江灣人。少就外傅時，與里中童子治世俗學。一日，見明丘氏《大學衍義補》之書，内徵引《周禮》，奇之。求諸積書家，得寫《周禮》正文，朝夕諷誦。自是遂精心於前人所合集《十三經注疏》者，而於《三禮》尤功深。先生以朱子晚年治《禮》，爲《儀禮經傳通解》，書未就，雖黄氏楊氏，相繼纂續，猶多闕漏，其書非完。乃爲之廣摭博討，一從《周官經》大宗伯吉、凶、賓、軍、嘉五禮舊次，使三代禮儀之盛，大綱細目，井然可觀。於今題曰《禮經綱目》，凡數易稿而後定。值朝廷開館定《三禮義疏》，纂修諸臣聞先生是書，檄下郡縣，録送以備參訂，知者亦稍稍傳寫。先生讀書好深思，長於比勘，步算、鐘律、聲韵尤明。處里党，以孝弟仁讓躬先。
>
> 其於宣城梅氏所言歲實消長，見歧未定也，則正之曰：“日平行於黄道，是爲恒氣、恒歲，實因有本輪、均輪、高冲之差而生盈縮，謂之視行。視行者，日之實體所至，而平行者，本輪之心也。以視行加減平行，故定氣時刻則多寡不同。高冲爲縮末盈初之端，歲有推移，故定氣時刻之多寡且歲歲不同。而恒氣、恒歲，實終古無增損也。當以恒者爲率，隨其時之高冲，以算定氣，而歲實消長可弗論。猶之月有平朔、平望之策，以求定朔、定望，而此

---

① 王昶：《春融堂集》卷五五，見《續修四庫全書》第 1438 册，上海：上海古籍出版社 2002 年版，第 216 頁。

② 錢大昕：《潜研堂文集》卷三三，《潜研堂集》，上海：上海古籍出版社 1989 年版，第 597 頁。

月與彼月多於朔策幾何,少於朔策幾何,俱不計也。”

於《管子》書五聲徵、羽、宫、商、角之序,《吕氏春秋》稱伶倫作律,先爲黄鐘之宫,次制十二筒以别十二律,則據以正《淮南·天文訓》及《漢書·律曆志》之謬。其説曰:“黄鐘之宫,黄鐘半律也,即後世所謂黄鐘清聲是也。唐時《風雅十二詩譜》以清黄起調畢曲。琴家正宫調,黄鐘不在大弦而在第三弦。正黄鐘之宫,爲律本遺意,亦聲律自然,今古不异理也。《國語》伶州鳩因論七律而及武王之四樂,夷則、無射曰上宫,黄鐘、大簇曰下宫。蓋律長者用其清聲,律短者用其濁聲。古樂用鈞之法既亡,而因端可推。《韓子·外儲篇》曰:‘夫瑟以小弦爲大聲,大弦爲小聲。’雖詭其詞以諷,然因是知古者調瑟之法。黄鐘、大吕、大簇、夾鐘、姑洗、仲吕、蕤賓用半而居小弦,林鐘、夷則、南吕、無射、應鐘用全而居大弦,此皆合之以管、吕論聲律相生者始明也。”先生言樂律,實漢已降二千年莫知闚究者,如此爲書以論。

古韵起於吴才老,而昆山顧氏據證尤精博。先生則謂顧氏考古之功多,審音之功淺。正顧氏分十部之疏,而分平、上、去三聲皆十三部,入聲八部。虞屬魚、模,又分之以屬侯、幽,顧氏未之知也。先屬元、寒,又分以屬真、諄,而真以後十有四韵之當分爲二,考之《三百篇》用韵晝然。顧氏未之審也。蕭至豪四韵之讀如今音者,一部也,又分以屬侯、幽,在《三百篇》亦晝然,而顧氏未審也。覃至鹽屬添、嚴,又分以屬侵,自侵以後九韵,以侈、斂當分爲二,猶之、真以後當分十有四韵爲二也,顧氏亦一之。侯之正音近幽,顧氏不之審,而轉其讀以從虞。先生蓋欲彌縫其書。

《易·彖》言往來上下者,後儒謂之卦變,説人人殊。先生言:“《周易》以反對爲序次,卦變當於反卦取之。否反爲泰,泰反爲否,故曰小往大來,曰大往小來,是其例也。凡曰來、曰下、曰反者,自反卦之外卦來居内卦也。曰往、曰上、曰進、曰升者,自反卦之内卦往居外卦也。”

後儒皆言古者寓兵於農，井田廢而兵農始分。先生曰：“考之春秋時，兵農固已分矣。管仲參國伍鄙之法，齊三軍出之士鄉十有五，公與國子、高子分率之，而鄙處之農不與也。爲農者治田供税，不以隸於師旅也。鄉田但有兵賦，無田税，似後世之軍田、屯田，此外更無養兵之費。晋之始惟一軍，既而作二軍、作三軍，又作三行、作五軍，既舍二軍，旋作六軍，以新軍無帥而復三軍。其既增又損也，蓋除其軍籍使之歸農。若軍盡出於農，則農民固在，安用屢易軍制乎？隋武子曰：‘楚國荆尸而舉，商農工賈，不敗其業。’此農不從軍之證也。魯之作三軍也，季氏取其乘之父兄子弟盡徵之。孟氏取半焉，以其半歸公。叔孫氏臣其子弟，而以其父兄歸公。所謂子弟者，兵之壯者也；父兄者，兵之老者也；皆其素在軍籍，隸之卒乘者，非通國之父兄子弟也。其後舍中軍，季氏擇二，二子各一，皆盡徵之而貢於公。若民之爲農者，出田税自仍然歸之君。故哀公曰：‘二吾猶不足。’三家雖專，亦惟食其采邑，豈嘗使通國之農盡屬己哉。陽虎壬辰戒都車令‘癸巳至’，此又兵常近國都之證，其野處之農，固不爲兵也。”

後儒爲《深衣圖考》者至數十家，大體相踵裳交解十二幅之訛，而續衽鉤邊，致滋异説。先生以《玉藻篇》明言衽當旁，則非前後之正幅也。以鄭康成注曰“衽”，謂裳幅所交裂也。則在旁名衽者交裂，而餘幅不交裂也。續衽者，裳之左旁，連合其衽；鉤邊者，裳之右旁，别用布一幅斜裁之，綴於後衽之上，使鉤曲而前，以掩裳際，漢時謂之曲裾。故康成注曰“鉤邊”，若今曲裾也。《經》《傳》中制度名物，先生必得其通證舉視此。蓋先生之學，自漢經師康成後，罕其儔匹。生平論著之梗概，如上數事，亦足以見矣。

卒年八十有二，所著書：《周禮疑義舉要》六卷，《禮記訓義擇言》六卷，《深衣考誤》一卷，《禮經綱目》八十八卷，《律吕闡微》十一卷,《春秋地理考實》四卷,《鄉黨圖考》十一卷,《讀書隨筆》十二卷,《古韵標準》六卷,《四聲切韵表》四卷,《音學辨微》一卷,《推步法解》五卷,《七政衍》《金水二星發微》《冬至權度恒氣注》《曆辨》《歲實消長辨》《曆學補論》《中西合法擬草》各一卷,《近思録集注》十四卷。

先生嘗一遊京師,以同郡程編修恂延之至也。三禮館總裁桐城方侍郎苞素負其學,及聞先生,願得見,見則以所疑《士冠禮》《士昏禮》中數事爲問,先生從容置答,乃大折服。而荆溪吴編修紱自其少於《禮》《儀》功深,及交於先生,質以《周禮》中疑義,先生是以有《周禮疑義舉要》一書。此乾隆庚申、辛酉間也。

後數年,程、吴諸君子已歿,先生家居寂然。值上方崇奬實學,命大臣舉經術之儒。時婺源縣知縣陳公有子在朝爲貴官,欲爲先生進其書,來起先生。先生自顧頽然就老,謂無復可用;又昔至京師,所與遊皆無在者,愈益感愴,乃辭謝。而與戴震書曰:"馳逐名場非素心。"卒不能强起。

其後,戴震嘗入都,秦尚書蕙田客之,見書笥中有先生曆學數篇,奇其書。戴震因爲言先生。尚書撰《五禮通考》,摭先生説入觀象授時一類;而《推步法解》則取全書載入,憾不獲見先生《禮經綱目》也。

先生家故貧,其居鄉,嘗援《春秋傳》"豐年補敗"之義,語鄉之人。於是相與共輸穀若田,設立義倉,行之且三十年,一鄉之民不知有飢。自古積粟之法,莫善於在民,莫不善於在官。使民自相補救,卒無胥吏之擾,此先生善於爲鄉之人謀者。

乾隆二十七年五月,休寧戴震次先生治經要略,著書卷數。先生生於康熙辛酉年七月十七日,卒於乾隆壬午年三月十三日。遺書二十餘種,繕寫成袟,藏於其家。書未廣播,恐就逸墜,不得集太史氏,敢以狀私於執事。謹狀。

戴震於本狀中全面總結江永學術,推崇江永治學成就,而戴震治學,除得自其好學深思之外,受江永影響最著。其所治禮學、小學、曆算等均受江永很大影響,江永在天文、數學方面吸收西學對戴震亦有明顯影響,唯其治學往往不惟師長所是,故多能超越師輩,光大前賢。要之,乾嘉皖學,江永奠基,戴震擎旗。戴震學術基礎,多受之於江永。戴震於江永之功,在全面整理江永遺著并薦之於四庫館,屢向當時學者推介江永以擴大其影響,更在於全面弘揚皖學,引領學術潮流。

明年初,戴震至京師,請京師學者爲江永撰墓誌銘,至乾隆四十年(1775)王昶自四川歸京師後,乃作《江慎修先生墓誌銘》:

> 余友休寧戴君東原,所謂通天地人之儒也,常自述其學術實本之江慎修先生。乾隆二十七年三月,先生卒。是年,東原舉於鄉,明年,來京師,求所以志先生者,卒不果。又十餘年,余自蜀還朝,而東原以薦授庶吉士,校理四庫館書,於是取所自爲《狀》及汪世重等《年譜》,而屬余銘之。
>
> 先生名永,字慎修,安徽婺源縣人,居縣之江灣。……至戴君總校四庫書,乃盡取先生二十種寫之以藏秘府。先生弟子著籍者甚衆,而戴君及金君榜尤得其傳。自朱子起婺源,其後如李燔、陳淳之輩,咸以道學通經名後世。越五百餘年,而先生復出,雖終老踡伏,不見知於世,而其言深博無涯涘,昭晰群疑,發揮巨典,探聖賢之秘,以參天地人之奥。厥後戴君諸人繼之,其道益大以光。先生殁,大興朱學士筠督學安徽,以先生從祀朱子於紫陽書院,天下以爲公。

錢大昕《江先生永傳》亦或取參於戴震《江慎修先生事略狀》。其略曰:"江先生永,字慎修,婺源人。少就外傅,與里中兒治世俗學。一日,見丘濬《大學衍義補》,書中多徵引《周禮》,奇之,求諸積書家,得寫《周禮》正文,晨夕諷誦。爲諸生數十年,鍵户授徒,束脩所入,盡以購書,遂博通古今,尤專心於《十三經注疏》,自壯至老,丹黄不去手。……休寧戴震，少不譽於鄉曲，先生獨重之，引爲忘年交。震之學，得諸先生爲多。……讀書好深思，長於比勘，於步算、鐘律、聲韻尤明。……歿後一年，詔修《音韵述微》，尚書秦文恭公請於朝，令江南督臣檄取先生所著韵書三種進呈，貯館以備采擇。丙午，江南鄉試，以《鄉黨篇》命題，士子主先生説者皆得中式，由是海内益重其學。”①

秋八月，戴震於南京參加江南鄉試，中舉第二十九名。考官爲嘉興少司寇錢汝誠、大庾戴第元，同考官爲金匱縣知縣韓錫胙。戴震鄉試制藝文多個版本的《戴震文集》均未收録，而見於《乾隆壬午科江南鄉試〈詩〉四房同門録》中，其刻本今藏浙江温州市圖書館，長期未被發現。按：清代科舉，各省鄉試主考官下設同考官，亦稱“房官”，俗稱“房師”，協同主考分閲試卷。時江南鄉試爲江蘇、安徽兩省合闈，設定同考官十八名，分掌十八房。趙翼《陔餘叢考》卷二九《十八房》：“本朝酌定中制，《易》《詩》各五房，《書》四房，《春秋》《禮記》各二房，共十八房，相沿已久。”②《乾隆壬午科江南鄉試〈詩〉四房同門録》即其中“《詩》四房”中式者試題合刊，當由本房同考官韓錫胙主持刊刻。

韓錫胙（1716—1776），字介屏，又字介圭，號湘岩，浙江青田人。乾隆十二年（1747）中舉，先後任山東齊河、禹城及江蘇金匱等知縣。韓氏精術藝，以詩文名，有《滑疑集》等著述。韓錫胙爲官廉潔奉公，熱心公益，尤重教育，頗有政聲。上述《同門録》收録戴震三篇制藝《鄉人儺朝服而立於阼階》《禘嘗之義》和《遠方之人爲食》。

現録《乾隆壬午科江南鄉試〈詩〉四房同門録》所載戴震鄉試制藝三篇如下（考官批語隨附）：

鄉人儺朝服而立於阼階

誠敬接於鄉人，即一儺而見禮儀之盡焉。夫夫子以誠敬與

---

① 錢大昕：《潛研堂文集》卷三九，《潛研堂集》，上海：上海古籍出版社 2009 年版，第 705～709 頁。

② 趙翼：《陔餘叢考》，石家莊：河北教育出版社 1990 年版，第 575 頁。

鄉人接，詎儺也而或忽諸？立於阼階，正其禮也；必朝服，謹其儀也。且禮之行於鄉，皆王道所樂與鄉之人共之也。由是相習而成俗於鄉，正聖人與鄉之人將之者也。故事屬典禮之微，久矣爲衆之所忽，而聖人當之，儼然德盛禮恭之至著焉。何言之？聖，誠而已矣。以聖人而與鄉人接，儺亦其一端也。凡出於先王之制，則禮雖細亦巨。而率百隸而時儺，掌於方相氏，故不得謂黄金四目，執戈揚盾之象，徒以狂夫爲之而遂置之不足數。（夾批：筆可屈鐵。）凡沿於習俗之常，則義雖重亦輕。而遍國中而大儺，命於季冬月，初何嘗非春以助陽、秋以抑陰之餘，亦令小民終之而乃不覺即於玩。

吾夫子退朝而家居，蓋待鄉以誠，而與之接也以敬。時而儺也，鄉人相蹈於禮俗，而至乎子之室，子之涖其至也，服必朝服焉，立必於阼階焉。或曰存室神也，或曰非也，今夫儺之爲禮，在鄉人以爲此所以爲一室之内謀也。而自子視之，以除陰陽之沴，則天事也；以奉典物之存，則王事也。（夾批：奥衍自成一子。）重之以天事王事，則朝服宜；行之於子之室，則立於阼階宜。人惟不見於大也，而後輒目之爲小。使儺而果域於卑近，古聖王何屑屑焉歲取其三時而咸爲之？夫王者之政，春生而秋殺，陽開而陰閉，既不使偏於所向，而又默寓其扶陽之意於爲天下消患彌災之頃，然而見或不及此也。（夾批：長句耐人思繹。）自子之肅然以臨，而王政法天、王政寔能輔天者，皆可與鄉人共明之。

人惟因人慢其事也，而復因事慢其人。使鄉人儺而果鄰於鄙褻，古聖王何兢兢焉先之以國儺而自爲之？夫王者之政，無事不先之以身，亦無事不及於民。既以爲民之故行於國，而又顯呈其重民之念於使天下驅除眚厲之中，然而久已慢乎此也。自子之懔然以對，而政無偏慝，民斯無札夭者，常願與鄉人共膺之。此朝服而立於阼階，所爲必誠必敬也。倘以爲存室神也者，彼大夫祭五祀，士祭其先，有常服矣，而同乎煇如之度，胡爲乎？則非主於室神，故而盛其儀可知矣。謂鄉人而至乎子之室也者，則平日之三揖至於階，三讓而後登，有恒節矣，而不殊侍立於君，胡爲也？則非徒以鄉人故而重其禮可知矣。吾夫子與鄉人接而德盛禮恭之隨事著者有如此。

大主考原批：清思一縷，層引不窮，頗似徐艾筆意。

直寫胸中所見，竟似漢人經疏，若論制藝體裁，原應如此。惜難爲帖括者道也。

禘嘗之義

就祀先而舉其義，亦貴乎明之者也。夫禘嘗行於宗廟，有能合諸郊社而明其祀事之所以然者歟。《中庸》論達孝及之，若曰禮之所尊，尊其義也。惟聖人而後事天如事親，則其所爲事親如事天，其義有相因而明者。蓋殷祭時享昭假於陟降，在天之靈，而所以祀先與所以祀上帝原無殊科。此我周制爲禘嘗，洵乎繼郊社并重也。今夫周人禘嚳而郊稷，稷其配天也於郊，而其配嚳也則於禘，是禘之隆等乎郊。觀周之所以尊事后稷而可見，而不王不禘，方之郊止乎天子，同爲義例之嚴而不可犯者也。若夫一歲之祭四時，而時方春夏，黍稷未成，至秋而甸，粟而納之宫中，米而藏之御廩，於是乎有嘗。凡得立宗廟者，皆得與於禴祠烝嘗以事厥祖禰，此又猶之天子有太社，而諸侯得立國社，民且得立里社也。（夾批：比例清切。）

然則以禘嘗比倫於郊社，其禮其義孰能别巨細於其間哉。且禘之爲義邈矣，周祖后稷而禘，必上至所自出，極天下追遠之遥思，寧不人人動木本水源之感，而以爲禮惡無等也。（夾批：陡轉。）積厚流光，積薄流卑，直援德位以御人子之情而使之安其分，（夾批：意明而止。）嘗之爲義也切矣。周立七廟而大祫始及於壇墠，極致慕之深衷，疇不懷薦俎陳牲之念，而以爲祭不欲數也。天氣一易，物候一遷，直依歲時以立孝享之准，而使之協於中。（夾批：隨題起訖。）

周之禘也，譽正其東嚮之尊，稷退而居昭穆之位，子以父屈，而後冥漠之神以遂，然踐春郊而祈高禖。故《周官》著祀先妣之文，而不敢以上妃議合食於帝，其義詎易測哉。（夾批：以注疏助其議論，筆力透勁。）周之嘗也，遡后稷爲太祖，列親廟於西東，祖以孫尊，而後造周之禘以遠。然其王迹而勤王家，雖身後猶崇追王之典，而不敢不异日列祧主之班，其義寧無據哉。有能知所以爲祖之孝孫，而不知所以爲天之元子者乎？其於治國又何疑焉。

大主考原批：以經注經，以經證經，明字之義，不説盡方與下治字之義，闞合透露，呼之欲出。

惟聖人能知聖人，禘嘗之義在孔子當日，尚在不敢質言，若以講章注疏强作解事，去題萬里矣。一路多設疑兵，使人捉摸不定，若離若即，此文得之。

遠方之人爲食

即受廛者之言，而其徒與所業俱可异焉。蓋聞仁政而願受廛於滕者爲許行，而其徒偕至矣。其所業不於楚而於滕矣，彼烏知仁政之行哉！且機之相倚伏者甚矣。方孟子以仁政教滕君，而使其國中之氓足於衣以不至憂寒，足於食以不至憂飢也。由此遂相推而聞於遠方焉，猗歟盛哉！苟有聞仁政之風而來者，宜必喻乎仁政之意者也。其或所見與仁政相悖者，宜非以仁政爲招者也。而孰知招者無异術，聞者有异操，如許行之自楚之滕，踵門而見文公，記者於是有感於倚伏之機而詳誌之。

彼其言於文公曰：（夾批：領起。）臣生於楚，業於楚，聚臣之徒於楚，幾長爲楚人以歿世矣。顧臣之衣能自足，臣之食亦能自足，臣之徒從臣而若衣若食莫不各能自足，是臣之在楚，雖安其土而不遷，於臣不病也。君不過視爲遠方之人棄於君土壤之外，而今也臣有聞也。臣爲楚之氓，曷若爲君之氓？臣曩者受楚之一廛，今者願受君之一廛。君誠念其來，恤其遠，賜之可以容臣之地，將得與臣之徒自食其力焉。俾終托於行仁政之君宇下，臣實幸甚，臣之徒皆幸甚。噫！文公聞其言與之處，而滕遂滋一遠托荒謬儼然自謂神農氏之教者矣。

滕未見有衣褐以處者。（夾批：勁接。）有之，自遠方之人許行偕其徒而來始；滕國中未見有捆屨織席得食者，有之，自許行之受一廛而爲氓始。許行而既處於滕也，偕來者蓋數十人，是其相從之徒也，其所衣皆衣褐而已矣，其所以爲食則捆屨織席而已矣。昔之許行爲神農之言以號召其徒於楚，今之許行將爲并耕之説以鼓惑人之徒於滕，且受廛之後呰呰然退，有後議於仁政之行也。君子謹异學之害道，於是乎書。

大主考批：清老之筆，奇宕之致，可使霸氣横秋。

記序題不著議論，識見獨高，而音節更駸駸入古。

此爲鄉試第一場試題，三題自《四書》出題，"鄉人儺朝服而立於阼階"取自《論語·鄉黨》，"禘嘗之義"取自《中庸》，"遠方之人爲食"取自《孟子》（此爲截搭題，《孟子·滕文公上》原文爲"遠方之人，聞君行仁政，願受一廛而爲氓。文公與之處，其徒數十人，皆衣褐，捆屨織席以爲食"）。戴震所作三篇制藝，并未謹守八股程式。戴震畢生致力於求是聞道，視義理爲考覈、文章之源，故其作文既遵循義理、考據、辭章三者相統一的原則，更能以義理統領考據、辭章，而非爲炫其文辭或陷於繁瑣考據。恰如其《與方晞原書》所言："古今學問之途，其大致有三：或事於理義，或事於制數，或事於文章。事於文章者，等而末者也。"因其追求在於"得聖人所求之義理，以行於家國天下"（段玉裁《戴東原集序》），故視文詞之工否爲末事。而戴震又有言："必由字以通其辭，由辭以通其道，乃可得之。"故戴震雖確然首重義理，而又絶不忽視考據、辭章。其《文集》之文字莊重雅潔，乃至不乏文采，讀者一閲即知。而此三篇文字寫法各有特點，同樣體現戴震義理、考據、辭章融於一爐之追求。

《鄉人儺朝服而立於阼階》由孔子居鄉里，於儺祭時必朝服而立於阼階一事，闡發聖人待人處事均一本於誠敬，一本於先王之禮制。

儺之於鄉人，雖或爲一室之内謀，甚或近於嬉戲，而孔子則由一儺之微而見其大，視其爲天事，爲王事，“無事不先之以身，亦無事不及於民”，由此可窺見聖王立德垂教、重民爲民之心。而孔子之肅敬以臨，是在明示鄉人畏天敬祖，且誠敬國政。故孔子之重儺，非徒爲一儺，亦非徒以鄉人故，乃本於其敬天重民之誠心。文章由考據而入事理，即小而見大，歸結於聖人之民本思想，實爲戴震民本思想之投射。

《禘嘗之義》考論結合，逐層論證，迤邐寫來，歸結於何以禘嘗爲治國之本。文章考證有據，説理有度，究禘嘗之内涵及其所以設立之源，明聖人之治國與事親、事天實爲一體，立論自有高度。

《遠方之人爲食》首駁許行之徒本不知仁政，次揭許行之徒假託仁政而實以荒謬异説自欺欺人、蠱惑人心，而結之於君子須聞道明道、“謹异學之害道”，其對《孟子》之許行議論可謂識見高遠、發人深省。文章既融考據於議論之中，又以奇筆模擬許行之口吻，亦莊亦諧中透漏其自媒自衒心態，不待駁議而其鄙吝自見。

戴震三篇制藝文寫法不拘一格，不刻意遵循程式而法度自在，正所謂文成法立，至法無法。議論宏通，風格古雅而雄奇，既突出作者禮制思想和仁政民本思想，也體現作者以本貫末、枝葉并茂之文章觀念，誠可謂詞法高古，羽翼經傳。

【時事】

劉大櫆自上年任黟縣教諭，其《江先生傳》或當作於是年。其文曰：“蓋先生生而好古，而窮不見用於世，則益專其心於遠稽遐覽，終身樂之無休暇。其於古之制度、名物，必參互而得其據證。先生未之辨明，則其説具載方册之中，而人顧莫之見；及先生指以示人，則人皆恍然自失，而不啻其心所欲言。信乎其爲博聞强識之君子也！……自六經遭秦火而亡，而《詩》《書》傳記之文，學者如蒙雲翳，猶賴有山澤逸遺之士，窮年兀兀於其中，遞相推測隱度。蓋其義有自漢儒修補以來，歷魏、晋、唐、宋、元、明二千餘歲，代加排闡，直至今日而始明者。則夫經生維繫於斯世，豈淺小哉！先生存，則頹然一老，力學於深岩絶壑之間，朝士大夫無過而問者；先生没，則斯文淪喪，後生新進，猝然有志於學問，於何執經而請業焉？此士之迍邅憔悴，爲舉世之所不爲者，聞先生卒，不能不儘然流涕以悲也。”①

余廷燦亦有《江慎修永傳》，自謂“據(戴震)《事略》傳之”②。

今上海圖書舘藏有江永後裔江兆槐輯《江慎修先生弄丸圖遺像題贊》。據此《題贊》，知江永又自號弄丸主人。此《題贊》中録有江永《弄丸齋記》一文及《弄丸主人自題小影》七言歌行一首，當爲江永戲作之文字，故《善餘堂文集》未收。附録於下，以供學界參考：

弄丸齋記

余齋僅斗大，素壁不掛圖畫，墨規大圜，渾然中空。余坐齋中，顧而樂之，名齋曰“弄丸”。

客曰：“子奚丸之弄乎？必有説也，願聞其指。”余曰：“弄丸之義大矣哉，請爲子言其涯略。太極者，丸之無形者也；蒼穹者，丸之無外者也；坤儀者，丸之精實者也；三辰者，丸之浮空而有耀者也；諸道、諸輪者，丸之交錯而稠疊者也；五行、干支、圖書、卦畫，皆丸之迴圈無端者也。遠爲元會運世，近爲歲月日辰，丸之轉也無窮。達者觀之，始終、榮枯、平陂、往復，皆小丸在大丸中與爲無窮焉而已矣。凡丸大者舒，小者促，各以舒促遞相閲，天地閲人，人閲物，龜鹿閲蜉蝣，靈椿閲朝菌。循大丸視小丸者，笑之；處小丸窺大丸者，駭之。吾烏知丸之大有義哉？吾日弄焉而已。”

客曰：“子若何而弄之？”“凡丸必有度，度必有數，數必善始善終。細入芒毫，大彌宇宙，吾專心以弄之，而見天之高，地之深，七政列宿之行，如是其微妙也。吾展眼弄之，而見皇之渾、帝

① 劉大櫆：《劉大櫆集》，上海：上海古籍出版社 1990 年版，第 166～167 頁。

② 余廷燦：《存吾文稿》，見《續修四庫全書》第 1456 册，上海：上海古籍出版社 2002 年版，第 76 頁。

之大、王之純、霸之雜，如是其推移也。吾又以不弄者弄之，而水自流焉，花自開焉，雲自逝焉。吾安焉，順焉，無欣而無戚焉。以是畢吾生之丸而已。”

客曰：“妙矣哉，弄丸之學也！吾乃今而始得聞也。”客退，録其語識諸齋壁。

弄丸主人自題小影

萬物總在一丸中，誰識最大是蒼穹。層層包裹十一重，南北兩樞相對冲。日月星辰西復東，大地一丸浮虚空。七千年前是鴻蒙，到今年歲號乾隆。時有弄丸主人翁，亞細亞洲一蠛蠓。初生祖父命名龍，原來書中作蠹蟲。癖性不肯作天慵，鑽破故紙用猛攻。探得書味在吾胸，悟徹來時趣不窮。律曆圖書一理通，六書九數亦研礱。終朝把丸作玩供，何知春夏與秋冬。雕蟲小技不求工，彈丸脱手僅從容。七十餘年弄未終，雙眸猶炯耳微聾。寫生妙手肖吾躬，軀不頎兮庞不豐。甚似倥侗與顓蒙，置我丸齋在長松。舊廬那得一畝宫，乍來雅室恁玲瓏。輕摇羽扇招松風，下有小鱗遍體紅，上有鳴禽向天翀。戲水烹茶任小童，丸中妙景處處逢。不必認真是吾蹤，瞢亦是真真亦瞢。主人已是皤然公，何妨看作日初曈。渾忘甲子等飄蓬，終作弄丸一冬烘。萬事都在丸中融，大丸小丸一般同。

江永身爲一代大儒，推崇孔、孟、程、朱之學，而上述《弄丸齋記》及《自題小影》同時又體現其道家志趣。其中所述宇宙觀頗具唯物思想，是得之於江永在自然科學方面的長期治學與實踐，并吸收西方科學之理念。戴震與江永交往日久，相互薰染，世界觀理當會受江永影響。

八月，余蕭客《古經解鉤沉》三十卷撰成。齊召南、王鳴盛爲之作序。後戴震亦應余蕭客之請爲之撰序。

盧見曾《金山志》十卷是年纂成，戴震、蔣宗海曾於乾隆二十二年至二十五年間（1757－1760）參與考訂輯纂。盧見曾《金山志序》曰：

"暇與丹徒蔣舍人宗海、歙縣戴上舍震諮詢緇白,考求文獻,幽岩斷碣,無不搜剔,輯成《金山志》十卷。"①

學者浦起龍卒。浦起龍(1679—1762),字二田,江蘇無錫人,雍正八年(1730)進士,官蘇州府學教授,著有《史通通釋》《讀杜心解》等。主講紫陽等書院,王昶、錢大昕、王鳴盛等皆遊於其門。

乾隆二十八年癸未(1763) 四十一歲

是年春,戴震赴京師參加第一次禮部會試,不第。有《論韵書中字義答秦尚書蕙田》《書玉篇卷末聲論反紐圖後》《顧氏音論跋》《沈學子文集序》等。

《鳳儀書院碑》作於是年。《學禮篇》《讀易繫辭論性》《讀孟子論性》及《原善》三篇等亦作於是年或稍前。

《段譜》:

> 二十八年癸未,四十一歲。是年春,先生入都會試,不第。爲王君涵齋作《詩比義述序》。涵齋,癸未進士,王栗人寬之父也。不第後,居新安會館,一二好學之士,若汪元亮、胡士震輩,皆從先生講學,玉裁與焉。是時秦文恭公聞江慎修先生及學術之論"元"與"魂""痕",當依《三百篇》析爲二;"殷"韵當從唐人與"真"同用。上聲"拯"韵、去聲"證"韵,當分出獨用,奏請刊正韵書,薦先生與錢君曉徵任其事。純皇帝以相沿已久,未允也。先生深明音韵,其論韵之文,有《書玉篇卷末聲論反紐圖後》,有《書劉鑒切韵指南後》,有《顧氏音論跋》,有《書盧侍講所藏宋本廣韵後》,蓋皆成於是年。其夏,遂出都矣。
>
> 又按:江先生《古韵標準例言》云:"余既爲《四聲切韵表》,細區今韵,歸之字母音等,復與戴東原商定《古韵標準》四卷、《詩韵

① 《金山志》,《中國佛寺志彙刊》第一輯第39册,臺北:明文書局1980年印行,第5頁。

舉例》一卷,分古韵爲十三部,於韵學不無小補云。"江先生《例言》不誌年月,考江先生卒於壬午三月,則先生之佐助標準,在壬午以前可知。先生丙申與玉裁《論韵書》云:"江先生撰《古韵標準》時,曾代爲舉'覲''鰥'二字,辨論其偏旁得聲,江先生喜而采用之。"

是年,往江右,有《鳳儀書院碑》。

先生大製作,若《原善》上、中、下三篇,若《尚書今文古文考》,若《春秋改元即位考》三篇,皆癸未以前、癸酉甲戌以後十年内作也。玉裁於癸未皆嘗抄謄,記先生嘗言:"作《原善》首篇成,樂不可言,吃飯亦别有甘味。"又言:"作《改元即位考》三篇,倘能如此文字做得數十篇,《春秋》全經之大義舉矣。"又言:"《尚書今文古文考》,此篇極認真。"又《學禮篇》十三首,不記是癸未前作,抑癸未後作。

《段譜訂補》:

爲王千仞作《詩比義述序》,當在乾隆四十一年丙申。乾隆五十七年嘉德堂刊《詩經比義述》,其序三篇,首篇乃戴震所作,文末署"乾隆丙申三月"。《文集》中的《詩比義述序》,將所署時間刊落。《屈原賦注》已引用有《古韵標準》的文字(詳見《屈原賦注》卷一二"過失"條之注)。據辛巳《再與盧侍講書》,"去冬刻就《屈原賦注》"云,則戴震佐助江永作《古韵標準》,當在乾隆二十五年庚辰之前。

是年段玉裁第一次拜識戴震。

《鳳儀書院碑》,似十五年庚午居徽時作。詳見《魏譜》乾隆十五年條。

關於《鳳儀書院碑》作年,《段譜訂補》沿《魏譜》之説,實誤。詳見下。

是年初春，戴震經揚州赴京師會試，會沈大成等舊友。沈大成作有《喜戴東原至即送隨計北上》四首，詩云：

爲别忽三載，相思日幾回。頻傳良訊至，今見故人來。吉語簷頭鵲，寒香屋角梅。西鄰有美酒，不惜倒千杯。

曠世才難得，如君復幾人。高言陵學海，精義入精神。虎觀方虚席，龍媒自絶塵。長安花勝錦，看遍萬枝春。

黄山雲似海，回憶讀書堂。壯志横千里，奇懷笑十漿。從今脱塵鞅，此去叩天閶。一覽中經簿，衣沾御墨香。

吾老猶爲客，臨分何限情。艱難淹逆旅，蹭蹬薄浮名。江柳牽前夢，春雲送去程。他年車笠誓，莫忘遇燕城。（《學福齋詩集》卷十九）

江春（1721—1789），字穎長，號鶴亭，徽州歙縣人。僑居揚州，經營鹽業，任兩淮鹽業總商數十年。能詩文，與文士交游廣泛，有《隨月讀書樓詩集》三卷。江氏亦作《人日集寓心堂送戴東原計偕北上》詩曰：

客至逢人日，春風滿户庭。談經曾奪席（原注：用戴憑事），傾蓋即忘形。瓶放梅花白，樽開竹葉青。榜頭標第一，争識伍喬星。[①]

且據江春此詩，知戴震北赴京師之日爲正月初七（人日）。

是年春，沈大成又有《送程易田之武昌》詩曰：“把臂忻方始，何期遽遠行。孤帆投鄂渚，匹馬去燕城。柳色依依緑，春流處處清。戴憑

① 江春：《隨月讀書樓詩集》卷上，盧桂平主編《揚州文庫》第85册《新安二江先生集》，揚州：廣陵書社2015年據嘉慶九年（1804）康山草堂刻本影印，第12頁。戴憑事見《後漢書》卷七九上《儒林列傳上》：“戴憑，字次仲，汝南平輿人也。習《京氏易》。年十六，郡舉明經，征試博士，拜郎中。時詔公卿大會，群臣皆就席，憑獨立。光武問其意，憑對曰：‘博士説經皆不如臣，而坐居臣上，是以不得就席。’……正旦朝賀，百僚畢會，帝令群臣能説經者更相難詰，義有不通，輒奪其席以益通者，憑遂重坐五十餘席。”

空寄語，將送轉含情。（自注：東原去時，曾屬與兄論學。）”（《學福齋詩集》卷一九）

戴震入都，首次參加會試，落第。寓居新安會舘，汪元亮、胡士震、段玉裁始來從學。此次爲段玉裁與戴震首次相見。

段玉裁嘉慶十四年（1809）《聲類表序》曰：“始余乾隆癸未請業戴東原師，師方與秦文恭公論韵，言江慎修先生有《古韵標準》，據《毛詩》用韵爲書，真至仙十四韵，宋鄭庠謂漢魏杜、韓合爲一者，《毛詩》實分爲二，余聞而异之，顧未得見江氏書也。”①

汪元亮，江蘇元和（今江蘇蘇州）人，字明之，號竹香。汪氏與戴震同年舉江南鄉試，後亦屢應會試不第。汪元亮工於詩文，後受戴震影響而研習六書及經學。

是年夏，戴震離京南下，返徽州，并有江西之游。

王昶作《送戴孝廉東原歸新安兼詢金秀才輔之（榜）》相送：“天都歸去謝紛譊，通潞亭前竟打包。文字何人迷五色，神明有夢授三爻。更隨老宿窮經緯，細與同心辨禘郊。作記已煩名鄭學，鑿楹先付小胥鈔。”②金榜（字輔之）乾隆二十九年（1764）詔試中舉，故王昶此詩作於本年無疑。

又據汪梧鳳作於乾隆三十六年（1771）《送劉海峰先生歸桐城序》：“東原、蕊中自鄉舉，射藝京師，於今未歸者七年。”由乾隆三十六年上推七年，可知戴震於是年或明年返徽州。

《段譜》載戴震於是年夏離京南下，又記其“往江右，有《鳳儀書院碑》”。而楊應芹《段譜訂補》則云：“《鳳儀書院碑》，似十五年庚午居徽時作。詳見《魏譜》乾隆十五年條。”《魏譜》“乾隆十五年”下云：“《鳳儀書院碑文》一篇，段刻《文集》卷十一，孔刻卷九載之。按碑文言，鳳儀書院乃瑞州太守楊公筠陽書院改新的。楊公不知何人。此

---

① 段玉裁：《經韵樓集》卷六，上海：上海古籍出版社 2008 年版，第 122～123 頁。

② 王昶：《春融堂集》卷八，見《續修四庫全書》第 1437 册，上海：上海古籍出版社 2002 年版，第 411 頁。

文頗以爲先生在南豐、邵武間遊後居徽時所作,因爲先生的文名也是此時才聞於世,故附於此。”

按:《魏譜》此説實有誤,《段譜》所記則較可信。戴震《鳳儀書院碑》曰:

瑞州舊有筠陽書院,在南城。奉宋之周子、二程子、張子以暨朱子、陸子,而明王文成亦與焉,號七賢。今太守楊公守兹郡,閲二載,百度具舉,閔其即於墜弛,且地隘,乃徙建北城高廣地。地故爲祀劉文成址,祠廢,碑識猶存,太守因以列七賢中而八。又築後楹,奉眉山二蘇氏如舊制。蘇、劉蓋嘗官是間,留名賢迹也。於是更以新名曰鳳儀書院。昭昔之日鳴鳳之瑞,引爲今多士幸際聖朝之祥。濡豪撰記,凡規畫創因,既具以晰矣。郡之士復推本太守意,乞言於余。

余曰:往昔所謂書院也者,求學士真儒必於此焉遇。蓋歲時届其地,則儒先酋酋講學砥節,相語以道德,相勖以躬行,自宋以來,書院之立咸若是。於其崇七賢,厥指可得而度。今賢太守愛民重士,興學校,育人材是任,稽舊時書院,遷而新之,聘師置弟子,期之以通經蓄道德,所以儲士待國家之用,以稱朝廷造士以經術之意。然或謂今之書院萃諸生課文詞上下而已,視昔之求學士真儒也异,則大不然。夫士不通經則材不純,識不粹,不足以適於化理。故用經義選士者,欲其通經;通經欲純粹其材識,然後可俾之化理斯民,克敬其事,供其職。方虞、夏、商、周之盛也,士升以德,其後不能不以言取,徐覘其德者,勢也;雖以言取,苟務於言之當,非通經蓄道德弗能也。由有道德而能文詞者,源而往者也。覘文詞當於理,進而慕於道德者,泳沫以遡源者也。若是,何歧於今昔哉? 六經之文,邃深而博大,學焉者各有所至,或履之爲德行,或抒之爲文章,或措之成豐功偉績。如八賢,如二蘇之卓卓乎前,多士知仰而法之,則賢太守勸勵鼓舞之盛志,在是也歟! 在是也歟! 多士其以余言歸而質之。

鳳儀書院所在之瑞州，即今江西宜春之高安。據文中"郡之士復推本太守意，乞言於余"云云，瑞州人士邀戴震作此碑記時，當在戴震已取得一定功名之時，而不可能在戴震尚未取得縣學生身份（戴震於乾隆十六年方補縣學生）之時。而據同治《瑞州府志》，鳳儀書院爲乾隆二十四年(1759)時任太守楊仲興所遷建（按：戴震此文明言鳳儀書院乃遷建，非在筠陽書院舊址上改新。《魏譜》所謂"筠陽書院改新"亦似不確）。楊仲興(1694—1775)即《鳳儀書院碑》所稱"太守楊公"，字直庭，廣東嘉應人，雍正八年(1730)進士，工古文詞，爲官重文教，頗有政績，乾隆二十二年(1757)始任瑞州太守。《清史列傳》卷七一有傳，稱其"所至山川阨塞，民食緩急，與夫學校書院興廢，必盡心力規畫"①。《魏譜》所謂"楊公不知何人"，係失考。乾隆十五年(1750)，鳳儀書院尚未遷建，故《魏譜》所言《鳳儀書院碑》作年顯係有誤，而《段譜》所記當較爲可信。

戴震是年夏離京南下，有無經過揚州待考；戴震或游於江右，至江西瑞州（今江西高安）并作《鳳儀書院碑》之後，返回徽州，時當在是年底前，至遲明年初。

是年，秦蕙田奏請刊正韵書，薦錢大昕、戴震任其事。乾隆以相沿已久，未允其請。

是年，戴震著《論韵書中字義答秦尚書蕙田》（段刻《文集》卷三），或與其事有關。又著《顧氏音論跋》（段刻《文集》卷四）、《書盧侍講所藏宋本廣韵後》（段刻《文集》卷四）。

是年夏，戴震落第後離京南歸，段玉裁以札問安，遂自稱弟子。

《原善》三篇撰成於是年或稍前（至乾隆三十一年，復在此基礎上增爲《原善》三卷）。段玉裁言其於是年抄録戴震著作《原善》三篇、《尚書古文今文考》《春秋改元即位考》《迎日推策記》等。又據段玉裁《六書音均表・卷首》："假觀東原所爲《江慎修行略》，知有《古韵標

① 王鍾翰點校：《清史列傳》，北京：中華書局1987年版，第5849頁。

準》一書，與顧氏少异，然實未能深知也。”

是年春，沈大成文集纂成，戴震遵囑爲之撰序，即《沈學子文集序》，微波榭本及經韵樓本戴氏《文集》均收録，而朱啓鈐（1872—1964，字桂辛）藏有此序手稿（據其跋語，知爲沈大成後人所贈），文字與傳世本稍有异同，詳見按語。《沈學子文集序》曰：

> 彊梧赤奮若之歲，余始得交於華亭沈沃田先生。既而同處一室者更裘葛。方（按：手稿作“時在”）炎夏，金石流，草木焦，而先生持經籍一卷，往復校覈無倦容。然則天地有寒暑，惟用心一者不知之。莊生有言：“入水不濡，入火不熱。”其指或殊，而爲抱一則同（按：手稿作“同也”）。故先生之學，於漢經師授受欲絶未絶之傳，其知之也獨深。因是瞻涉旁午，舉凡先秦以降，精深、博大、怪奇、偉麗之文，靡不好之，而神與俱凝，復與俱釋。而亦時時自發爲文章，其醇之經，肆之子史百家，掩其光而彌著，淡其味而彌永。此余曩所見於先生之學、之爲詩古文詞若是。今隔别六載，聞素重先生所爲文暨學於先生者，爲裒聚成集，先生乃馳書二千里屬余撰序。
>
> 夫先生之可傳，豈特在是哉！以今之去古既遠，聖人之道在六經也。當其時，不過據夫共聞習知（按：手稿作“知也”），以闡幽而表微。然其名義、制度，自千百世下遥溯之，至於莫之能通。是以凡學始乎離詞，中乎辨言，終乎聞道。離詞則舍小學故訓無所藉，辨言則舍其立言之體而無從相接以心。先生於古人小學故訓，與其所以立言用相告語者，研究靡遺。治經之士，得聆一話言，可以通古，可以與幾於道。而斯集都其文凡若干篇，繩尺法度，力追古人，然特先生之出其餘焉耳。此外著述，藏稿尚多，余企其畢合而傳之，以爲志古君子之大快也。（按：手稿末署“昭陽協洽之春新安戴震東原甫謹序”。）

戴震於此序中提出“凡學始乎離詞，中乎辨言，終乎聞道”，申明其治學以訓詁考據爲手段，以聞道爲旨歸。惠棟曾爲沈大成撰《學福齋集序》，略曰："夫所貴於學者，謂其能推今説而通諸古也。……沈君邃於經史，又旁通九宫、納甲、天文、樂律、九章諸術，故搜擇融洽，而無所不貫。"[①]可與戴震此序相參。

【時事】

是年十月，清廷頒諭購進江永遺著。

《清高宗實録》："乾隆二十八年十月癸巳。諭軍機大臣等：現在修輯韵書，聞安徽婺源縣有已故生員江永，曾著《四聲切韵表》及《音學辨微》二書稿本已成，未經刊刻，著傳諭該撫，即飭該縣就其家購覓，如因一時抄録不及，竟將原本隨奏摺之便附封送京，以備采擇。書竣，即行發還。"[②]

據乾隆五十七年(1792)書業堂刻《讀書隨筆》，卷首目録下有金榜題記："此江慎修先生《讀書隨筆》原書叙目也。自三卷至九卷，本名《周禮疑義舉要》，先生以其爲隨筆簽答之書，又《夏》《秋》二官尚未卒業，因改名《讀書隨筆》，而以散見群經諸條依經類次之爲十二卷。先生殁，史舘檄取其遺書，同門戴東原以《隨筆》之名難以繕進，取其説《周禮》七卷，復名《周禮疑義舉要》；其説群經五卷，更名《群經補義》，今據以録入《四庫全書》者是也。"[③]可知戴震南下，遊江西瑞州後，當即返回徽州，留婺源爲江永整理遺著以備進獻朝廷。

是年，天文、數學、地理學家明安圖(1692—1763)卒。明安圖，字静庵，蒙古正白旗人。官至欽天監監正，參與撰著《曆象考成》《曆象考成後編》《儀象考成》等，兩次參與新疆地理測繪。又著數學名著《割圜密率捷法》，書未成而卒，其子明新與其弟子陳際新繼承之，至乾隆三十九年(1774)著成。

---

① 惠棟：《松崖文鈔》卷二，見《續修四庫全書》第1427册，上海：上海古籍出版社2002年版，第278～279頁。

② 《清高宗實録》卷六九六，《清實録》第十七册，北京：中華書局1986年版，第803頁。

③ 《讀書隨筆》卷首，乾隆五十七年(1792)書業堂刻本。

是年，數學家梅𣪏成卒。

梅𣪏成（1681—1763），字玉汝，號循齋，安徽宣城人，著名天文學家、數學家梅文鼎之孫。與修《數理精蘊》《曆象考成》及《明史·天文志》《曆志》等，并校訂梅文鼎遺著《梅氏曆算全書》。

是年二月，焦循生。

焦循（1763—1820），字理堂（一作里堂），晚號里堂老人，江蘇甘泉（今揚州）人。嘉慶六年（1801）舉人。專力治學，閉户著述，爲揚州學派重要學者，學識精博，著述頗富，以《孟子正義》最著，有《雕菰樓文集》二十四卷。焦循對戴震哲學思想多有闡發并能繼承之，王孝魚謂："其所著書，除算學外，無一非發揮其哲學思想之作，不特可繼東原之後，張惶而光大之，即後期今文學家變法維新之動機亦於里堂變通時行之義啓之。其在清代思想中地位之重要，蓋不在東原下，惜治清學者無人注意及之。"[①]錢穆謂："統觀里堂成就，闡述性理近東原，平章學術似實齋。東原、實齋乃乾、嘉最高兩大師，里堂繼起，能綜匯兩家之長，自樹一幟，信可敬矣！……惟里堂於東原素深服膺……里堂雖力言變通，而里堂成學格局，實仍不能脱據守範圍……而別爲《論語補疏》，與《易通釋》《孟子正義》諸書，均以發抒義理之言與考據、名物、訓詁者相錯雜出，遂使甚深妙義，鬱而不揚，掩而未宣。以體例言，顯不如東原《原善》《疏證》，別自成書，不與考據文字夾雜之爲得矣。"[②]張舜徽《清人文集別録》卷一一論焦循《雕菰樓集》云：

> 循爲學私淑休寧戴氏，亦由訓詁以進求義理，辟宋明以來雜入禪學之謬。讀《戴氏遺書》，最心服其《孟子字義疏證》及《原善》，時人有議戴者，作《申戴篇》以張之。故其論性、論理，皆與戴説爲近。所撰《論語通釋》《孟子正義》，亦所以羽翼戴學者。而是集卷九諸解，即其緒論之發凡也。……時人方高樹漢學之

① 王孝魚：《焦學三種·自序》，北京：中華書局2014年版，第4頁。

② 錢穆：《中國近三百年學術史》，北京：九州出版社2011年版，第522～523頁。

幟，自名其學曰考據，循則以爲治學不應强分漢宋，尤不可立考據之名；學宜通核，不宜據守；學宜隨時而進，不宜泥古自畫。①

焦循曾著《申戴篇》，又有《讀書三十二贊》贊戴震《孟子字義疏證》，詳見本譜“乾隆四十二年”下。

乾隆二十九年甲申(1764)　四十二歲

《段譜》是年闕録。

是年，戴震當在徽州，於婺源整理江永遺著以待進獻朝廷。後返休寧，又於不疏園與汪梧鳳等相見。

江永一生勤於治學，著述頗豐，約有《周禮疑義舉要》七卷，《儀禮釋宫增注》一卷，《深衣考誤》一卷，《禮記訓義擇言》八卷，《禮書綱目》八十五卷，《儀禮釋例》一卷，《春秋地理考實》四卷，《群經補義》五卷，《鄉黨圖考》十卷，《律吕闡微》十卷，《律吕新論》二卷，《古韵標準》四卷，《四聲均韵表》一卷，《考訂朱子世家》一卷，《近思録集注》十四卷，《算學》八卷、續一卷，以上十六種或均戴震整理并薦朝廷，後收入《四庫全書》。另有《音學辨微》一卷，《推步法解》五卷，《七政衍》一卷，《曆學補論》一卷，《四書典林》四十卷等。

戴震於是年再至汪梧鳳不疏園。汪梧鳳《松溪文集・送劉海峰先生歸桐城序》：“吾友志相合、業相同、擇師而事，無不相同者，休邑鄭用牧、戴東原，吾歙汪稚川、程易田、方晞原、金蕊中、吴蕙川數人而已。東原、蕊中自鄉舉，射藝京師，於今未歸者七年。”②可知戴震是年再遊於汪梧鳳處，是冬或至明年春離鄉。

---

① 張舜徽：《清人文集别録》，武漢：華中師範大學出版社 2004 年版，第 292 頁。

② 汪梧鳳：《松溪文集》，見《清代詩文集彙編》第 359 册，上海：上海古籍出版社 2010 年版，第 5 頁。

【時事】

是年，章學誠撰《修志十議》。略云："修志有二便：地近則易覈，時近則迹真。有三長：識足以斷凡例，明足以决去取，公足以絶請託。有五難：清晰天度難，考衷古界難，調劑衆議難，廣徵藏書難，預杜是非難。有八忌：忌條理混雜，忌詳略失體，忌偏尚文辭，忌妝點名勝，忌擅翻舊案，忌浮記功績，忌泥古不變，忌貪載傳奇。有四體：皇恩慶典宜作紀，官師科甲宜作譜，典籍法制宜作考，名宦人物宜作傳。有四要：要簡，要嚴，要覈，要雅。今擬乘二便，盡三長，去五難，除八忌，而立四體，以歸四要。請略議其所以然者爲十條。先陳事宜，後定凡例，庶乎晝宫於堵之意云。"①

章學誠爲乾嘉時期著名史學家，撰有史學名著《文史通義》。《修志十議》爲章氏早期論著之一，論述方志編纂基本原則，爲其後期史志理論奠定基礎。

是年九月，學者秦蕙田卒。

秦蕙田(1702－1764)，字樹峰，號味經，江蘇金匱(今江蘇無錫)人。乾隆元年(1736)進士，官禮部侍郎、工部尚書等，謚文恭。博學能文，精於《三禮》，主纂《五禮通考》。乾隆十九年(1754)戴震入京，得錢大昕之薦，秦蕙田延請戴震與纂《五禮通考》，講論觀象授時，并載戴震《句股割圜記》於《五禮通考》中；江永著作亦因戴震之薦而爲秦蕙田所采納。

洪榜《戴先生行狀》："先生之始至京師，當時舘閣諸公，今光禄卿嘉定王君鳴盛，今學士嘉定錢君大昕，大興朱君筠，紀君昀，餘姚盧君文弨，今大理卿青浦王君昶，皆折節交先生。時大司寇秦文恭公方爲少宗伯，編纂《五禮通考》之書，延先生邸舍，就與商榷，其所采摭先生各經之説甚多，先生因出其笥中所藏江先生《推步法解》一書，以示秦公，秦公取全書載入焉。先生因盡言江先生之學於秦公。乾隆二十

① 章學誠著，倉修良編注：《文史通義新編新注》，杭州：浙江古籍出版社 2005 年版，第 856 頁。

七年(1762),江先生以疾卒於家,先生爲之狀其行實及著書卷數,上之續文獻通考館、史館,以備采擇。其後學士朱公督學安徽,檄盡取江先生之書上之於朝,亦由先生力爲表揚之也。”

學者趙一清卒。

趙一清(1709－1764),字誠夫,號東潛,浙江仁和(今杭州)人。少廪家學,博極群書。受全祖望影響,研治《水經注》,著《水經注釋》四十卷。於乾隆二十六年(1761)至二十八年(1763)應邀爲直隸總督方觀承纂修《直隸河渠水利書》。李宗侗《趙東潛年譜稿》:“乾隆二十六年辛巳,順德府知府金文淳奉直隸總督方觀承檄,修《直隸水利書》,延先生於府署槐堂。撰《盧奴水考》。……乾隆二十八年癸未十月,(東潛)至天津。冬,往泰安。乾隆二十九年甲申,在泰安。患噎病。……先生卒於泰安。”①

趙一清《水經注釋》久未刊行,四庫館開,被采入館。乾隆三十九年(1774),戴震官校《水經注》成,戴氏自校《水經注》亦得孔繼涵之助而刊行。後趙一清《水經注釋》刊刻面世,因與官校《水經注》“所同十之八九”,學界争議漸起,釀成二百餘年趙、戴《水經注》案,至今難以平息。詳見本譜“乾隆三十九年”下。

文學家曹雪芹卒於是年或上年。

曹雪芹(? －1763或1764),名霑,字夢阮,號芹溪居士。自曾祖起三世任江寧織造,雍正五年(1727),其父因事免職,徙居京師,家道頗衰。雪芹苦心著述《紅樓夢》(又名《石頭記》),書或未成而卒。

正月,阮元生。

阮元(1764－1849),字伯元,號雲台(一作芸台),又號揅經老人,江蘇揚州人,占籍儀徵。乾隆五十四年(1789)進士,歷官乾隆、嘉慶、道光三朝,拜體仁閣大學士。長於經史,撰述宏富,爲揚州學派著名學者。《清史稿》卷三六四本傳:“元博學淹通,早被知遇。敕編《石渠

① 李宗侗:《李宗侗文史論集》,北京:中華書局2011年版,第478～481頁。

寶笈》，校勘石經。再入翰林，創編國史儒林、文苑傳，至爲浙江巡撫，始手成之。集《四庫》未收書一百七十二種，撰提要進御，補中秘之闕。嘉慶四年，偕大學士朱珪典會試，一時樸學高才搜羅殆盡。道光十三年，由雲南入覲，特命典試，時稱异數。與大學士曹振鏞共事，意不合，元歉然。以前次得人之盛不可復繼，歷官所至，振興文教。在浙江立詁經精舍，祀許慎、鄭康成，選高才肄業；在粤立學海堂亦如之，并延攬通儒；造士有家法，人才蔚起。撰《十三經校勘記》《經籍籑詁》《皇清經解》百八十餘種，專宗漢學，治經者奉爲科律。集清代天文、律算諸家，作《疇人傳》，以章絶學。重修《浙江通志》《廣東通志》，編輯《山左金石志》《兩浙金石志》《積古齋鐘鼎款識》《兩浙輶軒録》《淮海英靈集》，刊當代名宿著述數十家爲《文選樓叢書》。自著曰《揅經室集》。他紀事、談藝諸編，并爲世重。身歷乾、嘉文物鼎盛之時，主持風會數十年，海内學者奉爲山斗焉。"①

阮元治學，模範戴震，實事求是，長於歸納。與焦循、王念孫、段玉裁等諸多學者切磋論學，交游甚廣，張惠言、王引之、郝懿行等著名學者均出其門下。

孔繼涵次子孔廣根生。《孔氏炊經堂支譜》："廣根，字心仲，號小莊，世襲聖廟六品官，敕封承德郎，乾隆二十九年三月十七日生。"②廣根後爲戴震之婿。

是年，敕纂《欽定大清會典》一百卷成書。

詔命重修《大清一統志》。

新選泰州知州賴宏典於字約（契據）内寫有"點兵交戰，不致有失軍機"等隱語，被認爲"與悖逆無异"，處斬監候。

福建永安縣童生鄧文亮撰《誡淫説》《誡暴文》，妄托夢見雍正諭授機密，被查處。

---

① 趙爾巽等：《清史稿》，北京：中華書局1977年版，第11424頁。

② 孔昭焜纂：《孔氏炊經堂支譜》，道光十七年(1837)抄本。

乾隆三十年乙酉(1765)　四十三歲

是年，戴震離鄉，經蘇州、揚州入都，交余蕭客等。撰《題惠定宇先生授經圖》。自定《水經》一卷，并撰《書水經後》。

《段譜》：

是年秋八月，定《水經》一卷，自記云："夏六月，閲胡朏明《禹貢錐指》引《水經注》，疑之，因檢酈氏書輾轉推求，始知朏明所由致謬之故，實由唐以來經注互訛。如濟水，經文'東至礫溪南'，注文'又東南礫石溪水注之。水出滎陽城西南李澤……東北注於濟，世謂之礫石澗，即經所謂礫溪矣。經云濟水出其南，非也'。今注重列爲經，乃妄增字爲北礫溪、南礫溪，朏明從之，不知注明言礫石溪東北注濟，濟實過其北。辨正經文，不當云'至礫溪南'，其無二礫溪，固顯然也。書中類此者不勝悉數，今得其立文定例，就酈氏所注，考定經文，别爲一卷。兼取注中前後倒紊不可讀者，爲之訂正，以附於後。是役也，爲酈氏書還其脈絡，非治《水經》而爲之也。"玉裁按：此《水經》一卷，今未著録，然别經於注，令經、注不相亂，此卷最爲明晰。後召入四庫館纂修，此書綱領，不外乎是，特於討論字句加詳耳。玉裁昔年寫得此本，并自記一篇，固當鐫贈同志。

是年，入都過蘇，有《題惠定宇先生授經圖》一篇，見《文集》。

《段譜訂補》：

《水經》一卷由《水經》《附考》《後記》三部分組成，另外又附有作者"以河、江爲綱，按地望先後"而考定的《水經》一百二十三水的新次序，故又題名曰《水經考次》。《水經》一卷抄本今藏北京大學圖書館，《水經考次》今藏北京圖書館。從混淆的《經》

《注》中辨離出全部《經》文，是這一卷書的中心内容。《附考》乃力圖補正《渭水篇》漏簡和《潁水》諸篇錯簡之嘗試。《後記》交代了辨析《經》《注》的辦法和標準，即四大義例。《後記》若作獨立成篇的文章當題名爲《書水經後》。段玉裁收此篇入《文集》誤增一字，曰"書水經注後"，又删去了因"其語已見於前篇"的二百多字，其中包括四大義例。

《段譜》言："是年秋八月，定《水經》一卷。"據《戴震全書》(修訂本)第四册《水經考次》之《説明》，戴震自定《水經注》一卷現存兩種抄本，一爲乾隆三十七年(1772)曲阜孔氏家抄本，題名《水經校稿》，現藏北京大學圖書館；一爲周叔弢家藏抄本，題名《水經考次》，現藏中國國家圖書館。其《後記》，《段譜訂補》謂當作《書水經後》，即《東原文集》卷六載《書水經注後》。《段譜訂補》又謂《東原文集》有删略。今録《戴震全書》(修訂本)之《書水經後》：

夏六月，閱胡朏明《禹貢錐指》所引《水經注》，疑之，因檢酈氏書，輾轉推求，始知朏明所由致謬之故。

《水經》立文，首云某水所出，已下不復重舉水名；而《注》内詳及所納小水，加以采摭故實，彼此相雜，則一水之名不得不循文重舉。《水經》叙次所過郡縣，如云"又東過某縣南"之類，一語實賅一縣；而《注》内則自縣西至東，詳記水歷委曲。《水經》所列即當時縣治；至善長作《注》時，已縣邑流移。《注》既附《經》，是以云逕某縣故城，《經》無有稱故城者也。凡《經》例云"過"，《注》例云"逕"。

是書至唐、宋間遂殘闕淆紊，《經》多誤入《注》内，而《注》誤爲《經》，校者往往以意增改。如《河水注》"北河又東逕莎車國南"，"北河又東南逕温宿國"，"北河"皆當作"枝河"，蒙上"左合枝水"之文，今本作"北河"者，殆後人所改。又如濟水，《經》文"東至北礫溪南"，《注》文"又東南礫石溪水注之，水出滎陽城西南李澤，東北注於濟，世謂之礫石澗，即《經》所謂礫溪矣，《經》云濟水出其南，非也”。今《注》重列爲《經》。胡朏明引其文，乃曰“上有北礫溪，故此爲南礫溪，石字衍”，不知《注》明言礫石溪東北注濟，則濟實過其北，且辨正《經》文不當云“至礫溪南”，其無而礫溪固顯然，“南北”二字殆後人誤增。書中此類者不勝悉數。

據《崇文總目》，酈氏書四十卷，亡其五，今仍作四十卷者，蓋後人所分以傅合其卷數。《元和志》《寰宇記》等書引《水經注》滹沱河、涇水、洛水，今皆無之，或在所亡之五卷内歟？

《水經》有郭璞注三卷，唐時猶存。杜氏《通典》引《水經》四事，證其爲順帝以後纂叙。《郡國志》，桂陽郡漢寧，永和元年置，吴改曰陽安，晋太康元年改曰晋寧縣，在桂陽郡東百二十里。三國時吴與蜀分荆州，南郡、零陵、武陵以西爲蜀，江夏、桂陽、長沙以東爲吴，南陽、襄陽、南鄉三郡爲魏。《吴志》，孫皓甘露元年十一月，以桂陽南部爲始興郡，十二月晋受魏禪，未聞魏取陽安事，而《水經》鍾水北過魏寧縣之東，蓋作《水經》者魏人，故於廣漢、漢寧悉改曰魏。其書實出一手。《舊唐志》云郭璞撰，《新唐志》以爲桑欽，晁公武云欽爲此書而後人附益，王伯厚云酈氏附益，皆非也。

今就酈氏所注，考定《經》文，别爲一卷，兼取注中前後倒紊不可讀者爲之訂正，以附於後。是役也，爲治酈氏書者，棼如亂絲而還其《注》之脈絡，俾得條貫，非治《水經》而爲之也。乾隆三十年乙酉秋八月，休寧戴震記。[①]

《東原文集》删略文字即“《水經》立文……《注》例云‘逕’”一節，此節亦即戴震整理《水經注》所總結辨析《經》《注》文字之“四大義例”。概言之，即：一、《經》不重舉水名，《注》則多重舉水名；二、《經》

---

① 楊應芹、諸偉奇主編：《戴震全書》（修訂本）第四册，合肥：黄山書社2010年版，第502～504頁。

敘某水過某縣，一語賅其一縣，《注》則自縣西至東，詳記某水之所歷；三、《經》所載爲當時縣治，《注》則云某縣故城；四、《經》例云“過”，《注》例云“逕”。此辨析《經》《注》之問題，全祖望、趙一清治《水經注》時已有所考察，而戴震之梳理最爲詳備。

是年，戴震經蘇州、揚州入都。於蘇州交惠棟弟子余蕭客（字仲林）、江聲（字琴濤）等，惠棟之子秉高出其父遺像《授經圖》囑題，戴震爲撰《題惠定宇先生授經圖》，其文曰：

> 前九年，震自京師南還，始覿先生於揚之都轉鹽運使司署内。先生執震之手曰：“昔亡友吴江沈冠雲嘗語余，休寧有戴某者，相與識之也久，冠雲蓋實見子所著書。”震方心訝少時未定之見，不知何緣以入沈君目，而憾沈君之已不及覯，益欣幸獲覯先生。明年，則又聞先生殁於家。今徒觀先生遺像曰《授經圖》者，蓋先生之學，直上追漢經師授受欲墜未墜埋藴積久之業，而以授吴之賢俊後學，俾斯事逸而復興。
>
> 震自愧學無所就，於前儒大師不能得所專主，是以莫之能窺測先生涯涘。然病夫六經微言，後人以歧趨而失之也。言者輒曰：“有漢儒之學，有宋儒之學，一主於故訓，一主於理義。”此誠震之大不解也者。夫所謂理義，苟可以舍經而空憑胸臆，將人人鑿空得之，奚有於經學之云乎哉？惟空憑胸臆之卒無當於賢人聖人之理義，然後求之古經；求之古經而遺文垂絶、今古懸隔也，然後求之故訓。故訓明則古經明，古經明則賢人聖人之理義明，而我心之所同然者，乃因之而明。賢人聖人之理義非它，存乎典章制度者是也。松崖先生之爲經也，欲學者事於漢經師之故訓，以博稽三古典章制度，由是推求理義，確有據依。彼歧故訓、理義二之，是故訓非以明理義，而故訓胡爲？理義不存乎典章制度，勢必流入异學曲説而不自知，其亦遠乎先生之教矣。
>
> 震入都過吴，復交於先生令子秉高與二三門弟子若江君琴濤、余君仲林，皆篤信所授，不失師法。先生之學有述者，是學術

雖已云逝，而謦欬仍留。震方慨然於徒接先生畫像，而吴之賢俊後學，彬彬有漢世鄭重其師承之意，可不謂幸歟？

戴震於本文表彰惠棟重求故訓之經學，然其對“學有漢、宋”及故訓、義理二分之論顯然提出批評。戴震治學重故訓，更重義理，其以故訓爲基礎，“故訓明則古經明”；故訓又僅爲手段，而非目的，戴震治學宗旨在求道、聞道，即在義理。故訓、義理雖有區别，然故訓以義理爲目的，義理非故訓不得，二者實不可偏廢。所謂“學有漢、宋”，實各執一偏，非戴震之思想。在戴震心目中，并無所謂漢學、宋學嚴格畛域之分。戴震又曾以“轎夫”與“轎中人”分别喻訓詁考據與義理，論者往往執其一偏，以爲戴震僅推重義理而不重訓詁考據，實則戴震多半精力正在訓詁考據。戴震此喻，乃爲撥正時人僅視其爲訓詁考據大家，并提醒學者不可以訓詁考據爲指歸而已①。

戴震晚年爲余蕭客（仲林）撰《古經解鉤沉序》稱：“今仲林得稽古之學於其鄉惠君定宇。惠君與余相善，蓋嘗深嫉乎鑿空以爲經也。二三好古之儒，知此學之不僅在訓詁，則以志乎聞道也，或庶幾焉。”再明其治學乃“志乎聞道”，亦有意表明其與吴學之有别。

又據王鳴盛《古經解鉤沉序》：“今交天下之士，得通經者二人，吴郡惠定宇，歙州戴東原也。間與東原從容語子之學於定宇何如？東原曰：‘不同。定宇求古，吾求是。’嘻，東原雖自命不同，究之，求古即所以求是，舍古無以是者也。夫子之聖，猶曰信而好古；曰好古敏求。古之可尚如此。”②（《西莊始存稿》卷二四）可見戴震實自命其學與惠棟有异，此差异即“求是”與“求古”之别。王鳴盛雖認爲求古、求是相

① 清初顧炎武基於反對明末空疏理學而提出“古之所謂理學，經學也”（《與施愚山書》，《顧亭林詩文集》，北京：中華書局1959年版，第58頁）。論者多以爲顧炎武此言强調不可舍經學而言理學，實則亭林治學，旨在明理經世。戴震主張漢、宋不可偏廢，反對强分漢宋，眼光正與顧氏同。

② 王鳴盛：《西莊始存稿》卷二四，見《續修四庫全書》第1434册，上海：上海古籍出版社2002年版，第315頁。

輔相成，批評戴震不當截然劃分，但戴震及戴震代表之皖派與惠棟及其代表之吴派之區别在於一重於求是、一偏於求古。戴震極認同惠棟訓詁治經之樸學理路，但其求古而不泥古，求古旨在求是。近代以來，經章太炎之發揮，（章太炎《訄書・清儒》："吴始惠棟，其學好博而尊聞；皖南始江永、戴震，綜形名，任裁斷。此其所异也。"）幾成學界共識①。

張舜徽論王鳴盛"求古即所以求是"之説曰："此言實大謬。夫古人之説未必是，後人之説未必非。鳴盛必執時世之先後以定是非，尤非通方之論矣。"②

錢大昕有《題惠松崖徵君授經圖》一詩，可與戴震《題惠定宇先生授經圖》相參：

> 漢儒説經重詁訓，授受專門先後印。三代遺文近可推，大義微言條不紊。後人鑿空誇心得，一筆欲將鄭服擯。虚譚明理訶玩物，陳義甚高詞已遁。我朝經術方昌明，天遺耆儒破迷悶。紅豆風流手澤貽，三世大師清望峻。正誼常睎董仲舒，識古共推劉子駿。尤長《羲易》泝九師，輔嗣説行存亦僅。郢書燕説一例芟，墜簡逸象盡日捃。晝吞仲翔洵已足，論持趙賓兼肯仞。苦心孤詣識者誰？後有子雲或能信。禮堂寫定不得傳，令子趨庭萬人俊。群書暗誦才翩翩，家法相承語諄諄。青紫拾芥何足云，樸學千秋宜自奮。吾生亦有好古癖，問奇曾許摳衣進。廿年聚散等浮漚，宿草青青老淚抆。展圖仿佛見平生，苦井長眢幾時濬？黄門精熟繼長翁，試聽它年石渠論。③

---

① 錢穆先生論惠學（吴派）與戴學（皖派）又頗值得注意："今考惠學淵源與戴學不同者，戴學從尊宋述朱起脚，而惠學則自反宋復古而來。……故以徽學與吴學較，則吴學實爲激進，爲趨新，走先一步，帶有革命之氣度；而徽學以地僻風淳，大體仍襲東林餘緒，初志尚在闡宋，尚在述朱，并不如吴學高瞻遠矚，劃分漢、宋，若冀、越之不同道也。"（《中國近三百年學術史》，北京：九州出版社，第 346～347 頁。）

② 張舜徽：《清人文集别録》，武漢：華中師範大學出版社 2004 年版，第 172 頁。

③ 錢大昕：《潜研堂詩集》卷十，《潜研堂集》，上海：上海古籍出版社 2009 年版，第 1122 頁。

秋，戴震於揚州江春處晤沈大成。後入都，備丙戌會試。

【時事】

是年，王念孫以高宗南巡獻頌册，賜舉人。閔爾昌《王石臞先生年譜》："乾隆三十年乙酉二十二歲。高宗南巡，先生以大臣之子迎鑾，獻頌册。二月癸巳，賞舉人。"

章學誠至京，應順天鄉試，不第，爲翰林院編修朱筠所識，録爲弟子。章學誠即在京與修《國子監志》。

鄭燮卒。鄭燮（1693—1765），字克柔，號板橋，乾隆元年（1736）進士。"揚州八怪"之一，詩、書、畫世稱"三絶"。

戴震於乾隆二十二年至二十四年（1757—1759）遊揚，客盧見曾幕府時，鄭燮亦屢遊盧見曾處，戴震當與鄭燮有交游。李斗《揚州畫舫録·虹橋録上第十》記戴震、惠棟、鄭燮等均爲盧見曾賓客。限於學識，未搜得戴震與鄭燮交往之文獻。

是年，江蘇鹽城縣民周煌批註《綱鑒易知録》，有譭謗清廷内容，以大逆不道被處凌遲之刑。

乾隆三十一年丙戌（1766） 四十四歲

是年，戴震至京師，第二次參加禮部會試，不第。寓新安會館，稍後入裘曰修府第，教授其子裘行簡。《聲韵考》四卷初成。增訂《原善》三篇爲三卷。《杲溪詩經補注》二卷亦或成於是年。

段玉裁亦第二次會試，不第。戴震與段玉裁第二次相見。

《段譜》：

> 入都會試不第，居新安會館。始，玉裁癸未請業於先生，既先生南歸，玉裁以札問安，遂自稱弟子。先生是年至京面辭之，復於札内辭之。又有一札云："上年承賜札，弟收藏俟繳，致離舍時，匆匆檢尋不出。在吾兄實出於好學之盛心，弟亦非謙退不敢

也。古人所謂友，原有相師之義，我輩但還古之友道可耳，今將來札奉繳。"觀於姬傳及玉裁之事，可以見先生之用心矣。直至己丑相謁，先生乃勉從之。朱文正公嘗曰："汝二人竟如古之師弟子，得孔門漢代之家法也。"

入都時，在蘇州借朱文斿奂所藏《禮記注疏》，此書乃惠定宇先生依吴進士泰來所藏宋刊本校出，凡爲卷七十，與唐、宋《志》合。除此本外，無不六十三卷者，其字句不同處，今本脱去連行無考處，一一完善。程太史魚門晋芳、姚比部姬傳鼐及玉裁皆臨繕一部。

是年，先生所著《聲韵考》四卷已成。同志傳寫，凡韵書之源流得失，古音之由漸明備，皆檃栝於此。玉裁刻諸蜀中。癸巳以後，先生又取玉裁《音均表》之説，支、佳一部，脂、微、齊、皆、灰一部，之、咍一部，漢人猶未嘗通用，畫然爲三，補入《論古音》卷内。李大令文藻刻諸廣東，孔户部繼涵又刻諸曲阜。二刻與前刻詳略不同。

是年，玉裁入都會試，見先生云"近日做得講理學一書"，謂《孟子字義疏證》也，玉裁未能遽請讀。先生没後，孔户部付刻，乃得見，近日始窺其閫奥。蓋先生《原善》三篇、《性論》二篇既成，又以宋儒言性、言理、言道、言才、言誠、言明、言權、言仁義禮智、言智仁勇，皆非《六經》、孔、孟之言，而以异學之言糅之。故就《孟子》字義開示，使人知"人欲净盡，天理流行"之語病。所謂理者，必求諸人情之無憾，而後即安，不得謂性爲理。

是年，不第後，館於裘文達公邸第，文達公命子孫師之，故直隸總督名行簡，其徒也。注《詩·周南》《召南》，名之曰《杲溪詩經補注》，"杲溪"二字，蓋以自别於諸言《詩》者。先生不隨俗爲别號，天下稱東原先生而已。先是，癸酉成《詩經補傳》，已而在揚州，以此書之《序》及《論鄭聲》一條示是仲明，仲明索觀《詩補傳》，先生辭之，作書與之論學而已，蓋亦自恐於斯未信也。至是，始成《二南》，改稱《補注》。作《詩》本旨，詳於某篇幾章幾句之下，其體例猶舊也。今《二南》著録，而《詩補傳》已成者不著録。先生所謂“每憾昔人成書太早，多未定之説”者，於此可見。

《段譜訂補》：

段、戴相見，此爲第二次。

“近日做得講理學一書”，梁啓超云“正是《緒言》耳”（見《戴東原著述書目考》）。錢穆云：“東原所告懋堂‘近日做得講理學一書’者，實即《原善》三篇之擴大本，懋堂不察，未經面質，後遂誤認爲東原所告乃指《字義疏證》也。”梁、錢所云，不知孰是，姑録之待考。

《戴東原先生文·樂山記》中有“杲溪”“杲山”。又《屏山石室記》中有“杲溪先生”，後朱筆改“杲溪”爲“友堂”，眉批曰：“杲溪字友堂。”以上二文分别代吴入雲、吴希聲。疑《杲溪詩經補注》亦爲捉刀謀食之作，故有此名而未得完篇。

是年在都，章學誠登門謁見。章學誠《答邵二雲書》曰：“丙戌春夏之交，僕因鄭誠齋（虎文）太史之言，往見戴氏休寧館舍，詢其所學，戴爲粗言崖略。”於此同年，章學誠《與族孫汝南論學書》曰：

往僕以讀書當得大意，又年少氣鋭，專務涉獵，四部九流，泛覽不見涯涘，好立議論，高而不切，攻排訓詁，馳騖空虚，蓋未嘗不憪然自喜，以爲得之。獨怪休寧戴東原振臂而呼曰：“今之學者，毋論學問文章，先坐不曾識字。”僕駭其説，就而問之。則曰：“予弗能究先天後天，河、洛精蘊，即不敢讀‘元亨利貞’；弗能知星躔歲差，天象地表，即不敢讀‘欽若敬授’；弗能辨聲音律吕，古今韵法，即不敢讀‘關關雎鳩’；弗能考《三統》正朔，《周官》典禮，即不敢讀‘春王正月’。”僕重愧其言！因憶向日曾語足下所謂

"學者秖患讀書太易,作文太工,義理太貫"之説,指雖有异,理實無殊。充類至盡,我輩於《四書》、一經,正乃未嘗開卷,可爲慚惕,可爲寒心!

戴震第二次參加禮部會試,又落第。居新安會舘。段玉裁亦第二次參加會試,落第。戴震、段玉裁在京第二次相見。是年段玉裁呈戴震書曰:"《水經》一本,裁已抄完。乞將校定全書并裁所上,全部付來手。金五先生所書《夏小正》正文,亦祈發來。耑此,并請鈞安。餘不悉。裁謹稟。"(段玉裁輯《戴東原先生札册》第一札。)戴震於此札上批語曰:"弟校本數日前爲姚六哥鼐取去,餘具奉上。尊謙不敢當,并繳。"是年,戴震又有致段玉裁書札:"來《水經》九本已收。此是舊本。弟處校本,係江西劉内翰暨汪明兄分借去,未還。其《原善》《原象》等,亦在汪公處,俱俟改日呈上。賤體已復舊。再者,上年承賜札,弟收藏俟繳,致離舍時,匆匆檢尋不出。在吾兄實出於好學之盛心,弟亦非謙退不敢也。古人所謂友,原有'相師'之義,我輩但還古之之友道可耳。來札奉繳,不宣。喬林大哥。震頓首。"(段玉裁輯《戴東原先生札册》第三札。)可知段玉裁屢申拜師之意,戴震則屢次婉謝。

劉盼遂《段玉裁先生年譜》"乾隆三十一年丙戌"下:"春,在都會試,東原亦入都,面辭弟子之稱,復作札辭之。"①

戴震入都前,在蘇州於朱文斿(一作文游)處借其所藏北宋本《禮記注疏》及《國語》。據《段譜》本年所記及段玉裁《重刊明道二年國語序》:"乾隆己丑,予在都門,時東原師有北宋《禮記注疏》及明道二年《國語》,皆假諸蘇州滋蘭堂朱丈文斿所照校者,予復各照校一部。"②

戴震落第不久,入户部侍郎裘曰修府邸,教授其子裘行簡(1754—1806,字敬之。官至直隸總督)。并著《杲溪詩經補注》。

---

① 段玉裁:《經韵樓集》附録,上海:上海古籍出版社 2008 年版,第 434 頁。

② 段玉裁:《經韵樓集》卷八,上海:上海古籍出版社 2008 年版,第 191 頁。

《杲溪詩經補注》簡稱《詩經補注》，僅有《周南》《召南》二卷，或屬戴震未完之書稿。《清史稿・藝文志》等徑録爲《詩經二南補注》。戴震曾於乾隆十八年(1753)著成《毛詩補傳》二十六卷，《毛鄭詩考正》四卷。"《補注》以《補傳》爲基礎，在文字考訂、典制辨證、語詞釋義、篇旨探索，乃至行文修辭等方面都有不同程度的删補加工，其品質無疑高出《補傳》。"[①]

《段譜》謂："'杲溪'二字，蓋以自别於諸言《詩》者。先生不隨俗爲别號，天下稱東原先生而已。"後有以"杲溪"爲戴震之號，實誤。上引《段譜訂補》已予説明，徐道彬先生則有進一步之論證[②]。

戴震於乾隆癸酉(1753)《毛詩補傳序》曰："先儒爲《詩》者，莫明於漢之毛、鄭，宋之朱子。然一《詩》而以爲君臣朋友之詞者，又或以爲夫婦男女之詞，以爲刺譏之詞者，又或以爲稱美之詞；以爲他人代爲詞者，又或以爲己自爲詞。其主漢者必攻宋，主宋者必攻漢，此説之難一也。"可見其治經論學，實事求是，志乎明理，不偏主一家，更無門户之争。《杲溪詩經補注》公允辨析《毛傳》《鄭箋》及朱熹之是非，時采朱子之説，與當時崇漢排宋者明顯异趣。

《聲韵考》之成書，《段譜》繫於是年，而《經韵樓集》卷六《刻聲韵考序》(詳見本譜"乾隆四十一年"下)則曰："己丑(1769)之春，先生成《聲韵考》四卷，都下傳寫，玉裁録之，置篋中……"

戴震於撰成《聲韵考》時，或請錢維城撰序。錢維城辭謝，其《茶山文鈔》卷九有《與戴東園書》：

---

① 楊應芹、諸偉奇主編：《戴震全書》(修訂本)第二册《〈杲溪詩經補注〉説明》，合肥：黄山書社 2010 年版，第 3 頁。程嫩生通過對《毛詩補傳》與《杲溪詩經補注》之比較，認爲："與《毛詩補傳》相比，《杲溪詩經補注》又取得了一些發展：一、它更能擺脱舊説之附會，……二、在闡發詩旨時它更能注意到三家詩，……三、行文更爲嚴謹，有力突出定稿特色。"(《戴震詩經學研究》，浙江大學 2005 年博士論文，第 51 頁。)

② 徐道彬：《戴震研究之糾謬四題》，汪良發、潘定武主編《2014 全國戴震學術研討會論文集》，合肥：黄山書社 2015 年版。

六書之道，有形有聲，形者字體也，聲者音韵也。儒者論述必衷六經。《易》稱庖犧氏仰觀天文，俯察地理，觀鳥獸之文，與地之宜，始作八卦。而書契之興，未詳作者，然卦畫已具字形。竊謂三畫即乾字，六畫即坤字，大輅椎輪必自於此。流傳至周，已非庖犧之舊。况自蝌蚪、篆隸、八分，以至今體，其爲流變豈可推尋？所謂象形、會意、轉注、處事、假借、諧聲，創始之源，難以意測，欲即今體强合古文，北轍南轅未見其合。至於音釋《爾雅》爲經，然恂慄威儀，詞因戴記周公所作。夫豈其然？蓋亦後儒所托耳。《説文》即爲最古，而强立偏旁，文多傅會，文馬爲駁、短尾從隹，若斯之類，不可枚舉。按之經義殊不儘然，在今言今，不過釐正俗書，無乖古訓，足矣。

音韵之説，古無專書，然《易》《書》《詩》俱在，大抵矢口而成，不煩擬議，所謂天籟也。時地變遷，遂生齟齬，以今合古，强名爲葉，乃後人之矯揉，豈作者之本然哉！雙聲疊韵，自古有之，窈窕、參差，開卷即是，是則反語權輿，叔然尚爲傳述，况神珙、守温耶？三十六母，本以收聲，非爲韵設，經堅輕牽，母以生子，子以召音，宛轉關生，非假造作。顧古音多，今音少，知澈澄娘非微六母，漸可從删。而泥從床三母亦失本音，時代使然，不能勉强也。不特此也，古音四，今四等漸亡，二等亦寡，存者一二耳，必力求古音，啓口驚俗，一人衣錦，衆客楚咻，安可家喻而户曉哉？

以五均爲五音，非始西河，其部分井然，不同牽合，欲求古韵，此爲近之。第五音之説，人各不同，求其指歸，卒難通曉。竊以一字具有七音，不關牙舌喉齒唇也。何以明之？七音正於律吕，今則譜爲九宫。七音者，七調也。不聞一調之辭，止用一宫之字，此則歌者之轉喉，非辭家之選字。今之樂猶古之樂也。四聲既分，乃有正閏、正紐、倒紐，其圖實繁，然止列其格，未詳其故，則平上入去易知，而入去上平難曉也。要之聲韵之道，百姓與能，里巷歌謡，自然合度，康衢擊壤，振古已然。自詞人鉤深，矜爲絶學，四聲二百六部，事近苛細，去古遂遥，即休文、法言輩，意在成一家之言，非欲强之天下後世，況可執是以繩古人哉！惟是朝廷取裁，必有矜式。唐、宋以後詞賦取士，勒爲官書，翕然遵守，然亦苦其窄，少議并議，通代有加。展今之《平水》，益非舊章，若竟撤去藩籬，必且乖違時尚，惟一廩同文，無敢改作，庶幾範我馳驅耳。

家君於字書韵學最所研窮，所著《聲韵圖譜》，久經梓行，尚有《易韵》《毛詩韵》亦已成書。維城幼時每承提命，而氣質粗浮，學力淺薄，未能卒業。伏讀大著，尋源溯流，釋疑訂誤，精微浩博，莫可名言，非好學深思，何以喻此！承命撰叙，愧不敢當，謹就管蠡之見及素所聞於庭訓者，略舉以質足下，幸終教之。

錢維城於戴震《聲韵考》提出之古音理論，頗有懷疑及批評。與段玉裁所述有异。近人王國維亦推許戴氏此書，其《五聲説》云："嘗謂自明以來，古韵學之發明有三：一爲連江陳氏古本音不同今韵之説；二爲戴氏陰、陽二聲相配之説；三爲段氏古四聲不同今韵之説。"①

錢維城(1720－1772)，初名辛來，字宗磬，一字幼安，晚號稼軒，江蘇武進(今常州)人。畫家、學者。乾隆十年(1745)狀元，官至刑部侍郎。謚文敏。有《錢文敏公全集》三十卷。父錢人麟(1689－1772)，字鑄庵，音韵學家，著有《易韵》《聲韵圖譜》《毛詩韵》等。

戴震曾於《書玉篇卷末聲論反紐圖後》曰："宋元以來，爲反切字母之學者，歸之西域，歸之釋神珙。蓋由鄭樵、沈括諸人，論古疏漏，惑於釋氏一二翦劣之徒，眠娗誣欺，據其言以爲言也。"②又於《聲韵考》云："孫叔然創《爾雅音義》，是漢末人獨知反語。……魏孫炎始作反語。……宋、元以來，競謂反切之學起於釋神珙，傳西域三十六字母於中土。珙之《反紐圖》今俱存，其人在唐憲宗元和以後，其圖祖述

① 王國維：《觀堂集林》，石家莊：河北教育出版社 2001 年版，第 208 頁。

② 戴震：《戴震文集》卷四，北京：中華書局 1980 年版，第 88 頁。

沈約，遠距反語之興已六七百載，而字母三十六定於釋守温，又在珙後，考論反切者所宜知也。”[①]紀昀對此《聲韵考》頗有异議，紀氏曾曰：“東原與昀交二十餘年，主昀家前後幾十年，凡所撰録，不以昀爲弇陋，頗相質證，無不犂然有當於心者，獨《聲韵考》一編，東原計昀必异論，竟不謀而付刻，刻成昀乃見之，遂爲平生之遺憾。蓋東原研究古義，務求精核，於諸家無所偏主，其堅持成見者，則在不使外國之學勝中國，不使後人之學勝古人，故於等韵之學，以孫炎反切爲鼻祖，而排斥神珙反紐爲元和以後之説。夫神珙爲元和中人，固無疑義，然《隋書·經籍志》明載梵書以十四字貫一切音，漢明帝時與佛經同入中國，實在孫炎以前百餘年。且《志》爲唐人所撰，遠有端緒，非宋以後臆揣者比。安得以等韵之學歸諸神珙，反謂爲孫炎之末派旁支哉！在東原博極群書，此條不應不見。昀嘗舉此條詰東原，東原亦不應不記。而刻是書時，仍諱而不言，務伸己説，遂類西河毛氏之所爲，是亦通人之一蔽也。……昀與東原交不薄，嘗自恨當時不能與力争，失朋友規過之義，故今日特布腹心於左右，祈刊改此條，勿彰其短，以盡平生相與之情。”[②]

是年，戴震增訂其《原善》三篇爲三卷。《段譜》“乾隆四十二年”附《著述輯要》曰：“《原善》卷上、卷中、卷下，孔户部所刊《戴氏遺書》第九，合爲一册。始先生作《原善》三篇，見於户部所刊文集中者也。玉裁既於癸未抄寫熟讀矣，至丙戌，見先生援據經言疏通證明之，仍

① 楊應芹、諸偉奇主編：《戴震全書》（修訂本）第三册，合肥：黄山書社 2010 年版，第 285～286 頁。

② 紀昀：《紀文達公遺集·文集》卷四，見《續修四庫全書》第 1435 册，上海：上海古籍出版社 2002 年版。紀昀此文爲其致余廷燦討論余氏《戴東原先生事略》之書信。余氏復就此論曰：“廷燦初輯東原事略時，衹就東原《聲韵考》一書，搜采檃栝，方喜其説之創獲不磨，及見先生折簡見示，乃知讀書必公聽并觀。凡學識論斷，總宜平宜確，匪在取新取奇。然以東原之折衷群言，左右采獲，亦未嘗好騁鋒辨，翻駁前人以自炫。而獨於此書固執成見不移者，則先生之言曰：不欲使西域之學勝中國，不欲使後人之學勝古人耳。此亦何嘗非篤信稽古，用心於補苴攘斥者之一端。然意向稍有偏涉，即平生著述，不能不留此一段餘憾。”（余廷燦《戴東原先生事略》附記，《存吾文稿》，見《續修四庫全書》第 1456 册。）

以三章者分爲建首、比類、合義，古賢聖之言理義，舉不外乎是。”

又，戴震《原善》卷首記：“余始爲《原善》之書三章，懼學者蔽以异趣也，復援據經言疏通證明之，而以三章者分爲建首，次成上、中、下卷。比類、合義，燦然端委畢著矣，天人之道，經之大訓萃焉。以今之去古聖哲既遠，治經之士，莫能綜貫，習所見聞，積非成是，余言恐未足以振兹墜緒也。藏之家塾，以待能者發之。”

《段譜》所記戴震言其“近日做得講理學一書”，段玉裁初謂《孟子字義疏證》，後於《答程易田丈書》中有辨正。段氏云：

> 師在丙戌語玉裁云：“近做得道學書一本。”彼時玉裁無所知也，故亦不請讀。今據先生札云：壬辰師館京師朱文正家，自言曩在山西方伯署中，僞病者十數日，起而語方伯：我非真病，乃發狂打破宋儒家中《太極圖》耳。蓋其時著得《孟子字義疏證》。玉裁於此乃覺了然“僞病十餘日”，此正是造《緒言》耳。竊揣此書創始於乙酉、丙戌，成於己丑朱方伯署中。（己丑五月，往山西方伯朱文正署中，客山西者幾三年。己丑秋後，自藩署至汾州修府志，庚寅乃竣。辛卯，又修《汾陽縣志》。）是爲《緒言》改定於丙申冬後、丁酉春前，是爲《孟子字義疏證》，丁酉四月間與彭、段書皆盛言《疏證》，是四月以前改定自序可知。①

後梁啓超依段玉裁此書，亦謂此書爲《緒言》；張立文《戴震哲學研究》則謂：“丙戌，段玉裁既見《原善》三卷本，則‘今日做得講理學一書’，梁啓超以爲《緒言》，亦不妥。筆者認爲是《孟子私淑録》，它作爲《孟子字義疏證》的初稿，而謂之‘講理學一書’，甚合情理，而謂之《孟子字義疏證》，亦并非毫無關聯。然而，《孟子私淑録》與《緒言》，兩書孰先孰後，仍是值得商討的問題。錢穆在《記鈔本戴東原〈孟子私淑録〉》中說：‘量其成書，當在《緒言》之後，《字義疏證》之前，正爲兩書

---

① 段玉裁：《經韵樓集》卷七，上海：上海古籍出版社 2008 年版，第 184 頁。

中間過渡作品也。……但細讀兩書，以《孟子私淑録》爲《緒言》之先較合情理。"[①]余英時仍從其師錢穆先生之説，謂："《緒言》與《孟子字義疏證》之間，東原另撰有《孟子私淑録》一稿，蓋屬過渡性質。"[②]參考張立文之辨析，當以張説近是[③]。

是年，戴震著有《詩摽有梅解》，謂毛、鄭及朱熹解此詩均未通達，而另作新解。其文曰：

> 毛、鄭皆以此詩"專爲女子年二十當嫁者而言"爲説，本《周禮》；又皆以"梅之落喻年衰"；鄭則兼取"梅落，見已過春而至夏"，似迂曲難通。《集傳》以爲"女子貞信自守，懼其嫁不及時，而有强暴之辱"，豈化行之世，女宜有此懼邪？亦非也。
>
> 古者嫁娶之期，説歧而未定。其以少長論者：或主於男三十，女二十；或目此爲期盡之法。據《詩》《禮》證之：男子二十冠而字，女子許嫁笄而字。男子二十曰弱冠，三十曰壯有室。女子十有五而笄，二十而嫁，有故，二十三而嫁。蓋冠而後有室，笄而可以嫁。（《春秋傳》："晋侯問公年，季武子對曰：會於沙隨之歲，寡君以生。晋侯曰：十二年矣，是謂一終，一星終也。國君十五而生子。冠而生子，禮也。"）男自二十至三十，女自十五至二十，皆婚姻以時者也。（譙周云："男自二十以及三十，女自十五以及二十，皆得以嫁娶。先是則速，後是則晚。凡人嫁娶，或以賢淑，或以方類，豈但年數而已。若必差十年乃爲夫婦，是廢賢淑方類苟比年數而已，禮何爲然哉？則三十而娶，二十而嫁，説嫁娶之限，蓋不得復過此耳。"）
>
> 《大戴禮記》曰："男八歲而齔，（毁齒也。）十六然後精通，然後其施行；女七歲而齔，十四然後化其成。"（盧辯注云："古者皆

① 張立文：《戴震哲學研究》，北京：人民出版社2014年版，第21～24頁。

② 余英時：《論戴震與章學誠》，北京：生活·讀書·新知三聯書店2005年版，第25頁。

③ 《戴震全書》關於《緒言》之《説明》，亦認爲《緒言》是對《孟子私淑録》之發展。（《戴震全書》修訂本第六册，合肥：黄山書社2010年版，第77頁。）

以二十、三十爲婚姻之年，十四、十六爲嫁娶之期。”）此舉其端言之也。墨子書曰：“昔聖王爲法曰：‘丈夫年二十，毋敢不處家；女子年十五，毋敢不事人。’”（王肅云：“前賢有言，丈夫二十不敢不有室，女子十五不敢不有其家。”）此舉其中言之也。《周官經》：“媒氏掌萬民之判。凡男女自成名以上，皆書年月日，名焉。令男三十而娶，女二十而嫁。凡娶、判妻、入子者，皆書之。中春之月，令會男女，於是時也，奔者不禁。若無故而不用令者，罰之。”此舉其終之大限言之也。

不使民之後期而聽其先期，恐至於廢倫也，亦所以順民之性，而民自遠於犯禮之行也。《周禮》凡言會者，皆謂歲計曰會。中春“令會男女”者，使其屬稽之、覈之。三十之男，二十之女，貧不能婚嫁者，許其殺禮。殺禮則媒妁通言而行，謂之不聘，不聘謂之奔。故曰：“於是時也，奔者不禁。”奔之爲妻者也。《記》曰：“聘則爲妻，奔則爲妾。”奔之爲妾者也。買妾者納財而不用禮，因其不聘，故謂之奔。（《左傳》：“聲伯之母不聘，穆姜曰：‘吾不以妾爲姒。’”）凡三十之男，二十之女，非有故而後期者，爲不用令。非仲春不禁之時而不行六禮者，爲不用令。《國語》：“句踐欲報吴，誓其民曰：女子十七不嫁，其父母有罪，丈夫二十不娶，其父母有罪。”此志在蕃育人民，故限之使速婚。若民之先期：男十六而娶，女十四而嫁，亦不聞古人有禁也。凡有父母之命，媒妁之言，如《周禮》中春許行之者，皆男女以正者也。

其以日月論者，或主於起自仲春，至仲夏，猶承春末之未遠，過此則止矣；或主於起自季秋，至仲春則禮殺而止。《夏小正》：“二月，綏多士女。”説曰：“綏，安也，冠子、娶婦之時也。”《豳詩》：“春日遲遲，采蘩祁祁，女心傷悲，殆及公子同歸。”采蘩，《夏小正》繫之二月。而《衛詩》曰：“士如歸妻，迨冰未泮。”言自納采至親迎，節次非可驟施，從容用禮然也。荀卿書曰：“霜降逆女，冰泮殺止。”（《韓詩傳》同。）“殺止”云者，蓋季秋之月，農事畢收，婚嫁之禮漸舉，至冰泮已盛行，仲春耕者少舍，猶得合男女之事。是時從容用禮者固多，其貧不能婚嫁者，會計其年，因以是時許其殺禮。自是而後，民急農事，婚嫁亦漸止矣。《周禮》中春之令，專爲不備六禮之民，糾察其殺禮之由。且三十之男，二十之女，至是盡許其殺禮婚嫁，過此豈有後期者哉？

凡婚嫁備六禮者，常也，常則不限其時月；其殺禮不聘者，權也，權則限以時月。夫婚姻不使之六禮備，則禮教不行，夫婦之道闕，而淫僻之罪繁。不計少長以爲之期，則過其盛壯之年而失人倫之正。不許其殺禮，則所立之期不行。既殺禮而不限以時月，則男女之訟必生。以是言之，《周禮》三十、二十之期，及中春之令昭然矣。"荒政之十曰多昏"，則又不計其年，不限仲春，而皆許殺禮者。

古人立中以定制，女子即過二十，亦未遽爲年衰，則知梅落非喻年衰也。梅之落，蓋喻女子有離父母之道，及時當嫁耳。首章言十猶餘七，次章言十而餘三，卒章言皆在頃筐，喻待嫁者之先後畢嫁也。《周禮》所言者，實古人相承之治法，此詩所言，即其見之民事者也。録之《召南》，所以見治法之修明，咸知從令歟！

此文孔氏微波榭本《戴震文集》未録，而段氏經韵樓本《戴震文集》卷一載之，實取自《杲溪詩經補注》，而文字稍有不同。

《詩生民解》約同作於是年。戴震於此篇辨正周人立祀姜嫄，是因"周祖后稷，於上更無可推。后稷非無母之子，故姜嫄不可無廟"，且"商人祖契，於上亦更無可推，故《商頌》言有娀，與周之但言姜嫄同"，破除秦漢以來傅會之見。

《段譜》於是年下曰："（先生）入都時，在蘇州借朱文斿奂所藏《禮記注疏》，此書乃惠定宇先生依吴進士泰來所藏宋刊本校出，凡爲卷七十，與唐、宋《志》合。……程太史魚門晋芳、姚比部姬傳鼐及玉裁皆臨繕一部。"而《經韵樓集》卷八《重刊明道二年國語序》則曰："乾隆己丑，予在都門，時東原師有北宋《禮記注疏》及明道二年《國語》，皆假諸蘇州滋蘭堂朱丈文斿所照校者，予復各照校一部。"陳鴻森《段玉裁先生年譜訂補》曰："按此二文并出段氏所自言者，其參差如此。今考段氏當日臨戴東原校本《國語》跋記，末題乾隆己丑五月五日，則此事當在乾隆三十四年無疑。《戴東原年譜》成於段氏暮年。丙戌、己丑二歲，戴、段二人併入都與試，《戴東原年譜》所記，蓋段氏晚年記憶混之耳，此當以三十四年爲定。"(《歷史語言研究所集刊》第六十本第三分，1989 年 9 月）故《段譜》所繫於是年之臨繕《禮記注疏》事當在乾隆三十四年(1769)。更有段玉裁手跋《國語》爲證。王國維《傳書堂藏善本書志・史部二》載段玉裁手跋其臨校本《國語》云："此《國語》爲孔繼涵誧伯所贈，與嘉靖戊子澤遠堂刊本無异。於時本爲勝，而闕誤尚多，因借東原先生以明道二年刻本合宋公序《補音》刻本校補者正之。明道二年本蘇州朱奂文斿所藏，嘉靖本有'嘉靖戊子吴郡後學金李校刻於澤遠堂'十六字在韋氏《序》後。書中多避宋諱字，蓋仿宋刻也。或鑱去十六字，僞爲宋刻。乾隆己丑五月五日，跋於櫻桃斜街寓齋，時將至山右。段玉裁。"①

章學誠因鄭虎文而初見戴震於是年春夏之交，其自叙初見情形及論其對戴震認識，見其《答邵二雲書》(章學誠《章氏遺書》補遺)：

> 來書於戴東原自稱《原善》之書欲希兩廡牲牢等語，往復力辨，决其必無是言。足下不忘死友，意甚可感！然謂僕爲浮言所惑，則不然也。戴君雖於足下相得甚深，而知戴之深，足下似不如僕之早。丙戌春夏之交，僕因鄭誠齋太史之言，往見戴氏休寧館舍，詢其所學，戴爲粗言崖略，僕即疑鄭太史言不足以盡戴君。時在朱先生門，得見一時通人，雖大擴生平聞見，而求能深識古人大體，進窺天地之純，惟戴氏可與幾此。而當時中朝薦紳負重望者，大興朱氏、嘉定錢氏，實爲一時巨擘。其推重戴氏，亦但云

① 王國維:《王國維全集》第九册，杭州:浙江教育出版社 2010 年版，第 196 頁。

訓詁名物、六書九數用功深細而已。及舉《原善》諸篇，則群惜其有用精神耗於無用之地。僕於當時，力争朱先生前，以爲此説似買櫝而還珠。而人微言輕，不足以動諸公之聽。足下彼時，周旋嘉定、大興之間，亦未聞有所抉擇，折二公言，許爲乾隆學者第一人也。

惟僕知戴最深，故勘戴隱情亦最微中。其學問心術，實有瑕瑜不容掩者。已别具專篇討論，篋藏其稿，不敢示人，恐驚曹好曹惡之耳目也。至於"兩廡牲牢"等語，本無足爲戴輕重，僕偶舉爲《原道》諸篇非有私意之旁證耳。足下疑其言之卑鄙，不似戴平日語，此説似矣。抑知戴氏之言，因人因地因時，各有變化，權欺術御，何必言之由中。以僕親聞，更有甚於此者，皆可一笑置之，固不必執以爲有，亦不必辨以爲無也。夫子教之，必使言行相顧，宋儒鑿空，説理解經，不能無失，而其所以不可及者，綱常倫教，不待名物象數而後明者，莫不躬行實踐以期於聖賢也。戴譏躬行實踐，釋、老所同，非儒者之所以自异，然則戴之踐履，遠遜宋人，乃其所以求异於釋、老耶？是則辟釋、老者，固便於言是行非者也。此則戴之癥結，不可爲諱，若"兩廡牲牢"，人固知其以口給也。

夫行不踐言，學者亦所時有，要其所言本於所見，卓然不可誣也。獨至戴氏，而筆著之書與口騰之説，或如龍蛇，或如水火，不類出於一人，將使後人何所准也？吾輩辯論學術，當有關於世道，私心勝氣，何以取後世之平？戴氏筆之於書，惟辟宋儒踐履之言謬爾，其他説理之文，則多精深謹嚴，發前人所未發，何可誣也！至騰之於口，則醜詈程、朱，詆侮董、韓，自許孟子後之一人，可謂無忌憚矣。然而其身已死，書存而口滅，君子存人之美，取其書而略其口説可也。不知誦戴遺書而得其解者，尚未有人；聽戴口説而益其疾者，方興未已，故不得不辨也。以僕所聞，一時通人，表表於人望者，有謂"异日戴氏學昌，斥朱子如拉朽"者矣。

有著書辟宋理學，以謂六經、《論語》無理字，不難以《易傳》"窮理盡性"爲後儒之言，而忘"義理悦心"已見《孟子》者矣。漢儒言"仲尼没而微言絶，七十子喪而大義乖"，蓋言經典存文，不如口耳之授受也。今之尊戴而過者，亦以其法求戴遺言，不知其筆金玉而言多糞土，學者宜知所抉擇也。夫愛美玉者，攻其瑕而瑜乃粹矣，僕之攻戴，欲人别瑕而擇其瑜，甚有苦心，非好爲掎摭也。

或謂戴氏生平未嘗許可於僕，僕以此報怨者，此則置之不足辨也。僕之所學，自一二知己外，一時通人，未有齒僕於人數者，僕未嘗不低徊自喜，深信物貴之知希也。而於諸通人之所得，何嘗不推許稱説，幾於老估評值，未嘗有浮抑矣，又何修怨之有哉！嘗謂司馬、班、劉，果不生於今之世乎，則其於僕，將如慈石招鐵，琥珀拾芥，僕不彼求，彼將於僕致性命焉。且夫鐵不我前，僕已非慈石矣，何敢尤人？僕既幸慈石矣，則彼相靡而不動者，必非其真鐵也，於僕又何患乎？足下嘗許僕爲君家念魯、身後桓譚，僕則不敢讓也，今求僕之桓譚，舍足下其誰與？雄、譚并時而生，於古未有，可無名言高論，激發後生志氣，而顧嘿嘿引嫌，不敢一置可否，豈不惜哉！足下勉之而已。不宣。（按：鄭虎文號誠齋；朱先生即朱筠。）

章氏此書作於乾隆五十五年(1790)左右，據此書"及舉《原善》諸篇，則群惜其有用精神耗於無用之地。僕於當時，力争朱先生前，以爲此説似買櫝而還珠"之語，知章學誠當時盛推戴震，并且對朱筠等否定戴震《原善》之價值不以爲然。《段譜訂補》所引章學誠《與族孫汝南論學書》亦可以看出章氏早年治學曾深受戴震影響。余英時《論戴震與章學誠》内篇之二於章、戴初晤對及章學誠之意義影響有詳論，其結論謂：

總結地説，實齋丙戌和東原的第一次見面，對實齋而言，具有兩方面的重要意義：一是考證方面的挑戰，一是義理方面的印證。考證的挑戰使實齋深切地了解到不能“空談義理”,從此遂折入“先求徵實,再議擴充”的途徑。實齋自從遊朱笥河之後,本已感到考證空氣的重大壓力,他之受到挑戰并不自東原始。但東原的議論最爲精博,詞鋒最爲鋭利,終於使他感到“慚惕”,感到“寒心”,甚至覺得自己於“《四書》、一經,乃正未嘗開卷”。其內心震動的程度,不難想見。義理的印證對實齋影響更大。實齋的性情,據他的自我分析,是“高明有餘,沉潛不足”。因此他一向有很高的理論興趣,而對繁瑣的訓詁考訂缺乏耐心。但在丙戌前後,由於他所接觸到的北京學術界人士,包括朱笥河在內,都多少具有反義理的傾向,恐怕他對自己以往的治學方嚮已不能不有所疑惑。正在這個彷徨莫决的當際,他見到了戴東原。東原雖以考證爲一世所共仰,但考證在東原的全部學問系統中僅占據第二義的位置。……東原之學以明道爲極,故考證衹是過程,義理才是歸宿。對實齋而言,這樣的看法在當時真是空谷足音。實齋抱其孤往之見,與并世通人皆落落不能合,內心轉滋疑惑。及識東原,他始在義理問題上初次得到印證。這一印證對實齋極具鼓勵作用,使他有勇氣重新肯定自己在學問上所一向堅持的義理方嚮。此後實齋在學術思想方面的主要發展幾乎都可以追溯到他和東原的第一次晤談。①

約在是年,桂馥在京師,與戴震交游,頗受戴震治經思路影響。

桂馥《上阮學使書》:“(馥)三十後與士大夫遊,出應鄉舉,接談對策,意氣自豪。周書昌見嘲云:‘君因不喜帖括,遂不治經,得毋惡屋及鵲邪?涉獵萬卷,不如專精一藝,願君三思。’馥負氣不從也。及見戴東原,爲言江慎修先生不事博洽,惟孰讀經傳,故其學有根據。又見丁小雅自訟云:‘貪多易忘,安得無錯!’馥憬然知三君之教我也。

① 余英時:《論戴震與章學誠》,北京:生活·讀書·新知三聯書店 2005 年版,第 16～17 頁。

前所讀書，又決然舍去，取注疏伏而讀之，乃知萬事皆本於經也。竊謂訓詁不明，則經不通，復取許氏《説文》反復讀之，知爲後人所亂，欲加校治，二十年不能卒業。書昌寄書見訊，報之云……”①

桂馥(1736－1805)，字冬卉，號未谷，山東曲阜人。乾隆五十五年(1790)進士。精於文字訓詁，所著《説文解字義證》五十卷，與段玉裁《説文解字注》齊名。《清史稿》卷四八一本傳稱：“四十年間，日取許氏《説文》與諸經之義相疏證，爲《説文義證》五十卷。力窮根柢，爲一生精力所在。”②

桂馥《上阮學使書》自序三十歲後游京師，得見周永年(字書昌)，後又結識戴震、丁傑(號小雅)，而後方究心注疏，研治《説文》二十年。桂馥見周永年在上年或是年，結識戴震、丁傑則稍後，《清史稿》本傳言其《説文解字義證》耗時四十年(《説文解字義證》至桂馥卒時仍爲書稿，未刊行)，則其研讀《説文》當始自是年，而與戴震交游亦當在是年。

是年，任基振著《爾雅注疏箋補》，示戴震。戴震《爾雅注疏箋補序》：“丙戌春，任君松齋以所治《爾雅》示余，余讀而善之。”

是年正月，沈大成有詩懷戴震。《學福齋詩集》卷二七《丙戌穀日大雪有懷陸篠飲戴東原兩孝廉》：“寒釀新正雪，霏霏旋作堆。倍添江館寂，應勒野梅開。緣隙隨風入，漫空夾雨來。遥憐騎瘦馬，長路正徘徊。”③穀日，正月初八。陸篠飲，即陸飛(1719－?)，字起潛，號筱飲(篠、筱同)，浙江仁和人。乾隆三十年(1765)解元，工詩善畫，築荷風竹露草堂(錢大昕《同陳藥耘宿陸筱飲荷風竹露草堂》，《潛研堂詩集》卷八)，有《筱飲齋稿》等。

① 桂馥：《晚學集》卷六，見《續修四庫全書》第1458册，上海：上海古籍出版社2002年版，第693頁。

② 趙爾巽等：《清史稿》，北京：中華書局1977年版，第13230頁。

③ 沈大成：《學福齋集》卷二七，見《續修四庫全書》第1428册，上海：上海古籍出版社2002年版，第385頁。

【時事】

是年，金榜召試舉人，擢内閣中書，在軍機處行走。

是年，王引之生，顧廣圻生。

王引之(1766—1834)，念孫之子。字伯申，號曼卿。承父學，與父俱以治小學、校讎著稱於世，著有《經義述聞》《經傳釋詞》等。因紹承戴震，與戴震、段玉裁、父念孫并稱"戴段二王"。

顧廣圻(1766—1835)，字千里，江蘇元和(今江蘇蘇州)人。著名校勘學家，受知於段玉裁，後又與段氏起學術之争。

是年，張佩芳任歙縣知縣，有政聲。

張佩芳(1732—1793)，字蓀圃，平定(今山西陽泉)人，乾隆二十一年(1756)進士。歷官歙縣知縣、合肥知縣、壽州知州、泗州知州等。張佩芳通曉天文、史地，在歙時期主纂《歙縣志》二十卷。

乾隆三十二年丁亥(1767)　四十五歲

是年，戴震在京，與段玉裁第三次見面。因歙縣曹文埴而得觀翰林院所藏《永樂大典》。有《送右庶子畢君沅赴鞏秦階道序》。

《段譜》：

> 是年，玉裁景山萬善殿教習期滿，住于户部雯峻處，先生在京時，枉駕過之。四五月間，玉裁出京矣。
>
> 序屈君鲁傳刻《九章算術》云："予訪求《九章》二十餘年，不可得，擬《永樂大典》或嘗録入，書在翰林院中。丁亥歲，因吾鄉曹編修文埴往一觀，則離散錯出，思綴集之，未之能也。出都後，恒寤寐乎是。及癸巳夏，奉詔入京師，與修《四庫全書》，躬逢盛典，乃得盡心纂次，訂其訛舛。"此序但云丁亥，不言何時。
>
> 客冬至京師，蓋客江右而又入都，其冬有《送右庶子畢君沅赴鞏秦階道序》。

《段譜訂補》：

戴、段相見，此爲第三次。

"客冬至京師，蓋客江右而又入都"，此記有誤。二十八年癸未條曰"是年往江右"，三十年乙酉條曰"是年入都過蘇"，三十一年丙戌條曰"入都會試不第"。按會試當在春季，而丙戌不第後又未曾出都。因此據《年譜》所記，"客冬至京師"當爲"前冬至京師"。

是年春，段玉裁於景山萬善殿教習期滿，暫寓户部主事于雯峻（字次公，江蘇金壇人）之所，戴震來訪，與段玉裁相見。此爲戴、段第三次相見。

戴震本年在京時，又因翰林院編修、歙縣曹文埴而得觀翰林院所藏《永樂大典》，閲讀其中《九章算術》内容，感歎其離散錯出，常心繫之。

曹文埴（1735—1798），字竹虚，徽州歙縣人。乾隆二十五年（1760）進士。歷任翰林院編修、户部右侍郎、順天府府尹等職。有《石鼓硯齋文鈔》等。

是年，戴震在京與金榜（時任職内閣）探討禮學。金榜《禮箋》卷一："歲丁亥，與戴東原同居京師。東原以《司馬法》賦出車、徒二法難通，余舉《小司徒》正卒、羡卒釋之。東原曰：此有益於爲《周官》之學者。遂著録焉。"

【時事】

是年，錢大昕因病辭任翰林院侍講學士，回鄉從事著述。

是年，程晋芳致書梅鈞，歎理學之不振。見其《勉行堂文集》卷三《與梅二如書》。

是年，學者程廷祚卒。

程廷祚（1691—1767），初名默，又名光祚，字啓生，號綿莊，江蘇上元（今南京）人，祖籍徽州歙縣。程廷祚推崇顏、李思想而批判程、朱理學。姚鼐《程綿莊文集序》:“今觀綿莊之立言,可謂好學深思,博聞强識者矣。而顧惜其好非議程、朱,蓋其始厭惡科舉之學,而疑世之尊程、朱者,皆束於功令,未必果當於道。及其久,意見益偏,不復能深思熟玩於程、朱之言,而其辭遂流於蔽陷之過而不自知。近世如休寧戴東原,其才本超越乎流俗,而及其爲論之僻,則更有甚於流俗者。綿莊所見,大抵有似東原。”①

《清史稿》卷四八〇本傳:“程廷祚,字啓生,上元人。初識武進惲鶴生,始聞顔、李之學。康熙庚子歲,塨南遊金陵,廷祚屢過問學。讀顔氏《存學編》,題其後云:‘古之害道,出於儒之外;今之害道,出於儒之中。顔氏起於燕、趙,當四海倡和翕然同氣之日,乃能折衷至當,而有以斥其非,蓋五百年間一人而已。’故嘗謂:‘爲顔氏其勢難於孟子,其功倍於孟子。’於是力屏异説,以顔氏爲主,而參以顧炎武、黄宗羲。故其讀書極博,而皆歸於實用。乾隆元年(1736),舉博學鴻詞,至京師,有要人慕其名,囑密友達其意,曰:‘主我,翰林可得也。’廷祚拒之,卒報罷。”②程晋芳《綿莊先生墓誌銘》曰:“自王輔嗣注《易》,掃圖緯之霾塵,迨宋、元諸儒,尊希夷河洛圖書,互卦、變卦、卦氣之説,雜焉交陳。又或拘執爻位陰陽、乘承比應之體,著書愈多,《易》學愈晦。先生乃著《易通》,後又成《大易擇言》三十卷,晚年又爲《彖爻求是説》六卷,《易》學於是乎大備。”③

姚鼐所謂“綿莊所見,大抵有似東原”,實則程廷祚及顔、李學派對戴震理氣、理欲觀當有一定影響。胡適《戴東原的哲學》:“我們看他的兩部哲學書——《孟子字義疏證》和《原善》——不能不疑心他曾受著顔李學派的影響。戴望作《顔氏學記》,曾説戴震的學説是根據顔元而暢發其旨。我們至今不曾尋出戴學與顔、李有淵源關係的證

① 姚鼐:《惜抱軒文後集》卷一,《惜抱軒全集》,北京:中國書店 1991 年版,第 206～207 頁。

② 趙爾巽等:《清史稿》,北京:中華書局 1977 年版,第 13133 頁。

③ 程晋芳:《勉行堂文集》卷六,見《續修四庫全書》第 1433 册,上海:上海古籍出版社 2002 年版,第 355 頁。

據。我個人推測起來，戴學與顔學的媒介似乎是程廷祚。程廷祚二十歲後即得見顔李的書；二十四歲即上書給李塨，并著《閑道録》，時在康熙甲午，自此以後，他就終身成了顔李的信徒，與常州的惲鶴生同爲南方顔李學的宣傳者。程廷祚是徽州人，寄籍在江寧。戴震二十多歲時，他的父親帶他到江寧去請教一位同族而寄寓江寧的時文大家戴瀚。此事約在乾隆七八年。後來乾隆二十年（1755）戴震入京之後，他屢次到揚州，都有和程廷祚相見的機會。他中式舉人在乾隆二十七年（1762）；他屢次在江寧鄉試，也都可以見著程廷祚。况且程廷祚的族侄孫程晋芳是戴震的朋友；戴氏也許可以從他那邊得見程廷祚或顔、李的著作。依段玉裁的記載，戴震的《原善》三篇作於癸未以前、甲戌以後的十年之間。這十年正是戴氏往來揚州、江寧之間，常得見程廷祚的時期。段氏又説乾隆三十一年（1766）曾聽得戴震自説，'近日做得講理學一書'，即是《孟子字義疏證》的初稿。這正是程廷祚死的前一年。依這種種可能的機會看來，我們似乎很可以假設程廷祚是顔學與戴學之間的媒介了。"[①]

胡適作於 1936 年之《顔李學派的程廷祚·附記》云："十多年前寫《戴東原哲學》時，曾推測顔學與戴學的媒介是程廷祚。那時我衹知道程廷祚與戴震同是程晋芳的朋友，但没有别種證據。現在讀《青溪文集續編》，見程廷祚有兩處提及戴震：一處是他在《六書起源論》（《文集》卷三）中説'轉注'，用'近日新安戴東原説'，一處是他在《與家魚門論萬充宗儀、周二禮説書》（《文集》十一）中，説'聞里中戴東園素留心經義，足下早與往復，望走札問之'。後一事當在程廷祚未見戴震前；前一事當在他們已相知之後。戴受程的影響是很可能的。"[②]蔡錦芳進一步認爲："從程廷祚《青溪文集》中兩次提及戴震的文字來

① 胡適：《戴東原的哲學》，《胡適全集》第六卷，合肥：安徽教育出版社 2003 年版，第 353～354 頁。

② 胡適：《顔李學派的程廷祚》，《胡適全集》第八卷，合肥：安徽教育出版社 2003 年版，第 135 頁。

看，第一次云'里中戴東園素留心經義'，顯然他是先聽別人介紹過戴震的治學，我們認爲此人極有可能就是沈大成，時間則在他與沈大成揚州見面期間（乾隆二十三年底到二十四年春寒食）。……由於戴震早期在盧見曾幕中所做的工作是校《大戴禮記》，故程廷祚在與程晋芳論禮的書信中請程晋芳'走札問之'。……如果程廷祚得知戴震關於轉語（按：似應是"轉注"）的見解是親聞於戴震，那麽最大的可能性就是乾隆二十七年秋金陵鄉試後，戴震去拜訪過程廷祚，交談中戴震自己言及的，從'近日'的語氣來看，也確實很像親聞。"①

而張舜徽《清儒學記・戴震學記》云："戴氏在哲學思想上，與顔元學説有互通之處。清代晚期，戴望撰《顔氏學記》，已經指出東原作《孟子緒言》是根據顔習齋言性之説而暢發其旨。但戴震和顔元，學説雖似相近，而實有不同。顔氏是通過習行、實踐去推倒程、朱的空談；戴氏是推求字義本訓以駁正程、朱謬論。各有宗旨，未可混同。"②張舜徽《清代揚州學記》更以爲戴震未受顔、李影響，謂："戴震早年，尚守宋儒義理，後雖自出己見，别標新説，議論有與顔李相通處，衹能説是偶合，没有證據硬可肯定戴學出於顔、李。"③

張舜徽又論程廷祚既尊顔、李，而思想與顔、李實有异同，其《清人文集别録・青溪文集》曰：

> 大抵廷祚之治經，不尚墨守，一主於深造自得，欲空所依傍，卓然獨立於世。……顧其所不同於顔、李者，顔、李於程、朱之學，意在摧陷廓清，故詆斥無所不至。廷祚則曰："六經出於秦火之後，漢儒抱殘守缺，又能求其名物制度，轉相訓釋，使欲明經者有所由入，其功不可誣。然聖人之道以是存，不以是盡。宋儒有

---

① 蔡錦芳：《戴震生平與作品考論》，桂林：廣西師範大學出版社 2006 年版，第 134～140 頁。

② 張舜徽：《張舜徽儒學論集》，成都：四川大學出版社 2010 年版，第 367 頁。

③ 張舜徽：《清代揚州學記・顧亭林學記》，武漢：華中師範大學出版社 2005 年版，第 10 頁。

見於此蓋自孔子之没千數百年，而衆喻於聖人之可學而至者，濂洛諸子之力也。”……蓋廷祚有鑒於當時宗程、朱者，與顔、李之學勢同水火，故爲是論以調停之。然廷祚有取於顔、李者，仍在於説經之際，足以彌縫程、朱之失。與夫顔、李之學毅然以斯道自任，講求禮樂兵農之實務，欲以轉移一世之人者，固自不同。①

是年，清廷開三通館，續修《文獻通考》《通典》《通志》。

是年，應國史館之徵，婺源知縣將江永十數種著作呈送國史館并禮部。戴震此前整理其師遺著時，已爲繕進之便，將其師部分著述易名。如江永著《周禮疑義舉要》時，因其部分内容爲學術隨筆，故改名《讀書隨筆》。戴震則取其原書説《周禮》七卷，復名《周禮疑義舉要》，取其説群經五卷，定名《群經補義》。

是年，蔡顯“逆書”案發。

蔡顯（1697—1767），字景真，號閑漁，江蘇松江（今屬上海市）人。雍正七年（1729）中舉，一生潦倒，開舘授業，潛心著述，1767 年刻成《閑漁閑閑録》，爲地方告其“語涉狂悖”。乾隆下旨按律嚴治。蔡顯被斬，其著作盡被銷毀，牽連甚衆。

是年，齊周華“黨惡狂悖”案發。齊周華爲浙江天台生員，因曾爲吕留良陳情，乾隆二十一年（1756），被永遠禁錮，遣回原籍。是年，因其著述被浙江巡撫熊學鵬查出有“牢騷狂悖之言”，齊周華遭凌遲，家族盡受其禍，族弟禮部侍郎齊召南亦被發回原籍，閉門思過。

是年，盧文弨因奏疏失當，被撤湖南學政。《高宗實録》卷八〇一乾隆三十二年（1767）十二月丙子：“湖南學政盧文弨條奏一摺，全屬不諳事體，其意專務弋取虚名，於學校士習，大有關係。……盧文弨著即撤回，交該部嚴加議處。”

---

① 張舜徽：《清人文集别録》，武漢：華中師範大學出版社 2004 年版，第 123～124 頁。

乾隆三十三年戊子(1768)　四十六歲

是年,應直隸總督方觀承之聘,戴震於保定與修《直隸河渠書》,未完成。八月,方觀承卒,楊廷璋繼任直隸總督。秋冬之交,戴震辭纂修之任赴京。

《段譜》:

> 是年,應直隸總督方恪敏公之聘,修《直隸河渠書》一百十一卷,未成,會恪敏薨。接任者,前大學士楊公廷璋,不能禮敬先生,辭之入都。己丑春,謂玉裁曰:"吾固樂此不疲,惜未能竟。聞後涖事者請余君仲林蕭客爲之,恐其才不足,予書經水、支水先後延接,皆按地望地脈次弟,不可稍移,恐仲林不能耳。"先生殁後,此書清稿,一藏曲阜孔户部府中,一在直隸總督吴江周公名元理家。嘉慶己巳,有吴江王履泰者,捐納通判也。其父乃周公之甥壻,履泰因此得先生之書,掩爲己有,删削幾半,益以乾隆己丑以後事實,易名《畿輔安瀾志》,繕寫進呈。上謂"此有用之書也",命武英殿刊板。恩賞履泰同知,發永定河試用。先生嗣子中孚聞之,之曲阜取原稿百十一卷入都,意欲辨正,而無肯言於上者。中孚抑鬱攜歸,以存玉裁所,屬玉裁校刊。玉裁謂:"我力能校,而不能刊也。"其書首衛河七卷,(今履泰改永定河弟一,失先生自南而北次弟之意。)次漳水十一卷,次滏水三卷,次大陸澤五卷,次寧晋泊一卷,次虖沱河八卷,次東西澱合唐河、沙河、滋河、府河、易水、涞水、清河共三十一卷,次白河合潮河、榆河、大通河共十九卷,次薊運河合下澱河共九卷,次陡河一卷,次灤河合熱河一卷。惟灤河、熱河僅有綱領而條目未詳,其他皆考之古而無不貫通、核之近今而無不確實。《尚書禹貢》《周禮》職方、《春秋》經傳之地名,班之《地理志》,酈之《水經注》,以及歷代史事、百家著述、國朝典故,辨别是非,元元本本,非恪敏不能聚儲

其書籍，非先生不能綜貫其條理。惜恪敏云殂，一簣未竣。今上一見，即謂有用之書，刊板頒行。聖明鑒賞，如日月之照臨，地下有知，定應涕泗感激。至於小夫攘竊，正天之欲顯此有用之書，爲國家水利農田利澤無疆之助，而假手斯人，在先生及恪敏應不以爲憾也。特彼以不學，妄爲删改，深可張目，有力者應奏請重刊。先生自記云："戊子，余應方制府之請，寓保定蓮花池園内，適河間同知黄君尋灤河源至，方公以圖示余，録其所實歷及今地名如此。"按黄君，方恪敏所使尋灤源者也，以圖進呈。黄名立隆，見純皇帝御製《灤河濡水源考證》。

《段譜訂補》：

段玉裁《與方葆巖制府書》《直隸河渠書辨》，均統計《直隸河渠書》爲一百零二卷。此曰一百十一卷，然而將諸本一一相加，實乃九十六卷。以《與方書》同《年譜》相比勘：其一，《與方書》"東西澱二十一卷"下有小字注文，詳列各河泊之卷數，纍計正好二十一卷。《年譜》則籠統云"共三十一卷"，其"三"無疑爲"二"之誤。其二，《與方書》有"永定河十六卷"，《年譜》無永定河。以上兩項差錯，便使《年譜》比《與方書》少了六卷，而爲九十六卷。估計《年譜》中"永定河十六卷"係刻漏，段玉裁併未寫漏。東西澱"二十一卷"錯爲"三十一卷"，成稿時便寫錯，統計時又未發現，這樣便多出十卷。再者"灤河合熱河一卷"，因"僅有綱目而條目未詳"，故統計時便排除在外，則正好多出九卷，致使原來的"一百零二卷"訛爲"一百十一卷"。

又胡適一九四八年九月，在南京借得中央圖書館所藏《直隸河渠書》稿本二十六册，"核實計算，除去復本，除去末册，二十三册共存九十二卷"(《胡適手稿・跋〈直隸河渠書〉稿本》)。

戴震與《水經注》問題爲近現代學術史上一大公案，兩百年來，數十位著名學者參與其中，争論餘波至今難以平息。而戴震與《直隸河渠書》關係問題則又與《水經注》案頗有牽連，此一問題提出雖也有兩百年之久，但關注相對較少；現代以來，胡適對此有深入研究，然對戴震與《直隸河渠書》關係仍需繼續辨析與思考。試在前賢基礎上略加申述。

乾隆十四年(1749)，方觀承(1698—1768，字遐穀，謚恪敏，安徽桐城人)擢直隸總督兼理河道，至乾隆三十三年(1768)八月卒於任上。方觀承不但工於水利，而且留心著述。約在乾隆二十五年(1760)，方觀承委任順德知府金文淳主持編纂直隸河渠水利著作，而金文淳之知交、著名學者趙一清(1709—1764，字誠夫，號東潛)約於是年末赴其妹夫、定州知州姚立德處，金文淳即延請趙一清與纂此書。據李宗侗《趙東潛年譜稿》："乾隆二十六年辛巳(1761)，順德府知府金文淳奉直隸總督方觀承檄，修《直隸水利書》，延先生於府署槐堂。撰《盧奴水考》。……乾隆二十八年癸未(1763)十月，(東潛)至天津。冬，往泰安。乾隆二十九年甲申(1764)，在泰安。患噎病。……先生卒於泰安。"[①]知趙一清參與編纂本書在乾隆二十六至二十八年夏秋之間，前後近三年。趙一清與修此稿或名《直隸河渠水利書》(見汪師韓《保定旅懷詩其十》"非非訂水利"句自注"近又撰《直隸河渠水利書》"，《上湖紀歲詩編》卷四[②])，或名《畿輔水利志》(見江藩《漢學師承記》卷二《余古農先生》[③])，或稱《直隸河渠書》(見姚鼐《方恪敏公家傳》"所著《直隸河渠書》百三卷"[④])，而一般認爲《直隸河渠水利書》是其初名，戴震續修此書時删去"水利"二字。

《段譜》中并未提及趙一清纂修《直隸河渠書》之事，又認爲王履泰《畿輔安瀾志》爲"攘竊"戴震所纂之《直隸河渠書》，并致信方觀承

① 李宗侗：《李宗侗文史論集》，北京：中華書局2011年版，第478～481頁。
② 《續修四庫全書》第1430册，上海：上海古籍出版社2002年版，第360頁。
③ 江藩著，漆永祥箋釋：《漢學師承記箋釋》，上海：上海古籍出版社2013年版，第226頁。
④ 姚鼐：《惜抱軒全集·文後集卷五》，北京：中國書店1991年版，第239頁。

之子方維甸，希望方維甸支持戴震之子戴中孚查明此事，追究“履泰盗名之罪”①。然段玉裁又言，嘉慶十四年(1809)冬，“杭州何夢華元錫來言：‘《直隸河渠書》乃趙東潜作，於戴先生無涉。往者孔葒谷丈收入《戴氏遺書》中，誤也。’余以二十四册示之。彼云：‘趙氏之書尚多一倍，不止此也。’”②而在確知趙一清有《河渠書》書稿藏於家時，仍稱：“趙雖精於地理，而地理之學尚不及戴，文章之學亦不及戴，在今日而論，自當以戴爲主，以趙書校勘其訛字。”(同上)尤其值得注意者，段玉裁堅持認爲，《直隸河渠書》是“吾師(戴震)之書”，并稱“有孔葒谷之收藏，有洪舍人榜之《戴氏行狀》，有孔檢討撝約之《戴氏遺書總序》，有程方正易田之答余書，有余親聞吾師説撰此書之語”(同上)。直至嘉慶十六年(1811)，段玉裁將戴中孚重抄之《河渠書》抄本奉呈方維甸，始承認：“乾隆甲申(按：1764)以前，延趙東潜草創之；戊子，延東原師删定之。”且更進一步承認：“戴本係影抄曲阜孔府原本。原本舛訛特甚，今有趙本互校，想訛脱尚可推求。”③

段玉裁最初觀點有二：其一，《直隸河渠書》爲其師戴震所作，與趙一清無關；其二，《直隸河渠書》後爲王履泰所攘竊，改作《畿輔安瀾志》。後來何元錫陳説趙一清纂修此書原委，段玉裁不得不承認趙一清在戴震之前即與修此書，而視其爲趙一清草創、戴震删訂之作。段玉裁觀點前後雖發生極大轉變，但其當初力争《河渠書》爲戴震所作時所言：“戴書《唐河》卷一中有云：‘杭人趙一清補注《水經》，於地理學甚核。嘗遊定州，爲州牧姚立德作《盧奴水考》，并附於右。’……吾師方采擷趙文，此豈得謂戴書即趙書耶?”此話非但没有成爲趙一清與《直隸河渠書》無關之證據，反而竟成爲後人指責戴震“竊取”趙一清成果之口實，實屬段氏始料未及。

道光二十四年(1844)，張穆於《趙戴水經注校案》中稱：“乾隆間，

① 段玉裁：《經韵樓集》卷七，上海：上海古籍出版社2008年版，第175頁。

② 段玉裁：《經韵樓集》卷七，上海：上海古籍出版社2008年版，第178頁。

③ 段玉裁：《經韵樓集》卷七，上海：上海古籍出版社2008年版，第176頁。

直隸總督方恪敏公嘗延趙氏撰次《直隸河渠書》一百三十卷，繼復延戴氏删定爲百有二卷。會恪敏薨，書未奏上。夫經始著書甚難，踵事修書稍易。古今之通義也，然其功皆不容没。戴氏乃不欲自居於易，遂深没一清草創之勞。雖以茂堂從學之久，其與論此書者非一端，亦不聞戴氏更有藍本。直至何元錫從小山堂寫其副本來，然後人知戴書即趙書。茂堂重復申辯，而其盜據之迹卒不可掩也。戴氏既據有趙書，反於唐河卷中附趙《盧奴水考》一篇曰'杭人趙一清於地理之學甚核，嘗遊定州，爲州牧姚立德作《盧奴水考》，并附於右'云云。一似趙氏絶無與於此書然者。作僞顯然，可爲鄙歎！茂堂又曰：'趙雖精於地理，而地理之學尚不及戴，文章之學亦不及戴。'此語良然，然不得因其學不相及，遂謂盜據之無傷。使戴氏標明原本而删之補之，豈不甚美？何乃爲此穿窬之行乎？尚論者所爲深惡其人，懸爲世戒也。"[①]張穆不但將《直隸河渠書》中載録趙一清《盧奴水考》作爲戴震盜據趙書之依據，而且將《直隸河渠書》一案與趙、戴《水經注》案相關聯，使問題更加復雜化。

對方觀承乾隆二十六至二十八年之間(1761－1763)約請趙一清參與編纂《直隸河渠書》之事，學界基本無疑義。但對趙一清去後，戴震、余蕭客(1729—1777，字仲林，號古農)是否均與修此書及其纂修時間先後問題，則頗有歧見。《段譜》謂乾隆三十三年(1768)，戴震應方觀承之請而纂《直隸河渠書》，方觀承卒，戴震亦辭任，聞後余蕭客繼其事。江藩《漢學師承記》卷二《余古農先生》則曰："直隸總督方恪敏公觀承聞其名，延至保定，修《畿輔水利志》，間遊京師，與朱學士笥河先生、紀文達公昀、胡文恪公高望相友善，咸謂其學在深寧、亭林之間。因目疾復作，舉歙戴震以代。遂南歸，以經術教授鄉里，閉目口授，生徒極盛。"[②]而吴修《昭代名人尺牘小傳》記："方觀承……精《三

① 張穆：《趙戴水經注校案》，《全祖望校水經注稿本合編》，北京：中華全國圖書舘文獻縮微復製中心 1996 年版，第 2173～2174 頁。

② 漆永祥：《漢學師承記箋釋》，上海：上海古籍出版社 2013 年版，第 226 頁。

禮》,與秦味經司寇同撰《五禮通考》。官畿輔時,尤留心水利,先後延趙一清、戴震輯《直隸河渠書》一百三十餘卷,惜未梓行。”[①]則未提及余蕭客與修《直隸河渠書》之事。

胡適《試判斷〈直隸河渠書〉與〈畿輔安瀾志〉的案子》稱:“段記余蕭客被邀編書在方觀承死後,而江記此事在方觀承生時;段記戴震被邀在先,而江記余蕭客被邀在先;段記戴震不贊成余氏,而江記余蕭客推薦戴氏。我們在二百年後,頗難斷定誰是誰非。方觀承曾與秦蕙田同纂《五禮通考》,應該知道戴震,似乎不需要余蕭客的推薦罷?”[②]其態度雖未明確,但顯然不太贊同江藩之説。

陳鴻森《漢學師承記箋釋序》辨云:“按《直隸河渠書》修纂事,爲乾嘉學術一段公案。據《段譜》,則東原應方觀承之聘,與修是書。三十三年八月,楊廷璋繼任總督,東原辭去,楊氏乃延余蕭客繼其事。然……據江《傳》則是余氏纂修在前,後以目疾,因舉東原以代。二説各出兩家弟子所言,其説互异。余意江《傳》近是,蓋《東原年譜》成書於段氏暮年,其追述時有誤憶者。使如《段譜》所言,則聘余氏續纂者乃楊廷璋,楊氏繼任直隸總督在三十三年八月,則余蕭客北上修書必在三十三年秋冬至三十四年春間。然《段譜》三十四年條記是年春東原‘爲余仲林作《古經解鉤沈序》’,今檢《東原文集》卷十此序云:‘朱君文游以其友余仲林之《古經解鉤沈》若干卷千里馳寄。前有天台齊宗伯、太倉王光禄二序,既爲之導其意,嘉其存古之功。……’果余蕭客應楊氏之聘續修《直隸河渠書》,則三十四年春余氏近在河北,其逕以《鉤沈》屬東原序之可也,何必更由朱文游千里遠寄,且寄語‘余子又欲得子之一言’?抑如段氏所言,楊廷璋延余蕭客續纂《河渠書》,東原方‘恐余氏之才不足’以繼其事,豈肯更爲余書作序?是必余氏病目南歸後,傾慕東原之學,因由朱文游遠寄其書請爲之序。觀東原《序》中之語,余、戴二家并無深交。蓋《直隸河渠書》本由方觀承草

① 吴修:《昭代名人尺牘小傳》卷二一,道光六年(1826)刻本。

② 《胡適全集》第十五卷,合肥:安徽教育出版社2003年版,第438～466頁。

創，後經趙一清整理修訂，繼延余蕭客與修之。胡適之先生所校此書原稿本，其評改字迹有非趙、非戴者，或即余氏手筆歟？後余蕭客以病目請歸，時東原以輿地之學名，知者因舉之以代，東原爲删潤其稿，寫定前四册二十六卷。……《直隸河渠書》稿本藏孔繼涵家，孔氏之子廣根爲東原之婿，是必余氏修之在前，東原繼其事，乃得迻寫清本，藏之府中，而其原底本則東原自藏之。"①

陳氏辨析頗詳，總體亦合理。尚可補充者，江藩言余蕭客修《直隸河渠書》時，"間遊京師，與朱學士笥河先生、紀文達公昀、胡文恪公高望相友善"。紀昀於乾隆三十三年(1768)六月典試江南，赴金陵，不久即因牽入兩淮鹽案被革職充發烏魯木齊。而方觀承則卒於是年八月(李桓《國朝耆獻類徵初編》卷一七五《方觀承》)，如依段玉裁之説，余蕭客接替戴震修書在方觀承卒後，此時紀昀早已離開京師，余蕭客當然無從與之交游。又考慮戴震藏有《直隸河渠書》副稿一百零二卷(與姚鼐所記方觀承著《直隸河渠書》卷數基本一致)，卷末并書有"此條與高石水，俱玉田補寫"小記等情況，戴震與修此書確乎在余蕭客之後。但陳鴻森稱："果余蕭客應楊氏之聘續修《直隸河渠書》，則三十四年春余氏近在河北，其逕以《鉤沈》屬東原序之可也，何必更由朱文游千里遠寄，且寄語'余子又欲得子之一言'？"則陳鴻森似乎忽視了戴震《古經解鉤沈序》内容與其作時，其序曰："前有天台齊宗伯、太倉王光禄二序，既爲之導其意，嘉其存古之功，文游復語余曰：'二公於子廿數年之知，二公之所稱許，是以余子又欲得子之一言也。'"②齊宗伯即齊召南，王光禄即王鳴盛，二人與戴震交往始自乾隆十九或二十年(1754、1755)，據序中"二公於子廿數年之知"，此序應作於"廿數年"後戴震之晚年，《段譜》繫此序於乾隆三十四年(1769)，亦誤。時余蕭客居吴，而戴震在四庫舘臣任上，朱文游將余氏之書

① 漆永祥：《漢學師承記箋釋》，上海：上海古籍出版社2013年版，第5～6頁。

② 楊應芹、諸偉奇主編：《戴震全書》(修訂本)第六册，合肥：黄山書社2010年版，第375～376頁。

"千里馳寄"京師,正屬合理。

更爲重要者,《直隸河渠書》究竟是否如段玉裁所説爲戴震所撰?如爲戴震所撰,又是否有盗據趙一清成果之嫌?關於《直隸河渠書》之撰作,孟森於1936年即提出:"書係直隸總督官帑所修,例應署總督之名,承修者或署名,或竟不署名亦可。戴之不署趙名,亦可云留作官修酌定署名之地。身後由孔氏認爲《戴氏遺書》,或非東原本意也。"[①]而胡適更有多次辨析。1946年3月2日,胡適《致劉修業》書稱:"如《直隸河渠書》,爲方觀承作碑傳者都明説是他的書,而趙東潛的友人則認爲趙氏書,東原的友人則認爲戴氏書。以今日我們所見,此書大概是方氏雇學者助纂的書。趙、戴都有分,而趙、戴都無意認爲己書。但因爲材料有用,故各留一本以備參考。不幸趙、戴死後,兩家朋友妄起争論,挑起疑案,又影響到别的問題。若趙、戴死而有知,必不願也。"[②]1948年8月,胡適作《試判斷〈直隸河渠書〉與〈畿輔安瀾志〉的案子》云:"(1)《直隸河渠書》是方觀承在直隸總督任内設計編纂的一部官書;當他死後,人都承認這是他編撰的書。(2)這書的編纂人是當時的名士翰林順德府知府金文淳,金文淳請了他的同鄉學者趙一清代他編撰,故趙一清家裏藏有一部抄本,浙江文人也頗知道趙一清編撰此書的事。(3)方觀承臨死那一年,曾請戴震到保定整理删定這部書,大概準備付刻;但因爲方觀承死了,删訂的工作没有完成;因此,戴震家裏也藏有一部不完全的抄本。"[③]1948年11月11日,胡適作《記中央圖書舘藏的〈直隸河渠書〉稿本二十六册》,又列舉數條證據證明《直隸河渠書》原作者爲方觀承,而非趙一清,更非戴震:"趙一清與戴震都止是幫助他(方觀承)整理修訂的學者,他們都知道這裏面有許多關於直隸全省水利的有用材料,所以他們都留了

---

① 孟森:《畿輔安瀾志與趙戴兩書公案》,《明清史論著集刊續編》,北京:中華書局1986年版,第375頁。

② 《胡適全集》第二十五卷,合肥:安徽教育出版社2003年版,第182頁。

③ 《胡適全集》第十五卷,合肥:安徽教育出版社2003年版,第438~466頁。

一種副本。他們身後都被人稱爲這部《河渠書》的作者，那是因爲後人往往估低了方觀承的學術與文學成就。……我們現在看見了這些稿本，看見了其中的最初底本，看見了最後寫定本裏'臣觀承'的語氣，我們更可以明白這部大書確是方觀承自己的書。趙一清和戴震大概都有歷史考訂方面的貢獻，都有文字上修改編制的助力，但他們兩位從没有説過這部大書是他們的著作。我們將來如果有力量影印這九十幾卷殘稿，我們應該正式標明方觀承是原編纂人，趙一清和戴震止是先後兩次修訂者。"①除胡適所舉外，戴震弟子王念孫於嘉慶十四年(1809)致書段玉裁，回復段氏提議刊刻《直隸河渠書》問題，云："微有商者，此書雖出自東原師手筆，究係方宫保出名，將來若不易名，則爲方氏刻書，同人亦斷不肯助力。倘竟换東原師之名，未免與當日草創本意有違；且東原師所著之書精且簡，未有卷帙浩繁若此者，是不可不斟酌盡善也。"②此最可説明當時《直隸河渠書》之署名爲方氏，而非戴震或其他與纂之人。

胡適以上分析判斷雖總體合理，然懷疑余蕭客與修《直隸河渠書》在戴震之前，甚至懷疑余蕭客有與修《直隸河渠書》之事，似乎并不符合歷史事實。又其引姚鼐之方觀承《家傳》，稱《家傳》曰"所著《直隸河渠書》百三十卷"，亦似有誤。姚鼐《方恪敏公家傳》："所著《直隸河渠書》百三卷。"③與張穆於《趙戴水經注校案》所言"戴氏删定爲百有二卷"基本一致。《段譜》中先言戴震"修《直隸河渠書》一百十一卷，未成"，而後又曰："《直隸河渠書》，洪舍人云六十四册，孔檢討《總序》云六十四卷。"④而其《與方葆巖制府書》等中則又稱："戴東原

① 《胡適全集》第十六卷，合肥：安徽教育出版社2003年版，第55～57頁。

② 陳鴻森：《〈段玉裁年譜〉訂補》，臺北：《歷史語言研究所集刊》第六十本第三分，1989年9月。

③ 姚鼐：《惜抱軒全集·文後集卷五》，北京：中國書店1991年版，第239頁。

④ 段玉裁：《戴東原先生年譜》，《戴震集》附録，上海：上海古籍出版社1980年版，第468頁。

師……撰《直隸河渠書》一部,凡百有二卷。"[①]此又與姚鼐、張穆所言一致。而袁枚作方觀承《神道碑》衹言:"(方觀承)纂《河渠書》若干卷,辨明《水經注》滏水之非缺,《漢書注》泒水之非增,皆勤學經生所不及也。"[②]綜上,戴震删訂《直隸河渠書》當以"一百零二卷"爲相對可靠之説。一則段玉裁於《與方葆巖制府書》《與方葆巖》及《趙戴直隸河渠書辯》數文中均言戴震之《直隸河渠書》爲"百有二卷",且三書所作時間有早於《東原年譜》者;二則姚鼐所稱方觀承"所著《直隸河渠書》百三卷",姚鼐與方觀承年代接近,又與方觀承爲同鄉,以其對方觀承之熟悉,"百三卷"之説一定言出有據。按:此"百三卷"當即經戴震删訂而保存於方府之本。胡適以爲"段氏所記百零二卷實不確,他在《戴東原年譜》裏所記卷數更錯誤"[③],《段譜》所記《直隸河渠書》卷數的確不知何據,而其於《與方葆巖制府書》等所言之"百零二卷"同於姚鼐、張穆之説,可信度當較高。

《直隸河渠書》爲一部價值很高之地理及方志著作,其發起編纂者方觀承任直隸總督達二十年之久,方氏委任金文淳主持其事,從書中大量録入前代文獻可知,從其資料彙集到起始編纂當經歷了若干年時間。乾隆二十六年至二十八年之間(1761—1763),金文淳約請趙一清參與編纂此書,趙一清所編纂删訂者當爲一百三十卷,初名《直隸河渠水利書》。在乾隆三十三年(1768)戴震與修訂此書之前,余蕭客曾應聘删修之,因目疾復發,余蕭客參與時間當較短。或爲余蕭客推薦,或爲方觀承直接延聘,戴震於趙一清、余蕭客之後删訂此書,然因方氏卒於乾隆三十三年八月,直隸總督易人,戴震亦未能最後删定完稿。經其删訂之本當爲一百零二(或一百零三)卷,名曰《直隸河渠書》。

---

① 段玉裁:《經韵樓集》卷七,上海:上海古籍出版社 2008 年版,第 175、181 頁。

② 袁枚:《小倉山房文集》卷三《太子太保直隸總督方敏恪公神道碑》,見《續修四庫全書》第 1431 册,上海:上海古籍出版社 2002 年版,第 18 頁。

③ 《胡適全集》第十五卷,合肥:安徽教育出版社 2003 年版,第 441 頁。

《直隸河渠書》具有明顯官修性質，雖前後經多人纂修删訂，但發起及領銜編纂之人當爲直隸總督方觀承，循例其亦應署方觀承之名，時人固多目爲方氏之作[①]。無論趙一清、余蕭客，還是戴震，當均未將此書視作己出之書[②]。直至趙、余、戴三人辭世若干年之後，方生起趙、戴及余氏編纂《直隸河渠書》之争。

作爲戴震最親近之學生，段玉裁維護師門可謂不遺餘力。段氏晚年曾堅持《直隸河渠書》爲東原撰寫之説，後在事實逐漸辨明之情況下，段玉裁雖承認此書爲趙一清草創而東原删定，而仍將其視爲戴震著述之一。其實，因戴震深知此書爲方觀承主持編纂，且體例所定，趙一清、戴震等與修時均以第三人稱載録叙述資料，致段玉裁誤判後，反引起戴震盗據趙一清成果之嫌疑。後張穆等人又將《直隸河渠書》一案與趙、戴《水經注》相聯繫，亦因不明《直隸河渠書》纂修體例，并受段玉裁影響所致。胡適對此案曾作過詳細辨析[③]。至於段玉裁指斥王履泰攘竊東原《直隸河渠書》成果問題，孟森謂："王履泰之

① 前引姚鼐撰的《方恪敏公家傳》及袁枚撰的方觀承《神道碑》均言方氏著（纂）《河渠書》。又，王念孫於嘉慶十四年（1809）致書段玉裁論《直隸河渠書》事，曰："弟檢閲戴世兄（按指戴震嗣子戴中孚）所攜之稿，當日却爲方宫保（按指直隸總督方觀承）代作。……微有商者，此書雖出自東原師手筆，究係方宫保出名。將來若不易名，則爲方氏刻書，同人亦斷不肯助力；倘竟换東原師之名，未免與當日草創本意有違。且東原師所著之書精且簡，未有卷帙浩繁若此者，是不可不斟酌盡善也。"（見羅繼祖《段懋堂先生年譜》"嘉慶十五年"下，陳鴻森《段玉裁年譜訂補》考訂爲嘉慶十四年十月。）王念孫爲戴震弟子，其看法更能代表當時關於此書歸屬之觀點。

② 胡適《記中央圖書舘藏的〈直隸河渠書〉稿本二十六册》中稱此本中有"評改的字迹非趙非戴"，按：此類字迹較爲潦草，或即爲余蕭客手迹。

③ 參見胡適《記中央圖書舘藏的〈直隸河渠書〉稿本二十六册》，胡適稱："本是官書體裁，名義上編纂者是總督本人，故趙一清附録自己的《盧奴水考》也得用方觀承的口氣介紹他。戴氏不過保存此附録之文，并保存此介紹原文。段氏説是'吾師采擷趙文'，這是因爲段氏不瞭解這部《河渠書》的官書性質，所以他没想到趙氏原稿盡可以用編纂者的口氣附録他自己的文字。"

根據趙書,非根據戴書。”[①]胡適亦有與段玉裁觀點相反之考辨結果[②]。

回顧戴震與《直隸河渠書》一案,值得深思者,其一,《直隸河渠書》本非屬個人撰著,其編纂時間較長,且經過多人之手删訂,但是書發起編纂者和領銜者均爲直隸總督方觀承,依中國古代著述慣例,其著作權歸於方總督本應無异議,且知情者(如姚鼐、袁枚等)確已將其視爲方觀承之書。同時,無論戴震、趙一清均無視其爲己作之表示。换言之,《直隸河渠書》本無著作權争議之説,更無所謂趙、戴相襲問題。因戴震將所抄《直隸河渠書》副本寄於其姻親曲阜孔繼涵處,戴震卒後,孔氏彙輯《戴氏遺書》而刊刻時,列《直隸河渠書》入《遺書》中。孔氏亦因未明情由,誤將戴震抄録以資參考之書作爲戴震自撰之書,此殆與今人誤認戴震之讀書札記《經考》爲戴氏學術著作同。因孔氏之誤收,致戴震之子中孚誤認王履泰竊其父書,及段玉裁誤判《直隸河渠書》爲其師所撰,進而開啓趙、戴《直隸河渠書》一案。

其二,趙、戴《直隸河渠書》一案實起自段玉裁(趙、戴《水經注》案同樣主要因段氏而起)。段氏本欲爲東原師争取更高之學術成就與地位(其實,自今觀之,戴震最主要之貢獻尚不在其考據,而在其哲學思想),結果却適得其反,爲其老師招來意想不到之種種非議。段玉裁出於全力維護師門,且尊師過重,難免有所蔽。愛其師,但更愛真理,這本是戴震終身堅持之立身待人原則,東原對江永一方面禮敬,一方面又持以平等原則與之探討乃至争辯學術問題,江永對此則不但毫無芥蒂,而且更加青睞於戴震,江氏於《答戴生東原書》中曾稱:“暮年得兩知己,天姿敏妙,志識不凡,可與劇談天地古今,甚慰平生

① 孟森:《畿輔安瀾志與趙戴兩書公案》,《明清史論著集刊續編》,北京:中華書局 1986 年版,第 380 頁。

② 胡適《試判斷〈直隸河渠書〉與〈畿輔安瀾志〉的案子》稱:“王履泰呈獻的《畿輔安瀾志》是一個没有做過訓詁考證功夫的試用通判做的,……他有很固執的見解,這些見解既不合於趙一清、戴震兩家《水經注》裏的見解,又不合於我們所知道的《直隸河渠書》稿本的見解。所以我們宣告王履泰的《安瀾志》没有“攘竊”方觀承的《直隸河渠書》的事實。一百多年前有人控訴王履泰“攘竊”《直隸河渠書》,我們宣告這種控訴缺乏證據。”(《胡適全集》第十五卷,合肥:安徽教育出版社 2003 年版,第 438～466 頁。)

夙願。”[①]戴震於段玉裁，亦一直堅持“亦師亦友”之關係，而段氏於其名著《說文解字注》中也時有與其師商榷之語。但隨著戴震逝世日久，段玉裁年壽漸高，且激於師道衰弊不振之現實，其尊師念師情結反而日濃。段玉裁暮年有作《東原先生札册跋》曰：“烏呼！師弟之道不講，故世無學問。玉裁年八十矣，距先生在都門周旋講學已四十餘年，猶於蛛絲煤尾蠹紙敗墨，日夕摩挲，宛見先生之頎然長，偉然雄健，聲如洪鐘，容貌温晬，將終身以之者，盍嚮往之，誠有不容已。”[②]《清史稿·段玉裁傳》亦載其“雖耄，或稱震，必垂手拱立，朔、望必莊誦震手札一通”[③]。其對東原追慕之情的確令人爲之動容，但因晚年斷斷然爲老師争名，結果誠所謂“雖曰愛之，其實害之”，且顯然有違乃師“不爲一時之名，亦不期後世之名”[④]之遺訓。

戴震身後，最大之公案無疑爲由《直隸河渠書》到《水經注》一案，時至今日，雖有漸趨平息之勢[⑤]，考察疑案之所起，令人感喟而且深思。

是年，戴震撰《鶴岑胡公墓誌銘》(經韵樓刻《文集》卷十二)。

胡世皋(1714—1768)，字聲九，别字鶴岑，蘇州吴縣人，祖籍徽州休寧。能文章，有學行。其子胡士震與戴震同舉於鄉，復從學於戴震。戴文略曰：

> 吴有君子曰鶴岑胡公，學成行立，足以見於當世矣。以母在，篤於孝，不忍一日離左右。志欲行其所學，卒不自克。由是

① 江永：《善餘堂文集》，見《清代詩文集彙編》第248册，上海：上海古籍出版社2010年版，第431頁。

② 段玉裁：《經韵樓集》卷七，上海：上海古籍出版社2008年版，第181頁。

③ 趙爾巽等：《清史稿》，北京：中華書局1977年版，第13203頁。

④ 戴震：《答鄭丈用牧書》，《戴震集》卷九，上海古籍出版社1980年版，第186頁。

⑤ 楊應芹撰文《御用之作與獨立研究的終極成果——戴震兩種不同版本的〈水經注〉》(《文史哲》2014年第2期)再辨《水經注》疑案，指出殿本《水經注》實爲四庫當局遵旨之作，戴震被動參與編修，而并不認可其成績；戴震自刻本《水經注》方爲其研究《水經注》的終極成果。此文對厘清《水經注》問題無疑具有重要意義。

躬侍庭闈者又二十餘年。娶陸氏，亦以孝婦聞，一飲一膳，必親調乃敢進。其後公之第二子士震，壬午舉於鄉，赴禮部試。於其行，語之曰："余壯時嘗欲往遊京師，求一第以爲娛親。顧先遠離親側，又窺吾母之意，若鬱鬱不自得者，以故卒不果行。汝今勉之，是成吾之志也。"及未登第，又命之留都。居久之，公卿間咸重其材，講論六藝子史，莫不折服，更知其學有原本。然自古迄今，或以治經名，或以能詩文名，大致如班生所云"利禄之路"。然而士震尤重誼行，凡一話一言，不苟於交好既深者，乃時時自言其循守庭訓，不敢懈。因道公之生平大端，交游中固不待聞其告語然後信也。尋又命長君士鼎入都。其有學有守，亦如所見於次君者，愈益信公之學問文章不偶然也。

公諱世臯，字聲九，鶴岑别字也。曾祖某，世居休寧之同化里。祖機，遷居青陽。考文燦，始遷居吴縣桃花塢。公自幼通敏，性至孝，於族黨視力所能，拯其窮乏，成其婚嫁喪葬，赴人之急如己急。爲文章有得於《左氏》《檀弓》、屈原，嘗以謂："從此上溯六藝，是泳沫而游源也。"

戴震與孔繼涵至遲於是年開始交游①。

戴震《重刊五經文字九經字樣序》曰："乾隆戊子冬，曲阜孔君體生謂，拓本不能家有其書。遂雕印成袟，又詳加考正，别自爲卷附焉。前此祁門馬氏新刊版本，識諸末云：'舊購宋拓《石經》中有此，因依様繕寫，雕版於家塾，庶廣其傳。'孔君語余曰：'馬氏本雖完善，然以石刻校之，有字畫尚存，而其本改易者，豈石刻有異歟？不然矣。又其本脱去"罣"字注十有九字，"鰲"字并注凡八字，餘亦時涉訛舛。'余聞

① 崔偉芳《孔繼涵年譜簡編》："乾隆三十一年丙戌：或於此年入都會試，并與戴震相識。"（《孔子學刊》第九輯，2019年）陳冬冬《清代曲阜孔氏家族學術研究》謂："戴震與孔繼涵初次訂交當在乾隆二十二年戴震尚未南還，繼涵已入京師時，可能性較大。是年戴震三十四歲，孔繼涵十九歲，二人長達二十年的交游，至此拉開序幕。"（華中師範大學博士論文，2013年）

而知孔君用心之審慎，其留意於小學也，好之深，是以能辨之詳如此。"（段刻《文集》卷十）孔繼涵《重刊趙注孟子跋》曰："乾隆己丑之春，晤梁孝廉用梅於京邸，真定大學士之孫也。詢以宋本趙注《孟子》，許假而未與也。歸寓以告吾友戴君東原，東原因舉《正義序》即删改《音義序》，尤爲作僞之證。"①

戴震與孔繼涵學術交游，詳述於本譜"乾隆三十六年"下。

【時事】

是年五月，齊召南卒。

齊召南（1703－1768），字次風，號瓊台，浙江天台人。乾隆元年（1736）舉博學鴻詞，官至禮部侍郎。

《清史稿》卷三〇五《齊召南傳》：

> （召南）幼而穎敏，鄉里稱神童。雍正十一年，命舉博學鴻詞，召南以副榜貢生被薦。乾隆元年，廷試二等，改庶吉士，散館授檢討。八年，御試翰詹各官，擢中允，遷侍讀。九年，以父喪去官。時方校刻經史，召南分撰《禮記》《漢書》考證，命即家撰進。服除，起原官。十二年，遷侍讀學士。十三年，復試翰詹各官，以召南列首，擢内閣學士，命上書房行走。遷禮部侍郎。……既而以族人周華爲書訕上，逮詣京師，吏議坐隱匿，當流，籍其家，上命奪職放歸，還其産十三四。召南歸，遂卒。②

紀昀《考工記圖序》："戴君語余曰：'昔丁卯戊辰間，先師程中允出是書以示齊學士次風先生，學士一見而歎曰：誠奇書也！'"知齊召南曾推許戴震《考工記圖》。

是年，盧見曾受賄案發。盧見曾任兩淮鹽運使時曾收受鹽商財賄，至此被查。紀昀、王昶因向盧見曾私通信息被革職治罪。紀昀被

---

① 孔繼涵：《雜體文稿》卷二，見《續修四庫全書》第1460册，上海：上海古籍出版社2001年版，第426頁。

② 趙爾巽等：《清史稿》，北京：中華書局1977年版，第10516頁。

革職發往新疆烏魯木齊效力贖罪；王昶一度被革職，後隨阿桂入雲南，并隨阿桂出征緬甸，後又從温福入四川平金川之亂。紀昀因烏魯木齊之行有《烏魯木齊雜詩》160首；王昶西南之行則有《滇行日録》《征緬紀聞》《蜀徼紀聞》等。

九月，盧見曾卒。

盧見曾（1690—1768），字抱孫，號澹園，自號雅雨山人，山東德州人。康熙六十年（1721）進士。詩文集有《雅雨堂詩遺集》二卷，《雅雨堂文遺集》四卷及《雅雨山人出塞集》（見《續修四庫全書》第1423册）。閔爾昌輯《碑傳集補》卷十七有盧文弨《故兩淮都轉鹽運使雅雨盧公墓誌銘》，略曰：

> 公諱見曾……康熙五十年舉於鄉，逾十年中禮部試。……以乾隆三十三年九月二十八日故於蘇，年七十有九。……公嘗自號雅雨山人，談藝者無不知有雅雨先生也。公最篤師友之誼，珍其遺文而表彰之。……補刻朱竹垞《經義考》成完書，又刻《尚書大傳》《大戴禮》等書十四種，皆善本。又惠定宇《周易述》、王漁洋《感舊集》，亦皆梓行。其《山左詩抄》若干卷，則公所選輯也。獨己之詩文，唯《塞外集》有版本，餘無暇自遴擇。家居漸次編定，被籍時爲有司所毁。今公子所掇拾，唯古文七十篇，詩二百七十首而已。①

盧見曾對吴、皖二派諸多學人及乾嘉漢學均有重要影響②。盧氏於乾隆元年至乾隆五年（1736—1740）、乾隆十八年至乾隆二十七年（1753—1762）兩任兩淮鹽運使，頗能詩文，而愛才好客，尤其再任兩淮鹽運使期間，其揚州衙署長期文人墨客名流雲集。盧見曾尤好收藏、校刻典籍，當時著名學者惠棟、盧文弨、程廷祚、全祖望、王昶、沈

---

① 閔爾昌：《碑傳集補》卷一七，周駿富輯《清代傳記叢刊》第121册，臺北：明文書局1985年版，第107～112頁。

② 詳參曹江紅：《惠棟與盧見曾幕府研究》，《中國史研究》，2012年第1期。

大成及戴震等均彙聚於此[1]。盧見曾幕府亦爲乾隆時期最重要學人幕府之一。盧見曾於當時學術之貢獻,要而言之:一是爲惠棟等學者提供讀書、校書、著述之重要場所與財物之助;二是彙聚學者校勘、刻印一批重要典籍,其所刻《雅雨堂叢書》含盧文弨、戴震所校《大戴禮記》等典籍十三種,計一百三十八卷,又補刻朱彝尊《經義考》三百卷,使之成爲全帙,爲典籍整理與傳播之一大貢獻;三是爲當時重要學者交流提供良好平臺,尤其是促成皖派代表戴震與吴派代表惠棟之晤面與交流,意義極其重大。

是年,徽州數學家汪萊生。

汪萊(1768—1813),字孝嬰,號衡齋,徽州歙縣人,慕江永、戴震等之學而長於天文曆算,著有《衡齋算學》七卷,於代數方程方面有重大突破。《清史稿》卷五〇七《汪萊傳》:"年十五,補博士弟子。弱冠後,讀書於吴葑門外,慕其鄉江文學永、戴庶常震、金殿撰榜、程徵君易疇學,力通經史百家及推步曆算之術。嘉慶十二年,以優貢生入都,考取八旗官學教習,會御史徐國楠奏請續修《天文》《時憲》二志,經大學士首舉萊與徐准宜、許沄入舘纂修。十四年,書成。議叙,以本班教職用,選授石埭縣訓導。……客江、淮間,又與焦孝廉循、江上舍藩、李秀才鋭,辯論宋秦九韶、元李冶立天元一及正、負開方諸法。天性敏絶,極能攻堅,不肯苟於著述。凡所言,皆人所未言,與夫人所不能言。"[2]

是年三月,因李紱集中有"紕繆語言",乾隆下諭銷毁其"各項書本版片"。《清高宗實録》卷八〇六:"(三十三年三月)壬辰諭軍機大臣等:吴紹詩奏,查出李紱各集語多憤嫉……此等紕繆語言,既已刊刻成書,倘仍聽其謬種流傳,其於世道人心貽誤不淺。所有各項書本

① 李斗《揚州畫舫録》卷十《虹橋録上》載盧見曾揚州賓客有戴震、鮑皋、惠棟、吴玉搢、嚴長明、朱稻孫、汪棣、易諧、鄭燮、羅聘、李葂、張宗倉、王又樸、高鳳翰、祝應瑞、張輅、焦五斗、吴均、沈廷芳、梁巘、錢載、陳大可、周榘、胡裘錞、金兆燕、宋若水、張永貴、倪炳、汪履之等。

② 趙爾巽等:《清史稿》,北京:中華書局 1977 年版,第 13976 頁。

版片，該巡撫可逐一查明，即行銷毀，毋令稍有留遺。”[①]

乾隆三十四年己丑(1769)　四十七歲

是年，戴震在都，第三次參加禮部會試，仍不第。夏五月，赴山西，入布政司使朱珪幕府。

《段譜》：

四十七歲。入都會試不第。爲余仲林作《古經解鉤沈序》。

是年夏，先生與朱文正公善。文正時爲山西布政司使，先生偕玉裁往，玉裁主講壽陽書院，先生客文正署中。已而汾州太守孫君和相聘修府志，是年成《汾州府志》三十四卷，其書之詳核，自古地志所未有。志莫難於辨沿革，先生辨《元和志》一條中，紛然不治者有六，詳見《與曹給事學閔書》。先生考子夏設教西河，在龍門西河，不在汾州謁泉山，著作不可假借也。從晁以道之説，以汾州之吕梁狐岐，釋《禹貢》“治梁及岐”，辨舊説及蘇子瞻、曾彦和、閻百詩、胡朏明之穿鑿，詳晁以道之所不能詳，斥蔡仲默引書耳食之病，使學者曉然知經文梁、岐以下，治冀州汾、沁、澤、潞，及其間諸山澗溪谷，不當牽合治河，惟壺口爲治河耳。修一志而大經以明，非細故也。玉裁曾節抄《府志例言》《圖表》《沿革》《星野》《疆域》《山川古迹》，將付諸梓，以爲修志楷式。

《段譜訂補》：

段玉裁刻《聲韵考序》曰：“己丑之春，先生成《聲韵考》四卷，都下傳寫，玉裁録之置篋中。”此書稿本現藏上海圖書館，封面題曰“愛日樓聲韵考”，審爲段玉裁手書。副頁有戴震識語二則。一云“此稿本雖著圈點句讀，刻時俱不用”。一云“戊子年擬用小

① 《清實録》第十八册，北京：中華書局1986年版，第893頁。

版付梓，後因論古韵未詳備，遂止。其古韵一條，壬辰後始改定”。目録首頁有“李南澗藏書印”一枚，稿本後有顧廷龍的手跋。是年六七月，作《開成石經補缺正非》《石經孟子訛字録》。另有《穀梁石經改字》《唐石經葛本春秋左氏傳校謬》，於文公二年傳下注：“時乾隆丁亥十月廿四日。”四種合訂爲一册，題名曰《石經補字正非》，手稿今藏北京大學圖書館。

戴、段第四次相見。此次相處時日最長。

段玉裁《答程易田丈書》曰：“己丑五月往山西方伯朱文正署中，客山西者幾三年。己丑秋後，自藩署至汾州修《府志》，庚寅乃竣。辛卯又修《汾陽縣志》。”

是年，段玉裁亦入都參加第三次會試，落第，段氏此後即絶意科考。夏，戴震應山西布政司使朱珪之邀，與段玉裁同赴山西。戴震於秋後應汾州太守孫和相之聘，與修《汾州府志》。段玉裁則主講山西壽陽書院。

《中國學術編年・清代卷》“康熙四十一年”下：“劉熙貞時任山西壽陽知縣，改建壽陽書院於舊察院行署。按：乾隆三十三年（1768），知縣龔導江增建儀門，修築牆垣，更名受川書院。戴震、段玉裁等曾在此講學。”①

按：據清光緒《壽陽縣志》，康熙四十一年（1702）壽陽知縣爲錢熙貞，非劉熙貞。戴震乾隆三十四年（1769）在汾州府，段玉裁則主講壽陽受川書院，翌年戴震應邀來受川書院指導。

段玉裁《答程易田丈書》略述戴震山西之經歷：“己丑五月，往山西方伯朱文正署中，客山西者幾三年。己丑秋後，自藩署至汾州修《府志》，庚寅乃竣。辛卯，又修《汾陽縣志》。”②

---

① 梅新林、俞樟華主編：《中國學術編年・清代卷》，上海：華東師範大學出版社 2013 年版，第 377 頁。

② 段玉裁：《經韵樓集》卷七，上海：上海古籍出版社 2008 年版，第 184 頁。

五月，戴震至太原朱珪署中後，致書段玉裁（即段玉裁輯《戴東原先生札册》第四札）曰：

前日一到，即留署内暫停。聞本意，原欲以省城書院往招，後因都中有信，言與汪明之兄同寓，恐偕行而來，故轉請鄭公。今已遣人去，不得不待回音也。附上書一册，抄畢望即寄下。龔老先生處，祈叱謝。昨言有樂平、盂縣、平定州地圖，得轉懇抄示爲感。

震拾紙。五月廿九。

段玉裁於札後小字注曰："時同至山西，予在壽陽，先生在朱文正藩署。段玉裁小字補記。"

是年，應段玉裁再次請求，戴震始與之確認師生關係。

段玉裁自乾隆二十八年(1763)與戴震結識，即欲師從戴震，六年後，戴震終於接受段玉裁堅請。段、戴交誼十五載，對戴震、段玉裁學術及人生均有重要影響，戴震對段玉裁學術之路影響尤爲顯著。董蓮池先生論段玉裁不擇吴派大儒爲師，而執意師從戴震緣由如下：

一是從吴派學術特點上看，都致力漢儒經學的發掘、鉤稽和表彰。"但惠棟及其學友和弟子傾全力於漢學的發掘和鉤稽，不免表現出嗜博、泥古、佞漢的弊端，乃至兼收并蓄，别擇不精"，不爲段玉裁所喜。

二是段玉裁對古韵學很感興趣，而這又不是吴派學術的亮點。

三是惠棟故去，其弟子當時還没有卓成大家者，且年齡大體與段玉裁相當。

四是戴震在學問上所攻面寬，且又精確，他是當時海内著名的考據學家、古音學家江永的弟子，在考據學、音韵學上都深得江永真傳，戴震注重語言文字，以小學通經，比較實事求是，其學術傳承和治學之路合於段玉裁心中所向。

五是戴震於學問上當時早已"聲重京師",乾隆十九年,禮部侍郎秦惠田編撰《五禮通考》,他把戴震接到府邸,爲他朝夕講授觀象授時,并將戴震32歲寫成的《勾股割圜記》等收入《五禮通考》"觀象授時"一門。内閣中書錢大昕稱戴震爲"天下奇才"。吏部尚書王安國還特聘戴震教其子王念孫。這些消息傳到段玉裁那裏,在段玉裁心目中,必定會認爲惠棟之後,學界引領風騷者此時唯獨戴震而已,所以他覺得欲從師,自非戴震莫屬。[①]

以上所舉外,戴震治學原原本本,提綱挈領,"生知絶學,乃賡六書九數,條貫縱橫,至嘖不亂。胸羅列星,乃淪其源,乃摭其菁"[②];戴震對待後學,堅持古賢直友之義,相友相型,相規相師,均使其最能成爲虚心求學者良師益友[③]。

段玉裁以其所發明古音十七部説求正於戴震,戴震未予認可。段玉裁《答黄紹武書》:"古音十七部之説,成於乾隆丁亥,至己丑以質師(按:戴震),師不之信。"[④]

是年七月,戴震致書段玉裁(即段玉裁輯《戴東原先生札册》第五札),論修志條例等(亦題作《與段若膺論縣志》)。戴震書札云:

前月得手札,并龔老先生翰,以志書屬參末議。前因可商處多,存毋訾成器之意,欲姑置之,蓋一動則直另爲一書也。頃因道台有筆墨事見屬,日内可脱稿矣,當即應龔老先生命。縣境圖

---

① 董蓮池:《段玉裁評傳》,南京:南京大學出版社2006年版,第14頁。

② 段玉裁:《祭戴東原先生文》,《經韵樓集》卷七,上海:上海古籍出版社2008年版,第181頁。

③ 戴震乾隆二十年(1755)致姚鼐書:"古之所謂友,固分師之半。僕與足下無妨交相師,而參互以求十分之見,苟有過則相規,使道在人不在言,斯不失友之謂,固大善。"(《與姚孝廉姬傳書》)乾隆三十一年(1766)致段玉裁書札:"古人所謂友,原有'相師'之義,我輩但還古人之友道可耳。"(段玉裁輯《戴東原先生札册》第三札)最能體現戴震所持師友之道。

④ 段玉裁:《經韵樓集》,上海:上海古籍出版社2008年版,第332頁。

最緊要，須用方格，每方幾里，方嚮里數，必大致可稽。一注明山名、水名，一注明村莊之名。恐太繁碎，同樣繪二圖，分注曰“縣境山川圖”、曰“縣屬村鎮圖”。至若志之俗體，湊合八景、十景，繪圖卷首，近來名手頗有知爲陋習，宜削去者。星野之載步天歌及星圖，均屬陋習。又如每篇有小序，序皆通套語，近來亦有删去不用者矣。村鎮必分八到（東、西、南、北、東南、東北、西南、西北），注明距縣治里數（不必注在某都）。鋪驛則注明某鋪至某鋪、某驛至某驛，兩頭遞交里數，使考古知今，藉此爲據。又壽陽縣北境，有後漢廣牧城及後魏神武郡治（縣北三十里），尚有遺迹可訪查否？宋靖康元年，种師中抵壽陽之石坑，爲金將所襲，回趨榆次，至殺熊嶺，去太原百里戰死。則石坑地見於正史，亦當載。殺熊嶺相傳在壽陽西六十里，接榆次界，今屬境内否？上數事似不可缺，望查核，以補舊志之疏。僕館事因南使未還，故仍静待。《水經》一本，藩台欲抄，便中速寄。圖一繳附。候邇祉，不宣。震頓首。

龔老先生未另具札，希代候。七月十四日。

此札有詢及段玉裁壽陽縣事，札末有段玉裁小字注："在朱文正處發。"故知作於是年。

《段譜》謂東原是年爲惠棟弟子余蕭客所著《古經解鉤沉》撰序。按：東原《古經解鉤沉序》似非作於是年，而作於戴震晚年四庫舘臣任上，辨已見本譜"乾隆三十三年"下。又，江藩《漢學師承記》卷二《余古農先生》載有批評戴震《古經解鉤沉序》之語曰："惟《古經解鉤沉》已入《四庫》經部，當日戴震謂是書有鉤而未沉者，有沉而未鉤者。然沉而未鉤，誠如震言；若曰鉤而未沉，則震之妄言也。"[1]

是年，戴震與修《汾州府志》，至明年方修竣。朱珪《汾州府志序》

① 江藩著，漆永祥箋釋：《漢學師承記箋釋》卷二，上海：上海古籍出版社 2013 年版，第 231 頁。

(乾隆三十五年十二月作):"孫君(按:汾州太守孫和相)重其事,不以所知自多,復質諸休寧戴東原氏,勒成一書。"徐浩《汾州府志序》(乾隆三十六年三月作):"孫君越薪(按:孫和相字)政尚清静,由滇南萬里命守汾郡,慨舊志之久而未續,因追王君意,臚列而次第之。又獨立難勝,更聘戴東原先生襄其事。東原名士也,博覽群書,考訂精核,寰海文人皆知之。相與丹黄甲乙,首沿革,終藝文,爲例三十,爲卷三十又四,使閲者雙眸烔烔如白圭振鷺焉。"曹學閔(1719—1787,字孝如,山西汾陽人)《新修汾州府志序》(乾隆三十五年仲冬作):"復延休寧戴孝廉東原考證古今,筆削成書。"孫和相《汾州府志序》(乾隆三十六年三月戴震代作):"又適有休寧戴東原氏來遊汾晋間。今之治經之儒,咸首推戴君,而是志得其嚴加核訂,以余之體驗於今者,更能信不謬於古矣。"

《續修四庫全書總目提要·史部·地理類》:"《(乾隆)汾州府志》三十四卷首一卷末一卷。(清)孫和相修,(清)戴震纂。……是書先有例言十則,次列諸圖,如《府城圖》《府治圖》《學宫圖》《修復入城管道圖》《汾州府全圖》及府内各縣州之山川圖,其圖以方格標定,每一方格五十里、三十里、二十里、十五里不等,又以一表述漢以來沿革。其後則分述沿革、星野、疆域、山川、城池、官署、倉廒、學校、壇壝、關隘、營汛、驛鋪、户口、田賦、鹽税、職官、宦迹、食封、流寓、人物、義行、科目、仕實、列女、古迹、塚墓、祠廟、事考、雜識、藝文等類。是書以水統川,詳録自古以來引渠灌溉之法、築防疏通之事,集山川、風俗、農牧、水利爲一體,務求切於民用,蓋城池、官署、倉廒、學校、關隘、營防、驛鋪、户口、田賦、鹽税等事既爲官事,復關民生民事,政之大體在於此,民之利病亦在於此,爲戴震修志重心所在,故是書素稱修志典範。"①

① 續修四庫全書總目提要編纂委員會:《續修四庫全書總目提要·史部》,上海:上海古籍出版社2014年版,第304頁。

戴震又與修《應州續志》，并代冀寧道徐浩作《應州續志序》①《山陰義莊序》。朱珪《應州續志序》（乾隆三十四年仲秋作）："予疏於考核，屬予友戴孝廉東原校之。戴君曰：應州錯見於周、隋《書》……"②戴震代作《應州續志序》曰：

余曩因詩古文詞所涉，檢尋郡邑志書，其於經史中地名、山川、故城、廢縣，以及境内之利病，往往遺而不載，或載之又漫無據證，志之失，大致盡然。南豐吴君爲應州政事之餘暇，取舊志續之，既見者不復贅於篇，曰《應州續志》，書成，請序於余。余覽其書，凡舊文失核，必按諸史事，糾謬補逸，蓋不徒踵續是任也。君既勤於考訂，則余更質以未入是編二事。

其一，舊志相承襲謂秦、漢爲陰館縣。考《漢志》"雁門郡陰館累頭山，治水所出，東至泉州入海"，而《武五子傳》作台水。許叔重《説文解字》："㶟水出陰館累頭山。"㶟水即治水也。《魏書》：道武帝西幸馬邑，觀㶟源。《水經》字訛作"濕"，以爲出陰館則同。《寰宇記》：累頭山在雁門縣西北六十里。今山在朔、代間，其東南三十五里即句注山，陰館城在句注徑北。《水經注》："桑乾枝水東流，通結兩湖，俗謂之南池。池北對汪陶縣之故城。南池水又東北注桑乾水爲㶟水。又東北逕白狼堆南。又東流四十九里逕巨魏亭北。"其言崞川水也，北逕繁畤、巨魏亭、劇陽。闞駰《十三州志》："劇陽在陰館東北百三里。"顧景范《讀史方輿紀要》："汪陶廢縣在應州西。"《一統志》："汪陶在山陰縣東。白狼堆在應州西北，巨魏亭在州北，劇陽在州東北。"然則應州殆漢汪陶、劇陽二縣地，陰館於地非比矣。

其一，北魏天平二年置善無郡，領善無、沃陽二縣。《方輿紀

---

① 《段譜》"乾隆三十五年庚寅"下："先生之在山右也，有代某作《應州續志序》。"然經韵樓本《文集》卷六《應州續志》題下有"己丑代"，當以此爲據。

② 朱珪：《知足齋文集》卷一，見《續修四庫全書》第1452册，上海：上海古籍出版社2002年版，第256頁。

要》:"沃陽廢縣在應州西南,善無城在代州西北七十里,本漢縣。"考《漢志》,沃陽有鹽澤。《水經注》:"鹽池西南去沃陽故城六十五里。《十三州志》善無縣南七十五里有中陵縣。"中陵,今寧武之神池縣,而善無又在其北。沃陽鹽池唐爲安北都護之胡落鹽池,今偏關外歸化城西蒙古部地也。偏關五寨所食鹽,今仍自蒙古來,況中陵、善無、沃陽之水歸樹頽水以注黄河,然則漢沃陽東南距應州遠甚。

古今沿革,作志首以爲重。吴君雅才閎博,舉其境内利民病民者,既殫心求之,而於沿革山川志之所列,咸務底精確,不苟同積古以來守訛傳謬。兹二事,度亦君之樂聞也夫。(乾隆三十四年己丑秋月。)①

此序究明相關古今沿革問題,以爲關乎民生,且爲修志首要之事。

十二月,戴震自汾州府志館寄書在京胞弟戴霖并示段玉裁(即段玉裁輯《戴東原先生札册》第六札;時段玉裁在京候選),有修志事畢後南還之動議。書云:

兩得父親手信,似頗紀念。愚擬明夏南旋,看來《府志》畢後,汾陽縣亦即留修《縣志》,則行期又未能確。當謀老弟先歸,以慰老人之望也。前寄段兄銀信已查明,原封寄解餉官致朱四先生處矣。收到即寄一回音,侍先生晤時代候。所言館事極難,藩、道二署尚坐數人候館也。鍾兄事稍不老辣,便成幻餅。任兄就中翰,仍在都否?此處束脩僅送來百金,即寄段兄之項外,薪水却有餘。前月買大毛袍套并皮褥,去銀三十餘金,故目前係借書院掌教路兄銀用,正月乃得寄家信。今歲上半年,家中甚欠缺,下半年則有餘,無慮也。十二月初七日,兄字。

---

① 戴震:《戴震文集》卷六,北京:中華書局1980年版,第138~139頁。

段兄未另具札。外韵書數頁即送，勿遺失。其選期何如？所得地方，即寄知乃妙。十二月初七日，汾州府志館寄。

内信懇附

府報轉致王廣福斜街浙江塘務局

舍弟漁卿收

戴震拜浼

王廣福斜街今名棕樹斜街，在今北京前門大街西、珠市口西大街北。札中問及段玉裁在京候選之事。段玉裁於明年三月銓選得貴州玉屏縣知縣，故此札當爲是年十二月所作。

劉盼遂《段玉裁先生年譜》"乾隆三十四年"下載："東原有《説文五音均譜》，曾以《方言》分書其上，是年先生從東原假觀。"知段玉裁是年向戴震借閲此書。《説文五音均譜》即《説文解字五音韵譜》，宋李燾撰，以徐鍇《説文韵譜》音訓簡略而修訂之，然竄亂較多。戴震以《方言》與之對讀，并分書《方言》相關文字於其上，是其深研小學之一例。

沈大成聞戴震赴晋，作詩懷戴震。沈氏《學福齋詩集》有《久不得戴東原音耗近知主席河汾詩以懷之》詩："嗜古窮經最重君，却教講學向河汾。雅琴獨奏難爲聽，野鶴高飛自不群。羈客尚懸畿輔夢，遠書猶隔太行雲。年來疑義知多少，揮麈何時到夕曛。"[1]

【時事】

是年秋冬之際，段玉裁離任壽陽書院主講，由山西返京師，等待明年吏部銓選。

是年，乾隆命查禁銷毁錢謙益《初學集》《有學集》及其書版。謂："錢謙益本一有才無行之人，在前明時身躋膴仕，及本朝定鼎之初，率先投順，大節有虧，實不足齒於人類。"（《清高宗實録》卷八三六，是年六月初八）

---

① 沈大成：《學福齋集》卷三六，見《續修四庫全書》第 1428 册，上海：上海古籍出版社 2002 年版，第 428～429 頁。

是年，宣城武生李超海因所著《武生立品集》被斬。李超海，寧國府宣城縣人，武生，因屢試不中，憤而著書。是年二月，將其所撰《武生立品集》呈於安徽學政，時新任安徽學政德風對其文字細加審查，稱其妄作謬論，實屬不法，并上奏朝廷。四月二十四日，乾隆下諭："李超海以微末武生，乃因憤激不能上進，竟敢妄爲著作，逞其誕詞。……不可不嚴加治罪，以懲惡劣。"[①]李超海隨即被斬，寧國府訓導周昴等被革職。

乾隆三十五年庚寅(1770)　四十八歲

是年，戴震在山西，撰《與曹給事書》(孔刻《東原文集》，段刻《戴東原集》均作《答曹給事書》)和《沂川王君祠碑》《于清端傳》《張義士傳》《王廉士傳》《答朱方伯書》《例贈宣武大夫王公墓表》《輯五王先生墓誌銘》《山陰義莊序》《查氏七烈女墓誌銘》，爲段玉裁增删《記洞過水》一文。曲阜孔繼涵重刊《五經文字》《九經字樣》，戴震爲撰《重刊五經文字九經字樣序》。

《段譜》：

是年，有代壽陽令龔君導江《記洞過水》一篇。龔君方修《壽陽志》，請先生點竄，先生因爲辨正晋、隋、唐史"壽""受"二字之訛亂，并爲審定目録，今手稿猶在玉裁處，皆端楷也。

是年夏，玉裁銓得貴州玉屏縣，未嘗拜别先生也。蓋先生尚羈山右，聞銓得玉屏，寄書到京，言玉屏於地勢爲五嶺自西而東之脈。又勖玉裁曰："想風氣未開，未必不可施政教也。"其札可當送行一序，藏弆日久而失之。

先生之在山右也，有代某作《應州續志序》，有《與曹給事書》，有《沂川王君祠碑》，有《于清端成龍傳》，有《張義士瑛傳》，

---

① 《清高宗實録》卷八三三，見《清實録》第十九册，北京：中華書局1986年版，第117頁。

有《王廉士敏傳》,有《答朱方伯書》,有《例贈宣武大夫王公秀升墓表》,有《王輯五先生墓誌銘》,有代冀寧道徐君飛山浩《山陰義莊序》。

是年,爲孔户部作《重刊五經文字九經字樣序》,户部於戊子冬以拓本不能家有,遂雕印,又詳加考正,别爲卷附焉,先生於都門序之。是年,有《查氏七烈女墓誌銘》云:"庚寅冬,宛平松茂道查禮以《烈女編》寄予。"蓋先生是年在都門,待辛卯恩科會試也。

《段譜訂補》:

《記洞過水》的原稿爲段玉裁手迹,後經戴震增删修改。原稿五百一十二字,戴震增改後爲八百二十字,而實際增删四百多字。後來又有無名氏對本文圈閲評點,其字數也在三百之多。微波榭本《東原文集》未收此篇,玉裁重編《東原文集》時將此文收入卷六之中,并於《年譜》中又加記述。後人見文章的原稿是玉裁手迹,因此又將此文收入《經韵樓集》卷七之中。原稿今藏北京大學圖書館。

又臺灣學者陳君鴻森認爲:《記洞過水》的原作者當爲龔導江,詳見陳君《記洞過水非段玉裁所作辨》(載《"中央研究院"歷史語言研究所集刊》第七十三本第四分)。

經韵樓本《文集·記洞過水》題下有"己丑代",《應州續志序》題下亦有"己丑代"。則此二篇非作於庚寅。又查吴炳《應州續志》,《應州續志序》乃代山西冀寧道徐浩撰。

"辨正晋、隋、唐史'壽''受'二字訛亂",見於《壽陽縣志序》,手稿藏北京大學圖書館。

是年尚有《汾州府志序》(代朱珪撰)、《寧鄉縣志序》(代朱樾炳撰)、《永寧州志序》(代王興穀撰)、《正汾州府名宦祠秩祀碑》(代孫和相撰),均作於山西。

戴震在《汾陽府志》纂編完畢後,實際上又參加了難度較大的《寧鄉縣志》的編訂。《寧鄉縣志序》曰:"縣合於離石,起曹魏;合而復分,起宇文周。漢縣爲西河郡中陽,見《水經》,當參以李吉甫《元和郡縣圖志》,竟莫之或知;以廣輪言,右舒左縮,水出縣右,西入黄河,行百餘里者凡四,許叔重《説文解字》'漹水出中陽,入河',宜求之四水中,而無一川見於志……適休寧戴君東原受纂修《府志》之聘,尚未南轅,遂兼質焉;得釐訂爲八卷,洵乎可資證實,無惑矣。"

戴震所撰《重刊五經文字九經字樣序》云:

唐國子司業張參《五經文字》,初書於屋壁,日久剥壞,乃更土塗,以木版關其背,使負墉相比,而書其表,語詳劉禹錫《國學新修五經壁記》。及開成二年,國子監《九經》石壁成,翰林勒字官唐玄度復拾補參所略,爲《九經字樣》。二書即列《石經》之後。今石刻具存,字多損闕,末有庸妄人補字。

乾隆戊子冬,曲阜孔君體生謂,拓本不能家有其書。遂雕印成袟,又詳加考正,别自爲卷附焉。前此祁門馬氏新刊版本,識諸末云:"舊購宋拓《石經》中有此,因依樣繕寫,雕版於家塾,庶廣其傳。"孔君語余曰:"馬氏本雖完善,然以石刻校之,有字畫尚存,而其本改易者,豈石刻有异歟? 不然矣。又其本脱去'罜'字注十有九字,'鼇'字并注凡八字,餘亦時涉訛舛。"余聞而知孔君用心之審慎,其留意於小學也,好之深,是以能辨之詳如此。

方漢熹平初,議郎蔡邕以經籍去聖久遠,文字多謬,奏請於朝。得詔正定六經文字,立石太學門外。史言"觀視及摹寫者,車乘日千餘兩,填塞街陌"。唐制,則國子監置"書學博士",立《説文》《石經》《字林》之學,而張參爲司業。病夫人苟趨便,《五經》正文,蕩而無守。故其作書推本《説文》,助以漢《石經》,雖未盡協六書,要主於遠絶俗謬也。自宋以來,學者於"小學"不講。朱錫鬯云:"《五經文字》獨無雕本,爲一闕事。"然周廣順三年,尚書左丞兼判國子監事田敏獻印版書《五經文字》《九經字樣》各二部，奏稱："臣等自長興三年，校勘雕印《九經》書籍。"是此書雕本，在印版書甫創之初已有之，而絶不傳聞，蓋此學廢棄久矣。

孔君好古而知所從事，能去華取實於世之所不講。余讀是本，核訂精審，不徒有功小學而已，治經之儒，先欲識字，其必自此書始。

于成龍（1617—1684），字北溟，號于山，卒謚清端，山西永寧州（今山西吕梁市方山縣）人，康熙時期名臣，以清廉有爲著稱。戴震《于清端傳》爲叙寫于成龍生平事迹之名篇。其文曰：

于成龍，字北溟，永寧州人。順治十三年，以副貢知羅城縣。縣數遭兵燹後，拊循殘氓，稍稍相習。因問地方利害，悉得要領。編置保甲，定約束。前時，鄰傜歲率二三至，殺掠人畜。成龍勒鄉勇，將擣其巢，咸懼自投，不敢犯界上，歸所擄掠，然後民得事耕稼。縣有數大姓，恃傜、僮、盗賊爲爪牙，一逆其心則召亂。成龍善撫民，恩威并用，數大姓皆奉法惟謹。

居七年，遷知合州。往者，新歸流户墾田既熟，土著輒争之，故既集復散。成龍爲規畫，立案籍，三年而後稽。旬月間，報歸千户。

未幾，遷黄州同知，駐岐亭。岐亭當黄麻偏界，多汊湖幽壑，盗所巢窟。時急盗案，官以盗爲諱，白晝行劫不問。成龍遣捕得九人，集諸父老曰："能保後不爲盗者，貰之。"保二人。即諸父老前，取大索連擊七賊阬之，盗自是慄遁。又獲大盗彭百齡，拔置左右，責以捕盗。

巡撫張朝珍器重成龍，舉卓异。會吴三桂亂作，檄攝武昌事，問禦亂策，成龍對以安人心莫先下令停征。朝珍已草疏，而成龍意與之合，以故兵事皆屬成龍。諜指武昌大姓與賊交通，以藏器仗爲證。成龍言："大姓多避兵良子湖中，家人藏兵械，備他盜，無足怪。”迹之，果無所得。用卓异遷知建寧府，朝珍奏改武昌。檄造軍所渡橋於蒲圻，賊鋒迫入城守，而橋以山水暴漲圮，罷職。

會東山寇作，朝珍復委除賊。成龍曰：“黄州界三省，控七十二寨，其人剽悍，阻險，難猝勝，請得便宜行事。”許之。問需兵幾何，成龍曰：“前守蒲圻數人與俱足矣。”先是，妖人黄金龍亡匿劉君孚家，君孚得吴三桂劄書，與金龍潛結賊渠周鐵瓜等，期七月并起。會麻城人欲因以陷其仇家，事泄，君孚恐，遂以五月反於曹家河。成龍行次陽邏，偵知君孚雖反，衆未合，遂趨白杲。未至賊寨十里，止宿，榜示：“脅從者許自首免罪，誣陷者赴訴不按捕。”投訴日千人，皆宥之。賊勢孤，欲即降，恐見誅。成龍知其情，遣一人持檄往諭；而自騎一騾，一人張蓋，一人鳴鑼前導；未至二里許，命行呼“太守來，赦爾山中人”。君孚匿後山，夾道伏鳥槍、弩數百人。成龍鞭騾直前，入抵賊舍。坐廳中，賊環列，黠者因相率羅拜。成龍問：“老奴安在？”君孚嘗隸岐亭役，故呼以暱易之。又問山中雨水禾稼，遂曰：“汝等皆良民，何作賊，自取屠戮，父母妻子藏匿？”賊皆泣。成龍曰：“熱甚，須稍憩。”遂熟睡。移時寤曰：“客至，何乃不設酒脯？”君孚初懼見紿，及是出，叩頭自訴，許招撫而還。如期盡降其衆數千人。

以功復官，留麻城經畫，行村野，分立區保，擇謹厚者爲區長。還武昌，聞金龍逃，合紙棚河賊鄒君申。則移檄區長，徵得二千人，進駐望花山。度賊食少，彼利速戰，緩以困之必自潰。分三路，守象棋山、大崎山及布袋坳。以賊走必經黄岡，伏兵馬鞍山險狹間。君申、金龍糧絶，夜遁走，遇伏，盡擒。成龍坐山上受俘。

疏聞，晋級，改知黄州府。江西賊犯湖口，旁掠興寧；吴三桂密佈劄書；陽邏陳鼎業合逃兵掠驛馬；永甯鄉何士榮、石陂劉啓業、白水阪周鐵瓜、鮑世庸，各擁衆數千爲亂，逼趨黄州。是時，各鎮援兵悉隨大軍進攻湖南。議者欲退保麻城。成龍曰:"黄州爲湖北七郡門户,我師屯荆岳者數十萬,水陸轉運,取道於此;且瀕江,控制險阻,前倚興寧、廬阜,後壓天堂、金剛諸寨,雖祇一郡,實江南關鍵,不可棄之去。然徒坐困,莫若相機進剿。賊雖衆,皆取士榮進止,先破士榮,餘可不戰而下。"於是徵集各區鄉勇,有衆二千人。别遣黄岡縣知縣李經政擒鼎業。諜報士榮已據黄土坳。分衆以把總羅登雲、武舉張尚聖領之往,遇賊前鋒,戰少利。成龍疾馳抵尚聖營。鄉勇大集,共得五千人,營箔金寨下,與賊對壘。士榮數萬人,自牧馬崖分東西兩路來攻。東路賊少,以登雲領千人禦之;而成龍率千總李茂昇當其西,尚聖攻右,把總吴之蘭攻左。戰始合,之蘭中槍死,賊鬬益急。成龍鞭馬徑前,回顧茂昇曰:"我死,可歸報張公。"茂昇奮而進,發矢折賊大旗,軍隨進。茂昇馬被槍,棄馬,射殺二人,换馬進戰,復手刃數人。而尚聖自後山繞出賊後,相與合擊。賊大敗,士榮左臂斷,就擒,得賊名籍焚之。登雲擊東路,亦追奔數十里。乘勝至吕王城,據鞍草檄馳諭。賊聞士榮被擒,又知毁其名籍,各解散。至白水阪,鐵瓜、世庸等欲保什子寨,成龍已先令人守隘,不得上,脱身走,追擒之。又分衆平石陂賊。自進剿至此,才二十有四日,東山亂定,此康熙十三年冬也。

十五年,水旱洊臻,訛言復起。成龍以人心易摇,宜示以暇豫。乃治赤壁亭榭,與文武官僚飲射歌詠其間,而密得暗奸,流釁頓息。

歷官江防道,福建按察、布政使,直隸巡撫,江南、江西總督。卒年六十有八,贈太子太保,謚清端,蔭二子入太學。

其遷按察使也,時耿精忠初平,罹重辟者衆,獄已具。成龍力言通海數案,所牽引者半皆平民,遂白於親王,釋不問。

成龍清嚴忠直,勤勞治事,官吏無不敬畏,歸於廉慎。及卒,將軍、都統、僚屬來至寢室,見周身布被一笥,中袍一襲,靴帶二事；堂後米暨鹽豉數盎而已。平時心憚成龍者，俱感動流涕。士民立祠於清涼山。①

是年冬，查禮（1715－1783，字恂叔，號儉堂，直隸宛平人）寄以《烈女編》，戴震爲撰《查氏七烈女墓誌銘》，記述并表彰死難於明末宛平（舊縣名，今屬北京西城區、豐台區等地）查氏一門七烈女事迹。其文曰：

宛平查氏烈女九人，死者七人，葬於某原。庚寅冬，松茂道禮以《烈女編》寄余，爲作傳者三，而未有銘其墓者。嗚呼！是宜有銘。

謹案明之季，查氏居宛平既三世，曰國英，娶周氏，生子二、女一而歿。曰國才，娶張氏，生女二，妾廉氏，有母與女相依。黄孟春之妻，國才之妹也，早寡，來依於兄。及流賊陷昌平，謀避賊榆垈莊，周氏命子允哲、允著往治屋。既而賊猝至，國才出覘賊勢，惟老僕守門，室内九人。賊攻城急，九人懼城破見辱，决志莫如死。最幼女先投繯墜。周氏顧曰："吾固當先。"遂少長就縊。九人者：周氏及女二姑，張氏及女三姑、四姑，四姑年甫十二，最幼者也，自黄歸宗老姑及女三姑，廉氏偕其母老姑。廉氏母年四十六，周氏少二歲，張氏又少八歲，二姑、三姑、黄三姑皆十六。考崇禎甲申三月，以十八日賊入外城，翌日黎明，内城陷，而查氏一門就縊，在十七日之夕，咸不忍緩須臾死，其德同，其志决，恐少遼緩，將有求死不得者矣。賊掠後，國才還入户，見九人面如生，解繯大哭，則幼女四姑、妾廉氏死而復蘇，其去縊時已更晝夜，二人之不死者天歟？廉氏年二十，而四姑後適王某，壽逾八十。由九人之愛身不避死，可以知其生矣。

先是，黄孟春之族有顯宦，附權倖，勢甚張，國英之妹歸爲黄

① 戴震：《戴震文集》卷一二，北京：中華書局 1980 年版，第 231～233 頁。

氏婦也，語夫早與之疏絶。逮以權倖相連被誅，孟春家得晏然。

國英字振寰，貢生，有聲譽。國才字明寰，其先由江西臨川遷宛平曰秀。秀生忠，萬曆己酉副貢。忠二子一女，女即老姑也。姑嫂皆母女同時而死，廉氏母與焉，是以七烈同葬。今某距始遷六世，距七烈之葬百有餘年，乃請於余追而銘之。

是年三月，段玉裁以吏部銓選得貴州玉屏知縣，戴震獲悉，即寄書札勉其施教爲民。劉盼遂《段玉裁先生年譜》"乾隆三十五年庚寅"下："三月，吏部銓授貴州玉屏縣知縣。東原自汾州寄書都門，言'玉屏地在五嶺發脈之所，想風氣未開，未必不可施政教也'。先生謂，此札可當送行一序。"

按：戴震此札亡佚，然其體民愛民之情可以想見。段玉裁《東原先生札册跋》："此外，尚有二札，未能檢得者。一爲初銓貴州玉屏縣時，自汾州寄都門，言'玉屏地在五嶺發脈之所，想風氣未開，未必不可施教也'。一爲在蜀時，自都門寄，言在四庫舘校《水經注》事。二札久亡之，時往來於懷，吾儕有得之者，必能什襲珍之也。"[1]

稍後，戴震復自汾州寄書玉屏，推崇段玉裁古音十七部之説。段玉裁《答黄紹武書》曰："昔東原師堅拒愚稱弟子，而愚必弟子焉。古音十七部之説，成於乾隆丁亥，至己丑以質師，師不之信。至愚庚寅官黔後乃以書然之，曰'是可以千古矣'。蓋義理一時未通者，雖吾師之通明且有之，惟不以意氣自用，故學可以深邃詣極矣。"[2]此亦最可見戴震治學態度之不苟，其所謂"解蔽"，不唯解人之蔽，更能解己之蔽，以今日之"是"替昨日之"非"。

【時事】

是年，錢大昕致書段玉裁，討論音韵；又爲段玉裁《詩經韵譜》撰序，謂："此書出，將使海内説經之家奉爲圭臬，而因文字聲音以求訓

---

① 段玉裁：《經韵樓集》，上海：上海古籍出版社 2008 年版，第 181 頁。

② 段玉裁：《經韵樓集》，上海：上海古籍出版社 2008 年版，第 332 頁。

詁,古義之興有日矣,詎獨以存古音而已哉!"[①]據《錢大昕全集》所録陳鴻森《年譜别記》[②],段玉裁與錢大昕訂交於是年。

是年,歙縣知縣張佩芳建問政書院。

問政書院在今歙縣古城東門外,因問政山而得名。張佩芳自乾隆三十一年(1766)知歙,政有令聞,頗重經術,與戴震在歙時期同學汪肇瀧、程瑶田、汪梧鳳、方矩等交往密切。後方矩之孫方印生(方牧夫之子)與張佩芳之孫張穆交好,張穆撰有《方牧夫先生壽序》。

乾隆三十六年辛卯(1771)　四十九歲

是年,戴震由山西入都,第四次參加會試[③],仍落第。復回山西,纂《汾陽縣志》。撰有《温方如西河文匯序》《董愚亭詩序》《昆山諸君墓誌銘》等。

《段譜》:

> 是年,會試不第後,修《汾陽縣志》。季冬,有《温方如西河文匯序》云:"己丑秋,再至山西。余至汾陽,應太守孫公之召也。屬纂次《府志》,爲之考訂纍日月。今李侯復以縣志事,邀之再至。"又有代某作《董愚亭詩序》。壬辰,玉裁因公詿誤,入都,見先生案上有新修《汾陽縣志》,舉一條相示云云,今已忘之。《汾州府志》,玉裁於盧學士家得之,縣志今不可得也。

《段譜訂補》:

> "序云己丑秋"下,"再至山西"四字衍。
>
> 是年爲沈大成作《沈學子文集序》。《學福齋集》首載其序,落款曰"乾隆辛卯休寧戴震序"。

---

① 錢大昕:《潛研堂集》,上海:上海古籍出版社2009年版,第386頁。

② 錢大昕:《嘉定錢大昕全集》(增訂本)第十一册,南京:鳳凰出版社2016年版。

③ 是年因乾隆生母崇慶皇太后八十壽誕慶典,清廷特設恩科會試。

戴震是年赴京參加會試落第後，應汾陽縣令李文起之邀，赴汾陽與修《汾陽縣志》。俞調元《乾隆汾陽縣志序》："郡志已梓成，而邑志亦脱稿，李君文起以粤東名進士來尹斯土，遊刃恢恢餘間染翰，又得新安戴孝廉東原佐其考覈，閱數月稿成。……時乾隆三十七年歲次壬辰季秋之朔，知汾州府事海寧俞調元書。"慶文《光緒汾陽縣志序》："乾隆間，縣志成於戴氏東原，體例盡美，無以易也。"李鳴鳳《光緒汾陽縣志序》："按縣志自休寧戴東原、邑人曹書農兩先生釐訂後，幾成善本，其棄煩就省，去贋存真，可謂不遺餘力。"又李其滋《光緒汾陽縣志序》："迨至國朝乾隆、道光間，東原戴氏集其成，藝五曹氏補其闕，汾陽之志殆無憾焉。"

是年，諸世器遊山西汾陽，戴震與之交。諸世器作《遊天寧寺》詩曰："一庭黄葉十分清，不許床頭匣劍鳴。誰與羈人話桑海，本師幸有鄭康成。（自注：時東原以事寓此。）"天寧寺在山西交城，近汾陽。

諸世器（1728—1776），字景笏，一字敬甫，江蘇昆山人。善文章，亦明經學，然屢躓於科場。諸氏敬慕戴震之學，於《遊天寧寺》詩中概可見。諸世器卒時，戴震爲之撰《昆山諸君墓誌銘》，略曰：

> 諸君敬甫，昆山人也。少工科舉之文，爲名諸生。屢試高等，食廩餼，然鬱不得志。文益工，縱學立節，交游悉敬之，著述日且寖多。以乾隆四十一年四月廿一日卒於其家，年四十有九。前六年，余遊汾、晋間，有汾陽縣修志之請，君亦適館於縣之田氏，始相識。出所爲制義示余，怪其象題定墨，類吾亡友彭晋涵。因言弱冠時，嘗與晋涵上下其議論。……君諱世器，字景笏，又字敬甫。讀書輒鉤抉奥隱。生四歲時，父教以字，即私劈蒽葉擬書之，點畫不少訛失，蓋君之精心於所學，自其天性。年十五，於群經傳記，應對縱横不窮，父母愛而异之，戒其勿過勤苦而已。然其後凡九應江南鄉舉，又以貢生三應順天鄉舉，卒不遇。皇上南巡，壬午，一與召試，既擬進呈，以小誤疑沮，豈命也夫！其詩、古文詞，人莫能以其屢躓抑之，君亦不自挫折。嗚呼！今則已

矣。所著書已手定者:《詩釋地》八卷,《雜文》《古今體詩》各若干卷,《西征集》二卷,《菉溪小志》二卷。其未定者:《易》《詩》《三禮》則有《通義》,《詩通義》僅及半;《四書》則有古訓。

是年,江永《古韵標準》四卷初刻,是書由戴震參定。

戴震《江慎修先生事略狀》則曰:"《古韵標準》六卷。"而江永《古韵標準例言》自言"《古韵標準》四卷"。

是年,邵晋涵、程晋芳、孔繼涵、孔廣森等俱中進士。

孔繼涵(1739—1784),字體生,一字誧孟,號葒谷,山東曲阜人,孔子六十九世孫。是年,孔繼涵進士及第,授户部主事,官於京師。至乾隆四十二年(1777),因奉養慈母,辭官歸籍。孔繼涵在京約七年,其間與京師學術名流多有交往。其《因居記》云:"數過從者,錢塘盧抱經文弨、嘉興錢曉徵大昕、休寧戴東原震、程瑶田易田、長洲胡表士震、大興朱笥河筠、歙程魚門晋芳、杭郡邵二雲晋涵、鶴慶李仙嵓根玉、興化任幼植大椿、桐城姚惜抱鼐、歷下周林汲永年、揚州羅金牛聘、吴張瘦銅塤、汪明之元亮。"[①]

戴震與孔繼涵交游甚密,後戴震之女嫁孔繼涵次子孔廣根。孔繼涵、孔廣根及孔繼涵之侄孔廣森等學術均受戴震影響;戴震卒後,孔繼涵、孔廣根父子積極刊刻戴震遺著,於戴震學術思想傳承功莫大焉。

段玉裁《趙戴直隸河渠書辯》曰:"(孔)葒谷於吾師爲摯友,其子廣根又吾師之婿。"洪榜《戴先生行狀》:"娶□氏,封孺人。子一人,中立。女一人,許嫁户部主事曲阜孔繼涵次子廣□。"據翁方綱《皇清誥授朝議大夫户部河南司主事孔君墓誌銘》:"男五:廣栻,舉人;廣根,附學生;廣休;廣閑;廣權。"[②]孔繼涵有五子,依次爲:廣栻、廣根、廣

---

① 孔繼涵:《雜體文稿》卷三,見《續修四庫全書》第1460册,上海:上海古籍出版社2001年版,第437頁。

② 翁方綱:《復初齋文集》卷一四,見《續修四庫全書》第1455册,上海:上海古籍出版社2002年版,第481頁。

休、廣閑、廣權。故此言次子亦當孔廣根。而江藩《漢學師承記》則曰："其(孔繼涵)子廣栻，東原之婿。"①段玉裁、洪榜所述當無誤，而《漢學師承記》則屬誤記。從孔繼涵作於乾隆四十七年(1782)之《壬寅五月二十二日和孫殤於痘適刊〈九章算術〉竟感念東原題詩付兒子廣根》之詩題中更可得證。

諸可寶《疇人傳三編》卷一《孔繼涵》曰："(繼涵)與戴吉士最友善，斆學相長，良多資益。…… 自東原氏表章古籍，而後唐典帖算之書復顯於世，苟無户部刻以傳，亦安必其流行至今乎？嘗謂無朱刻、祁刻而二徐説亡，無孔刻而十經(即《算經十書》)之書終熄。然則六書九數之孑存也，户部之功，又豈出學士相國之右哉！"②而吴鼒《儀鄭堂遺稿題詞》復曰："我朝敦崇道統，昌明儒術。聖裔則有誧孟農部(孔繼涵字體生，一字誧孟)，早通六藝，又得交於吾鄉戴東原先生，其學益邃。於天文、地志、小學之書，精思博取，成一家言。微波榭撰述巍然與《戴氏遺書》并行。"③

張舜徽《清人文集别録》卷八《紅櫚書屋雜體文稿》論孔、戴之交曰："繼涵少工詞章，後交休寧戴震，始爲名物象數之學。戴氏校《水經注》成，繼涵爲補不備者數十事，而版行之。戴精九數，繼涵復爲刊戴校《算經十書》，以傳其學。與戴氏交二十年，戴死，經紀其喪，人尤高其風義。"④

陳冬冬博士論文《清代曲阜孔氏家族學術研究》有專節詳述孔繼涵、戴震學術交游，頗資參考：

> 乾隆三十五年(1770)時，孔繼涵與戴震已就趙岐《孟子注》

① 江藩著，漆永祥箋釋：《漢學師承記箋釋》卷六《孔繼涵》，上海：上海古籍出版社 2013 年版，第 669 頁。

② 諸可寶：《疇人傳三編》，見《續修四庫全書》第 516 册，上海：上海古籍出版社 2001 年版，第 539 頁。

③ 吴鼒：《吴學士文集》卷四，見《續修四庫全書》第 1487 册，上海：上海古籍出版社 2001 年版，第 484 頁。

④ 張舜徽：《清人文集别録》，武漢：華中師範大學出版社 2004 年版，第 223 頁。

問題有過學術探討。而乾隆三十六年(1771),孔繼涵中進士,"釋褐官京師",開始了七年的京官生涯。而戴震自乾隆三十八年(1773)入四庫館直至四十二年(1777)去世,一直居於京師,二人更有了較多機會探析學術。……二人探討學術涉及的範圍。孔繼涵言及的除前述乾隆三十五年(1770)探討《孟子注》外,乾隆三十八年(1773),二人又就趙岐《孟子注》問題作了進一步探討:"迨癸巳之秋,東原徵赴京師,予走謁諸寓,即出是本與宋刻《國語》及《補音》本見付。余喜劇,遂重校授梓。"(孔繼涵《雜體文稿》卷二《重刊趙注〈孟子〉跋》)二人探討過《水經注》:"東原爲予言:'是書經注相淆,自宇文、歐陽二子發之,而未之是正,至於字句譌舛,非檢閲之勤,不易得也。子盍與我共治之?'因旁搜群籍,積至數十事,東原氏蓋有取焉。"(《雜體文稿》卷一《重刊〈水經注〉序》)在乾隆三十四年(1769)探討過《夏小正》:"己丑春,見戴東原於京師,與論文者二晝,因出其與盧侍講《論大戴禮書》二首,以爲别余。"(《雜體文稿》卷一《〈夏小正考异〉序》)孔氏所刊《海島算經》又曾借鑒戴氏刊本,"又假戴東原先生所香輯《永樂大典》中《海島算經》"(《雜體文稿》卷一《〈算經十書〉序》),"余既假戴君東原本歸於《算經十書》中,乃記之"(《雜體文稿》卷二《〈海島算經〉跋》)。而戴震則曾提及乾隆三十八年(1773),孔繼涵曾爲其提供《算經十書》校本:"今秋之仲,曲阜孔君體生訪求得算書若干卷,係毛氏扆影摹宋刻者。扆識其後有云:'從太倉王氏得《孫子》《五曹》《張丘建》《夏侯陽》四種,從章丘李氏得《周髀》《稽古》二種,後從黄俞邰又得《九章》,皆元豐七年秘書省刊版,每卷有秘書省官銜姓名一幅,又一幅宰相、大臣,自司馬相公而下,俱名列於後。'余急假之孔君,獨《九章》卷六已後闕,因更校改數字以寄屈君,而記其得是書之不易。"(《戴東原集》卷七《刊九章算術序》)"今此本(《夏侯陽算經》)即韓延所傳無注本,宋元豐京監所刻者也。昔毛氏斧季得之太倉王氏,余今假之孔君體生，因題其後。”(《東原文集》卷七《夏侯陽算經跋》)這批校本，係汲古閣影抄宋元豐本，包含了《算經十書》中的九種，有很高的版本價值。又如前述乾隆三十三年孔繼涵刊刻《五經文字》《九經字樣》時曾告知戴震，還曾就其中具體問題與戴氏進行商討：“孔君語余曰：‘馬氏本雖完善，然以石刻校之，有字畫尚存，而其本改易者。豈石經有异哉，不然矣。又其本脱去罤字注十有九字，螌字并注凡八字，餘亦時涉訛舛。’余聞而知孔君用心之審慎，其留意於小學也，好之深，是以能辨之詳如此。……孔君好古而知所從事，能去華取實於世所不講。”(《戴東原集》卷十《重刊〈五經文字〉〈九經字樣〉序》)由此可見，孔繼涵與戴震探討過《大戴禮記》《孟子》《算經十書》《五經文字》《九經字樣》等多種著作，涉及版本與校勘多個領域，在探討中互相借鑒、各有收穫。①

是年十二月，不疏園主人汪梧鳳卒。

汪梧鳳(1725－1772)，字在湘，號松溪，歙縣西溪人。戴震在鄉時至交。事迹已見本譜“乾隆十七年”下。

汪梧鳳生於雍正三年八月二十五日(1725年10月1日)②。汪中《大清故貢生汪君墓誌銘》曰：“迨乾隆初紀，而處士江慎修崛起於婺源，休寧戴東原繼之，經籍之道復明。始此兩人自奮於末流，常爲鄉俗所怪，又孤介少所合，而地僻陋，無從得書。是時，歙西溪汪君獨禮而致諸其家，飲食供具惟所欲。又斥千金置書，益招好學之士，日夜誦習講貫其中。……戴君遊京師，當世推爲儒宗。後數歲，天子修《四庫》之書，徵領局事。是時天下之士，益彬彬然向於學矣，蓋自二

① 陳冬冬：《清代曲阜孔氏家族學術研究》(博士論文)，華中師範大學2013年。

② 程瑶田《蓮飲集》卷四有《汪在湘與余同日生今年四十矣爲詩祝之且致相勖之意焉》(《程瑶田全集》第四册第120頁，合肥：黄山書社2008年版)，又程瑶田《芋華圖題識》曰：“乾隆五十九年甲寅歲也，八月廿五日余七十初度。”(《程瑶田全集》第四册第158頁，同上。)據此可推汪梧鳳生日。

人始也。抑左右而成之者，君信有力焉，而君不幸死矣。然君亦以是自力於學，所著文二百餘篇，咸清暢有法，著《楚辭音義》三卷，又治《毛詩義編》未成。以乾隆三十八年十二月卒，年四十七。”[①]

汪梧鳳若卒於乾隆三十八年(1773)，年四十七，則當生於雍正五年(1727)。前已確知汪梧鳳生於雍正三年(1725)，則汪氏《墓誌銘》之説顯然有誤。鄭虎文《明經松溪先生汪君行狀》曰：“君繼室余孺人能得姑歡心，君倚之。會余孺人卒，姑哭之慟。君强作達以慰其母，且益憂其母，而神已内傷矣。越一月，病作，投以藥，小瘥。……少日，忽曰：‘吾昨夢有延余去爲師者。’病其不起乎！……卒，時乾隆三十六年辛卯十二月二十八日也，春秋四十有七。”(汪梧鳳《詩學女爲》卷首。)據汪梧鳳《松溪文集·亡妻余氏事略》，余氏卒於乾隆三十六年(1771)仲冬十一月。汪梧鳳於余氏亡後一月有餘即病卒，鄭虎文所記頗爲詳明。故汪中《墓誌銘》所記當誤。今人蔡錦芳認爲此誤并非汪中之誤，乃汪中之子汪喜孫整理其父遺作時抄録致誤[②]，可參考。

按：汪梧鳳之子汪灼《漁村文集》更有二證。《漁村文集》卷一《與劉海峰先生書》曰：“辛卯仲春既望，奉嚴命拜送於庭，忽忽彌歲。……灼罪重，卒遘先嚴之變，自去臘迄今日，昏迷顛倒，諸情事不敢縷陳。”汪灼此書作於辛卯次年春，明言其父亡故於辛卯臘月。又《漁村文集》卷六《梅山墓碣》：“先考妣既卜葬於梅山之二十有九年，不肖子灼前與兄煇、弟炘共視窀穸，負土而加封矣。……嗚呼！四齡而失恃程母；年二十四，余氏母没，吾父亦繼没焉。……嘉慶四年四月望前五日男灼述。”[③]汪灼生於乾隆十三年(1748)，據此文所記，汪灼二十四歲時，其繼母余氏及父先後病逝。又，嘉慶四年(1799)前推二十九年亦即乾隆辛卯，故知汪梧鳳卒於乾隆三十六年辛卯無疑。然辛卯十二月二十八日當公元1772年2月1日，故定汪梧鳳卒年爲公元1772年。

---

① 汪中著，李金松校箋：《述學校箋·述學别録》，北京：中華書局2004年版，第803頁。
② 蔡錦芳：《戴震生平與作品考論》，桂林：廣西師範大學出版社2006年版，第178頁。
③ 汪灼：《漁村文集》，清抄本，中國國家圖書館藏。

汪灼《漁村詩集》卷八又有《八月二十五日松溪府君八十忌辰》詩曰："久傷寸草不逢春，三十三秋值八旬（自注：没年四十七）。子姓分行憐隻影（自注：兄弟相繼殁），犧尊獨捧拜雙親。漢唐作手真千古（自注：《松溪文集》），毛鄭功臣許一人（自注：《詩學女爲》）。生共荷池年月日，胡然夭壽在分辰（自注：讓堂程師居郡荷花池）。"[①]此詩亦明言汪梧鳳與程瑶田生日同時，而年壽四十七。

又，劉大櫆乾隆壬辰（1772）作《汪在湘文序》曰："辛卯之歲，余以老病將歸，諸君子相送，遠出城闕、河橋之外，依依不忍别去，或有泣下者。歸未及期，則聞在湘已病没矣。"[②]亦可證明。

綜上，汪梧鳳之生卒年日均可確定無疑。

戴震在汪梧鳳不疏園交游，及得汪梧鳳之助，詳見本譜"乾隆十七年"下。

汪梧鳳著述有《詩學女爲》二十六卷，不疏園刻本（今藏復旦大學圖書館）。而汪中《大清故貢生汪君墓誌銘》："君亦以是自力於學，所著文二百餘篇，咸清暢有法，著《楚辭音義》三卷，又治《毛詩義編》未成。"汪梧鳳文今存《松溪文集》一卷，計二十三篇。汪中所言《楚辭音》三卷，當即戴震《屈原賦注》所附之《音義》三卷，或謂戴震自撰。詳見本譜"乾隆二十五年"下。

是年，戴震摯友沈大成卒。

沈大成（1700－1771），字學子，號沃田，江蘇華亭（今上海）人。《清史列傳》卷七二《沈大成傳》："大成既壯，耽心經籍，通經史百家之書，及九宫、納甲、天文、樂律、九章諸術。嘗謂西法出於《周髀》，《周髀》者蓋天也。蓋天者渾天之半，渾天者蓋天之全。又謂其入中國也，唐高祖時已然，不始自明之末造，而徐光啓之徒未嘗讀書，從而尊奉之，甚矣其惑也。其説引《通典・職官》爲證，能發人所未發。"[③]沈

---

① 汪灼：《漁村詩集》，清抄本，中國國家圖書館藏。

② 劉大櫆：《劉大櫆集》，上海：上海古籍出版社 1990 年版，第 55 頁。

③ 王鍾翰點校：《清史列傳》，北京：中華書局 1987 年版，第 5901 頁。

大成博通經史百家,精於校勘,校訂古籍甚多。詩文集有《學福齋集》。

戴震《沈學子文集序》:"彊梧赤奮若之歲,余始得交於華亭沈沃田先生。既而同處一室者更裘葛。時在炎夏,金石流,草木焦,而先生持經籍一卷,往復校覈無倦容。然則天地有寒暑,惟用心一者不知之。"知戴震與沈大成初交於乾隆二十二年(1757),時戴震始至揚州盧見曾幕府,而沈大成亦在盧府。二人於數年間多次同校經籍,交流學術,相得甚歡。沈大成曾數次贈詩戴震,從中可見二人之情誼。

【時事】

是年,徽州休寧人黄軒中狀元。

十月,紀昀自烏魯木齊謫戍之所還京,授翰林院編修。

是年,劉大櫆離徽州,返回桐城。汪梧鳳有《送劉海峰先生歸桐城序》:

> 吾友志相合、業相同,擇師而事無不相同者,休邑鄭用牧、戴東原,吾歙汪稚川、程易田、方晞原、金蕊中、吴蕙川數人而已。東原、蕊中自鄉舉,射藝京師,於今未歸者七年。夫人生不過歷數十寒暑,吾數人少者年近四十,老者逾艾以上,余亦髮種齒脱,銀髯垂垂。每念良朋睽隔,或獨處傷懷,或群居相與感慨泣下,以爲出處之途异,故聚散不常如是也。
>
> 乾隆癸未秋,桐城劉海峰先生官博士於黟。先生抱聖賢之道,精經史百家之言,作爲文章,崛奇幻渺,與唐退之、宋歐陽氏相上下。黟地近吾歙,吾數人乃得師事先生,數聞論議。歲丁亥,先生去官居歙,於是吾徒與先生共晨夕、樂杯酒,雄論古今得失是非,悲歌歡笑,輒時時益念東原、蕊中遠隔數千里,不能與先生肆志於山巔水涯之間,爲可惜耳。今年辛卯,易田又以鄉舉走都門,獻賦天子,而先生亦以年髦,思返桐城。然後知聚散不常,又不僅以出處之途异也。
>
> 憶余生二十五年,從遊淳安方樸山先生,後三年,從遊星源

江慎齋先生，二先生者皆以老，舍吾徒而去，今侍先生幾何時，而又如是。雖人生聚散不可常，而執觴言别，無聲涕出，有不自知其滂沛而沾襟也。先生行矣，復何言哉！

是年秋，朱筠出任安徽學政，邵晋涵、章學誠等隨行，作幕皖中，章學誠學業日進。

乾隆三十七年壬辰(1772)　五十歲

是年，戴震自汾陽入都，自春至初夏，先寓居京師朱珪所，後寓洪樸處。第五次會試，仍落第。段玉裁在京與戴震見面。夏，離京南歸，至浙江，主講金華書院。

撰《爾雅注疏箋補序》《孟子趙注跋》，《緒言》三卷定稿。

《段譜》：

是年，自汾陽入京，會試不第。玉裁見先生於洪孝廉寓宅。

是年，主講浙東金華書院，刊自定《水經注》，至癸巳，未及四之一，而奉詔入都矣。後在都踵成之，今不用校語之本是也。聚珍板本，依舊時卷弟，全載校語，而經注相淆者悉更之。得之者，可以知宋後之本無不舛誤。自刻板本，悉去校語，悉將正文改定於注文，循其段落，每節跳起。難讀處可一目瞭瞭，而不分卷數，爲十四册。以今所存水百二十三，每水爲一篇，以河、江爲綱，按地望先後，分屬於河、江左右爲次。得之者可以撇棄校訂，專壹考古善長之書，合二本無遺憾矣。自刻本有先生自序，及曲阜孔户部序，與聚珍板同時而出者也。

是年，爲國子監丞任君領從名□□，高郵人，作《爾雅注疏箋補序》，任君自丙戌已成書，至此七年，成定本，請序。

是年，會試南歸，與順德胡亦常同舟月餘。亦常能好學得師者，益都李君文藻門下士也。

是年春，有《孟子趙注跋》一篇，見微波榭刻本。

《孟子字義疏證》原稿名《緒言》，有壬辰菊月寫本，程氏易田於丙申影抄。

《段譜訂補》：

戴、段第五次相見。而此次見面，相聚短促，故癸巳十一月與段玉裁書曰"去夏一晤，倉遽即别，時時懷想"。想不到此竟爲最後一别。

是年在都，曾館於朱珪家（見段玉裁《答程易田丈書》）。

《水經注》自刻本的版子歸孔繼涵，後世即認爲其書爲孔氏所刻，徑稱爲"遺書本"，實大誤。

自刻本與武英殿聚珍本均無成書之年月。四十一年丙申十一月，戴震在京與段玉裁書時，寄去了"《水經注》全部，計十四册"。龐鴻書《讀水經注小識序》云，自刻本"乃東原真本"，"武英殿本雖亦題戴氏名，然已經館中諸人改易，其校語亦非盡出於東原之手也"。

錢大昕《孝廉胡君墓誌銘》曰："胡亦常同謙，以《詩經》舉於鄉，出吾友益都李南澗之門……既下第南歸，與休寧戴東原同舟，至富春江乃别。舟中盡鈔東原所著書攜歸，將刊之東粤。"

關於"《孟子字義疏證》原稿名《緒言》"，玉裁有詳證，見《答程易田丈書》。

領從名基振，與任大椿、任兆麟有"三任"之目（見《清史列傳》卷六十八）。

孔繼涵《水地記初稿題序》録"癸巳之夏，東原寓於洪刑曹素人兄處"，有誤。當爲"壬辰之夏"。據《段譜》及戴震致段玉裁書札，戴震癸巳年(1773)仲秋方至京師，且先寄居紀昀處，至癸巳十一月方移居洪素人樸處；而壬辰年(1772)春，戴震先寓朱珪處（段玉裁《答程易田丈書》:“今據先生札云:壬辰師館京師朱文正家,自言囊在山西方伯署中,僞病者十數日……”[1]),後則寓於洪樸處。

四月,段玉裁於洪素人處見戴震,請教《六書音均表》問題。見《六書音均表》卷首;戴震致段玉裁手札云:“去夏一晤,倉遽即别,時時懷想,無由識境况何似。及今秋之仲,入都門急訪,見令親龔老先生,詢得一切。又接手札,知起居綏和,諸凡妥善,乃甚快慰。”(段玉裁輯《戴東原先生札册》第七札。)又劉盼遂《段玉裁先生年譜》:“(壬辰)四月,以詿誤入都,見東原於洪素人(榜)寓宅,以《六書音均表》請益,東原謂體裁尚未盡善。”[2]此次爲戴震、段玉裁第五次相見[3],亦是二人最後一次相見。

段玉裁此次自貴州玉屏縣離任赴京,乃因受人牽累而入京陳事。

洪素人即洪樸。洪樸(1746—1783),字伯初,號素人。乾隆三十六年(1771)進士,任吏部郎中、湖北督學、直隸順德知府等。有《伯初詩鈔》《伯初文存》等。洪榜(1746—1779),字汝登(一作蕊登),號初堂。乾隆四十一年(1776)應天津召試第一,授内閣中書舍人,故稱洪舍人。著有《周易古義録》《詩經古義録》《初堂隨筆》等。洪梧(1750—1817),字桐生,一字植恒。乾隆五十五年(1790)進士,授翰林院編修,後出任沂州知州。著有《易箴》等。洪樸、洪榜、洪梧三兄弟爲徽州歙縣洪坑人。

劉盼遂《段玉裁先生年譜》謂洪素人爲洪榜,誤。又,據洪榜《戴先生行狀》:“先生郡人洪樸、洪榜兄弟,得交先生,從燕遊久。”《師友淵源録》卷一九《補洪沂州誄并序》:“公兄弟三人:長召試中書,終順德知府樸;次召試中書,終本官榜;公其季也。”[4]知樸爲兄,榜爲弟。

---

① 段玉裁:《經韵樓集》卷七,上海:上海古籍出版社 2008 年版,第 184 頁。

② 段玉裁:《經韵樓集》附録,上海:上海古籍出版社 2008 年版,第 439 頁。

③ 王華寶《段玉裁年譜長編》“乾隆三十七年壬辰”下曰:“此次是戴、段第四次也是最後一次見面。”(南京:江蘇人民出版社 2016 年版,第 117 頁)實誤,似未計乾隆三十二年(1767)戴、段之第三次相見。

④ 嚴長明、嚴觀編撰,馬振君補正:《師友淵源録》,北京:中華書局 2021 年版,第 653 頁。

又據《清代官員履歷檔案全編》載:"乾隆三十六年七月二日:臣洪樸,安徽徽州府歙縣進士,年二十六歲。現任工部虞衡司額外主事,軍機處司員上行走。……"[①]則知洪樸生於乾隆十一年(1746)。而洪湛侯《徽派樸學》:"洪榜(1745－1780),字汝登,一名初堂。"[②]所載洪榜名號及生卒年均小誤。其一,洪梧《初堂遺稿序》:"先仲兄汝登先生號初堂。"則初堂爲洪榜之號,非其名或字。其二,洪榜生年不應早於其兄洪樸,樸、榜當爲孿生兄弟,二人同生於乾隆十一年。其三,據孔廣森《駢儷文》卷三《洪舍人誄》:"維乾隆四十有四年夏五月戊申,候補內閣中書歙縣洪君榜卒。"[③]孔氏言洪榜卒時應準確無誤,則洪榜當卒於乾隆四十四年(1779),而非乾隆四十五年(1780)。而江藩《漢學師承記》:"洪榜……卒年三十有五。"[④]江藩所言洪榜卒年三十有五,亦小誤,洪榜年壽僅三十四。

夏,戴震離京南歸。張錦芳、張錦麟兄弟及胡亦常與戴震南歸時同舟,手録戴震所著書及《直隸河渠書》(未畢)。見於錢大昕《潛研堂集》卷四六《孝廉胡君墓誌銘》所記外,又見李文藻《南澗文集》卷下《舉人張君墓誌銘》。

據錢大昕《孝廉胡君墓誌銘》"(胡亦常)既下第南歸,與休寧戴東原同舟,至富春江乃别"[⑤]之語,戴震一行當是取水路由京杭運河南下。

張錦芳(1747－1792),字粲夫,一字藥房,廣東順德人。乾隆五十四年(1789)進士,授翰林院編修。邵晋涵《南江文鈔》卷十《翰林院

---

① 秦國經主编:《清代官員履歷檔案全编》第 20 册,上海:華東師範大學出版社 2008 年版,第 88 頁。

② 洪湛侯著:《徽派樸學》,合肥:安徽人民出版社 2005 年版,第 105 頁。

③ 孔廣森:《駢儷文》卷三,見《續修四庫全書》第 1476 册,上海:上海古籍出版社 2002 年版,第 393 頁。

④ 江藩著,漆永祥箋釋:《漢學師承記箋釋》卷六《洪榜》,上海:上海古籍出版社 2013 年版,第 617 頁。

⑤ 錢大昕:《潛研堂文集》卷四六,《潛研堂集》,上海:上海古籍出版社 2009 年版,第 818 頁。

編修張君行狀》:"君又嘗與休寧戴君震同舟南返,舟中盡鈔戴君説經之書。近時學者於戴君經説間有异同,君獨深信而篤嗜之,其所見之卓,迥殊流輩。"①

張錦麟(1748—1774),字瑞夫,廣東順德人,張錦芳之弟。乾隆三十三年(1768)舉人。李文藻(1730—1778,字素伯,號南澗,山東益都人)《南澗文集》卷下《舉人張君墓誌銘》:"(乾隆)三十七年,與休寧戴東原同舟,行月餘,手録所作《直隸河渠誌》,未畢而别。因慕其所學,歸而肆力於經史如恐不及。"②

胡亦常(1743—1773),字同謙,廣東順德人。乾隆三十六年(1771)舉人,入都,與戴震同會試不第,師事李文藻,與錢大昕等定交。著有《賜書樓詩集》,傳見《清史列傳》卷七二。胡亦常深服戴震,是年夏與戴震同船南歸,途中抄録戴震著述多種③,攜至廣東,戴震著作因得傳播於嶺南。戴震《緒言》亦當爲胡亦常抄録,後刊於《粤雅堂叢書》。《緒言》一書,孔繼涵微波榭刊《戴氏遺書》未見收録,洪榜、錢大昕、王昶、孔廣森等有關戴震傳記碑誌中亦未論及,故此書幸賴胡亦常抄録,亦因《粤雅堂叢書》收録刊行而賴以傳世。

張錦芳、張錦麟兄弟及胡亦常均爲廣東順德人,三人深服戴震,傾慕其學,并致力於經史考據,實爲戴震學術之嶺南傳人。惜三人皆早逝,未能弘揚戴震學術於南方;而戴震《緒言》得以存世,又不可謂非三子之功。

是年,戴震在京時,應任基振之請,爲任氏《爾雅注疏箋補》撰序。《段譜》:"是年,爲國子監丞任君領從名□□,高郵人,作《爾雅注疏箋補序》,任君自丙戌已成書,至此七年,成定本,請序。"

---

① 邵晋涵:《南江文鈔》,見《續修四庫全書》第1463册,上海:上海古籍出版社2002年版,第531頁。

② 李文藻:《南澗文集》,見《續修四庫全書》第1449册,上海:上海古籍出版社2002年版,第96頁。

③ 錢大昕《孝廉胡君墓誌銘》:"舟中盡鈔東原所著書攜歸,將刊之東粤。"(《潛研堂文集》卷四六)

任基振(1722—1781),字領從,名基振,號松齋,江蘇高郵人。乾隆二十七年(1762)與戴震同舉於鄉,三十四年(1769)進士,授内閣中書。著有《松齋詩抄》《爾雅注疏箋補》等。任基振生卒年,文獻均無載。任兆麟《有竹居集》卷十《戴東原先生墓表》(此文實爲任基振作,詳下):"基振與先生同鄉舉,忝長一歲。"又據《嘉慶高郵州志》,任基振卒年六十,可推其生於康熙六十一年(1722),卒於乾隆四十六年(1781)。

任兆麟《有竹居集》卷十載《戴東原先生墓表》一文,楊應芹、諸偉奇先生主編《戴震全書》(修訂本)第七册收入,題任兆麟撰[①]。細按此文,其作者并非任兆麟,實爲任基振。任兆麟,原名廷麟,字文田,江蘇震澤(今蘇州)人,著有《有竹居集》十五卷。據朱則傑先生考證,任兆麟生於乾隆十七年(1752),卒於道光十三年(1833),享年八十二[②]。《戴東原先生墓表》曰:"先生以雍正元年十二月己巳生,乾隆四十二年五月辛卯卒於京邸,得年五十有五。娶朱氏,有子一,中立;女適孔廣根。先生既殁,中立將以七月某日歸葬休寧縣由山鄉之原,以狀來請誌。基振與先生同鄉舉,忝長一歲,雅以兄事,義不獲辭。惟著作文章具本集,故不臚載,兹特舉出處著述大概以表其墓,俾來者式焉。"[③]可知此墓表撰於戴震病卒之當年六七月間,而任兆麟此時年方二十餘歲,一直居於吴中,并不在京師,且當與戴震或無交往;又,任兆麟於嘉慶元年(1796)始舉孝廉,以任兆麟當時之年歲及身份,戴中立絶無請其爲父撰表之可能。而任基振與戴震同舉於鄉,交游較多,其所著《爾雅注疏箋補》,戴震曾爲之撰序。任基振於乾隆三十四年(1769)中進士後任職京師,此時正奉事吏部,戴中立恰有請表之便。

---

① 楊應芹、諸偉奇主編:《戴震全書》(修訂本)第七册,合肥:黄山書社2010年版,第35～39頁。

② 朱則傑:《〈清人詩文集總目提要〉訂補》,《江南大學學報(人文社會科學版)》2018年第2期,第79頁。

③ 任兆麟:《有竹居集》卷十,見《續修四庫全書》第484册,上海:上海古籍出版社2002年版,第450頁。

又據上引墓表“基振與先生同鄉舉，忝長一歲，雅以兄事，義不獲辭”等等文字，顯係任基振口吻，而非任兆麟之叙述。故《戴東原先生墓表》爲任基振所撰無疑。因任基振、任兆麟雖年歲相差較多，但爲同宗昆弟，時人稱任基振、任大椿、任兆麟爲“三任”（三人均爲乾嘉知名學者）。任基振有《松齋詩抄》而并無文集，應是後人纂任兆麟《有竹居集》時，誤將此《戴東原先生墓表》輯入其中，遂誤爲任兆麟之作。此誤當辨明。

是年，戴震與纂《汾陽縣志》十四卷刊行。

是年夏秋至明年春夏，戴震至浙，主講浙東金華書院。

戴震離京南下主持書院，當是屢次會試落第後，在京處境艱難，迫於生計之舉。汪灼《與戴東原先生書》有“去年歲暮宴坐，即念長安米貴”[①]之語，汪灼此書作於乾隆三十八年(1773)，正可證戴震此時之處境。

洪亮吉《傷知己賦》自注：“歲辛卯，朱先生視學安徽，一時人士會集最盛，如張布衣鳳翔、王水部念孫、邵編修晋涵、章進士學誠、吴孝廉蘭庭、高孝廉文照、莊大令炘、瞿上舍華與余及黄君景仁皆在幕府，而戴吉士震兄弟、汪明經中亦時至。”[②]

據洪亮吉此文，戴震亦至朱筠幕中。戴震在本年夏離京赴任浙江金華書院，當沿大運河一路南下，直至浙江，而未經過安徽；然據上引汪灼《與戴東原先生書》，可知戴震於年末返徽，以戴震與朱筠之關係，得時赴朱筠幕府（時朱筠在太平府，治所在今安徽省馬鞍山市當

① 汪灼：《漁村文集》卷三，清抄本，中國國家圖書舘藏。

② 洪亮吉：《卷施閣文乙集》卷二，見《續修四庫全書》第1467册，上海：上海古籍出版社2002年版，第376頁。

塗縣)與之一會,當極有可能[1]。

浙東金華自南宋以來人文昌盛,學者吕祖謙(1137—1181)講學於金華麗澤書院,是爲南宋著名書院之一。元代後期,金華又建崇正書院。明末,麗澤、崇正二書院均毁於戰火。康熙六十一年(1722),時任金華知府張坦讓興建麗正書院(合麗澤、崇正書院而得名),是爲清代金華規模最大之書院,亦是金華書院之代表(光緒二十八年,改爲金華中學堂,後衍爲金華一中)。戴震所主者,當即此麗正書院。

是年年末,戴震當自金華返徽州[2]。

【時事】

是年,朱筠仍任安徽學政,章學誠、汪中、邵晉涵等均在其幕府。是年起,章學誠以探討文史校讎爲職志,始致力於《文史通義》之撰作。

王念孫會試不第,在京與劉台拱交游;旋至安徽,投朱筠府中。閔爾昌《王石臞先生年譜》:"乾隆三十七年壬辰二十九歲。試禮部不第。在都始與劉端臨訂交。避禍天長。大興朱竹君先生時爲安徽學政。冬杪,先生跋涉往見。竹君禮敬之,時從問字質疑,未嘗以前輩禮貌自居;爲飛書當路,護持其家盡力。"朱筠督學安徽時期,拔擢人

---

① 錢大昕《孝廉胡君墓誌銘》:"(胡亦常)既下第南歸,與休寧戴東原同舟,至富春江乃别,舟中盡鈔東原所著書。"(《潛研堂文集》卷四六)其所言戴震南下路徑甚明。然孫星衍《翰林院編修洪君傳》云:"大興朱學士督學皖江,延攬名士,君與同里黄秀才景仁、揚州汪舍人端光皆爲幕下士……時幕府有戴君震、邵君晉涵、王君念孫,皆好古學。"(《孫淵如外集》卷五)江藩《漢學師承記》卷四《朱笥河先生》又曰:"戴編修震、汪明經中皆兀傲不群,好雌黄人物,在先生幕中,獨於先生無間言。"孫星衍、江藩均言戴震入朱筠幕中。對此,尚小明以爲:"江藩年十六入朱筠門爲弟子,時爲乾隆四十一年,已在朱筠任安徽學政之後。《漢學師承記》之作大約在嘉慶十七年,距朱筠去世已三十年。江藩言戴震曾入朱幕,當是沿襲孫星衍所説,而孫星衍雖與洪亮吉爲友,但并非朱筠幕賓,其言戴震曾入朱幕,當是誤解洪亮吉《傷知己賦》自注所言。至於《傷知己賦》……洪作此賦時距朱筠任安徽學政已經過去十多年,加之當年朱筠幕下人來人往,有些事難免因日久而記憶有誤,比如他似乎以爲汪中并未入幕,實則汪中是入過朱幕的。"(《學人游幕與清代學術》,北京:東方出版社2018年版,第166～167頁。)尚小明所論自當重視,然似未仔細考察戴震行迹。

② 據上引汪灼《與戴東原先生書》"去年歲暮宴坐……"語,可知戴震年末返鄉,并與汪灼等叙舊。

才，弘揚經史之學，影響安徽學風極大[①]。

王念孫、王引之、汪中、凌廷堪、任大椿、阮元、江藩、劉台拱等均爲揚州學派之重要代表。亦有將段玉裁歸入揚州學派者[②]。王念孫、段玉裁、任大椿均師承戴震，在揚州學派中，其他學者亦不同程度受戴震沾溉，故學界認爲戴震影響揚州學派最著，或將揚州學派視爲皖派之分脈。張舜徽先生曰："過去許多學者談到揚州諸儒哲學思想時，認爲是受戴震的影響很大，也可以說直接淵源於戴氏。這種論斷，似乎是可以成立的。一則由於戴氏留寓揚州很久，早已將他的議論主張帶到了揚州。二則揚州幾位大學者，如王念孫是戴氏弟子；任大椿是戴氏同事；焦循雖出生略後，但一生最推崇戴學，我們衹看他所做的《申戴篇》，可以肯定他的治學，是私淑戴氏的。那末，揚州學術，無疑是與戴震有比較深厚的關係了。""揚州學者……像汪中、焦循、阮元都能大膽地對一些問題、特別是封建倫理思想的問題，提出自己的看法，繼皖學戴震之後，給宋明唯心主義的理學以嚴厲的批判。這種精神，實源於戴氏。"[③]又曰："揚州諸儒，不獨哲學思想淵源於戴氏，其他學術方面，也都是衍戴學遺緒而發展起來的。"[④]王俊義亦認爲："在揚州學派形成之前，惠棟與戴震，各執學界牛耳，'咸爲學者所宗'。揚州學派的學者們，生活於乾嘉漢學壟斷學界的時代，其治學道路不可避免地受漢學的支配和影響。尤其是戴震，可以說是揚州學派學術思想的直接先導，正如劉師培所說：'戴氏子弟，除金壇段玉裁外，以揚州爲最盛。'(《南北學派不同論》)因此，揚州學派的直接學術思

---

① 支偉成《清代樸學大師列傳·提倡樸學諸顯達列傳第二十五·大興朱氏兄弟傳》："(筠)奉命督學安徽，以識字通經誨士，序刊舊藏宋槧許氏《說文》，廣布學官，語諸生曰：'古學權輿專在是矣！'婺源江慎修、歙汪雙池皆品端學粹，著述等身，特躬拜其主，祀之鄉賢，藉資激勸。"(上海泰東圖書局1925年版。)

② 趙航《揚州學派概論》(揚州：廣陵書社2003年版)第三章"《說文》大家——段玉裁"。

③ 張舜徽：《張舜徽儒學論集》，成都：四川大學出版社2010年版，第91、464頁。

④ 張舜徽：《清代揚州學記·顧亭林學記》，武漢：華中師範大學出版社2005年版，第11頁。

想淵源，顯然是來自乾嘉漢學，特别是受戴震的影響爲最。”[①]

是年，汪紱弟子余元遴持其師遺書獻於朱筠，九月，朱筠撰《清故婺源縣學生汪先生墓表》，表彰汪紱學行。

是年十一月，安徽學政朱筠奏陳清廷購訪遺書及校核《永樂大典》。

《纂修四庫全書檔案》收《安徽學政朱筠奏陳購訪遺書及校核〈永樂大典〉意見摺》：

乾隆三十七年十一月二十五日

安徽學政臣朱筠謹奏，爲謹陳管見，仰祈睿鑒事。

竊惟載籍重於左史，目録著於列代，典至巨也，制至詳也。我皇上念典勤求，訪求遺書，不憚再三，凡在鼓篋懷槧之倫，莫不蒸蒸思奮，勉獻一得，矧臣蒙恩職廁文學，敢竭聞見知識一二，爲我皇上陳之：

一、舊刻抄本，尤當急搜也。漢唐遺書存者希矣，而遼、宋、金、元之經注文集，藏書之家尚多有之，顧現無新刻，流布日少。其它九流百家，子餘史别，往往卷帙不過一二卷，而其書最精。是宜首先購取，官抄其副，給還原書，用廣前史藝文之闕，以備我朝儲蓄之全，則著述有所原本矣。

一、金石之刻，圖譜之學，在所必録也。宋臣鄭樵以前代著録陋闕，特作二略以補其失。歐陽修、趙明誠則録金石，聶崇義、吕大臨則録圖譜，并爲考古者所依據。請特命於收書之外，兼收圖譜一門。而凡直省所在現存鐘銘碑刻，悉宜拓取，一併匯送，校録良便。

一、中秘書籍，當標舉現有者，以補其餘也。臣伏思西清東閣所藏，無所不備，第漢臣劉向校書之例，外書既可以廣中書，而中書亦用以校外書，請先定中書目録，宣示外廷，然後令各舉所未備者以獻，則藏弆日益廣矣。臣在翰林，常翻閱前明《永樂大

① 王俊義：《關於揚州學派的幾個問題》，《中國社會科學院研究生院學報》2002年第3期。

典》。其書編次少倫,或分割諸書以從其類,然古書之全而世不恒覯者,輒具在焉。臣請敕擇取其中古書完者若干部,分别繕寫,各自爲書,以備著録。書亡復存,藝林幸甚!

一、著録校讎,當并重也。前代校書之官,如漢之白虎觀、天禄閣,集諸儒較論异同及殺青;唐宋集賢校理,官選其人。以是劉向、劉知幾、曾鞏等,并著專門之業。列代若《七略》《集賢書目》《崇文總目》,其書具有師法。臣請皇上詔下儒臣,分任校書之選,或依《七略》,或準四部,每一書上必校其得失,撮舉大旨,叙於本書首卷,并以進呈,恭俟乙夜之披覽。臣伏查武英殿原設總裁、纂修、校對諸員,即擇其尤專長者,俾充斯選,則日有課,月有程,而著録集事矣。

臣檮昧之見,是否可采,伏冀皇上睿鑒施行。謹奏。

朱批:原議大臣議奏。[1]

朱筠又有奏摺報安徽訪求遺書情況。

《纂修四庫全書檔案》收《安徽學政朱筠奏購訪遺書情形摺》:

乾隆三十七年十一月二十五日

安徽學政臣朱筠謹奏,爲遵旨覆奏事。

本年十一月十六日准安徽撫臣裴宗錫札開,承准大學士劉統勳字寄乾隆三十七年十月十七日奉上諭:前以歷代流傳舊書及國朝儒林撰述,向來未登大内收藏書目者,已降旨直省督撫會同各學政通行購訪,匯列書名奏聞,再令廷臣檢核,行知取進。迄今幾及匝歲,曾未見一人將書名録奏,飭辦殊屬延緩。我國家重熙纍洽一百二十餘年,於今文治光昭,遠暨山陬海澨,所在經籝書庫,藏弆甚多,采掇本非難事。其間即屬家傳善本,珍秘有加,然一聞稽古右文之詔,且令有司傳鈔副本,善爲經理,當無不

① 中國第一歷史檔案館編:《纂修四庫全書檔案》,上海:上海古籍出版社 1997 年版,第 20～22 頁。

踴躍争先。爲大吏者果能及時率屬加意搜羅，自當有求必應，何至閲時既久，裒集無聞？或各督撫等因前後適遇調任，受代因循，未及悉心董率，又或疑陳編故册，非如民生國計爲刻不容緩之圖，因以奉行具文，徒致往返遲滯。此在遠僻省分，一時或難於薈萃，至如近畿之北五省及書肆最多之江浙地方，又復從何藉口？甚非所以體朕念典勤求之至意也。各督撫等其即恪遵前旨，飭催所屬，速行設法訪求，無論刊本、抄本，一一匯收備采，俟卷帙所積稍充，即開具目録，附摺奏明，聽候甄擇移取。仍將現在作何辦定章程及有無購得若干部之處，先行據實奏覆。將此於奏事之便，通諭督撫學政知之。欽此。欽遵。到臣。

臣跪讀之下，仰見我皇上念典稽古之至意。臣職忝文學，自去冬抵任以來，即准部札，接奉前旨，留心購訪，及臣按試各屬，一縣一州，隨處諮詢，并飭學官諸生，各舉聞見所及，無論刊本、抄本，取送校閲。其陸續齎到及訪聞現有其書可采録者，若安慶則有方以智《通雅》、方中德《古事比》、方中履《古今釋疑》，徽州則有江永《禮經綱目》《周禮疑義》、戴震《考工記圖》《屈原賦注》，寧國則有梅鼎祚《算學全書》、施閏章《愚山集》、吴肅公《街南集》及《闡義》，太平則有徐文靖《竹書統箋》《山河兩戒考》，鳳陽則有曹楷《閔子年譜》，潁州則有《劉體仁集》，六安則有連斗山《周易辨畫》，廬州則有合肥縣知縣張佩芳《陸贄奏議纂注》諸書，并皆潛心服古，説有依據，足成一家之言，可備甄擇。其餘前代故書，尚竢漸次網羅，以期充備。其如何辦立章程，開局匯校，一面與撫臣札商，務期搜討無遺，編次有法，足資廣益，仰答勤求。俟卷帙稍充，目録謹輯，再行匯奏，恭呈乙覽。

兹將現在辦理梗概，先行覆奏，伏祈皇上睿鑒。謹奏。

朱批：知道了。[①]

---

① 中國第一歷史檔案館編：《纂修四庫全書檔案》，上海：上海古籍出版社 1997 年版，第 22～24 頁。

朱筠之疏奏搜求遺書及陳請校核《永樂大典》，對乾隆三十八年(1773)清廷詔開四庫全書舘并纂修《四庫全書》，實有促成之功。

是年，金榜中狀元。

江藩《漢學師承記・金榜》："乾隆壬辰，以第一人及第，授修撰。散舘後，即乞假歸，徜徉林下，著書自娱。"①

是年，方東樹生。

方東樹(1772－1851)，字植之，晚號儀衛老人，安徽桐城人。與梅曾亮、管同、劉開并稱"姚門四傑"。《清史稿》卷四八六本傳："東樹曾祖澤，拔貢生，爲姚鼐師。東樹既承先業，更師事鼐。當乾、嘉時，漢學熾盛，鼐獨守宋賢説。至東樹排斥漢學益力。阮元督粟，辟學海堂，名流輻湊，東樹亦客其所，不苟同於衆。以謂：'近世尚考據，與宋賢爲水火。而其人類皆鴻名博學，貫穿百氏，遂使數十年承學之士，耳目心思爲之大障。'乃發憤著《漢學商兑》一書，正其違謬。"②

《漢學商兑》四卷著成於道光六年(1826)，是因强烈不滿於江藩《漢學師承記》揚漢抑宋而作，是書評論漢、宋之學得失，批駁乾嘉考據之學，維護程、朱理學，尤以批評戴震爲最，以爲"顧、黄諸君雖崇尚實學，尚未專標漢幟。專標漢幟，則自惠氏始。惠氏雖標漢幟，尚未厲禁言理。厲禁言理，則自戴氏始"(卷上)；"戴震禁言理，詆程、朱不當别言有理具於心；黄震、顧亭林禁言心，以理流行於天地古今，特具於心，而不當以心爲主。皆邊見、邪見，非正知見也"(卷中之上)。其攻漢學不遺餘力，能中漢學之弊，而偏頗亦多③。

是年四月，清廷借禁絶邪教事，嚴究山東李孟炳等攜帶、傳授禁

① 江藩著，漆永祥箋釋：《漢學師承記箋釋》，上海：上海古籍出版社2013年版，第495頁。

② 趙爾巽等：《清史稿》，北京：中華書局1977年版，第13430頁。

③ 如上引方氏謂戴震"禁言理"，實則戴震自十七歲即有志聞道，治學以追求義理爲指歸；戴氏所斥者，實爲儒學末流空疏之義理，尤其罔顧民情之以意見爲理。而方氏書末引乾隆懲治謝濟世非議朱子理學之事，謂："煌煌聖訓，誠天下學者所當服膺恭繹，罔敢違失者。"已越出學術之争，用心頗爲不純。

書。河南羅山縣在籍革職知縣查世柱因私纂《全史輯略》四卷，爲河南巡撫何煟上奏朝廷。乾隆怒其“將應禁之《明史輯略》藏匿不毀，且敢采輯成書”[①]。查世柱旋即被斬，其書籍、書版盡被銷毀。

又查王中逆書案，王中被絞殺。《清高宗實録》卷九〇六：“（四月戊寅），至另摺所奏，審擬邪教一案，已批三法司覈擬。及閲諶梅家搜出王中所傳逆書，内有‘平明不出周劉户，進在戊辰己巳年’之句，朕閲‘平明’之‘明’，左旁‘日’字有補改痕迹，細察筆法，係‘胡’字遷就改易而成，其爲大逆顯然。即後頁‘也學太公渭水事，一釣周朝八百秋’二語，亦儼然有自居太公興周之意，不可不徹底嚴究，以申國法。……朕初非有意推求，然一經寓目，無不立辨。亦由此等鬼蜮伎倆，實爲覆載所不容，其自然敗露，正所謂天網恢恢，更有無從遁匿者。”[②]

乾隆後期，思想控制愈加嚴酷，文字獄愈演愈烈。其藉纂修《四庫》以銷毀禁書，纂《貳臣》《逆臣》以戒備臣僚，凡此種種，均是思想危機及政治危機之突出顯露。

乾隆三十八年癸巳(1773)　五十一歲

是年春夏，戴震主講浙東金華書院。二月，清廷開四庫全書館，始纂《四庫全書》。《四庫全書》爲中國古代最大規模叢書，首部抄録之文淵閣《四庫全書》著録經、史、子、集文獻計 3457 種，79070 卷[③]。

---

① 《清高宗實録》卷九〇四，見《清實録》第二十册，北京：中華書局 1986 年版，第 82 頁。

② 《清高宗實録》卷九〇六，見《清實録》第二十册，北京：中華書局 1986 年版，第 116 頁。

③ 乾隆四十六年(1781)十二月，第一部《四庫全書》抄畢，藏皇宫之文淵閣。乾隆四十七年(1782)十一月，第二部抄畢；四十八年(1783)冬，第三部抄畢；四十九年(1784)十一月，第四部抄畢。乾隆五十年(1785)初，四庫全書館閉館。爾後至乾隆五十二年(1787)，復抄三部。後仍有修訂。後六部分藏圓明園文源閣、承德文津閣、瀋陽清故宫文溯閣、杭州文瀾閣、揚州文匯閣、鎮江文宗閣。

其輯纂雖有保存文化之功,亦有摧殘文化之弊[①]。夏,戴震被徵入館,辭金華書院教職返鄉,辭别親故後於仲秋至京師。

《段譜》:

是年,先生主講金華書院,丁酉作《六書音均表序》云:"癸巳春(癸巳秋刻,《文集》作辛巳,誤),寓居浙東,取顧氏《詩本音》章辨句析,而諷誦乎經文,歎始爲之不易,後來加詳者之信足以補其未逮。"(謂言古音者,昆山顧氏而後,江先生及玉裁之書。)丙申,《答段若膺論韵》云"癸巳春,僕在浙東,據《廣韵》分爲七類",可證也。

上開四庫館,于文襄公以紀文達公、裘文達公之言,薦先生於上,上素知有戴震者,故以舉人特召,曠典也。奉召充纂修官,仲秋至京師。

是年,裘文達公薨,先生作《墓誌銘》,代于文襄公筆也。

《段譜訂補》:

是年夏,與章學誠相遇於寧波道官署,對於方志的内容、編修的體例,二人的分歧甚大。章學誠《記與戴東原論修志》云:"見余《和州志例》,乃曰:'此於體例則甚古雅,然修志不貴古雅。

① 章太炎《檢論·哀焚書》:"既開四庫館,下詔求書,命有觸忌諱者毁之。四十一年,江西巡撫海成獻應毁禁書八千餘通,傳旨褒美,督他省催燒益急。自爾獻媚者蜂起。初下詔時,切齒於明季野史。其後,四庫館議:'雖宋人言遼、金,元、明人言元,其議論偏繆尤甚者,一切擬毁。'及明隆慶以後,諸將相獻臣所著奏議文録,若高拱、張居正、申時行、葉向高、高攀龍、鄒元標、楊漣、左光斗、繆昌期、熊廷弼、孫承宗、倪元璐、盧象升、孫傳庭、姚希孟、馬世奇,諸家絲帙寸札,靡不然爇。雖茅元儀《武備誌》,不免於火。厥在晚明,當弘光、隆武,則袁繼咸、黄道周、金聲;當永曆及魯王監國,則錢肅樂、張肯堂、國維、煌言。自明之亡,一二大儒,孫氏則《夏峰集》,顧氏則《亭林集》《日知録》,黄氏則《行朝録》《南雷文定》,及諸文士侯、魏、丘、彭所撰述,皆以抵觸見燼。……其他遺聞軼事,皆前代逋臣所録,非得於口耳傳述,而被禁毁者不可勝數也。繇是觀之,夷德之戾,雖五胡、金、元,抑猶有可以末減者邪!"(《章太炎全集》第三册,上海:上海人民出版社2018年版,第475~476頁。)

余撰汾州諸志皆從世俗，亦無一定義例，唯所便爾。夫志以考地理，但悉心於地理沿革，則志事已竟。侈言文獻，豈所謂急務哉？'”又云：“明日示余《汾州府志》曰：‘余於沿革之外，非無别裁卓見者也。舊志人物門類乃首名僧，余欲删之，而所載實事，卓卓如彼，又不可去。然僧豈可以爲人？他志編次人物之中，無識甚矣。余思名僧必居古寺，古寺當歸古迹，故取名僧事實歸之古迹，庸史不解此創例也。’”

戴震入都後，十月三十日與段玉裁書曰：“僕今暫寓紀公處，出月初五移洪素人兄處。”其時他手頭頗拮据，書又曰：“僕此行不可謂非幸邀，然兩年中無分文以給旦夕。曩得自由尚内顧不暇，今益以在都費用，不知何以堪之。”汪灼《與戴東原先生書》曰：“去年歲暮宴坐，即念長安米貴，思所以爲一夕之衛者而未得其便，兹值世兄奉太夫子就養都門，謹措百金，爲湊道里之費。灼忝附門牆，於先生事自當惟力是視，所恨食指多，家計落，不克稱此心耳，尚何敢當言藉耶！”由此可見，戴震在都生計已部分靠借貸維持。

關於四庫全書館開館及《四庫全書》開始編纂時間，《清史稿》卷四八五《朱筠傳》載：“詔求遺書，（筠）奏言翰林院藏《永樂大典》内多古書，請開局校輯。旋奉上諭：‘軍機大臣議復朱筠條奏校核《永樂大典》一節，已派軍機大臣爲總裁。又朱筠所奏將《永樂大典》擇取繕寫，各自爲書，及每書校其得失，撮舉大旨，叙於本書卷首之處，即令承辦各員，將各原書詳細檢閲，并書中要旨總叙厓略，呈候裁定；又將來書成，著名《四庫全書》。’《四庫全書》自此始。”[①]

據《纂修四庫全書檔案》及《高宗實録》等，《四庫全書》始修時間爲乾隆三十八年(1773)二月。

① 趙爾巽等：《清史稿》，北京：中華書局1977年版，第13394頁。

《高宗實録》卷九二六“乾隆三十八年二月庚午”：

> 諭：昨據軍機大臣議覆朱筠條奏校覈《永樂大典》一摺，已降旨派軍機大臣爲總裁，揀選翰林等官，詳定規條，酌量辦理。……尋議：查《永樂大典》一書，但誇繁博，殊無體例，蒐羅古籍，采録固在無遺，别擇尤宜加審。今欲徵完册，以副秘書，則部分去取，不可不確加校覈。謹遵旨將應行條例公同悉心酌議。……得旨：依議。將來辦理成編時，著名《四庫全書》。

又《纂修四庫全書檔案》引《軍機處上諭檔》：“三十八年二月二十一日，交旨一道，是依議將來辦理成編，著名《四庫全書》。”①

《四庫全書》之名，本謂輯《永樂大典》各書而分列於四部，後因辦理四庫全書處奏請將各省采進之書一并匯入，“四庫全書”因得名實相副。

朱筠上年之上書，對《四庫全書》編纂最有促成之功，而其上書中有“臣請皇上詔下儒臣，分任校書之選，或依《七略》，或準四部，每一書上必校其得失，撮舉大旨，叙於本書首卷，并以進呈，恭俟乙夜之披覽”之語，《四庫全書總目》之撰寫，也應發端於此。

是年閏三月十一日，命劉統勳等六人爲四庫全書館正總裁，英廉等五人爲副總裁。

《纂修四庫全書檔案》引《軍機處上諭檔》：“乾隆三十八年閏三月十一日奉上諭：現在辦理《四庫全書》，卷册浩繁，必須多派大臣董司其事。劉統勳、劉綸、于敏中、福隆安、王際華、裘曰修俱著爲正總裁。英廉、慶桂外并添派張若溎、曹秀先、李友棠爲副總裁。欽此。”②

同日，任命紀昀等四庫全書館人員，并准徵調邵晋涵、戴震等入館。

---

① 張書才主編：《纂修四庫全書檔案》，上海：上海古籍出版社1997年版，第60頁。

② 張書才主編：《纂修四庫全書檔案》，上海：上海古籍出版社1997年版，第73頁。

是年五月初一日，高宗詔纂《四庫全書薈要》，命于敏中、王際華主其事(《清實録·高宗實録》卷九三四)。因四庫舘徵收典籍繁多，乾隆遂命先萃取菁華，繕爲《薈要》。《薈要》式樣遵《四庫全書》，繕寫二部，於乾隆四十三年(1778)成書。《薈要》收書 472 種，占《四庫全書》正式收録者八分之一强。

咸豐十年(1860)英法聯軍入侵北京時焚毁一部，另一部今藏臺北"故宫博物院"。

上年夏秋至是年春夏間，戴震主講浙東金華書院期間，多次遊於寧波寧紹台道署馮廷丞處。是年初夏，戴震在寧紹台道署與章學誠論争修志諸事。

馮廷丞(1728－1784)，字子弼，一字君弼，號康齋，祖籍山東壽光，遷山西代州。乾隆三十七年至四十年(1772－1775)任浙江寧紹台道。鄭虎文《吞松閣集》卷三九《與江西廉使馮公廷丞書》云："閣下曩涖浙東，照臨海澨。……於時文憲之幕，英俊雲臻；元禮之門，清流鱗集。經學則戴徵君震，史才則章明經學誠，斐然狂簡之才則汪茂才中，莫不賓之閑舘，煦以春風。休休之度，山川容納，引奬風流，許與氣類。古人所歎，曾何足云！"又《清史列傳》卷七二《章學誠傳》："(學誠)嘗與休寧戴震、江都汪中同客寧紹台道馮廷丞署，廷丞甚敬禮之。震論修志，謂悉心於地理沿革，則志事以竟；侈言文獻，非所急務。陽湖洪亮吉嘗撰輯《乾隆府廳州縣志》，其分部乃以布政司分隸廳州縣，學誠均著論相諍。"閔爾昌《碑傳集補》卷四七《文林郎國子監典籍會稽實齋章公傳》略同。

然據汪喜孫撰《容甫先生年譜》，汪中於乾隆三十七八年(1772－1773)間并未到寧波，至三十九年(1774)五月，始往寧波，故在寧波期間，戴震并無與汪中交往之事；而戴震與章學誠有關修志之争，章學誠於十餘年後乾隆五十五年(1790)撰《記與戴東原論修志》追記其事曰：

> 乾隆三十八年癸巳夏，與戴東原相遇於寧波道署，馮君弼方官寧紹台兵備道也。

戴君經術淹貫，名久著於公卿間，而不解史學。聞余言史事，輒盛氣凌之。見余《和州志例》，乃曰："此於體例則甚古雅，然修志不貴古雅。余撰汾州諸志，皆從世俗，絶不异人，亦無一定義例，惟所便爾。夫志以考地理，但悉心於地理沿革，則志事已竟。侈言文獻，豈所謂急務哉？"

余曰："余於體例，求其是爾，非有心於求古雅也。然得其是者，未有不合於古雅者也。如云但須隨俗，則世俗人皆可爲之，又何須擇人而後與哉？方志如古國史，本非地理專門，如云但重沿革，而文獻非其所急，則但作沿革考一篇足矣，何爲集衆啓館，斂費以數千金，卑辭厚幣，邀君遠赴，曠日持久，成書且纍函哉？且古今沿革，非我臆測所能爲也。考沿革者，取資載籍，載籍具在，人人得而考之。雖我今日有失，後人猶得而更正也。若夫一方文獻，及時不與搜羅，編次不得其法，去取或失其宜，則他日將有放失難稽、湮没無聞者矣。夫圖事之要，莫若取後人所不得而救正者，加之意也。然則如余所見，考古固宜詳慎，不得已而勢不兩全，無寧重文獻而輕沿革耳。"戴他顧而語人曰："沿革苟誤，是通部之書皆誤矣。名爲此府若州之志，實則非此府若州，而可乎？"

余曰："所謂沿革誤而通部之書皆誤者，亦止能誤入載籍可稽之古事爾。古事誤入，亦可憑古書而正之，事與沿革等耳。至若三數百年之内，遺文逸獻之散見旁出，與夫口耳流傳，未能必後人之不湮没者；以及興舉利弊，切於一方之實用者，則皆核實可稽，斷無誤於沿革之失考，而不切合於此府若州者也。"

馮君曰："方志統合古今，乃爲完書，豈僅爲三數百年以内設邪？"余曰："史部之書，詳近略遠，諸家類然，不獨在方志也。《太史公書》詳於漢制，其述虞、夏、商、周，顯與六藝背者，亦頗有之。然六藝具在，人可憑而正史遷之失，則遷書雖誤，猶無傷也。秦、楚之際，下逮天漢，百餘年間，人將一惟遷書是憑；遷於此而不詳，後世何由考其事耶？且今之修方志者，必欲統合古今，蓋爲前人之修是志，率多猥陋，無所取裁，不得已而發凡起例，如創造爾。如前志無憾，則但當續其所有；前志有闕，但當補其所無。夫方志之修，遠者不過百年，今者不過三數十年。今遠期於三數百年，以其事雖遞修，而義同創造，特寬爲之計爾。若果前志可取，正不必盡方志而皆計及於三數百年也。夫修志者，非示觀美，將求其實用也。時殊勢异，舊志不能兼該，是以遠或百年，近或三數十年，須更修也。若云但考沿革，而他非所重，則沿革明顯，毋庸考訂之州縣，可無庸修志矣。"馮君怳悟曰："然！"

戴拂衣徑去。明日示余《汾州府志》，曰："余於沿革之外，非無別裁卓見者也。舊志人物門類，乃有名僧，余欲删之，而所載實事，卓卓如彼，又不可去。然僧豈可以爲人？他志編次人物之中，無識甚矣。余思名僧必居古寺，古寺當歸古迹，故取名僧事實，歸之古迹，庸史不解此創例也。"

余曰："古迹非志所重，當附見於輿地之圖，不當自爲專門。古迹而立專門，乃統志類纂名目，陋儒襲之，入於方志，非通裁也。如云僧不可以爲人，則彼血肉之軀，非木非石，畢竟是何物邪？筆削之例至嚴，極於《春秋》，其所誅貶，極於亂臣賊子，亦止正其名而誅貶之，不聞不以爲人，而書法异於圓首方足之倫也。且人物仿史例也；史於奸臣叛賊，猶與忠良并列於傳，不聞不以爲人，而附於地理志也。削僧事而不載，不過俚儒之見耳。以古迹爲名僧之留轍，而不以人物爲名，則《會稽志》禹穴，而人物無禹；《偃師志》湯墓，而人物無湯；《曲阜志》孔林，而人物無孔子。彼名僧者，何幸而得與禹、湯、孔子同其尊歟？無其識而强作解事，固不如庸俗之猶免於怪妄也。"①

① 章學誠著，倉修良編注：《文史通義新編新注》，杭州：浙江古籍出版社 2005 年版，第 884～886 頁。

戴震、章學誠關於修志之争,學界自來頗有關注。倉修良《文史通義新編新注》論曰:"從争論的内容和觀點來看,章氏顯然優於戴震。事實上戴震是清朝修志派别中考據派代表人物,這是方志界所共知。而學術界有些人一聽説戴震方志理論不可取,似乎就不太舒服,總以爲冤枉了戴震。殊不知作爲一個大學者,未必樣樣都是内行,寫史修志,確實不是他的長處,而他在考據上的貢獻、哲學思想上的建樹,自然是鶴立雞群。修志中他衹强調重視地理沿革,輕視地方文獻,能够説他對嗎?又將名僧歸之古迹,看來誰也不會同意。"[①]

章、戴關於修志之异同,除體例、範圍、内容重點等的分歧明顯外,修志旨趣亦似明顯不同。章氏修志,旨在"有裨風教",而戴震修志,重在"利民"。戴震助修《汾陽縣志》,修訂其體例,并撰《例言》曰:"疆域次沿革後,以村市户口風俗附之,何也?積古以來,既本本原原,確然無惑,則考今之土地人民,切要不可或緩矣。詳其距省遠近,南北東西廣袤,而村市用知民居,户口用知民數,風俗用知民情,皆土地、人民之首務。……由山川大勢以知地防,而因其利則農政攸關,除其患則冲溢淹漬在所預籌。故兼及澤泊渠堰,民間引溉期日,備詳各水之下。至於設濟渡、建橋樑,亦附載焉。凡所以切民用、明政事也。……賦税次官署後,何也?政之大體、民之利病所繫,胥役豪右,其滋弊不可窮詰也。知民之所苦及旱潦之不常,以達其情,尤親民之吏,宜務圖者矣。"[②]

是年夏,章學誠在杭州吴穎芳處,聞戴震批評鄭樵《通志》之語[③]。章學誠於乾隆五十五年(1790)作《答客問上》云:

---

① 章學誠著,倉修良編注:《文史通義新編新注》,杭州:浙江古籍出版社2005年版,第886頁。

② 李文起主纂:《乾隆汾陽縣志》,乾隆三十七年(1772)刻本。

③ 章、戴未必會面於杭州。余英時先生《論戴震與章學誠》認爲乾隆三十八年(1773)夏,在杭州二人再度會面(第35～36頁),實據章氏語氣,其衹是於吴穎芳處聞得戴震批評鄭樵之語。

癸巳在杭州，聞戴徵君震與吴處士穎芳談次，痛詆鄭君《通志》，其言絶可怪笑，以謂不足深辨，置弗論也。其後學者頗有訾謷，因假某君叙説，辨明著述源流。自謂習俗浮議，頗有摧陷廓清之功。然其文上溯馬、班，下辨《通考》，皆史家要旨，不盡爲《通志》發也。

戴震以爲鄭樵昧於天文，其《續天文略序》有曰：

宋鄭樵《通志》録《步天歌》兼及其注文，繼以《晋書》所列天漢起没、十二次度數、州郡躔次，又參以《隋書》所列七曜，述是數者爲《天文略》。樵稱歌詞句中有圖，言下見象，不語休祥，而《注》内仍不免涉災祥休咎。至若十二次宿度，雜舉劉歆、費直、蔡邕三家，則由未解歲差，故存其殊致，莫之折衷。其以郡隸州國也，如曰燕、幽州，而所隸有西河、上郡、北地，此三郡實古雍州；曰衛，而配以并州，下列安定、天水、隴西、酒泉、張掖、武都、金城、武威、敦煌，此九郡遠出雍西；曰魏，而配以益州。隸廣漢、越巂、蜀郡、犍爲、牂牁、巴郡、漢中於下，實非魏之疆土；曰秦、雍州，而所隸乃雲中、定襄、雁門、代郡、太原、上黨，又屬戰國時趙域。《晋書》此條訛舛特甚，既無從是正，不宜取以滋惑。蓋天文一事，樵所不知，而欲成全書，固不可闕而不載，是以徒襲舊史，未能擇之精，語之詳也。

章氏頗爲維護鄭樵，故稍後撰《申鄭》，痛詆戴震等考據家，稱："鄭氏所振在鴻綱，而末學吹求則在小節。"而章氏實亦知鄭樵史學之不足，其乾隆三十九年(1774)《和州志志隅自序》論曰："鄭樵有史識而未有史學。"①

戴震卒後，章學誠評戴之文甚多，乾隆五十四年(1789)撰《書朱

---

① 章學誠著，倉修良編注：《文史通義新編新注》，杭州：浙江古籍出版社 2005 年版，第 887 頁。

陸篇後》曰：

戴君學問，深見古人大體，不愧一代巨儒，而心術未醇，頗爲近日學者之患，故余作《朱陸》篇正之。戴君下世今十餘年，同時有橫肆罵詈者，固不足爲戴君累。而尊奉太過，至有稱謂孟子後之一人，則亦不免爲戴所愚。身後恩怨俱平，理宜公論出矣，而至今無人能定戴氏品者，則知德者鮮也。凡戴君所學，深通訓詁，究於名物制度，而得其所以然，將以明道也。時人方貴博雅考訂，見其訓詁名物，有合時好，以謂戴之絶詣在此。及戴著《論性》《原善》諸篇，於天人理氣，實有發前人所未發者；時人則謂空説義理，可以無作，是固不知戴學者矣。

稍後復有《與史余村》云：

近三四十年，學者風氣，淺者勤學而闇於識，深者成家而不通方，皆深痼之病，不可救藥者也。有如戴東原氏，非古今無其偶者，而乾隆年間，未嘗有其學識。是以三四十年中，人皆視以爲光怪陸離，而莫能名其爲何等學。譽者既非其真，毁者亦失其實，强作解事而中斷之者，亦未有以定其是也。僕爲邵先生言："戴氏之學雖未通方，而成家實出於諸人之上，所可惜者，心術不正，學者要須愼别擇爾。"邵先生深以僕爲知言。

以上文字，章氏對戴震可謂褒貶參半。後嘉慶元年(1796)，章學誠撰《上朱中堂世叔書》則批評戴震云：

近刻數篇呈誨，題似説經，而文實論史，議者頗譏小子攻史而强説經，以爲有意争衡，此不足辨也。戴東原之經詁，可謂深矣。乃譏朱竹垞氏本非經學，而强爲《經義考》以争名，使人啞然笑也。朱氏《經考》，乃史學之支流，劉、班《七略》《藝文》之義例也，何嘗有争經學意哉？且古人之於經史，何嘗有彼疆此界，妄分孰輕孰重哉！

朱中堂即朱珪。嘉慶二年(1797)，章氏又作《又答朱少白書》，進一步詆訾戴震(并及程瑶田)：

> 人不自知分量，豈少也哉。程易田之於孫、洪諸君，自較勝矣，彼刻《通藝録》，直《周官》之精要義也。而不今不古之傳誌狀述，猶自以爲文也，而亦列其中，豈非自具村俚供招？若戴東原氏則更進乎程矣！然戴集中應酬傳誌，亦自以爲文也而存之，且以惹人笑柄之《汾州府志》，津津自道得意，然則人之真自知者寡矣！

戴震纂修《汾州府志》之價值高下自有公論(見本譜"乾隆三十四年"下)，章氏此種批評不免夾雜意氣[①]。

關於四庫館臣舉薦戴震、清廷下諭及戴震入四庫館之記載較多。諸文獻於其入館年份無异議，然於舉薦之人則有歧异。兹列舉如下：

余廷燦《存吾文稿》卷四《戴東原先生事略》："乾隆壬午，舉於鄉。癸巳，詔開四庫全書館，必得如劉向、揚雄其人者司讎校，君用諸城劉

① 余嘉錫先生曾論章學誠曰："《文史通義・内篇》，是其平生精力所注，……故印證尚無大失。然考核不免粗疏，持論時近偏僻。《外篇》及《文集》，氣矜彌甚，其失彌多，持較《内篇》，抑又不逮。"(余嘉錫：《余嘉錫論學雜著》，北京：中華書局1963年版，第616～617頁。)張舜徽先生於章氏亦曾有批評。張舜徽《清人筆記條辨》卷三："(章學誠)《信摭》又云：'戴東原之於訓詁，能識古人大體。程易田之於名物制數，能好古敏求，詳審精密。戴氏識精，程君學密，著述足自成家。而屬辭比事之文，則才非所擅，蓋史才經學之判也久矣。曲阜孔氏刻戴氏《文集》，程氏自刻《通藝録》，多闌入狀誌傳記，甚爲二君惜之。如有愛二君者，爲之鏟其刊板，爲功不小。'按實齋此論，失之輕率。乾、嘉時，樸學與文藝分馳久矣，兼之者殆不多覯。戴、程二家外，若江永、惠棟，亦不以文章擅長。然偶有所述，固皆訓辭深厚，有典有則，藹然儒者之言也。雖狀誌傳記乃其所短，然如戴東原所撰《江慎修先生事略狀》《鄭學齋記》、程瑶田所撰《太學生焦君墓誌銘》《五友記》之類，皆於當時學術大有關係。此等文字，多一篇有多一篇之益。實齋乃欲鏟其刊板而盡去之，豈通識哉！即就實齋學詣而論，亦特識解甚高，跨越時流。至於辭章之事，固非其所長也。實齋乃沾沾以古文自詡，亦苦於不自知矣。"(《清人筆記條辨》，武漢：華中師範大學出版社2004年版，第114頁。)

文正公薦，入舘充校理。”

錢大昕《戴先生震傳》:“癸巳歲，天子開四庫舘，妙選校讎之職，總裁諸公疏薦先生，以鄉貢士入舘，充纂修官。”

凌廷堪《戴東原先生事略狀》:“三十八年，天子稽古右文，開四庫舘，徵海内淹貫之士，司編校之役，金壇于文襄敏中，以先生名應詔，充《永樂大典》纂修官。”

汪灼《四先生合傳・戴震》:“我皇上御極之三十有八年，詔開四庫全書舘，首及先生名，赴京欽賜進士。”

李元度《戴東原先生事略》:“乾隆三十八年，詔開四庫全書舘，于文襄敏中以紀文達昀、裘文達曰修之言，薦先生於朝。上素聞其名，遂以舉人特召，充纂修官。”

昭槤《嘯亭雜録》卷十“四布衣”條:“乾隆中，上特開四庫全書舘，延置群儒。劉文正公薦邵學士晋涵，于文襄公薦余學士集、周編修永年、戴東原檢討震於朝。上特授邵等三人編修，戴爲庶吉士，監修四庫書，時人謂之四布衣云。”

《清史稿》卷一〇九《選舉志四》:“三十八年，詔開四庫舘。延置儒臣，以翰林官纂輯不敷，大學士劉統勳薦進士邵晋涵、周永年，尚書裘曰修薦進士余集、舉人戴震，尚書王際華薦舉人楊昌霖，同典秘笈。後皆改入翰林，時稱‘五徵君’。此其著者也。”①

《清史稿》卷四八一《戴震傳》:“三十八年，詔開四庫舘，徵海内淹貫之士，司編校之職，總裁薦震充纂修。”②《清史列傳》卷六八《戴震傳》所載同。

考察戴震交游并綜合諸文獻，初薦戴震入舘者當爲總纂紀昀與總裁裘曰修，二人當薦之於總裁于敏中或劉統勳(謚文正)。

王文治於乾隆二十五年(1760)中進士後，曾出任雲南臨安(今雲南建水)知府，後因下屬失職而未察，被清廷革職。乾隆三十七年至

① 趙爾巽等:《清史稿》，北京:中華書局 1977 年版，第 3187 頁。

② 趙爾巽等:《清史稿》，北京:中華書局 1977 年版，第 13198 頁。

三十九年(1772—1774),王文治執掌杭州崇文書院,戴震至金華書院時,當與王氏有交往。戴震奉詔離浙時,王文治爲戴震置酒西湖送别,并有《送戴東原赴詔入都》詩曰:"我皇右文古無匹,詔求遺書搜散佚。維時四千有餘部,先後盡向民間出。天府璆琳本騈列,窮海珊瑚尤鬱律。宏開四庫簡朝英,簪紱承明操不律。猶恐殊才未盡登,還於草澤招遺逸。乾隆三十八年春,煌煌徵書下蓬蓽。士林喧闐走相告,曠典希逢笑聲溢。我友新安戴夫子,康成王肅不足擬。言從小學訂凡將,融合遺經貫終始。天官夙嗤馬遷誤,地形不勞章亥履。名動公卿三十年,却視金紫如脱屣。昨來辟召首標名,縣官叩門促行李。古者達人無不可,軒冕丘園同一理。矧兹盛事近代稀,君當一爲郅隆起。紅芙出水蘋風清,逢君西湖倒玉瓶。高松謖謖晚山黑,楊柳漠漠澄波青。不須苦戀蘅杜馨,即看雲路翔修翎。他年乘傳迴駟馬,故人正卧南窗下。"[①]據此詩"乾隆三十八年春,煌煌徵書下蓬蓽","紅芙出水蘋風清,逢君西湖倒玉瓶",可知清廷徵召戴震在本年春,而戴震離浙則在本年盛夏。

又據《纂修四庫全書檔案》"乾隆三十八年閏三月十一日"下:"又查有進士余集、邵晉涵、周永年,舉人戴震、楊昌霖,於古書原委亦多識,應請旨行文調取來京,在分校上行走,更足資集思廣益之用。……乾隆三十八年閏三月十一日奉旨:所有武英殿承辦紙絹、裝潢、飯食及監刻各事宜,著添派金簡一同經管。至書册已分四色裝訂,檢閱既便,散貯亦堪經久,不必更加外函,以免漿氣致蠹。餘依議。欽此。"[②]則紀昀等舉薦戴震入舘至遲當在是年閏三月初,清廷諭准時間爲是年閏三月十一日。

至於戴震入舘具體時間,《段譜》謂仲秋。今人或據于敏中致陸錫熊之《于文襄手札》乾隆三十八年七月十三日第十八札:"至於大部

① 王文治:《夢樓詩集》卷一二,見《清代詩文集彙編》第370册,上海:上海古籍出版社2010年版,第741頁。

② 張書才主編:《纂修四庫全書檔案》,上海:上海古籍出版社1997年版,第77頁。

之書，攢湊非易，不可不專歸一人總其成，若纂修内有能獨當一面者固佳，否則諸徵君中淵才既多，且新奉恩旨，尤當及此稍逮勞績。”[①]謂邵晋涵、戴震等五人此時均已入舘。此説或并據《清高宗實録》。《高宗實録》“乾隆三十八年七月十一日戊辰”：“又諭：前據辦理《四庫全書》總裁奏請將進士邵晋涵、周永年、余集，舉人戴震、楊昌霖調取來京，同司校勘，業經降旨允行。但念伊等尚無職任，自當予以登進之途，以示鼓勵。著該總裁等留心試看年餘，如果行走勤勉，實於辦書有益，其進士出身者，准其與壬辰科庶吉士一體散舘；舉人則准其與下科進士一體殿試，候朕酌量降旨録用。欽此。”[②]據此，有認爲戴震到舘時間或在七月上旬，實則戴震與段玉裁書札明言：“及今秋之仲入都門……”則諸徵君到舘日期或許并不一致，而高宗諭旨之“業經降旨允行”云云，僅爲准允諸總裁舉薦之事，并非諸徵君均已到舘。

又，戴震此次自浙東金華書院奉召赴京，當先返休寧，與父母妻子辭行，并與汪灼等相見[③]。然因戴震原無官銜，故赴任四庫舘時俸禄稀少，生計頗爲艱難，因無財力覓得住處，不得不先後寄寓紀昀、洪樸處。十月三十日與段玉裁書曰：“僕今暫寓紀公處，出月初五移洪素人兄處。”明年又致書段玉裁曰：“僕此行不可謂非幸邀，然兩年中無分文以給旦夕。曩得自由尚内顧不暇，今益以在都費用，不知何以堪之。”而不久，文林公弁及戴震夫人朱氏、子中立均赴京師，戴震在京生計愈加窘迫，乃至不得不求助於汪梧鳳之子汪灼，借資度日。汪灼《與戴東原先生書》曰：“去年歲暮宴坐，即念長安米貴，思所以爲一夕之衛者而未得其便，兹值世兄奉太夫子就養都門，謹措百金，爲湊道里之費。”[④]

戴震於是年十月三十日致段玉裁書中，又論及段玉裁《六書音均

① 《于文襄手札》，稿本現藏中國國家圖書舘善本部。

② 《清高宗實録》卷九三八，見《清實録》第二十册，北京：中華書局 1986 年版，第 654 頁。

③ 汪灼《與戴東原先生書》：“去夏中途拜别，不獲罄所欲言。”（《漁村文集》卷三）可知戴震於本年夏自金華回鄉，并與汪灼相見話别。

④ 汪灼：《漁村文集》卷三，清抄本，中國國家圖書舘藏。

表》及撰序事，其曰："大著辨別五支六脂七支，如清真蒸三韵之不相通，能發自唐以來講韵者所未發。今春將古韵考訂一番，斷從此説爲確論。然執管欲作序者屢，而苦於心不精，姑俟稍安閑爲之。目近極繁擾也。癸巳十月卅日。震頓首。"（段玉裁輯《戴東原先生札册》第七札。）時段玉裁在四川富順縣任上。

是年以前，戴震曾著《續方言》而未完成。

《續方言》，戴震諸年譜資料未及。1928年劉半農先生得其手稿本二卷於北平廠肆。據1932年國立中央研究院歷史語言研究所影印本之羅常培《戴東原續方言稿序》載："民國十七年冬，江陰劉半農先生於北平廠肆得戴東原手寫《續方言》稿二卷，共十四頁，頁二十行，行二十一字。所采之書凡四種。從'昉'以下至'於諸'三十一條，皆何休《公羊傳注》所云；從'訏'以下至'朔'一百二十六條，皆許慎《説文解字》所云；從'惠'以下至'掌'三十八條，皆劉熙《釋名》所云；從'衢道'以下至'咸感也'十九條，出於《荀子》本文者十一，出於楊倞注者八：各依原書爲序，未加類次。錢大昕、段玉裁、洪榜、王昶等爲東原作《别傳》《年譜》《行狀》《墓誌》均不著録。意爲東原未竟之稿，既睹杭世駿書，遂即中輟者也。"因杭世駿《續方言》（收入《四庫全書》經部十小學類一）成書年月不明，杭氏卒於乾隆三十八年（1773），而戴震始專攻《方言》爲乾隆二十年（1755），羅常培《序》曰："故其屬稿年代約在乾隆二十年專攻《方言》之後，三十八年入四庫館以前。而其經始雖後於大宗（杭世駿字），而實閉户暗合，未嘗相襲。蓋大宗匯輯群書，依《爾雅》類次，但不明標其目；而東原所輯，俱以原書爲序，未經排比。"羅常培先生詳列二書條目之异同，認爲二書"互有詳略，不相雷同"。

據《段譜》，戴震於乾隆二十年（1755）始究心於《方言》，至是年入四庫館後，終成《方言疏證》，是爲清代《方言》研究杰出成果，詳論見後。而《續方言》之作，戴震稍後於杭世駿，且未能成書。而嗣後則有程際盛（1780年進士）《續方言補正》、張慎儀（1846—1921）《續方言新校補》、程先甲(1871—1932)《廣續方言》《廣續方言拾遺》、徐乃昌(1869—1943)《續方言又補》等。

是年十二月,戴震爲屈曾發《數學精詳》撰序,并將其書更名爲《九數通考》。(同治十一年學海堂刊《九數通考》伍仲贇跋:"常熟屈省園所著算書原名《數學精詳》,戴東原爲之序,且改名《九數通考》。")屈曾發(1715—1780),字魯傳,一字省園,江蘇常熟人,乾隆三年(1738)舉人,曾著有字書《萬言肆雅》。其《數學精詳》撰成并初刻於乾隆三十七年(1772)。戴震序文,微波榭本《戴震文集》及段玉裁經韵樓刻本《戴震文集》均未收録,北京大學圖書館藏《湖海文傳》有收録。戴震研究會等編纂《戴震全集》,楊應芹、諸偉奇主編《戴震全書》(修訂本)均收此文,然未詳撰作時間。查乾隆三十七年壬辰刻本《數學精詳》及各本《九數通考》所録戴序,均有末署"乾隆癸巳日在箕初,休寧戴震謹序"。故知此序作於是年十二月①。

戴震入四庫館後,有彙纂歷代故訓之倡議。錢大昕嘉慶四年(1799)撰《經籍籑詁序》曰:"儀徵阮公(元)……首以經術爲多士倡,謂治經必通訓詁,而載籍極博,未有會最成一編者。往歲休寧戴東原在書局,實創此議。"②

是年秋,戴震應總裁于敏中之請,召戴祖啓入四庫館。戴祖啓辭謝。嚴長明《國子監學正戴君墓誌銘》:"自癸未至癸巳,四試於禮部皆不遇。會開《四庫全書》之舘,大學士于文襄公總裁屬君族子東原相召,君不自往。"③

戴震亦曾進呈圖書於四庫舘中。《四庫全書總目》之《别集類存

① 蔡錦芳《讀戴震〈九數通考序〉和〈讀淮南子洪保〉》謂《九數通考序》"當作於乾隆三十九年以後"(《戴震生平與作品考論》,桂林:廣西師範大學出版社 2006 年版,第 266 頁)。小誤。

② 錢大昕:《潛研堂集》卷二四,上海:上海古籍出版社 2009 年版,第 393 頁。

③ 戴祖啓:《師華山房文集》附録,見《清代詩文集彙編》第 359 册,上海:上海古籍出版社 2010 年版。

目七》録明人方承訓撰《復初集》三十六卷題曰："庶吉士戴震家藏本。"[①]《總集類存目三》録明人釋無相編《天籟集》二卷亦題曰："庶吉士戴震家藏本。"[②]知此二書當爲戴震入館時進呈。

是年五月一日，四庫全書舘總裁裘曰修卒。戴震撰有《光禄大夫工部尚書太子少傅裘文達公墓誌銘》(爲代總裁于敏中撰)。其文曰：

> 公諱曰修，字叔度，姓裘氏，世爲新建人。曾大父諱某，縣學生；大父諱某，貢生；父諱某，康熙丁丑進士，由建德縣知縣行取吏部主事至刑科給事，祀建德名宦祠，皆以公官贈工部尚書。曾大母朱氏，大母郭氏，母熊氏、郝氏，生母王氏，皆一品太夫人。
>
> 公自少能文章，雖操筆疾書，而氣象容與往復，得宋歐陽氏之度。兄弟四人，公爲季。性篤孝，爲諸生，舉優行，薦博學鴻詞，中乾隆己未進士，由編修遷侍讀學士，充講官，歷詹事，命南書房行走。而余與公同直内廷，於今三十年……
>
> 公素樂易有大度，自號漫士，人亦易親之。生平未嘗言人過。見失意者，即惻惻於懷，必曲折代籌，俾得其所。在户部久，而囊槖蕭然，所入輒隨時施與，嘗質衣物度歲，人不知也。其治繁劇，明敏而達於事，人所畏難，投之公，恒裕如。以故上器重公，而公得展其能。公之視巴里坤軍事也，賜御用冠服以寵其行。前後拜恩錫，如居第、金帛、尚方珍玩、御書堂榜等，不可勝紀。太夫人春秋高，頻蒙眷問。公歸，以至尊垂問敬告，往往感至泣下。
>
> 方公之銜命視河南水災，公長子麟卒，太夫人致書訓曰："黎民皆赤子，勿以哀痛汝子墮公事。"是時上念河南水溢數郡，遣公往治。公釃水之達於淮者四，枝流六十有三，所被州縣，則開封府之中牟、祥符、陳留、蘭陽、儀封、尉氏、通許、杞，歸德府之考

① 永瑢等:《四庫全書總目》,北京:中華書局 1965 年版,第 1624 頁。

② 永瑢等:《四庫全書總目》,北京:中華書局 1965 年版,第 1759 頁。

城、虞城、寧陵、商丘、夏邑、睢、柘城、鹿邑、永城,陳州府之扶溝、太康、西華、淮寧、沈丘、項城,汝寧府之西平、上蔡、遂平、汝陽、新蔡,皆古汳、濄、獲、澺、汝、潁泛溢之區,兼及江南境睢、肥諸水,民賴公規度,永永寧居,所治克副聖慮。而直隸如永定、大通、白漕,孰宜堤堰,孰宜疏浚,以達諸海,上指授方略,悉以屬公。公馳驅鞅掌,不避酷暑盛寒,遂積勞成疾。嗚呼!公之材無不優爲,而河渠特其一事,顧功施於民,適以此事最著。公治某水,有田夫如欲有言者,突至前,官屬呵退之,公呼之進,與語,竟得地勢高下之宜,後久而不敗,凡公之善納輿論類如此。

公年才六十有二,體貌清癯,神采奕奕,以文學侍從之臣,遍歷六部,更兼司撰述,充會典館總裁。奉敕撰《熱河志》《大學志》《西清古鑒》《秘殿珠林》《石渠寶笈》《錢録》等書,最後充《四庫全書》總裁。公自著有《諸臯集》并詩、文、奏疏若干卷,評江右後四家制義,以繼艾、陳、章、羅四家在前者。公澤躬爾雅,喜誘奬後學,道滁州,得歐陽公畫像,乞上題,人亦謂公文行近歐陽公。公書仿張即之,上以内藏即之書《華嚴經》殘本令公補書,人莫能辨。方病鬲,絶食飲三旬,而神氣如常,欵接不廢。上日遣御醫診視,存問疊至。公請解職,弗許。賜詩示慰。晋加太子少傅,俾舒心攝養,以冀速痊。公感涕,恭和二詩,手書進謝,而病卒不起。上爲軫悼,飾終之典,哀榮備至,謚曰文達。朝野聞公逝,無貴賤皆流涕。

公生於康熙壬辰十月二十九日,殁於乾隆癸巳五月朔日。配熊氏,一品夫人。子五人:長編修麟,次國子監生師,皆先公卒,次國子監生行簡,次豫,次遵慶。女子子五人。孫元復、音葆、增壽,女孫三人。行簡輩將以某月日欽承諭葬於某阡,來請余銘,銘曰:

湖漢十川,鍾爲彭蠡。克生异人,奮翮雲軌。績有特隆,適隨事起。參身洪流,力障氣砥。艱重雜投,弗鑿弗詭。行所無事，如治斯水。公歷六卿，設施視此。冶金斫材，灼華擷藹。口颺衆馨，心容群技。萌芶匪舒，如遏在己。美矣豫章，帝灌植之。零露滌之，飄風抑之。曰未畢兮，既可述兮。清廟瑟兮，和六律兮。豐碑穹隆，功沕貞瑨，大哉皇言，練達端醇。

是年秋冬，汪灼有《與戴東原先生書》，曰：

去夏中途拜别，不獲罄所欲言，今思之猶惘惘也。比者，二先生至得手翰，并叩悉起居萬福，忻忭不盡。蘇氏有言："文章議論與人難合，甚於世故，與知者謀之，而與不知者敗之，此官書之所以不善也。"今先生所總領者，天文、地理、字源、音韵，灼於四者竊有疑焉，敢言其大略，以質吾夫子。

梅定九《曆算叢書》，備詳測天之法，利瑪竇圖爲南北兩極，位黄、赤道之星辰，無毫髮差舛，而《句股割圜記》則又合《天官書》及諸史《天文志》而萃其精，然而形度空垂，未聞有如漢匡衡、董仲舒、劉向融六經，斷災异，有驗於天時人事者。

郡縣沿革，山川名勝，咸可考而知，獨九河失禹故迹，致狂瀾泛溢，奔放而不可遏，雖遵《河防一覽》《行水金鑒》《水道提綱》以治，未能俾水循其道以安流，豈區區之一蘆一葦，朝築而夕浮，塞此而决彼，藉河工以圖利禄者所能順其性哉？又豈閉户讀《水經》，校《經》《注》之錯亂，即有補於治水哉？

《説文》字少而義精，非若各字書卷帙浩煩，雜無所統一，徒載俗字、訛字、似字、同字，而莫辨其所以俗、所以訛、所以似、所以同，是未究其源也。

沈約以後諸書，知音而不知韵，韵須字尾收音處，細爲體驗，以平上去入之四聲，合之五、六、工、尺、上、四、合，凡一之九調，善歌者於唇齒喉鼻舌齶間疾徐焉，重輕焉，悠揚而高下焉，庶幾吞吐而傳之，發其凡於《中原》之韵，延一線於度曲之口，而又非世俗之樂工所能解悉。

幸四者皆先生專門之業，正可獨立編摩，勒成有用一書，永啓後學。文治之昌，殆天所以位置先生，先生雖勞，不得辭矣。性即淡於榮寵，獨無有如涑水之薦范淳父者乎？亦可喜也。

去年歲暮宴坐，即念長安米貴，思所以爲一夕之衛者而未得其便，兹值世兄奉太夫子就養都門，謹措百金，爲湊道里之費。灼忝附門牆，於先生事自當唯力是視，所恨食指多，家計落，不克稱此心耳。尚何敢當言藉耶？先君子末年以灼業《毛詩》，時有質問，隨筆存録，名曰《詩學女爲》，身後檢集手稿，因草書須詳爲審諦，其先後端緒，亦待編次，將來訂正成書，思送館上，想先生見之而泫然也。先大母去秋不幸歿世，已於十二月中祔葬鮑村之原。家兄弟雖治生事未練習，然尚安頓勝於灼。遠念垂及，敢以附瀆。

《儀禮識誤》《儀禮集解》，能募人録一副本，幸甚！又聞崔氏《三禮義宗》，《永樂大典》中尚有之，後於開三禮館時爲人竊去，今不知何如矣。敬此上問萬安，諸惟珍護，不盡馳仰。灼叩頭。[①]

汪灼此書作於戴震至京入舘之後，故當在本年秋冬。據汪灼此書可知，戴震入舘後，負責天文、地理、文字、音韵等方面文獻輯校事宜。汪灼似乎并不滿意於舘臣閉户校書而不切人事。

又可知戴震到四庫舘後，將老父及妻子接至京師安頓。洪榜《戴先生行狀》："先生之奉召入京師，文林公攜家至邸舍。"[②]段玉裁《誥封孺人戴母朱夫人八十壽序》則曰："迨乎乾隆癸巳，先生年五十有一，朝廷開四庫舘，賜進士翰林院庶吉士，充纂修官，夫人侍舅文林公就養至京師。京職俸薄，不足菽水，先生又無人事於外，所治官書，皆天文、曆算、水道、方言，紛賾難理者，悉心讎校，夜則焚膏，時復自有撰

① 汪灼：《漁村文集》卷三，清抄本，中國國家圖書舘藏。

② 洪榜：《初堂遺稿》卷一，見《清代詩文集彙編》第410册，上海：上海古籍出版社2010年版。

述。家事皆夫人庀之,故夫人之勞特甚。”[①]因戴震俸禄微薄,家眷至京後,雖得汪灼百金之助,但經濟仍十分拮据,幸賴夫人朱氏勤勞特甚,勉力維持。

【時事】

是年九月前,朱筠仍爲安徽學政。

徽州祁門籍藏書家馬曰琯之子馬振伯進獻珍本圖書 776 種。

二月,章學誠應和州知州劉長城之聘主修《和州志》,辭别朱筠幕府。王念孫仍在朱筠幕中。八月,朱筠於徽州紫陽書院公祭江永、汪紱。九月,朱筠坐事被貶,返京入四庫舘供職,王念孫隨行入舘。閔爾昌《王石臞先生年譜》:“乾隆三十八年癸巳三十歲。在朱竹君幕中。竹君病安徽士子不習音訓,購得汲古閣許氏《説文》初印本,先生爲校正刊行。冬,偕竹君入都,下榻椒花吟舫。”

是年,姚鼐應劉統勳、朱筠之薦,入四庫舘任纂修。翁方綱、程晋芳、趙懷玉、任大椿等亦先後入四庫舘,分任纂校事。

程晋芳在四庫舘,作《易漢學跋》《周易述跋》,有批評惠棟易學之詞。

是年,杭世駿著《續方言》二卷成書。《四庫全書總目》卷四〇《提要》曰:“是書采《十三經注疏》《説文》《釋名》諸書,以補揚雄《方言》之遺。前後類次,一依《爾雅》,但不明標其目耳。搜羅古義,頗有裨於訓詁。惟是所引之書,往往耳目之前,顯然遺漏。……然大致引據典核,在近時小學家猶最有根柢者也。”[②]

---

① 段玉裁:《經韵樓集》卷八,上海:上海古籍出版社 2008 年版,第 201 頁。據段玉裁此序,戴震家眷至京似在戴震授翰林院庶吉士之後。然汪灼《與戴東原先生書》中言及其祖母去秋逝世,據汪灼《秋日病痘聞祖母訃》一詩自注:“去冬葬先考妣於梅山。”前已確考汪梧鳳病卒於乾隆三十六年(1771)冬,其祖母於汪梧鳳病卒之次年逝世,則汪灼祖母逝世於乾隆三十七年(1772)秋,汪灼《與戴東原先生書》又撰於其祖母逝世次年,即乾隆三十八年(1773)無疑。汪灼此書明言“茲值世兄(按指戴震之子中立)奉太夫子(按指戴震父文林公)就養都門”,則戴震家眷至京當在乾隆三十八年。洪榜《戴先生行狀》所記無誤,而段玉裁此序所記稍嫌模糊。

② 永瑢等:《四庫全書總目》,北京:中華書局 1965 年版,第 343 頁。

是年五月，裘曰修卒。裘曰修(1712－1773)，字叔度，號漫士，江西新建人。乾隆四年(1739)進士。官至工部尚書，加太子少傅，卒謚文達。乾隆時期著名官員，學者。爲官廉潔奉公，奉敕編纂《熱河志》《太學志》等，四庫舘開，任總裁。著述有《裘文達公詩文集》《裘文達公奏議》等。戴震曾教授其子裘行簡，而戴震入四庫舘，亦得裘曰修推薦。

是年十一月十六日，大學士劉統勳卒。

劉統勳(1699－1773)，字延清，山東諸城人。雍正二年(1724)進士。官至東閣大學士兼軍機大臣，充四庫舘正總裁，卒謚文定。有《劉文定公集》。

是年十一月，汪中於汪梧鳳之子汪灼家得戴震《大戴禮》校本。汪喜孫《容甫先生年譜》"三十八年癸巳"："先君《大戴禮》校本卷四後題云：……是月客歙縣汪灼家，得休寧戴震校本録上。"①

是年，杭世駿卒。吴玉搢卒。

杭世駿(1698－1773)，字大宗，號堇浦，浙江仁和(今杭州)人。博通經史，工詩文。乾隆元年(1736)召試博學鴻詞，授翰林院編修，校勘武英殿《十三經》《二十四史》，與纂《三禮義疏》。著有《續禮記集説》一百卷、《石經考异》二卷、《續方言》二卷及《史記考證》《三國志補注》等。《清史列傳》卷七一有傳。

吴玉搢(1697－1773)，字藉五，號山夫，江蘇山陽(今江蘇淮安)人，祖籍徽州歙縣。曾助秦蕙田纂《五禮通考》，著有《别雅》五卷、《説文引經考》二卷等。《清史稿》卷四八一有傳。

陳祖武、朱彤窗《乾嘉學術編年》"乾隆三十八年"下："十二月，汪梧鳳卒。"②按：汪梧鳳實卒於乾隆三十六年，公元1772年2月1日。

是年，段玉裁權知四川富順縣。

是年十二月，山西平定州人戎英赴京，於四庫舘呈獻自著《萬年配

---

① 本社影印室輯：《乾嘉名儒年譜》第九册，北京：北京圖書舘出版社2006年版，第95頁。

② 陳祖武、朱彤窗：《乾嘉學術編年》，石家莊：河北人民出版社2005年版，第235頁。

天策》《天人平西策》，爲軍機處逮捕審訊。乾隆命搜查其家。經查，幸無“不法字迹及悖逆詞句”。戎英仍被發配烏魯木齊，以示懲戒。

乾隆三十九年甲午(1774)　五十二歲

是年，戴震在四庫全書舘纂校《水經注》《九章算術》等典籍。

《段譜》：

是年十月，先生校《水經注》成，恭上。《水經注》自北宋以來無善本，不可讀。先生讀此書既久，得經、注分别之例有三：一則《水經》立文，首云某水所出，以下無庸再舉水名，而注内詳及所納群川，加以采摭故實，彼此相雜，則一水之名，不得不更端重舉；一則經文叙次所過州縣，如云“又東過某縣”之類，一語實賅一縣，而注則沿溯縣西以終於東，詳記所逕委曲，經據當時縣治，至善長作注時，縣邑流移，是以多稱故城，經無有言故城者也；一則經例云“過”，注例云“逕”，不得相淆。得此三例，迎刃分解，如庖丁之解牛，故能正千年經、注之互譌，俾言地理者有最適於用之書。《大典》本較勝於各本，又有道元《自序》，鉤稽校勘，凡補其缺漏者二千一百二十八字，删其妄增者一千四百四十八字，正其臆改者三千七百一十五字。高廟褒嘉，頒行御製詩六韵，有云：“悉心編纂誠堪獎，觸目研摩亦可親，設以《春秋》素臣例，足稱中尉繼功人。”蓋先生之受主知深矣。顧此書自先生校定後，宋以來舊刻必盡廢，更數十百年後，且莫知先生發潛之功，故聚珍板足貴，好事者當廣其傳也。

是年，校《九章算術》成。《九章算術》，晋劉徽撰。先生以世人罕有其書，近時以算名者，如王寅旭、謝野臣、梅定九諸子，咸未之見。丁亥歲，因曹君竹虛入翰林院，觀《永樂大典》，知有是書。病其離散錯出，思綴集之而不能。癸巳，奉召，乃盡心排纂成編，并考訂譌异，附案語。其注中所指朱實、青實、黄實之類，皆按圖而言，圖既不存，則注猝不易曉，因推尋注意，爲之補圖，以成完帙。純皇帝御製詩，冠於端首，命聚珍板刊行，而古九數之學大顯矣。已而屈君魯傳刻於常熟，孔户部復刻於曲阜云。

按先生於《水經注》改正經、注互淆者，使經必統注，注必統於經，其功最巨，此乃先生積久頓悟所成，非他人能贊一辭也。顧更正經、注，定於乾隆乙酉，入即以示紀文達、錢曉徵、姚姬傳及玉裁不過四五人。錢、姚皆録於讀本，玉裁亦以明人黄省曾刊本，依仿以硃分勒，自此傳於四方矣。杭州趙東潛一清精於地理之學，研摩《水經注》者數十年，但其校本從未至京師。先生與趙雖或相聞，未嘗相識，其所業未嘗相覯也。四庫館搜討遺書，趙書亦得著録，其書校正字句，及剖析地理最詳，而更正經注，一如戴本者，蓋趙精詣絶群。鄞全謝山太史七校是書，深窺秘奥。兩公交最深，或閉户暗合，或麗澤相取，而其説往往與先生同，是可以知著書精美，不患千年後無校讎是正之人，而學問深醇，即未相謀面，所言如一。且趙書經錢塘梁處素履繩校刊，有不合者，據戴本以正之，故今二本大段不同者少也。

是年十月三十日與玉裁書蜀中云："數月來纂次《永樂大典》内散篇，於《儀禮》得張淳《識誤》、李如圭《集釋》，於算學得《九章》《海島》《孫子》《五曹》《夏侯陽》五種算經，皆久佚而存於是者，可貴也。"按所謂散篇者，姚廣孝等編《永樂大典》，以分韵爲綱領，每書散置各韵中，如《儀禮・士冠禮》則入翰韵，《士昏禮》則入元韵是也。《大典》内禡韵之書亡，故《鄉射禮》《大射禮》闕。

是年十月，校《五經算術》成，恭上《五經算術》二卷，舉《尚書》《孝經》《詩》《易》《論語》《三禮》《春秋》之待算乃明者列之。而推算之術，悉加"甄鸞按"三字於上，故知是書甄鸞所撰也。唐有李淳風注，唐明算科《五經算》即是書，於《永樂大典》中得之。先生校成，恭上，有《提要》一篇。按先生乾隆甲子作《策算》，略舉經籍之資於算者，推衍成帙，正與古人不謀而合也。

《段譜訂補》：

> 孔繼涵《戴氏自刻本水經注序》曰："東原氏之治《水經注》……刊於浙東未及四之一而奉召入京師，與修《四庫全書》。又得《永樂大典》内之本，兼有酈道元《自序》，乃仍其四十卷，而以平日所得詳加訂正。"朱筠《戴氏校訂水經注書後》曰："東原初徵入四庫館，以其生平所校《水經注》本，更據《永樂大典》所引互校，損益至二三千言之多，而酈氏原《序》亦出焉，乃并録以成書，官刻編之聚珍板中者也。"戴震在四庫館校訂《水經注》，孔、朱二氏均在都中，且一向與戴震過往甚密，以上記述，當爲目擊實録。
>
> "是年十月三十日與玉裁書"云，"是年"當爲"去年"，即癸巳。

戴震約於是年年初前後，始在館校《水經注》。段玉裁編《戴東原先生札册》所録戴震"癸巳在都"之一札曰："數月來，纂次《永樂大典》内散篇，於《儀禮》得張淳《識誤》、李如圭《集釋》；於算學得《九章》《海島》《孫子》《五曹》《夏侯陽》五種算經。"《水經注》爲極重要之書，如戴震此時已參校，當不至遺漏。而段玉裁《東原先生札册跋》曰："此外尚有二札，未能檢得者。……一爲在蜀時，自都門寄，言在四庫館校《水經注》事。"[①]據此，定戴震在館始校《水經注》時間爲是年年初前後當不誤。

是年七月一日，總裁于敏中有書札致總纂陸錫熊，即《于文襄手札》之第三十四札。其札云："耳山（按：陸錫熊字健男，號耳山）年兄上報曾有字否，記匆冗時一閲，欲留俟下報再復，今日遍檢不得，不知所言云何，下報寄知，并復。接讀手教，得悉種種，《意林》一事容俟從容再復。頃接李少司空（按：即李友棠，時任《四庫全書》副總裁）札，以《水經注》尚有可商者，不可不酌，求其是。愚學殖淺薄，不敢輕議，

① 段玉裁：《經韵樓集》卷七，上海：上海古籍出版社 2008 年版，第 181 頁。

且相隔甚遠，尤難彼此折中，此事知東園(按：即東原。當時學者時有書戴震之字爲‘東園’，如錢維城有《與戴東園書》)深費苦心，且向曾探討及此。自當有所依據，其中或尚有應行酌定者，不妨再爲覆核。大農處亦有札致李公原書并希於便中檢閲。聖主稽古右文，凡事集思廣益，今訪求遺書，嘉惠後學，往往一字一義，詢及芻蕘。我輩欽承恩命，豈可不仰體聖衷，虚公斟酌，以期無負委任，尚敢稍存成見乎？此意并希與東園言之。李大人原書奉寄，事後仍希寄還，不一。曉嵐先生、耳山年兄八座。中頓首，七月初一日。”①

錢大昕於戴震卒後作《戴先生震傳》曰：“《水經注》訛舛久矣。王伯厚引經文四事，其三事皆注之溷於經者，則經注之淆，南宋時已然。先生獨尋其義例，區而别之……同時頗有狂而不信者，予深贊成其説。”②晚清龐鴻書《讀水經注小識・叙略》録其先祖得於徽州程恩澤(1785－1837，字雲芬，號春海)之語曰：“戴氏之入四庫舘，於舘中諸公爲後進，戴性又傲，不肯下人，諸公頗齮齕之，其所校勘不盡從也。”③

副總裁李友棠隨後被調離京師，後又因王錫侯《字貫》案被牽連削職，永不叙用。《清代名人傳略・戴震傳》對此論曰：“將李自京師外調，到底是爲了防止四庫舘中的亂弊洩露給皇帝，還是爲了杜絶對戴震《水經注》校勘本的争論，均難確定。但似乎可以肯定，《四庫》纂修官既已誘導皇上對戴震功績大爲嘉奬，豈能以更爲完善的《水經注》校勘本進呈皇上，却又不致於遭受責難甚至嚴刑？因而，保持緘默不僅對於戴本人有利，而且對他們自己也有利。”④

綜合以上，可知當時關於《水經注》校勘，四庫舘中意見分歧較大，且一度引起矛盾，致使總裁于敏中不得不出面調停。更主要者，

---

① 于敏中：《于文襄手札》，北京：國家圖書舘出版社2012年版。

② 錢大昕：《潛研堂文集》卷三九，見《潛研堂集》，上海：上海古籍出版社2009年版，第715頁。

③ 龐鴻書：《讀水經注小識》，光緒三十年(1904)石印本。

④ [美]恒慕義主編：《清代名人傳略》中册，西寧：青海人民出版社1995年版，第209頁。

戴震雖爲主纂人，但不僅不能左右意見，而且遭受頗大的壓力①，幾乎完全身不由己，而又不得不勉力爲之。

是年十月，戴震主校《水經注》校畢呈上。其《提要》曰：

臣等謹案：《水經注》四十卷，後魏酈道元撰。道元字善長，范陽人，官至御史中尉。自晋以來，注《水經》者凡二家，郭璞注三卷，杜佑作《通典》時猶見之，今惟道元所注存。《崇文總目》稱其中已佚五卷，故《元和郡縣志》《太平寰宇記》所引滹沱水、涇水、洛水，皆不見於今書。然今書仍作四十卷，疑後人分析以足原數也。是書自明以來，絶無善本，惟朱謀㙔所校盛行於世，而舛謬亦復相仍。今以《永樂大典》所引，各按水名，逐條參校，非惟字句之訛，層見疊出，其中脱簡，有自數十字至四百餘字者。其道元《自序》一篇，諸本皆佚，亦惟《永樂大典》僅存。蓋當時所據，猶屬宋槧善本也。謹排比原文，與近本鉤稽校勘，凡補其闕漏者，二千一百二十八字；删其妄增者，一千四百四十八字；正其臆改者，三千七百一十五字。神明焕然，頓還舊觀。三四百年之疑竇，一旦曠然發蒙。是皆我皇上稽古右文，經籍道盛，琅嬛宛委之秘，響然并臻，遂使前代遺編，幸逢昌運，發其光於蠹簡之中，若有神物撝呵，以待聖朝而出者，是亦曠世之一遇矣。至於經文注語，諸本率多混淆，今考驗舊文，得其端緒：凡水道所經之地，經則云過，注則云逕；經則統舉都會，注則兼及繁碎地名。凡一水之名，經則首句標明，後不重舉，注則文多旁涉，必重舉其名以更端。凡書内郡縣，經則但舉當時之名，注則兼考故城之迹。皆尋其義例，一一釐定，各以案語，附於下方。至塞外群流，江南諸派，道元足迹皆所未經，故於灤河之正源，三藏水之次序，白檀、要陽之建置，俱不免附會乖錯，甚至以浙江妄合姚江，尤爲傳

① 這種壓力有四庫舘臣全體所遭受於皇帝而又傳導給戴震的，當然也有戴震自身被特召入舘、處境艱難，不得不勉力自保而引起。

聞失實。自我皇上命使履視,盡得脈絡曲折之詳。

御製《熱河考》《灤源考證》諸篇,爲之抉摘舛謬,條分縷擘,足永訂千秋耳食沿訛。謹録弁簡端,永昭定論。又《水經》作者,《唐書》題曰桑欽,然班固嘗引欽説,與此經文异;道元注亦引欽所作《地理志》,不曰《水經》。觀其涪水條中,稱廣漢已爲廣魏,則决非漢時;鍾水條中,稱晋寧仍曰魏寧,則未及晋代。推尋文句,大抵三國時人。今既得道元《原序》,知并無桑欽之文,則據以削去舊題,亦庶幾闕疑之義爾。乾隆三十九年十月恭校上。

總纂官侍讀臣紀昀、侍讀臣陸錫熊、纂修官舉人臣戴震。

《欽定四庫全書薈要》本《水經注》卷首之《提要》尾署:"乾隆四十二年五月恭校上。總纂官臣紀昀、臣陸錫熊、孫士毅、總校官臣陸費墀。"與三十九年(1774)十月校上本對照,删去戴震,而增加總纂官孫士毅、總校官陸費墀二人。當是《水經注》入《欽定四庫全書薈要》時,再行覆校,而此時戴震或已足疾病重,并未參與。

陳昌齊曾爲戴震所校《水經注》指正訛誤。

支偉成《清代樸學大師列傳》卷二〇《陳昌齊傳》:"先生生平博極群書,自經史子集以及乾象坤輿之奥,六書入聲九賦五刑之屬,星算醫卜百家衆技之流,靡不貫穿胸中。戴東原應召至京,一見輒心折,所校《水經注》,爲指正其訛舛,緣限於官書,未能更正,東原每引爲憾。"

陳昌齊(1743—1821),字賓臣,號觀樓,廣東海康(今廣東雷州)人。乾隆三十六年(1771)進士,授翰林院編修。四庫舘開,主《永樂大典》地理類輯佚。

戴震因限於官書,無法采納陳昌齊關於《水經注》正訛而深以爲憾。此事亦可見官校《水經注》名爲戴震主纂,實則絶非戴震一人可以左右或主導。

因官校《水經注》與趙一清《水經注釋》同者甚多,終致趙、戴《水經注》相襲問題成爲二百餘年來學界一大公案,述之如下:

清代乾隆年間，治《水經注》最著者，爲全祖望、趙一清、戴震三家。全祖望於雍正十一年(1733)始究心《水經注》，乾隆十三年(1748)始校注《水經注》，至其卒前，有七校之多。趙一清深受全祖望影響，亦以十餘年之功校釋《水經注》，於乾隆十九年(1754)成《水經注釋》四十卷。全、趙二書當時皆未刊行，而乾隆三十七年(1772)，清廷徵書於各地，浙江巡撫采進趙書，後入四庫館。戴震至遲於乾隆十四年(1749)亦始關注《水經注》，乾隆三十年(1765)自定《水經注》一卷，并撰《書水經注後》。乾隆三十八年(1773)戴震於浙江始自刻其所整理《水經注》，未及四之一而應召入京。四庫館臣輯佚《永樂大典》編纂《水經注》本另有其人，戴震於三十九年(1774)初前後參校《水經注》，正式領銜整理此書或仍稍後，十月，將所校《水經注》恭上。

戴震領銜官校《水經注》有無參趙一清《水經注釋》，王傑似爲首先發疑者。今上海圖書館藏孫澧鼎校武英殿本《水經注》，有孫氏跋語："……今年夏，門人范封以武英殿聚珍版本來質。其書校自休寧戴太史震，其《提要》曰……澧按：戴太史所校與宋本、朱氏本互有异同，而文義差顯易。吾友朱上舍文藻自《四庫》總裁王少宰所歸，爲予言：'此書參同里趙□□一清校本，然戴太史無一言及之。'兹用其本一一讎勘。曩校項(絪)本以墨，今則以丹筆別之，亦未知果道元元本否也？乾隆庚子六月二十二日白嶽山人孫澧鼎識。"

胡適《戴震校〈水經注〉最早引起的猜疑》一文認爲："庚子是乾隆四十五年，戴震已死了三年了。《四庫》總裁王少宰是王際華，杭州人，故稱趙一清爲'同里'……"①

按：王際華(1717—1776)雖任《四庫全書》總裁官，而卒於乾隆四十一年(1776)，故此總裁王少宰并非王際華，乃爲王傑。王傑(1725—1805)，字偉人，號惺園，陝西韓城人，因任禮部侍郎，故稱少宰。王傑於乾隆四十二年(1777)十月任四庫館副總裁。《纂修四庫全書檔

---

① 胡適：《胡適全集》第十六卷，合肥：安徽教育出版社2003年版，第125～126頁。

案》:“乾隆四十二年十月二十三日:諭王傑著充四庫全書舘及三通舘副總裁。”①

然此《水經注》公案正式發生,實起於戴震弟子段玉裁。乾隆五十一年(1786),趙一清《水經注釋》經梁玉繩、梁履繩兄弟校定後得以刊行,後段玉裁閲此書,因其與戴震官校《水經注》同者甚多,遂懷疑梁玉繩兄弟校定趙氏《水經注釋》時參取戴書。段玉裁撰《與梁耀北書論戴趙二家水經注》,而梁氏似無回音。而《段譜》則直言梁氏據戴書以正趙書。至道光年間,魏源、張穆等極持戴書襲趙之説,此後,二書相襲之争論持續不絶。魏源(1794—1857,字默深)有《書趙校水經注後》,而張穆(1808—1849,字石舟)《趙戴水經注校案》辨全、趙、戴《水經注》案更詳。魏、張所論,略見下引鄭德坤《〈水經注〉趙戴公案之判决》一文。

光緒十八年(1892),王先謙《合校水經注·例略》曰:“諸家聚訟,若段玉裁茂堂(見《經韵樓集》)、魏源默深(見周壽昌《思益堂日札》)、張穆石舟(見近刻《全校水經注》),附録中兼言畢秋帆尚書索趙書於一清子載元,載元恐父書不當畢意,以巨貲購謝山本合併修飾。此則過信無稽、不通情理之言,殊爲無識。各執一詞,存而不論可也。”②

光緒三十年(1904),龐鴻書《讀水經注小識》刊行,龐氏於《叙略》云:

> 聞之戴氏之入四庫舘,於舘中諸公爲後進,戴性又傲,不肯下人,諸公頗齮齕之,其所校勘不盡從也。紀文達雖與戴善,而議論亦時有异同(見之《文達集》中)。故《水經注》武英殿本卷首提要雖題東原之名,而校録時實雜出諸公之手,已非戴氏之舊。以書經乙覽,自後遂無敢异詞。戴之遺本,歸諸孔氏,乃爲别刊

---

① 張書才主編:《纂修四庫全書檔案》,上海:上海古籍出版社1997年版,第742頁。因王傑於戴震卒後之乾隆四十二年(1777)十月始任副總裁,當不甚明瞭官修《水經注》之底細,故而有此懷疑。

② 王先謙校:《合校水經注》,北京:中華書局2009年版,第45頁。

之（按：即孔氏微波榭刻《水經注》），而孔氏序又未敢頌言館臣之失。後人或疑孔氏本爲戴早年所校，而館本乃其定本，實則非也。此説先祖得之歙程春海先生。程於戴爲同郡後進，其語固可信矣。[1]

二十世紀二三十年代，王國維、孟森及日人森鹿三對此案均有論述，俱見下引鄭德坤《〈水經注〉趙戴公案之判決》一文。

民國二十四年（1935），鄭德坤撰《〈水經注〉趙戴公案之判決》長文，詳細梳理并總結此前之《水經注》一案，頗有參考價值，故録其全文如下：

一、緒言——公案之事實

後魏酈道元（死於西元五二七年）著《水經注》，《北史》《魏書》本傳并作四十卷，行於世。唐時學者或有稱引，然名不甚著。五代更迭，經籍佚殘，宋初《水經注》，相傳《崇文總目》著録已剩三十五卷。宋人重刊，分析以足原數，而《水經注》之篇目亂矣。宋人頗重酈注，學者亦多引用，然未有專門研究者。金蔡珪著《補正水經》補酈注亡卷，卷每一篇，刊行時釐爲三卷，是爲專門研究《水經注》之始。

明永樂以後，學者相率考究，刊刻圈點，校注箋疏，不遺餘力。楊慎著《水經補注》，刊《水經》及《水經注碑目》。黄省曾校刊山、水二經。其後歸有光、柳僉、謝兆申、趙琦美、馮夢禎、周嬰、朱之臣、夏允彝、馮舒等并有校本。吴琯、陳仁錫有校刊本。鍾惺、譚元春有批點刊刻本。而尤以朱謀㙔之《水經注》箋刻本爲最著，傳流最廣。惜明人方法未精，尚不能辟荆榛，以臻完善。趙一清歎明人刻書而書亡，實有相當之理由也。

清儒治學，最重考據，自顧炎武、黄宗羲、顧祖禹、閻若璩、胡

① 龐鴻書：《讀水經注小識》，光緒三十年（1904）石印本。

渭而後，治酈書者，代不乏人。至乾隆間，全祖望、趙一清、戴震并起，益臻完備；及至清末，王先謙合校，楊守敬注疏，并爲地圖，遂使千數百年混淆訛漏之古籍，豁然可通。酈書可讀，全、趙、戴辟荆棘於前，王、楊集其成於後，非一代一人所能幸致者也。然後人研究《水經注》，有趙、戴蹈襲剽竊之争，議論紛紜，莫衷一是。

戴震字東原，安徽休寧人，生於清雍正元年，卒於乾隆四十二年。其有志於酈注實始於乾隆二十五年庚辰，是年戴氏見沈大成校何焯本，事詳《楹書偶録》初編《沈氏題記》，而其自治《水經注》則始於三十年乙酉，定《水經》一卷，後段玉裁刊入《東原文集》。越八年，全書刊於浙東，未及四分之一，而奉召入四庫館，在四庫館編校《水經注》。次年書成，奉命刊版，即武英殿聚珍本也。自刻本亦在京師由孔繼涵踵成之，即微波榭《戴氏遺書》本也。聚珍本依舊時卷第，全載校語，而經注混淆者悉更之。《遺書》本不録校語，將正文改定，於注文循其段落，每節跳起，難讀處可一目瞭然；而不分卷數，以所存百二十三水，每水爲一篇，以江、河爲綱，按地望先後分屬於江、河，左右爲次。此戴氏校刊《水經注》之經過也。

趙一清字誠夫，號東潛，浙江仁和人。一清世家，藏書數十萬卷，甲於東南。廩其先人之密授，讀書從事於根柢之學，校釋《水經注》所據參校者凡三十種，積十餘年始成，時乾隆甲戌十九年也。趙氏寒士，無力刊書，學者競相抄録。乾隆三十七年間，浙江巡撫采進四庫館，《總目》著録焉。乾隆五十一年丙午，畢沅移節大梁，由一清子載元得見其書，因命刊板，以梁玉繩兄弟董其事。三十餘年未刊之書，至是遂通行於世。此趙書校刊之經過也。

然趙書出，而争論起焉。蓋趙、戴二人所校大體相同，趙書成於乾隆甲戌，見趙氏自序；戴書出於乙酉，見孔繼涵序及段玉裁《戴氏年譜》,相距十二年,趙先於戴。戴書出於甲午,見紀昀等跋目;趙書出於丙午,見趙本畢沅序,相距十三年,戴先於趙。又趙書卷首列參校諸家,凡三十種,原文每校必記出處,而《戴氏遺書》本則不録校語,聚珍本有校語,但不記來源,惟跋目有"今以《永樂大典》所引,各按水名,逐條參校"之言。於是此事遂成疑案:爲趙、戴暗合耶?爲趙襲戴耶?爲戴襲趙耶?此事成爲清中葉以來學術上一大公案,參加討論者有段玉裁、魏源、張穆、楊守敬、王國維、梁啓超等,皆一代名儒;國外學者如日人森鹿三氏,亦有專文討論此事,聚訟紛紜,至今未决。吾人研究《水經注》不宜效王氏先謙見各執一詞,而主"存而不論"(合校本例略)。今試就諸家争論要點,略加叙述,比較批判,以爲此公案之結束。

二、公案之發端——段玉裁責趙

《水經注》趙、戴公案争論之開始,源於東原弟子段玉裁。玉裁字若膺,一字茂堂,師戴氏講求古義。戴氏没於乾隆四十二年丁酉之夏。後十數年,茂堂始從友人借讀趙書,而异其更正經注,大略與戴書相同,深疑二人面未嘗相識,足未嘗相過,音問未嘗相通,何其校定酈注如同出一轍,遂馳書梁玉繩,責其參取戴書以刊刻趙釋,文見《經韵樓集》《與梁耀北書論趙戴二家水經注》。

段書首辨戴校《水經注》功績之大細。據古本,搜群籍,審地望,尋文理,一字之奪必補之,一字之羡必删之,一字之誤必更之;此東原之能事,然其功細也。《水經注》經注混淆,文無區別,大抵注訛經者十之八,經訛注者十之一二。戴氏發明經注體例,不同者凡三:一曰獨舉復筆之不同,凡一水之名,經則首句標明,後不重舉;注則文多旁涉,必重舉其名以更端。二曰過逕之不同,凡水道所經之地,經則云"過",注則云"逕";經則統舉都會,注則兼及繁碎地名。三曰某縣及某縣故城之不同,凡書内郡縣,經則但舉當時之名,注則兼考故城;注所謂某縣故城,即經之某縣。執此三例,沛乎莫御,經注互訛,均可釐定,此東原之大功也。

段氏認定分别經注三例,爲東原之發明,及見趙書,其更正經注,亦大略與戴無异,字句偶竄一二,校古之常,取經注互易之,校古之創,人所不能爲者也。戴氏灼知而創爲之,故舉經注之義例冠於全書之首,大白於天下,又於分注逐事疏通,以爲不如是不可以取信,而趙氏於字句之偶竄,必詳其本原,而經注混淆突兀創改者,更未提及,顯非著書之體也。果其閉門造車,出門合轍,何以東原條舉義例誠夫不著一字耶?趙、戴二人并爲當代名儒,均非盗竊人物以欺天下者之流,然其暗合,一明著其例,一默默已也,故段氏以爲不能無疑焉。

段氏《與梁耀北書》附注且舉注誤爲經之例凡四,以證戴氏有詳校,而趙氏竟不置一辭:

(一)"河水又西逕罽賓國北。"戴云:"按此九字,原本及近刻并訛作經,考注叙蔥嶺之水分東西,先載蔥嶺,分源西流逕休循、難兜、罽賓、月氏、安息,入雷翥海之水,不得與經文淆紊,今改正。"

(二)"又西逕四大塔北。"戴云:"按此七字,原本及近刻并訛作經,考注内言蔥嶺西流之水,因連及蜺羅跂褅水,逕于闐四大塔、陀衛、安息,同入雷翥海,今改正。"

(三)"河水又東逕皮山國北。"戴云:"按此九字,原本及近刻并訛作經,考注文蔥嶺河自岐沙谷北分爲二,此先叙南河,逕無雷、依耐、蒲犂、皮山,而東合于闐河,不得與經淆紊,今改正。"

(四)"河水又東,洮水注之。"戴云:"按此八字,原本及近刻并訛作經,朱謀㙔箋於前經文'洮水從東南來流注之',欲改'洮水'爲'澆水',由不知彼爲經,此爲注耳。"

凡若此等校改之處,段氏并責趙氏何以不置一辭而改之,於注改爲經首見處亦不加注。若第四條趙校衹記"《朱箋刊誤》"而《刊誤》僅云:"八字是注混作經。"段氏譏趙衹知朱箋有誤,而不明其何以誤,遂疑趙書有剿戴之嫌疑。

丙午丁未間,段氏曾聞盧文弨言梁耀北處素昆仲校刊趙氏《水經注釋》,參取戴書爲之,因疑梁氏校刊趙書時,一切仍舊,獨經注互訛之處,不從戴則多不可通,故以戴補趙,成酈注善本,與戴書并行。段氏馳書耀北,勸其將事實公佈,以釋衆疑。其書之最後一段曰:"足下昆仲之意則善矣,但足下亦不宜深没其文默默而已也。果出於閉户造車,出門合轍,當著其奇,以見東聖西聖心理之必同。果出於相取,當著其實,以見多聞從善之有益。果二公未嘗相取,而出於校刊者集腋成裘,亦當爲後序以發明之,以見其期於酈書之完善,而非借光鄰壁。不,則無解於僕之疑,亦無解於天下後世或謂戴取趙,或謂趙取戴之疑。是則足下昆仲將尊戴而適侵戴,將助趙而適誣趙也。此僕之所以不敢不言也。……足下及今爲後序刊於趙書之末,洞陳原委,破天下後世之疑,俾兩先生皆不被竊美之謗於地下。僕實企望焉,顧明以教我。"

據段氏所言,似趙、戴原無互剿之事,而剿戴者實爲梁氏兄弟。梁氏仁和人,爲東潛同里後輩,段氏寄書詰問此事時,弟履繩字處素已卒,兄玉繩字耀北猶在。然耀北《清白士集》未有復玉裁書辨此事,或疑是梁氏慚服默認,或疑有他故未答,或疑有復書而未刊入文集,今已不可得詳矣。而段氏著《戴東原年譜》,見《戴東原集》,竟直言梁氏據戴書以正之。《年譜》"乾隆三十九年"條云:"顧更正經、注,定於乾隆乙酉,入即以示紀文達、錢曉徵、姚姬傳及玉裁不過四五人。錢、姚皆録於讀本,玉裁亦以明人黄省曾刊本,依仿以朱分勒,自此傳於四方矣。杭州趙東潛一清精於地理之學,研摩《水經注》者數十年,但其校本從未至京師。先生與趙雖或相聞,未嘗相識,其所業未嘗相觀也。四庫館搜討遺書，趙書亦得著録，其書校正字句，及剖析地理最詳，而更正經注，一如戴本者，蓋趙精詣絶群。鄞全謝山太史七校是書，深窺秘奥。兩公交最深，或閉户暗合，或麗澤相取，而其説往往與先生同，是可以知著書精美，不患千年後無校讎是正之人，而學問深醇，即未相謀面，所言如一。且趙書經錢塘梁處素履繩校刊，有不合者，據戴本以正之，故今二本大段不同者少也。”

段氏《與梁氏書》及《東原年譜》并謂剿書之事爲梁氏兄弟所爲，不干趙事，而其所據爲説者則盧文弨之言而已。文弨字召弓，號磯漁，又號抱經，餘姚人，主講書院二十餘年，爲當代學術領首人物，其言或可相信，故段氏引以爲證。此茂堂對於本案之意見，亦本案争論之開始也。

三、公案之反議——魏源駁段

道光間魏源讀段氏《與梁耀北書》，極爲趙梁抱不平，以爲戴氏剿趙，而段氏反責趙氏襲戴，且怪耀北昆仲刊趙書時，何不明著其參取戴本校之，故謂攘美成疑案。又慮段説呶呶千餘言，遺誤後學，靡所折衷，憤作《趙校水經注跋》，詳辟其妄，以正欺世盗名之罪。魏氏邵陽人，字默深，精輿地之學。其跋文見周壽昌《思益堂集》《思益堂日札》，力駁段氏之誤，并從各方證明戴氏有盗書之素性，及剿趙之事實。其要點凡六：

(一)《四庫》趙本及刊行趙本無异。趙書未刊以前，先收入《四庫全書》，一分貯於揚州文匯閣，一分貯於金山文宗閣。魏源并見之，與刊本無二。若謂趙氏後人刊書，采取戴書，則當與《四庫》本判然不符，趙氏後人當不能連《四庫》本亦改之也。魏氏據此以爲是戴氏在四庫館時先睹趙書而剽竊之。

(二)趙書有獨舉復舉經注不同之校語。趙氏序例中雖未明言獨舉復舉之例，然於校改處，趙已提及：一見《河水篇》卷二下首，一見《江水篇》“江水又東逕永安宫”下。後者趙書附録歐陽元《水經》序中亦已言之。且趙氏與全祖望同時校治《水經注》，全氏有所得，趙氏并從之。全氏《水經注》後刊，然其書成又在趙書之前。其《凡例》一卷於經注分晰尤詳，魏源曾見其抄本，凡戴氏所舉三例，《凡例》中皆詳之，故趙書不復述之，可見趙氏之校改經注，原有所據，不能責其不言也。

（三）戴氏剽竊趙氏注中有注之説。趙、全同時校《水經注》，發明酈書注中有注，刊本僅以大字小字分别之。戴氏對於此説，一方面謂同於豐坊之訛本，一方面則於《河水篇》卷一《爾雅》“河出昆侖墟”下引《物理論》十六字，又稱“注中之小注，故雜在所引《爾雅》之間”；《山海經》下引《括地圖》十三字，亦同此例，其餘不一而足。魏氏因譏戴氏既竊注中小注之説，而又斥之，是有盗憎主人矛盾之心理。

（四）戴氏不全據《永樂大典》。戴氏校刊《水經注》自稱係據《永樂大典》本，《四庫全書·水經注下》竟直注《永樂大典》本，《四庫提要》亦有此説。《大典》爲官書，貯翰林院，普通人不容易得見。魏源曾從友人親往翻校，謂係明朱謀㙔等所見之，不過多一酈序，和戴氏删改字句，輒稱本《大典》，實多係戴氏僞託，而《大典》實無其事，故魏氏譏戴恃秘閣官書，海内無從窺見，可憑城社售其臆欺。

（五）戴氏曾剿襲趙氏《直隸河渠水利書》。乾隆間方觀承督直隸，頗有心於水利之建設，聘請專家修纂《直隸河渠水利書》。觀承號恪敏公。初聘趙一清董其事，成書一百三十二卷。後趙氏他去，觀承改聘東原繼續編纂。東原就任不及一年，成書百零二卷，名《直隸河渠書》，蓋未完稿也。會恪敏薨，楊廷璋接任，東原辭去入都，書存孔繼涵家。考戴書篇幅浩繁，非一年之内所能成，趙氏之書尚多一倍，戴書必據趙書以作此書，故已删其繁者三十卷，又删“水利”二字，改其書之名。此事昭然若揭，段氏《趙戴直隸河渠書辯》，見《經韵樓集》，亦不能不承認趙爲草創，戴爲删定矣。魏氏據此因問戴氏水利書既據趙爲藍本，何以《凡例》

中不一字及於原書，深没其文，若同創造，是戴氏之於趙，一竊再竊也。

（六）戴氏人品卑劣。東原爲婺源江永門人。江永字慎修，凡六書、《三禮》、九數之學，無一不受諸江氏，有同門方晞原所作《群經補義序》稱曰“同門戴震”可證。及東原名盛，凡書中稱引師説，但稱爲“同里老儒江慎修”而不稱師説，亦不稱先生。魏氏詈其背師盜名，合逄蒙、齊豹爲一人，則攘他氏之書，獨其罪之小者也。魏氏且譏其平日譚心性，詆程、朱，無非争名一念所熾，其學術心術均與毛大可相符，江氏亦不願有此弟子也。

魏源《趙校水經注跋》所言六條，其性質可分爲三：前二條本辨趙書未剿戴，中二條證戴氏治《水經注》不忠實，後二條斥戴氏爲學誤於好名。此魏氏對於本案之意見也。茂堂尊師太過，以爲似此絶詣，非東原莫能，致有默深之反響，而本案之争論遂嚴重化矣。

四、公案之擴大——張穆之擁全

然對於段氏《與梁耀北書》及《戴氏年譜》表示不滿者，奚止魏源一人。道光二十四年甲辰，平定張穆，本名瀛暹，字誦風，一字石舟，號㲄齋，讀段氏文亦有不平之感，及見全謝山稿本，遂爲謝山喊冤，作《全氏水經注辨誣》，力主全氏之於酈注實有鑿山通道之力，功不容没。石舟之文，張氏《㲄齋居士文集》未著録，梁啓超先生稱徐時棟《煙嶼樓文集》有石舟此説。今全文見《全氏七校刊本》附録下。范文瀾氏寫録以冠《水經注寫景文鈔》，但題目脱“誣”字。

案趙、戴公案原爲趙、戴二人剿襲之争，未曾涉及他人，及石舟文出，此案波瀾增加，二人之事，一變而爲三人之事矣。

全祖望，鄞人，字紹衣，一字謝山，先祖元玄、天叙、吾騏三世并校《水經注》，雙韭山房家藏有舊校本。乾隆十四年己巳，謝山四十五歲，始繼先人遺志，續校酈注，晚年精力所注，用功極勤，校於揚州，校於杭州，又校於廣州，朝夕不倦。及十七年壬申，全部在粤寫定，蓋已七校矣。集中有五校本題詞，體例詳焉。祖望與一清友善，共治《水經注》日夜商榷，趙氏參校諸本，有《全氏七校本》，并詳注其事，全氏又爲趙書作序。然全氏卒後，遺著散佚，將越百年，其同里後學王艭軒，始釐正其稿，又數十年至光緒十四年，薛福成徇董覺軒之請，始刻之。今寧波崇實書院本是也。全、趙、戴三人同校《水經注》，全書最先成，而最晚出，此全書校刊之經過也。

張穆因王艭軒得見盧鎬所藏全書稿本。鎬一名友焜，號月船，鄞人，故藏有此殘稿十數册。石舟已見全稿，先則曰"戴氏則必嘗窺見全書及趙書，而竊據潤飾以爲己有"，再則曰"余用（全稿）以合校兩家，然後知戴、趙皆竊據謝山書"。石舟此文乃欲證趙、戴并剿全書，其要點如下：

（一）戴氏詐稱據《永樂大典》原本。東原以校正酈注博世名，膺懋賞，據《永樂大典》原本爲其最得意者之一，故聲明再三。《大典》貯翰林院，獲見者少。辛丑之秋，石舟親覽秘書，用明以來通行《水經注》校出一部，再勘戴書，始覺其詐有四。翰林院《大典》乃嘉靖中照南京原本重繕之本，《水經注》在卷一萬一千一百二十七至一萬一千一百四十二，水字韵内，十六卷，今合爲八巨册。其餘江、河、淮、濟諸韵中，一一細檢，更無徵引《水經注》之處。東原所稱原本，應即此八巨册，而東原《官本跋目》乃云"各按水名，逐條參校"，此其詐一也。《提要》稱脱簡有自數十字至四百餘字者，此又八巨册中絶無之事，東原恃《大典》秘書，造言欺人，以掩其盗竊前人之迹，其詐二也。《大典》所據自係宋元舊本，而移寫草率，訛文脱句，層見疊出，《大典》較他刻本爲尤甚，今以通行舊本校之，大略不殊，間有一二字敻出舊本上者，東原已大半據改，偶有改之不盡者，則以先横各書於胸中，反謂《大典》爲誤，不足據也。石舟舉《河水篇》漢改樓蘭爲鄯善，篇中凡六書，并作“鄯鄯”，而東原竟據今本《漢書》改爲“鄯善”。東原每校輒稱近刻訛某，夫近刻訛云者，對原本不訛而言也，原本應是指《大典》本。石舟以原本校之，其出於《大典》者半，出於東原據他本校改者亦半。原書俱在，可取以相勘。東原又有不言所本，逞臆輒改者。如《漯水篇》之右部城，即《地理志》濕沃之后父城。東原不知后爲右訛，而改右爲左，意謂劉淵嘗置左部城於汾側也。（案：此條王梓材稱當是石舟誤記。）又如《汾水篇》：“汾水又南逕白馬城，魏刑白馬而築之，故世謂之白馬城，今平陽郡治。汾水又南逕平陽縣故城東，晋立平陽郡始此矣。”晋魏兩郡城，畫然明白，東原無端改晋立曰魏立，是以不狂爲狂也。若此者不可勝舉。東原於《大典》原文，并未完全采用，《大典》之外，《史》《漢》及他本均有采用，甚至逞臆校改，而祇言以《大典》參校，其詐三也。東原於《大典》得道元自序一篇，然石舟案原序東原亦略有增改，“高下無不至，萬物無不潤”，無下各增一“所”字；“不能不由深訂瞥也”，“訂”改“屏”；“條貫手夥”，“手”改“系”；“庶備忘誤之矜”，“矜”改“私”；其餘改定字體，校正訛誤者，又五六處，其詐四也。

（二）分别經注，權輿全氏。茂堂《戴氏年譜》及《與梁耀北書》并謂分别經注，戴功爲大，東原灼知之，創爲之。石舟案謝山題辭曰：“經文與注文頗相似，故能相溷，而不知熟玩之，則固判然不同也。經文簡，注文繁；簡者必審擇於地望，繁者必詳及於淵源；一爲綱，一爲目，以此思之，思過半矣。”

以爲此分别經注，創始於謝山之堅據。一清與謝山同治《水經注》，其分别經注，必從謝山無疑。至於東原從何處窺見，雖不可推測（趙之謙曰“戴東原曾至寧波”），然以《直隸河渠書》事例之，則東原好盗人書，素性固然。石舟對於段書所舉注誤爲經四條，責趙氏不置一詞，亦加反駁。石舟案前三條：謝山早以盡歸於注，趙用全本，故不復加案，猶於卷首《全氏七校本》下顯言之曰："謝山謂河、洛、濟、渭，沔、江諸篇，經注混淆，卧病中忽悟其義，馳書三千里至京師。"是趙明言用全，而戴竟久假不歸，用以詫世。至於第四，"河水又東，洮水注之"一條，尤謝山得意之筆。題詞中既特著其説，經文下又加校曰："此條經文，洮水入河，而第十六條又有洮水入河，則是有二洮水矣。胡渭因改此之洮水以避之，不知此條是經文，以下十五條皆注，則正是此條洮水之釋文，非别有一洮水也。"茂堂畢竟衹見趙書，未見全書，故重復申辨。假令早見趙氏所本之全氏題辭，又何能爲其師諱乎。茂堂稱東原因胡朏明南北礫溪之誤，霍然大悟，將經注畫清。石舟又案辨南北礫溪之誤，正是謝山所爲，《鮚埼亭集》有《水經礫溪帖子柬慎甫》一首，其證甚明。最可异者，謝山謂經注混淆，止於河、濟、江、淮、渭、洛、沔七篇，而東原所改正者，亦止此七篇。此七篇衹舟衹見謝山所訂《河水》五卷，但石舟以題詞覈之，謝山定《河水》經文五十三條，而東原經文亦止五十六條；謝山《濟水》三十二條，東原三十四條；謝山《江水》二十二條，東原二十四條；謝山《淮水》八條（王梓材案：實十二條），東原十四條；謝山《沔水》十八條（王梓材案：十九條），東原二十條（王梓材案：《沔水》東原實二十五條，《渭水》十五條，《洛水》十條，全、戴同）；以《河水》一篇準其餘六篇，雖所訂未必一一相同，要其發凡起例，謝山實爲讀《水經注》者啓其蓬心。又題詞此節後有注曰："一百七十篇中，《漳水》《獲水》《泗水》三篇，亦尚各溷一條，乃是偶誤，非若七篇之寸寸分裂也。"石舟因案東原於濁漳篇亦删正經注相聯"之漳水焉"四字；於《獲水》注"又東過蕭縣南，睢水北流注之"，十二字改注爲經；於《泗水》經"又東逕山陽郡"六字改經爲注，即謝山所稱各溷之一條。（王梓材案：此三條全、戴悉同。）據此則分别經注，實權輿全氏者也。

（三）全氏發明注中有注。戴本《河水篇》"《物理論》曰河色黄者，衆川之流，蓋濁之也"，校云："此十六字當是注内之小注，故雜在所引《爾雅》之間。書内如此類者甚多。"又"《括地圖》曰，馮夷恒乘雲，車駕二龍"，校云："此十三字當注内之小注，故雜在所引《山海經》之間。"石舟案酈書注中有注，乃真謝山之創論。全氏經文、注文、注中注分三層寫，趙氏從之，但仍爲兩層，而謂爲注中注者，則小字挾行。趙、全之注中注，亦微有不同。東原亦剿用此説，而不云前有所承。謝山題詞著其説曰："是言也，前人從未有及之者，首發之，先司空公實爲創獲；其後先宗伯公始勾出，爲朱墨分其界；先大父贈公又細勘之；至予始直令繕寫爲大小字，作爲定本。"

所謂得之先世舊聞者如此，而《四庫提要》顧深斥之曰："所云先世舊聞，不識傳於何代，載在何書，殆出於以意推求，而詭稱接受。"

夫題詞明言先司空、先宗伯、先大父，何謂詭稱授受？明言實爲創獲，何嘗謂古有如此《水經注》本？石舟以爲皆緣題詞蘊霾，一清用全説略標大指，不能明晰。東原既瘖不肯言，書局亦遂含糊下斷。

（四）戴剿趙《直隸河渠水利書》。案此條所欲言者，與魏源第五點正同，不必贅述。惟石舟且有"茂堂重復申辯，而其盜據之迹卒不可掩也"，及"使戴氏標明原本而删之補之，豈不甚美，何乃爲此穿窬之行乎。尚論者所爲深惡其人，懸爲世戒也"等語。

（五）《水經》三國時人作，爲全氏所言。石舟以爲東原謂《水經》爲三國時人作，此語亦本謝山，見題詞。

（六）《水經注》新次序，戴本謝山。石舟以爲東原自訂《水經注》次序，以河、江分一大綱，即謝山南瀆北瀆之説，而稍變通之，見叙目。

（七）日南水爲斤江水附録，亦全氏之説。石舟稱一清以書末《日南水》文爲一篇，謝山謂此乃《斤江水篇》之附録，舊目不可非。戴氏官私兩本,俱合《斤江》《日南》爲一篇。

(八)趙書剿全在身後。石舟據徐松之言,信一清後人校刊趙書有襲全之事。徐松字坪丈,鹿邑人,石舟以其爲盛德君子,不妄議論人。鹿邑屬歸德,徐數以應試至郡城,故知趙書之刻甚詳,後告石舟曰:"乾隆乙巳丙午間,畢秋帆中丞巡撫河南,有奏銷積案,欲不任胥吏,得一明算之人詳該以聞。時東潛之子載元以貲郎需次大梁,或薦其知算,畢召入,連下數十籌,簌簌立辦。畢大賞异,以此登薦剡。未期歲,擢知歸德府。初,畢之索書載元也,載元即遣僕走浙中,恐父書或不當畢意,以鉅資購謝山本,而倩梁履繩、玉繩兄弟合併修飾之。朱文翰作謝山《漢書地理志釋疑序》,所謂《水經注校本》有大力者負之以趨是也,乃畢雖爲趙書作序,載元仍延梁氏兄弟於署,任校刊事,即今行趙氏本也。"

石舟遂以盧氏所藏謝山稿底校之,其蹈襲之迹,猶可一一覆按。石舟認此爲載元及梁氏兄弟之過,不應追罪一清,不應與東原之躬行篡奪,混爲一談。

(九)趙、全多相同。石舟案全氏引周嬰《卮林》及二顧、閻、胡諸書,趙本一一皆合。然二氏校語亦有互异者:如全本引一清校語,《河水篇》説經記谿褫條;東西二太樓條;《洛水篇》説明谿泉條;《谷水篇》白超壘條;《渭水篇》封山即邽山條;今本趙本乃皆無之,石舟亦未解何故。又如趙辨滿城即蒲城之訛,及引《全元人集》處,全本皆無,石舟以爲即《直隸河渠書》之緒言。又如"河水出其東北陬"七字,全本并經爲一條,注通爲一篇,趙、戴仍析而二之。又如佚簡十三篇,謝山總綴於書末,趙附相比諸水之後。

(十)梁氏兄弟傳戴改趙。石舟信茂堂梁氏兄弟有采用戴書以刊趙書之説,併案:《河水篇》"又東過榆中縣北"條,"又東過天水北界"條,"至河目縣西"條,"又東北過東阿縣北"條,"又東過茌平縣西”條,“又東北過高唐縣東”條,全本皆注,趙本、戴本皆作經。又《水經》“伊水出南陽縣西”,謝山加校曰“按南陽,郡名,非縣名也。《元和郡縣志》引此文作南陽魯縣西”。趙一清本從之,不知自秦以來無魯縣,魯縣之名但見於《左傳》。石舟考之,乃南陽之魯陽也,因據此知全本較舊本增“魯陽”二字,趙校舊本但增一字,而今趙、戴兩本俱作“南陽魯陽縣”。戴本下加校曰:“按近刻脱魯陽二字”,而不言何本不脱,何本增此二字。石舟以爲即取之全本甚明。且據此謂今行趙本則又梁氏兄弟據兩本增之,案驗愈分明矣。

張穆《全氏水經注辨誣》洋洋數千言,所言十要點,已如上述。其文結論有三:戴東原盜書成性,《水經注》一書即剿全氏,一也;趙氏爲全氏摯友,共治《水經》,本無剿襲之可言,然趙之後人實有剿全之舉,二也;趙書後出,梁氏兄弟不但參校全氏,且亦采用戴書以刊趙書,三也。此張氏對於本公案之意見,然將謝山捲入旋渦,而公案範圍擴大矣。

五、公案之研究——楊守敬之非戴

楊守敬字惺吾,號鄰蘇老人,宜都人。守敬爲近代名儒,著述極富,其校讀《水經注》頗覺全、趙、戴三家皆有得失,非唯脈水之功未至,即考古之力亦疏,乃與門人熊君會貞,字崮芝,發憤爲《水經注疏》,繪《水經注圖》,用力二十餘年,終未竟成。光緒三十一年乙巳刊行《水經注疏要删》及《水經注圖》,宣統元年己酉又刻《要删補遺》及《續補》。楊氏已致力於酈注數十年,對於趙、戴問題自不能無言。《要删》自序言之,注疏《凡例》又詳之,《要删》文中復屢舉證驗。玆就《要删》所言,歸納其對於本案之意見如下:

(一)趙書非取諸他人。楊氏考東潛校訂字句,一一臚列原書,此非取諸他人,無容疑議,吾人檢閲趙書,一目瞭然,無庸舉例者也。

（二）全、趙互取不足病。楊氏以爲謝山東潛之治酈書，生前本互相推挹，趙書載全説毫無假借，其有與近刻全書不同者，則爲五校七校之异。楊氏又案：全書精華已多見趙書中，而其改訂字句，則與趙十同八九，全爲趙書作序，則采其説，自在意中。全、趙已同治《水經》，趙博采全説，故全誤者，趙亦屢誤。楊氏《要删》例舉全、趙同誤者頗多。如卷九“其水西逕魏武玄武故苑”條，熊會貞曰：“其水則指新河，乃全氏改其作淇，謂《淇水經》云東北與洹水合即此，不知淇水自洹水南來合洹水，此水自洹水北流入漳，如風馬牛不相及，趙氏亦不考而從之，可怪也。”又如卷十一“東逕容城縣故城北”條，楊氏曰：“趙從全説於東上添‘巨馬水又’四字非也，注明言易水與諸水互攝通稱，則以下雖巨馬水亦即易水矣。”又如卷十六“北引渠東合舊瀆”條，熊會貞曰：“此蓋即上所云磧北出爲湖溝也，全、趙未合審乃於北上增‘谷水’二字，疏矣。”又如卷二十五“又逕薛之上邳城西，而南注者也”條，熊會貞曰：“此句叙泗水經流，乃全氏誤以爲承上句漷水言，又覺與前文復，而以西漷水當之，不之上明雲南梁水，俗謂之西漷水，何至此復出。全氏觀注不審，趙亦竟從其説，甚矣解人之難索也。”《要删》所記全、趙同誤，奚止此四條。至於全書之從趙訂者，概不著所出，楊氏以爲未免掠美，且謂此或出後人校改，未必皆全氏之舊。

（三）趙書用戴者甚少。楊氏《要删・凡例》言趙氏之襲戴者甚少，然亦間有一二。緣趙氏所訂者皆著所出，其不著所出者，保非戴本，當是梁氏伯仲所爲，盧抱經之言，應不誣也。故茂堂特以問諸梁伯子。楊氏考梁氏《清白士集》無蜕稿，疑其或有難言之隱，竟不答之。《要删》舉梁氏用戴校者數條如下。……（略。）趙書用戴校不多，且爲趙氏後人所爲，故楊氏自序結論曰：“趙之襲戴在身後一二小節，臧獲隱匿，何得歸獄主人？”

（四）戴氏詐據《永樂大典》。東原所訂但言近刻之訛，亦未嘗以其所訂者，一一稱爲《大典》本，而其進呈序文，則謂皆《大典》本。楊氏認此爲欺世之甚者。惺吾考孔繼涵《戴氏遺書序》有東原治《水經注》始於乾隆乙酉夏，越八年壬辰刊於浙東，未及四分之一，而奉召入京，與修《四庫全書》，又得《永樂大典》内之本，而以平日所得詳加訂正等語。然孔氏所刊乃是戴氏重訂次序之本，即浙東所刊未全之底本，其時戴氏未見《大典》本，何以其所訂一一與官本相同。楊氏因知戴氏得見趙本，以其書未刻，略爲改訂，冒爲己作，而又盡删趙氏校語，以泯其迹。厥後得見《大典》，遂居爲奇貨，此其不可問者。至於《大典》本善惡如何，楊氏亦推測之曰："若謂《大典》本是宋刊善本，故多與趙訂相同，此亦不然。此書宋本，明代謝耳伯見之，孫潛見之，國朝錢遵王藏之，乾隆間沈大成亦見之。若果有與趙氏訂同者，何以謝耳伯孫潛等所校之字，不過百十，而亦未與《大典》本同。尤可證者，曹石倉藏書最富，所撰《名勝志》，幾以《水經注》全部匯入。其所訂爲趙氏所不收者，尚千數百字，而其沿誤與朱本同者，亦不少，若謂曹氏不見宋本耶？何以不能與趙、戴同耶？乃知《大典》本與朱本實不甚有异同，張石舟之説自不誣。戴氏所稱删正四五千字，以爲皆從《大典》本出，然乎否乎？""若云《大典》本尚在謝、孫等所見本之前，則《寰宇記》《長安志》所引《水經注》諸逸文，何以不能皆備？是知《大典》本亦是殘五卷之本，不能出《崇文總目》以前。且分三十五卷爲四十卷，是何聖從所爲，《大典》本不聞是三十五卷之舊，知其所見亦不能出何聖從之先。况鈔本奪誤必多，有時戴改反不如朱本者，亦職斯故。"

（五）戴氏確有剿趙之事。戴氏《水經注》已未全據《大典》本，且成書在見《大典》本前，楊氏因認爲東原確有改訂趙本，冒爲己作之事。其《要删・凡例》稱戴之襲趙昭然若揭，一觀王先謙合校本，此書以合趙戴校語爲主體，二人所校并列，雖百喙不能爲東原解。若以一清所見之書，東原皆能讀之，冥符合契，情理宜然，但楊氏以爲事同道合，容有一二，豈有盈千纍百，如出一口。《要删》舉戴襲趙之證，多不勝舉，略記數條於下，以爲參考。……（略。）楊氏又考趙氏所未檢出者，在數百字以上，皆故事雅記，初非僻典，東原亦未能正之。又趙氏常有未檢原書以臆定而誤者，東原亦多貿然從之。凡此種皆可以證明東原有剿趙之事，故楊氏自序結論曰："戴之襲趙在當躬，千百宿贓，質證昭然，不得爲攘奪者曲護。"

（六）戴亦剿全。戴之襲全，楊氏自序及《凡例》未明言之，然書中證東原之剿全者，亦間見一二，兹舉於下。……然全書後出，校刊者得見戴書而參考之，又在所不免，故楊氏《凡例》又謂全書與戴所獨見者，亦間有相同，則或王梓材之所爲。

《清代樸學大師列傳》稱楊守敬"惟《水經注疏》尤竭畢生之力，羅振玉推其糾正全、戴、趙三家之失，創獲其諦，可與王、段之小學，李壬叔之算學同爲千古絶業"，言頗不誣。楊氏對於趙、戴公案結論亦有三：一清每校必記出處，非取諸他人無疑，惟其書校刊時，梁氏兄弟參取戴説而刻之，一也；一清與謝山同校《水經注》，二人之書互取不足病，惟全書校刊時，王梓材又參取趙説，二也；東原已剿趙書，又襲全書，詐稱據《永樂大典》，事實昭然，惟其獨得者，後人刊刻全、趙之書，亦取用之，三也。此楊氏對於本公案之意見，而本案之批判，略可定矣。

六、判决之擬定——王國維之非戴

王國維字静安，海寧人，現代名儒也。晚年校《水經注》尤特精審，蓋王氏身居舊都，文物所薈萃，得見古本頗多。宋刊殘本，《永樂大典》本，明抄本，明朱謀㙔、黄省曾、吴琯諸本，及清孫潛夫校本，王氏并取以校戴、全、趙三家，於是對於趙、戴公案，認識頗深。民國十三年甲子二月，著《聚珍本戴校水經注跋》，見《觀堂集林》，力主戴氏有剿趙襲全之事。其文要點如下：

（一）戴書奄有諸家之勝。王國維所校《水經注》本頗多。乃悟三四百年諸家釐訂之勤，蓋酈書有善本，非一人之力也。更正錯簡，則明有朱王孫，清有孫潛夫、黄子鴻、胡東樵。釐訂經注則明有馮開之，清有全謝山、趙東潛。捃補逸文，則有全、趙二氏。考證史事則有朱王孫、何義門、沈繹旃。校定文字，則吴、朱、孫、沈、全、趙諸家皆有不可没之功。王氏以爲東原成書最後，遂奄有諸家之勝，而其書又最先出，故謂《水經注》之有善本自東原始可也。

（二）全書不可疑。全氏校《水經注》，成書最早，至光緒中葉，薛福成始刊全書於寧波。然全校本初刊時，校勘者已謂王梓材重録本往往據戴改全，林頤山尤致不滿，至詆爲贋造，抉摘罅漏，至數十事（林文未見何書），於是長沙王先謙編《合校水經注》，遂一字不敢闌入。然王國維氏考薛氏所刊全書實取諸盧氏林氏所藏黏綴底本，及殷氏所藏清本，非專據王梓材本，未可以其晚出而疑之也。

（三）戴書不據《大典》。民國十一年壬戌春，王氏在烏程蔣氏傳書堂見《永樂大典》四册，全載《水經注·河水》至《丹水》二十卷之文，遂取以校戴氏聚珍板本，頗怪戴本勝處，全出《大典》本外，而《大典》勝處，戴校未能盡之，疑東原之言不實，足證石舟之説。惟石舟謂《提要》所云脱簡有自數十字至四百餘字，此又《大典》絶無之事，王氏案卷十八《渭水》注中脱簡一葉，四百餘字，大典實有之，張氏此説未諦。然此葉脱簡，全、趙已據柳、孫二本補之，東原自言據《大典》補之，今《大典》原本具在，戴氏所補乃不同於《大典》本，而反同於全、趙本。王氏因謂戴氏不全據《大典》，而確見全、趙之書，至於石舟之譏戴氏且有私改《大典》，假託他本之迹，王氏案蔣氏所藏《大典》本第一卷有塗改四處：……（略。）王氏以爲戴校既托諸《大典》本，復慮後人據《大典》以駁之，乃私改《大典》原本，以實其説，其僅改卷首四處者，當以不勝改而中止也。此漢人私改蘭臺漆書之故智，不謂東原乃復爲之。

（四）戴書又僞託歸有光本。東原官本校語，除朱本及所謂近刻本外，從未一引他本，獨於卷三十一、卷三十二及卷四十中五引歸有光本。王氏考此五條，均與全、趙本同，且歸氏本久佚，惟趙清常、何義門見之，全氏曾見趙、何校本，於此五條并不著歸本，如今孫潛夫傳校趙本，其卷四十尚存，亦不言歸本有此异同，王氏以東原之厚誣《大典》觀之，則所引歸本，疑亦僞託也。

（五）戴氏見全、趙之書，在乾隆戊子。魏源推測戴氏見趙書於入四庫館之時，王氏考全氏書未入四庫館，趙氏書之得著録四庫當在東原身後，而其書之入四庫館，則遠在其前。案《浙江采集遺書總目》成於乾隆三十九年，其《凡例》内載浙江進書凡十二次，前十次所進書目，通編爲甲乙至壬癸十集，而第十一、第十二次所進者，則編爲閏集。今趙氏《水經注釋》及沈繹旃《水經注集釋訂訛》，其目均在戊集中，則必爲第十次以前所進書，亦必前乎三十九年矣。而東原入館在三十八年之秋，其校《水經注》成於三十九年之冬，當時必見趙書無疑。然王氏又疑東原見趙書尚在乾隆三十三年戊子，修《直隸河渠書》時。東原修此書，實承東潛之後，當時物力豐盛，趙氏《河渠書》稿百三十卷，戴氏《河渠書》稿百十卷，并有數寫本，又趙校《水經注》全氏雙韭山房録有二部，則全氏校本，趙氏亦必有之。《水經注》爲纂《河渠書》時第一要書，故全、趙二校本，居中必有寫本無疑。東原見之，自必在此時。至於分别經注，戴氏是否本諸全、趙，殊不易定。王氏據玉裁《東原年譜》自定《水經》一篇，繫於乾隆三十年乙酉，段刊《東原文集·書水經注後》一篇，亦署乙酉秋八月。此篇雖不見於孔氏刊本，然段氏刊《文集》及《年譜》均在乾隆五十七年壬子，其時趙書未出，（案：趙書刊於丙午五十一年，王氏誤也。）趙、戴相襲之論未起，所署年月，自尚可信，而東原撰官本《提要》所舉釐定經注條例三則，至簡至賅，較之全、趙二家説尤爲親切，則東原於此事似非全出因襲，且金宇文虚中、蔡正甫，明馮開之已發此論，固不必見全、趙書而始爲之也。王氏頗疑東原既發見此事，遂以酈書爲己一家之學，後見全、趙書與己同，不以爲助，而反以爲讐，故於其校定酈書也，爲得善本，不能不盡采全、趙之説，而對於其人其書必泯其迹而後快，於是盡以諸本之美歸諸《大典》本，盡采諸家釐訂之功以爲己功，而其所掠者，以全、趙爲最備。王氏且謂趙氏本，即曰梁處素兄弟據戴改之矣，然其《朱箋刊誤》中所引之全説，戴氏何以多與之合？全氏之書，即曰王梓材據戴改之矣，然全本校語及所引趙氏校語，戴氏又何以多與之合？戴氏實無以却卸其盗書之罪名矣！

（六）戴氏剿襲他人之書之原因。王氏又考東原盗書之原因，略謂東原學問才力，固自横絶一世，然自視過高，騖名亦甚。其一生心力專注於聲音、訓詁、名物、象數，而於六經大義，所得頗淺。晚年欲奪朱子之席，乃撰《孟子字義疏證》等書，雖自謂“欲以孔、孟之説，還之孔、孟，宋儒之説，還之宋儒”，顧其書雖力與程、朱异，而亦未嘗與孔、孟合。其著他書亦往往述其所自得，而不肯言其所自出。其生平學術出於江慎修，故其古韵之學，根於《等韵》，象數之學，根於西法，與江氏同，而不肯公言《等韵》、西法，與江氏异。其於江氏，亦未嘗篤在三之誼，但呼之曰“婺源老儒江慎修”而已。其治《水經注》亦然。黄、胡、全、趙諸家之説，戴氏雖盡取之，而氣矜之隆，雅不欲稱述諸氏。是固官書體例宜然，然其自刊之本，亦同官本，則不可解也。又戴書簡嚴，例不稱引他説，然於序中亦不著一語，則尤不可解也。以視東潜之祖述謝山，謝山之於東潜，稱道不絶口者，其雅量高致固有間矣。凡學術上可忌可恥之事，東原胥爲之而不顧，王氏以爲皆氣矜一念誤之。至於掩他人之書以爲己有，則實非其本意，而其迹則與之相等。

王氏《聚珍本戴校水經注跋》一文之要點，已如上述。其對於趙、戴公案之結論，力主戴氏氣矜，掠他人之書以爲己有，且厚誣《大典》，證質顯然。王氏且謂："平生尚論古人，雅不欲因學問之事，傷及其人之品格，然東原此書方法之錯誤，實與其性格相關，故縱論及之，以爲學者戒。當知學問之事，無往而不當用其忠實也！"

於是戴氏竊書之案，更成定讞矣！

七、公案之調取——梁啓超之和事

民國十三年一月十九日（舊曆爲十二月二十四日），爲東原二百年誕辰，北京安徽會館開紀念演講會，崇拜東原之學者，多預備論文到會宣讀，盛極一時。現代學術界泰斗梁啓超氏，亦親臨該會演講。該會宣讀論文，由北京晨報社出版紀念論文集，名《戴東原》。梁氏有《東原著述纂校書目考》之作，其中論《水經注》，略謂趙、戴二人皆用功十年，均有可取，至於趙、戴公案之争，梁氏不過臚舉兩造之説，以平亭之而已。兹將此段所述之要點，分述於下：

（一）戴氏研索之勤。梁氏案校定《水經注》爲東原畢生大業之一，經始於乾隆乙酉，越九年乃告成，乙酉八月初校定一卷，自記云："夏六月閱胡朏明《禹貢錐指》引《水經注》疑之，輾轉推求，始知朏明所由致謬之故，實由唐以來經注互訛。……（略。）今得其立文定例，就酈氏所注考定經文，别爲一卷，兼取注中前後倒紊不可讀者，爲之訂正，以附於後。是役也，爲治酈書者，棼如亂絲，而還其注之脈絡，俾得條貫，非治《水經》而爲之也。"（《文集》六，《書水經注後》）《茂堂年譜》："按此《水經》一卷，今未著録，然别注於經，令經注不相亂，此卷最爲明晰。後召入四庫館，纂修此書，綱領不外乎是，特以討論字句加詳耳。"梁氏稱據此二段，可見東原著此書之動機，及其先後研精進益之迹。此書大段成於壬辰以前，癸巳入四庫館，不過據《永樂大典》本，稍補葺耳。梁氏又以爲聚珍本全列校語，最能表現東原之勤，《遺書》實宜刊此本，聚珍板爲官書，反可以用《遺書》寫定本也。

（二）趙、戴暗合。梁氏據孔繼涵《水經注序》及段玉裁《東原年譜》稱東原必非入四庫館後睹趙書而剽竊，固不待言。東原固必非穿窬，繼涵及玉裁又非妄語之人，故梁氏以爲趙、戴之於此書，皆用過十年苦功，造詣各臻其極；其治學方法又大略相同，閉門造車，出門合轍，并非不可能之事。玉裁尊師太過，以爲似此絶詣非東原莫能及，睹趙書愕眙之餘，乃誤疑耀北。又因玉裁揚戴抑趙，引起反動，致有張魏之反唇，實則兩皆失之也。梁氏以爲此案關係東原人格，故不憚詞費，臚舉兩造之説，而平亭之。

（三）未見《大典》，不敢言是非。魏源責東原僞託《永樂大典》，梁氏自謂未見《大典》，不敢置一詞。梁氏且謂自己對於酈書素未深究，更不敢斷言戴氏"臆改"者，是否悉當。但以爲如其當也，則雖不出《大典》何害？戴氏之學，本空諸依傍，而以求是爲主也。

據以上諸點，可見梁氏對於《水經注》素未深究，爲東原二百年誕辰作文章，衹好采取和事老之態度，以"趙、戴暗合"四字平亭此獄。然民國十五年梁氏又著《中國近三百年學術史》，對於此案意見，已略有改變，其書頁三九一（四版本）試平亭此獄，略謂全、趙、戴："三君皆好學深思，治此書各數十年，所根據資料又大略相同，則閉門造車，出門合轍，并非不可能之事。東原覃精既久，入館後睹趙書先得我心，即便采用，當屬事實，其所校本屬官書，不一一稱引趙名，亦體例宜爾，此不足爲戴病也。趙氏子弟承制府垂盼，欲益榮其親，耀北兄弟以同里後學董其事，亦欲令趙書盡美無復加，趙、全本世交，則購采全稿潤益之。時戴本既出，則亦從而擷采。凡此恐皆屬事實。全本爲斯學開山之祖，然趙、戴本既盛行，全本乃黯没百餘年，其同里後學王、董輩，深爲不平，及得遺稿，亦欲表章之使盡美，其間不免采彼兩本以附益其所未備，恐亦屬事實。要而論之，三家皆不免互剿，而皆不足爲深病，三家門下各尊其先輩，務欲使天下之美，盡歸於我所崇敬之人，攘臂迭争，甚無謂也。”

梁氏意見雖已改變，而其爲和事老之態度未變也。梁氏爲現代名儒，其影響於此案之判决頗大，本案原已可解决，至是而猶豫不决矣。

八、判决之反駁——森鹿三之擁戴

日人森鹿三氏，東方文化學院研究所之研究員也，在該所專門研究《水經注》所引文獻，著《水經注に引用ャゐ法顯傳》及《十道志に引用ャに水經にフムて》，并刊於《東方學報》(前者見第一册，後者見第四册)。森氏亦注意及此公案，作《戴震の水經注校定にフムて》，專考此案之事實，亦刊於《東方學報》(見第三册)。森氏以爲若戴氏剿襲全、趙成爲定論，則戴書毫無價值。然考戴氏《水經注》之研究，可分三部得之：按地望之次序，重新整理《水經》之篇目，一也；審立文之義例，釐定經注之混淆，二也；據《永樂大典》補訂字句之訛奪，三也。凡此三者，并爲戴氏之功，不容埋没。森氏因據此三點以證東原未剿全、趙，略述如下：

(一)戴氏整理篇目，係據何焯，决非蹈襲全氏。戴氏《水經注校刊本》有二：武英殿聚珍版本及微波榭自刻版本也。聚珍本用舊有篇目，與明刻本相同，上可溯至南宋王應麟《玉海》所記之卷第。至於酈氏最初篇目如何，已不可考矣。自刻本不分卷，以一水爲一篇，訂成十四册。其排列之次序，乃以河水及江水分爲兩大綱，而後以流入之支水，案其先後方面，依次排列。此種篇目雖不與酈氏同，然其目的即在於恢復酈氏之舊，誠戴氏之創見也。張穆以爲戴氏將《水經》諸水分屬河、江二係據全氏北瀆南瀆之説，而加以變通。森氏頗不以爲然，且比較全、戴之次序，而視戴氏之體系爲簡單獨到。戴氏於《河水篇》分阿耨達諸水、蔥嶺于闐水及中國河三部，而全氏乃襲用舊第，仍作五卷，其不同一也。戴氏於汾水入河之後，排列汾水支流；次序先舉由西注入諸水，晋水、文水、原公水，以先後爲序；次舉由東注入諸水，同過水、澮水，亦以先後爲序。支流諸水總括於汾，而入於河，然後再舉涑水，而全氏又襲用舊第，通作汾、澮、涑、文、原公、洞過、晋之排列，其不同二也。是戴氏自刻本篇目之整理，非模仿先人，而以己意造新系統者也。森氏又進一步而討論戴氏是否得見全書問題。《全氏校本·序目》曰："嘗聞吴中前輩黄子鴻有《水經圖》，出自手摹，皆以大水統小水，條理明晰，惜未得見之，諒其篇次必有先得我心者。近見義門何氏之説，亦略與余同。"

據此可見全氏篇目與何氏之説相同。森氏又考沈大成《題記》："庚辰初夏從吾友吴中朱文游奂借何義門先生校本，復校於廣陵。同觀者，休寧戴東原震，亦嗜古之士也。"

庚辰即乾隆二十五年，廣陵即揚州。森氏因退而主戴氏篇目之釐定，係本何焯之説，决非蹈襲全氏。至於伊、瀍、澗、渠、獲、洙及沅酉水之或加或除，全、戴相同，張穆引爲戴剿全之證，而森氏亦以爲戴、全同據何氏校本，故所得相同也。

（二）戴氏釐定經注，爲其創見，非襲全、趙。《水經注》經注之混淆，其開始年代雖不可考，然由明刻本可上溯至南宋王應麟時代。森氏以爲戴氏之考定經注，始成於乾隆三十年，别爲一卷，不應認爲有襲全、趙之嫌。森氏又比較戴、全二家分别經注之義例，更可見戴氏之説較全説明晰。聚珍本提要記戴氏甄别經注三例，簡單的確，不如全氏《五校題辭》所言之含糊不清也。森氏且以爲趙書、全書之校刊者，必受戴書之影響：如《泗水篇》經文"西南過魯縣北"，明刻諸本并作經文，而"過"字作"逕"，惟戴氏據其自立之義例改"逕"爲"過"，趙氏釋本亦作"過"，刊誤祇記"逕當作過"，而不言其所據。全氏亦改"逕"爲"過"，亦不言所本。趙本卷首所列參校諸本，中恐未有以"逕"作"過"者，是全、趙刊本實有剿戴之嫌，况二書刊行，遠在戴書之後，校刊者采入戴説，在所不免也。至於全、趙、戴并有指摘胡渭礫石溪水之誤等，論者亦引爲戴罪之證，不思戴氏此説，載於乾隆三十年《書水經注後》文中，又在東原見趙書之前，森氏據此證戴氏經注之釐定，無剿襲全、趙之迹，其爲戴氏創見無疑。

（三）戴氏校正字句，自有所據，非襲全、趙。森氏考戴氏之校正字句，所據舊本，凡下列諸種。清乾隆時通行明刊《水經注》凡三，黄省曾本、吴琯本及朱謀㙔本；戴氏得見此三本無疑。又乾隆二十五年，戴氏曾在揚州觀沈大成用何焯校本校《水經注》，事見沈大成題詞，爲戴氏得見何焯校本及沈大成本之證。又何焯校《水經注》用歸有光本，沈大成校《水經注》前，曾用季滄葦校本，此本或即錢曾之舊藏宋本，是爲戴氏又間接得見歸有光本及舊藏宋本之證。凡此七本，戴氏在未入四庫館前，均已見之。及入四庫館，戴氏遂於《永樂大典》中發現《水經注》，而據以成其官校本。戴氏所據舊本與全、趙所據或同或异，故其所校正者，又不盡相同。如《渭水篇》脱簡一葉合四百十八字，趙氏據孫潛所引柳僉抄本，補四百二十字，現計衹有四百十九字，且"渭水又東，温泉水注之，温水出太一山"之下，"温"字應爲衍字，正合四百十八字之數。戴氏據《大典》本而參以己見，增四百三十七字，較趙氏多十八字。戴氏據文理增補，故不與《大典》本同，而與全、趙所增亦有不同。又如酈氏《原序》一篇，戴氏據《大典》録入，全、趙據孫潛本録入，僅合戴本一半，其不同又極明顯，非議戴書者，舍此大者不言，輕易下斷，未免有浮忽之嫌。戴氏校本例不舉出處，惟於卷三十一、卷三十二及卷四十中五引歸有光本，王國維以其與全、趙相同，遂疑爲戴氏僞託。然森氏比較三本，各有异同。第一條"故《聖賢塚墓記》曰，南陽葉邑方城西有黄城山"，趙本同作《聖賢塚墓記》，而全本作《地理志》。第二條"淠水又西北分爲二水，芍陂出焉"，趙氏刊誤稱"二水"之下，漏"芍陂"二字，全本王梓材據趙本補入。第三條"施水自成德東"，全本與戴本同，而趙本補"施水"二字，成德仍作城文。至於第五條“湖水上承妖皋溪而下注浙江”,三家改正又各有不同。是可見王國維對於戴氏之非議,應是錯誤,況戴氏確見歸有光本,已如上述。

森鹿三氏據戴氏研究《水經注》之三種成績,考定篇目之整理及經注之釐定二事,爲戴氏之創作,而字句之校正,戴氏亦自有所本,故其重要之校正,頗與全、趙相出入。至於其與趙、全相同者,係由於三家所據舊本相同,如何焯本、歸有光本及明刊本是也。森氏爲此文,目的在訂正張穆、楊守敬、王國維諸人對於戴氏之非議,而謀恢復戴氏對於《水經注》之功績。森氏用力極勤,搜遍群籍,於是趙、戴公案之爭,戴氏又得一强有力之辯護,而本案之判决,復須更審矣。

九、結論——公案之判决

《水經注》趙、戴公案之討論,參加者均爲一代著名學者,其性質之重要可知。今就個人討論態度言之,七人之中,可分爲三類:第一類爲帶有偏見者,如段玉裁爲戴氏門人,尊師過重,務欲使天下之美盡歸我所崇敬之人,故據盧文弨無實據之言,以責梁氏兄弟,一也;又如魏源憤於段書之無據責人,痛駁段氏無妄,辭句多感情之言,二也;又如張穆一意欲推崇全書,凡一切研究《水經注》之新創見,無不指爲全氏之發明,三也。段、魏、張三人,均離公案之發端不遠,尚不能脱掉感情、實事求是以研究之,此人情之常也。及時過境遷,後人方能以冷静態度討論此公案,是爲第二類研究者之所以産生也。楊守敬爲研究《水經注》而討論此案,凡有所言,必附以實證,故能平心静氣,叙述意見,已不擺弄實事,又無故意指摘异己之嫌,一也;王國維爲校勘《水經注》舊本,而討論此案,未嘗故意陷戴於罪,是以對於戴氏之功,亦極力推崇,不使埋没,二也;森鹿三爲文目的,雖在擁戴,然亦未抱抑全譏趙之心,故每言必有所據,既非盛氣凌人,又非一意偏袒,三也。至於第三類和事老者,梁啓超是也。梁氏自謂對於酈書素未研究，故其采取和事老之態度，甚是。

《水經注》趙、戴公案之争，牽涉問題頗多，除戴氏是否襲趙一點外，其餘諸問題，多可以解决者，分述如下：

（一）趙氏剿戴問題。案：此問題根本未嘗成立，段氏之疑趙，已明言趙氏非剿襲人書者，其後諸家，并認定趙書成於乾隆甲戌，在戴書完成前十二年，趙氏必無剿戴之事。

（二）全氏剿戴問題。案：此問題亦根本不能成立，蓋全氏七校本成書於乾隆壬申，又在趙書完成前二年，故諸家并承認全氏無剿戴之事。

（三）趙、全互取問題。案：此問題張穆以《水經注》之新發明，歸功於全氏，故譏趙之襲全。然趙、全同治《水經注》，趙氏明言用全氏諸校本，用全氏之説，全氏又爲趙書作序，無盗竊之可言，故楊守敬有趙、全互取不足病之説，而此問題已解决矣。

（四）趙書校刊者剿戴問題。案：此問題爲本公案之導火線，無盧文弨之言證，則段氏師出無名，而此公案或不至於發生。梁氏兄弟采取戴書以刊趙書，恐爲事實，故不答段信。後雖有魏源之反駁，稱趙氏《四庫》本與通行本無异，然全本《例言》董沛孟已言其有不同，梁氏兄弟終不免於罪也。故張穆又主梁氏采取戴書，而楊守敬更出而舉其實證。梁啓超、森鹿三亦主張此説。梁氏確有采取戴書之事甚明，然所用者甚少。

（五）趙書校刊者剿全問題。案：此問題張穆提之，張穆决之，後人無有异議者。張穆據徐松之言，稱趙一清子載元以鉅資購得全書以校刊父書，張氏且以全氏稿底覆校，以證載元及梁氏兄弟實有剿襲全書之事。

（六）全書校刊者剿趙、戴問題。案：此問題關係極微，諸家或有提及，然少加注意研究。蓋光緒十四年，薛福成命董沛孟校刊全書，董氏《例言》云："王氏（梓材）往往據戴改全，與先生自作題詞，殊相背戾。"

是王氏重録本已參取戴説甚明。《例言》又記其參校諸本曰:“徵引戴本,但采其官校本,不及《遺書》本,徵引趙本,但采其通行本,不及其《四庫》著録本,以省煩瑣。”

是全書校刊者,采用趙、戴之説,卷首已明言之,不應譏爲盜竊,與采用他人之説而默不言所本者混爲一談也。

(七)戴氏剿全、趙問題。案:此問題爲全案之中心。上述六點均由此問題而發生,無此則本案根本不能成立,故諸家之議論,亦均以此爲重心,討論均極透徹,反面正面并有充分之研究。議論所趨,正面者有魏源、張穆、楊守敬及王國維,主戴氏有剿襲全、趙之事;自楊氏倡全、趙互取不足病之説,在本案範圍之内,全、趙二家似合而爲一。反面者有段玉裁、梁啓超及森鹿三,主戴氏無盜竊全、趙之事。正面諸家所舉各種證據如下:

(1)戴氏襲全、趙注中有注之説。注中有注爲全、趙之發明,故以大字、小字分别之。魏、張二氏以爲戴氏注中有注之校語,乃盜竊全、趙者也。反面諸家,未能有爲戴氏解者。

(2)戴氏襲全、趙分别經注之説。經注之分别,全、趙并有所發明,説詳謝山題詞。魏、張二家并以爲戴氏分别經注之説,亦盜竊全、趙者也。反面森氏對於此點,亦舉反證,下詳。

(3)戴氏襲全釐定篇目之説。篇目之釐定,全氏創有北瀆南瀆新序。張氏以爲戴氏以河江爲綱之篇目,亦盜竊全説之證。反面森氏對於此點,亦舉反證,下詳。

(4)戴氏襲全、趙字句之校正。字句之校正,全、趙每改必舉所本。戴氏卷首僅稱本於《大典》,校語中稱據歸有光本改正,又僅五條而已,於是楊、王二家,并以爲戴氏襲用全、趙校本者也。反面森氏對於此點,亦舉反證,下詳。梁氏即以趙、戴暗合了之。

(5)戴剿全氏《水經》爲三國作品之説。《水經》爲三國時人作品,其説發於全氏,初見全氏題詞。張氏以爲戴本《提要》所言《水經》爲三國時人所作,乃本全氏者也。反面諸家,未駁此點。

(6)戴剿全氏《日南水》爲《斤江水》附録之説。《日南水》與《斤江水》同爲一篇，趙、全并有此説。戴亦合爲一篇，張氏遂引爲戴氏襲全、趙之證。反面諸家，亦未駁此點。

(7)戴氏僞託《大典》本。戴氏字句之校正，卷首稱全據《大典》。然《大典》本魏氏見之，張穆見之，王國維又見之，并言戴氏不全據《大典》；楊氏之推測，亦與魏、張、王相同。反面森氏對於此點，已加以解釋，下詳。

(8)戴氏僞託歸有光本。戴氏校正，據歸有光校本者五。王國維以其均與全、趙相同，遂主戴氏僞託歸本之説。反面森氏對於此點，已加辨正，下詳。

(9)戴氏剿趙《直隸河渠水利書》。戴氏盜竊趙氏《直隸河渠水利書》，魏氏言之，張氏言之，王氏又言之。而反面段氏、梁氏并承認其事，森氏亦無言焉。

(10)戴氏爲人，騖名自高。戴氏爲人，品格頗不可取，魏氏略提於前，王氏詳論於後。二氏據戴氏之爲人，而推定其有盜竊人書之可能。

凡此十條正面證據，約可分爲三類——第一至第六爲積極證據；第七及第八爲消極證據；第九及第十爲旁證，理由十足。故魏源直言戴氏見趙書應在乾隆三十八年入四庫館之時，而王國維更推測戴氏見趙書應在乾隆三十五年，繼趙氏修《直隸河渠書》之時。惜未得實證，故尚不能壓倒對方之反舌。兹舉反面諸家所稱理由，如下：

(1)戴氏非盜竊人書者。段氏及梁氏由戴氏之學問及地位推想，以爲東原非盜竊人物以欺天下者之流，因主戴氏必無剿趙之事。然正面魏、張、王并舉實證，斥東原已爲盜竊之徒，且有盜竊之實。

(2)戴、趙暗合。梁氏以戴、趙之於酈注均用功過十餘年，閉門造車，出門合轍，亦可能之事，此和事老外行之言，學者所不取也。

(3)整理篇目戴氏據何氏校本。整理篇目爲東原功績之一，森氏考其此種篇目之濫觴，實始於何焯校本，不必據全氏之説也。於是整理篇目，戴剿全、趙之説破。

(4)釐定經注爲戴氏之創見。釐定經注爲東原功績之二，森氏比較戴、全二家之義例，顯有不同，遂認此義例爲戴氏之創見，而釐定經注戴剿趙之説亦破。

(5)校正字句《大典》本外，戴氏尚據何、沈諸本。校正字句爲東原功績之三，森氏考戴氏校正所本，《大典》之外，尚有明刻本、何焯本、沈大成本等，其與全、趙校正之相同，實因三家所用材料相同，於是校正字句，戴剿全、趙之説，似又破矣。

凡此五條反面理由，前二者根本不成理由，不攻而自破。至於森氏所提三點，頗予正面以强有力之反駁，幾使正面證據根本動揺。

案：此公案之關鍵，實在於戴書校語不明記出處，假令戴氏一一指出來源，何有後世之聚訟？錯在戴氏僞託《大典》，剿他人之功爲己有。森氏雖似能證其未見趙書，然森氏决不能證其所校，全出《大典》本，而不用何焯本，或他人之説。戴氏之功不可没，而戴氏剿竊之罪亦不可解也。

况戴氏確見趙書，有明證焉。王國維推戴氏得見趙書、全書應在乾隆戊子三十三年，時戴氏應直隸總督方氏之聘，修《直隸河渠書》，而未有確據。余考戴氏《河渠書·唐河卷一》中有"杭人趙一清補注《水經》，於地理學甚核，嘗遊定州，爲定州牧姚立德作《盧奴水考》"(見段玉裁《經韵樓集》卷七頁四十七，《趙、戴直隸河渠書辨》文中)之言。魏源、張穆、楊守敬、王國維均未能詳考，致有森鹿三之反證。今得戴氏見趙書自供之辭，魏、張、楊、王之言，可以證實。森氏、戴氏所據《大典》外諸本，應加入趙書。見趙書，則間接亦得全書。戴震剿襲趙一清、全祖望之罪名，雖百喙不能解之，而《水經注》趙、戴公案可以判决矣。[①]

---

① 原載於《燕京學報》第19期，1936年。

胡適於戴震研究，尤其《水經注》研究歷時特長，著述特多。民國十二年(1923)十月，梁啓超等發起籌辦戴震誕辰二百周年紀念會，邀請胡適參加。翌年一月十九日，紀念會於北京後孫公園胡同之安徽會舘舉行，朱逷先講述關於《水經注》問題，爲戴東原辯護，謂全、趙、戴各有貢獻，而各不相剽竊。胡適以二十分鐘將"不講理的戴東原"簡單講述。民國十三年(1924)四月，胡適致信王國維曰："頃聞先生論戴東原《水經注》一文已撰成，千萬乞賜與《國學季刊》登載。《季刊》此次出東原專號，意在爲公平的評判，不在一味諛揚。聞尊文頗譏彈東原，同人決不忌諱。"①王國維未予回應，而於稍後發表《聚珍本戴校〈水經注〉跋》一文，詳論戴震爲學爲人曰：

東原學問才力，固自横絶一世，然自視過高，騖名亦甚。其一生心力，專注於聲音、訓詁、名物、象數，而於六經大義所得頗淺。晚年欲奪朱子之席，乃撰《孟子字義疏證》等書，雖自謂"欲以孔、孟之説還之孔、孟。宋儒之説還之宋儒"，顧其書雖力與程、朱异，而亦未嘗與孔、孟合。其著他書，亦往往述其所自得而不肯言其所自出。其平生學術出於江慎修，故其古韵之學根於《等韵》，象數之學根於西法，與江氏同，而不肯公言《等韵》、西法，與江氏异。其於江氏，亦未嘗篤在三之誼，但呼之曰"婺源老儒江慎修"而已。其治酈書也亦然，黄、胡、全、趙諸家之説，戴氏雖盡取之，而氣矜之隆，雅不欲稱述諸氏。是固官書體例宜然，然其自刊之本亦同官本，則不可解也。又戴書簡嚴，例不稱引他説，然於序録中亦不著一語，則尤不可解也。以視東潛之祖述謝山，謝山之於東潛稱道不絶口者，其雅量高致，固有間矣。由此氣矜之過，不獨厚誣《大典》本，抹殺諸家本，如張石舟之所譏，且有私改《大典》，假託他本之迹。如蔣氏所藏《大典》本第一卷，有

① 胡適:《致王國維》,《胡適全集》第二十三卷，合肥：安徽教育出版社 2003 年版，第 366 頁。

塗改四處:《河水一》:"遐記綿邈","遐""邈"二字中,惟辶辶二偏旁係《大典》原本,叚、貌二文皆係刮補,乃從朱王孫箋。(今官本作經記綿褫,當是再改之本。)又"令河不通利","令"字《大典》作"今",乃從全、趙二本改"今"字下半作"令"。"天魔波旬",《大典》與諸本同,乃改"天"字首筆作"夭",以實其校語中"夭、妖字通"之説。《河水二》:"自析支以西濱於河首左右居也。"《大典》與諸本同作"在右居也",乃從全、趙二本改"在"字爲"左"。(全、趙從孫潛夫校。)蓋戴校既托諸《大典》本,復慮後人據《大典》以駁之也,乃私改《大典》原本以實其説。其僅改卷首四處者,當以其不勝改而中止也。此漢人私改蘭臺漆書之故智,不謂東原乃復爲之。又戴氏官本校語,除朱本及所謂近刻外,從未一引他本,獨於卷三十一、卷三十二、卷四十中五引歸有光本。今核此五條,均與全、趙本同。且歸氏本久佚,惟趙清常、何義門見之。全氏曾見趙、何校本,於此五條并不著歸本如此。孫潛夫傳校趙本,其卷四十尚存,亦不言歸本有此异同。以東原之厚誣《大典》觀之,則所引歸本,疑亦僞託也。凡此等學問上可忌、可恥之事,東原胥爲之而不顧,則皆由氣矜之一念誤之。至於掩他人之書以爲己有,則實非其本意,而其迹則與之相等。[①]

民國二十五年(1936),胡適已自謂"將爲東原撰冤詞"[②]。胡適自記其正式爲戴震辯冤而研究《水經注》始自民國三十二年(1943),此後直至1962年逝世,大量精力傾注於《水經注》研究,所撰各類文章百餘篇,逾百萬字[③]。胡適致力於《水經注》之主要動機,確爲辨别趙、戴是否相襲,尤其在戴書是否竊趙方面。其主要文章約有:《戴東原、趙東潛〈水經注〉疑案的考證》(1944),《楊守敬審判全趙戴三家〈水經

① 王國維:《觀堂集林》卷一二,石家莊:河北教育出版社2001年版,第366～368頁。

② 楊家駱:《〈水經注〉四本异同舉例》,《學粹》第四卷第五期,臺北,1962年。

③ 《胡適全集》第十四卷至第十七卷(合肥:安徽教育出版社2003年版)均爲胡適《水經注》研究之文字。

注〉的錯誤》(1952),《戴震未見趙一清〈水經注〉校本的十組證據》《述〈水經注〉案草稿》《總論一百年來許多學者審判〈水經注〉疑案的方法的大錯誤》《真歷史與假歷史》(以上四文作時不詳)等。

胡適比勘戴、趙二家《水經注》,列舉諸多趙本是而戴本非之例,證明戴震未見趙氏《水經注釋》,此亦爲胡適否定戴書襲趙之基礎。胡適爲戴震辯誣,費時費力極多,於公案之梳理貢獻明顯,然亦引起部分酈學學者之批評。汪宗衍則據四庫舘官校慣例,謂戴震參考趙書而不署趙名,應屬常情,其《趙戴水經注案小記》曰:“東原校酈,事屬官書,與私書有别。且庫本更爲‘欽定’,依封建時代成習,不能明引同時人名書名。余謂東原非有意剿説,乃恪於舘例。趙書著録《四庫》,與校本皆經紀曉嵐諸人審定,果爲抄襲,何待二十年後始發其覆耶? 其事亦屬情有可原也。”①

鍾鳳年亦長期從事《水經注》研究,其晚年所作《評我所見的各本〈水經注〉》認爲:“(戴校)殿本雖號稱爲據《大典》本所證訂,實則戴氏所提問題四千四百餘條中,其所改確與《大典》相同的僅約七百二十條,此外明言據他書以改正者約二百四十條。其餘三千餘條衹能説别有所據。……依筆者校酈書的心得,殿本文乃於《大典》外兼采取黄、吴、朱、譚、項、何、某甲、沈、全、趙及孔刻各本而成,并非獨采自趙校,衹是采自趙本特多而已。”②

1986 年,陳橋驛先生撰《〈水經注〉趙、戴相襲案概述》,梳理二百年來此一公案。作者於文後總結曰:“投入這場論戰的著名酈學家和其他學者有數十人,而文字牽連,書札往返,估計已達數百萬言,這中間絶大部分實際上并不涉及酈學本身,也并未推動酈學研究的發展……時至今日,在我國大陸,雖然這場論戰的影響在酈學界尚未完全消除,但論戰已基本結束,這當然是一件好事。可在港、臺學者之中,這場論戰仍在繼續。爲此,我們竭誠希望,在我國酈學界,不管是

① 鄭德坤、吴天任纂輯:《水經注研究史料滙編》下册,臺北:藝文印書舘 1984 年版。
② 鐘鳳年:《評我所見的各本〈水經注〉》,《社會科學戰線》1979 年第 2 期。

大陸或港、臺,我們應該象汪辟疆、鍾鳳年,特别是熊會貞等先輩那樣,撇開兩個世紀以前的這種其實屬於枝節問題的舊賬,把主要力量,用到促進《水經注》本身的研究和發展上去。”①

是年,戴震又校定《九章算術》及《五經算術》,均有提要。

是年,丁傑在京,戴震延請參與《四庫全書》校讎工作②,又與戴震、朱筠、金榜、程瑶田等講論學術,然未正式入館就職。自是年至戴震逝世,丁傑與戴震遊處甚多,抄録戴震著述多種,受戴震影響顯著。

是年,姚鼐與戴震等有多次學術之争,秋冬之際,因與四庫館同僚不合,姚鼐辭四庫館編修南歸,明年春至鄉。

姚瑩《姚先生鼐家狀》載:“四庫館啓,選一時翰林宿學爲纂修官。諸城劉文正公、大興朱竹君學士咸薦先生以部郎入局。時非翰林爲纂修官者八人,先生及程魚門、任幼植尤相善。金壇于文襄公雅重先生,欲一出其門,竟不往。書竣,當議遷官。文正公以御史薦,已記名矣,未授而公薨,先生乃决意去,遂乞養歸里。乾隆三十九年也。……於是纂修者競尚新奇,厭薄宋元以來儒者,以爲空疏,掊擊訕笑之,不遺餘力。先生往復辯論,諸公雖無以難,而莫能助也。將歸,大興翁覃溪(方綱)學士爲叙送之,亦知先生不再出矣。臨行,乞言。先生曰:‘諸君皆欲讀人所未見之書,某則願讀人所常見之書耳。’”③

姚鼐之不滿四庫館同僚專事考據而非程、朱之學,可見於《贈錢獻之序》:“明末至今日,學者頗厭功令所載爲習聞,又惡陋儒不考古而蔽於近,於是專求古人名物、制度、訓詁、書數,以博爲量,以窺隙攻難爲功。其甚者,欲盡舍程、朱而宗漢之士,枝之獵而去其根,細之蒐

---

① 陳橋驛:《〈水經注〉趙、戴相襲案概述》,《鄭州大學學報》1986年第1期。按:熊會貞(1859—1936)師事楊守敬(1839—1915),楊、熊以近六十年心力合纂《水經注疏》。熊會貞於楊守敬尊崇有加,然熊氏晚年所撰《補疏水經注疏遺言》(見吴天任纂輯《水經注研究史料滙編》下册,臺北:藝文印書舘1984年版,第47～58頁),糾正其師成見,認爲殿本《水經注》應參照《大典》本,并認爲戴震於《水經注》整理之功最大。

② 阮元《集傳録存·丁傑》:“開四庫舘,朱筠、戴震皆延之佐校。”(《揅經室續二集》卷二)

③ 錢儀吉:《碑傳集》卷一四一,周駿富輯《清代傳記叢刊》第一一四册,臺北:明文書局1985年版,第65頁。

而遺其巨，夫寧非蔽與！"[①]

而後姚鼐復有《復蔣松如書》曰："今世學者，乃思一切矯之，以專宗漢學爲至，以攻駁程、朱爲能，倡於一二專己好名之人，而相率而效者，因大爲學術之害。夫漢人之爲言，非無有善於宋而當從者也，然苟大小之不分，精粗之弗别，是則今之爲學者之陋，且有勝於往者爲時文之士，守一先生之説，而失於隘者矣。博聞强識，以助宋君子之所遺則可也，以將跨越宋君子則不可也。鼐往昔在都中，與戴東原輩往復嘗論此事，作《送錢獻之序》，發明此旨，非不自度其力小而孤，而義不可以默焉耳。"[②]

姚鼐早年傾慕戴震學術并欲拜之爲師，而爲戴震婉謝（見本譜"乾隆二十年"下）。然姚鼐治學仍受戴震影響。王達敏先生著《姚鼐與乾嘉學派》，詳論姚鼐與以戴震爲代表之乾嘉學派間離合關係。王達敏稱，姚鼐自乾隆二十年（1755）在京結識戴震，其治學方向乃至治學内容均頗受戴震影響，然"姚鼐將爲學重心轉向考據之後，在追隨戴震等漢學家治學過程中，越深入堂奧，越察知自己的宋學立場和學術趣味與漢學扞格不合，越洞悉漢學之弊。離异由此潛生，衝突也由此而起"[③]。

孔廣森於乾隆三十三年（1768）、三十六年（1771）分别參加鄉試、會試時，姚鼐均爲其主考官。然孔廣森因其叔父孔繼涵之關係，在乾隆三十六七年間結識戴震，并因仰慕戴震而從其學。姚鼐對此頗爲不滿，其作於乾隆三十八年（1773）二月之《贈孔撝約假歸序》稱："言忠信，行篤敬，本也；博聞明辨，末也。"并勸誡孔廣森當"慎其所以自附者"（姚鼐《惜抱軒全集》卷七）。

清廷開四庫全書館，雖未明確軒輊漢宋，然紀昀、戴震等舘臣之主流均爲漢學擁護者，姚鼐傾向宋學，推崇程、朱，無疑成爲少數派。

---

① 姚鼐：《惜抱軒文集》卷七，見《惜抱軒全集》，北京：中國書店 1991 年版，第 84～85 頁。

② 姚鼐：《惜抱軒文集》卷六，見《惜抱軒全集》，北京：中國書店 1991 年版，第 73 頁。

③ 王達敏：《姚鼐與乾嘉學派》，北京：學苑出版社 2007 年版，第 21～22 頁。

姚鼐入館，爲其經眼之書撰寫提要初稿，曰《惜抱軒書録》。“《書録》收入《總目》(《四庫全書總目》)時，被紀昀等删潤，大失本來面目。”“《總目》除對《書録》中所持宋學立場加以摒棄外，對姚鼐的考據水準不予首肯，對其不時流露的辭章趣味也視之蔑如。而姚鼐的尊宋思想受到徹底否定，顯得尤爲觸目驚心。”①在四庫館，雖也有程晋芳、翁方綱等堪稱姚鼐宋學知音，但無法抗衡主流。頗感孤立之下，姚鼐告别京師，并從此長辭官場。

是年，戴震父文林公因思念家鄉而返回徽州，而戴震亦起南歸之意。洪榜《戴先生行狀》:“先生之奉召入京師，文林公攜家至邸舍。居一年，思歸，先生欲留不可。自是，先生未嘗一日不願歸也。其疾纍月不愈，亦冀纂修事將畢，當得請以行，凡書籍之類，皆已緘縢矣。”②

【時事】

是年秋，段玉裁由署理四川富順縣改署南溪縣。

是年四月，乾隆爲武英殿《四庫全書》活字版命名爲“武英殿聚珍板”。

是年六月，四庫館纂修官黄壽齡將六册《永樂大典》私自帶出，準備回寓校閲，途中意外失竊，被罰俸三年。清廷因此亦嚴禁館臣攜帶官書外出。

是年八月，乾隆覆命各省需盡力采訪遺書，查繳“詆毁本朝”之書，“如有不應存留之書，即速交出，與收藏之人并無干礙”。而書籍則應盡行銷毁。已交四庫館之書籍，如有關礙，亦即行撤出銷毁(《清高宗實録》卷九六四，是年八月初五丙戌)。此朝廷藉纂修《四庫全

---

① 王達敏:《姚鼐與乾嘉學派》，北京:學苑出版社2007年版，第37、39頁。

② 洪榜:《初堂遺稿》卷一，見《清代詩文集彙編》第410册，上海:上海古籍出版社2010年版。戴震之意欲辭館職南歸，除思鄉、奉養而外，入館之後身心遭遇種種壓力無疑爲主要原因。戴震入館，俸禄微薄，經濟拮据;主纂《水經注》等所遇諸種壓力，乃至身不由己;與錢載、姚鼐等爭執齟齬引起身心不快等等，諸種原因致戴震雖因其學術爲館臣所敬，但始終困頓疲憊，心力交瘁。原本强健之身體，入館不足四年即遽然長逝，的確令人痛惜且可深思。

書》大肆禁毁書籍之明證。

是年十月，兩廣總督李侍堯奏辦采集遺書事宜，查繳屈大鈞等悖逆書籍。後朝廷以屈大鈞詩文"多詆毁滿清之語"，焚毁其書版、書籍，并毁其衣冠塚。

是年十一月，乾隆再次下諭，如有違礙書籍隱匿不繳，一經發覺，以隱匿治罪，不復輕宥(《清高宗實録》卷九七〇，是年十一月初九戊午)。

十一月杪，安徽巡撫裴宗錫奏繳到僞妄書籍九種，請旨銷毁。

十二月，江蘇巡撫薩載、浙江巡撫三寶、江西巡撫海成等均上查繳違礙書籍之摺。

乾隆四十年乙未(1775)　五十三歲

是年春，戴震第六次參加禮部會試[①]，仍落第。乾隆特准其與及第貢士一同參加殿試。四月二十一日，乾隆策試天下貢士於太和殿。戴震中三甲賜同進士出身第四十三名。

是年，仍在四庫舘中校書，所校有《海島算經》《周髀算經》《張丘建算經》《儀禮識誤》等，均有《提要》。并撰有《序劍》等文。

始著《孟子字義疏證》。據乾隆四十二年(1777)正月十四日戴震致段玉裁第九札："竭數年之力，勒成一書，明孔、孟之道。"可知該《疏證》至遲於今年着手撰著。

《段譜》：

> 是年，會試不第。奉命與乙未貢士一體殿試，賜同進士出身，授翰林院庶吉士。
>
> 四月，校《海島算經》成。《海島算經》亦晉劉徽撰，唐李淳風

① 梅新林、俞樟華主編《中國學術編年·清代卷中》是年下記"戴震第五次會試落第"(865頁)，誤。

注。徽本以《周禮》九數中“重差”命名，不名“海島”。後人因卷首以“海島”立表設問，遂改名之。《唐・選舉志》稱算學生《九章》《海島》共限習三年，試《九章》三條、《海島》一條。其書惟散見《永樂大典》中。先生與《九章》同爲表章，有《提要》一首。此年月見聚珍本。

是年二月，校《儀禮識誤》成。《儀禮識誤》，宋張淳撰，朱子云“號爲精密”，較他本最勝，於《永樂大典》内綴録成編，先生加案語，正其得失，俾瑜瑕不相掩，有《提要》一首。此年月見聚珍本。

《段譜訂補》：

朱筠《戴氏校訂水經注書後》：“歲乙未，余購得此本於武英殿中。”

戴震學識淹博，先後六次會試不中，似無可解。胡虔《柿葉軒筆記》曰：“戴東原（震）數應禮部試，分校者争欲致之門下，每於三場五策中物色之不可得。既乃知其對策甚空，諸公以戴淹雅精卓無倫比，而策則如無學者，大是异事。錢辛楣詹事曰：‘此東原之所以爲東原也。’”[①]胡虔所謂“對策甚空”“如無學者”，當正是戴震對策議論高古，不願迎合時俗，故始終難入程式。錢大昕“此東原之所以爲東原”之言，可謂最知戴震爲文與爲人。

戴震殿試後被授庶吉士時間，據《清高宗實録》卷九八二：“（五月庚申），内閣翰林院帶領新進士引見，得旨。新科進士……戴震、瑞保……俱著改爲翰林院庶吉士。”[②]乾隆四十年五月庚申，爲五月十四日，當公元1775年6月11日。

---

① 胡虔：《柿葉軒筆記》，見《續修四庫全書》第1158册，上海：上海古籍出版社2010年版，第38頁。

② 《清實録》第二十一册，北京：中華書局1986年版，第115頁。

洪榜《戴先生行狀》:“(乾隆)三十八年奉召充四庫全書舘纂修官,三十九年奉旨得與乙未貢士一體殿試,四十年賜同進士出身,授翰林院庶吉士。”

錢大昕《潛研堂文集》卷三九《戴先生震傳》:“癸巳歲,天子開四庫舘,妙選校讎之職,總裁諸公疏薦先生,以鄉貢士入舘充纂修官。特命與會試中式者同赴廷對。乙未夏,授翰林院庶吉士。”

凌廷堪《校禮堂文集》卷三五《戴東原先生事略狀》:“(乾隆)四十年,命與會試中式舉人一體殿試,賜同進士出身,改翰林院庶吉士。”

《清史稿》卷四八一《儒林二・戴震傳》:“(乾隆)四十年,特命與會試中式者同赴殿試,賜同進士出身,改翰林院庶吉士。”①

據《纂修四庫全書檔案》,乾隆三十九年(1774)十二月二十三日上諭:“准舉人戴震、楊昌霖作爲進士,准其與乙未科進士一體殿試。”此與洪榜《戴先生行狀》均言乾隆准其殿試在三十九年,無疑可信。對此,胡適論曰:

> (乾隆)三十九年十二月二十三日已有上諭……爲什麼戴震還要自己去會試呢?
>
> 最淺近的解釋是,戴震自己不願意接受那“特准作爲進士”的恩典,他要先去會試;倘使會試中了,他就可以照平常律例去殿試,就可以不算是“特准作爲進士”的了。
>
> 不幸他又不第了。這時候若不去殿試,那就是特别表示不受恩賜了。那是太明白的抗議,是時代不能容許的。所以他衹能去殿試。②

是年,王念孫亦進士及第(二甲第六名),并與程瑶田定交。

王念孫中式後,授翰林院庶吉士。是年冬,即請假旋里。據王引

---

① 趙爾巽等:《清史稿》,北京:中華書局 1977 年版,第 13198 頁。

② 胡適:《東原在四庫舘的經過年表》,見《胡適全集》第十四卷,合肥:安徽教育出版社 2003 年版,第 443~444 頁。

之《光禄公壽辰徵文啓事》，王念孫離京時詢其師："弟子將何學而可？"戴震許以"君之才，竟無所不可也"，可謂期許極高。念孫歸高郵，謝絶人事，潛心學業，終成碩儒。至乾隆四十五年（1780），方入都，改授工部主事。

是年，戴震撰《序劍》《四川布政使司布政使李公墓誌銘》。

《序劍》曰：

方君友璜以《檢書看劍圖》示余，且曰："非偉其事也，志也。願得一言以明之。"余持之熟視，遂稱曰："君子於書，懼其不博也；既博矣，懼其不審也；既博且審矣，懼其不聞道也。七十子之徒，親得聖人以爲依歸，能聞道者不多數焉。君雖檢於書若不及，能必道之聞乎？"曰："未能。"余又稱曰："夫劍，上制重九鋝，長三尺；中制重七鋝，長二尺有半尺；下制重五鋝，長二尺。夫人而帶之，夫人而利用之，以形貌節之。度今君與劍之用，豈能之乎？"曰"未能。"而圖奚以之書以志乎道，奚志於劍也？

余聞劍之説，其握莖，莖者固，固者信；其後鐔，鐔者文，文者讓；其前首，首者止，止者禮；其中脊，脊者鯁，鯁者廉；其厢臘，臘者平，平者法；其刃鍔，鍔者斷，斷者義；其末鋩，鋩者鋭，鋭者勇。其内之也，襲之以夫襓，而深諸匱中，似乎智之藏；其出之也，以備君子之德，威而不尚其猛，似乎仁之發。乃信，乃讓，乃禮，乃廉，乃法，乃義，乃勇，乃智，乃仁，是故劍有九德焉。是故古之君子恒佩劍焉。余聞君子之於物也，右之左之，維其儀之，左之右之，維其有之。（案：《北史·長孫紹遠傳》言："左之右之，君子宜之；右之左之，君子有之。"此文句與《北史》正同，但《北史》誤倒失韵耳。）苟君子之未能者劍之用，而能者劍之德，孰謂道遠，終必至之。是故《易》之言曰："君子多識前言往行，以畜其德。"劍其書也，書其劍也，非其劍若書也，其人也，故好之不倦。

語未畢，方君肅然起謝曰："謹誌此。"於是序劍以贈。

此文乃戴震爲方琮所示《檢書看劍圖》而作。方琮，字友璜，號黄山，乾隆時期宫廷畫家。晚清玉獅老人《讀畫輯略》記載其“字友璜，號石巔，浙江人，善山水，從學於張宗倉，筆致能相似，深得其傳，供奉内廷”①。張宗倉（1686－1756），字默存，江蘇蘇州人，善畫山水。乾隆十六年（1751）南巡時，張宗倉進畫册，被攜入宫，方琮亦相隨。直至乾隆四十三年（1778），方琮仍在宫中。方琮繪畫頗得乾隆賞識，御題其畫作多幅②。判斷《序劍》所述，此文當作於戴震中進士、授庶吉士之後，故繫於是年。

戴震校定宋張淳所著《儀禮識誤》，後收入《武英殿聚珍板叢書》。《四庫全書總目·儀禮識誤提要》曰：

> 《儀禮識誤》三卷，永樂大典本，宋張淳撰。淳字忠甫，永嘉人。是書乃乾道八年兩浙轉運判官直秘閣曾逮刊《儀禮鄭氏注》十七卷、陸氏《釋文》一卷，淳爲之校定，因舉所改字句，匯爲一編。其所引據，有周廣順三年及顯德六年刊行之監本，有汴京之巾箱本，有杭之細字本，嚴之重刊巾箱本，參以陸氏《釋文》、賈氏《疏》，核訂异同，最爲詳審。近世久無傳本，故朱彝尊《經義考》以爲已佚。惟《永樂大典》所載諸條，猶散附經文之後，可以綴録成編。其《鄉射》《大射》二篇適在《永樂大典》闕卷中，則不可復考矣。《朱子語録》有曰：“《儀禮》士所罕讀，難得善本。而鄭《注》、賈《疏》之外，先儒舊説多不復見，陸氏《釋文》亦甚疏略。近世永嘉張淳忠甫校定印本，又爲一書以識其誤，號爲精密，然亦不能無舛謬。”又曰：“張忠甫所校《儀禮》甚仔細，較他本爲最勝。今觀其書，株守《釋文》，往往以習俗相沿之字轉改六書正體。”則朱子所謂不能無舛謬者，誠所未免。然是書存而古經漢

① 玉獅老人：《讀畫輯略》，上海：商務印書館 1915 年版。

② 參俞劍華編著：《中國美術家人名辭典》，上海：上海人民美術出版社 2009 年版，第 46 頁。

《注》之訛文脱句藉以考識，舊槧諸本之不傳於今者亦藉以得見崖略。其有功於《儀禮》，誠非淺小。今覆加檢勘，各疏明其得失，俾瑜瑕不掩。原本殘闕數處，亦考訂補輯，附於下方。其書《宋史·藝文志》作一卷，而陳振孫《書録解題》作三卷。考淳《自序》言："裒所校之字，次爲二卷，以《釋文》誤字爲一卷，附其後，總爲三卷。"則《宋志》一卷爲傳寫之誤明矣。乾隆四十年二月恭校上。

戴震又校《海島算經》。《四庫全書總目·海島算經提要》曰：

《海島算經》一卷，《永樂大典》本，晉劉徽撰，唐李淳風等奉詔注。據劉徽序《九章算術》有云，徽尋九數有重差之名，凡望極高，測絶深，而兼知其遠者，必用重差，輒造重差，并爲注解，以究古人之意，綴於勾股之下，度高者重表，測深者纍矩，孤離者三望，離而又旁求者四望。據此，則徽之書本名《重差》，初無《海島》之目，亦但附於勾股之下，不别爲書。故《隋志·九章算術》增爲十卷，下云劉徽撰，蓋以《九章》九卷合此而十也。而《隋志》《唐志》又皆有劉徽《九章重差圖》一卷，蓋其書亦另本單行，故别著於録，一書兩出，至《唐志》兼列劉向《九章重差》一卷，則徽之《重差》既自爲卷，因遂訛劉徽爲劉向，而一書三出耳。今詳爲考證，定爲劉徽之書，至《海島》之名雖古無所見，不過後人因卷首以《海島》之表設問而改斯名，然《唐·選舉志》稱算學生《九章》《海島》共限習三年，試《九章》三條，《海島》一條，則改題《海島》自唐初已然矣。其書世無傳本，惟散見《永樂大典》中。今裒而輯之，仍爲一卷。篇帙無多，而古法具在，固宜與《九章算術》同爲表章，以見算數家源流之所自焉。乾隆四十年四月恭校上。

《周髀算經》《張丘建算經》亦當由戴震於是年校成，并撰有《提要》。是年冬，戴震與錢載議論學術，多有齟齬。

翁方綱作《理説駁戴震》，并附《與程魚門評錢戴二君議論舊草》記錢載、戴震之争。其《理説駁戴震》曰：

近日休寧戴震，一生畢力於名物象數之學，博且勤矣，實亦考訂之一端耳。乃其人不甘以考訂爲事，而欲談性道以立异於程、朱。就其大要，則言理力詆宋儒，以謂理者是密察條析之謂，非性道統挈之謂，反目朱子"性即理也"之訓，謂入於釋、老真宰、真空之説，竟敢刊入文集，説理字至一卷之多。其大要則如此，其反覆駁詰牽繞諸語，不必與剖説也。惟其中最顯者引經二處，請略申之。一引《易》曰："《易》簡而天下之理得矣。天下之理得，而成位乎其中矣。"試問《繫辭傳》此二語非即性道統挈之理字乎？成位乎其中者，謂易道也，則人之性即理無疑者也。對上賢人之德、賢人之業，則此句理字以人所具性道統挈言之，更無疑也，此處正承天地定位而言。《易》之成位乎其中，豈暇遽以凡事之腠理條理言耶？此不待辨而明者也。再則又引《樂記》"天理滅矣"。《樂記》曰："人生而静，天之性也；感於物而動，性之欲也。物至知知，然後好惡形焉。好惡無節於内，知誘於外，不能反躬，天理滅矣。"此句天理對下人欲，則天理即上所云"天之性也"，正是"性即理也"之義。而戴震轉援此二文，以謂皆密察條析之理，非性即理之理，蓋特有意與朱子立异，惟恐人援此二文以詰難之，而必先援二經語以實其密理條析之説，可謂妄矣。夫理者，徹上徹下之謂，性道統挈之理，即密察條析之理，無二義也。義理之理，即文理、肌理、腠理之理，無二義也。其見於事，治玉、治骨角之理，即理官理獄之理，無二義也。事理之理，即析理、整理之理，無二義也。假如專以在事在物之條析名曰理，而性道統挈處無此理之名，則《易·繫辭傳》"《易》簡而天下之理得矣"，《樂記》"天理滅矣"，即此二文先不可通矣。吾故曰：戴震文理未通也。《樂記》此段下愚既略附記矣，《易傳》首章下則不敢也，是以别録此篇，題爲《駁戴震》，豈得已哉！

附録《與程魚門評錢戴二君議論舊草》曰：

昨籜石與東原議論相詆，皆未免於過激。戴東原新入詞館，斥詈前輩，亦籜石有以激成之，皆空言無實據耳。籜石謂東原破碎大道，籜石蓋不知考訂之學，此不能折服東原也。詁訓名物，豈可目爲破碎？學者正宜細究考訂詁訓，然後能講義理也。宋儒恃其義理明白，遂輕忽《爾雅》《説文》，不幾漸流於空談耶？況宋儒每有執後世文字慣用之義，輒定爲詁訓者，是尤蔑古之弊，大不可也！今日錢、戴二君之争辯，雖詞皆過激，究必以東原説爲正也。然二君皆爲時所稱，我輩當出一言持其平，使學者無歧惑也。東原固精且勤矣，然其曰聖人之道必由典制、名物得之，此亦偶就一二事言之可矣，若綜諸經之義，試問《周易》卦爻彖象乘承比應之義，謂必由典制、名物以見之可乎？《春秋》比事屬辭之旨，謂必由典制、名物見之可乎？即《尚書》具四代政典，有謨、訓、誥、誓之法戒存焉，而必處處由典制、名物求之可乎？即《詩》具徵鳥獸草木而有忠孝之大義、勸懲之大防，必盡由典制、名物求之可乎？聖門垂教，《論語》其正經也，《論語》《孟子》必以典制、名物求之可乎？《孝經》以典制、名物求之可乎？戴君所説者，特專指《三禮》與《爾雅》耳。《三禮》云者，經部統簽之稱也，究當分別言之，《小戴記》，《禮》之傳也，當合《儀禮》説之。韓子已言《儀禮》非後世所用，顧宜知其義而已。其義雖知，則合其經傳以求之，學者正宜先知《禮運》首段之并非歧入异説也，又宜知《學記》之非泛事空説也。又宜知《玉藻》鄭氏所謂脱爛處之不宜徑皆接合也，又宜知《樂記》十一篇之宜各審其篇次也，此又豈概以典制、名物得之者乎？《周官》六典何以不略見於諸經，《禮記》六太何以不同於《周官》，古籍邈遠，不能詳徵，必欲一一具若目見而詳陳之乎？況《禮》所具者周典耳。夫子於夏、殷禮皆能言之，以其無徵，故民弗從，而不言也。今雖周之典制尚有存其略者，而其於善之無徵，民之弗從，則一也。是以方綱愚昧之見，今日學者但當纂言，而不當纂禮。纂言者，前人解詁之同异，音訓之同异，師承源委之實際，則詳審擇之而已矣。若近日之元和惠氏、婺源江氏以及戴君之輩，皆畢生殫力於名物、象數之學，至勤且博，則實人所難能也。吾惟愛之重之，而不欲勸子弟朋友效之。必若錢君及蔣心餘斥考訂之學之弊，則妒才忌能者之所爲矣。故吾勸同志者深以考訂爲務，而考訂必以義理爲主。(《復初齋文集》卷七)

陳祖武、朱彤窗《乾嘉學術編年》"乾隆四十年乙未"下："案：翁氏此札原無年月，而札中有'戴東原新入詞舘'一語，則大致可推知。據《高宗實録》記，戴震入翰林院爲庶吉士，時在乾隆四十年五月。翌年五月，錢載任官山東學政離京。故而錢、戴論學不和，當爲乾隆四十年五月以後之事。因此，姑將此札繫於是年。"

錢載(1708—1793)，字坤一，號籜石，浙江秀水(今浙江嘉興)人。乾隆十七年(1752)進士，官禮部侍郎等。善畫，詩自成一家。錢載因詩、畫兼善，頗得乾隆親近。據《纂修四庫全書檔案》，乾隆四十四年(1779)二月初一，"謹查阿哥書房行走之翰林等，前歲經臣于敏中等遵旨選派周煌、汪廷璵、朱珪、倪承寬閲看《全書》，續經吉夢熊面奏俯准，一體閲看。今臣復遵旨於現在行走人員内選得謝墉、達椿、錢載、吴高望、李汪度五員，均堪閲看《全書》。謹擬寫諭旨進呈。"[①]知錢載於乾隆四十四年始選入四庫舘，故四庫舘開舘前期，錢載并非舘臣，其與戴震相争，當在四庫舘外京師學者聚會時，或即在翁方綱寓所。

關於錢載之不滿戴震，王昶《蒲褐山房詩話》(又王昶《湖海詩傳》卷一四)又載："(錢載)性豪飲，常偕朱竹君學士、金輔之殿撰、陳伯恭、王念孫兩編修過余，冬夜消寒，卷波浮白，必至街鼓三四下。時竹君推戴東原經術，而籜石獨有違言，論至學問可否得失處，籜石顙發赤，聚訟紛拏，及罷酒出門，斷斷不已，上車復下者數四。月苦霜濃，

① 張書才主編：《纂修四庫全書檔案》，上海：上海古籍出版社1997年版，第998頁。

風沙蓬勃，餘客佇立以俟，無不掩口而笑者。”

按：王昶因盧見曾鹽運案於乾隆三十三年(1768)離京，至四十一年(1776)三月後始返京師；錢載則於乾隆四十一年六月赴任山東學政，至四十二年(1777)十一月始返京。又據王昶《官閣消寒集序》："乾隆丁酉冬，余爲通政司副使，職事清簡，暇輒與錢閣學籜石，朱竹君、翁覃溪、陸耳山三學士，曹中允習庵，程編修魚門舉消寒文酒之會，自七八人至二十餘人。"[①]則此事當在乾隆四十二年冬，此時戴震病卒已半年之久，而錢載仍對其深致不滿且言辭激烈。

錢載不滿戴震，或淵源於戴震對朱彝尊《經義考》之批評。章學誠於嘉慶三年(1798)所作《上錢辛楣宫詹書》記："戴東原嘗於筵間偶議秀水朱氏，籜石宗伯至於終身切齒，可爲寒心。"[②]秀水朱氏即朱彝尊(1629—1709，字錫鬯，號竹垞，浙江秀水人)，爲錢載之同鄉前輩，著有《經義考》(初名《經義存亡考》)二百九十七卷，爲考論儒家典籍重要之目録版本學著作。又據章學誠《上朱中堂(珪)世叔》："戴東原之經詁，可謂深矣。乃譏朱竹垞氏本非經學，而强爲《經義考》以争名，使人啞然笑也。朱氏《經考》，乃史學之支流，劉、班《七略》《藝文》之義例也，何嘗有争經學意哉？"[③]可知戴震曾批評《經義考》非經學著述，有名實不符之嫌(《經義考》實爲目録學著述，而非考論經義之義理著作)，遂致朱氏同鄉後輩錢載、章學誠均耿耿於懷[④]。

姚鼐《與陳碩士書》曰："戴東原言考證豈不佳，而欲言義理以奪洛、閩之席，可謂愚妄不自量之甚矣！"[⑤]又，姚鼐《再復簡齋書》曰："儒

---

① 王昶：《春融堂集》卷四十，見《續修四庫全書》第1438册，上海：上海古籍出版社2002年版，第83頁。

② 章學誠著，倉修良編注：《文史通義新編新注》，杭州：浙江古籍出版社2005年版，第657頁。

③ 章學誠著，倉修良編注：《文史通義新編新注》，杭州：浙江古籍出版社2005年版，第759～760頁。

④ 蔡錦芳《錢載與戴震交惡之緣起》(蔡錦芳：《戴震生平與作品考論》，桂林：廣西師範大學出版社2006年版)一文對此有詳論，可參考。

⑤ 姚鼐：《惜抱先生尺牘》卷五，揚州：廣陵書社1990年版。

者生程、朱之後，得程、朱而明孔、孟之旨，程、朱亦猶吾父師也。然程、朱言或有失，吾豈必曲從哉？程、朱亦豈不欲後人爲論而正之哉？正之可也，正之而詆毁之，詘笑之，是詆詘父師也。且其人生平不能爲程、朱之行，而其意乃欲與程、朱争名，安得不爲天之所惡？故毛大可、李剛主、程綿莊、戴東原率皆身滅嗣絶，此殆未可以爲偶然也。愚見如是，惟幸教之。”①

李慈銘《越縵堂讀書記·集部·戴東原集》云：“戴氏……在館四年，校定書十五種，皆鉤纂精密，至於目昏足痿，積勞致疾而殁。高宗深契其學，特畀館選。而同時錢籜石、翁覃溪輩尚力詆之，覃溪至欲逐之出館，蓋以其進士翰林，非由八股。而世之以庸濫惡札取巍科高甲者，眯目入館，塗改金銀，不二十年坐致台輔，賢愚安之，以爲固然。……直至今日，桐城謬種，尚以邵二雲、周書倉及戴氏三君之入館爲壞風氣、變學術。人無人心，亦可畏哉！”②李氏對錢載、翁方綱等不滿戴震并肆意批評深爲不滿。

錢載全力維護理學，與戴震争勝，其批評考據爲破碎大道，實爲無的放矢；姚鼐曾著《九經説》，辯護理學而持論尚平，唯《與陳碩士書》竟致詈駡之詞，實不足論；翁方綱《理説駁戴震》謂戴震析理字“文理未通”，頗爲勉强，而其雖持理學立場，評錢、戴之争，則能不持門户之見，謂“籜石蓋不知考訂之學，此不能折服東原也。詁訓名物，豈可目爲破碎？學者正宜細究考訂詁訓，然後能講義理也。宋儒恃其義理明白，遂輕忽《爾雅》《説文》，不幾漸流於空談耶？况宋儒每有執後世文字慣用之義，輒定爲詁訓者，是尤蔑古之弊，大不可也！今日錢、戴二君之争辯，雖詞皆過激，究必以東原説爲正也”，持論尚屬公允。

是年，許如蘭在京，從戴震研習曆算。

《清史稿》卷五〇六《許如蘭傳》：“許如蘭，字芳谷，全椒人。乾隆

---

① 姚鼐：《惜抱軒文集》卷六，見《惜抱軒全集》，北京：中國書店 1991 年版，第 78 頁。

② 李慈銘著，由雲龍輯，虞雲國整理：《越縵堂讀書記》，瀋陽：遼寧教育出版社 2001 年版，第 966 頁。

三十年舉人……如蘭性敏,所讀書皆究心精妙,於曆算始習西法,通薛鳳祚所譯《天步真原》《天學會通》。時同縣山西寧武同知吴烺受梅文鼎學於劉湘煃,如蘭因并習梅氏曆算。又於乾隆四十年夏,謁戴震於京都,受《句股割圜記》。四十四年,謁董化星於常州。戴傳《緝古算經十書》,而董則專業薛氏者也。由是兼通中、西之學。"①

是年七月,段玉裁致書戴震,未達②。十月,段玉裁有《寄戴東原先生書》,叙論《六書音均表》之撰作,并請戴震爲之撰序。書曰:

> 玉裁自幼學爲詩,即好聲音文字之學。甲戌、乙亥間,從同邑蔡丈一帆遊,始知古韵大略。庚辰入都門,得顧亭林《音學五書》讀之,驚怖其考據之博。癸未遊於先生之門,觀所爲《江慎修行略》,又知有《古韵標凖》一書,與顧氏少异,然實未能深知之也。丁亥,自都門歸,憶《古韵標凖》所稱元、寒、桓、删、山、先、仙七韵,與真、諄、臻、文、欣、魂、痕七韵,《三百篇》内分用,不如顧亭林、李天生所云,自真至仙古爲一韵之説。與舍弟玉成取《毛詩》細繹之,果信,又細繹之,真、臻二韵與諄、文、欣、魂、痕五韵,《三百篇》内分用,而江氏有未盡也。蕭、宵、肴、豪與尤、侯、幽分用矣,又細繹之,則侯、與尤、幽《三百篇》内分用,而江氏有未盡也;支、脂、之、微、齊、佳、皆、灰、咍九韵,自來言古韵者合爲一韵,及細繹之,則支、佳爲一韵,脂、微、齊、皆、灰爲一韵,之、咍爲一韵,而顧氏、江氏均未之知也;又細繹其平、入之分配,正二家之踳駁。移書《詩經》所用字區别爲十七部,既考其出入而得其本音,又詳其斂侈而識其音變,又察其高下遲速而知四聲古今不同,又觀其會通而知協音合韵自古而有,於聲諧推測其條理,於假借、轉注默會其指歸,蘊緼千年,一旦軒露,成《詩經韵譜》《群

① 趙爾巽等:《清史稿》,北京:中華書局1977年版,第13970頁。

② 劉盼遂《段玉裁先生年譜》是年下:"七月,寄吴廷芳銀信轉致戴東原,其人與信,東原皆未見。"

經韵譜》各一帙。己丑再至都門，程蕺園舍人賞之，第其書簡略無注釋，不可讀。是年冬，寓法源寺側之蓮華庵，鍵户燒石炭，從邵二雲孝廉借書，竟爲注釋，每一部畢，孝廉輒取寫其福。至庚寅二月，書成，錢辛楣學士以爲鑿破混沌，爲作序。三月，銓授貴州玉屏縣。壬辰四月，三入都，時先生館於洪素人户部之居。以是書請益，先生云："體裁尚未盡善。"玉裁旋奉命發四川候補，八月至蜀。後署理富順及南溪縣事，又辦理化林坪站務。王師申討金酋，儲偫輓輸無敢稍懈怠，然每處分公事畢，漏下三鼓，輒篝燈改竄是書以爲常。今年夏六月，偕同官朱雲駿入報銷局，興趣略同，暇益潛心商訂。九月書成，爲表五：一曰今韵古分十七部表，别其方位也；二曰古十七部諧聲表，定其物色也；三曰古十七部合用類分表，洽其恉趣也；四曰《詩經》韵分十七部表，臚其美富也；五曰群經韵分十七部表，資其參證也。改名曰《六書音均表》，均即古韵字也。《鶡冠子》曰："五聲不同均。"成公綏曰："音均不恒。"陶者以均作器，樂者以均審音，十七部爲音均，音均明而六書明，六書明而古經傳無不可通。玉裁之爲是書，蓋將使學者循是以知假借、轉注，而於古經傳無疑義，而恐非好學深思，尠能心知其意也。抑先生曾言："尤、侯兩韵可無用分。"玉裁考周秦漢初之文，侯與尤相近而必獨用。先生又言："十七部次第不能深曉。支、脂、之析爲三部，能發自唐以來講韵者所未發，但何以不列於一處，而以之第一、脂第十五、支第十六。"玉裁按：十七部次第出於自然，非有穿鑿。取第三表細繹之可知也。之、咍音與蕭、尤近，亦與蒸近；脂、微、齊、皆、灰音與諄、文、元、寒近；支、佳音與歌、戈近，實韵理分劈之大耑。先生又言："顧亭林平仄通押之説未爲非，所定四聲似更張大甚。"玉裁按：今四聲不同古，猶古部分不同今。抽繹遺經雅記，差可自信其非妄。以上三者皆不敢爲苟同之論，惟求研審音韵之真而已。夫郭璞《爾雅》注於烏尤，宋祁《唐書》修於益州，玉裁入蜀數年，幸適有成書，而所爲《詩經小學》《書經小學》《説文考證》《古韵十七部表》諸書亦次第將成。今輒先寫《六書音均表》一部寄呈左右，願先生爲之序，而糾其疵謬，則幸甚幸甚！玉裁頓首。

此書見《六書音均表》卷首，而《經韵樓集》未收。戴震爲段玉裁《六書音均表》撰序，時間則在乾隆丁酉(1777)孟春。

是年春，孔繼涵於京師寓所招翁方綱、程晋芳、戴震等集會賦詩。張塤有詩題曰《孔葒谷部曹招同翁覃溪、吴泰交二翰林，程魚門、陳伯思、姚姬傳、洪素人四部曹，戴東原、邵二雲二徵君小集寓齋，同賦高麗茶花》[①]。戴震是否有作，待考。

【時事】

是年，章學誠主修《和州志》未畢，入京。

是年，各省繼續進呈收繳查辦違礙書籍奏摺。

是年，始建文淵閣於紫禁城内，文源閣於北京圓明園内，文津閣於承德避暑山莊，以備藏《四庫全書》。

是年五月，江西瑞州府新昌舉人王錫侯删改《康熙字典》，纂爲《字貫》刻印成書。至乾隆四十二年(1777)十月，爲人告發而釀成"《字貫》案"。

江西巡撫海成以搜繳違礙書籍盡力，乾隆特予褒獎，并令各省效仿(按:海成後因查辦王錫侯《字貫》案不力，被下獄，論爲斬監候；乾隆四十三年，被從寬貶至新疆)。

清廷復令兩江總督高晋將應毁書籍并版片解京銷毁。

貴州代理巡撫韋謙恒因處理違禁書籍失當，遭乾隆嚴斥。

乾隆四十一年丙申(1776)　五十四歲

是年，戴震在四庫舘校定《夏侯陽算經》《五曹算經》等。

---

① 張塤:《竹葉庵集》卷九，見《清代詩文集彙編》第375册，上海:上海古籍出版社2010年版，第53頁。

是年三月，戴震始患足疾。

是年夏，戴震撰《平定兩金川大功告成頌》。此頌爲戴震諸文集均未收録之重要佚文。

是年另有《詩比義述序》《答段若膺論韵》《送巡撫畢公歸西安序》《昆山諸君墓誌銘》及《于公敏中壽頌》等。自刻《水經注》亦刊行於是年。

《段譜訂補》：

> 是年春作《詩比義述序》《答段若膺論韵》，秋作《送巡撫畢公歸西安序》《昆山諸君墓誌銘》。《夏侯陽算經》《五曹算經》校成。
>
> 是年秋，新任陝西巡撫畢沅，在離都前登門拜訪戴震。戴震作序相送，詳説官場"知人之難"，特别告誡他："有知人之責，而工詐欺之人至矣，潛妒誣之人至矣。又況情好或偏，彼探窺得之入焉。"并語重心長，希望他體恤民艱，"有一念及其民，則民受一念之福"。
>
> 十一月二十二日與段玉裁書曰："僕自三月初獲足疾，至今不能行動，以纂修事未畢，仍在寓辦理。擬明春告成，乞假南旋。"書又曰："僕於本月十六移寓北官園范宅，在海岱門之西，前門之東。更遠人迹。"

是年十一月，戴震致書段玉裁（即段玉裁輯《戴東原先生札册》第八札），述及是年春與段玉裁書札論韵之事：

> 春間有札，詳論韵之分合，以入聲爲樞紐，并《聲韵考》一本，托龔公轉寄。因大著尚有當酌處，或更參定，俟覆書到撰序，倏幾一載。而僕自三月初獲足疾，至今不能行動，以纂修事未畢，仍在寓辦理。擬明春告成，乞假南旋。久不與人交接，秋末著人向龔公處問吾友近署理地方，彼亦未得確信。
>
> 僕於本月十六，移寓北官園范宅，在海岱門之西，前門之東，

更遠人迹。金川平後，何以不獲吾友一信，懸念之至。茲舍侄南屏名朝恩者，即戊子年補浙省提塘在京，今選川省。遠道挈眷，又係初到，一切務求指示。倘到時缺乏，兼祈代爲通挪，必不有負。順候邇祉，不既。上若膺賢弟足下。友人戴震頓首。十一月二十二日燈下。

外寄上《經典釋文》一套，計十本，《水經注》全部，計十四册，并《六書音均表》原稿一本，祈檢收。又《天圖》二張。

段玉裁於此札後有小字注曰："丙申在都。"

據此札知戴震於是年三月始患足疾，初尚能活動。約在是年夏秋後，足疾始加重，致行走困難。清廷准其攜書於寓所校閲，當爲破例[①]。

戴震於是年十一月移居北官園范宅，位置在今北京市東城區崇文門(舊稱海岱門，俗稱哈德門)西側、前門東側，祈年大街北段附近。

是年，戴震因日夜校閲官書并勤於著述，致視力急劇下降，屢屢更换眼鏡。《段譜》附録："(先生)竟以積勞痿足，杜門一年中，屢换眼鏡，最後鬻眼鏡者曰：'此老光之最者，過此無可换矣。'是非不厭不倦，神太勞則弊故歟?"

是年三月，戴震爲王千仞(字涵齋)《毛詩比義述》撰序，説已見《段譜訂補》"乾隆二十八年"及"乾隆四十一年"下。其《詩比義述序》曰：

《詩》之部分四：風，鄉樂；小雅，諸侯之樂；大雅、頌，天子之樂。而宴饗群臣嘉賓，或上取，或下就，著在《禮經》。其後，因舊部而頗有附益，於是目其定於周初製作禮樂時者，謂之四始。若夫《周官經》大師教六詩，繼風之下，曰賦、曰比、曰興，則存乎章句間。《三百》皆有所賦之事，言非一端，或難徑言。鄭司農云：

① 乾隆三十九年(1774)六月，因纂修官黄壽齡不慎遺失《永樂大典》六册，後清廷嚴禁舘臣攜官書外出。

“比者，比方於物也；興者，托事於物。”蓋立言之體有是三者。非直賦其事，則或比方，或托物。賦直而比曲，比邇而興遠。興，既會其意矣，則何异於比；比，如見其事矣，則何异於賦。此涵齋王先生《詩比義述》之所爲有作也。

昔壬申、癸酉歲，震爲《詩補傳》未成，别録書内辯證成一袟，曾見有襲其説，以自爲書刊行者，不知先生何由見震元書，擇其合於比義若干條，俾得以名附大著中。先生之子栗人與震同舉於鄉，今爲朝廷名御史。震雖未獲親聞先生講論，而先生以是書遠寄京師示震，且屬序之，不得辭也。

《易》曰：“引而信之，觸類而長之。”《詩》之比、興固如是，舉比以通賦與興，非創自是書也。《毛詩》於《樛木》曰：“興也。”宜以葛藟之附樛木，興福履之隨君子已耳。而篇義曰：“后妃逮下也。”義取樛木下垂，葛藟得上蔓，爲后妃逮下，衆妾得親附之比。《十月之交》之爲直賦其事，無疑也。日月之行，終古不變。故交食一事，可以驗“推步”之得失。其有不應，失在立法，不失在天行。使天行有變，必不可以得其准，無從立推步之常法矣。而聖人警於天變者，以縣象著明，莫大乎日月，猶有蔽虧，人君可自謂無蔽，不省於虧失乎？日，君象；月，臣象。日失其明甚於月，喻君之蔽虧甚於臣。故曰“亦孔之醜”，曰“於何不臧”。詩詞顯以比德，非語(禎)[徵]祥。帝王之尊，兢兢惟蔽虧是省。是以德臻上聖，仁覆天下。視懼以災异大小，不絶遠乎？篇内“高岸爲谷，深谷爲陵”，《毛傳》曰：“言易位也。”《鄭箋》云：“君子居下，小人居上之謂也。”亦據比義言之，推而至於隸用一字，在六書假借，引喻以明，無非比也。賦者，比之實也；興者，比之推也。得比義，於興不待言，即賦之中復有比義。

先生博采衆説，逐條以己所得爲案語足成之，凡八卷。欲學者引伸觸類，知德行，達政體，孔子兩許門弟子“可與言詩”，意實在此。然則是書爲益，豈淺鮮哉？乾隆丙申三月，休寧戴震謹序。

因微波榭本及經韵樓本《戴震文集》均無"乾隆丙申三月"六字，故《段譜》誤定此序作年爲王千仞之子王寬（字栗人）中進士之年（乾隆二十八年）。

是年春，戴震撰《答段若膺論韵》。段玉裁《聲類表序》曰："丙申之春，師與余書，詳論韵事，將令及未刻參酌改正。"[①]戴震《與段玉裁書第八札》："春間有札，詳論韵之分合，以入聲爲樞紐，并《聲韵考》一本，托龔公轉寄。因大著尚有當酌處，或更參定，俟覆書到撰序，倏幾一載。"然戴震此篇論韵長文，在《六書音均表》刻成之後，段玉裁方才得見，故其所刻未能據以參考[②]。戴震《答段若膺論韵》略曰：

> 陸德明於《邶風》"南"字云："古人韵緩，不煩改字。"顧氏取其説。江慎修先生見於覃至凡八韵字，實有古音改讀入侵者；元、寒至仙七韵字，實有古音改讀入真者，音韵即至諧。故真已下十四韵，侵已下九韵，各析而二，自信剖别入微在此。大著更析真、臻、先與諄、魂、痕爲二，尤、幽與侯爲二。且悟古四聲不同今韵，猶古本音不同今韵，遂以此斷古無平仄通押、去入通押。書中自信剖别入微，亦在古音韵至諧之云。
>
> 然僕謂古人以音韵從其意言，《帝舜歌》喜、起、熙，二上一平，音節自佳，若并讀平聲，喜、起轉嫌於積韵。夫音韵之諧，密近而成節奏爲諧，稍遠而成節奏亦諧，遠而隔礙爲不諧，字异音同或積相似之音亦不諧。
>
> 癸巳春，僕在浙東，據《廣韵》分爲七類……

---

① 段玉裁：《經韵樓集》卷六，上海：上海古籍出版社2008年版，第122頁。

② 段玉裁《答江晋三論韵》："丙申僕書（按：《六書音均表》）刻成於蜀，乃接師論韵長篇，不及改正。"（《經韵樓集》卷六，上海：上海古籍出版社2008年版，第131頁。）

是年春，清廷平定兩金川之亂[①]。時段玉裁在川，亦參與平亂，被遣督理糧草。戴震致信慰問曰："金川平後，何以不獲吾友一信，懸念之至。"（段玉裁輯《戴東原先生札册》第八札）春末，平亂官兵凱旋，乾隆勞師京郊良鄉（今屬北京市房山區）。戴震撰《平定兩金川大功告成頌》。

戴震此頌文一卷，後附庶吉士五泰、庶吉士瑞保[②]所撰之《平定兩金川大功告成恭紀》二卷（五泰、瑞保所撰各一卷，均爲七律十首），三卷合爲一册，舘閣體抄寫工整不苟，裝裱精美，彩錦封面，内襯以黄紙精繪飛龍行雲圖，折頁飾以金線花邊。戴震此頌與五泰、瑞保恭紀均爲賀頌清廷平定兩金川之奏摺，顯然屬於進呈後得乾隆旨允（題下批有一小字"准"）而命專人以專紙謄抄，其當於清末民初時流出宫中，後入吉林省圖書舘收藏。此《平定兩金川大功告成頌》，自段玉裁《戴東原集》至修訂版《戴震全書》等各本均未見收録，此文爲宫廷奏摺原本，無疑爲戴震之一篇可靠佚文。

戴震此頌前有長篇序文，故此卷文字實爲頌、序合篇。其文曰：

> 皇帝敬承列聖創垂丕緒，撫有函夏億萬萬年，内治外懷，惟寅以畏，聲行教暨，自日月之所出入，樞極之所綿亘，凡有血氣之屬，悉隸悉臣，嘉德偉功隆於前古。乾隆十三年，命經略臣傅恒帥師討金川賊酋莎羅奔、郎卡，服而舍之，所以明示國威，震讋遐徼，大矣溥矣。神武不殺十八年，厄魯特準噶爾部内亂請討以來，天人咸與，再違再征，盡收其地二萬餘里。
>
> 皇帝以仁義除偏譯外荒之患，奠安其土而字爲吾民，謂予一

① 乾隆十一年（1746），川西北藏、羌等族聚居地之大、小金川土司發生内亂，清廷出兵，至乾隆十四年（1749）初步平定。乾隆二十三年（1758），大、小金川動亂復起，且愈演愈烈，至乾隆三十六年（1771），已演變爲叛亂，清廷再次出兵，耗費巨大，費時數載，直至乾隆四十一年（1776）方徹底平定。

② 據《欽定八旗通志》卷一〇四《選舉志三》：五泰，漢軍鑲白旗人，乾隆四十年（1775）進士，後任翰林院檢討。瑞保，滿洲鑲黄旗人，乾隆四十年進士，後任翰林院侍講。

人御極，實恭天命，弗遑自暇。乃者我武遠揚，屢役於西徼，既降既平，伊惟方外群生之福，予一人不自以爲功。其却走馬，櫜弓矢，休息戰士，自是邊境寧謐幾二十年。金川巨酋蠶口豕腹，復以其隙，種落相吞强陵弱，播籲我邊吏，既乃蕩棄約法，醸結禍眚，罔或悛悟。三十六年秋，吏疏其罪，請治。皇帝曰：吁，彼實將爲邊患，其可不討！詔臣温福爲將軍，臣桂林爲四川總督，乃出師。是時攢拉賊酋僧格桑與促浸賊酋索諾木相爲唇齒以抗。其冬，將軍温福等攻復所侵明正土司地，分兵并力，一軍自巴朗拉，一軍自約咱，摧其門户。明年，克資哩、紮哇窠，達烏僧格宗諸隘，遂取美諾。十二月，將軍温福自以師破布朗郭宗、底木達，獲僧格桑之父澤旺，攢拉平，僧格桑走促浸。索諾木既濟其惡，至是，復匿僧格桑，弗以獻。將軍温福乃帥師入功噶爾拉，副將軍阿桂帥師入當噶爾拉，討促浸。未幾，將軍温福移軍木果木，逼昔嶺日旁，取之。賊失其隘，則間行箐谷藤崖間，躡我軍後以躪我營，肆其頑凶。

皇帝赫然震怒，命臣阿桂爲定西將軍，臣豐升額、臣明亮并副將軍，曰兹小蠢，既盈其辜，我其可憚阻艱，弗信厥戮，則無以殄絶梟志，以寧於世世。

皇帝乃指畫馳策，以授阿桂等。師行五日，悉收故所得地。三十九年，克谷噶丫口、羅博瓦、喇穆喇穆、默格爾，勢如振槁，索諾木逃死綽窩斯甲。是時，僧格桑駭斃促浸所，索諾木乃獻僧格桑之妾側累及其頭人七圖安睹爾、蒙固阿什咱阿拉等。明年，將軍阿桂入木思工噶，克丫口，逾昆色爾，臨於河。副將軍豐升額取遜克爾宗，奪其外險；副將軍明亮破基木斯丹當噶，覆賊於沙爾尼溝以北，與阿桂軍會師，合以濟。將軍阿桂越巴占八九峰，前後并攻勒烏，圍官寨，賊膽喪。我軍益奮倍常時，每戰，無不摧敗破其犄角之援，斷其水陸之輸，以晝夜攻，不遺餘力。賊愈支愈困，則悉其衆退保於噶喇依，用延殘息。副將軍明亮以師入札烏古，扼其後，將軍阿桂以大兵由索隆古直搗其巢。明年春，克之，走索諾木，獲其母兄，窮其逋藪，賊衆夜喧，厥明乃潰，生得索諾木及其衆二千餘人以歸。既平促浸，金川底定，捷聞皇帝，命有司諏吉，祗告兩陵曰：

惟祖惟宗，在天之靈，殄兹丑類，惟我國家，福綿綿延延，予一人其奉皇太后，望秩岱宗，用迎慈輦，遂詣闕里，釋奠先師，以執訊告厥成功，禮也。

旋駐蹕良鄉，於是將軍阿桂，副將軍豐升額，副將軍明亮既振旅還，介冑奔走，覲於郊勞臺。皇帝勞之以入，乃獻俘於宗社，親御午門受之，上皇太后徽號，論功封爵秩如數，中外在官勤事者賞賚有差，炳攄奎章，紀勳國子監，銘刻豐碑於美諾、勒烏圍、噶喇依所在。群臣咸拜手稽首，颺言臣載筆翰林，職當歌詠，敢作頌聲，以播休美，昭來許。其詞曰：

聖人在上，萬方咸仰，至於百神，罔不歆餉。僭背大化，自彼金川，有命致罰，既伏其愆。赦弗加誅，逖退歸義，乃踐伊犁，順天人意。功軼前紀，帝曰念哉，我邑我井，既埏訖垓。群鼠在穴，久逸斯齧，攢拉促浸，吏命敢蔑。吏用入告，辛卯之秋，帝曰弗宥，其翦其劉。攢拉蠢居，孔逷縣度，我旅烝烝，舍車而步。載兑其山，載斫其梁，美諾之克，賊膽乃亡。桓桓將軍，破底木達，檻縶厥酋，几肉先割。薄伐促浸，進扼其吭，蹶蹶踖踖，危視履莊。爰析大軍，半壘於隘，賊躡我蹤，肆其凶獪。皇帝震怒，以命定西，授閫外略，推布指迷。濟以筸船，攻以飛礮，阻則我冞，峭則我趠。七萃氣倍，九伐怒并，據昆色爾，賊勢以傾。獻其精夫，及其逋妾，請吏有詞，惴惴慴慴。度固弗赦，嬰險守堅，碉卡鱗繪，我奪争先。會勒烏圍，潰其犄角，後刓其臀，中穿其腹。賊竄且聚，於噶喇依，前户既破，縶兄母歸。一壘夜喧，詰朝亟貫，元憝來俘，符天下願。皇帝聖德，討賊以仁，還師衽席，永清八賓。皇帝聖謨，我戰必克，告於在天，罪人斯得。皇帝聖孝，純嘏弗私，奉皇太后，迎釐泰祠。皇帝聖學，尊崇闕里，釋奠告功，泮林噕噕。皇帝聖斷，有此武功，謙讓弗右，班爵定封。皇帝聖制，式金式玉，績在辟雍，威著殊俗。㫫天之下，猗歟休矣，於萬斯年，百禄遒矣。天命降鑒，非人力矣，小臣作頌，垂無極矣。庶吉士臣戴震恭進。

兩金川即大、小金川，位於青藏高原東緣、今四川省西部阿壩藏族羌族自治州和甘孜藏族自治州境内，大、小金川均爲大渡河之上游，匯合後即稱大渡河。兩金川地區自古爲少數民族聚居地，自元至明，中央政府均在此地分設土司管理。清廷雖對雲貴等少數民族地區實行州縣制，對兩金川則仍延續明代制度，實行土司自治。自乾隆十一年(1746)起，大、小金川土司因争利構隙，興起内亂。次年，大金川土司莎羅奔起兵叛亂，雖經清廷彈壓，一時得以平息，然各土司之間矛盾未除，十餘年後，争端復起，且愈演愈烈。乾隆三十六年(1771)，清廷再次起兵平亂，大金川土司索諾木與小金川土司僧格桑則互爲犄角，聯合對抗清軍。乾隆三十八年(1773)五月，清軍主帥温福遭襲，戰死於小金川木果木，清軍收復之地盡失。六月，乾隆升副將軍阿桂爲定西將軍，率豐升額、明亮等數路大軍全力清剿。清廷前後調遣精兵數萬，耗銀七千餘萬兩，歷時五年，至四十一年(1776)春二月，最終剿滅兩金川土司及主要頭領，大獲全勝。據《清高宗實録》“乾隆四十一年二月下”:“乙卯，諭曰：……金川全境蕩平，武功耆定，馳遞紅旗，隨摺奏賀，披覽甚爲欣悦。前因兩金川以内地土司，敢作不靖。……若聽其鴟張横肆，久之必至擾及内地，何以綏靖邊圉。惟當掃滅叛番，以圖一勞永逸，否則後患滋深，此朕數年來不得已而用兵之苦心也。……大功全蕆，從此即於此地設鎮駐兵，番境寧謐，各土司得以永慶安全。此皆仰賴上蒼默佑，宗社鴻庥。朕喜慰之餘，倍深敬畏。朕現在祇謁兩陵，禮成後，奉皇太后巡幸山東，告成闕里，計四月二十六日回鑾至黄新莊。并諭將軍(阿桂)等率凱旋兵衆如期而至，即於二十七日舉行郊勞之典，翼日獻俘廟社，并御午門受俘。”[①]三月，乾隆改置大、小金川爲勒烏圍（後改阿爾古）、美諾二廳，直隸四川省，并授明亮爲成都將軍，管轄原金川地區。

又據《清高宗實録》“乾隆四十一年四月下”：“己巳，上親製平定兩金川告成太學之碑，命勒石大成殿阼階前。文曰……庚午，以平定兩金川恭上皇太后徽號，遣官告祭天、地、太廟、太社、太稷。”[②]四月，乾隆奉皇太后巡幸山東，告功闕里，并謁岱廟後返京師。巡幸途中，御製《平定兩金川告成太學碑文》《平定金川勒銘美諾之碑》《平定金川勒銘勒烏圍之碑》《平定金川勒銘噶喇依之碑》碑文四篇，命分刻於太學及金川地區，以昭告天下。《平定兩金川告成太學碑文》隨即又頒發各省乃至各府、縣，命勒石刻碑，立於官學、文廟。今檢清代各省、府志，幾乎均有載録；《同治利川縣志》卷八《學校・碑文》亦載：“御製平定兩金川告成太學碑文（乾隆四十一年）。”[③]可見乾隆極重此役及其影響。六月，乾隆欽命宫廷畫家徐揚繪製《平定兩金川得勝圖》（次年繪成，共十六幅）；又命平定金川大將軍、大學士阿桂領銜編纂《平定兩金川方略》，至乾隆四十六年（1781），阿桂進奏《方略》一五二卷，詳紀事件始末，收入《四庫全書》。

平定兩金川爲乾隆朝著名之靖邊戰役，亦是乾隆十大武功之一，是役對清政府維護國家統一，保持邊疆少數民族地區穩定，促進當地政治、經濟、文化發展均具重要歷史意義。乾隆審時度勢，不惜爲此役耗費大量人、材、物力，歷時五年而收功，正因其牽繫清朝政治統治之穩定，關涉巨大，影響深遠。乾隆御製《平定兩金川告成太學碑文》有曰：“兹兩金川小寇，地不逾五百里，人不滿三萬衆，而費帑至七千

① 《清高宗實録》卷一〇〇二，見《清實録》第二十一册，北京：中華書局 1986 年版，第 424 頁。

② 《清高宗實録》卷一〇〇七，見《清實録》第二十一册，北京：中華書局 1986 年版，第 524～529 頁。

③ 《同治利川縣志》，見《中國地方志集成・湖北府縣志》第五十八册，南京：江蘇古籍出版社 1998 年版，第 62 頁。

萬，成功亦遲至五年……設非天恩助順，衆志成城，則金川未易言滅，而國威或至少損矣。是以不可不記。觀斯文者，尚諒予懷慚悔過之不暇，知非稱功詡德而爲言。”[①]平定兩金川在乾隆“十大武功”中耗時最長、耗資最多，故乾隆此言亦非故作姿態。然正因如此，兩金川之役無疑成爲乾隆朝極爲關注之軍國大事，故捷報傳來，舉朝歡忭之情，紛紛形諸乾隆及其群臣之筆。《平定兩金川方略》首録乾隆御製相關詩文八卷，含御製碑文四篇、古今體詩近百首；另録于敏中、程景伊、董誥、翁方綱、王傑、陸錫熊、紀昀、朱珪等26位名臣所作頌贊詩文共八卷，含樂府、古近體詩、辭賦等各類作品百餘首。一時撰作之夥，堪稱詞林盛事。

戴震《平定兩金川大功告成頌》亦作於金川大捷後不久，《頌序》有“銘刻豐碑於美諾、勒烏圍、噶喇依所在”等内容；瑞保《恭紀》亦有“記勒璧宫垂業盛，碑頒井絡驗文敷”之語，井絡，即指蜀地金川。據前引《高宗實録》，乾隆於四月二十八日己巳御製碑文，而刻碑於太學及金川則在五月初，則戴震及瑞保撰文當在乾隆四十一年(1776)五月。因此類表頌文字均爲應時而作且及時奏呈，方顯時效。或因撰作者職位較低，故戴震此文與五泰、瑞保《恭紀》均未收入《平定兩金川方略》，衹留存於宫中，這也正是自段玉裁以來輯纂戴震遺著者未及關注之原因。戴震時爲翰林院庶吉士，在四庫館臣任上。去年春，戴震以舉人身份獲恩准與當年會試中式者一體殿試，賜同進士出身，五月，入翰林院爲庶吉士。而早在乾隆二十年(1755)，戴震以一介布衣初入都時，即以其學問震動京師，聲聞海内，紀昀、錢大昕、王鳴盛、王昶等争與之交；姚鼐更欲奉之爲師。乾隆三十八年(1773)，四庫館開館，四庫館副總裁裘曰修、總纂紀昀等即薦戴震入館，任編修。戴震悉心盡職，勤於考訂，入館數年之中，前後考核校訂典籍十數種，深得總纂官紀昀等稱賞，并得乾隆關注。戴震以其精博之學識贏得了

① 《清高宗實録》卷一〇〇七，見《清實録》第二十一册，北京：中華書局1986年版，第526頁。

京師上下之推重，獲得"通人"之譽，故兩金川之役大功告成時，"群臣咸拜手稽首，颺言臣載筆翰林，職當歌詠"，而戴震則當仁不讓，揮筆寫就此頌及序文。

今考此文，當屬奏摺中之賀頌摺。戴震等撰此摺當原藏於宮中，而於清末民初時流出。

頌體淵源於《詩經》頌詩，《文心雕龍·頌贊》稱："四始之至，頌居其極。頌者，容也，所以美盛德而述形容也。"又云："容告神明謂之頌……頌主告神，義必純美。"[①]今所見頌文之作，始於漢王褒之《聖主得賢臣頌》，其流行於六朝，唐宋以後仍不乏作者。然因頌體源於《詩經》，本爲奏於宗廟、告於神明之作，而非日常之頌聲，其語言也以《詩經》頌體之四言爲正宗，風格雍容典重。戴震此文正體現了上承《詩經》之傳統，頌文500餘字，爲整齊四言，音韵鏗鏘，辭藻典雅，堪稱金相玉式，一本頌文正體之風格。又其作爲賀頌奏摺上呈，使用彩錦封面，摺襯黄紙會飛龍行雲圖，摺頁飾以金線花邊，裝裱精美，正顯示喜慶而鄭重。

賀頌體奏摺因源自《詩經》頌詩，其書寫規範及文字選擇均有嚴格規定，故作者須學術及文化修養深厚者方能勝任。四庫舘臣咸推戴震作此頌文，良有以也。此文頂格每行16字，平格每行13字，文末具"庶吉士臣戴震恭進"，而無年月日期，當屬兩金川之役得勝後即時書寫進呈。

清代上奏摺的歷史逾二百年，現存奏摺實物頗夥，而多爲言事奏摺，賀頌奏摺則較少見。戴震此折爲賀頌奏摺之較好實物及範本。

《毛詩序》曰："頌者，美盛德之形容，以其成功告於神明者也。"[②]此頌文典雅雍容，極力鋪叙乾隆之聖德聖功，深得頌體之要。序文記述平定兩金川之前後經過頗爲詳細生動，狀寫將士奮力征戰、建立奇功之同時，更突出乾隆之深謀遠慮與孝慈仁德，可爲《平定兩金川方

---

① 范文瀾注：《文心雕龍注》，北京：人民文學出版社1958年版，第156～157頁。

② 阮元校刻：《十三經注疏·毛詩正義》，北京：中華書局1980年版，第272頁。

略》之補充，其史料價值同樣值得重視。

更爲重要者，此頌可折射戴震特定之文化心態，爲研究戴震晚年思想提供了新視角。戴震雖自乾隆二十年（1755）左右即獲譽於京師，廁身京師乃至全國學術名流，但其出身與處境，使其始終身處巨大壓力之中。雖有紀昀、王安國延爲家教，解決一時衣食，但大多情況下仍屬居無定所，亦無穩定經濟來源。戴震實際根本無法獲得與紀昀、王昶等人同等之社會地位。嗣後十數年中，戴震往來奔波於燕、晋、魯、吴、閩、越等地，主要因爲衣食所驅。了解戴震長期所受之巨大身心壓力，方能明白乾隆三十八年（1773）當紀昀等推薦其入四庫舘時，戴震内心所寄之期望。戴震在舘，勤奮整理校訂文獻，仍然不能改變其拮据困境，不但居無定所，而且收入頗爲微薄，衹因戴震入舘前并無一官半職，無法享受與其他四庫舘員同等待遇。

對於戴震主校《水經注》一事，二百餘年來衆説紛紜、沸沸揚揚，竟成一樁學術大案。貶戴者指責其竊據趙一清《水經注釋》，現代以來，胡適等人論證戴震并無剿襲趙一清，可謂不遺餘力；楊應芹先生又認爲，戴震此舉乃是被乾隆諭旨"痛苦地牽著鼻子走"[①]，可謂切中要害。本譜"乾隆三十九年"下已詳述戴震主纂《水經注》時之窘迫情境，不過，戴震於被動窘迫之中恐也有主動成分。四庫舘臣輯佚《永樂大典》編纂《水經注》本另有其人，戴震於乾隆三十九年（1774）初前後參校《水經注》，正式領銜整理此書或仍稍後。而因舘臣於《水經注》校勘意見不一，故校録或出衆人之手。不過，《水經注》於十月即將校畢呈上，其卷首《提要》署名者爲總纂官紀昀、陸錫熊與纂修官戴震，則戴震仍爲此書首要纂修者且態度恐非完全被動。因據《清高宗實録》：乾隆三十八年（1773）七月十一日戊辰，"又諭：前據辦理《四庫全書》總裁奏請將進士邵晋涵、周永年、余集，舉人戴震、楊昌霖調取來京，同司校勘，業經降旨允行。但念伊等尚無職任，自當予以登進

① 楊應芹：《御用之作與獨立研究的終極成果——戴震兩種不同版本的〈水經注〉》，《文史哲》，2014年第2期，第97～106頁。

之途，以示鼓勵。著該總裁等留心試看年餘，如果行走勤勉，實於辦書有益，其進士出身者，准其與壬辰科庶吉士一體散館；舉人則准其與下科進士一體殿試，候朕酌量降旨録用。欽此。”①可見戴震入舘之初，實屬試用，其能否續用乃至能否進身，全看自身表現是否勤勉與合格。戴震雖學識淵博，但出身低微，長期困頓，多年出入科場，年入不惑方始中舉，其後又屢屢會試而不售，身心無疑備受壓抑與煎熬。知命之年獲召進京入舘，這對戴震來説是蒙幸，更是難得之進身良機，何況編纂《四庫全書》本是空前之文化盛舉，故戴震絶對小心珍重并表現异常勤勉，以期獲得乾隆首肯。同時，戴震也努力贏得四庫館總裁等之好感。據《段譜》，乾隆三十八年，裘曰修任四庫舘總裁兩月而薨，戴震代總裁于敏中爲其撰《墓誌銘》；乾隆四十一年(1776)，于敏中因平定金川有功，乾隆賜其一等輕車都尉，并賜黄馬褂、雙眼花翎，戴震則作《于公敏中頌》，極力稱頌總裁其德其能，文辭之高華幾乎可與《平定兩金川大功告成頌》相媲。

正是由於戴震入舘後表現特异，故於乾隆四十年(1775)第六次會試仍下第後，乾隆特命其與乙未科貢士一體殿試，賜同進士出身，并授翰林院庶吉士。而因心懷對乾隆感激之情，金川大捷之時，戴震撰作此頌，頌美乾隆，宏揚聖德，確屬欣然命筆，而非被動受命。

戴震出生於文化徽州，所受却爲非常規之教育。布衣小販之家庭，相對自由之學習氛圍，造就戴震獨立思考、敢於懷疑之能力，然亦養成其“介特，多與物忤，落落不自得”②之個性。但戴震絶非盲目自大、恃才傲物之流，其早年求學於程恂、江永等師輩，切磋於程瑶田、金榜等友朋，師友之間相互影響、相得甚歡。入京之後，因其精博學識與“孤介”性格，戴震一方面贏得了衆多京師學人之青睐，一方面也與部分學者形成了摩擦甚至較深之矛盾。無論如何，戴震積極融入并立足京師高級學術圈之願望可謂不言而喻。但是，既無正規出身

① 《清高宗實録》卷九三八，見《清實録》第二十册，北京：中華書局 1986 年版，第 654 頁。

② 錢大昕：《戴先生震傳》，見《潜研堂集》，上海：上海古籍出版社 2009 年版，第 711 頁。

(入京時僅爲縣學生)又無家族背景之一介貧儒,想要立足京師談何容易。如果説戴震入京之前未必熱衷於科舉仕進,入京後之經歷無疑向他傳達了科舉之重要性[①]。主要因爲無正規出身而難以立足京師,更無法進入權力政治圈中,因此,對戴震來説,學術圈之擴大、文化空間之開放,一方面是其一次重要之自我提升,一方面也給其帶來空前之内外壓力。在中國傳統學者文人,祇要不是真正遺世獨立之極少數,幾乎都願意與權力政治發生關係。在中國傳統文化環境中,學術與權力之間并非祇有矛盾而無一致。經過近廿年游走,戴震終於名正言順地被召入京之時,其積極把握時機并企圖獲得進身之努力可謂顯而易見,其精心結撰、欣然進奏《平定兩金川大功告成頌》和熱烈頌美總裁于敏中也就完全可以理解。然而,儘管戴震似乎獲得了恩遇,被授翰林院庶吉士并繼續從事《四庫全書》編校工作,但收入之微薄使其仍然無法擺脱困苦與折磨,加之身體之疾患,最終,一代大儒病卒於四庫館臣任上,生歸鄉里竟成爲其永遠無法實現之夢。

作爲迄今所見戴震三篇頌文之一(另兩篇即《某翁頌辭》《于公敏中頌》),《平定兩金川大功告成頌》無疑是研究戴震生平思想及其創作之重要文獻。同時,此文也印證了段玉裁對老師之評價:東原雖無意爲文,然實能洞悉義理、考據、辭章之源流,故能吐辭高古,枝葉并茂,堪爲經典。

是年,戴震校成《夏侯陽算經》《孫子算經》《五曹算經》,均有提要。

戴震在京生活艱難。八月,段玉裁自四川寄銀四十兩。明年正月戴震始收到。段玉裁輯《戴東原先生札册》第九札:"(丁酉)新正接到上年八月手翰,并《六書音均表》三部,銀四十兩,謝謝。"

是年十一月十六日,戴震移居北官園范宅。戴震自刻本《水經

---

① 洪榜《戴先生行狀》謂:"先生學日進而遇日益窮,年近三十乃補縣學生,用是絶志舉子業,覃思著述,家屢空而勵志愈專。"可見戴震補縣學生後即棄置科舉功名,潛心學術著述事業。後再度科舉,尤其是會試場中屢敗屢戰,正是其學術文化圈巨大變化所致。

注》(由曲阜孔氏微波榭刊刻)刊行。戴震於是年十一月二十二日致書段玉裁(即段玉裁輯《戴東原先生札册》第八札)曰：

春間有札,詳論韵之分合,以入聲爲樞紐,并《聲韵考》一本,托龔公轉寄。因大著尚有當酌處,或更參定,俟覆書到撰序,倏幾一載。而僕自三月初獲足疾,至今不能行動,以纂修事未畢,仍在寓辦理。擬明春告成,乞假南旋。久不與人交接,秋末著人向龔公處問吾友近署理地方,彼亦未得確信。

僕於本月十六,移寓北官園范宅,在海岱門之西,前門之東,更遠人迹。金川平後,何以不獲吾友一信,懸念之至。兹舍侄南屏名朝恩者,即戊子年補浙省提塘在京,今選川省。遠道挈眷,又係初到,一切務求指示。倘到時缺乏,兼祈代爲通挪,必不有負。順候邇祉,不既。上若膺賢弟足下。友人戴震頓首。十一月二十二日燈下。

外寄上《經典釋文》一套,計十本,《水經注》全部,計十四册,并《六書音均表》原稿一本,祈檢收。又《天圖》二張。

北官園在今北京市東城區崇文門之西。海岱門,又名哈德門,均爲崇文門之俗稱。北官園范宅(穎園)爲戴震在京師最後寓居之所。

戴震自刻本《水經注》按水分篇,不分卷,計十四册,是爲繼續乾隆三十七年至三十八年(1772—1773)自刊《水經注》而未竟之事。今楊應芹先生於其整理出版之《分篇水經注》[①]之《前言》中有詳細論述,可參。戴震撰《序目》(即收入《東原文集》之《水經酈道元注序》)曰：

後魏御史中尉范陽酈道元字善長,撰《水經注》四十卷。蕭寶夤之亂,道元叱賊而死,贈吏部尚書、冀州刺史、安定縣男。善長雖依經附注,不言《水經》撰自何人,《唐書·藝文志》始以爲桑欽撰。欽在班固前,固嘗引其説,與《水經》違异。晋以來注《水

① 戴震著,楊應芹校點:《分篇水經注》,合肥:黄山書社2015年版。

經》凡二家，郭璞注三卷，唐時猶存。杜君卿言："二家皆不詳所撰者名氏，亦不知何代之書。"則景純已不能言其作者矣。

《崇文總目》："《水經注》亡者五卷。"今所傳即宋之殘本，後人又加割裂，以傅合四十卷之數。如注文"江水又東逕巫縣故城南"，注訛列爲經，遂與前經文"又東過巫縣南"割分异卷。《唐六典·注》云"《水經》所引天下之水百三十七"，今自河水至斤員水(案舊作斤江水，今從《漢志》作員)，凡百二十三，應脱逸十有四水，蓋在五卷中者也。王伯厚《通鑑地理通釋》引《水經》四事，惟魏興安陽一事屬經文，餘三事咸酈注之訛爲經者。故其作書之時，益莫能定。

《水經》立文，首云某水所出，已下無庸重舉水名；而注内詳及所納群川，加以采摭故實，彼此相雜，則一水之名不得不更端重舉。經文叙次所過郡縣，如云"又東過某縣"之類，一語實該一縣；而注則沿溯縣西以終縣東，詳記所逕委曲。經據當時縣治，至善長作注時，縣邑流移，是以多稱故城，經無言故城者也。凡經例云"過"，注例云"逕"。以是推之，雖經、注相淆，而尋求端緒，可俾歸條貫。

善長於經文"涪水至小廣魏"，解之曰："小廣魏即廣漢縣也。"於"鍾水過魏寧縣"，解之曰："魏寧，故陽安也，晋太康元年，改曰晋寧。"然則《水經》上不逮漢，下不及晋初，實魏人纂叙無疑。

史言善長好學，廣覽奇書。故是注之傳，或以其綜覈，或尚其文詞，至於觸類引伸，因川源之派别，知山勢之逶迤，高高下下，不失地防，取資信非一端。然訛舛既久，雖善讀古書如閻百詩、顧景范、胡朏明諸子，其述論所涉，猶輒差違，斯訂正之不可以已也。

審其義例，按之地望，兼以各本參差，是書所由致謬之故，昭然可舉而正之。至若四十卷之爲三十五，合其所分，無復據證。

今以某水各自爲篇：北方之水莫大於河，而河已北、河已南衆川，因之得其叙矣；南方之水莫大於江，而江已北、江已南衆川，因之得其叙矣。惟以地相連比，篇次不必一還其舊。庶乎川渠纏絡，有條而不紊焉。休寧戴震。

河水一　河水二　河水三
渠陰溝水　汳水　獲水　睢水
瓠子河　汾水　晋水　文水
原公水　同過水　澮水　涑水
湛水　沁水　清水　渭水
漆水　沮水　滻水　洛水
穀水　澗水　瀍水　甘水
伊水　淇水　蕩水　洹水
濁漳水　清漳水　滱水　易水
巨馬河　聖水　漯水　漯餘水
沽河　鮑丘水　濡水　遼水（小遼水）
浿水　濟水　汶水　淄水
巨洋水　濰水　東汶水　膠水
泗水　洙水　沂水　沭水
淮水　汝水　潕水　㵐水
潁水　濯水　潁水　瀷水
溳水　洧水　潧水　決水
沘水　泄水　肥水　施水
江水　夷水　夏水　湞水
漻水　漾水　潛水　羌水
涪水　梓潼水　南沮水　漳水
沔水　涔水　均水　丹水
粉水　淯水　湍水　比水
白水　蘄水　沫水　青衣水

若水　淹水　油水　灃水

沅水　延江水　資水　湘水

鍾水　深水　耒水　洣水

漉水　漣水　瀏水　潿水

廬江水　贛水　漸江水　桓水

葉榆河　温水　存水　浪水

灕水　溠水　溱水　斤員水

禹貢山水　澤地(序)

又,孔繼涵爲之《序》曰:

東原氏之治《水經注》也,始於乾隆乙酉夏。越八年壬辰刊於浙東,未及四之一而奉召入京師,與修《四庫全書》,又得《永樂大典》内之本,兼有酈道元《自序》。乃仍其四十卷,而以平日所得,詳加訂正,進之於朝。聖天子俞其書,命刊行,御製詩章冠之端首,令數百年經注溷淆、前後錯簡者,整之還其舊。

而曩時東原氏所刊某水各自爲篇,爲十有四册,循其注之綱目,復逐條畫分,俾讀者易見端末。雖遵修舊文,不增一語,固曉然如視掌文矣。

第一册《河水一》,爲阿耨達山諸水;《河水二》爲蔥嶺、于闐二水。

次二册《河水三》,乃入中國河也。

次三册渠至瓠子,皆出於河之水。

次四册汾至清,自左以次入河。其間如晋水、文水、原公水,自右以次入汾;同過水、澮水,自左入汾。餘先後准此。

次五册渭至伊,自右入河。

次六册淇至漳,古皆入於河。

次七册滱至涀,則河北以東,終於樂浪、朝鮮。

次八册首濟瀆,而汶則入於濟。

次九册淄至沭，皆濟、汶以次而南之水。

次十册首淮瀆，而汝至肥，皆淮之左右以次入淮，惟施别於肥而入巢湖。

次十有一册首大江，而夷夏皆出於江，涓則入夏，滲則入涓。

次十有二册漾至蘄，自左以次入江。

次十有三册沫至贛，自右入江。

次十有四册漸至日南二十水名，則越及南海群川罔不就序，末載《禹貢》山水澤地，《水經》之舊第也。

前數年，東原氏爲予言曰："是書經注相淆，自宇文、歐陽二子發之，而未之是正。至於字句訛舛，非檢閲之勤，不易得也。子盍與我共治之？"予因旁搜群籍，積至數十事，東原氏蓋有取焉，且屬予撰序。東原氏既書其詳於目録，予謹舉其第次之意，以告讀是書者。曲阜孔繼涵。（《紅櫚書屋雜體文稿》）

因"戴氏之入四庫館，於館中諸公爲後進，戴性又傲，不肯下人，諸公頗齮齕之，其所校勘不盡從也。紀文達雖與戴善，而議論亦時有异同。故《水經注》武英殿本卷首提要雖題東原之名，而校録時實雜出諸公之手，已非戴氏之舊。以書經乙覽，自後遂無敢异詞"①，戴震乃將其整理之《水經注》白文定本付孔繼涵别爲刊行。而因"孔氏序又未敢頌舘臣之失，後人或疑孔氏本爲戴早年所校，而舘本乃其定本，實則非也"②。

是年秋，陝西巡撫畢沅至熱河覲見，乾隆賜頂戴花翎。畢沅於離都前至穎園，專程拜訪戴震，并以爲官之要相咨。戴震爲之作《送巡撫畢公歸西安序》，以知人、念民相規。其文曰：

今巡撫陝西畢公，前以右庶子出守鞏秦階道，慨然不以隴右偏遠，欲大施教澤。震既推公之意而序之，於今且十年，而公官

① 龐鴻書：《讀水經注小識·叙略》，光緒三十年(1904)石印本。

② 龐鴻書：《讀水經注小識·叙略》，光緒三十年(1904)石印本。

至大府兵部侍郎兼都察院右副都御史。秋入覲,赴熱河行在,天子嘉其勳績,賜予有加,以榮异之。還至京師,京師之大人先生,顧見不得遍,三宿遄歸西安。時震抱疾,未能出户,而公步入隘巷,顧震於陋室中。坐之久,將行,乃曰:"昔雖踐監司之任,然知人之責,未若今之專且大也。故得導宣聖天子德教,俾長材秀民,咸喻於道,以待國家登用。數歲以來,所懼者,人之賢否不易知。凡官吏若而人,知之抑豈無要乎?"

震對曰:"公今外爲大府,自兹以往,至内爲宰相,誠兢兢惟知人是務,不愧古大臣矣。知人之難,由堯、舜至於今,莫敢易言之。然愚民不知學問,不解德行行事,問其官長邪正真僞,如以鑒寫形,如水静之明燭鬚眉。進而官之卑者,其上官之邪正真僞,兼及情好之偏,知之亦然。進而官益尊,其視上官也,無遁形也,曲達其隱也。然而上之視下,能不惑者鮮矣。豈在下則明,在上則惑哉?無知人之責,不賢者不必自飾於其前;不賢者之嫉賢黨不賢,亦不必巧進毁譽於其前。有知人之責,而工詐欺之人至矣;又况情好或偏,彼探窺得之入焉。疏不及覺,方自信明於知人,天下受其不知人之弊,古今通患也。若《皋陶謨》之九德,《文王官人》之六徵,《孔子三朝記》之論觀器視才,與夫傳、志、子、史,備言人之變態,則公究之也固有素。《中庸》曰:'人莫不飲食也,鮮能知味也。'言乎存諸心而已耳。公誠兢兢惟知人是務,不愧古大臣矣。"

夫天以億兆之民哀樂安危授之君,君以民之哀樂安危倚任大臣。國之本莫重於民,利民、病民之本莫重於吏。有一念及其民,則民受一念之福。察吏者,惻隱之實之至於民者也。謹書之以先士民之頌。

今甘肅省圖書館藏(原爲李國松藏)《閱微草堂收藏諸老尺牘》二十一札,含梁國治(1723—1786,字階平)、朱珪、劉墉(1720—1805,字崇如)、戴震等九人與紀昀之信函,寫作時間在乾隆四十一年(1776)

至嘉慶九年(1804)間。叢札由紀昀之孫紀樹馨(1771—1830?,字香林)輯録并裝裱成帙[①]。其中所録戴震與紀昀一書當作於是年。書曰:

> 日前發寫《方言》,内附揚雄答劉歆書,内涉田儀事,有云:"故舉至日,雄之任也。"任字不可無注。今得《舊唐書》一條,足相證明,或謄録尚未寫到此,希命供事即將案語交與補入。順請日安不既。震頓首上,曉嵐大前輩。
>
> 案《舊唐書·薛登傳》:"登本名謙光。天授中,爲左補闕。時選舉頗濫,謙光上疏曰:'謹按漢法,所舉之主,終身保任。揚雄之坐田儀,責其冒薦。成子之居魏相,酬於得賢。'"

所加揚雄答劉歆書第三行"故舉至日,雄之任也"句下小字雙行勾寫。

此書札爲戴震與紀昀討論《方言》及相關問題。《段譜》"乾隆二十年"下云:"是年,以《方言》寫於李燾《許氏説文五音韵譜》之上方,自題云:'乙亥春,以楊雄《方言》分寫於每字之上,字與訓兩寫,詳略互見。'……既入四庫舘纂修,取平時所校訂,遍稽經史諸子之義訓相合,及諸家之引用《方言》者,詳爲疏證。令此書爲小學斷不可少之書。"是戴震研究《方言》至遲始於乾隆二十年(1755),而專力研究之則在入舘之後。戴震校證《方言》之成果爲十三卷之《方言疏證》,其在清代《方言》研究史上頗有開創之功,其後有盧文弨《重校方言》、王念孫《方言疏證補》等。盧文弨《抱經堂文集》卷二十《與丁小雅進士論校正方言書》(乾隆四十六年作)曰:"戴君通人,在日,文弨敬之愛之,特好甚摯。今此書若無戴君理之於前,使文弨專其事,紕繆當益多,决不止於此區區數條而已。今戴君已没,寧忍爲之吹毛索瘢乎?然念古書流傳既久,其考訂必非一人精力所能盡。戴書之善者,已盡

① 易雪梅、曾雪梅:《閲微草堂收藏諸老尺牘》,《文獻》,2005年第2期。

取之而著之矣，安知他人所見不又有出於文弨所見之外者乎？願足下先爲吾斷其是非焉，如有新得，乞即録示是望。”[①]

是年，戴震與金榜論水地，程瑶田時在京，亦與之，程氏後有《禹貢三江考》之作。羅繼祖《程易疇先生年譜》“乾隆四十一年丙申，五十二歲”下：“是年在京師，聞戴東原與金輔之榜論水地，以爲有未合。偶有所見，輒録之，不以示人，爲先生究心水地之始。後乃整比付梓，即《禹貢三江考》也。冬，自京師南歸。”[②]

是年四月，王昶返回京師，擇居爛麪胡同（今爛缦胡同，西城區菜市口西南側）。戴震等與之遊處。嚴榮《述庵先生年譜》“乾隆四十一年丙申，五十三歲”下：“移居爛麪胡同，京洛名流如陸健男學士錫熊、金輔之殿撰榜、周書昌編修永年、戴東原庶常震、任幼植吏部大椿、洪素人刑部樸……執經譚藝，文酒之盛如初。”[③]

段玉裁自上年冬復署四川富順縣，以舊志“苦無體例，且闕略不備，不足以論古證今”，重修《富順縣志》。是年六月，刊行戴震所著《聲韵考》及自著《六書音均表》。段玉裁爲其師作《刻聲韵考序》曰：

> 己丑之春，先生成《聲韵考》四卷，都下傳寫，玉裁録之，置篋中。先生之學，精於六書，論轉注同意相受，得自漢後不傳之恉，既一洗諸説之踳駁矣；而反語本原漢、魏經師，非始於釋氏字母，其言尤爲雅馴。又考今韵二百六部，宋景祐中許附近通用之十三處，補昆山顧氏所未詳，而唐、宋用韵功令沿革具見。學者得是書讀之，證諸宋時所存韵書，參考陳季立、顧亭林、江慎修以及予所著古音之説，可與讀古經傳，知聖人六書之法矣。玉裁繙繹有年，弗敢失墜，竊引而伸之，補所未備，成《六書音均表》五卷。

---

① 盧文弨：《抱經堂文集》卷二〇，見《續修四庫全書》第1432册，上海：上海古籍出版社2002年版，第719～720頁。

② 本社影印室輯：《乾嘉名儒年譜》第六册，北京：北京圖書舘出版社2006年版，第169～170頁。

③ 本社影印室輯：《乾嘉名儒年譜》第六册，北京：北京圖書舘出版社2006年版，第42頁。

丙申之夏，并鐫以贈問學者，以見予學之有師承，匪苟而已也。六月十一日，弟子金壇段玉裁謹書。(《經韵樓集》卷六)

段玉裁《六書音均表》爲其上古音韵研究之重要成果，初稿成於乾隆三十五年(1770)，後吸納戴震之意見，經反復修訂，於是年定稿并印行。

段玉裁自是年始，從事《説文解字》注釋工作，所撰即《説文解字讀》，其書爲研讀《説文解字》之札記，歷時十載方成。《説文解字讀》則爲《説文解字注》之奠基著作。《説文解字注》卷一五下注云："此《注》發軔於乾隆丙申。"

是年，任兆麟撰《戴東原制義叙》，文曰：

歲丙申，余甄綜近世名人制義爲一集，兄領從自京邸郵寄數家，休寧戴君東原文稿在焉。君於學靡所不通，爲世儒宗。制義抑其末也，顧識趣體格并臻極至。言性諸篇，與所著《原善》相表裏，蒙嘗憾近世考古家，於時藝多不屑爲，或爲之不工，工矣又不盡傳，東原數藝俾長留天壤間，詎不幸與！它日有傳其别集者宜采焉①。

是年，常熟屈曾發(字省園，著有《數學精詳》，戴震爲之作序，并更名《九數通考》，詳見本譜"乾隆三十八年"下)刊刻《九章算術》。其刻本封面題"乾隆丙申新鐫，《九章算術》《海島算經》合刻，豫簪堂藏版"。《九章算術》屈刻本實以戴震輯校之《大典》本爲底本，參校汲古閣本而成。

應戴震之請，王昶於是年作《江慎修先生墓誌銘》(銘文詳見本譜"乾隆二十七年"下)。

---

① 任兆麟：《有竹居集》卷八，見《清代詩文集彙編》第484册，上海：上海古籍出版社2010年版，第406頁。

【時事】

是年,清廷命董誥爲四庫館副總裁兼武英殿總裁。

三月,四庫館總裁王際華卒。

王際華(1717—1776),字秋瑞,號白齋,浙江錢塘人。乾隆十年(1745)進士。官至户部尚書。四庫館開,任四庫全書館及四庫全書薈要館總裁,勤於職事,貢獻突出,舉薦楊昌霖等入館。卒贈太子太保,謚文莊。《清高宗實録》:"(乾隆四十一年三月二十日)諭内閣:王際華遽爾溘逝,著晋贈太子太保。"[①]《纂修四庫全書檔案》:"(乾隆四十一年三月二十日)内閣奉上諭:户部尚書王際華,才品端謹,學問優長,久直内廷,簡任部務,懋著勤勞,邇年承辦《四庫全書》及《薈要》事,尤爲殫心經理,且年甫六旬,正資倚畀。今聞其因痰湧暴厥,醫治無及,遽爾溘逝,深爲悼惜。"[②]

是年,乾隆下諭兩江總督高晋等,嚴飭所屬加意搜查違禁書籍;各省繼續進呈收繳查辦違礙書籍奏摺。覆命删改"抵觸本朝"之舊籍,或酌改數字,或删去數卷、數篇而存其原書。

是年,乾隆諭旨貶斥降清之錢謙益等貳臣,令毁棄其書籍,并著國史館總裁於國史内另立《貳臣傳》一門。諭曰:"蓋開創大一統之規模,自不得不加之録用,以靖人心而明順逆。今事後平情而論,若而人者,皆以勝國臣僚,乃遭際時艱,不能爲其主臨危受命,輒復畏死幸生,觍顔降附,豈得復謂之完人?……朕思此等大節有虧之人,不能念其建有勳績,諒於生前,亦不能因其尚有後人,原於既死。今爲准請酌理,自應於國史内另立《貳臣傳》一門,將諸臣仕明及仕本朝各事迹,據實直書,使不能纖微隱飾……而其子若孫之生長本朝者,原在世臣之列,受恩無替也。此實朕大中至正,爲萬世臣子植綱常,即以是示彰癉。昨歲已加謚勝國死事諸臣,其幽光既爲闡發,而斧鉞之誅

---

① 《清高宗實録》卷九九八,見《清實録》第二十一册,北京:中華書局1986年版,第356頁。

② 中國第一歷史檔案舘編:《纂修四庫全書檔案》,上海:上海古籍出版社1997年版,第501頁。

不宜偏廢。”[①]計入貳臣者錢謙益、洪承疇、祖大壽等共 120 人。同時表彰明末忠烈,盧象升追謚“忠肅”,孫承宗追謚“忠定”。

乾隆四十二年丁酉(1777)　五十五歲

是年,戴震在京,繼續爲四庫全書舘校定典籍。撰有《六書音均表序》《與段玉裁論理欲書》等。自春至夏,《孟子字義疏證》三卷、《聲類表》九卷及《方言疏證》十三卷先後著成。

四月二十六日,戴震病漸重,一月未愈。五月二十五日,因服黑山梔而病劇。五月二十七日,病逝京師寓所。

《段譜》:

> 四十二年丁酉,五十五歲。先生在四庫館所校定之書,進呈文淵閣本,皆具載年月銜名,聚珍板亦載之,而杭州文瀾閣寫本不載,故不能詳者,類述於此。大抵皆癸巳以後、丁酉以前五年所定也。
>
> 一曰《周髀算經》,此經爲算學十書之首,而三千年來,學者昧其旨趣。先生謂:此古蓋天之法,自漢以迄元、明,皆主渾天。明時歐羅巴人入中國,始稱别立新法,然其言地圜,即所謂地法覆槃,滂沱四隤而下也。其言南北里差,即所謂北極左右,夏有不釋之冰,中衡左右,冬有不死之草,是爲寒暑推移,隨南北不同之故也。其言東西里差,即所謂東方日中,西方夜半,西方日中,東方夜半,晝夜易處,如四時相反,是爲節氣,合朔加時,早晚隨東西不同之故也。新法《曆書》述第谷以前,西法三百六十五日四分日之一,每四歲之小餘成一日,即所謂三百六十五日者三,三百六十六日者一也。西法出於《周髀》,所謂天子失官,學在四夷者歟?而刻本脱誤,多不可通。古本五圖,而失傳者三,訛舛

① 《清高宗實録》卷一〇二二,見《清實録》第二十一册,北京:中華書局 1986 年版,第 694 頁。

者一，凡皆正之補之，學者可以從事。如道河積石，源流正矣。有《提要》一首。（浙閣本五十二年二月。）

一曰《孫子算經》，唐之選舉，算學《孫子》《五曹》共限一歲習肄。舊本久佚，從《永樂大典》裒集編次爲二卷。朱錫鬯《文集跋》云："出於孫武。"先生辨其非是。有《提要》一首。（浙閣本未寫月日。）

一曰《張丘建算經》，是書亦唐人明算科十經之一也，限一年業成。此書久佚，有毛晋汲古閣影鈔宋槧，猶北宋時本。先生詳加校勘，補舊有圖今缺者四，補脱字若干。有《提要》一首。（浙閣本五十二年三月。）

一曰《夏侯陽算經》，《唐・選舉志》所列算書十種，此亦居其一。傳本久佚，《永樂大典》内有之，逐條割裂，分附《九章算術》各類之下，幾不得其端緒。幸有原序、原目可考，先生尋繹編次，條貫其文。今裒輯排比，又得元豐京監本，釐爲三卷。有《提要》一首。夏侯陽者，先生《提要》云："隋人，蓋無可疑。"而跋孔體生所得影抄元豐監本云："據《宋史・禮志》載算學祀典，封張丘建成紀男、夏侯陽平陸男。"又《張丘建算經序》云："夏侯陽之方倉。"定爲晋人。《新唐書・藝文志》云："韓延《夏侯陽算經》一卷。"謂韓延所注本也。韓延傳其學，而以己説纂入之，所定皆隋制，延蓋隋人，此本即延本，非甄鸞注本也。（據聚珍板《提要》，乾隆四十一年二月恭校上，浙閣本五十年五月。）

按《永樂大典》内所得算經五種：《九章》《海島》《孫子》《五曹》《夏侯陽》也。皆王寅旭、謝野臣、梅定九諸子所未見者。先生悉心校正，進呈高宗純皇帝，皆有御製詩題其卷首，刊行宇内。

一曰《儀禮釋宫》，宋李如圭撰，從《永樂大典》中録存。有《提要》一首。（聚珍本四十二年三月恭校上。）

一曰《五曹算經》，作者不知爲誰。唐時明算科《孫子》《五曹》共限一歲業成。元、明以來無刻本，散見《永樂大典》内，經文尚逐條完善，先生參伍考校，俾還舊觀，遂爲絶無僅有之善本。（五十一年六月恭校上。）

一曰《儀禮集釋》，宋李如圭撰，全録鄭康成注，而旁徵博引以爲之釋。先生據以補《注疏》本脱字二十四，改訛字十四，删衍字百六。其《鄉射》《大射》二篇已闕，參取惠棟、沈大成二家本所校宋本，證以唐《石經》以成《儀禮》完帙，可誦習。有《提要》一首。（乾隆四十七年二月恭校上，此年月得聚珍板，去先生下世已六年矣。）

一曰《項氏家説》，宋項安世撰，有《提要》一首。

一曰《蒙齋中庸講義》，宋袁甫撰，有《提要》一首。

一曰《大戴禮》，是經經盧運司見曾刊於揚州，學士盧文弨泊先生庚辰冬、辛巳夏二次校定，稱善本矣。但辛巳所校，未及剜改。先生在四庫館《永樂大典》内散見者僅十篇，以與各本及古籍中摭引《大戴禮記》之文，參互考核，附案語於下方，是經乃可與《三禮》并讀。有《提要》一首。四十二年六月恭校上。

一曰《方言》十三卷，漢揚雄撰，宋洪邁以爲斷非雄作，先生實駁正之，其文詳矣。先生以是書與《爾雅》相爲左右，學者以其古奥難讀，郭景純之注語焉不詳，少有研摩者，故正訛、補脱、删衍，復還舊觀。又逐條援引諸書，一一疏通證明，具列案語。蓋如宋邢昺之疏《爾雅》，而精確過之。漢人訓詁之學於是大備。乾隆四十四年五月恭校上。有《提要》一首。（按此年月得於聚珍板，去先生四十二年五月下世爲日久矣。）

案先生所校官書，皆天文、演算法、地理、水經、小學、方言諸書，皆必精心推核，失之毫釐則繆以千里者。而《儀禮》《大戴禮》二經，古本蘙藴已久，闡發維艱，先生悉心耘治，焚膏宵分不倦，至於身後，館臣乃以《大戴》《方言》二種進呈。謂先生鞠躬盡瘁，死於官事可也。又况先生自所著述，亦無刻少休。有《儀禮考正》一卷，檢討孔廣森爲《戴氏遺書總序》曰："君入書局分淹

《禮》，乃取忠甫《識誤》、德明《釋文》，殫求亥豕之差，期復鴻都之舊，互相參檢，頗有整齊，削康成長衍之條，退《喪服》廁經之傳。”今其書藏曲阜孔氏，玉裁未得見也。

又丙申之春，作書與玉裁論韵，長六千字，大略謂：“玉裁《六書音均表》之書，有得有失，僕近日分爲九類。顧氏於古音有草創之功，江君與足下皆因而加密。顧、江兩家得者，宜引顧、江之説，述而不作。至支、脂之有别，此足下卓識，可以千古矣。僕更分祭、泰、夬、廢及月、曷、末、黠、薛，而後彼此相配，四聲一貫，則僕所以補前人而整之就緒者，願及大著未刻，或降心相從而參酌。”此書丙申春未達，而《六書音均表》已於是夏刻成以矣，故未能遵先生之意也。

丁酉正月上旬，作《六書音均表序》，十四日札云：“大著既刻成，應撰序，兹兼寄故知，此序上旬所爲也。”今手批之稿現存。

丁酉五月與予書，言：“去年曾寄一書論韵，係龔公敬身寄於老師文襄門上失之。”

至於丁酉五月上旬，作《聲類表》凡九卷。所云九卷者，即與予書所謂九類，每類爲一卷也。先是，癸巳春，先生在浙東金華書院，以古音分爲七類。至丙申與余書，則七類又改爲九類。至臨終十數日之前，因成此書。孔户部刻諸微波榭，而冠以《與段若膺論韵》六千字是也。九卷每類於今音古音無不兼綜。户部書云：“凡五日而成，固由精熟詣極，然先生神思亦恐太瘁矣！形太用則極，神太勞則敝。嗚呼！孰知此爲先生著書之絶筆也哉。”户部書至蜀，命余作序，彼時余恐淺陋不敢爲，今三十年後乃成之，并菿谷亦久下世矣。

丁酉五月二十七日晡時，先生卒。時先生寓崇文門西范氏穎園。孔户部於是月三十日發書至蜀云：“月之二十二日，在東原先生寓中坐間，見封新刊《九章算術》奉寄。後三日，金輔之榜、洪素人樸兩兄來云：‘東原先生服黑山梔一兩，吐後病即劇。’

初聞疑甚，前見作吾兄札時，精神朗澈，又將泚筆爲王廷相作《傷寒論注序》，非病瘃者，乃竟於二十七日晡時不可作矣。斯人而死，何痛如之！"蓋先生丙申冬與余書云："三月初獲足疾，至今不能行動，以纂修事未畢，仍在寓辦理，擬明春告成，乞假南旋。"蓋先生用心過勞，至於痿躄而不自止，病已深矣。心煩如欲吐者，庸醫乃以黑山梔寒而吐之，斯不可爲矣。嗚呼傷哉！

又先生丁酉四月，有《答彭進士紹升書》（洪舍人榜作先生《行狀》云："此先生没前一月手書也。"）彭君好釋氏之學，長齋佛前，僅未削髮耳。而好談孔、孟、程、朱，以孔、孟、程、朱疏證釋氏之言，其見於著述也，謂孔、孟與佛無二道，謂程、朱與陸、王、釋氏無异致。同時有羅孝廉有高、汪明經縉倡和其説，先生以所作《原善》《孟子字義疏證》示之。彭君有書與先生。（刻其《文集》内。）先生答此書，以六經、孔、孟之旨，還之六經、孔、孟，以程、朱之旨還之程、朱，以陸、王、佛氏之旨還之陸、王、佛氏。俾陸、王不得冒程、朱，釋氏不得冒孔、孟，其書幾五千言。有此而《原善》《孟子字義疏證》之説愈明矣。孔户部附刻《疏證》之後，洪舍人蕊登全録於《行狀》中。

先生丁酉正月十四日，作書與玉裁曰："僕自十七歲時，有志聞道，謂非求之六經、孔、孟不得，非從事於字義、制度、名物無由以通其語言。爲之三十餘年，灼然知古今治亂之源在是。古人曰理解者，即尋其腠理而析之也。曰天理者，如莊周言，'依乎天理'即所謂'彼節者有間'也。古賢人、聖人，以體民之情、遂民之欲爲得理，今人以己之意見不出於私爲理，是以意見殺人，咸自以爲理矣。此猶舍字義、制度、名物，去語言、訓詁，而欲得聖人之道於遺經也。"

丁酉四月二十四日，作札與玉裁云："僕足疾已逾一載，不能出户，定於秋初乞假南旋，實不復出也。僕生平著述，最大者爲《孟子字義疏證》一書，此正人心之要。今人無論正邪，盡以意見誤名之曰理，而禍斯民，故《疏證》不得不作。”

丁酉五月二十一日，作書與玉裁云：“前月二十六至今，一病幾殆，正卧床榻，見來使强起作札，歸山之志早定，八月準南旋。老親七十有八（謂封文林公），非得一書院不可。陝西畢公沅欲招之往，太遠不能就也。外《九章算術》《海島算經》二種。”嗚呼！孰謂此即先生與玉裁永訣之書也哉！

《段譜訂補》：

戴震在逝世前的半年中，給段玉裁前後寫了四封信，每一封信都説到要“南旋”的打算，而且一封比一封態度堅决。甲申十一月二十二日書曰：“擬明春告成（指纂修事），乞假南旋。”丁酉正月十四日書曰；“今夏纂修事似可畢，定於七八月間乞假南旋。”四月二十四日書曰：“定於秋初乞假南旋，寔不復出也。”五月二十一日，即臨終前六天的書曰：“歸山之志早定，八月準南旋。”貧病交加，世態炎凉，戴震晚年在都中的處境、心境，均由此可見。

戴震在四庫館共校書十六種，除了《張丘建算經》《蒙齋中庸講義》外，其餘十四種皆曾由武英殿以聚珍版刊出，於題署“總纂官内閣學士臣紀昀、侍讀學士臣陸錫熊”的同時，也題有“纂修官舉人（後改爲進士、庶吉士）臣戴震”的名字。戴震去世後出版的書則在“纂修官”上加一個“原”字。而這些著作在收入《文淵閣四庫全書》時則一概删去戴震的名字，另加署總纂官孫士毅和總校官陸費墀。

《戴東原先生文》（今藏北京大學圖書館）中有《儀禮注疏》的考正文字兩頁，爲戴震的手稿。估計是佚著《儀禮考正》的殘卷。

是年四月，將《水地記》第一卷交付孔繼涵，此即孔刻《戴氏遺書》中《水地記》一卷，自河出“昆侖之墟”，至“太行八陘”而卷終。

痛斥“後儒以理殺人”的《與某書》，同《孟子字義疏證》的寫作時間似不相前後。其書手稿收在《戴東原先生文》册中，爲狂草疾書。"死矣更無可救矣"之下,原稿有"人各巧言理,視民如异類焉,聞其呼號之慘而情不相通"二十二字被删去。由字迹、語氣可以看出,戴震作此書時很憤慨,很激動。

焦循《申戴》:"王惕甫未定稿載上元戴衍善述戴東原臨終之言曰:'生平讀書絶不復記,到此方知義理之學可以養心。'"

是年正月,戴震爲段玉裁《六書音均表》撰序。段玉裁《聲類表序》曰:"余書(《六書音均表》)刻於丙申四月,由富順寄都門,而師丁酉正月序之。"[①]戴震於此序中再次申述"故訓明,六經乃可明"之觀點:"夫六經字多假借,音聲失而假借之意何以得?故訓、音聲相爲表裏。故訓明,六經乃可明。後儒語言文字未知,而輕憑臆解以誣聖亂經,吾懼焉。段君又有《詩經小學》《書經小學》《説文考證》《十七部古韵表》等書,將繼是而出,視逃其難相與鑿空者,於治經孰得孰失也?"

正月十四日,戴震致書段玉裁(即段玉裁輯《戴東原先生札册》第九札),此札申己治學之理路與宗旨,論理、欲關係甚詳,亦可明戴震撰《孟子字義疏證》之背景:

新正接到上年八月手翰,并《六書音均表》三部,銀四十兩,謝謝。知仍署富順政事,余暇無他嗜好,孜孜於古遺經及小學,誠盛心盛事也。

僕自十七歲時,有志聞道,謂非求之六經、孔、孟不得,非從事於字義、制度、名物,無由以通其語言。宋儒譏訓詁之學,輕語言文字,是欲渡江河而棄舟楫,欲登高而無階梯也。爲之卅餘年,灼然知古今治亂之源在是。

孟子辟楊、墨,曰:"率獸食人,人將相食。"詰告子曰:"率天下之人而禍仁義。"兩稱"聖人復起,不易吾言",皆承"生於其心,害於事,害於政"。夫仁義何以禍斯民?觀近儒之言理,吾不知

---

① 段玉裁:《經韵樓集》卷六,上海:上海古籍出版社2008年版,第122頁。

斯民之受其禍之所終極矣！古人曰"理解"者，即尋其腠理而析之也。曰"天理"者，如莊周言"依乎天理"，即所謂"彼節者有間"也。子貢問："有一言而可以終身行之者？"子曰："其恕乎？己所不欲，勿施於人。"《大學》"絜矩之道"，不過"所惡於上，毋以使下"云云，曰"所不欲"，曰"所惡"，指人之常情不堪受者耳。以己絜之人，則理明。孟子對齊王好貨、好色，曰"與百姓同之"，非權辭也。好貨、好色，欲也。"與百姓同之"，即理也。後儒以理、欲相對，實雜老氏無欲之説，其視理、欲也，僅僅爲邪、正之别。其言存理也，又僅僅爲敬、肆之别。不知必敬、必正，而理猶未得。其言人欲所蔽，僅僅以爲無欲則無蔽，不知欲也者，相生養之道也。能視人猶己則忠，以己推之則恕，憂樂於人則仁，出於正、不出於邪則義，恭敬不侮慢則禮，無差繆則智。曰忠恕、曰仁義禮智，豈有他哉？在常人爲欲，在君子皆成懿德，使去欲而後一於理，是古賢人、聖人體民之情，遂民之欲，皆非也。况欲之失，爲私不爲蔽。自以爲得理，而所執之理實謬，乃蔽而不明。聖人而下，罕能無蔽，有蔽之深者，有蔽之淺者，自謂蔽而不明者有幾？問其人，曰聖矣乎？必不敢任。而譏其失禮，必怒於心。是盡人不知己蔽也，昔人异於今人；一啓口而曰理，似今人勝昔人。吾謂昔人之勝今人，正在此。蓋昔人斥之爲意見，今人以不出於私即謂之理，由是以意見殺人，咸自以爲理矣。聊舉一字言之，關乎德行，行事匪小。

僕自上年三月初獲足疾，至今不能出户，又目力大損。今夏纂修事似可畢，定於七八月間乞假南旋就醫，覓一書院糊口，不復出矣。竭數年之力，勒成一書，明孔、孟之道。余力整其從前所訂於字學、經學者。

《四庫全書》例於現在人撰述不録，僕之《考工記圖》《屈原賦注》，已年江南巡撫曾取以進館中，依例去之。今大著亦不得抄入。前歲十月寄謝姓信，閏十月又一信，皆收到。有寫本《音均表》兩部。此兩信内言，七月寄吴廷芳銀信，其人與信皆未見，及問之投捐者,云仍分發川省矣。上年春作札,詳論韵事,寄龔公處,并寄《聲韵考》一本,此信竟浮沉,今將存稿者附寄,餘所言不復記憶矣。比時以大著未刻,有所商處。今既刻成,應撰序,兹兼寄上。又上年冬,舍侄朝恩赴川省守備任,寄《水經注》一部、《經典釋文》一部、《天圖》兩張、《音均表》原底一本,想春夏之交乃得到。《割圜記》《考工記圖》皆未有,其《九章算經》俟令人抄出,并俟後寄。順候邇祉,不宣。上若膺賢弟足下。友生戴震頓首。正月十四日。

此札内容頗重要,亦被題作《與段若膺論理欲》。

是年春,戴震著《孟子字義疏證》成。戴震於正月十四日致書段玉裁曰:“竭數年之力,勒成一書,明孔、孟之道。”(段玉裁輯《戴東原先生札册》第九札)是當指《孟子字義疏證》一書即將大功告成。而四月二十四日復致書段玉裁曰:“去冬寄提標中營舍侄處書,今年二月廿日始自杭赴任,想亦送到矣。兹有信,希轉寄。僕足疾已逾一載,不能出户,定於秋初乞假南旋,實不復出也。擬卜居江寧,俟居定當開明,以便音問相通。吾兄尚未得實地,而素性方正,則難與俗諧,然君子斷乎主於中者,先求不失己,有急退,無急進也。僕生平論述最大者,爲《孟子字義疏證》一書,此正人心之要。今人無論正邪,盡以意見誤名之曰理,而禍斯民,故《疏證》不得不作。頃未得人抄寄。兹附致《五經算術》一部,其《九章算術》,尚未印出。順候邇祉,馳溯不宣。上若膺賢弟足下。震頓首。四月廿四日。”(段玉裁輯《戴東原先生札册》第十札)則是《孟子字義疏證》著成後與弟子論其著作之由[①]。

---

① 戴震視段玉裁爲知己,而段玉裁亦頗能領會乃師用心。段氏《十經齋記》曰:“余自幼讀《四子書》注中語,信之唯恐不篤也。既壯乃疑焉,既而熟讀六經、孔、孟之言,以覈之《四子書》注中之言,乃知其言心、言理、言性、言道,皆與六經、孔、孟之言大异。六經言理在於物,而宋儒謂理具於心,謂性即理;六經言道即陰陽,而宋儒言陰陽非道,有理以生陰陽乃謂之道。言之愈精而愈難持,循致使人執意見以爲理,礙於政事,此東原先生《原善》一書及《孟子字義疏證》不得已於作也。”(《經韵樓集》卷九)

《孟子字義疏證》爲戴震哲學之最終成果和最具代表性著作，戴震自稱爲其“生平著述最大者”。在《孟子字義疏證》之前，戴震前後著有《原善》《緒言》《孟子私淑録》等，關於此數種著述之先後關係，學界探討甚多，略述如下：

段玉裁於乾隆丙戌（1766）聞戴震言其“今日做得道學書一本”，段玉裁彼時誤以爲即《孟子字義疏證》，直至乾隆丁酉（1777）段玉裁閲戴震來札，方知戴震於丙戌所著乃《緒言》。而程瑶田至晚年仍以爲《緒言》爲《孟子字義疏證》之定本。故段玉裁作《與程易田丈書》（是書約作於嘉慶十八年）特予辨明。其文曰：

> 易田先生執事：伏惟起居安吉，眠食無恙。今年兩接手書，先生雖患目疾，而尚能因愚者所問，輒搜閲戴師著述，舉其文集中所記年分并一切著述先後可考者見示，感極！感極！
>
> 又云《孟子字義疏證》孔葓谷所刻者，尚非定本，其定本改名《緒言》，抄本現在，當録以奉寄。於近日又接手書，得《緒言》一本，書中言丙申影抄時，戴本首葉有“壬辰菊月寫本”六字。自壬辰至丙申，未嘗改竄，自丙申冬日南下而戴君丁酉遽捐館矣，固知《疏證》非定本，《緒言》乃定本也。
>
> 玉裁謂先生之説似是，但謂改《疏證》爲《緒言》，恐不甚然。孔葓谷於師最爲親近，《緒言》果爲後定之本，葓谷斷無不知者，斷不憒憒舍其定本而刊其初稿。先生乙未、丙申相見時，恐是其書尚未修改，師卒於丁酉五月廿七日。（見孔葓谷書玉裁來札。）答彭允初書幾五千言，暢言性理，有云：“《原善》所指，加以《孟子字義疏證》反復辨論，咸與足下之道截然殊致，叩之則不敢不出耳。”書作於歿前一月，見洪君榜所作《行狀》，是示彭允初者《疏證》，非《緒言》也。
>
> 又是年與玉裁書云：“僕生平著述之大，以《孟子字義疏證》爲第一。此正人心之要，今人無論正邪，盡以意見誤名之曰理而禍斯民，故《疏證》不得不作。頃未得人抄寄。”師此札有鄭重相

付之微意焉，而作札之日，乃四月廿四日，距屬纊才六十餘日耳。所丁寧相屬者《疏證》，非《緒言》也。據此二件，皆臨終之辭，《疏證》爲定本可知矣。再檢丁小山丁未以後來札，亦衹言《孟子字義疏證》，不及《緒言》；且云："得《原善》初稿二本，《孟子字義疏證》初稿一本，細細校勘，知孔刻之脱誤。"丁君亦於師處往來最熟者，乙未至丁酉皆在都門，倘《緒言》爲定本而葒谷不刻，丁君必議之；然則小山亦知有《疏證》，不知有《緒言》也。

伏讀吾師二書，《緒言》三卷，上卷自立説，中卷尊《孟子》，下卷駁告子、荀子、楊子、周、程、張、邵、朱、王文成諸子及老、莊、釋氏，言之綦詳矣。《疏證》亦三卷，上卷理十五條，中卷天道四條、性九條，下卷才三條、道四條、仁義禮智二條、誠二條、權五條，自仁義禮智二條以上，《緒言》言之，而誠、權二目則未之及。誠之一目，所以正程、朱説《中庸》"所以行之者一也"謂一爲誠之誤；權之一目，所以正程、朱説一以貫之之誤，言處事必有權，以爲重輕之準，非是執理無權。程、朱之説，但執意見之理，不顧人情，此是執理無權也。二目補《緒言》之所未備，而二目以前諸條，取《緒言》删裁處、添補處、更换處，是三者皆大費爐錘。師嘗聞作文之訣於方氏文輈曰："善做不如善改，善改不如善删。"故師作文不厭改删，況此乃所以垂世立教之言，尤爲鄭重，且分列諸目，使學者讀之了然，雖辭意多同，而《疏證》尤爲百煉之金，精鑿之米。且有自序一篇，説明用《孟子》書字義爲目之故，而用韓子"求觀聖人之道，必自《孟子》始"之語爲歸宿，師之隱然以道自在。上接《孟子》意可見矣。玉裁以爲先生抄諸丙申者，尚是《緒言》，則或丙申之冬、丁酉之春夏，悉心改定而自序之，故小山輩傳抄，葒谷據刻，斷不得言《緒言》爲定本也。

師在丙戌語玉裁云"近做得道學書一本"，彼時玉裁無所知也，故亦不請讀。今據先生札云，壬辰師館京師朱文正家，自言曩在山西方伯署中，僞病者十數日，起而語方伯：我非真病，乃發狂，打破宋儒家中《太極圖》耳。蓋其時著得《孟子字義疏證》。玉裁於此乃覺瞭然"傷病十餘日"，此正是造《緒言》耳。竊揣此書創始於乙酉、丙戌，成於己丑朱方伯署中。（己丑五月，往山西方伯朱文正署中，客山西者幾三年。己丑秋後，自藩署至汾州修府志，庚寅乃竣。辛卯，又修《汾陽縣志》。）是爲《緒言》改定於丙申冬後、丁酉春前，是爲《孟子字義疏證》，丁酉四月間與彭、段書皆盛言《疏證》，是四月以前改定自序可知。

先生疑《緒言》爲定本，玉裁未敢信，故敬述其所見，以復於先生焉。仍擬將《疏證》刻於吴中，或兼刻《緒言》兩存之，以持贈同學，雖下士必大笑之，無傷也。（《經韵樓集》卷七）

段玉裁此書辨戴震《緒言》《孟子字義疏證》撰作先後甚明。《緒言》一書，醞釀并初撰於乾隆乙酉、丙戌（1765—1766），成書於乾隆己丑（1769），其後或仍有删訂。《緒言》經乾隆壬辰（1772）胡亦常抄録并攜至廣東，後收入《粤雅堂叢書》，得以刊行。而孔繼涵微波榭刻《戴氏遺書》并未收録《緒言》，或因未得其本，或因《孟子字義疏證》乃在《緒言》基礎上更加完善，尤爲定本，故孔氏將《緒言》略去不刻。

又，《段譜》"乾隆二十八年癸未"下："先生大製作，若《原善》上、中、下三篇，若《尚書今文古文考》，若《春秋改元即位考》三篇，皆癸未以前、癸酉甲戌以後十年内作也。玉裁於癸未皆嘗抄謄，記先生嘗言：'作《原善》首篇成，樂不可言，吃飯亦别有甘味。'"則《原善》三篇最遲作於乾隆癸未（1763）。至於《原善》三卷，是在《原善》三篇基礎上作成。《段譜》末附《著述輯要》曰："《原善》卷上、卷中、卷下，孔户部所刊《戴氏遺書》第九，合爲一册。始先生作《原善》三篇，見於户部所刊文集中者也。玉裁既於癸未抄寫熟讀矣，至丙戌，見先生援據經言疏通證明之，仍以三章者分爲建首、比類、合義，古賢聖之言理義，舉不外乎是。"是知《原善》三卷成於乾隆三十一年丙戌（1766）。戴震自謂："余始爲《原善》之書三章，懼學者蔽以异趣也，復援據經言疏通證明之，而以三章者分爲建首，次成上、中、下卷。比類、合義，燦然端委畢著矣，天人之道，經之大訓萃焉。”（《原善》卷首）可參證。

《原善》《緒言》而外，戴震又著有《孟子私淑録》三卷［1942 年四川省立圖書館《圖書集刊》創刊號據張海鵬（1755—1816，字若雲）照曠閣抄本刊行。又，今北京大學圖書館藏有《孟子私淑録》抄本］，然因戴震自己及《段譜》均未見提及，其與《緒言》撰作孰先孰後，頗有争議。

何文光整理之《孟子字義疏證》，其《點校説明》稱：“在《原善》著成之後，《疏證》定稿前，他（戴震）寫了《疏證》的初稿《緒言》和修訂稿《孟子私淑録》。”[①]冒懷辛先生以爲“這一考訂大致不錯”，又補充數條内證，并舉錢穆先生之論證等，得出結論爲：戴震於《法象論》《讀易繫辭論性》《讀孟子論性》及《原善》三篇基礎上著成《原善》三卷，再著《緒言》及《孟子私淑録》，最終在《原善》《緒言》《孟子私淑録》基礎上完成《孟子字義疏證》[②]。

楊應芹《段譜訂補》以爲《孟子私淑録》當作於乾隆十六年（1751）或稍前，其所據爲繆荃孫《藝風藏書記》卷一：“《孟子私淑録》三卷，休寧戴震撰。答問體。曲阜孔氏散出書。卷面題字‘乾隆十六年歲次辛未春三月録’三行。”[③]然考之《孟子私淑録》内容，何文光、冒懷辛二先生之説較爲合理。

據是年正月十四日戴震所致段玉裁書“竭數年之力，勒成一書，明孔、孟之道”（段玉裁輯《戴東原先生札册》第九札），戴震至遲於乾隆四十年（1775）即已規劃并撰作此生平最大之書《孟子字義疏證》。

是年春，彭紹升（字允初）入京後，聞戴震《孟子字義疏證》著成，索觀，隨即致書戴震。書曰：

承示《原善》及《孟子字義疏證》二書，其於“烝民”“物則”“形

① 何文光整理：《孟子字義疏證》，北京：中華書局 1961 年版，第 2 頁。

② 冒懷辛譯注：《孟子字義疏證全譯》，成都：巴蜀書社 1992 年版，第 24～27 頁。

③ 繆荃孫：《藝風藏書記》，上海：上海古籍出版社 2019 年版，第 11 頁。

色”“天性”之旨，一眼註定，傍推曲㐼，宣洩無餘，其文之切深奥衍，確然《戴記》之遺；漢唐諸儒言義理者，未之或先也。紹升懵於學問，於從入之塗，不能無异，要其同然之理，即欲妄生分辨，安可得邪！顧亦有一二大端，不安於心者，敢質其説於左右。

竊謂學問之道，莫切於審善惡之幾，嚴誠僞之辨。善惡之幾審，則能日進於善而終止於至善。至善者，一天道之日新而已矣。誠僞之辨嚴，則日能進於誠而終於至誠無息。至誠者，一天命之不已而已矣。天命不外乎人心，天道不外乎人事；是故離人而言天，不可也，是二書之所極論也。其或外徇於形名，内錮於意見，分别追求，役役焉執筌蹄爲至道，而日遠乎無聲無臭之本，然不知天，其何以知人？是故外天而言人，不可也。程伯子云“天人本無二，不必言合”，一語之下，全體洞然，殆二書所未及察也。

《原善》之言天命也，引《記》云“分於道謂之命”，解之曰“限於所分曰命”，此恐不足盡《中庸》天命之義。《中庸》之言天命也，言上天之載而已，此上不容有加。若有加，何以云至？維天之命，於穆不已，天之所以爲天，無去來，亦無内外，人之性於命也亦然。昭昭之天，即無窮之天，孰得而分之？命有自分，即性有所限，其可率之以爲道邪？率有限之性以爲道，遂能“位天地，育萬物”邪？此其可質者一也。

虚寂之文見於《大易》。《咸》之《象》曰：“君子以虚受人。”《大傳》曰：“寂然不動，感而遂通天下之故。”不虚則不能受，不寂則不能通，清明在躬，氣志如神，虚寂之謂也。今謂犬之性、牛之性，當其氣無乖亂，莫不冲虚自然，則亦言之易矣。人於無事時，非有定力，不入於昏則流於散，而况犬、牛乎？又曰“老、莊尚無欲，君子尚無蔽”，似亦未盡。無欲則誠，誠則明，無蔽則明，明則誠。未有誠而不明，明而不誠者也。其謂“君子之欲也，使一於道義”，夫一於道義，則無欲矣。程伯子云：“天地之常，心普萬物而無心；聖人之常，情順萬事而無情。”故君子之學，莫若廓然而大公，物來而順應，無欲之旨，蓋在於是，固非必杜耳目，絶心慮，而後乃爲無欲也。此其可質者又一也。

《疏證》以朱子“復其初”之云本莊周書而訾之，以爲德行資於學問，進而聖智，非復其初明矣。是謂德性不足以盡道，必以學問加之，則德性亦不足尊矣。夫學問非有加於德性也，蘄有以盡乎其量而已。盡乎其量，則聖智矣，故曰堯、舜性之也，湯、武反之也。性之者，明其無所加也；反之者，復其初之謂也。又以老、莊、釋氏之自貴其神，而轉以訾夫張、朱二子。夫神之爲言，不始於老、莊、釋氏，《易·大傳》曰：“神無方而易無體。”又曰：“神也者，妙萬物而言者也。”何謂邪？謂不當以神與形爲二本，二之非也。將先形而後神，而不知神之無可先也。此其可質者又一也。

合觀二書之旨，所痛攻力辟者，尤在“以理爲如有物焉，得於天而具於心”，謂涉於二氏，先儒語病則不無，然外心以求理，陽明王子已明斥其非矣。將欲避真宰、真空之説，謂離物無則，離形色無天性，以之破執可也，據爲定論，則實有未盡，以鄙意言之，離則無物，離天性無形色。何也？物譬之方員，則譬之規矩，未有舍規矩而爲方員者也。舍規矩而爲方員，則無方員矣。形色譬之波，性譬之水，未有舍水而求波者也。舍水而求波，則無波矣。於此欠分明，則於《易》所謂“神”、《詩》所謂“上天之載”，皆將遷就以傅吾之説，而先聖之微言滋益晦。其究也，使人逐物而遺則，徇形色，薄天性，其害不細。更望精思而詳説之，幸甚。不宣。

彭紹升謂戴震之理欲論將“使人逐物而遺則，徇形色，薄天性，其害不細”。四月，戴震覽彭紹升書，即復書駁之（段刻《戴東原集》卷八《答彭進士允初書》），并聲言其學術旨趣與彭氏“無豪髮之同”。書曰：

允初先生足下：

日前承示《二林居制義》，文境高絶，然在作者，不以爲文而已，以爲道也。大暢心宗，參活程、朱之説，以傅合六經、孔、孟，使閎肆無涯涘。孟子曰："資之深則取之左右逢其源。"凡自得之學盡然。求孔、孟之道，不至是不可謂之有得。求楊、墨、老、莊、佛之道，不至是亦不可謂之有得。

宋以前，孔、孟自孔、孟，老、釋自老、釋，談老、釋者高妙其言，不依附孔、孟。宋以來，孔、孟之書盡失其解，儒者雜襲老、釋之言以解之。於是有讀儒書而流入老、釋者。有好老、釋而溺其中，既而觸於儒書，樂其道之得助，因憑藉儒書以談老、釋者。對同己則共證心宗，對异己則寄託其説於六經、孔、孟，曰："吾所得者，聖人之微言奥義。"而交錯旁午，屢變益工，渾然無罅漏。

孔子曰："道不同，不相爲謀。"言徒紛然詞費，不能奪其道之成者也。足下之道成矣，欲見僕所爲《原善》。僕聞足下之爲人，心敬之，願得交者十餘年於今。雖《原善》所指，加以《孟子字義疏證》，反覆辯論，咸與足下之道截然殊致，叩之則不敢不出。今賜書有引爲同，有别爲异，在僕乃謂盡异，無豪髮之同。

昔程子、張子、朱子，其始也，亦如足下今所從事。程叔子撰《明道先生行狀》曰："自十五六時，聞周茂叔論道，慨然有求道之志，泛濫於諸家，出入於老、釋者幾十年，返求諸六經而後得之。"吕與叔撰《横渠先生行狀》曰："范文正公勸讀《中庸》，先生讀其書，雖愛之猶以爲未足，又訪諸釋、老之書纍年，盡究其説，知無所得，返而求之六經。"知無所得者陋之，非不知之也。朱子慕禪學，在十五六時。年二十四，見李願中，願中教以看聖賢言語，而其後十餘年有《答何叔京》二書，其一曰："向來妄論持敬之説，亦不自記其云何，但因其良心發見之微，猛省提撕，使心不昧，即是做功夫底本領。本領既立，自然下學而上達矣。若不察良心發見處，即渺渺茫茫，恐無下手處也。所論多識前言往行，熹向來所見亦是如此。近因返求，未得個安穩處，却始知此未免支離，曷若默會諸心以立其本，而其言之得失，自不能逃吾之鑒邪。”其一曰：“今年不謂飢歉至此，夏初，所至洶洶，遂爲縣中委以賑糶之役，百方區處，僅得無事。博觀之弊，此理甚明，何疑之有！若使道可以多聞博觀而得，則世之知道者爲不少矣。熹近日因事方少有省發處，如‘鳶飛魚躍’，明道以爲與‘必有事焉而勿正’之意同者，今乃曉然無疑。日用之間，觀此流行之體，初無間斷處，有下功夫處。此與守書册、泥言語全無交涉，幸於日間察之，知此則知仁矣。”二書全背願中，復歸釋氏，反用聖賢言語指其所得於釋氏者。至乾道癸巳，朱子年四十四，門人廖德明録癸巳所聞云：“先生言：二三年前見得此事尚鶻突，爲他佛説得相似，近年來方看得分曉。”是後，朱子有《答汪尚書書》云：“熹於釋氏之説，蓋嘗師其人，尊其道，求之亦切至矣，然未能有得。其後以先生君子之教，校乎前後緩急之序，於是暫置其説而從事於吾學。其始蓋未嘗一日不往來於心也，以爲俟卒究吾説而後求之未爲甚晚。而一二年來，心獨有所自安，雖未能即有諸己，然欲復求之外學以遂其初心，不可得矣。”

程、朱雖皆先入於釋氏，而卒能覺悟其非。程子曰：“吾儒本天，异端本心。”朱子曰：“吾儒以理爲不生不滅，釋氏以神識爲不生不滅。”僕於《孟子字義疏證》辨其視理也，與老、釋之視心、視神識，雖指歸各异，而僅僅就彼之言轉之，猶失孔、孟之所謂理、所謂義。朱子稱“爲他佛説得相似”者，彼之心宗，不特指歸與此异也，亦絶不可以言似。程、朱先從事於彼，熟知彼之指歸，既而求之此，見此之指歸與彼异矣，而不得其本，因推而本之天。夫人物，何者非本之天乎，豈得謂心必與天隔乎，彼可起而争者也。苟聞乎此，雖愚必明，雖柔必强。擴而充之，何一非務盡其心以能盡道。苟自以爲是而不可與入堯、舜之道，雖言理、言知、言學，皆似而非，適以亂德。

在程、朱先入於彼，徒就彼之説轉而之此，是以又可轉而之彼，合天與心爲一，合理與神識爲一，而我之言，彼皆得援而借之，爲彼樹之助。以此解經，而六經、孔、孟之書，彼皆得因程、朱之解，援而借之爲彼所依附。譬猶子孫未睹其祖父之貌者，誤圖他人之貌爲其貌而事之，所事固己之祖父也，貌則非矣。實得而貌不得，亦何傷。然他人則持其祖父之貌以冒吾宗，而實誘吾族以化爲彼族，此僕所由不得已而有《疏證》之作也。破圖貌之誤，以正吾宗而保吾族，痛吾宗之久墜，吾族之久散爲他族，敢少假借哉。

宋儒僅改其指神識者以指理，而餘無所改，其解孔、孟之言，體狀復與彼相似。如《大學章句》於"在明明德"，《中庸章句》於"不顯維德"，尤渾合幾不可分。足下遂援"上天之載，無聲無臭"爲心宗之大原。於宋儒之雜用老氏尚"無欲"，及莊周書言"復其初"者，而申之曰："無欲，誠也。湯、武反之，'復其初'之謂也。"僕愛《大戴禮記》"分於道謂之命"一語，道即陰陽氣化。故可言分。惟分也，故成性不同。而《易》稱"一陰一陽之謂道"，《中庸》稱"天命之謂性"，《孟子》辨别"犬之性""牛之性""人之性"之不同，豁然貫通。而足下舉"維天之命，於穆不已"，以爲不得而分，此非語言之能空論也，宜還而體會六經、孔、孟之書本文云何。《詩》曰"予懷明德"，對"不大聲以色"而言。《大學》之"明明德"，以"明德"對"民"而言。皆德行行事，人咸仰見，如日月之懸象著明，故稱之曰"明德"。倘一事差失，則有一事之掩虧。其由近而遠，積盛所被，顯明不已，故曰"明明德"，曰"明明德於天下"。《詩》之"不顯""不承"，即《書》之"丕顯""丕承"，古字"丕"通用"不"，大也。《中庸》言"聲名洋溢乎中國"，其言"黯然"也，與"日章"并言，何必不欲大顯，而以幽深玄遠爲至。夫晝日當空，何嘗有聲臭以令人知？而疇不知之，不可引"上天之載無聲臭"以言其至乎。"上天之載"二語，在《詩》承"駿命不易"言，《鄭箋》云：

"天之道難知也,耳不聞聲音,鼻不聞香臭。儀法文王之事,則天下咸信而順之。"在《中庸》承"化民之德"言,不假聲臭以與民接也。談老、釋者,有取於"虚靈不昧""人欲所蔽""本體之明""幽深玄遠""至德淵微""不顯之妙"等語與其心宗相似,不惟《大學》《中庸》本文差以千里,即朱子所云,雖失《大學》《中庸》之解,而其指歸究殊。

又《詩》《書》中凡言天命,皆以"王者受命於天"爲言,天之命王者不已,由王者仁天下不已。《中庸》引"維天之命,於穆不已。於乎不顯,文王之德之純"。其取義也,主於不已,以見至誠無息之配天地。"於穆"者,美天之命有德深遠也。譬君之於賢臣,一再錫命,惓惓不已,美君之能任賢者,豈不可歎其深遠。引之者豈不可曰"此君之所以爲君也"。凡命之爲言,如命之東則不得而西,皆有數以限之,非受命者所得逾。試以君命言之,有小賢而居上位,有大賢而居下位,各受君命以居其位,此命數之得稱曰君命也。君告誡之,使恭其事,而夙夜兢惕,務盡職焉,此教命之得稱曰君命也。命數之命,限於受命之初,而尊卑遂定。教命之命,其所得爲視其所能。可以造乎其極,然盡職而已,則同屬命之限之。命之盡職,不敢不盡職,如命之東,不敢不赴東。論氣數,論理義,命皆爲限制之名。

譬天地於大樹,有華、有實、有葉之不同,而華、實、葉皆分於樹。形之巨細,色臭之濃淡,味之厚薄,又華與華不同,實與實不同,葉與葉不同。一言乎分,則各限於所分。取水於川,盈罍、盈瓶、盈缶,凝而成冰,其大如罍、如瓶、如缶,或不盈而各如其淺深。水雖取諸一川,隨時與地,味殊而清濁亦异,由分於川,則各限於所分。人之得於天也,雖亦限於所分,而仍然能全乎天德。以一身譬之,有心,有耳目、鼻口、手足、鬚眉、毛髮,惟心統其全,其餘各有一德焉,故《記》曰:"人者,天地之心也。"瞽者,心不能代目而視;聾者,心不能代耳而聽,是心亦限於所分也。飲食之化爲營衛，爲肌髓，形可并而一也。形可益形，氣可益氣，精氣附益，神明自倍。散之還天地，萃之成人物。與天地通者生，與天地隔者死。以植物言，葉受風日雨露以通天氣，根接土壤肥沃以通地氣。以動物言，呼吸通天氣，飲食通地氣。人物於天地，猶然合如一體也。體有貴賤，有小大，無非限於所分也。

心者，氣通而神；耳目、鼻口者，氣融而靈。曾子曰："陽之精氣曰神，陰之精氣曰靈，神靈者，品物之本也。"《易》曰："精氣爲物，遊魂爲變，是故知鬼神之情狀。""精氣爲物"者，氣之精而凝，品物流行之常也。"遊魂爲變"者，魂之遊而存，其形敝而精氣未遽散也，變則不可窮詰矣。老、莊、釋氏，見於遊魂爲變之一端，而昧其大常，見於精氣之集，而判爲二本。莊周書曰："一受其成形，不亡以待盡。"釋氏"人死爲鬼，鬼復爲人"之説同此。周又曰："其形化，其心與之然，可不謂大哀乎。"老氏之"長生久視"，釋氏之"不生不滅"，無非自私，無非哀其滅而已矣，故以無欲成其私。孟子曰："廣土衆民，君子欲之。"又曰："欲貴者，人之同心也。"又曰："魚，我所欲也；熊掌，亦我所欲也。""生，亦我所欲也；義，亦我所欲也。"在老、釋皆無之，而獨私其遊魂，而哀其滅以豫爲之圖。

在宋儒惑於老、釋無欲之説，謂"義亦我所欲"爲道心，爲天理，餘皆爲人心，爲人欲。欲者，有生則願遂其生而備其休嘉者也。情者，有親疏、長幼、尊卑感而發於自然者也。理者，盡夫情欲之微而區以别焉。使順而達，各如其分寸豪厘之謂也。欲，不患其不及而患其過。過者，狃於私而忘乎人，其心溺，其行慝，故孟子曰"養心莫善於寡欲"。情之當也，患其不及而亦勿使之過。未當也，不惟患其過而務自省以救其失。欲不流於私則仁，不溺而爲慝則義，情發而中節則和，如是之謂天理。情欲未動，湛然無失，是謂天性。非天性自天性，情欲自情欲，天理自天理也。

足下援程子云："聖人之常情，順萬事而無情。故君子之學，莫若廓然而大公,物來而順應。"謂無欲在是。請援王文成之言,證足下所宗主,其言曰:"良知之體,皦如明鏡,妍媸之來,隨物見形,而明鏡曾無留染,所謂'情順萬事而無情'也。'無所住以生其心',佛氏曾有是言。明鏡之應,妍者妍,媸者媸,一照而皆真,即是'生其心'處。妍者妍,媸者媸,一過而不留,即是'無所住'處。"程子説聖人,陽明説佛氏,故足下援程子不援陽明,而宗旨則陽明尤親切。陽明嘗倒亂《朱子年譜》,謂朱、陸先异後同。陸、王,主老、釋者也;程、朱,辟老、釋者也。今足下主老、釋、陸、王而合孔、孟、程、朱與之爲一,無論孔、孟不可誣,程、朱亦不可誣。抑又變老、釋之貌爲孔、孟、程、朱之貌,恐老、釋亦以爲誣己而不願。

老氏曰:"唯之與阿,相去幾何;善之與惡,相去何若?"告子曰:"性無善無不善也。""義,外也,非内也。"釋者曰:"不思善,不思惡,時認本來面目。"陸子静曰:"惡能害心,善亦能害心。"王文成曰:"無善無惡,心之體。"凡此,皆不貴善也。何爲不貴善?貴其所私而哀其滅,雖逐於善,亦害之也。今足下言之,則語益加密,曰:"形有生滅,神無方也,妙萬物也,不可言生滅。"又曰:"無來去,無内外。"引程子"天人本無二,不必言合",證明全體,因名之曰"無聲無臭之本"。謂之爲"天命之不已",而以"至誠無息"加之。謂之爲"天道之日新",而以"止於至善"加之。請援王文成之言證足下所宗主,其言曰:"夫良知一也,以其妙用而言,謂之神;以其流行而言,謂之氣。"又曰:"'本來面目',即吾聖門所謂'良知'。隨物而格,是致知之功。佛氏之'常惺惺',亦是常存他'本來面目'耳,體段功夫,大略相似。"陽明主扞禦外物爲格物,隨物而格,所謂遏人欲也。"常惺惺",朱子以是言存天理,以是解《中庸》"戒慎恐懼",實失《中庸》之指。陽明得而借《中庸》之言以寄託"本來面目"之説,曰:"養德養身,止是一事。果能'戒慎不睹,恐懼不聞',而專志於是,則神住,氣住,精住,而仙家所謂'長生久視'之説亦在其中矣。"莊子所謂"復其初",釋氏所謂"本來面目",陽明所謂"良知之體",不過守己自足,既自足,必自大,其去《中庸》"擇善固執","博學、審問、慎思、明辨、篤行",何啻千萬里。

孟子曰:"反身而誠,樂莫大焉。"曰:"反身不誠,不悦於親矣。"《中庸》《孟子》皆曰:"不明乎善,不誠乎身矣。"今舍明善而以無欲爲誠,謬也。證心宗者,未嘗不可以"認本來面目"爲"明乎善",此求伸其説,何所不可。老子、告子視善爲不屑焉,猶能識善字。後之宗之者,并善字假爲己有,實并善字不識。此事在今日,不惟彼所謂道德非吾所謂道德,舉凡性與天道、聖智、仁義、誠明,以及曰善,曰命,曰理,曰知,曰行,無非假其名而易其實。"反身不誠",言事親之道未盡也。"反身而誠",言備責於身者無不盡道也。孟子曰:"堯、舜,性之也;湯、武,身之也;五霸,假之也。久假而不歸,惡知其非有也。"性之,由仁義行也。身之,仁義實於身也。假之,假仁義之名以號召天下者,久則徒知以仁義責人,而忘己之非有。又曰:"堯、舜,性者也;湯、武,反之也。"下言"動容周旋中禮者,盛德之至也",申明性者如是。言"哭死而哀,非爲生者也;經德不回,非以干禄也;言語必信,非以正行也;君子行法以俟命而已矣"。皆申明"反之",謂無所爲而爲,乃反而實之身。若論"復其初",何用言"非爲生者","非以干禄","非以正行",而且終之曰"俟命"。其爲"反身"甚明,各核本文,悉難假借。

足下所主者,老、莊、佛、陸、王之道,而所稱引,盡六經、孔、孟、程、朱之言。誠愛其實乎?則其實遠於此。如誤以老、莊、佛、陸之實爲其實,則彼之言,親切著明,而此費遷就傅合,何不示以親切著明者也。誠借其名乎?則田王孫之門,猶有梁丘賀在。況足下閱朱子《答何叔京》二書,必默然之,及程、朱辟老、釋,必不然之,而至於藉助,則引程、朱爲同乎己。然則所取者,程、朱初惑於釋氏時之言也。所藉以助己者，或其前之言，或其後之似者也。所愛者，釋氏之實也。愛其實而棄其名，借其名而陰易其實，皆於誠有虧。足下所云“學問之道，莫切於審善惡之幾，嚴誠僞之辨”。請從此始！倘亦如程、朱之用心，期於求是，不雜以私，則今日同乎程、朱之初，异日所見，或知程、朱之指歸與老、釋、陸、王异。

然僕之私心期望於足下，猶不在此。程、朱以理爲“如有物焉，得於天而具於心”，啓天下後世人人憑己之意見而執之曰理，以禍斯民，更淆以無欲之説，於得理益遠，於執其意見益堅，而禍斯民益烈。豈理禍斯民哉，不自知爲意見也。離人情而求諸心之所具，安得不以心之意見當之，則依然本心者之所爲。拘牽之儒，不自知名异而實不异，猶貿貿爭彼此於名而輒蹈其實。敏悟之士，覺彼此之實無异。雖指之曰“冲漠無朕”，究不得其彷彿，不若轉而從彼之確有其物，因即取此以賅之於彼。嗚呼！誤圖他人之貌者，未有不化爲他人之實者也。誠虚心體察六經、孔、孟之言，至確然有進，不惟其實與老、釋絶遠，即貌亦絶遠，不能假託。其能假託者，後儒失之者也。是私心所期於足下之求之耳。

日間因公私紛然，於來書未得從容具論，大本苟得，自然條分理解。意言難盡，涉及一二，草草不次。南旋定於何日？十餘年願交之忱，得見又不獲暢鄙懷。伏惟自愛。震頓首。

彭紹升（1740－1796），字允初，號尺木，又號知歸子，江蘇長洲（今蘇州）人。彭定求曾孫，彭啓豐之子。乾隆二十二年（1757）中禮部試，因故未與殿試。二十六年（1761）成進士。三十四年（1769）選授知縣，不就。喜陸九淵、王陽明二家之説，頗與朱熹异趣，質疑朱子《四書章句》，撰《論語集注疑》等。又喜佛學，欲皈心净土。著有《二林居集》《一行居集》等。

又，戴震作於晚年之《與某書》（所致對象和確切作時均不詳）[①]，可與《答彭進士允初書》相參，録之於下：

足下制義，直造古人，冠絶一時。夫文無古今之异，聞道之君子，其見於言也皆足以羽翼經傳，此存乎識趣者也；而詞不純樸高古亦不貴，此存乎行文之氣體格律者也；因題成文，如造化之生物，官骸畢具，根葉并茂，少闕則非完物，此存乎冶鑄之法者也。精心於制義一事，又不若精心於一經，其功力同也，未有能此而不能彼者。

治經先考字義，次通文理，志存聞道，必空所依傍。漢儒故訓有師承，亦有時傅會；晋人傅會鑿空益多；宋人則恃胸臆爲斷，故其襲取者多謬，而不謬者在其所棄。我輩讀書，原非與後儒競立説，宜平心體會經文，有一字非其的解，則於所言之意必差，而道從此失。學以牖吾心知，猶飲食以養吾血氣，雖愚必明，雖柔必强。可知學不足以益吾之智勇，非自得之學也，猶飲食不足以增長吾血氣，食而不化者也。君子或出或處，可以不見用，用必措天下於治安。宋以來儒者，以己之見硬坐爲古賢聖立言之意，而語言文字實未之知；其於天下之事也，以己所謂理强斷行之，而事情原委隱曲實未能得，是以大道失而行事乖。孟子曰："生於其心，害於其政；發於其政，害於其事。"以自爲於心無愧而天下受其咎，其誰之咎？不知者且以躬行實踐之儒歸焉不疑。夫躬行實踐，勸善懲惡，釋氏之教亦爾也，君子何以必辟之？孟子辟楊、墨，退之辟釋、老，當其時，孔、墨并稱，尊楊、墨，尊釋、老者或曰："是聖人也，是正道也。吾所尊而守者，躬行實踐，勸善懲惡，救人心，贊治化，天下尊之，帝王尊之之人也。"然則君子何以

---

① 蔡錦芳認爲，《與某書》亦是戴震致彭紹升之書札，作時可能稍早於《答彭進士允初書》，然同在乾隆四十二年（蔡錦芳：《戴震生平與作品考論》，桂林：廣西師範大學出版社 2006 年版，第 264 頁）。可備一説。

辟之哉？愚人睹其功不知其害，君子深知其害故也。

烏呼，今之人其亦弗思矣！聖人之道，使天下無不達之情，求遂其欲而天下治。後儒不知情之至於纖微無憾是謂理，而其所謂理者，同於酷吏之所謂法。酷吏以法殺人，後儒以理殺人，浸浸乎舍法而論理，死矣，更無可救矣！聖賢之道德，即其行事，釋、老乃别有其心所獨得之道德；聖賢之理義，即事情之至是無憾，後儒乃别有一物焉與生俱生而制夫事。古人之學在行事，在通民之欲，體民之情，故學成而民賴以生；後儒冥心求理，其繩以理嚴於商韓之法，故學成而民情不知。天下自此多迂儒，及其責民也，民莫能辯，彼方自以爲理得，而天下受其害者衆也！

戴震《孟子字義疏證》著成後，不惟彭紹升等提出批評，紀昀、朱筠等亦致不滿。章太炎《釋戴》謂戴震著《孟子字義疏證》以示紀昀，"紀昀攘臂扔之，以非清净潔身之士，而長流汙之行"①。章氏所載或屬有據。對此，許蘇民認爲："紀昀的這一言行既然能被人記載下來，必定是他在公開場合的表現無疑，這顯然屬於政治上的公開表態性質。但在傳統社會中，政治上的公開表態屢見不鮮，常常是專制淫威的産物，并不反映人的真實的思想感情。"②此可備一説。朱筠更以爲洪榜《戴先生行狀》中不當載戴震之《答彭紹升書》（詳見洪榜《上朱笥河先生書》）。

戴震著《孟子字義疏證》，雖已不得不選擇以重釋儒家經典字義之方式闡發其哲學思想，而仍遭知交好友、同輩學人群起而攻訐，此無疑從一側面折射出戴震發表其哲學思想時之困境與壓力。戴震一生，生活長期困頓，爲衣食之需東西南北顛沛流離，身心長受壓力。然與此種外在環境所致困境與壓力相比，戴震所承受更大壓力者應

① 章太炎：《太炎文録初編》卷一，見《章太炎全集》第八册，上海：上海人民出版社 2018 年版，第 122 頁。

② 許蘇民：《戴震與中國文化》，貴陽：貴州人民出版社 2000 年版，第 208 頁。

是治學思想之困境。戴震自言其自十七歲即有志於聞道,其治學理路既拔出於當時一般學者,而總體仍深受乾嘉學術環境深刻影響。即便優秀學者也難以完全超越其所處時代,擺脱自身種種局限。

戴震尤重"訓故音聲相爲表裏"(《六書音均表序》),這種因聲求義、聲義互治方法確爲治經之正途。但古音難明,故訓難徵,博學如戴震,亦難以盡善,段玉裁、王念孫等弟子後學,時有訂正戴氏訓故之處。進而言之,如何"由文字以通乎語言,由語言以通乎古聖賢之心志"(戴震《古經解鉤沉序》),是否真正能以文字考證分析而通乎語言,進而通乎義理,方東樹已質疑在先,錢鍾書先生更説:"乾嘉'樸學'教人,必知字之詁,而後識句之意,識句之意,而後通全篇之義,進而窺全書之指。雖然,是特一邊耳,亦祇初桄耳。復須解全篇之義乃至全書之指,庶得以定某句之意,解全句之意,庶得以定某字之詁。或并須曉會作者立言之宗尚,當時流行之文風,以及修辭异宜之著述體裁,方概知全篇或全書之指歸。積小以明大,而又舉大以貫小;推末以至本,而又探本以窮末;交互往復,庶幾乎義解圓足而免於偏枯,所謂'闡釋之迴圈'者是矣。"[①]雖戴震《毛詩補傳序》稱:"余私謂《詩》之詞不可知矣,得其志則可以通乎其詞。作《詩》者之志愈不可知矣,斷以'思無邪'之一言,則可以通乎其志。"錢鍾書進一步論曰:"一卷之中,前篇謂解'文'通'志',後篇謂得'志'通'文',各墮邊際,方鑿圓枘。顧戴氏能分見兩邊,特以未通觀一體,遂致自語相違。若師法戴氏,前邪後許之徒,東面不識西牆,南嚮未聞北方,猶搥折臂之新豐翁,偏枯臂之杜陵老,尚不辨左右手矛盾自攻也。"[②]

章學誠可謂深知戴震,其一方面推崇戴震,另一方面對戴震治學多有批評。章氏有《吴澄野太史歷代詩鈔商語》,將漢學對經傳逐字逐句訓詁與明代以來盛行之詩文評點一同批評:"鄙意以爲,就詩文而加評點,如就經傳而作訓故,雖伏、鄭大儒,不能無强求失實之弊,

---

① 錢鍾書:《管錐編》第一册,北京:中華書局 1986 年版,第 171 頁。

② 錢鍾書:《管錐編》第一册,北京:中華書局 1986 年版,第 172 頁。

以人事有意爲攻取也。"[①]并於《朱先生墓誌書後》中，針對戴震屢屢强調究明語言文字爲通經致道之前提基礎進行撥正："今之攻小學者，以爲六書不明，則言語尚不可通，况乎義理。然韓子曰：'凡爲文辭，宜略識字。'……韓子立言，如《五原》《禹問》諸篇，昔人謂與孟、揚相表裏者，其中仁義道德諸名，修齊治平諸目，不知於六書音畫，有何隱奥未宣究也。"[②]凌廷堪、焦循同樣均推重戴震，然二人後來也均有批評漢學之言。凌廷堪《與胡敬仲書》曰："近之學者，多知崇尚漢學，庶幾古訓復申，空言漸絀，是古然已。第目前侈談康成，高言叔重者，皆風氣使然，容有緣之以飾陋，藉之以竊名……甚至挾許慎一編，置《九經》而不習；憶《説文》數字，改六籍而不疑。不明千古學術之源流，而但以譏彈宋儒爲能事，所謂天下不見學術之异，其弊將有不可勝言者。"[③]

無可否認者，戴震早期受朱子理學思想與治學理路影響，隨著眼界日大，又對朱子尤其朱子後學理學弊端深致不滿且激烈批判。戴震試圖通過"以字通詞，以詞通道"路徑，在撥正"存天理、滅人欲"舊理學基礎上建立體情遂欲之新理學。戴震深悟宋儒"理具於天而得於心"之誤，主張理存乎氣，應"體民之情、遂民之欲"，强調"以情絜情"，并將義理建立於對儒家經典訓詁考據之上，以力圖還原儒家義理，然對其努力能否真正獲得義理，章太炎先生即批評道："戴東原之學，根柢不過二端：曰理麗於氣，性無理氣之殊；理以絜情，心無理欲之界，如是而已。其排斥宋儒以理爲如有一物者得之；乃自謂理在事物，則失之甚遠也。"[④]吕思勉更直指戴震所持"心之所同然，始謂之理"難以見之於實，因而最終同樣難免陷於以意見爲理。（詳見稍後

① 章學誠：《章學誠遺書》，北京：文物出版社 1985 年版，第 109 頁。

② 章學誠著，倉修良編注：《文史通義新編新注》，杭州：浙江古籍出版社 2005 年版，第 577 頁。

③ 凌廷堪著，王文錦點校：《校禮堂文集》，北京：中華書局 1998 年版，第 203～206 頁。

④ 章太炎：《論戴學根柢》，見《章太炎學術史論集》，北京：中國社會科學出版社 1997 年版，第 359 頁。

所引吕思勉《理學綱要》附《訂戴》。)

對於戴震治學思想之困境,前賢所論較少,故略加述論,以期學界注意并深入探討。

道光時期,夏炯(1796—1846,字仲子,安徽當塗人)《夏仲子集》之《書戴氏遺書後》曰:

> 考據家之深思刻入,能讀人所不能讀之書者,無如戴東原。其在四庫館校定各種如《海島算經》《五曹算經》,張丘建、夏侯陽《算經》之類,皆精覈無訛,使人易讀;其校定酈道元《水經注》,於經、注混淆之處一一分别顯明,有功酈氏不淺。其自著《毛鄭詩考正》《考工記補注》等作,於訓詁名物尤所專長。
>
> 數十年來,江、戴并稱,海内翕然,而予謂戴氏則去江氏遠甚。江氏雖專門考訂,尚能尊信朱子,著書百餘卷,無譏刺宋儒之處。戴氏學術原不亞於江,而其居心險僻,思有以駕乎朱子之上,於是爲《原善》等篇及《孟子字義疏證》,以爲有此等撰述,則宋儒説理平實之處皆不足觀,不知説理不能外平實二字,若艱澀隱晦,故爲深奥,仍是講漢學之伎倆,何能發明義理?况其所疏證者,糾纏轇轕,如入荆棘叢中,掠諸子之浮言,詡一己之自得,外似艱深,内實膚淺。
>
> 又復倡爲狂言,謂訓詁明則古經明,古經明而我心同然之理乃因以明。一時所稱好學之士,承其議論,無不謂由聲音文字而後通訓詁,由訓詁而後通義理。豈知訓詁、義理灼然兩截。《爾雅》釋詁、釋言、釋訓,惟"如切如磋"數句釋詩詞於義理有闡發,其餘不過詮解字面,於義理何涉?劉熙《釋名》、張揖《廣雅》,亦是訓詁之書,謂日日手此一編,遂能知義理同然之故乎?《大學》《中庸》《論語》《孟子》,皆專言義理,其文詞俱顯然易曉,何待考形聲會意而後能通?蓋義理雖具於古經,而欲深明其旨趣,洞悉其淵微,斷非讀宋儒之書無從入手。漢儒祇能解其字義,考其篇章句讀,其於道茫乎未聞也。

予竊戴氏之心，不過因專攻漢學，恐被後人窺破，於是并漢學、宋學爲一，遂謂宋儒義理即在漢儒訓詁之中，不必勤讀宋儒之書，藉以自掩其失耳。誅其本衷，何嘗不知濂洛關閩爲有體有用之學也。戴氏故爲妄論以盜名而欺世，不足深責，獨可怪曲阜孔氏，以聖人之裔，不推崇周、程、張、朱，而推崇戴氏，爲刊其遺書，傳佈宇内，竟忘其爲操吾戈而入吾室者也。①

道光四年(1824)，方東樹著成《漢學商兑》，批評漢學，謂："《孟子字義》，戴氏自謂'正人心'之書。余嘗觀之，轇轕乖違，毫無當處。""程、朱所嚴辨'理''欲'，指人主及學人心術邪正言之，乃最吃緊本務，與民情同然好惡之欲迥别。今(戴氏)移此混彼，妄援立説，謂當通遂其欲，不當繩之以'理'，言'理'則爲'以意見殺人'，此亘古未有之异端邪説！"②

光緒間，朱一新(1846—1894，字蓉生，浙江義烏人)有《無邪堂答問》(約 1890 年)，其論《孟子字義疏證》曰：

夫聖賢正恐人之誤於意見，故有窮理之功。東原乃認意見爲理，何其言理之粗？體民情固也，遂民欲而亦謂之理，何其言理之悖？欲仁，欲也；欲利，亦欲也。使徒求遂其欲而不以理義爲閑，將人皆縱其欲而滔滔不返，不幾於率獸食人乎！③

光緒三十三年(1907)，皮錫瑞著《經學歷史》，謂："戴震作《原善》《孟子字義疏證》，雖與朱子説經抵牾，亦衹是争辯一理字。"④

① 夏炯：《夏仲子集》卷三，咸豐四年(1854)刻本。

② 方東樹：《漢學商兑》卷中之上，上海：商務印書舘 1937 年版。

③ 朱一新著，吕鴻儒、張長法點校：《無邪堂答問》卷一，北京：中華書局 2000 年版，第 29 頁。

④ 皮錫瑞著，周予同注釋：《經學歷史》，北京：中華書局 2004 年版，第 228 頁。皮氏此論簡明而客觀。戴震衹爲理字被後儒誤説甚至污壞，即其自言"今人無論正邪，盡以意見誤名之曰理，而禍斯民，故《疏證》不得不作"，是出於維護"理"字本旨，而非出於與朱子争席，更非有意與程、朱爲水火。

1920年,梁啓超著《清代學術概論》,其論《孟子字義疏證》曰:"其志願確欲爲中國文化轉一新方嚮,其哲學之立脚點,真可稱二千年一大翻案。其論尊卑順逆一段,實以平等精神,作倫理學上一大革命。其斥宋儒糅合儒佛,雖辭帶含蓄,而意極嚴正,隨處發揮科學家求真求是之精神,實三百年間最有價值之奇書也。"[①]

1928年,史學家吕思勉先生著《理學綱要》,其《總論》附《訂戴》一篇論戴震《孟子字義疏證》云:

> 戴東原作《原善》《孟子字義疏證》以攻宋儒。近人亟稱之,謂其足救宋儒之失,而創一新哲學也。予謂戴氏之説,足正宋學末流之弊耳,至其攻宋學之言則多誤。宋學末流之弊,亦有創始之人,有以召之者,戴氏又不足以知之也。宋學之弊,在於拘守古人之制度。制度不虛存,必有其所依之時與地,而各時各地,人心不同。行諸此時此地,而犁然有當於人心者,未必其行諸彼時彼地,而仍有當於人心也。欲求其有當於人心,則其制不可不改。是以五帝不襲禮,三王不沿樂。此猶夏葛而冬裘,其所行异,其所以求其當同也。宋之世,去古亦遠矣。民情風俗,既大异於古矣,古代之制,安能行之而當於人心乎?宋儒不察,執古之制,以爲天經地義,以爲無論何時何地,此制皆當於理。略加改變,實與未改者等,而欲以施之當時。夫古之社會,其不平等固甚。宋時社會之等級,亦不若古之甚矣。宋儒執古之制而行之,遂使等級之焰復熾,與人心格不相入。戴氏之言曰:"今之治人者,視古聖賢體民之情、遂民之欲多出於鄙細隱曲,不屑措諸意。而及其責以理也,不難舉曠世之高節,著於義而罪之。尊者以理責卑,長者以理責幼,貴者以理責賤,雖失,謂之順。卑者、幼者、賤者以理争之,雖得,謂之逆。於是下之人,不能以天下之同情,天下之同欲,達之於上。上以理責其下,而在下之罪,人人

---

① 梁啓超:《清代學術概論》,上海:上海古籍出版社1998年版,第42頁。

不勝指數。人死於法，猶有憐之者。死於理，其誰憐之?”夫使尊者、長者、貴者威權益增;而卑者、幼者、賤者無以自處，是誠宋學之弊，勢有所必至。由其尊古制，重等級，有以使之然也。(東原又謂:“今處斷一事，責詰一人，莫不曰理者。於是負其氣，挾其勢位，加以口給者理伸;力弱、氣慴、口不能辭者理屈。”此則由人類本有强弱之殊，理特其所藉口耳。不能以此爲提倡理者之罪也。)至於以理責天下之人，則非創宋學者之所爲，而爲宋學末流之失。戴氏又謂:“理欲之説行，則讒説誣辭，得刻議君子而罪之，使君子無完行。”夫以宋儒克己之嚴，毫釐不容有歉，因推此以繩君子而失之嚴，事誠有之。至於小人，則宋儒曷嘗謂其欲不可遂，而不爲之謀養生送死之道哉!横渠見餓莩，輒諮嗟，對案不食者經日。嘗以爲欲致太平，必正經界。欲與學者買田一方試之，未果而卒。程子提倡社會，朱子推行社會。凡宋儒講求農田、水利、賦役之法，勤有成書，欲行之當世者，蓋數十百家。其志未嘗行，其書亦不盡傳，然其事不可誣也。鄉曲陋儒，抱《性理大全》，侈然自謂已足，不復知世間有相生相養之道，徒欲以曠世之高節，責之人民，此乃宋學末流之失，安可以咎宋學乎?宋儒所謂理者，即天然至善之名，戴氏所謂必然之則也。戴氏稱人之所能爲者爲“自然”，出於血氣;其所當止者爲“必然”，出於心知。與宋儒稱人之所能爲而不必當者爲氣質，爲欲，所當善者爲義理，爲性，有以异乎，無以异乎?夫特异其名而已。戴氏則曰:“吾所謂欲者，出於血氣;所謂理義者，出於心知。血氣心知，皆天之所以與我，是一本也。宋儒謂理出於天，附著湊泊於形體。形體者氣質，適足爲性之累。是二之也。”夫宋儒曷嘗謂氣質非出於天哉?謂“義理氣質，同出於天，則氣質不應爲義理之累。宋儒謂氣質爲義理之累，是二之也”。然則戴氏所謂血氣者，任其自然，遂不足爲心知之累歟?謂任血氣之自然，不足爲心知之累，則戴氏所謂“耳目鼻口之欲，必以限制之命節之”之説，爲不可通矣。謂性必限之以命，而聲色臭味當然之則，必以心爲之君，則宋儒之説，戴氏實未有以易之也。若曰："民之秉彝，好是懿德。心知之自然能好懿德，猶耳目鼻口之自然能好聲色臭味，以是見義理之具於吾心，與宋儒謂義理之性原於理，而理出於天者不同。"則宋儒固亦未嘗不謂理具於吾心也，特本之於天耳。即戴氏謂義理之説，天然具於吾之心知，而推厥由來，亦不能謂其不本之於天也。戴氏謂"飲食能爲身體之養者，以其所資以養之氣，與所受之氣同。問學之於德性亦然"是也。安得謂宋儒"更增一本"乎？

戴氏曰："宋儒所謂理，即老氏所謂真宰，釋氏所謂真空也。老氏自私其身，欲使其身離形體而長存。一身分爲二，而以神識爲本。推而上之，遂以神爲有天地之本，以無形無迹者爲有。而視有形有迹者爲幻。宋儒以理當其無形無迹者，而以氣當其形體，故曰心性之郛廓。"老氏、釋氏是否自私其身，是否歧神與形而二之，今不暇及。宋儒之辟釋氏也，曰："釋氏本心，吾儒本天。"其所謂理，與老、釋之所謂神識非同物，則彰彰明矣。宋儒蓋病老、釋以萬物爲虚，獨吾心所知見者爲實，則一切皆無定理，倡狂妄行，無所不可，故欲以理正之。宋儒所謂理者，乃事物天然之則，即戴氏所謂"有物必有則"；而其所謂義理之性，則吾心之明能得此天然之則者，即戴氏所謂"能知不易之則之神明"也。安得視爲虚而無薄之物乎？

戴氏謂："老、釋内其神而外形體。舉凡血氣之欲，悉起於有形體以後，而神至虚静，無欲無爲。宋儒沿其説。故於民之飢寒愁怨，飲食男女，常情隱曲之感，咸視爲人欲之甚輕。古之言理也，就人之情欲求之，使之無疵。今之言理也，離人之情欲求之，使之忍而不顧。故用之治人，則禍其人。夫人之生也，莫病於無以遂其生。欲遂其生，亦遂人之生，仁也。欲遂其生，至於戕人之生而不顧，不仁也。不仁實始於欲遂其生之心。無此欲，必無不仁矣。然使無此欲，則於天下之人，生道窮促，亦將漠然視之，己不必遂其生，而遂人之生，是無情也。故欲不可無，節之而已。謂欲有邪正則可，以理爲正，以欲爲邪，則不可也。”此爲戴氏主意所在，自比於孟子不得已而言者。吾聞朱子之言曰：“飲食，天理也。要求美味，人欲也。”則朱子所謂天理，亦即欲之出於正者，與戴氏謂“欲其物，理其則”同。未嘗謂凡欲皆不當於理也。人之好生，乃其天然不自已之情。自有人類以來，未有能外之者也。世固有殺生以成仁，亦有殺以止殺者。彼以爲不殺其身，不殺殺之可以止殺之人，則於生道爲有害。其事雖出於殺，其心乃以求夫生也。自有人類以來，未有以死爲可歆，生爲可厭者。戴氏以爲宋學者不欲遂其生爲慮，可謂杞人憂天之隊矣。若謂欲遂人之生者，先不能無自遂其生之心，則又有説。世無不肯舍其生而可以救人者，蓋小我之與大我，其利害時有不同。於斯時也，而無舍己救人之心，亦如恒人，徒存一欲遂其生之念，則終必至於戕人之生而不顧。此成仁之所以必出於殺身。而行菩薩行者，所以必委身以飼餓虎也。彼行菩薩行者，寧不知論各當其分之義，固不當食肉以自養，亦不必委身以飼餓虎哉？不有純於仁之心，固無以行止於義之事。彼行止於義者，其心固純於仁。所以止於義者，以所能行之仁，止於如此；不如此，則轉將成爲不仁，故不得已而止於此，而非其心之遂盡於此也。心之量，苟適如其分而已，及其行之，未有能盡乎其分者。而戴氏所謂戕人之生以遂其生之禍作矣。故以純乎理責恒人，宋儒未嘗有此；其有之，則宋學之末失也。至於以純乎理自繩其身，則凡學問，未有不當如此者。抑强天下之人，使皆進於高節則不能。誘掖天下之人，使同進於高節，則固講學問者所當同具之志願。而非至天下之人，真能同進於高節，天下亦决無真太平之望也。

戴氏謂：“老、釋以其所謂真宰真空者爲已足，故主去情欲勿害之，而不必問學以擴充之。宋儒之説，猶夫老、釋之説，故亦主静。以水之清喻性，以其受污濁喻氣質。宋儒所謂氣質，即老、釋所謂情欲也。水澄之則清，故主静，而易其説爲主敬存理。"云云。主静之説，發自周子。其説曰："立天之道，曰陰與陽。立地之道，曰柔與剛。立人之道，曰仁與義。"又曰："聖人定之以中正仁義而主静，立人極焉。"蓋以人之所行，不越仁義。而二者名异而實同。義所以行仁，而仁則所以爲立義之體。無義固無以行仁，無仁亦無所謂義。當仁而仁，正其所以爲義；當義而義，亦所以全夫仁，所謂中也。止於中而不過，則所謂静也。何以能静，必有持守之方焉，則程子所謂主敬也。主敬而事物至當不易之則(宋儒所謂理)存焉矣。宋儒所謂静，非寂然不動之謂也。戴氏之説，實屬誤會。

戴氏謂："宋儒詳於論敬，而略於論學。"此亦宋學末流之失。若程、朱，則"涵養須用敬，進學在致知"，兩端固并重也。抑進學亦必心明而後能之，故反身自勘之學，終不能不稍重於内。戴氏曰："聖人之言，無非使人求其至當，以見之行。求其至當，即先務於知也。凡去私不求去蔽，重行不先重知，非聖學也。"此説與程、朱初無以异。又曰："聞見不可不廣，而務在能明於心。一事豁然，使無餘藴，更一事而亦如是。久之，心知之明，進於聖知，則雖未學之事，豈足以窮其知哉？"此説亦與朱子一旦豁然貫通之説同。蓋天下事物，窮之不可勝窮，論明與蔽者，終不得不反之於心也。然與戴氏力主事物在吾心之外，謂心知之資於事物以益其明，猶血氣之資於飲食以益其養者，則未免自相矛盾矣。

戴氏謂："心之能悦懿德，猶耳目鼻口之能悦聲色臭味。接於我之血氣，辨之而悦之者，必其尤美者也；接於我之心知，辨之而悦之者，必其至是者也。"夫口之同嗜易牙，目之皆姣子都，耳之皆期師曠，亦以大致言之耳。鴟梟嗜鼠，即且甘帶，人心之异，有不翅其若是者矣。謂義理之尤美者，必能爲人所悦，其然，豈其然乎？乃戴氏又曰："理也者，情之不爽失者也。凡有所施於人，反躬而静思之，人以此施於我，能受之乎？凡有所責於人，反躬而静思之，人以此責於我，能盡之乎？以我絜之人則理明。”故曰：“去私莫如强恕。”夫人心之不同，如其面焉。固有此視爲不能受，彼視爲無難受；此視爲不能盡，彼視爲無難盡者矣。若曰：“公則一，私則萬殊；人心不同如其面，衹是私心。”則非待諸私欲盡去之後不可，因非凡人所能持以爲是非之準也。凡人而度其所能受以施諸人，度其所能盡以責諸人，適見其一人一義，十人十義，樊然淆亂而已矣。戴氏曰：“心之所同然，始謂之理，謂之義。未至於同然者，存乎其人之意見，非理也，非義也。凡一人以爲然，天下萬世皆曰：是不可易也。此之謂同然。”此説安能見之於實。如戴氏之所云，亦適見其自謂義理，而終成其爲意見而已矣。①

《續修四庫全書總目·經部·孟子字義疏證三卷提要》曰：“是書以‘求觀聖人之道，必自孟子始’爲宗旨，從考據、訓詁角度闡釋《孟子》一書中‘理’‘天道’‘性’‘才’‘道’‘仁義禮智’‘權’等重要哲學範疇之根本意義，以正本清源，故名曰‘字義疏證’。‘字’即‘概念範疇之字’（張岱年《中國古典哲學概念範疇要論》自序）；‘疏證’即‘疏通證明’（戴震《孟子字義疏證》卷中）。戴氏藉疏證《孟子》以闡發其哲學思想，批判宋明理學。是書體例如下：其一，戴氏先對這些哲學範疇賦予新的内涵。其二，對這些哲學範疇下完定義後，引用經書以實例分析之方法予以疏證。其三，戴震采用問答體形式，在《疏證》中通篇以‘問’及‘曰’爲標誌，在對所疏證之字下完定義後，便開始一問一答的論證，按提出問題、分析問題、解決問題之思路以疏證每一個字，闡述自己的哲學思想。是書充分體現了戴氏之哲學思想。譬如‘理存於欲’‘理在物中’，‘理’爲‘天地陰陽之理’‘天地、人物、事爲之理’等。其視‘理’爲陰陽五行之氣及天地萬物之必然性，乃是典型的唯

① 吕思勉：《理學綱要》，北京：東方出版社 2012 年版，第 192～198 頁。

物論思想。對‘道’亦有其獨到見解，以爲‘道’乃物質性實體，‘道’爲‘氣化流行，生生不息，是故謂之道’等。故而戴氏以此書爲其生平得意之作。是書問世之後，評價褒貶不一。朱筠、姚鼐、翁方綱等持否定態度，視戴氏學説爲异端邪説，如姚鼐《惜抱先生尺牘》云‘欲言義理以奪洛閩之席，可謂愚妄不自量之甚矣’。洪榜、錢大昕、焦循、阮元、黄式三及近人梁啓超等則竭力推崇，予以很高評價。如梁啓超《中國近三百年學術史》云‘戴東原的《孟子字義疏證》，爲清代第一流著述，但其目的不專在釋《孟子》，别於戴氏學專篇論之’。戴氏是書提出‘理存乎欲’的思想，具有進步意義，然則其旨爲評騭程、朱思想，闡發己意，故其闡釋多帶主觀色彩，實則違背了訓詁、疏證之規範及原則。”①

是年春，中書舍人張塤（1731－1789，字商言，號瘦銅，江蘇吴縣人）母吴太孺人卒，張塤因孔繼涵而延請戴震爲其母撰墓誌。戴震既已應允，而不久病逝。孔繼涵代爲撰文，即《吴太孺人墓誌銘》，附刻於微波榭本《戴氏遺書》之《文集》第十卷卷末。孔繼涵記其始末曰：“舍人將以是年秋扶太孺人柩歸里，卜吉合葬於二十一都四畐貞山之陽。以東原戴君儒術文章上被天子之知，欲得其誌墓門之石，以信將來。以繼涵於東原先生交久介而請於東原。既諾矣，未幾，東原卒。舍人又以迎其兄西去，繼涵既痛亡友之不可作，兼無以塞舍人之請，雖無文，敢編次其行而繫之銘，且附於《戴氏遺書》之末，以實其事……”②

是年春，丁傑在京購得晁以道《易玄星紀譜》，攜書示戴震，戴震兩次致書，討論相關算學、曆法問題。（段刻《戴東原文集》卷五《與丁升衢書》《再與丁升衢書》）。五月，戴震病危時，以手批《六書音均表》託付丁傑，曰：“余不及語段君矣，子曷持此書歸。”（《段譜》附録《著述

① 續修四庫全書總目提要編纂委員會：《續修四庫全書總目提要・經部》，上海：上海古籍出版社 2015 年版，第 317～318 頁。

② 微波榭刻《東原文集》第十卷，乾隆刻本。

輯要》)丁傑臨抄數本以寄段玉裁等人[1]。

是年四月二十六日,戴震病情漸重,一月未愈。戴震本年五月二十一日致段玉裁札:“前月廿六至今,一病幾殆。”(《戴東原先生札册》第十一札)

是年五月上旬,戴震《聲類表》九卷撰成。

段玉裁《聲類表序》(作於嘉慶十四年)曰:“始余乾隆癸未請業戴東原師,師方與秦文恭公論韵,言江慎修先生有《古韵標準》,據《毛詩》用韵爲書,真至仙十四韵,宋鄭庠謂漢魏杜、韓合爲一者,《毛詩》實分爲二,余聞而异之,顧未得見江氏書也。丁亥,自都門歸里,取《毛詩》韵字,比類書之,誠畫然分别,又因蕭、侯、尤之爲三,真、文之爲二,支、脂、之之必爲三,二百六韵之書,總之爲十七部,其入聲總爲八部,皆因《毛詩》之本然。已乃得昆山顧氏《音學五書》、婺源江氏《古韵標準》讀之,歎兩先生之勤至矣,後進所得,未敢自以爲是也。己丑,就正吾師於都門,師謂支、脂、之分爲三者,恐不其然。是年,隨師至山西,明年,作吏入黔;又二年,入蜀。癸巳,師來札云:‘大著辨别五支、六脂、七之,如清、真、蒸三韵之不相通,能發自唐以來講韵者所未發,今春將古韵考訂一番,斷從此説爲確。’蓋吾師詳審數年而後許可也,有如是夫! ……丁酉之五月,師又自著書曰《聲類表》,以九類者譜之爲九卷,一曰歌、魚、鐸之類,二曰蒸、之、職之類,三曰東、尤、屋之類,四曰陽、蕭、樂之類,五曰庚、支、陌之類,六曰真、脂、質之類,七曰元、寒、桓、删、山、仙、祭、泰、夬、廢、月、曷、末、黠、鎋、薛之類,八曰侵、緝之類,九曰覃、合之類。每類中各詳其開口、合口,内轉、外轉,重聲、輕聲,呼等之繁瑣,今音、古音之轉移,綱領既張,纖悉畢舉。蓋江氏之論顧氏也,曰‘考古之功多,審音之功少’,吾師之論

---

[1] 段玉裁《答丁小山書》:“得手書并前後兩跋語,知足下於戴批《音均表》,務廣其傳,足下於吾師戴君之學敬信,可謂至矣;而尤謂是批本爲臨終絶筆,鄭重相付。乃臨以寄玉裁,又臨以寄孔葒谷、程易田兩君,又屬程蕺園、周林汲、邵二雲三君皆臨其副,庶幾不致埋没,盛心古道,何以加兹!”(《經韵樓集》卷六,上海:上海古籍出版社 2008 年版,第 117 頁。)

余亦云爾。江氏與吾師皆考古、審音均詣其極，而師集諸家大成，精研爛熟，故能五日而成此編。距易簀之期僅二十日，未及爲例言。孔誧伯户部刻之，取師丙申與余札六千言弁首，師作書之意，既大著矣。”[①]

戴震聲韵學研究，亦由來已久，且頗費時力。乾隆十年(1745)，戴震即著有《聲律總持》，并就教於江永，爲江永所駁議。乾隆二十四年(1759)以前，江永著《古韵標準》，戴震爲之參定。乾隆三十一年(1766)，戴震著《聲韵考》(據《段譜》，段氏《聲韵考序》則曰：“己丑春，先生成《聲韵考》四卷。”則其著成似又在三年之後。自乾隆三十一年，戴震與段玉裁往復探討聲韵，既相互推重，亦相互問難，可謂亦師亦友，體現出真正學者學問爲重、真理至上之可貴精神。王力先生《漢語音韵學》論戴震之古音學曰：“戴氏用音理來説明聲韵正轉之法……他這一切理論，都出於他的一個根本觀念：‘僕謂審音本一類……始可以五方之音不同，斷爲合韵。’(見《聲類表》卷首《答段若膺論韵》。)他有了這一個根本觀念，就不肯純任客觀。凡是他所認爲應合的，就説是審音本一類；凡是他所認爲應分的，就説是審音非一類。戴、段大不相同的地方，就是段氏衹在《詩經》裏作客觀的歸納，而戴氏却根據他心目中的音理作主觀的演繹。又書中多以等韵爲根據(其等韵之説，散見《聲韵考》與《聲類表》)；根據宋元以後的等韵去推測周秦的古音，這是多麽危險的事……所以單就古音學而論，戴氏是不及段氏的。”[②]爾後，王力先生對上述觀點自我修正曰：“從前，我的《中國音韵學》裏批判了戴震，説他唯心主義。後來我想，戴震是對的。他的話的大意是：按照系統來説，應該分就分，不能因爲一兩個合韵就不敢分；按照系統不能分的，就不分。戴震提出的原理，從系

① 段玉裁：《經韵樓集》卷六，上海：上海古籍出版社2008年版，第122～123頁。

② 王力《漢語音韵學》初版於1936年，商務印書館初版名《中國音韵學》，1962年中華書局再版時，著者易其名爲《漢語音韵學》。上引自《王力文集》第四卷，濟南：山東教育出版社1985年版，第282～283頁。

統來看是對的。作爲一個原理,批判它是不應該的。”①

王力又論清代小學發達,實傳自江、戴:“清代研究‘漢學師承’,這是很有道理的。就小學方面説:江永的弟子有戴震,戴震的弟子有段玉裁、孔廣森、王念孫,而王引之與王念孫則是父子關係。俞樾是私淑王氏父子的,俞樾的弟子有章炳麟,章炳麟的弟子有黄侃。其他各人,即使没有師生關係,也是在學術上遞相接受了深刻影響的。這樣一脈相傳,有利於把優良的東西繼承下來;爲學如積薪,後來居上,所以弟子不必不如師,師不必賢於弟子。清代學術的發達,這也是原因之一。”②

是年五月,戴震著《方言疏證》十三卷成。據戴中立乾隆戊戌年(1778)致段玉裁書:“惟先生可將《方言》攜刻更妙。此書先君全精神費盡,而此書上年五月間就成,即得病歸陰矣。”③

盧文弨乾隆四十七年(1782)撰《重校方言序》曰:“《方言》至今日而始有善本,則吾友休寧戴太史東原氏之爲也。義難通而有可通者,通之有可證明者,臚而列之,正譌字二百八十一,補脱二十七,删衍字十七,自宋以來諸刻,洵無出其右者。”④

是年五月二十一日,戴震致書段玉裁(即段玉裁輯《戴東原先生札册》第十一札),言其近期狀況及南歸之志:

> 前月廿六至今,一病幾殆。正卧床榻,見來使,强起作札。
>
> 乙未年,通判吴廷芳之信并未見。上年春曾寄一書論韵,兼有廣東所刻《聲韵考》一本,係龔公寄於老師門上失之。徐錦堂兄來,所寄俱收明。其人甚詳密,常相見。正月屬寄一札,《六書

---

① 王力:《我的治學經驗》,《高教戰線》,1984 年第 8 期。

② 王力:《中國語言學史》,上海:復旦大學出版社 2016 年版,第 140 頁。

③ 楊應芹、諸偉奇主編:《戴震全書》(修訂本)第六册,合肥:黄山書社 2010 年版,第 537 頁。

④ 盧文弨:《抱經堂文集》卷三,見《續修四庫全書》第 1432 册,上海:上海古籍出版社 2002 年版,第 573 頁。

音均表序》一篇，又録前論韵書一篇。日前有人仍到川，亦附有札。而上年冬，舍侄朝恩赴提標中營任，寄《天圖》三張、《水經注》一部、《經典釋文》一部、《六書音均表》元稿一本。其人今春二月廿日由杭動身，已上三信，想近日皆到矣。

僕歸山之志早定，八月準南旋，前信已及之。吾友所爲不苟，加以剛直，六年不補，固有由也。君子難進而易退，自立於無過之地，然求全之毁猶不能免。是以内剛外柔，謹慎謙遜，以與爲委蛇可耳。僕歸後，老親七十有八，非得一書院不可。陝西畢公欲招之往，太遠不能就也。大抵坐定後，乃可書信往來。順候近祺，不宣。上若膺賢弟足下。友人戴震頓首。五月二十一日。

是年，陸燿（1723—1785，字朗夫，江蘇吴江人）任山東按察使，戴震於春間曾致書（是書未見録於微波榭刻及經韵樓刻戴氏《文集》），陸燿撰《復戴東原言理欲書》，頗認同戴震理欲之辨。其書曰：

春杪接書，久未裁復。紛紜案牘之中，力小任重，日夜惶疚，即此稽緩，亦足見其才力之困也。閣下究心典籍，高出群儒，修述之事，方期身任，胡遽有秋令假歸之語，行止何如？臨期尚祈示及，如果言旋，倘可迂道濟南，一訪鵲華之勝，尤所跂望。

來教舉近儒理欲之説，而謂其以有蔽之心，發爲意見，自以爲得理，而所執之理實謬，可謂切中俗儒之病。乃原其病之所起，則騖名之一念實爲之。蓋自宋儒言理，而歷代推尊以爲直接孔、孟者，程、朱數大儒而已。於是莫不以理名學，如前世所譏“太極圈兒大，先生帽子高”者，其來已非一世，由理學之名可以虚附故也。

夫理懸於虚，事徵於實。虚者易冒，實者難欺。唯言理而著之於事，證之於迹，空虚無實之談，庶不得而妄託。西山《大學衍義》，此其宗乎！至於朱、陸、王之辨，近世尤多聚訟。其所訟者，皆在豪氂影響之間。若盡舉朱子之行社倉、復水利、蠲税銀，與象山之孝友於家，惠愛於民，陽明之經濟事功，彪炳史册，以爲理學真儒之左契，則矍相之圃僅有存者矣！顧以此求之，詎易多得？則擇其言之切於今者，莫如顧昆山之"行已有耻"，田簣山之"利之一字，觸人最深"二語，爲廢疾膏肓之藥石，沉迷大寐之晨鐘，而不貴言性言命，存天理遏人欲之虚談，庶幾於風俗之盛衰，吏治之得失，民生之疾苦，在在與民同好惡而不私。於閣下之教，得毋近之，而不止以其名乎？

近日從事《文鈔》一編，大指如此。惟是所見不多，網羅未盡，淺人易炫，决擇未精，其中不無遺憾，是以未敢郵正。今大教諄諄，似欲匡其所不逮者，又可不獻其醜拙耶？燿再拜。[1]

據陸燿此書，戴震是年季春有《與陸朗夫書》。惜未見傳世。

是年五月二十五日，戴震因服黑山梔而病劇；五月二十七日辛卯（公元 1777 年 7 月 1 日）晡時（即申時），戴震逝於北京崇文門西范氏穎園寓所。

戴震於乾隆四十一年（1776）十一月二十二日與段玉裁書曰："僕自三月初獲足疾，至今不能行動，以纂修事未畢，仍在寓辦理。"（《戴東原先生札册》第八札）按：戴震所患足疾，據段玉裁所言"蓋先生用心過勞，至於痿躄而不自止，病已深矣"，痿躄即下肢麻痹之症。而致戴震罹患足疾之真正病因，當爲其入四庫館之後，"晨夕披檢，靡間寒暑"（錢大昕《戴先生震傳》）。因乾隆有諭，對戴震等人當視其業績而後定去留，故其不得不晝夜勤勉校閲書籍，致活動量驟減（入館前，戴震迫於生計，健游四方；入館後則終日静坐，生活節奏全然改變，身體最易致病）。戴震因瘁心官事而勞神久坐、活動不足，此尤易患兩大疾病：腰椎間盤突出症與糖尿病，而此兩大疾病均易導致痿躄之症。致戴震患足疾并英年早逝者，究爲何種疾病，實無法確定。然痿躄日

---

① 陸燿：《切問齋集》卷四，見《清代詩文集彙編》第 352 册，上海：上海古籍出版社 2010 年版，第 411～412 頁。

久，雖精神依舊朗澈，而機能日漸衰退，肌體日漸虚弱，《段譜》謂“痿蹷而不自止，病已深矣。心煩如欲吐者，庸醫乃以黑山梔寒而吐之，斯不可爲矣”。

黑山梔即焦梔子，經烘炒至焦糊之梔子。其功效爲瀉火清熱，涼血解毒，但脾胃虚弱者慎用。戴震是否因誤服黑山梔或服食過量致死，尚待考證。

章太炎論戴震之早逝曰：“戴君生雍正亂世，親見賊渠之遇士民，不循法律，而以洛、閩之言相稽。哀矜庶戮之不辜，方告無辜於上，其言絶痛。桑蔭未移，而爲紀昀所假，以其懲艾宋儒者，旋轉以泯華戎之界。壽不中身，憤時以隕，豈無故耶！”[①]章氏謂戴震“憤時以隕”，不無合理之處。

許蘇民則認爲：“患足疾何至於死？由此聯想到年僅49歲的龔自珍因爲議論時政得罪權貴而離開北京、到了丹陽突然‘暴死’的事，這兩件豈非同爲千古之謎？難道這是專制統治者對付敢於發表獨立思想的讀書人的一種秘密的特殊手段？”[②]此種推測或屬求之過深。

關於戴震病卒情形，孔繼涵是年五月三十日有致段玉裁書，載其事曰：

> 月之二十二日，在東原先生寓中坐間，見封新刊《九章算術》奉寄。後三日，金輔之榜、洪素人樸兩兄來云：“東原先生服黑山梔一兩，吐後病即劇。”初聞疑甚，前見作吾兄札時，精神朗澈，又將泚筆爲王廷相作《傷寒論注序》，非病瘃者，乃竟於二十七日晡時不可作矣。斯人而死，痛何如之！
>
> 兄與東原論韵最深，特相寄者，欲丐一序，自言之詳諦爾。手迹方新，其人已故。緘書珍重，黯然同之。望得暇命筆，多方

---

① 章太炎：《太炎文録初編》卷一，見《章太炎全集》第八册，上海：上海人民出版社 2018年版，第117頁。

② 許蘇民：《戴震與中國文化》，貴陽：貴州人民出版社 2000年版，第65～66頁。

郵恵，恐有浮沉。《聲類表》與《原象》《大學補注》諸書，現付梓人，餘未刻，當次第剞劂。諸凡未到，祈賜教言。《聲類表》刻就，當在龔、吴兩内翰、周編修（原注：名永年，歷城人，庚辰同年）三處留一二册呈閲。如賜回書及序，亦在周兄或吴編修壽昌處，以弟寓内城僻巷，頗費尋覓。吾兄官况清卓，著述富益，前九日在東原信中審之也。餘容續上損鑒。丁酉夏五月三十日，孔繼涵載拜謹空。[1]

此書札一記戴震病逝情景，一述搜集整理刊刻戴震遺著之事，一求段玉裁爲戴震韵書《聲類表》撰作一序。因段玉裁當時并未作序，孔繼涵刻微波榭本《聲類表》時，即以戴震所作《答段若膺論韵》一文爲序。而段玉裁三十年後作《戴東原先生年譜》時記曰："户部書至蜀，命余作序，彼時余恐淺陋不敢爲，今三十年後乃成之，并葒谷亦久下世矣。"

戴震卒後數日，即五月三十日，孔繼涵有《致段玉裁書》（收《安徽叢書》第六期《戴東原先生全集》之附録《戴東原先生遺墨》中），文已見上引。孔繼涵此札回憶戴震病逝情景，殊可傷痛。而戴震甫一病逝，孔氏即與戴氏高足段玉裁商討搜集整理戴氏遺著事，更可感佩。孔氏自戴震病逝之後，即着手搜集、整理其遺著，自乾隆四十二年(1777)夏至乾隆四十四年(1779)末，先後於微波榭整理、刊刻《戴氏遺書》十六種，含《毛鄭詩考正》五卷、《杲溪詩經補注》二卷、《考工記圖》三卷、《孟子字義疏證》三卷、《聲韵考》四卷、《聲類表》十卷、《原善》三卷、《原象》一卷、《續天文略》二卷、《水地記》一卷、《方言疏證》十三卷、《九章算術補圖》一卷、《五經算術考證》一卷、《策算》一卷、《句股割圜記》三卷、《文集》十卷。雖未能悉數搜集并刊刻戴震著作，然是爲戴震著作最早之彙集出版者。微波榭版《戴氏遺書》對宣傳戴

① 楊應芹、諸偉奇主編：《戴震全書》（修訂本）第六册，合肥：黄山書社 2010 年版，第 535 頁。

震學術思想、擴大戴震之影響具有極重要意義，亦爲後世戴震著作重新結集彙編之基礎。曲阜孔氏在整理戴震遺著時，雖有未能詳審辨明之處（詳論見本譜“乾隆三十三年”和“三十九年”下），但總體貢獻重大，堪稱戴氏功臣。

六月，洪榜作《戴先生行狀》，其文曰：

曾祖景良，故，不仕。妣邵氏、王氏。祖寧仁，故，不仕。妣程氏。父弁，封文林郎。妣朱氏，贈孺人。本貫：徽州休寧縣由山鄉忠義里。

先生姓戴，諱震，字慎修，一字東原。戴氏自唐銀青光禄大夫檢校國子祭酒兼監察御史曰安，有子曰顔，由饒州樂平遷歙州，葬母於歙之黄墩小練源，廬於墓側，稱孝隱先生，卒葬休寧隆阜，因家焉。世爲休寧人。先生爲嫡長宗。先生以雍正元年十二月己巳生邑里之居第，乾隆[十六]年補縣學生，二十七年舉於鄉，三十八年奉召充四庫全書館纂修官，三十九年奉旨得與乙未貢士一體殿試，四十年賜同進士出身，授翰林院庶吉士，以四十二年五月辛卯卒於官，享年五十有五。

先生生而體貌厚重，性端嚴。生十歲乃能言。就傅讀書，過目成誦，日數千言不肯休。授《大學章句》“右經一章”以下，問其塾師曰：“此何以知其爲孔子之言而曾子述之？又何以知其爲曾子之意而門人記之？”師應之曰：“此先儒子朱子所注云爾。”即問：“子朱子何時人也？”曰：“南宋。”又問：“孔子、曾子何時人也？”曰：“東周。”又問：“周去宋幾何時矣？”曰：“幾二千年矣。”又問：“然則子朱子何以知其然？”師無以應，大奇之。先生讀書，每一字必求其義，塾師略舉傳注訓解之，先生意每不釋然。師不勝其煩，因取漢許叔重《説文解字》十五卷授之。先生大好其書，學之三年，盡得其節目。又取《爾雅》《方言》及漢儒箋注之存於今者，搜求考究。一字之義，必貫群經、本六書以爲定詁。由是盡通前人所合集《十三經注疏》，舉其辭無遺，時先生十六七矣。隨父文林公客江西南豐，就近課學童於邵武，又一年，於經學益進。

先生以爲經之至者道也，所以明道者其辭也，所以成辭者字也。必由字以通其辭，由辭以通其道，乃可得之。又經之難明，在一事必綜其全而覈之，巨細必究，本末兼察，信而有徵，合諸至道而不留餘議。誦《堯典》至“乃命羲和”，不知日月列星之所以運行，則掩卷不能卒業。誦《周南》《召南》自《關雎》而往，不知古音，徒强以協韵，則已齟齬失讀。誦《古禮》先《士冠禮》，不知古者宫室、衣服等制，已迷於其方，莫辨其用。不知古今地方沿革，則《禹貢》職方、山鎮、川澤，《春秋》列國疆域、會盟攻戰之地，失其處所。不知古今推步之長，則如《夏書》之“辰不集於房”，魯太史引以爲“正陽之月孟夏”，東晋《古文尚書》繫之“季秋”，繫之“仲康肇位四海”；《小雅·十月之交》，鄭康成以爲周正十月，劉原甫以爲夏正十月；《春秋傳》兩記“日南至”，歷代史志載步算家上考，曲合其一而卒違其一；儒者何以識古今之真僞，辨箋解之得失，决魯曆至朔之當否？不知少廣、旁要，則《考工》之器不能因文而推其制。不知鳥獸蟲魚草木之名號狀類，則比興之意乖。六書之學，訓詁音聲未始相離，聲與音又經緯衡從宜辨。魏有孫叔然創立翻語，厥後考經論韵悉用之。晋人以譯西域釋氏之言，釋氏之徒群習其法，因竊爲已有，謂來自西域，儒者數典不能記憶也。中土準望用勾股，西法易名三角八線，而正弦比例之根，生於勾股，則勾股能御三角，三角不能御勾股，雖深明西人之算者，咸昧其由來也。管、吕言五聲十二律，宫位乎中，黄鐘之宫，四寸五分，爲起律之本。學者蔽於鐘律失傳之後，不追溯未失傳之先，宜乎其説之多鑿也。凡經之難明，有此數事。先生日夜孳孳，蒐集比勘，凡天文、曆算、推步之法，測望之方，宫室、衣服之制，鳥獸、蟲魚、草木之名狀，音和、聲限古今之殊，山川、疆域、州鎮、郡縣相沿改革之由，少廣、旁要之率，鐘實、管律之術，靡不悉心討索，知不可以雷同剿説，瞻涉皮傅。因悟聖人之道，如繩之縣，如臬之樹，苟差之毫釐，則謬以千里。其學彌博而探指彌約，其資愈敏而持力愈堅，年二十餘而五經立矣。

先生病夫後之治經者，依於傳聞以擬其是，擇於衆説以裁其優，出於空言以定其論，據於孤證以信其通，以此治經，失“不知爲不知”之意。苟立一説，則徒增一惑，即起一辨，使後之學者不勝其勞，因取其説之易曉者，淺涉而堅信之，用自滿其量之能容受，不復求遠者大者。治經益疏，而去道益遠。故嘗以爲古今學問之途，其大致有三：或事於義理，或事於制數，或事於文章。自子長、孟堅、退之、子厚諸君子之爲文章，咸知文之爲末，而道之爲本，欲因文以求進據乎道，而被之於文。其於道也，亦有得有不得。譬猶仰觀泰山，知群山之卑；臨視北海，知衆流之小，然而未履其巔，未跨其涯，故其所得終於藝也，而非道也。聖人之道在六經，漢儒窮其制數，宋儒窮其義理，子長、孟堅、退之、子厚諸君子，根柢之以爲文章，若分途而馳，异次而宿，不知其不可以闕一也。制數之不明，於古人之文章，多有不省矣。文辭之不達，則所謂義理，固一己之義理，而非六經聖賢之義理。君子之道，不可誣也。蓋先生之爲學，自其早歲稽古綜核，博閲强識，而尤長於論述。晚益窺於性與天道之傳，於老、莊、釋氏之説，入人心最深者，辭而辟之，使與六經、孔、孟之書，截然不可以相亂。蓋其學之本末次第，大略如此。

先生之自邵武歸也，年甫二十，同縣程中允恂一見，大愛重之，曰：“載道器也。吾見人多矣，如子者，巍科碩輔，誠不足言。”先生家極貧，無以爲業。至是始爲科舉文，窮幽極眇，於有明以來，尤愛西安四子、西江五家所傳遺稿。每有所作，意既奥曲，辭復超遠，淺學讀之茫如，或相與非笑之。同族戴長源先生瀚以此名於時，家於江寧，文林公因往江寧，命先生步隨以從，就謁長源先生。至，一見，叩其所學，曰：“當今無此人也，吾誠不能有所益。”因館於其家，令與諸子圍棋談説，不關以文事。既月餘，一日取案上《檀弓》,令先生口講其義。先生每講終一節,未嘗不稱善。因命題令爲時義一通,先生援筆立成,大加嗟賞。翌日,謂文林公曰:“是子誠不能限其所至。今歸矣,所業甚精,可無以示人。”先生自江寧歸時,淳安方楘如先生掌教紫陽書院,一見先生文,深折服,謂己所不及。繼而歎曰:“今之徐子卿也。”同學者請曰:“若某某句,其可通耶?”方先生指而示之曰:“是出某經某史,顧若未讀耳。”因言其命意之精,同學者駭歎,由是稍稍知先生之能文。

時郡守何公,常以月某日,延郡之名人宿學,講論經義於書院之懷古堂。婺源江先生永治經數十年,精於《三禮》及步算、鐘律、聲韵、地名沿革,博綜淹貫,巋然大師。先生一見傾心,因取平日所學就質正焉。江先生見其盛年博學,相得甚歡。一日舉曆算中數事問先生曰:“吾有所疑,十餘年未能决。”先生請其書,諦觀之,因爲剖析比較,言其所以然。江先生驚喜,歎曰:“纍歲之疑,一日而釋,其敏不可及也。”先生亦歎江先生之學周詳精整。時先生同志密友,郡人鄭牧、汪肇龍、程瑶田、方矩、金榜六七君,日從江先生、方先生從容質疑問難。蓋先生律曆聲韵之學,亦江先生有以發之也。

先生學日進而遇日益窮,年近三十乃補縣學生,用是絶志舉子業,覃思著述,家屢空而勵志愈專。所爲《考工記圖》《屈原賦注》《句股割圜記》諸書,皆成於是時矣。有傳其書至浙中者,天台少宗伯齊公召南見之曰:“曠世才也。”嘉歎不絶於口。由是江以南北,稍稍知先生名。

東吴惠定宇先生棟,自其家三世傳經,其學信而好古,於漢經師以來,賈、馬、服、鄭諸儒,散失遺落,幾不傳於今者,旁搜廣摭,裒集成書,謂之《古義》,從學之士甚衆。先生於乾隆乙亥歲北上京師,見惠於揚州,一見訂交。嘉定光禄王君鳴盛嘗言曰:“方今學者,斷推兩先生,惠君之治經求其古,戴君求其是,究之,舍古亦無以爲是。”王君博雅君子，故言云然。其言先生之學，期於求是，亦不易之論。

先生之始至京師，當時館閣諸公，今光禄卿嘉定王君鳴盛、今學士嘉定錢君大昕、大興朱君筠、紀君昀、餘姚盧君文弨、今大理卿青浦王君昶，皆折節交先生。時大司寇秦文恭公方爲少宗伯，編纂《五禮通考》之書，延先生邸舍，就與商榷，其所采摭先生各經之説甚多，先生因出其笥中所藏江先生《推步法解》一書，以示秦公，秦公取全書載入焉。先生因盡言江先生之學於秦公。乾隆二十七年，江先生以疾卒於家，先生爲之狀其行實及著書卷數，上之續文獻通考館、史館，以備采擇。其後學士朱公督學安徽，檄盡取江先生之書上之於朝，亦由先生力爲表揚之也。

先生以乾隆壬午科舉於鄉，會試屢黜於有司，往來教授燕、晋間。先生精博於輿地之學，嘗謂：“今古遷移，不可究詰。治斯學者，因川原之派别，知山勢之逶迤。由山鎮之陰陽，水行所經過，知州郡之沿革遷徙。大凡水之上流，川出於兩山之間，歷千百年如其故道，至其委流，地平衍而土疏斥，不數歲輒遷徙不常，是以滹沱、桑乾、漳水之流爲難考。”先生屢應志局之聘，文書圖册，雜錯糾紛於前。先生披圖覽册，有謬誤即圖上批示，令再圖以進。户吏始不服，及親履其地，果如先生言，無不驚歎以爲神。其治事精敏類如此。後魏酈道元《水經注》一書流傳至今，經注溷淆，前後錯簡，文章家以爲掇拾辭采之書而已。先生究心於是者八九年，尋其義例，按以準望，整之還其舊，俾諸水經支，川渠委納，釐然就條貫，而是書遂爲考輿地家適用之書。先生治是書將卒業，會朝廷開四庫全書館，奉召與爲纂修。先生於《永樂大典》散篇内，因得見酈氏《自序》，又獲增益數事。館臣即以是屬校正，上其書，詔允刊行焉。

先生以算在六藝，古者以賓興賢能，教習國子，治經之士所當知。故其自早歲以名家，論多前人所未發。《周髀》之書，雖傳於今,曆家不能通其用。有正北極及北極旋機之名,有七衡六間、冬至日當外衡、夏至日當内衡、春秋分當中衡之規法。釋《周髀》者數家,未解北極旋機何指,而《虞夏書》之旋機注,徒以爲可旋轉曰機,不得其本象。先生以爲,所謂正北極者,今之赤道極也,所謂北極旋機者,今之黄道極也。赤道極爲左旋之樞,黄道極爲右旋之樞。自中土言之,皆在北方,故通曰北極。赤道極不動,黄道極每晝夜左旋環繞之而過一度,每一歲而週四遊。故《周髀》謂赤道極曰正北極,而黄道極無其名,取諸測器之名命之。用是知唐、虞時設旋機環轉於中,擬夫黄道極者也。先生此論,匪惟得《周髀》之解,并以見古旋機玉衡之遺制。其在館也,屬校《周髀》書,先生悉心正其訛舛,補圖以進,亦得旨刊行。先生於《永樂大典》内得《九章》《五曹算經》凡七種,自通人王寅旭、謝野臣、梅定九諸子,皆以算名家,未之獲見。先生校正是書,焚膏繼晷,正訛補脱,審知劉徽著内舊有圖而今闕,補之。書既進,亦得旨刊行,皆有御製詩冠其卷首。而古書之晦者以顯,而《周官》九數之學益明。

先生嘗謂漢經師康成鄭氏之學,集衆家之大成,俾六藝散而復聚。魏、晋而後,雖王肅、虞翻之流,時加駁難,而學者宗之,比於周、孔。自唐義疏之行,鄭氏所注《周易》《尚書》乃亡,今所存者獨《三禮注》《毛詩箋》,而《三禮注》尤精博,謂當與《禮經》并行,如《春秋》之有三《傳》。先生留心於是書者數十年,校讎是正,用功尤深。適會編校唐人李如圭《儀禮集釋》,其書全載鄭氏原注,因校李書,即考定鄭注,實可爲此經定本。而《禮記》《周官經》亦以次定正焉。①

洪榜《戴先生行狀》爲戴震卒後最早記述戴震生平之紀念文字,

① 洪榜:《初堂遺稿》卷一,見《清代詩文集彙編》第410册,上海:上海古籍出版社2010年版。

闡發戴氏學術思想亦最爲詳盡，價值極高。

洪樸、洪榜兄弟均推崇戴學，於戴氏執弟子禮。洪榜先作此行狀，洪樸亦有《祭東原先生文》，雖篇幅短小，但對戴氏“仰止之情，溢於言表”[①]。其文曰：“人惟三才，盡人立極。分有所閡，明有所域。孰是斯人，克全其德。群言紛紛，聖學茫茫。孰賢孰愚，奚底於成。後之人才，漸不如古。法度既弛，其事焉舉。聖人之言，盡在六經。苟會其歸，奚有不明？發於其言，害於其政。寧謂空談，不立民命。德修毀來，君子之常。既歿言立，終焉以臧。夫子之身，雖不用世，苟上其言，未必無濟。夭壽不貳，君履其恒，吁嗟遺孤，責在友朋。咸忝子知，匪友伊師，小人則棄，君子知歸。用與不用，名節斯凜。子實有言，敢不詳審。靈之來臨，各見其心。遠矣萬古，昭哉自今。尚饗！”[②]

六月，洪榜携戴震遺孤戴中立拜謁朱筠，求爲戴氏撰墓誌銘。朱筠不滿於洪榜《戴先生行狀》詳載戴震《答彭進士允初書》，認爲戴氏可傳者不在此，而在其經學考據之成果。洪榜因作《上朱笥河先生書》以答之。書曰：

洪榜頓首頓首笥河先生閣下：

前者具狀戴先生行實，俾其遺孤中立稽首閣下之門，求誌其墓石。頃承面諭，以狀中所載《答彭進士書》可不必載，性與天道不可得聞，何圖更於程、朱之外復有論説乎？戴氏可傳者不在此。榜聞命唯唯，惕於尊重，不敢有辭。退念閣下今爲學者宗，非漫云爾者，其指大略有三。其一謂程、朱大賢，立身制行卓絶？其所立説，不得復有异同，疑於緣隙奮筆加以讓嘲，奪彼與此。其一謂經生貴有家法，漢學自漢，宋學自宋，今既詳度數，精訓故，乃不可復涉性命之旨，反述所短以掩所長。其一或謂儒生可

① 張舜徽：《清人文集别録》，武漢：華中師範大學出版社 2004 年版，第 180 頁。

② 洪樸：《伯初文存》卷一，見《清代詩文集彙編》第 405 册，上海：上海古籍出版社 2010 年版。

勉而爲，聖賢不可學而至，以彼矻矻稽古守殘，謂是淵淵聞道知德，曾無溢美，必有過辭。蓋閣下之旨出是三者，仰見閣下論學之嚴，製辭之慎。然恐閣下尚未盡察戴氏所以論述之心，與榜所以表章戴氏之意，使榜且得罪，不可以終無辭。

夫戴氏《與彭進士書》，非難程、朱也，正陸、王之失耳；非正陸、王也，辟老、釋之邪説耳；非辟老、釋也，辟夫後之學者實爲老、釋而陽爲儒書，援周、孔之言入老、釋之教，以老、釋之似，亂周、孔之真，而皆附於程、朱之學。閣下謂程、朱大賢，立身制行卓絶，豈獨程、朱大賢，立身制行卓絶？陸、王亦大賢，立身制行卓絶，即老、釋亦大賢，立身制行卓絶也。唯其如是，使後儒小生閉口不敢道，寧疑周、孔，不敢疑程、朱。而其才智少過人者，則又附援程、朱以入老、釋。彼老、釋者，幸漢、唐之儒抵而排之矣。今論者乃謂先儒所抵排者，特老、釋之粗，而其精者雖周、孔之微旨不是過也。誠使老、釋之精者，雖周、孔不是過，則何以生於其心，發於其事，繆戾如彼哉？况周、孔之書具在，苟得其解，皆不可以强通。使程、朱而聞後學者之言如此，知必急急然正之也。然則戴氏之書，非故爲异同，非緣隙讓嘲，非欲奪彼與此，昭昭甚明矣。

至謂治經之士宜有家法，非爲宋學，即爲漢學。心性之説，賈、馬、服、鄭所不詳，今爲賈、馬、服、鄭之學者亦不得詳。夫言性言心，亦不自宋以後興也。周末諸子及秦、漢間著書立説者多及之。其辭雖殊，其意究無大异，凡以勸學立教而已。惟老聃、莊周之書乃有冲虚之説、真宰之名，不寄於事，不由於學，謂之返其性情而復其初。魏、晋之間，此學盛興，而諸佛書流入中土，亦適於此時爲盛。其書本淺妄無足道，譯者雜以老、莊之旨，緣飾其説，大暢玄風。唐傅奕曾言其事矣，然而未敢以入儒書也。至乎昌黎韓氏力辟佛、老，作爲《原道》等書，使學者昭然知二氏之非。而其時佛氏之説入人既深，則又有柳子厚之徒，謂“韓氏所罪者其迹也，忿其外而遺其中，譬之知石而不知韞玉。彼其不可斥者，往往與《易》《論語》合，不與孔子异道也。”此説一出，後之學者往往執是説以求之《易》《論語》，而所謂《易》《論語》者，則又專用魏王氏之注與何氏之集解，其人本深於老、釋，其説亦雜於二家，此則宜其有合也。歷唐之末，逮宋之初，此論紛紜，固結而不可解。於是讀《易》《論語》書者，或往往先從事於二氏，因即以其有得於二氏之精者以説《易》《論語》之書。是以眉山蘇氏作《六一居士集序》曰“新學以佛、老之似亂周、孔之真，識者憂之”也。宋熙寧以後，此弊日深，至於姚江王氏之學行，則直以佛書釋《論》《孟》矣。彼賈、馬、服、鄭當時蓋無是弊，而今學者束髮受書，言理言道，言心言性，所謂道理心性之云，則皆六經、孔、孟之辭，而其所以爲理道心性之説者，往往雜乎老、釋之旨。使其説之果是，則將從而發明之矣。如其説之果非，則治經者固不可以默而已也。如使賈、馬、服、鄭生於是時，則亦不可以默而已也。前之二説，閣下苟詳察之，亦知戴氏之非私於其學，而榜之非私於戴氏矣。至於聞道之名不可輕以許人，猶聖賢之不可學而至。如閣下以此爲慮，此其猶存乎後儒之見也。孟子謂“聖人人倫之至”，首陽之議，孔子稱曰：“古之賢人。”夫聖賢不可至，蓋在是矣。雖然，安可以自棄乎哉！若夫高談深遠者謂之知道，不言而躬行者謂之未聞道，及夫治經訓者謂之儒林，明性道者謂之道學，此固戴氏所不道，而榜所望於閣下表揚之者，亦不在是也。

夫戴氏論性道，莫備於其論《孟子》之書，而所以名其書者，曰《孟子字義疏證》焉耳。然則非言性命之旨也，訓故而已矣，度數而已矣。要之，戴氏之學，其有功於六經、孔、孟之言甚大，使後之學者無馳心於高妙，而明察於人倫庶物之間，必自戴氏也。惟閣下裁察焉。榜頓首頓首。[①]

---

① 洪榜：《初堂遺稿》卷一，見《清代詩文集彙編》第410册，上海：上海古籍出版社2010年版。

《清史稿》卷四八一《洪榜傳》："（榜）生平服膺戴震。戴震所著《孟子字義疏證》，當時讀者不能通其義，惟榜以爲功不在禹下。撰震《行狀》，載《與彭紹升書》，朱筠見之曰：'可不必載，戴氏可傳者不在此。'榜乃上書辨論。江藩在吴下見其書，歎曰：'洪君可謂衛道之儒矣。'"①

江藩《漢學師承記》卷六《洪榜》亦載此文，并曰："（榜）爲人律身以正，待人以誠，以孝友著於鄉里。生平學問之道，服膺戴氏，戴氏所作《孟子字義疏證》，當時讀者不能通其義，惟榜以爲功不在禹下。撰《東原氏行狀》，載《與彭進士尺木書》，笥河師見之，曰：'可不必載，戴氏可傳者不在此。'榜乃上書辨論。今《行狀》不載此書，乃東原子中立删之。非其意也。藩是時在吴下，見其書，歎曰：'洪君可謂衛道之儒矣！'"②

又張舜徽《清人文集别録》卷七論洪榜《戴先生行狀》及《上朱笥河先生書》曰："（洪榜）遺文存者無多，而以《戴先生行狀》《上笥河朱先生書》二篇，關係學術爲最大。榜一生學問之道，服膺戴氏。戴氏所作《孟子字義疏證》，當時讀者不能通其義，惟榜以爲功不在禹下。撰震《行狀》，載《與彭紹升書》，朱筠見之曰：可不必載，戴氏可傳者不在此。榜乃上書辨論。今《行狀》不載此書，乃戴氏子中立删之，非榜意也。榜既於戴氏之學闡發無遺，復於《與朱筠書》中，重申戴氏之學有功於六經、孔、孟之言甚大，使後之學者無馳心於高妙，而明察於人倫庶物之間，必自戴氏始。其推尊可謂至矣。考戴震下世後，爲之事略者，有余廷燦，見《存吾文稿》卷四；爲之事略狀者，有凌廷堪，見《校禮堂文集》卷三五；爲之傳者，有錢大昕，見《潛研堂文集》卷三九；爲之墓誌銘者，有王昶，見《春融堂集》卷五五；爲之記者，有程瑶田，見《通藝録·修辭餘鈔》。而以榜所撰行狀爲最先，叙述亦最詳。戴氏

① 趙爾巽等：《清史稿》，北京：中華書局1977年版，第13229～13230頁。

② 江藩著，漆永祥箋釋：《漢學師承記箋釋》卷六《洪榜》，上海：上海古籍出版社2013年版，第620頁。

論性理之説，多爲當時所排詆。爲之引申發明者，前有焦循之《申戴篇》，載《雕菰樓集》卷七；後有黄式三之《申戴氏理説》《性説》諸篇，載《儆居集經説》卷三。而皆不如榜《上朱筠》一書，爲能窺見其大。戴氏一生知己，要必以榜爲最密矣。考論戴學得失者，必取資於是編。"①

是年七月，戴震遺孀朱氏及戴震之子中立扶戴震靈柩返歸徽州休寧。段玉裁《誥封孺人戴母朱夫人八十壽序》："（朱）夫人率子中立匍匐扶柩南歸，幸文林公尚健，既葬先生，而中立又病歿。"②

十月，戴震姻親孔繼涵因嫡母有心疾而告請歸養，翁方綱作《送孔葒谷農部請養歸曲阜二首》贈之。孔繼涵從此辭别官場，於家鄉潛心讀書、校書、刻書。

因朱筠與洪榜意見分歧，故朱筠并未爲戴震撰寫墓誌。戴震之子中立又以洪榜所撰《戴先生行狀》請任基振爲其父撰墓表。是年秋（或冬），任基振撰《戴東原先生墓表》（按：此文雖載任兆麟《有竹居集》卷十，而非任兆麟撰，辨已見本譜"乾隆三十七年"下），任氏盛推戴震"立身不苟，然亦不爲矯激之行。待人求其無憾，凡謀人之事，如恐不遂，揚人之善，如恐不聞。教人勤懇不倦，有所請業，各如其量答之，凡見先生者，未嘗不有所得而復也。先生之學，雖未設施於時，既没，其言立，非古所謂不朽者與"。其文曰：

> 東原先生諱震，戴氏，係出子姓宋戴公子文之後。南唐時兵馬使護，始居歙州之婺源，五傳至睿，徙爲休寧人。又二十六傳至景良，先生曾祖也。祖寧仁，父弁，皆不仕。
>
> 先生生而體貌厚重，性端嚴。十歲始能言，讀書日數千言不肯休，每字必求其義。師不勝煩，授以許氏《説文》，學之三年，盡得其節目。又博稽漢儒箋注，一字之義，必貫群經、本六書以爲

① 張舜徽：《清人文集别録》，武漢：華中師範大學出版社 2004 年版，第 180 頁。

② 段玉裁：《經韵樓集》卷八，上海：上海古籍出版社 2008 年版，第 201 頁。

定詁。遂盡通《十三經注疏》,舉其辭無遺。隨父之邵武,課徒一年,於經學益進。

嘗以爲聖人之道在六經,漢儒得其制數,宋儒得其義理。經之至者道也,所以明道者詞也,所以成詞者字也,必由字以通其詞,由詞以通其道,乃可得之。又經之難明,在一事必綜其全而覈之,巨細必究,本末兼察,信而有徵,合至道而不留餘議。誦《堯典》至"乃命羲和",不知日月列星之所以運行,則掩卷不能卒業。誦《周南》《召南》自《關雎》而往,不知古音,徒强以協韵,則已齟齬失讀。誦《古禮》先《士冠禮》,不知古者宫室、衣服等制,已迷於其方,莫辨其用。不知古今地名沿革,則《禹貢》職方、山鎮、川澤,《春秋》列國疆域、會盟、攻戰之地,失其處所。不知古今推步之長,則如《夏書》之"辰弗集於房",魯太史引以爲"正陽之月孟夏",《古文尚書》繫之"季秋";《小雅·十月之交》,鄭康成以爲周正,劉原甫以爲夏正;《春秋傳》兩記"日南至",歷代史志載步算家上考,曲合其一而卒違其一;儒者何以識古書之真僞,辨箋解之得失,决魯至、朔當否?不知少廣、旁要,則考工之器不能因文而推其制。不知鳥獸蟲魚草木之名號狀類,則比興之意乖。六書之學,訓詁音聲未始相離,聲與音又經緯衡從。孫炎創立翻語,厥後考經論韵用之。釋氏之徒從而習其法,因竊爲已有,謂來自西域,儒者數典而忘之也。中土準望用勾股,西法易名三角八線,而正弦比例之根生於勾股,則勾股能御三角,三角不能御勾股,雖深明西算者,咸昧其由來也。管、吕言五聲十二律,宫位乎中,黄鐘之宫,四分五寸,爲起律之本。學者蔽於鐘律失傳之後,不追溯未失傳之先,宜乎説之多鑿也。凡經之難明若干事,先生靡不研心考究,會通折中。故其學彌博,探怡彌精覈,年二十餘而五經立矣。

婺源江先生永通經術,爲江以南大師,因就正焉。有《論小學書》,辯證確核,謂"古六書之義獨《説文》師承不失",江深韙之。時同郡鄭牧、程瑶田、汪肇龍、方矩、金榜，皆考古士，以學藝互相切劘。然遇日益窮，習舉業者，父兄率戒其子弟弗與交，謂所學迂遠無當也。年近三十補縣學生，遂絶意進取，覃思著述，所撰《考工記圖》《句股割圜記》諸書皆成。天台齊公召南見之，曰“此曠世才也”。乾隆二十七年舉江南鄉試，教授燕、晋間。

先生精於輿地之學，嘗謂古今遷徙，不可究詰，治斯學者，因川原之派别，知山勢之逶迤；由山鎮之陰陽，水行所經過，知州郡之沿革遷徙。大凡水之上流，川出於兩山之間，歷千百年如其故道，至其委流，地平衍而土疏斥，不數歲輒遷徙不常，是以滹沱、桑乾、漳水之流爲難考。汾州聘修郡縣志，文書圖册紛錯几案間，先生披圖覽册，有謬訛即改正，令吏再圖以進。吏始不服，及親履其地，果如先生言。其治事精敏類如此。後魏酈氏《水經注》流傳本，經注混淆多錯簡，先生究心於是者八九年，尋其義例，按以準望，删補授校，整復其舊。三十八年，朝廷開四庫全書館，奉召爲纂修官，校閲《永樂大典》，得酈氏《自序》，又增益數事。館臣上其書，詔允刊行。旋有旨與乙未貢士一體殿試，四十年賜同進士出身，授翰林院庶吉士。

在館搜討典籍，多所訂正。嘗以算在六藝，古者以教國子，《周髀》之書雖傳，曆家不能通其用。有正北極旋機之名，有七衡六間、冬至日當外衡、夏至日當内衡、春秋分當中衡之規法。釋《周髀》者，不解北極旋機何指。蓋正北極者，今赤道極也；北極旋機者，今黄道極也。赤道極爲左旋之樞，黄道極爲右旋之樞。自中土言之，皆在北方，故通曰北極。赤道極不動，黄道極每晝夜左旋環繞之而過一度，每一歲而週四遊。故《周髀》謂赤道極曰正北極，而黄道極無其名，取諸測器之名命之。用是知唐、虞時，設旋機環轉於中，擬黄道極者也。因校正《周髀經》。又於《大典》内得《九章》《五曹算經》七書，正訛補脱，審之劉徽所注舊有圖而今闕者，補之。書進，俱詔刊行，御製詩篇冠諸首。先生嘗謂漢經師鄭氏學，集衆家之大成，俾六藝散而復聚。雖虞翻、王肅時加駁難，而學者宗之。自唐《義疏》行，鄭氏注《易》《書》乃亡，存者《三禮注》《毛詩箋》，而《三禮》尤精博，當與《禮經》并行，如《春秋》有三《傳》。先生潛心於是書者數十年，校讎是正，用功尤深。會編校李如圭《儀禮集釋》，書中全載鄭注，因校李書，即考定鄭注，而《周官》《禮記》亦以次定正焉。又謂古者小學家，列六藝之末，今存者，《爾雅》《方言》《説文》數家。《方言》無善本，爲其正訛脱，捃摭它書，成《考證》一書。時得足痿疾，不能行，猶日勘定不倦，曁《大戴禮記》未及進，而先生没矣。所著書：《毛鄭詩考正》四卷，《詩補注》二卷，《尚書義考》二卷，《考工記圖》二卷，《爾雅文字考》十卷，《方言考》十三卷，《韵考》四卷，《聲類表》九卷，《原善》三卷，《原象》一卷，《迎日推策記》一卷，《句股割圜記》三卷，《曆問》一卷，《古曆考》二卷，《屈原賦注》十二卷，《文集》十二卷，《制義》一卷，《戴氏族支譜》一卷，《汾州府志》三十四卷，《汾陽縣志》十卷，其《水地記》七册，《直隸河渠書》六十四册，未成書，遺稿藏於家。先生之始至京師也，時館閣諸通儒若王光禄鳴盛、錢學士大昕、盧學士文弨、王大理昶、紀學士昀、吴學士鼎，皆折節交先生。無錫秦文恭公撰《五禮通考》，延致商榷，采摭其説爲多。

先生之學，自其早歲稽古綜核，博聞强識，而尤長於論述，期在實用。晚益窺性與天道之傳，於老、莊、釋氏之説，辭而辟之，使與六經、孔、孟之書截然不得以相亂。嘗語其弟子段玉裁曰："吾生平著述之大，以《孟子字義疏證》爲第一，所以正人心也。"噫，是可知先生矣。吾吴惠徵君棟，以古學倡，既遇於揚州，論議吻合，甚相善。王光禄曰："方今學者，斷推兩君，惠之治經求其古，戴求其是，究之，舍古無以爲是。"海内以爲知言。考據家無不稱惠、戴云。

先生抱經世之才，其論治以富民爲本。每舉《漢書》王成、黄霸、朱邑、龔遂、召信臣等，所居民富，所去民思，生有榮號，死見奉祠，廩廩庶幾德讓君子之遺風，未嘗不三復其言也。今陝撫畢公沅陛見入都，先生爲言大吏以知人爲難，鄉曲之氓問其邑令賢否，未有不當者。自監司至督撫涖其上，或往往不察，豈智不逮哉？所蔽者多也。

先生立身不苟，然亦不爲矯激之行。待人求其無憾，凡謀人之事，如恐不遂；揚人之善，如恐不聞。教人勤懇不倦，有所請業，各如其量答之，凡見先生者，未嘗不有所得而復也。先生之學，雖未設施於時，既没，其言立，非古所謂不朽者與！

先生以雍正元年十二月乙巳生，乾隆四十二年五月辛卯卒於京邸，得年五十有五。娶朱氏，有子一，中立。女適孔廣根。先生既没，中立將以七月某日歸葬休寧縣由山鄉之原，以狀來請誌。

基振與先生同鄉舉，忝長一歲，雅以兄事，義不獲辭。惟著作文章具本集，故不臚載，茲特舉出處著述大概，以表其墓，俾來者式焉。[①]

戴震靈柩歸鄉後，應王昶弟子、時任徽州黟縣知縣張善長之請，是年冬，王昶撰《戴東原先生墓誌銘》，盛推戴震，謂“東原之學，苞羅旁蒐於漢、魏、唐、宋諸家，靡不統宗會元，而歸於自得。名物象數，靡不窮源知變，而歸於理道。本朝之治經者衆矣，要其先之以古訓，折之以群言，究極乎天地人之故，端以東原爲首”。其文曰：

門人黟縣知縣張君善長由黟走書來告曰：“戴先生東原與善長相識，夫子所稔也。今東原卒，柩歸於家。黟與休寧壤接，將謀所以葬東原者。洪舍人榜既爲之狀矣，敢以誌墓之文爲請。”

嗚呼！余之獲交東原，蓋在乾隆甲戌之春，維時秦文恭公蕙

---

① 任兆麟：《有竹居集》卷十，見《清代詩文集彙編》第484册，上海：上海古籍出版社2010年版。

田方纂《五禮通考》，延致於味經軒，偕余同輯“時享”一類，凡五閱月而别。及余爲中書舍人，東原始以鄉試中式，來於都。至余自蜀中歸，則東原已被薦擢翰林，同寓京師，而東原遽以病歿。蓋余兩人離合之迹如此。若東原之敦善行，精經誼，余雖不獲企其少分，而定交之久，與知東原之深，莫如余也。非余誰當誌者？

按狀：東原諱震，曾祖景良，祖寧仁，父弁，皆不仕。東原以乾隆十六年補縣學生，二十七年舉於鄉，三十八年奉詔充四庫全書館纂修官，四十年賜同進士出身，授翰林院庶吉士，又二年卒於官。

東原生而體貌厚重，性端嚴。十歲乃能言。就傅讀書，過輒成誦，日數千言不肯休。授《大學章句》至大注“右經一章”以下，問其塾師曰：“此何以知爲孔子之言而曾子述之？又何以知爲曾子之意而門人記之？”師應之曰：“此先儒朱子所注云爾。”又問：“朱子何時人？”曰：“南宋。”又問：“孔子、曾子何時人？”曰：“東周。”又問：“周去宋幾何時？”曰：“幾二千年。”又問：“然則朱子何以知其然？”師無以應，大奇之。東原讀書，默而好深湛之思，塾師略舉傳注講解，意每不釋。師苦其煩，因授以許慎《説文解字》。東原學之三年，盡得其節目。又取《爾雅》《方言》及漢儒箋注之存於今者，搜求研究。一字之訓，必貫群經、本六書以爲定，由是盡通前人古義，凡《十三經注疏》，舉其辭無遺者，時年才十六七爾。隨父客南豐一年，經學益進。

東原謂經之至者道也，所以明道者辭也，所以成辭者字也。必由字以通其辭，由辭以通其道，乃可得之。又經之難明，在一事必綜其全而覈之，巨細必究，信乃有徵。如誦《詩》而不知古音，强以協韵，則已齟齬失讀。讀《禮》而不知古宫室、衣服之制，已迷其方，莫辨其用。不知古今沿革，則《禹貢》職方、山鎮、川澤，《春秋》列國疆域、會盟攻戰之地，失其處所。不知古今推步之法，則如《夏書》之“辰不集於房”，魯太史引以爲正陽之月孟夏，東晋《古文尚書》繫之季秋；《小雅》“十月之交”，鄭康成以爲周正十月，劉原甫以爲夏正十月；《春秋》日食三十六，歷代史志載步算家上考，曲合其一而卒違其一；儒者何以識古書之真僞，辨箋解之得失，决魯曆至、朔之當否？不知少廣、旁要，則《考工》之器不能因文而推其制。不知鳥獸蟲魚草木之名號、狀類，則比興之意乖。六書之學，訓詁、音聲未始相離，聲與音又經緯衡從。魏孫炎創翻語後，考經論韵悉用之，晋人以譯釋氏之言，其徒竊爲己有，謂來自西域，儒者數典不能記憶也。中土準望用句股，蓋肇於《周髀》，西法易名三角八線，而正弦比例之根，生於句股，則句股能御三角，三角不能御句股，雖深明西法者，咸昧其由來也。於是日夜孳孳，蒐集比勘，靡不悉心討索，雷同剿説，悉掃而除之。其學彌博而探指彌約，其資愈敏而持力愈堅，年二十餘而五經通矣。

又謂古今學問之途，大致有三：或事義理，或事制數，或事文章。漢儒窮其制數，宋儒窮其義理，馬、班、韓、柳諸君子，根柢之以爲文章，若分途而馳，异次而宿，不知其不可以闕一也。制數之不明，於古人之文，多所不省矣。經義之不達，則所謂義理，固一己之義理而非六經聖賢之義理矣。君子之道，不可誣也。蓋東原之爲學，自其早歲，稽古好學，博聞强識，而尤長於論述；晚窺性與天道之傳，於老、莊、釋氏之説，辭而辟之，使與六經、孔、孟之書截然不可以相亂，具見於《原善》《原象》及《與彭進士紹升書》，蓋其學之本末次第，大略如此。

婺源江先生永治經數十年，精於《三禮》及步算、鐘律、聲韵、地理。東原取平日所學質之江先生，爲之駭歎。年近三十，《考工記圖》《屈原賦注》《句股割圜記》諸書已成，傳至浙中，齊少宗伯召南嘉歎不已。元和惠先生棟三世傳經，其學信而好古，於荀、虞之《易》，鄭、孔之《禮》，何休之《春秋》，旁搜廣摭，發明古義。東原見於揚州，交相推重也。東原家居，同郡鄭牧、汪肇漋、程瑶田、方矩、金榜皆從問業。至京師，光禄寺卿王君鳴盛、學士錢君大昕、朱君筠、盧君文弨皆折節定交焉。其客文恭公所也，出江先生《推步法解》，公於《通考》中盡載其書；其後學士朱君任安徽學政，盡檄江先生所著書，上於朝，入四庫全書館，東原表揚之力爲多。

酈道元《水經注》，流傳錯簡，東原尋其義例，按以準望，整之還其舊，俾諸水經支，川渠委納，釐然就貫。旋於《永樂大典》内見酈氏《自序》，且獲增益數事録之，始爲完書。嗣又得《九章》《五曹算經》凡七種，自王寅旭、謝野臣、梅定九諸子，皆未之見。東原正訛補脱，如劉徽注内舊有圖而今闕者，補之。書進，得旨刊行，而古書之晦者以顯。其後得疾，足痿不能行，猶日夜校讎《説文》《方言》《大戴禮記》，以次勘定，未及上進而疾已亟矣。

東原所著書：《毛鄭詩考》四卷，《詩補注》一卷，《尚書義考》二卷，《儀禮考正》一卷，《考工記圖》二卷，《爾雅文字考》十卷，《方言考證》十三卷，《聲韵考》四卷，《聲類表》十卷，《原善》三卷，《大學補注》一卷，《中庸補注》一卷，《孟子字義疏證》三卷，《原象》一卷，《迎日推策記》一卷，《曆問》一卷，《古曆考》二卷，《句股割圜記》三卷，《屈原賦注》二卷，《文集》六卷。凡遺書二十種，曲阜孔君繼涵梓之以行。其未成之書，《水地記》七册，《直隸河渠書》六十四册，付子中立，寫藏於家。

東原生雍正元年十二月某日，殁於乾隆四十二年五月某日，年五十有五。娶朱氏，封孺人。子一，中立。女一，許字曲阜孔廣根，蓋繼涵次子也。

嗚呼！東原之學，苞羅旁蒐於漢、魏、唐、宋諸家，靡不統宗會元，而歸於自得。名物象數，靡不窮源知變，而歸於理道。本朝之治經者衆矣，要其先之以古訓，折之以群言，究極乎天地人之故，端以東原爲首。昔韓昌黎銘施士丐，柳子厚表陸淳，皆稱先生，蓋以經師爲重。今竊取是例，俾刻於幽竁。乃銘曰：

鄭、孔既没，大義寖湮。各以窺觀，未溯其全。先生龀龀，搜玄摘秘。貫串三才，上窮六藝。公卿動色，天子嗟諮。媲古大師，誰曰非宜？龍蛇召災，遺言在笥。吾言匪誣，俟諸百世。[1]

而朱筠《笥河詩集》卷一五有《送錢獻之》（三首），其二曰："吾生泊與淡，腸每爲人熱。絶學誰寶之，難成乃易裂。高松吾故人（自注：謂東原），劈斧或一折。不惜失聲號，莫留曠代哲。"錢坫（1744—1806），字獻之，錢大昕侄。乾隆三十九年（1774）舉人，游京師，與朱筠等多交游。四十年（1775）會試不第，四十一年（1776）赴陝，入陝西巡撫畢沅幕府。《送錢獻之》其一有"秦川匹馬風，蕭瑟秋欲老"，又有"子懷下第悲，去踏墟暮草"，詩或當作於戴震病逝後不久。

乾隆四十四年（1779），錢大昕撰《戴先生震傳》，詳論戴震學術曰：

戴先生震，字東原，休寧人。少從婺源江慎修遊，講貫《禮經》制度名物及推步天象，皆洞徹其原本。既乃研精漢儒傳注及《方言》《説文》諸書，由聲音文字以求訓詁，由訓詁以尋義理，實事求是，不偏主一家，亦不過騁其辯以排擊前賢。

嘗謂："今人讀書，尚未識字，輒薄訓詁之學。夫文字之未能通，妄謂通其語言，語言之未能通，妄謂通其心志，此惑之甚者也。論者又曰：'有漢儒之經學，有宋儒之經學，一主於訓詁，一主於義理。'此愚之大不解者。夫使義理可以舍經而求，將人人鑿空得之，奚取乎經學！惟空憑胸臆之無當於義理，然後求之古經，求之古經而遺文垂絶，今古懸隔，然後求之訓詁，訓詁明則古經明，而我心所同然之義理乃因之而明。古聖賢之義理非他，存乎典章制度者是也。昧者乃岐訓詁義理而二之，是訓詁非以明義理，而訓詁胡爲？義理不存乎典章制度，勢必流入於异端曲説

---

① 王昶：《春融堂集》卷五五，見《續修四庫全書》第1438册，上海：上海古籍出版社2002年版。

而不自知矣。”

又嘗與友人書云：“僕數十年來得於行事者，立身則曰不苟，待人則曰無憾。事事不苟，猶未能遠恥辱也；念念求無憾，猶未能免怨尤也。其得於學者，不以人蔽己，不以己自蔽，不爲一時之名，亦不期後世之名。凡求名之蔽有二，非掊擊前人以自表襮，即依傍昔儒以附驥尾，二者不同，而鄙吝之心同，是以君子務在聞道也。今之博雅能文章、善考核者，徒株守先儒而篤信之，如唐人所譏‘寧言周孔誤，不道鄭服非’，此非志乎聞道者也。其私智穿鑿者，即不自表襮，而學不師古，積非成是，惑以終身，無鄙吝之心，而失與之等，其於道亦遠矣。講明正道，修辭立誠，以俟後學，其或聽或否，或傳或墜，或尊信或非議，所不計也。”

性介特，多與物忤，落落不自得。年三十餘，策蹇至京師，困於逆旅，饘粥幾不繼，人皆目爲狂生。一日，攜其所著書過予齋，談論竟日，既去，予目送之，歎曰：“天下奇才也。”時金匱秦文恭公蕙田兼理算學，求精於推步者，予輒舉先生名，秦公大喜，即日命駕訪之，延主其邸，與講觀象授時之旨，以爲聞所未聞。秦公撰《五禮通考》，往往采其説焉。高郵王文肅公安國，亦延致先生家塾，令其子念孫師之。一時館閣通人，河間紀太史昀、嘉定王編修鳴盛、青浦王舍人昶、大興朱太史筠，先後與先生定交，於是海内皆知有戴先生矣。乾隆壬午，中江南鄉試。明年，試禮部不第。

薄遊汾晋間。會汾州修郡志，朱方伯珪請先生任其事。乃博稽史籍，駁正舊志之訛。謂：“汾陽於漢爲玆氏縣，戰國時屬趙，不屬魏，漢時屬太原郡，不屬西河郡，後魏太和八年，改六壁鎮置西河郡，治玆氏城，而西河之名移於此。酈道元注《水經》，以武侯浮西河事繫之夏陽，子夏陵及廟室繫之郃陽，而於謁泉山及文水，絶不涉及子夏設教事。張守節、李吉甫輩始指爲魏之西河，子夏退老居此，皆非其實。吉甫又謂‘黄初二年於漢玆氏縣置西河郡,即今州理’,不知魏晋之西河皆治離石,非兹氏。吉甫又謂‘周宣帝於此置汾州’‘大業三年廢汾州’,不知周隋之汾州皆非西河郡境。吉甫《元和郡縣志》敘述最有法,而猶有舛謬。甚矣,地理之不易言也。”

癸巳歲,天子開四庫館,妙選校讎之職,總裁諸公疏薦先生,以鄉貢士入館,充纂修官,特命與會試中式者同赴廷對。乙未夏,授翰林院庶吉士。先生起自單寒,獨以文學爲天子所知,出入著作之庭,館中有奇文疑義,輒就諮訪,先生爲考究顛末,各得其意以去。先生亦思勤修其職,以稱塞明詔。經進圖籍,論次精審,晨夕披檢,靡間寒暑,竟以積勞致疾。丁酉夏,卒於官,年五十有五。

平生無他嗜好,惟專於讀書,雖詞義鉤棘難曉者,一再讀之,輒已涣然冰解,旁觀皆驚爲宿悟,要由精誠所致。其學長於考辨,每立一義,初若創獲,及參互考之,果不可易。

後儒多言《易》亂於費直,先生以《漢書》證之曰:“《藝文志》‘《易經》十二篇,施、孟、梁丘三家’。十二篇者,經上下二篇,《十翼》十篇,此三家所同也。《儒林傳》云:‘費直《易》無章句,徒以《彖》《象》《繫辭》十篇之言解説上下經。’蓋費氏不自立章句,其解説經即用十篇之言,而十二篇之目未嘗改也。劉向以中古文《易》校施、孟、梁丘經,或脱去《無咎》《悔亡》,惟費氏經與古文同,初不言篇題與諸家异。後人誤讀《儒林傳》,輒咎費氏改經,不察之甚也。”

《周禮·大馭》“右祭兩軹,祭軓”,注云:“故書軹爲斬,杜子春云:‘斬當爲軹,軹謂兩轊。’或讀斬爲簪笄之笄。”先生辨之曰:“斬當從或讀如笄,杜君改爲軹,與輢内之軹二名混淆,非也;以轊釋轂端之斬,亦非也。軹者車軨,斬者轂末,轊者軸末,後代字書并斬字無之矣。‘祭軓’字刊本多訛爲‘軌’,毛公釋‘濟盈不濡軌’云:‘自轉以上爲軌。’陸德明依《説文》别之,以軌從九,車轍也,軓從凡,車式前也,依傳意宜音犯。若音犯,則字當作軓,以韵考之,又不合,疑漢時軌、軓二字相溷,毛君殆誤并二字爲一與?"

其述明堂之制曰:"明堂,五室十二堂,故曰明堂月令。中央曰太室,正室也,一室而四堂:東堂曰青陽太廟,南堂曰明堂太廟,西堂曰總章太廟,北堂曰玄堂太廟。四隅之室,夾室也。四室而八堂:東北隅之室,玄堂之右夾,青陽之左夾也,其北堂曰玄堂右个,東堂曰青陽左个;東南隅之室,青陽之右夾,明堂之左夾也,其東堂曰青陽右个,南堂曰明堂左个;西南隅之室,明堂之右夾,總章之左夾也,其南堂曰明堂右个,西堂曰總章左个;西北隅之室,總章之右夾,玄堂之左夾也,其西堂曰總章右个,北堂曰玄堂左个;凡夾室前堂,或謂之箱,或謂之个。《左氏傳》'置饋於个',杜云'个,東西箱'是也。个者,兩旁之名也。古者宫室之制,前堂後室有夾,有个,有房。惟南嚮一面,明堂四面闓達,亦前堂後室,有夾,有个,而無房。《禮》'婦人在房',明堂非婦人所得至也。四正之堂,皆曰太廟,四正之室,共一太室,故曰太廟太室。世之言明堂者,有室無堂,不分个夾,失其傳矣。"

《春秋》昭二十二年十月王子猛卒,而其夏秋已兩書王猛,説者莫得其解。先生曰:"王猛與鄭忽皆以國氏者也。王者,諸侯目王畿之辭,非天王之號。《春秋》凡書王,猶列國之書其國;書天王,猶列國之書爵。故王人與列國書人同爲微者,王猛與鄭忽同爲以國氏。忽未即位而出奔,歸不得書爵;書世子,正其復國也。王子猛未即位稱王,故卒稱王子,若先正其號曰王,不得復稱王子矣。"

《周髀》言"北極璿璣四遊",又言"正北極樞,璿璣之中",後人多疑其説。先生解之曰:"正北極者,《魯論》之北辰,今人所謂赤道極也。北極璿璣者,今人所謂黄道極也。正北極者,左旋之樞,北極璿璣,每晝夜環之而成規。冬至夜半,在正北極下,是爲北遊所極;日加卯之時,在正北極左,是爲東遊所極;日加午之時，在正北極上，是爲南遊所極；日加酉之時，在正北極右，是爲西遊所極。此璿璣之一歲四遊所極也。冬至夜半，起正北子位，晝夜左旋一周而又過一度，漸進至四分周之一則春分夜半，爲東遊所極；又進至夏至夜半，爲南遊所極；又進至秋分夜半，爲西遊所極。此璿璣之一歲四遊所極也。《虞》《夏書》'在璿璣玉衡，以齊七政'，蓋設璿璣以擬黄道極，後世失其傳也。"

今人所用三角八線之法，本出於句股，而尊信西術者，輒云句股不能御三角。先生折之曰："《周髀》云：'圜出於方，方出於矩，矩出於九九八十一。'三角中無直角，則不應乎矩，無例可比矣，必以法御之，使成句股而止。八線比例之術，皆句股法也。"

嘗謂："儒者治經，宜自《爾雅》始。世所傳郭注已删節不全，邢疏又多疏漏。如《釋言》：'桄，充也。'六經無'桄'字，鄭注《樂記》《孔子閑居》，皆訓横爲充，横、桄古通用，《書》'光被四表'，《漢書》引作'横被'，今《孔傳》猶訓光爲充，文訛而義不殊也。《釋言》：'庥，廕也。'即《詩》'不可休思'之休；《釋木》：'桑、柳，醜條。'即《詩》'蠶月條桑'之條。《莊子》云：'已而爲之者，已而不知其然。'當從《釋詁》解已爲此。"其考證通悟多如此。

《水經注》訛舛久矣。王伯厚引經文四事，其三事皆注之溷於經者，則經注之淆，南宋時已然。先生獨尋其義例，區而别之云："經文每一水云，其水出某郡縣，此下不更舉水名，注則兼及所納群川，故須重舉。經云過某縣者，統一縣而言，注則詳言所逕委曲，故有一縣而再三見者。經據當時縣治，善長作注時，縣邑流移，是以多稱故城，經無言故城者也。經例云'過'，注例云'逕'。以是推之，經注之淆可正也。"閻百詩、顧景范、胡朏明雖善讀古書，猶未悟斯失，先生始釐正之。同時頗有狃而不信者，予深贊成其説。今武英殿所刊，用先生校本，海内始復見此書之真面目焉。

先生在書局，校定《五經算術》《海島算經》《孫子算經》等書，皆官爲板行。其所撰述，有《毛鄭詩考正》四卷，《考工記圖》二卷，《孟子字義説》三卷，《方言疏證》十三卷，《原善》三卷，《原象》一卷，《句股割圜記》三卷，《策算》一卷，《聲韵考》四卷，《聲類表》九卷，《屈原賦注》九卷。《文集》十卷，則曲阜孔户部繼涵爲刊行之。①

至乾隆五十四年(1789)，余廷燦作《戴東原先生事略》曰：

君名震，字東原，姓戴氏，休寧之隆阜人。少家貧，無以親師友，亦不喜隨人治世俗學。聞孔子定六經示後人，求其一經讀之，茫茫然無覺悟。尋思既久，乃自計曰：經之至者道也，所以明道者其辭也，所以成辭者其字也。由字以通其辭，由辭以通其道，必有漸。於是考諸篆書，得許氏《説文解字》，三年知其節目，漸睹古聖人製作本始。更念《爾雅》爲承學治古文者津筏，又殫心其書，屢淹星鳥。然後從友人假《十三經注疏》，朝夕諷誦，旁推交勘讀之，則盡得其古畫、古義、古音聲、古度數名物，直聳然躋身於嬴、劉、周末，與諸經師宿儒相語言謦欬於一堂。有一字不準六書，一字解不通貫群經，即無稽者不信，不信者必反復參證而後即安。以故胸中所得，皆破出傳注重圍，不爲歧旁駢枝所惑，而壹廩古經，以求歸至是，符契直源，使見者聞者，灑然同視易聽。

步算家測北極兼測黄道極也，則據《周髀經》證之曰："黄道極者，即《周髀》之北極璿機也。璿機，今《尚書》作璿璣，伏生《大傳》及《隋書》所引并作璿機。璿取旋運之義，機取樞機之義。惟正北極居中不動，黄道極環繞其外，四周旋運。凡日夜半在正北極下位子，出卯在正北極左，加午在正北極上，入酉在正北極右，此璿機之一日四遊所極也。冬至夜半起正北子位晝夜一周而又

① 錢大昕：《潛研堂文集》卷三九，見《潛研堂集》，上海：上海古籍出版社 2009 年版。

過一度，漸進至四分環周之一，位正卯，則春分，又漸進爲夏至，夜半位正午，又漸進爲秋分，夜半位正酉，此璿機之一歲四遊所極也。璿機所建，即十有二月建之本，與日躔黄道，發南斂北相應。因其璿運不已，故《周髀》以北極璿機名之。”

日、月、五星之右旋也，儒者又疑右旋爲逆。君則正之曰：“黄道爲日星右旋之天周，不惟日循之而南北發斂以成寒暑，列宿部星亦循之而古今推移。右旋者，日、月、五星列宿旋轉之實也，論南北不論東西。左旋者，爲大氣所運，遂成東出西没之象，論東西不論南北。雖名以左右，而非一順一逆。知南北與東西殊致，則無疑於日月星實右旋矣。”又就《晋書》“蟻行磨石”之喻，推論日行黄道南北，其象顯然。

《周禮·大司徒》土圭之法，君論其義曰：“日南日北，猶《堯典》之度南交、度朔方也；日東日西，猶《堯典》之度嵎夷、度西也。日南景短，日北景長，取中而得尺有五寸，以是求南北之中。日東景夕，日西景朝，時刻差移，取中加時，以是求東西之中，所謂測土深，以南北言。聖人南面而治，古宫室皆南嚮，故南北爲深。表景之短長，即南北之遠近，必測而後得，故曰測土深也。正日景，則以東西言。自東至西，環地面各有子、午、卯、酉。東方日中景正，西方尚在午前而爲景朝，西方日中景正，東方已過午後而爲景夕。以率率之，去一次則差一時，地與天恒相應也。東西相差若干時，半之則爲地中與東西所差之時，是則地中景正，而東方景夕，西方景朝。必正其日中之景，以審時之相差，故曰正日景也。是二者，一爲南北里差，一爲東西里差，前古測之極詳，猶今之測北極高下也。凡寒暑進退，晝夜永短，隨地不同，必悉測之而後偏中可知，分至啓閉可定也。”

又嘗言：《周禮·大馭》“右祭兩軹，祭軓”，鄭《注》曰：“故書軹爲軒。杜子春云：‘軒當爲軹，軹謂兩轊也。’”則注改經之軒爲軹，既與輢内之軹，二名無別，又釋軹爲轊，轊與軒亦若二制無別者。《禮記·少儀》“祭左右軌范”，鄭《注》曰：“《周禮·大馭》‘祭兩軹，祭軓，乃飲’，軌與軹，於車同謂轊頭也。”則注既不辨經文軌字即𨊻字之誤，又從溷軌與軹。軹既誤釋爲轊，軌亦因之誤釋爲轊者。若“濟盈不濡軌”之軌，《毛詩故訓傳》由輈以上爲軌。依《毛傳》意，則宜讀犯。此又注之溷軌於軓，且聲從軌而義從軓者。數字如治絲而棼，不可究詰，今宜還𨊻於轂，𨊻，轂末也；還軹於輢内，軹，𨏥軨也。辨軌字之誤於《少儀》，軌，車轍，不得謬訓轊頭也。正轊爲軸末，於軹與軌無關，正軓爲式前，更與軌不合。辨其名，詳其制，乃可正交錯謬説。

有苦《考工記》難讀者，則删取鄭注而自定爲補注，更繫之圖。其正“軹崇三尺”之“軹”當爲“𨊻”，《車人》“徹廣六尺”之“六”當爲“八”，《弓人》“膠三鋝”之“鋝”當爲“鍰”，皆經文傳誤，漢儒已莫能正者。其訓“軫”，通前後左右材皆爲軫，以軫象地方也。訓《輈人》之“任正”即輈，爲下當兔圍發意；“衡任”即軸，爲下軸圍發意，訓“鍰”“鋝”之數，以鍰之假借字作“垸”；鋝之假借字《史記》作“率”，《漢書》作“選”，伏生《大傳》作“饌”。其數大小不同，未可如鄭注之合爲一數也。訓《桃氏》“設其後”之“設”，宜與“設其旋”“設其羽”同義，不得獨訓爲大。訓鐘之“鉦間”，《記》雖無明文，然鐘自銑至鉦，自鉦至舞，斂衖以二，準諸句股法，銑間八，鉦間亦八，是謂鐘長十六也。若舞乃其上覆，其修六廣四，蓋舉鐘羨之度，不得援合以湊鐘長之數。鄭謂“鉦間六合鼓間六與舞廣四爲十六”者，殆未審也。

辨明堂：五室十二堂，故曰明堂月令。中央太室，正室也。一室而四堂：青陽、明堂、總章、玄堂是也。四隅之室，夾室也。四室而八堂，則青陽、明堂、總章、玄堂各具左夾、右夾、左个、右个是也。凡夾室之前堂，或謂之箱，或謂之个。《左傳》昭四年：“使置饋於个。”杜注：“个，東西箱。”是箱得通稱个，亦或隨左右夾而稱之爲北堂、東堂、南堂、西堂，故曰八堂，要皆兩旁之名也。

古者宫室,前堂後室,有夾有个有房,惟南嚮一面。明堂則四面闓達,亦前堂後室,有夾有个而無房。房者,婦人在房,明堂非婦人所得至,故無房,宜也。此又治經者循習鄭注,千餘年來未有如此明辨以析者。

六書之説,雜然歧出,而轉注考、老,人尤不解。猥云:"考字左回,老字右轉。"别舉"側山爲阜,反人爲匕",以象形之轉變者當之。而徐鉉、鄭樵又謂"祖考之考,古銘識通用丂,於丂之本訓轉其義而加老",則以諧聲之聲義兩近者當之。至蕭楚、張有諸人,謬以轉聲爲轉注。雖顧炎武亦不深省,竟援《説文》假借舉"令長"字,乃移而屬之轉注也。君則謂《説文》:"老從人毛匕,言鬚髮變白也","考從老省,丂聲",二字本一屬會意,一屬諧聲,而《説文》又引以證轉注者,則會意諧聲其體,而轉注乃其用也。轉注之云,猶曰互訓云爾。《説文》於考字訓老,於老字訓考,轉相爲注,是以叙中論轉注,又舉此二字以實之也。大致造字之始,無所憑依,惟事與形兩大端而已。指其事之實,一、二、上、下是也,象其形之大,日、月、水、火是也。文字既立,則聲寄於字,而字有可調之聲,意寄於字,而字有可通之意,是又文字之兩大端也。因而博衍之,取乎聲諧曰諧聲,聲不諧而會合其意曰會意。四者,書之體止此矣。由是之於用,有數字共一用者,如初、哉、首、基皆爲始,卬、吾、台、予皆爲我,其義轉相爲注;有一字具數用者,依於義以引伸,依於聲而旁寄,假此以施於彼曰假借。所以用文字者,又其兩大端也。君論六書孳乳次第,皆自然而精覈如此。

宋、元以來,論反切之學,俱稱釋神珙傳西域三十六字母於中土。君則謂反切之法,起於孫叔然;叔然受學康成之門人,稱東州大儒者也。《崇文總目》叙曰:"孫炎始作字音。"深寧叟曰:"倉頡制字,孫炎作音,沈約撰韵。"此唐、宋人論反切字,咸溯源叔然也。若珙之《反紐圖》,惟《五音聲論》列字四十,而不曰字母。今所傳三十六字母，乃定於釋守温，又在珙後者也。嘗詳之珙自叙曰："昔梁沈約創立紐字之圖。"是珙圖遠在沈休文後。叙内又及《元和韵譜》，是珙更後乎元和。何釋氏之徒，既移反切之法於珙，又移珙於四三百載之前，冒入北魏，欲追而上之休文，以欺惑後世，而儒者數典自忘，亦且筆之於書，并口一談也？

君又謂《水經注》四十卷，《崇文總目》云："亡者五卷。"後人因加割裂，以傅合四十卷之數。如注文"江水又東逕巫縣故城南"，注訛列爲經，遂與前經文"又東過巫縣南"割分异卷。凡經例云"過"，注例云"逕"。凡經立文首云某水所出，已下不復舉；而注内詳及所納群川，加以采摭故實，則水名不得不更端再見。又經文叙次所過郡縣，如云"又東過某縣"之類，一語實賅一縣；而注則必沿溯縣西，以終於東，詳記所逕委曲。又經據當時縣治，至善長作注時，縣邑流移，是以多稱故城，經則無稱故城者。以是數者推之，經與注溷淆甚夥，而尋求端末，乃可各歸條貫。蓋君之訂正訛舛，即《水經》一書，亦實從來所未發者。

君修干軒偉，强識鋒辯，要其著書，取理道顯白，未嘗過騁議論以排擊前人。嘗謂："淹博難，識斷難，精審難。"於天官、地志、句股、音韵之學，靡不悉心鑽研，貫宗勾極。嘗自言："治經者不知恒星七政所以運行，則誦《堯典》數行，即掩卷不能卒業。不知古今地理沿革，則《禹貢》職方失其處所。不知古音，徒强以協韵，則誦《二南》自《關雎》而往，俱齟齬失讀。不知古者宫室、衣服等制，則誦古經《士冠禮》，即迷於嚮方，莫辨其用。不知少廣、旁要，則《考工》之器不能因文而推其制。不知鳥獸蟲魚草木之狀類名號，則比興之意乖，而諷詠之指趣失矣。"又戒鑿空立論，謂"趙宋而降，去聖久遠，學者多習所見聞，喜談虚無、性命，未免蔽以异趣"。乃原本經旨，推究天人之道，陰陽善惡之理，作《原善》三篇，自明祈嚮。

乾隆壬午，舉於鄉。癸巳，詔開四庫全書館，必得如劉向、揚雄其人者司讎校，君用諸城劉文正公薦入館充校理。又明年乙未，與會試中式者同赴廷對，洊升翰林。又明年丁酉，以勤於職業，病不復起，卒年五十有六，時五月二十六日也。①

其在館校定《水經注》《五經算術》《孫子算經》等書，官爲板行。所自著書：《毛詩補傳》若干卷，《考工記圖》二卷、《爾雅文字考》若干卷，《孟子字義疏證》若干卷，《續天文略》三卷，《六書論》三卷，《聲韵考》一卷，《聲類表》九卷，《方言疏證》十三卷，《屈原賦》若干卷，《原善》三卷，《原象》一卷，《文集》十卷。

初，君與其同郡鄉先生江慎修永相講貫，友善。慎修碩學耆儒，著述甚富，然勤一世於山巖屋壁間，竟無所遇，以老死。若君者，遭際稽古右文之盛，得出所學於承明著作之廷，不待後世復有子雲，既聲譽隆隆滿天下，而又不永其年齡以大抒其所蓄，天之生斯人而奮興於斯學也，遂如是止乎？

君既死，遺文零落，無所收拾。其後曲阜孔君繼涵取其書，校付剞劂，稍稍流布海内。海内既注仰孔君之表章嗜學，而又幸君之死而不死，以爲潛心大業，其顯晦升沉之際，乃有如是之感召默成也。

君感愴慎修死，爲作《事略狀》。廷燦未識君面，而喜讀君書，後君之死十有二年來京師，從士大夫之後，日聞君之學與君之人，恐久就墮逸，因叙次其事略，以待史館采擇焉。謹狀。②

約乾隆五十五年（1790），凌廷堪著《戴東原先生事略狀》，其文曰：

東原先生卒後之六年，廷堪始遊京師，洗馬大興翁覃溪先生授以《戴氏遺書》，讀而好之。又數年，廷堪同縣程君易田復爲言

---

① 該文所記戴震卒年與卒時均有小誤。戴震卒年五十有五，卒時爲丁酉年五月二十七日。

② 余廷燦：《存吾文稿》，見《續修四庫全書》第1456册，上海：上海古籍出版社2002年版。

先生爲學之始末，深惜與先生生并世而不獲接先生之席也。

自宋以來，儒者多剽襲釋氏之言之精者，以説吾聖人之遺經。其所謂學，不求之於經，而但求之於理；不求之於故訓、典章、制度，而但求之於心。好古之士雖欲矯其非，然僅取漢人傳注之一名一物而輾轉考證之，則又煩細而不能至於道。於是乎有漢儒經學、宋儒經學之分。一主於故訓，一主於理義也。先生則謂理義不可舍經而空憑胸臆，必求之於古經。求之古經而遺文垂絶，今古懸隔，然後求之故訓。故訓明則古經明，古經明則賢人聖人之理義明，而我心之所同然者，乃因之而明。理義非他，存乎典章制度者也。彼歧故訓、理義而二之，是故訓非以明理義，而故訓何爲？理義不存乎典章制度，勢必流入於异學曲説而不自知。故其爲學，先求之於古六書九數，繼乃求之於典章制度。以古人之義釋古人之書，不以己見參之，不以後世之意度之，既通其辭，始求其心，然後古聖賢之心不爲异學曲説所汩亂。蓋孟、荀以還所未有也。學成乃著書以詔後之學者，不幸哲人遽萎，書多未就。今案其遺篇，學之大者猶可考見，特懼讀之者不得旨要之所在，以矜奇炫博遇之，不然，或與妄庸鉅子譏罵洛、閩者等視而齊觀，則先生之學由此而晦矣。廷堪於先生爲同郡後生，爰綜其論著及生平出處之大略，綴輯成篇，聊自附於私淑之末，并以備他日采擇焉。

先生姓戴氏，諱震，字東原，休寧之隆阜人也。生九歲始能言，年十餘入鄉塾讀《詩》，即爲小戎圖，觀者咸訝其詳覈。時婺源江君永，精《禮經》及推步、鐘律、音聲、文字之學，先生偕其縣人鄭牧、歙人汪肇瀧、方矩、汪梧鳳、金榜師事之，而先生獨能得其全。將三十始爲諸生。乾隆十九年，以避仇入都，是時先生之學已大成。在都數年，北方學者如獻縣紀尚書昀、大興朱學士筠，南方學者如嘉定錢少詹大昕、餘姚盧學士文弨、青浦王侍郎昶等，皆在館閣，交愛重之，先生亦不吝爲之講説。無錫秦尚書蕙田纂《五禮通考》,先生實任其事。二十二年,歸自京師,客揚州盧運使見曾所,與元和惠徵君棟論學有合。二十七年,應江寧鄉試,青田韓錫胙爲同考官,得先生文,异之,亟薦於主司,遂中式。屢試禮部不第。遊汾、晋間,廷堪座主朱石君先生時爲山西布政使,延之撰方志,禮遇有加焉。三十八年,天子稽古右文,開四庫館,徵海内淹貫之士,司編校之役,金壇于文襄敏中,以先生名應詔,充《永樂大典》纂修官。四十年,命與會試中式舉人一體殿試,賜同進士出身,改翰林院庶吉士。未散館,於四十二年夏五月卒於京邸,年五十有五。以弟霖之子中孚爲後。

先生之學無所不通,而其所由以至道者,則有三:曰小學,曰測算,曰典章制度。其小學之書有《聲韵考》四卷、《聲類表》十卷、《方言疏證》十三卷。自漢以來,不明故訓音聲之原,以致古籍傳寫誤失,溷淆莫辨。先生則謂《詩》"勞心慘兮",慘本懆字之訛,而《釋文》以爲七感反之類,皆文字先誤,因而誤其音聲者也。又有"鷕雉鳴",鷕《釋文》本音以水反,從唯得聲,後水訛作小,《廣韵》遂收入三十小之類,皆文字不誤,因傳寫而遞訛音聲者也。音聲誤,故訓或因之而誤矣。夫字書主於故訓,韵書主於音聲,二者恒相因。音聲有不隨故訓變者,則一音或數義;音聲有隨故訓變者,則一字或數音。其例或義由聲出,或聲同義别,或聲義各别,唯洞究其旨,凡异字异音絶不相通者,其誤自能别之,庶釋經論字不至茫然失據也。

自漢以來,轉注之説失傳,徐鉉、徐鍇、鄭樵、戴仲達、周伯琦,皆穿鑿附會,不得其解。而蕭楚、張有諸人,以轉聲爲轉注之論尤謬。雖好古如顧炎武,亦不復深省。先生則謂指事、象形、諧聲、會意四者爲書之體,假借、轉注二者爲書之用。一字具數用者爲假借,依於義以引伸,依於聲而旁寄,假此以施於彼也。數字共一用者爲轉注,如初、哉、首、基之皆爲始,卬、吾、台、予之皆爲我,其義轉相爲注也。轉注與假借正相反,《説文》於考字訓之曰老也，於老字訓之曰考也，即轉相爲注也。以《説文》證《説文》，可不復致疑矣。

自漢以來，古音寖微，學者於六書諧聲之故，靡所從入。《廣韵》東、冬、鍾、江、真、諄、臻、文、欣、元、魂、痕、寒、桓、删、山、先、仙、陽、唐、庚、耕、清、青、蒸、登、侵、覃、談、鹽、添、咸、銜、嚴、凡，三十五韵有入聲，外此如支、脂等二十二韵無入聲。顧氏《古音表》反是。先生則謂有入無入之韵，當兩兩相配，以入聲爲之樞紐。真以下十四韵，與脂、微、齊、皆、灰五韵同入聲。東以下四韵及陽以下八韵，與支、之、佳、哈、蕭、宵、肴、豪、尤、侯、幽十一韵同入聲。侵以下九韵之入聲，則從《廣韵》，無與之配。魚、虞、模、歌、戈、麻六韵，《廣韵》無入聲，今同以鐸爲入聲，不與唐相配。而古音遞轉，及六書諧聲之故，胥可由此得之，皆古人所未發也。

其測算之書，有《原象》四篇、《迎日推策記》一篇、《句股割圜記》三篇、《續天文略》三卷、《策算》一卷。

自漢以來，疇人不知有黄極，西士入中國，始云赤道極之外，又有黄道極，是爲七政恒星右旋之樞，詫爲六經所未有。先生則謂西人所云赤極即《周髀》之正北極也。黄極即《周髀》之北極璿璣也。《虞夏書》"在璿璣玉衡以齊七政"，蓋設璿璣以擬黄道極也。黄極在柱史星東南，上弼、少弼之間，終古不隨歲差而改。赤極居中，黄極環繞其外。《周髀》固已言之，不始於西人也。

又月建所指，亦謂黄極。夫北極璿璣，冬至夜半恒指子，春分夜半恒指卯，夏至夜半恒指午，秋分夜半恒指酉。以《周髀》四遊所極推之，則月建十有二辰，爲黄極夜半所指顯然，漢人以爲斗杓移辰者非也。

自漢以來，月之九道，史雖載之，而在若明若昧之間。郭守敬以月道爲白道，九道之説遂廢。西人於月行之遲疾加減至有四輪，亦未能言九道之義也。先生則謂月道出入黄道内外。二十七日有奇而交道一終。交終不復於原處，其差一度半弱。每年之差，自東而西十九度彊。古法有九道八行，所以考其差也。借青朱白黑以别之，借八節之名以命之。如交入陰律在黄道冬至、立冬，半交必在春分、立春，爲二青道；交退在秋分、立秋，半交必在夏至、立夏，爲二朱道。以四年過半循二道，十八年過半八行一周。其交道出入，當交、半交去赤道遠近交差，每月在某次，兩交與朔望不齊，皆於是考焉。此古法之廢而宜舉者也。

自漢以來，九數佚於秦火，儒者測天，多不能盡句股之藴。明末，西人傳弧三角之術，推步始爲精密。其三邊求角及兩邊夾一角求對角之邊加減捷法，梅氏用平儀之理爲圖闡之，可謂剖析淵微，然用餘弦折半爲中數，則過象限與不過象限，有相加相減之殊，猶未爲甚捷也。先生則謂，用餘弦者或加或減，易生歧惑，乃立新術，用總較兩弧之矢相較折半爲中數，則一例用減，更簡而捷矣。蓋餘弦者，矢之餘也。八線法弧小則餘弦大，弧大則餘弦小，若弧大過象限九十度，則餘弦反由小而漸大。唯矢不然，弧小則矢小，弧大則矢大，弧若大過象限九十度，則矢更隨之而大，是矢與弧大小相應，不似餘弦之參差，故以易之。此立法之根，先生所不言者，亦皆古人所未廢也。

其典章制度之書未成。有《文集》十二卷，《考工記圖》二卷，《毛鄭詩考[正]》四卷，《詩經補注》僅《二南》二卷，《屈原賦戴氏注》七卷，《通釋》二卷。考證之精者，多散見其中。至於《原善》三篇、《孟子字義疏證》三卷，皆標舉古義，以刊正宋儒，所謂由故訓而明理義者，蓋先生至道之書也。又因西人龍尾車法作《嬴旋車記》，因西人引重法作《自轉車記》，皆見《文集》。其地理之學僅《水地記》一卷。《禮經》及鐘律之學未著書，故不得論次云。其在館所校，如《儀禮集釋》《儀禮識誤》《大戴禮記》《水經注》《周髀算經》《九章算術》《海島算經》《孫子算經》《五曹算經》《夏侯陽算經》《張丘建算經》《五經算術》《緝古算經》《數術記遺》《孟子趙注》《孟子音義》《方言》諸書，皆詳慎不苟。《周髀》《九章》爲之補其圖，《五曹》爲之訂其誤，而《大戴禮記》《水經注》則又舊所勘定者也。先生卒後，其小學之學則有高郵王給事念孫、金壇段大令玉裁傳之；測算之學則有曲阜孔檢討廣森傳之；典章制度之學則有興化任御史大椿傳之，皆其弟子也。先生於讀書知條貫者，就其學之淺深高下，或引而友之，或進而教之，循循如不及。非是族也，雖負理學盛名，及以詩、古文自雄者，悉揮斥之，未嘗少假辭色焉。

先生所著書，文辭淵奥，兼多微見其端，留以俟學者之自悟。今取其發古人所未發者，稍稍表出之，非敢謂能舉其大也，亦非敢有所損益去取也。昔河間獻王實事求是，夫實事在前，吾所謂是者，人不能强辭而非之，吾所謂非者，人不能强辭而是之也，如六書九數及典章制度之學是也。虚理在前，吾所謂是者，人既可别持一説以爲非；吾所謂非者，人亦可别持一説以爲是也，如理義之學是也。故於先生之實學，詮列如左。而理義固先生晚年極精之詣，非造其境者，亦無由知其是非也。其書具在，俟後之人定論云爾。謹狀。①

嘉慶十五年(1810)，阮元撰成《疇人傳》，其卷四二《戴震傳》曰：

戴震字東原，休寧人也。乾隆壬午舉人。壬辰歲，詔開四庫館，震以薦入館充校理，命與會試中式者同赴廷對，欽賜翰林院庶吉士。未及散館而卒，年五十五。

西法三角八線，即古之句股弧矢。自西學盛行，而古法轉昧。取梅文鼎所著《三角法舉要》《塹堵測量》《環中黍尺》三書之法，易以新名，飾以古義，作《句股割圜記》三篇，因言《周髀》首章之言，衍而極之，以備步算之大全，補六藝之逸簡，凡爲圖五十有

① 凌廷堪著，王文錦點校：《校禮堂文集》卷三五，北京：中華書局 1998 年版，第 312～317 頁。

五，爲術四十有九，記二千四百一十七字。

上篇曰割圜之法。中其圜而觚分之，截圜周爲弧背，絙弧背之兩端曰弦，直弧與弦之半曰矢。弧矢之内，成相等之句股二，半弧弦爲句，減矢於圜半徑，餘爲股。絙句股之兩端曰徑隅，亦曰弦，句股之弦，適圜半徑也。方圜之周、徑，信其周以爲袤，以徑爲廣，其冪咸四倍於方圜之冪。圜之内函方，其内復函圜，則内圜適外圜之半；方之内函圜，其内復函方，則内方適外方之半。句股之數，由斯起矣。句股弦三矩，方之，合句與股二方，適如弦之大方。減矢於圜徑，餘爲句弦和，矢恒爲股弦較。和較相乘爲句之方。減句於圜半徑，餘爲次弧背之矢。倍股爲次弧弦。減次弧背之矢於圜徑，餘爲句弦和，其矢爲句弦教。和較相乘爲股之方。方圜相函之體，用截圜之周徑，而函句股和較之率，四分圜周之一如之。規方之四隅，而函圜之周，凡四觚如之。因方以爲句股，函圜之半周，凡三觚如之。爲矩以準望，凡百分以矩之，百分爲圜半徑，自一隅規之，其隅設垂線，截一矩之規成半弧背者二。弧外之句謂之矩分。引徑隅爲弦，謂之徑引數，股適圜半徑也。……

中篇曰渾圜。中其圜而規之。二規之交，循圜半周而得再交。距交四分圜周之一，規之，翕辟之節也。……

下篇曰三觚非弧矢術之正。……

是記所謂内矩分即正弦，次内矩分即餘弦，矩分即切線，次矩分即餘切，徑引數即割線，次引數即餘割，倨即鈍角，句即鋭角，度謂之限，角謂之觚，邊謂之距。又以環中黍尺，用總存兩餘弦相加減，用時宜審餘弦同在半徑不同在半徑。震立新法，改用兩矢較半之，與以餘弦相加減所得初數同，且免詳審加減之煩。

又著《原象》八篇、《迎日推策記》一篇，以明推步原象。……

又著《續天文略》三卷。文多不載，載其目：曰星見伏昏旦中，曰列宿十二次，曰星象，曰黄道宿度，曰七衡六間，曰晷景短長，曰北極高下，曰日月五步規法，曰儀象，曰漏刻。或補《通志》所闕遺，或賡所未及，凡占變推步不與焉。震在四庫館分校天文、演算法書甚夥，其《海島算經》《五經算術》二種，則震從《永樂大典》中掇拾殘賸集合而成者。曲阜孔公繼涵，以震所校《周髀算經》《周髀音義》《九章算術》《九章音義》《海島算經》《孫子算經》《五曹算經》《夏侯陽算經》《張丘建算經》《五經算術》《緝古算經》《數術記遺》，并震所撰《九章算術》《補圖策算》《句股割圜記》，合而刻之，即今世所傳《算經十書》也(《戴氏遺書·算經十書》)。

論曰：九數爲六藝之一，古之小學也。自暴秦焚書，六經道湮，後世言數者，或雜以太一三式占候卦氣之說，由是儒林之實學，下與方技同科，是可慨已。庶常以天文、輿地、聲音、訓詁數大端，爲治經之本，故所爲步算諸書，類皆以經義潤色，縝密簡要，準古作者，而又網羅算氏，綴輯遺經，以紹前哲，用遺來學。蓋自有戴氏，天下學者乃不敢輕言算數，而其道始尊。然則戴氏之功，又豈在宣城下哉？[①]

嘉慶二十三年(1818)，江藩著成《國朝漢學師承記》，其卷五《戴震》曰：

戴震，字慎修，一字東原，休寧人。祖寧仁，父弁，皆不仕。君生十歲乃能言，就傅讀書，過目成誦。塾師授以《大學章句》右經一章，問其師曰："此何以知爲孔子之言而曾子述之？又何以知爲曾子之意而門人記之？"師曰："此子朱子云爾。"又問："朱子何時人？"曰："南宋。"又問："曾子何時人？"曰："東周。"又問："周去宋幾何時？"曰："幾二千年。"曰："然則子朱子何以知其然？"師不能答。讀書一字必求其義，塾師略舉傳注訓解之，意不釋。師

① 阮元：《疇人傳》，見《續修四庫全書》第 516 册，上海：上海古籍出版社 2002 年版，第 403～413 頁。

惡其煩，乃取許氏《説文解字》令檢閲之，學之三年，通其義，於是《十三經》盡通矣。

隨父客南豐，課學童於邵武。自邵武歸，年甫二十，同縣程中允[恂](洵)一見奇之。時江君慎修來歙，見君，目爲儒者。一日，舉曆算中數事曰："吾積疑十有餘年，而未剖析者。"君爲之比較，言其所以然。江君驚喜曰："今之定九也！"年二十八，補縣學生。家屢空，而學日進。著《考工記圖》《屈原賦注》《句股割圜記》，流傳浙東西。天台齊侍郎召南讀其書，恨不識其人，江南惠定宇、沈冠雲二徵君，皆引爲忘年交。

乾隆二十七年壬午，舉於鄉。策蹇至京師，困於逆旅，人皆以狂生目之，幾不能供饘粥。獲交於錢少詹大昕，稱爲天下奇才。秦文恭公纂《五禮通考》，求精於推步者，少詹舉君名，文恭延之，纂《觀象授時》一類。後高郵王文肅公安國，請君至家塾課其子念孫，一時館閣通人如河間紀庶子昀、嘉定王編修鳴盛、青浦王蘭泉先生、大興朱笥河先生，皆與之定交，從此海内知東原氏矣。試禮部，不第。後朱方伯珪招之遊晋，修《汾州府志》。三十八年，奉召充四庫全書館纂修官。三十九年乙未(按：此有誤，當爲四十年乙未)，特命與會試中式者同赴廷對，授翰林院庶吉士。四十二年五月，卒於官，享年五十有五。

生平無嗜好，惟喜讀書，詞義鉤棘難通之文，一再讀之，涣然冰釋。其學長於考辨，立一義，初若創獲，及參互考之，確不可易。《春秋》昭公二十二年："十月，王子猛卒。"而其夏、秋已兩書"王猛"，説者莫得其解。解之曰："王猛與鄭忽，皆以國氏者也。王者，諸侯目王畿之辭，非天子之號。《春秋》凡書王，猶列國之書其國；書天王，猶列國之書爵。故王人與列國書人，同爲微者。王猛與鄭忽同以國氏，忽未即位而出奔，歸，不得書爵，書世子，正其復國也。王子猛未即位稱王，故卒稱王子，若先正其號曰王，不得復稱王子矣。"

《周髀》言“北極璿璣四遊”，又言“正北極樞璿璣之中”，後人多疑其説。解之曰：“正北極者，《魯論》之北辰，今人所謂赤道極也。北極璿璣者，今人所謂黄道極也。正北極者，左旋之樞，北極璿璣，每晝夜環之而成規。冬至夜半在正北極下，是爲北遊所極；日加卯之時，在正北極之左，是爲東遊所極；日加午之時，在正北極之上，是爲南遊所極；日加酉之時，在正北極之右，是爲西遊所極；此璿璣之一日四遊所極也。冬至夜半起，正北子位；晝夜左旋一周，而又過一度，漸進至四分周之一，則春分夜半，爲東遊所極；又進至夏至夜半，爲南遊所極；又進至秋分夜半，爲西遊所極；此璿璣之一歲四遊所極也。《虞夏書》‘在璿璣玉衡，以齊七政’。蓋設璿璣以擬黄道極，世失其傳也。”

今人所用三角、八線之法，本出於句股，而尊信西術者，輒云句股不能御三角。折之曰：“《周髀》云：‘圜出於方，方出於矩，矩出於九九八十一。’三角中無直角，則不應乎矩，無例可比矣。必以法御之，使成句股而止。八線比例之術，皆句股法也。”

嘗謂儒者治經，宜自《爾雅》始。世所傳郭注已删節不全，邢疏又多疏漏。如《釋言》“桄，充也”，《六經》無“桄”字，鄭注《樂記》《孔子閑居》皆訓“横”爲“充”。“横”“桄”古通用。《書》“光被四表”，《漢書》引爲“横被四表”，今孔傳猶訓“光”爲“充”，文訛而義不殊也。《釋言》“庥，蔭也”，即《詩》“不可休思”之“休”。《釋木》“桑柳醜條”，即《詩》“蠶月條桑”之“條”。《莊子》云“已而爲[知](之)者”，“已而不知其然”，當從《釋詁》解“已”爲“此”。其考證通悟多如此。

《水經注》訛舛多矣，王伯厚引經文四事，其三事皆注之溷於經者。則經注之淆，南宋時已然。君獨尋其義例，區而别之云：“經文每一水云‘某水出某郡縣’，此下不更舉水名；注則兼及所納群川，故須重舉。經云‘過某縣’者，統一縣而言；注則詳言所逕委曲，故有一縣而再三見者。經據當時縣治；善長作注時，縣邑流移，是以多稱‘故城’，經無言故城者也。經例云‘過’，注例云‘逕’。以是推之，經注之淆者可正也。”閻百詩、顧景范、胡朏明雖善讀古書，猶未悟斯失，至君始釐正之。今武英殿所刊，即用其校本，海内始復見此書之真面目焉。

嘗論學云：“經之至者，道也；所以明道者，辭也；所以成辭者，字也。必由字以通其辭，由辭以通其道，乃可得之。”又云：“治經之難，雖一事，必綜其全而覈之。誦《堯典》至‘乃命羲和’，不知日月星辰之所以運行，則掩卷不能卒業。誦《周南》《召南》，自《關雎》而往，不知古音，徒强以協韵，則已齟齬失讀。誦古《禮》，先《士冠禮》，不知古者宫室、衣服等制，已迷於其方，莫辨其用。不知古今地方沿革，則《禹貢》職方山鎮川澤、《春秋》列國疆域、會盟攻戰之地，失其處所。不知古今推步之長，則如《夏書》之‘辰不集於房’，魯太史引以爲正陽之月孟夏，東晋《古文尚書》繫之季秋；《小雅》‘十月之交’，鄭康成以爲周正十月，劉原父以爲夏正十月；《春秋傳》兩記‘日南至’，歷代史志載步算家上考，曲合其一而卒違其一。儒者何以[識](職)古今之真僞，辨箋解之得失，决魯曆至、朔之當否？不知少廣旁要，則《考工》之器，不能因文而推其制。不知鳥獸、蟲魚、草木之名號狀類，則比興之意乖。六書之學，訓詁、音聲未始相離，聲與音又經緯衡從宜辨。魏有孫叔然創立翻語，厥後考經論韵悉用之，晋人以譯西域釋氏之言。釋氏之徒，群習其法，因竊爲己有，謂來自西域；儒者數典不能記憶也。管吕言五聲十二律，宫位乎中，黄鐘之宫四寸五分，爲起律之本。學者蔽於鐘律失傳之後，不追溯未失傳之先，宜乎其説之多鑿也。”

又訓學者二：“曰私，曰蔽。私生於欲之失，而蔽生於知之失。异氏尚無欲，君子尚無蔽。异氏之學，主静以爲至。君子强恕以去私，而問學以去蔽，主以忠信而止於明善。凡生於其心，必發於其事。私者逞己以縱欲無良，而懵不畏明。無私矣，尚不能無蔽。蔽者不求諸事情，以其意見，信爲義理，公而不能明，廉潔而流於刻。《記》曰：‘夫民有血氣心知之性，而無喜怒哀樂之常，應感起物而動，然後心術形焉。’凡有血氣心知，於是乎有欲；性之徵於欲，聲色臭味而愛畏分。既有欲矣，於是乎有情；性之徵於情，喜怒哀樂而慘舒分。既有欲有情矣，於是乎有巧與智；性之徵於巧智，美惡是非而好惡分。生養之道，存乎欲者也；感通之道，存乎情者也。二者自然之符，天下之事舉矣。盡美惡之極致，存乎巧者也，宰御之方，由斯而出；盡是非之極致，存乎智者也，聖賢之德，由斯而備。二者亦自然之符，精之以底於必然，天下之能舉矣。君子之治天下也，使人各得其情，各遂其欲，勿悖於道義；君子之自治也，情與欲使一於道義。夫遏欲之害，甚於防川；絕情去智，充塞仁義。人之飲食也，養其血氣；而其問學也，養其心知；是以貴乎自得。血氣得其養，雖弱必強；心知得其養，雖愚必明。是以貴乎擴充。君子獨居思仁，公言言義，動止應禮。竭所能之謂忠，履所明之謂信，平所施之謂恕。馴而致之，仁且智，不私不蔽者也。君子之未應事也，敬而不肆，以虞其疏；事至而動，正而無邪，以虞其僞；必敬必正，而要於致中和，以虞其偏其謬。戒疏在乎戒懼，去僞在乎慎獨，致中和在乎達禮、精義、至仁、盡倫，天下之人，同然而歸之善，可謂至善矣。夫以理爲學，以道爲統，以心爲宗，探之茫茫，索之冥冥，不若反求諸六經，此《原善》之書所以作也。”

其所撰述，有《毛鄭詩考正》四卷、《考工記圖》二卷、《孟子字義疏證》三卷、《方言疏證》十三卷、《原善》三卷、《原象》一卷、《句股割圜記》三卷、《策算》一卷、《聲韵考》四卷、《聲類表》十卷、《儀禮正誤》一卷、《爾雅文字考》十卷、《屈原賦注》四卷、《九章補圖》一卷、《古曆考》二卷、《曆問》二卷、《水地記》一卷、《戴氏水經注》四十卷、《直隸河渠書》六十四卷、《文集》十卷，皆曲阜孔户部繼涵爲刊行之。

君没後十餘年，高廟校刊《石經》。一日，命小璫持君所校《水經注》問南書房諸臣曰："戴震尚在否?"對曰："已死。"上嘆惜久之。時人皆謂君若不死，必充纂修官。嗟乎！君以庶吉士得邀特達之知，可謂稽古之榮矣！①

嘉慶二十四年(1819)，焦循著成《孟子正義》三十卷，頗能采納戴震義理之學。焦氏又著《申戴篇》曰：

王惕甫未定稿載上元戴衍善述戴東原臨終之言曰："生平讀書，絶不復記。到此方知義理之學可以養心。"因引以爲排斥古學之證。江都焦循曰："非也。凡人嗜好所在，精氣注之，遊魂雖變，而靈必屬此。况臨歿之際哉!"余丁卯三月病劇，昏卧七日，他事不復知，惟《周易·雜卦》一篇，往來胸中，明白瞭析，曲折畢著，平日用力之淺深，嗜好之誠僞，於此時驗之。平日所習，而臨終昧昧忘之者，必其事平日本未嘗精氣注之也。東原生平所著書，惟《孟子字義疏證》三卷、《原善》三卷最爲精善。知其講求於是者，必深有所得，故臨歿時，往來於心。則其所謂義理之學可以養心者，即東原自得之義理，非講學家《西銘》《太極》之義理也。余嘗究東原説經之書，如《毛鄭詩補注》等篇，皆未卒業，則非精神之所專注，宜其不能復記也。吾見以貨利起家者，病革時，口惟言田舍事不已，精神所注在田舍也。有奔走場屋而未利者，臨歿無所知，喉中太息於鼎甲某某可羡，精神所注在科第也。吾於東原臨歿之言，知其平生所得力而精魂所屬，專在《孟子字義疏證》一書，其他讀書不記者，本非所自得也。是故淺深真僞，非人所能知也，己則知之，己亦不自知也，臨歿則自知之。浮慕於學古之名而托於經，非不研究六書、争制度文物之是非，往往不待臨歿而已忘矣。夫東原，世所共仰之通人也，而其所自得

① 江藩纂，漆永祥箋釋：《漢學師承記箋釋》卷五，上海：上海古籍出版社 2013 年版，第 523～554 頁。

者，惟《孟子字義疏證》《原善》，所知覺不昧於昏瞀之中者，徒恃此戔戔也。噫嘻危矣！①

焦氏復有《讀書三十二贊·孟子字義疏證贊》曰：

性道之譚，如風如影。先生明之，如昏得朗。先生疏之，如示諸掌。人性相近，其善不爽。唯物則殊，知識罔罔。仁義中和，此來彼往。各持一理，道乃不廣。以理殺人，與聖學兩。②

道光三年(1823)刻《休寧縣志》卷一二《儒碩·戴震傳》：

戴震，字東原，隆阜人。生十歲乃能言，就傅讀書，過目成誦。每一字必求其義，塾師略舉傳、注訓解之意，每不釋，師不勝煩，援許叔重《説文解字》，乃學之三年，盡得其節目。又取《爾雅》《方言》及漢儒箋注之存於今者，搜求考究，一字之義，必貫群經、本六書以爲定詁。年十六七，盡通《十三經注疏》。隨父客南豐，就近講學於邵武，經學益進。以爲經之至者道也，所以明道者辭也，所以成辭者字也，必由字以通辭，由辭以通道，乃得之。又經之難明，在一事必綜其全而覈之，巨細必究，本末兼察，信而有徵，合至道而不留餘議。於是日夜孜孜，蒐集比勘，凡天文、曆算、推步之法，測望之方，宫室、衣服之制，鳥獸、蟲魚、草木之名狀，音和、聲限古今之殊，山川、疆域、州鎮、郡縣沿革之由，靡不悉心討索。其學彌博，而探指彌約；其資愈敏，而持力愈堅。年二十餘而《五經》立矣。乾隆壬午舉於鄉，癸巳奉召纂修《四庫全書》，乙未與貢士一體殿試，賜同進士出身，授翰林院庶吉士。在書局采輯《永樂大典》散篇，校正酈氏《水經注》《周髀》《九章》《五

① 焦循：《雕菰集》卷七，見《續修四庫全書》第1489册，上海：上海古籍出版社2002年版，第168～169頁。

② 焦循：《雕菰集》卷六，見《續修四庫全書》第1489册，上海：上海古籍出版社2002年版，第163頁。

曹算經》，皆奉旨刊行，御製詩冠其卷首，而古書之晦者以顯。所校《爾雅》《方言》及《大戴禮記》，未及進而卒，年五十五。

所著有《毛鄭詩考正》四卷，《詩補注》一卷，《儀禮考正》一卷，《考工記圖》二卷，《爾雅文字考》十卷，《方言考證》十三卷，《聲韵考》四卷，《聲類表》十卷，《原善》三卷，《大學補注》一卷，《中庸補注》一卷，《孟子字義疏證》三卷，《原象》一卷，《迎日推策記》一卷，《曆問》一卷，《古曆考》二卷，《句股割圜記》三卷，《六書論》一卷，《屈原賦注》二卷，《文集》六卷，又《水地記》七册未成。凡所著書，考據訓詁之精，比勘綜覈之審，或辨正箋、注之非，或補所未及，皆關諸經世垂教之大者。

其行己介而不激，待物以誠，謀人之事如恐不遂，揚人之善如恐不聞，其教誨人，終日矻矻不以爲倦。其言平正通達而易知，博極群書而不少馳騁，蓋所養者醇矣。祀紫陽書院。[①]

道光十年(1830)刊行《徽州府志》卷十一《儒林・戴震傳》：

戴震，字東原，休寧人。少從江慎修先生遊，講貫禮經、制度、名物及推步、天象，皆洞徹其原本，既乃研精漢儒傳、注及《方言》《説文》諸書，由聲音、文字以求訓詁，由訓詁以尋義理，實事求是，不偏主一家，亦不過騁其辨以排擊前賢。嘗謂："今人讀書，未嘗識字，輒薄訓詁之學。夫文字之未能通，安謂通其語言；語言之未能通，安謂通其心志，此惑之甚者也。論者又曰'有漢儒之經學，有宋儒之經學，一主於訓詁，一主於義理'，此予之大不解者。夫使義理可以舍經而求，將人人鑿空得之，奚取乎經學？惟空憑胸臆之無當於義理，然後求之古經；求之古經而遺文垂絶，今古懸隔，然後求之詁訓。訓詁明則古經明，而我心之所同然之義理乃因之而明。古聖賢之義理非他，存乎典章制度者

---

① 道光《休寧縣志》，見《中國地方志集成・安徽府縣志輯》，南京：江蘇古籍出版社1998年版，第249～250頁。

是也。昧者乃歧訓詁義理而二之，是訓詁非以明義理，而訓詁胡爲？義理不存乎典章制度，勢必流入於异端曲説而不自知矣。”

金匱秦文恭公蕙田兼理算學，求精於推步者，予輒舉先生名，秦公大喜，即日命駕訪之，延主其邸，與講觀象授時之旨，以爲聞所未聞。秦公撰《五禮通考》，往往采其説焉。高郵王文肅公安國，亦延致先生家塾，令其子念孫師之。一時館閣通人，河間紀太史昀、嘉定王編修鳴盛、青浦王舍人昶、大興朱太史筠，先後與先生定交，於是海内皆知有戴先生矣。乾隆壬午，中江南鄉試。明年，試禮部不第。薄遊汾晋間。會汾州修郡志，朱方伯珪請先生任其事。癸巳歲，天子開四庫館，妙選校讎之職，總裁諸公疏薦先生，以鄉貢士入館，充纂修官，特命與會試中式者同赴廷對。乙未夏，授翰林院庶吉士。先生起自單寒，獨以文學爲天子所知，出入著作之庭，館中有奇文疑義，輒就諮訪，先生爲考究顛末，各得其意以去。先生亦思勤修其職，以稱塞明詔。經進圖籍，論次精審，晨夕披檢，靡間寒暑，竟以積勞致疾。丁酉夏，卒於官，年五十有五。（原注：見錢大昕《潛研堂文集・戴先生震傳》。）

所著有《策算》一卷，《考工記圖注》二卷，《屈原賦注》七卷、《通釋》二卷、《音義》三卷，《句股割圜記》三卷，《方言疏證》十三卷，《原善》三卷，《孟子字義疏證》三卷，《原象》一卷，《聲韵考》四卷，《聲類表》九卷，《毛鄭詩考正》四卷，《考正鄭氏詩譜》一卷，《文集》十卷。又《杲溪詩經補注》二卷，《續天文略》二卷，《大學補注》一卷，《中庸補注》一卷，皆先生未成之書。又《六書論》三卷，《轉語二十章》，皆不著録。又《爾雅文字考》十卷，存吴俊處；《水經》一卷，存段玉裁處；《直隸河渠書》六十四卷，先生之子中孚自山東取藏於家。《曆問》一卷，《古曆考》二卷（原注：見洪榜所撰先生《行狀》），皆未刊行。又校正《水經注》《周髀算經》《九章算術》《五經算術》《海島算經》《張丘建算經》《夏侯陽算經》《孫子算經》《五曹算經》《大戴禮》《儀禮釋官》《儀禮集釋》《項安世家說》《蒙齋中庸講義》諸書。(原注:以上并據段玉裁《戴氏年譜》詮次。)[①]

道光二十五年(1845),唐鑒(1778—1861,字鏡海)著《學案小識》成,其卷一四《休寧戴先生》云:

先生諱震,字東原。舉人。乾隆三十八年,召開四庫館,總裁以纂修薦,賜進士,改庶吉士。館中有奇文疑義,輒就諮訪。所校《大戴禮記》《水經注》最精核。又著有《聲韵考》四卷、《聲類表》九卷、《方言疏證》十卷,又《原象》四篇、《迎日推策記》一篇、《句股割圜記》三篇、《續天文略》三卷、《策算》一卷,又《詩經二南補注》二卷、《毛鄭詩考》四卷、《考工記圖》二卷、《孟子字義疏證》三卷、《屈原賦注》七卷、《通釋》二卷、《文集》十二卷。先生故訓之學也,而欲諱其不知義理,特著《孟子字義疏證》,乃至詆程、朱爲老爲佛,謂理爲我所本無,程、朱言性即理也,其視性如人心中有一物,此即老氏之所謂無,佛氏之所謂空,稍變之而爲此說。《孟子》無之,然《孟子》有曰仁義禮智根於心,先生有意匿之乎?抑并此句而忘之乎?大抵考據訓詁可以明典章制度,不可以窮義理。典章制度非全無義理,特其外迹耳,特其末節耳。聖賢工夫全在明善復性,以不失乎天之所以予我者,而謂理爲我所本無,是何言哉?後之慕先生者,有歙縣凌先生廷堪進士,官教授,撰《禮經釋例》十三卷,又著《魏書音義》《燕樂考原》《元遺山年譜》《校禮堂集》,《五物》《九祭》《釋牲》《旅酬》《楚茨》諸說經之文,俱有考覈。惟《復禮》三節,謂窮理二字出於宋儒,則并夫子說卦傳而忘之,亦大可异矣。[②]

---

① 道光《徽州府志》,見《中國地方志集成·安徽府縣志輯》,南京:江蘇古籍出版社1998年版,第300～301頁。

② 《續修四庫全書》第539册,上海:上海古籍出版社2002年版,第670頁。

同治十年(1871),李慈銘(1830—1894,字愛伯)《越縵堂讀書記》同治辛未六月二十一日録《戴東原集》曰:

閲戴氏《東原集》。此金壇段氏所刻,共十二卷,後附《戴氏年譜》及《校刊札記》。戴氏音韵考據之學,固爲卓絶,而不肯以此自居,謂窮極性命之理,其最切要在《孟子字義疏證》一書。又謂文最忌整,故所作務爲拙古,以自比於周、漢之儒。然義理固由考證而出,戴氏之學,訓詁、名物、地理三者爲最。其言陰陽性命,則去董江都等尚隔數層。所作《原善》三篇,綴集經子之言,而又欲自明所得,支離漫衍,按之皆糟粕耳,其中略無真際,而徒貌爲高古,以自附於垂世立教。其《法象篇》《書孟子言性後》等作皆是類也。嘗爲陸稼書之《學辨》三篇,戴氏之《原善》三篇,一以辟陸、王,一以正程、朱,皆自謂功不在禹下,而適所以自發其覆。……戴氏於學,實有所得,而必高自位置以自欺而欺人,亦所謂好爲其拙也。至文章之學,非有夙分而專精其業,亦不能工。戴氏譏司馬子長、班孟堅皆藝而非道,而其所自爲,僅僅通文句耳。藝固不工,道亦未至。若謂文必去整,尤是瞽言。經生之文,自有注疏家法,不計工拙可也,乃必自居於本末兼賅,而既欲明自漢以來未聞之道,又欲掃盡自漢以來一切之文,則志大而近於妄矣。其代冀寧道徐飛山浩所撰《夏履橋義莊記》,可以采入《山陰縣志》。

段氏年輩與戴相若,而先戴舉於鄉,入都後始相見,時戴尚爲諸生,段之學亦已卓然成就,而委摯師事,終身北面。戴歿後,寶其遺書,事必盡力,服習師説,没齒不衰,猶有漢儒之風,可謂真師弟也。并時若姚姬傳、程魚門,亦嘗稱弟子於戴,而身後輒有違言。魚門至肆詈其無子,以爲攻宋儒之報。蓋二人實懵於學,當日亦未深知戴之得失,徒以名盛而推附之,故致其師稱而卒亦不果(戴氏有《辭姚姬傳稱師書》,見《文集》),以視段氏之分量,相去固甚遠矣。

戴氏……在館四年，校定書十五種(《大戴禮》《水經注》《儀禮集釋》《儀禮釋宫》《方言》《周髀算經》《張丘建》《夏侯陽》《海島》《五曹算經》《五經算術》《孫子算經》《儀禮釋誤》《蒙齋中庸講義》《項氏家説》)，皆鉤纂精密，至於目昏足痿，積勞致疾而殁。高宗深契其學，特畀館選。而同時錢籜石、翁覃溪輩尚力詆之，覃溪至欲逐之出館，蓋以其進士翰林，非由八股。而世之以庸濫惡札取巍科高甲者，眯目入館，塗改金銀，不二十年坐致台輔，賢愚安之，以爲固然。明之文衡山年老召入供奉，得一待詔，同時姚、楊兩狀元，謂翰苑中豈容畫史，迫逐之去。清康熙間鴻博之舉，髦碩輩登，而當時有野翰林之目，致所謂三布衣者，皆不安其官，竹垞且得譴而去。習俗移人，難曉如此。直至今日，桐城謬種，尚以邵二雲、周書倉及戴氏三君之入館爲壞風氣、變學術。人無人心，亦可畏哉！戴、段兩君，鄉舉房官皆爲金匱縣知縣韓錫胙，字介屏，吾浙之青田人，亦科名佳話也。①

李氏於光緒戊寅(1878)十二月初一日又補記曰：

午坐南窗負暄，點讀《戴東原文集》。東原之文，醇質簡古，不肯爲一偶句。其意欲追周秦而上之，而於西漢董江都、東漢鄭司農爲近。其《答彭允初書》，辯程、朱、陸、王之學甚詳。與所著《原善》三篇，及《讀易繫辭》《論性》《讀孟子論性》《孟子字義疏證》諸篇，互相證明，發揮性命理欲之恉，極爲透徹，然亦太辭費矣。余以爲此等皆汪容甫所謂宋以後愚誣之學，實不足辯者也。其《與是仲明論學書》，謂誦《堯典》數行，不知恒星七政所以運行，則掩卷不能卒業；誦《周南》自《關雎》而往，不知古音，則齟齬失讀；誦《禮經》先《士冠禮》，不知古者宫室、衣服等制，則迷於其方，莫辨其用；不知古今地名沿革，則《禹貢》職方失其處所；不知

---

① 李慈銘著，由雲龍輯，虞雲國整理：《越縵堂讀書記》，瀋陽：遼寧教育出版社 2001 年版，第 964～966 頁。

少廣旁要，則《考工》之器，不能因文而推其制。此則令人讀之，隆冬沍寒，汗流浹背，學者所當人書一通，置座右者矣。①

光緒三十二年（1906），章太炎（1869—1936，字枚叔，號太炎，名炳麟）著《悲先戴》（章氏另有《哀後戴》一文論戴望，其謂戴震爲“先戴”，戴望爲“後戴”）曰：

叔世而得大儒二人，一曰顔元，再曰戴震。

顔氏明三物，出於司徒之官，舉必循禮，與荀卿相似；戴君道性善，爲孟軻之徒。持術雖异，悉推本於晚周大師，近校宋儒爲得真。

吾悲夫戴君之術，以理奪勢，而曰：“今之治人者，視古賢聖體民之情，遂民之欲，多出於鄙細隱曲，不措諸意。”“及其責以理也，不難舉曠世之高節，著於義而罪之。尊者以理責卑，長者以理責幼，貴者以理責賤，雖失，謂之順。卑者、幼者、賤者以理爭之，雖得，謂之逆。”“人死於法，猶有憐之者；死於理，其誰憐之！”

烏乎！戴君生雍正末，親見賊渠之遇士民，不循法律，而以洛、閩之言相稽。哀矜庶戮之不辜，方告無辜於上，其言絶痛。桑蔭未移，而爲紀昀所假，以其懲艾宋儒者，旋轉以泯華戎之界。壽不中身，憤時以隕，豈無故耶！②

同年，劉師培以劉光漢之名撰成《戴震傳》。其文總四千餘字，其論贊曰：

劉光漢曰：戴先生之學，出於婺源江氏，特由博返約，與江氏稍殊。厥後訓詁之學傳之高郵王引之，典章之學傳之興化任大椿，而義理之學則江都焦循能擴之。故先生之學，惟揚州之儒得

---

① 李慈銘著，由雲龍輯，虞雲國整理：《越縵堂讀書記》，瀋陽：遼寧教育出版社2001年版，第967頁。

② 章太炎：《太炎文録初編·説林上》，見《章太炎全集》第八册，上海：上海人民出版社2018年版，第117頁。

其傳，則發揮光大，固吾郡學者之責也。方先生之歿也，京師人士共制挽詞："明德之後必有達人，孟子之功不在禹下。"雖譽或過失，然探賾索隱，提要鉤玄，鄭、朱以還，一人而已。自桐城姚鼐以宋學鳴於時，爲先生所峻拒，因集矢漢學，桐城文士多和之，致毁失其真。嗚呼！夫亦不自量之甚矣！①

宣統二年(1910)，章太炎著《釋戴》曰：

明太祖誦洛、閩儒言，又自謂法家也。儒法相漸，其法益不馴。蓋昔韓非有言："人主不自刻以堯，而責人臣以子胥，是幸殷人之盡如比干。盡如比干，則上不失，下不亡。不權其力而有田成，而幸其身盡如比干，故國不得一安。廢堯、舜而立桀、紂，則人不得樂所長而憂所短。失所長則國家無功，守所短則民不樂生。以無功御不樂生，不可行於齊民。如此則上無以使下，下無以事上。"(《安危篇》)顧太祖不知也。比明中世，人主喜怒僻違，而不循法，諫官有所長短，不以法律彈正，時藉洛、閩重言，以爲柄矜。《記》所謂援其所不及，煩其所不知。人主窮迫，亦以其言檢下，下復相朋以要主。奸心難知，人主孤立，則庶事叢脞，終於嫚令謹誅，萬事自此墮矣！洛、閩諸儒制言以勸行己，其本不爲長民，故其語有廉棱，而亦時時軼出。夫法家者，輔萬物之自然而不敢爲，與行己者絶异。任法律而參洛、閩，是使種馬與良牛并駟，則敗績覆駕之術也。清憲帝亦利洛、閩，刑爵無常，益以恣睢。會遭平世，無鱟疑沮事者，然而吏惑於視聽，官困於詰責，惴惴莫能必其性命，冤獄滋煩，莫敢緩繼。

戴震生雍正末，見其詔令謫人不以法律，顧摭取洛、閩儒言以相稽，覗司隱微，罪及燕語。九服非不寬也，而迾之以叢棘，令士民摇手觸禁，其蠹傷深。震自幼爲賈販，轉運千里，復具知民

① 《國粹學報》，第十三期，1906 年 2 月出版。

生隱曲，而上無一言之惠，故發憤著《原善》《孟子字義疏證》，專務平恕，爲臣民訴上天，明死於法可救，死於理即不可救。又謂衽席之間，米鹽之事，古先王以是相民，而後人視之猥鄙。其中堅之言盡是也。震所言多自下摩上，欲上帝守節而民無瘴。焦循據之云："《詩》教亡於明，故言不本性情，而聽者厭倦。至於忿毒相尋，以同爲黨，以比爲争，或假宫闈、廟祀、儲貳諸名，千百人囂於朝，以激君怒，害及其身，禍延其國。"(《毛詩補注序》)《記》曰："臣不重辭，則君不勞。"亦庶幾得震意哉！如震所言。施於有政，上不呰苛，下無怨讟，衣食孳殖，可以致刑措。究極其義，及於性命之本，情欲之流，爲數萬言，夫言欲不可絶，欲當即爲理者，斯固逮政之言，非飭身之典矣。辭有枝葉，乃往往軼出閾外，以詆洛、閩。紀昀攘臂扔之，以非清净潔身之士，而長流汙之行，雖焦循亦時惑。輓世或盗其言，以崇飾慆淫。今又文致西來之説，教天下奢，以菜食褧衣爲恥，爲廉潔士所非。誠明震意，諸款言豈得托哉？洛、閩所言，本以飭身，不以逮政，震所訶又非也。凡行己欲陵，而長民欲恕。陵之至者，止於釋迦。其次若伯夷、陳仲。持以閱世，則《關雎》爲淫哇，《鹿鳴》爲流湎，《文王》《大明》爲盗言矣。不如是，人不與鳥獸絶。洛、閩諸儒，躬行雖短，其言頗欲放物一二，而不足以長民。長民者，使人人得職，絛蕩其性，國以富强，上之於下，如大小羊羜相羵羵而已，本不可自别於鳥獸也。夫商鞅、韓非雖陗，不逾法以施罪，勠民以任功，徒以禮義，厲民猶難，况遏其欲？民惟有欲，故刑賞可用。乡若以此行己，則終身在鶉鵲之域也。以不諭故交拏，交拏故交弊，察其所以，皆失其本已。明之君臣，負洛、閩之法度。紀昀以來，負戴震之法度。

問者曰：戴震資名於孟子，其法不去欲，誠孟子意耶？章炳麟曰：長民者，輔萬物之自然而不敢爲，稍欲割制，而去甚、去奢、去泰，始於道家。儒、法皆仰其流，雖有陗易，其致一也。雖然，以欲當爲理者，莫察乎孫卿。孫卿爲《正名》一首，其言曰："凡語治而待去欲者，無以道欲，而困於有欲者也。凡語治而待寡欲者，無以節欲，而困於多欲者也。有欲無欲，异類也，生死也，非治亂也。欲之多寡，异情也，情之數也，非治亂也。欲不待可得，而求者從所可。欲不待可得，所受乎天也。求者從所可，受乎心也。人之所欲生甚矣，人之所惡死甚矣。然而人有從生成死者，非不欲生而欲死也。故欲過之而動不及，心止之也。心之所可中理，欲雖多，奚傷於治？欲不及而動過之，心使之也。心之所可失理，欲雖寡，奚止於亂？故治亂在於心之所可，亡於情之所欲。不求之其所在，而求之其所亡，雖曰我得之，失之矣。性者，天之就也。情者，性之質也。欲者，情之應也。以欲爲可得而求之，情之所必不免也。以爲可而道之，知所必出也。故雖爲守門，欲不可去，性之具也。雖爲天子，欲不可盡。欲雖不可盡，可以近盡也。欲雖不可去，求可節也。所欲雖不可盡，求者猶近盡。欲雖不可去，所求不得，慮者欲（此欲字乃猶之聲誤）節求也。道者進則近盡，退則節求，天下莫之若也。”（以上孫卿語。）極震所講，與孫卿若合符。以孫卿言性惡，與震意佛，故解而赴《原善》。夫任自然者，則莫上老聃矣。寄於儒名，更賓老聃，以孟軻爲塚子，斯所謂寓言哉！震書多姗議老、莊，不得要領，而以浮辭相難，彌以自陷，其失也。（老、莊書本非易理，戴君雖明六藝儒術，寧能解《齊物論》耶？又釋氏經論，蓋戴君所未睹，徒刺取禪人常語，而加駁難，尤多紕繆。）當是時，學者以老、莊、商、韓爲忌，其勢駁難無廢百家。念在長民，顧以持法爲諱。題旌其名，與《儒行》《曲禮》無别，令血氣不柬者，得介以非修士，牽於性善無詰奸之術，而大臣得挾愚汙之人，以漁厚資，貨財上流而巧説者用，莫有議其非也。故莊子曰：“脣竭則齒寒，魯酒薄而邯鄲圍，聖人生而大盗起。”①

---

① 章太炎：《太炎文録初編》卷一，見《章太炎全集》第八册，上海：上海人民出版社 2018 年版，第 121～124 頁。

民國十二年(1923)九月三十日,北京大學國學門在北京城南龍樹寺之抱冰堂(陶然亭北)舉行北大研究所國學門懇親會,沈兼士致開會辭,發起戴震二百年紀念之提議及徵文廣告:

> 近以清代學者戴震二百年的紀念。戴氏生於雍正元年十二月二十六日,即公曆一七二四年二月十四日。(按:此有誤,戴震生於雍正元年十二月二十四日,公曆爲一七二四年一月十九日。稍後梁啓超糾正之。)同人擬以第五期《國學季刊》作爲戴東原專號,現在在此向大家報告一聲,以代徵文的廣告。我看這個題目尚不算枯窘:戴氏所治學術,方面極多,如小學、經學、算學、哲學、地理、校勘……均可就其一門從事論述。此外或泛言其治學方法,或綜考皖學流派,或訂正段著《年譜》之疏失,用新方法再作一部《戴氏年譜》,均未嘗不可。大家倘能多多投稿,不勝歡迎。①

參加本次懇親會者,有沈兼士、周作人、陳垣及孫伏園(時任《晨報副鐫》主編)等。

是年十月十日,梁啓超與同人發起戴東原生日二百年紀念會,撰《戴東原生日二百年紀念會緣起》一文,以引起學術界之關注與支持。其文曰:

> 稍爲研究過中國近世學術史的人,都應該認識戴東原先生的位置和價值。今年是他老先生的誕生二百年;舊曆十二月二十四日是他的生日。我以爲我們學界的人很應該替他做一回莊嚴的紀念。
>
> 前清一朝學術的特色是考證學,戴東原是考證學的一位大師,這是人人都知道的了。單就這一點論他的研究成績,值得紀念的已經很多。

---

① 北京大學《國學季刊》,第一卷第四號,1923年10月出版。

但我們以爲戴東原的工作，在今後學術界留下最大價值者，實在左列兩項：

（一）他的研究法。東原本人自己研究出來的成績品，可寶貴的雖然甚多，但他同時或後輩的人有和他一樣或更優的成績品的也不少。東原在學術史上所以能占特别重要位置者，專在研究法之發明。他所主張“去蔽”“求是”兩大主義，和近世科學精神一致。他自己和他的門生各種著述中，處處給我們這種精神的指導。這種精神，過去的學者雖然僅用在考證古典方面。依我們看，很可以應用到各種專門科學的研究，而且現在已經有一部分應用頗著成績。所以東原可以説是我們“科學界的先驅者”。

（二）他的情感哲學。宋明以來之主觀的理智哲學，到清初而發生大反動。但東原以前大師，所做的不過破壞工夫，却未能有所建設。到東原才提出自己獨重情感主義，卓然成一家言。他這項工作，并不爲當時人所重視。但我們覺得他的話是在世界哲學史上有價值的，最少也應該和朱晦翁王陽明平分位置。所以東原可以説是我們“哲學界的革命建設家”。

今年好容易碰著他二百年生日！我們打算趁那一天在北京舉行一次“東原學術演講會”，所要講的範圍大略如下：

一、戴東原在學術史上的位置；

二、戴東原的時代及其小傳；

三、聲音訓詁的戴東原；

四、算學的戴東原；

五、戴東原的治學方法；

六、東原哲學及其批評；

七、東原著述考；

八、東原師友及弟子。

以上不過就我個人感想所及，約略提個綱領，詳細的還要希望同志們共同討論。我自己學問很淺，愧不能有所發明。不過提出這個意見，助一助大家的興味。我希望海内崇拜戴東原的學者共同發起這次紀念會，而且分途擔任各部分的研究。到那一天，能够同赴盛會最好，即不然，也請把所作大文寄來宣讀。我自己願意自薦當一個臨時幹事，替諸君做傳達學説的機關。

我覺得這件事是學術界有益的，所以陳述這點意見。①

民國十三年(1924)一月，梁啓超撰《戴東原先生傳》(爲戴東原二百年生日紀念會而作)。

是年一月十四日至一月十九日，《晨報》第二版頭條連日刊登《戴東原先生紀念會》啓事：

東原先生爲清代考證學大師，其哲學饒有近世精神，其人格高峻健實足爲後學模範。舊曆癸亥十二月二十四日爲先生二百年生日，以陽曆换算當年月日則爲是年一月十九日。謹以是日舉行紀念祝典，有梁啓超先生、胡適先生等擔任講演，恭請各界惠臨，同申仰止爲幸。

日期：一月十九日(星期六)午前九時至十二時。

地點：後孫公園安徽會館。

講學社、天文學社、北京大學研究所國學門、師範大學、晨報社同啓。

民國十三年(1924)一月十九日，北京後孫公園胡同之安徽會舘(琉璃廠街西側)隆重舉行戴東原二百年生日紀念會。《晨報》《大公報》等均有報導。一月二十四日《晨報》第六版《戴東原二百年紀念盛會》曰：

本報等五團體發起紀念清代大儒戴東原二百年生日，已詳見數日來論前廣告。昨日九時，安徽會舘門首，見有各校學生、

① 梁啓超：《飲冰室文集》卷四〇，上海：中華書局1936年版，第38～40頁。

教員、學者等三四百人，不顧大風，先後蒞止，即來參與空前盛會者。九時半開會，首由胡適報告開會旨趣，次梁啓超演説東原一生道德學術梗概，次俄人伊鳳閣以五分鐘演説彼對於戴東原學説之觀察，次沈兼士講述戴東原之治學方法，錢玄同講述戴東原之聲韵學，朱逷先講述關於《水經注》問題，爲戴東原辯護，謂全、趙、戴各有供獻，而各不相剽竊。時已十二時半，胡適乃以二十分鐘將"不講理的戴東原"簡單講述。散會近一時矣。會場中懸有戴東原遺像兩幅，一爲本報副刊所印之原底，乾隆時畫家李竹卿所畫者；一爲戴東原先生著書圖，近人楊壽齡氏由其遺像拓出者。尚有手迹、祠堂、故宅、讀書處等照片六七幅，亦均在會場陳列，俾來賓瞻仰。講演辭長，兹不具録，待記録整理脱稿，請原講人審定以後，在本報副刊發表。副刊昨日兩張，今日一張，所載僅梁啓超文二篇，尚有《東原哲學》等，當於後日起逐日登載。

民國十三年(1924)一月二十五日，《晨報副刊》(1924年第13號)出《東原二百年紀念號》，刊有梁啓超之《緣起》《戴東原先生傳》《東原著述纂校書目考》《東原哲學》、陳展雲《戴東原的天算學》，并刊梁啓超執筆之《東原圖書館緣起》：

戴東原先生爲前清學者第一人；其考證學集一代大成，其哲學發二千年所未發。雖僅享中壽，未見其止，抑所就者固已震鑠往祀，開拓來許矣。歲癸亥十有二月二十四日爲先生二百年生日，邦人士正謀所以講明先生之學而衍其緒者，而東原圖書館亦於是經始焉。館在休寧之隆阜，故先生讀書處也，今爲安徽第四女子師範學校。校長程君仲沂及奉職斯校之諸君子低回遺躅，觀感實深，謂名賢歌哭釣遊之所僅百餘年而零落偃蹇至此，鄉後學之恥也。夫豈惟其鄉人，舉國後學實有責焉已耳。於是胥謀設此館，先搜集先生著述編訂之書已成、未成者悉致之；以次及先生所曾讀之書；更進則先生願見而未得之書皆將網羅焉。夫一國中所貴有大師者，非謂其能盡治天下之學而造其極也；彼其人格足爲後進模楷，其於學能引端緒使人由其途焉以隅反而孟晋，則其所繩繼而濬發者無窮極已。東原先生則正其人也。史公適魯，觀孔子衣冠琴車書，遲回留之不能去，後之履斯館者，其亦同兹嚮往也歟。①

又附載《東原圖書館募捐辦法》，末附發起人（總 17 人）：范源廉、許世英、金猷樹、洪有豐、熊希齡、江朝宗、江彤侯、陶知行（按：即陶行知）、嚴修、蔣夢麟、孫洛、胡適、梁啓超、張廣建、吴興周、余魯卿、程宗泗。

民國十三年（1924）二月一日，晨報社刊行《戴東原二百年紀念論文集》，收文 8 篇，含梁啓超 4 篇（《引子》《戴東原先生傳》《東原著述纂校書目考》《東原哲學》），陳展雲 1 篇《戴東原的天算學》，汪震 1 篇《中國心理學史上的戴震》，吴時英 1 篇《戴東原的詩學》，周良熙 1 篇《東原續天文略與續通志天文略》。另有戴東原先生遺像等插圖多幅。

民國十三年（1924）二月十一日，梁啓超撰《近代學風之地理的分佈》，其論戴震曰：

東原以贍博之學，綜核之識，清湛之思，每治一學，必期於深造自得。蓋自東原出，然後清代考證學之壁壘始確立焉。其所著《孟子字義疏證》，尤爲八百年來思想界之一大革命。當時學界惠、戴齊名，實則惠非戴匹也。

東原不以師自居，故弟子甚稀。最著者段茂堂、王石臞皆非皖人。其同郡後學能得其一體者，則歙縣洪初堂（榜）、歙縣凌次仲（廷堪）。初堂壽最短，未見其止。次仲治禮學，精絶冠時。②

民國十六年（1927），趙爾巽主纂《清史稿》刊刻。《清史稿》卷四

① 梁啓超：《飲冰室文集》卷四〇，上海：中華書局 1936 年版，第 110～111 頁。

② 梁啓超：《飲冰室文集》卷四一，上海：中華書局 1936 年版，第 69 頁。

八一《儒林二·戴震傳》曰：

戴震，字東原，休寧人。讀書好深湛之思，少時塾師授以《説文》，三年盡得其節目。年十六七，研精注疏，實事求是，不主一家。與郡人鄭牧、汪肇龍、方矩、程瑶田、金榜從婺源江永遊，震出所學質之永，永爲之駭歎。永精《禮經》及推步、鐘律、音聲、文字之學，惟震能得其全。

性特介。年二十八補諸生，家屢空，而學日進。與吴縣惠棟、吴江沈彤爲忘年友。以避仇入都，北方學者如獻縣紀昀、大興朱筠，南方學者如嘉定錢大昕、王鳴盛，餘姚盧文弨，青浦王昶，皆折節與交。尚書秦蕙田纂《五禮通考》，震任其事焉。

乾隆二十七年，舉鄉試。三十八年，詔開四庫館，徵海内淹貫之士司編校之職，總裁薦震充纂修。四十年，特命與會試中式者同赴殿試，賜同進士出身，改翰林院庶吉士。震以文學受知，出入著作之庭。館中有奇文疑義，輒就諮訪。震亦思勤修其職，晨夕披檢，無間寒暑。經進圖籍，論次精審。所校《大戴禮記》《水經注》尤精核。又於《永樂大典》内得《九章》《五曹算經》七種，皆王錫闡、梅文鼎所未見。震正譌補脱以進，得旨刊行。四十二年，卒於官，年五十有五。

震之學，由聲音、文字以求訓詁，由訓詁以尋義理。謂："義理不可空憑胸臆，必求之於古經。求之古經而遺文垂絶，今古懸隔，必求之古訓。古訓明則古經明，古經明則賢人聖人之義理明，而我心之同然者，乃因之而明。義理非他，存乎典章制度者也。彼岐古訓、義理而二之，是古訓非以明義理，而義理不寓乎典章制度，勢必流入於异學曲説而不自知也。"

震爲學精誠解辨，每立一義，初若創獲，乃參考之，果不可易。大約有三：曰小學，曰測算，曰典章制度。

其小學書有《六書論》三卷，《聲韵考》四卷，《聲類表》九卷，《方言疏證》十卷。漢以後轉注之學失傳，好古如顧炎武，亦不深省。震謂："指事、象形、諧聲、會意四者爲書之體，假借、轉注二者爲書之用。一字具數用者爲假借，數字共一用者爲轉注。初、哉、首、基之皆爲始，卬、吾、台、予之皆爲我，其義轉相注也。"又自漢以來，古音浸微，學者於六書之故，靡所從入。顧氏《古音表》，入聲與《廣韵》相反。震謂："有入無入之韵，當兩兩相配，以入聲爲之樞紐。真至仙十四韵，與脂、微、齊、皆、灰五韵同入聲；東至江四韵及陽至登八韵，與支、之、佳、咍、蕭、宵、肴、豪、尤、侯、幽十一韵同入聲；浸至凡九韵之入聲，則從《廣韵》，無與之配。魚、虞、模、歌、戈、麻六韵，《廣韵》無入聲，今同以鐸爲入聲，不與唐相配。而古音遞轉及六書諧聲之故，胥可由此得之。"皆古人所未發。

其測算書《原象》一卷，《迎日推策記》一卷，《句股割圜記》三卷，《曆問》一卷，《古曆考》二卷，《續天文略》三卷，《策算》一卷。自漢以來，疇人不知有黄極，西人入中國，始云赤道極之外又有黄道極，是爲七政恒星右旋之樞，詫爲六經所未有。震謂："西人所云赤極，即《周髀》之正北極也，黄極即《周髀》之北極璿璣也。《虞書》'在璿璣玉衡，以齊七政'，蓋設璿璣以擬黄道極也。黄極在柱史星東南，上弼、少弼之間，終古不隨歲差而改。赤極居中，黄極環繞其外，《周髀》固已言之，不始於西人也。"

震所著典章制度之書未成。有《詩經二南補注》二卷，《毛鄭詩考[正]》四卷，《尚書義考》二卷，《儀經考正》一卷，《考工記圖》二卷，《春秋即位改元考》一卷，《大學補注》一卷，《中庸補注》一卷，《孟子字義疏證》三卷，《爾雅文字考》十卷，《經説》四卷，《水地記》一卷，《水經注》四十卷，《九章補圖》一卷，《屈原賦注》七卷，《通釋》三卷，《原善》三卷，《緒言》三卷，《直隸河渠書》一百有二卷，《氣穴記》一卷，《藏府算經論》四卷，《葬法贅言》四卷，《文集》十卷。

震卒後，其小學，則高郵王念孫、金壇段玉裁傳之；測算之學，曲阜孔廣森傳之；典章制度之學，則興化任大椿傳之：皆其弟子也。後十餘年，高宗以震所校《水經注》問南書房諸臣曰："戴震尚在否?"對曰："已死。"上惋惜久之。王念孫、段玉裁、孔廣森、任大椿自有傳。①

《段譜》附(一)著述輯要：

《原象》《迎日推策記》，孔户部所刊《戴氏遺書》十五合爲一册。《原象》凡八篇，一篇、二篇、三篇、四篇，即先生之《釋天》也，初名《釋天》，以《堯典》"璿璣玉衡""中星"、《周禮》"土圭"、《洪範》"五紀"四者命題，而天行之大致畢舉。璿璣玉衡，漢後失傳，先生乃詳其儀制於四篇之末。五篇、六篇、七篇，即《句股割圜記》上、中、下三篇也。其八篇，則爲矩以準望之詳也。《迎日推策記》亦舊時所爲。玉裁與《釋天》皆於癸未抄寫，則成書皆在壬午以前可知矣。至晚年，合九篇爲《原象》，以爲《七經小記》之一。天體演算法全具於此。

《原善》卷上、卷中、卷下，孔户部所刊《戴氏遺書》第九，合爲一册。始先生作《原善》三篇，見於户部所刊文集中者也。玉裁既於癸未抄寫熟讀矣，至丙戌，見先生援據經言疏通證明之，仍以三章者分爲建首，比類合義，古賢聖之言理義，舉不外乎是。《孟子字義疏證》亦所以闡明此旨也，爲《七經小記》之一。先生之學，上承孔、孟，於此可見。

《曆問》一卷(《儀鄭堂總序》作二卷)、《古曆考》二卷，洪舍人榜撰先生《行狀》有此二書，玉裁皆未之見，而孔檢討作《總序》有之，則其稿在孔户部家可知矣。户部所刊，乃有《續天文略》二卷，而無《曆問》《古曆考》，疑《古曆考》即《天文略》也。先是，朝廷開館續鄭樵《通志》，蓋當事者挽先生爲之，既而未用，欲改名

① 趙爾巽等：《清史稿》，北京：中華書局 1977 年版，第 13198～13200 頁。

《古曆考》,而舍人《行狀》内遂改其名耳。此二種成書年月,今皆不能考。《續天文略·自序》曰:"天文一事,樵所不知,而欲成全書,固不可闕而不載,是以徒襲舊史,未能擇之精、語之詳也。今更爲目十:曰星見伏皆昏旦中,曰列宿十二次,曰星象,曰黄道宿度,曰七衡六間,曰晷景短長,曰北極高下,曰日月五步,曰儀象,曰漏刻。"其書未成,北極高下以上爲卷上、卷中,其日月五步以下,當爲卷下,蓋闕如也。然以此發明釋天,已令學者暢然滿志矣。

《大學補注》一卷、《中庸補注》一卷(未成,至"柔遠人也,懷諸侯也"而止),玉裁向未得見,今乃得哲嗣中孚郵寄讀之,蓋亦癸未以前所爲,未暇竟成之耳。其言理皆與《原善》《孟子字義疏證》無纖微不合者,皆存鄭注而補之。《大學》之説"親民",説"格物",《中庸》之説"致中和",説"上下察",尤可補先儒所不到。始,户部與玉裁書,欲刊《大學補注》,然未果而卒。

《學禮篇》,先生《七經小記》之一也。其書未成,蓋將取六經禮制糾紛不治,言人人殊者,每事爲一章發明之。今《文集》中開卷《記冕服》《記爵弁服》《記朝服》《記玄端》《記深衣》《記中衣褖衣襦褶之屬》《記冕弁冠》《記冠衰》《記括髮免髽》《記絰帶》《記繅藉》《記捍决極》凡十三篇,是其體例也。嘗言此等須注乃明。

《水地記》,此書刻於孔户部者祇一卷,自昆侖之虚至太行山而止。洪舍人《行狀》則曰未成書。《水地記》七册,蓋所屬草稿尚不止此,莊谷取其可讀者爲一卷刻之,其叢殘則姑置之。國朝之言地理者,於古爲盛,有顧景范、顧寧人、胡朏明、閻百詩、黄子鴻、趙東潜、錢曉徵,而先生乃皆出乎其上。蓋從來以郡國爲主而求其山川,先生則以山川爲主而求其郡縣。其叙《水經注》曰:"因川源之派别,知山勢之逶迤,高高下下,不失地防。"爲《汾州府志》發凡曰:"以水辨山之脈絡,而汾之東西山爲幹爲枝,爲來爲去,俾井然就序。水則以經水統其注入之枝水,因而遍及澤泊、堤堰、井泉，令衆山如一山，群川如一川。府境雖廣，山川雖繁，按文而稽，各歸條貫。”然則先生之《水地記》，固將合天下之山爲一山，合天下之川爲一川。而自《尚書》《周官》《春秋》之地名，以及戰國至今，歷代史志建置沿革之紛錯，無不依山川之左右曲折，安置妥帖，至賾而不亂。此書固非旦夕之所能成，先生志願之大，以爲必有能助之者，而不料其所成止此也。《水地記》亦《七經小記》之一，使經之言地理者，於此稽焉。

《詁訓篇》，亦先生《七經小記》之一。經學非詁訓不明，先生欲作此書而未及，爲《轉語》二十章，亦未卒業。然《爾雅文字考》《方言疏證》猶存，亦可稍窺涯略矣。

《七經小記》者，先生朝夕常言之，欲爲此以治經也。所謂《七經》者，先生云：“《詩》《書》《易》《禮》《春秋》《論語》《孟子》是也。”治經必分數大端以從事，各究洞原委，始於六書、九數，故有《詁訓篇》，有《原象篇》，繼以《學禮篇》，繼以《水地篇》，約之於《原善篇》，聖人之學如是而已矣。假令先生如申公、伏生之年，安見不如其志哉。嘗謂玉裁曰：“余乖於時，而壽似可必。”後以此言告錢學士曉徵，曉徵曰：“天下固無可必之事也。”金殿撰榜曰：“先生之堅强，窮困時能日行二百里，發願成《七經小記》。余語之曰：‘歲不我與，一人有幾多精神？’先生答曰：‘當世豈無助我者乎？’”竟以積勞痿足，杜門一年中，屢換眼鏡，最後鬻眼鏡者曰：“此老光之最者，過此無可换矣。”是非不厭不倦，神太勞則弊故歟？

手披《六書音均表》一部，此先生丁酉五月上旬之筆，距不諱之期十餘日耳。玉裁於乾隆庚子巫山官廨，得丁進士小雅傑以此書見寄。跋云：“丁酉六月，戴東原先生卧病京邸，余偕友人往候之，時先生撰《聲類表》甫畢，又力疾點定段君《六書音均表》，指卷四第四十二葉語余曰：‘掇捋用點，肄棄用圈，凡用點者蓁、人之入聲，與用圈者無涉也。余不及語段君矣，子盍持此書歸。’

未數日，先生卒，不知段君何由知之，不遠數千里致書來索，乃擇生徒臨副本寄之。庚子二月二十二日，記於爛麵胡同寓齋。”按小雅此札云：“先生六月卧病往候，得此書，不數日而卒。”所言日月誤也，孔户部言五月二十七日。孔檢討《遺書總序》亦言“丁酉五月二十七日疾卒”。户部又云“月之上旬，於五日之中，爲《聲類表》九卷”，皆可據小雅言作《聲類表》甫畢，即力疾批點《音均表》者是也。五月二十一日作札寄蜀，不附寄，此則因數日前已付小雅故耳。小雅述先生語云：“蓁、人入聲用點，與用圈者無涉。”核之於書，用紅點者元、寒之類，用紅圈者真、文之類别之，以分質、術、至、屑、薛，十二韵爲二也。既詳於《聲類表》及《與段若膺論韵書》矣。小雅所記，乃適互訛，今此書藏余處。小雅當時又屬程蕺園晋芳、周林汲永年、邵二雲晋涵三編修各録其副，又以臨本一贈孔葒谷農部即繼涵、程易田孝廉瑶田，從遊金生紹倫亦得其一。於是太行以東、大江南北皆有傳本，庶幾哉。先生臨終絶筆，無湮没之患矣。諸君子與先生皆石交，覽其遺墨，存没之感，毋亦有不約而同者乎？此皆見小雅《跋》内語，余珍藏之。今小雅終於寧波府儒學館舍，又將十年矣。小雅好學，從先生遊久，而著述皆如零圭斷璧，未曾成書，其子方蒐輯之也。

丁酉，有《與丁升衢傑書》二篇，論晁以道《易玄星紀譜》。晁氏此書未之見，蓋以楊子《太玄》演爲圖，凡八層，以傅合曆法者。先生指摘其於演算法、曆法不合處，纖入無倫，固非先生不能爲也。二篇由升衢寄到者，孔氏《遺書》中未刻，今已刻諸經韵樓矣。

先生没後，京師同志挽聯曰：“孟子之功不在禹下，明德之後必有達人。”嗚呼！先生之所學，無愧此語矣。

《唐宋文知言集》上、下二册，集上五十九篇，集下七十二篇，旋又有删去及上移下者，皆於宜興儲在陸《唐宋十家文》内摘取者也。玉裁請問分上下之旨，曰：“集上，理與辭俱無憾；集下，則不惟其理，惟其辭也。”昔抄目録，今尚謹藏。觀其別裁，可以見先生古文之學之一斑矣。

《文集》十卷，爲《戴氏遺書》之二十三，孔氏微波榭所刻也。《戴東原集》十二卷，玉裁自蜀歸後，刻於經韵樓者也。始，孔户部刻《戴氏遺書》凡十五種。（曰《原善》三卷。曰《孟子字義疏證》三卷。曰《句股割圜記》三卷。曰《策算》一卷。曰《原象》全卷。曰《考工記圖》三卷。曰《聲韵考》四卷。曰《聲類表》九卷，并卷首爲十卷。曰《文集》十卷。曰《續天文略》卷上、卷中二卷。曰《水地記》一卷。此二種皆未成之書。曰《方言疏證》十三卷，此即四庫館聚珍板頒行之本。一曰《毛鄭詩考正》四卷，并考正鄭氏《詩譜》一卷爲五卷。一曰《杲溪詩經補注》二卷，此亦未成之一種。户部初意刻不止於此。與余書有刻《大學補注》之語而未刻。其他若《直隸河渠書》，洪舍人云六十四册，孔檢討《總序》云六十四卷，今令嗣中孚從山東取到，則户部於未亡時，并爲二十三册，而題署各册之首，爲之最目，親書之，是亦有意剞删也，而未竟其志耳。已刻者：《毛鄭詩考正》爲《遺書》之一；《詩經補注》爲《遺書》之二；《原善》《疏證》合爲《遺書》之九；《聲韵考》《聲類表》合爲《遺書》之十四；《原象》爲《遺書》之十五；《文集》爲《遺書》之二十三。未識次第之意。其他已刻則不列次第，後之人勿疑已刻有二十三種也。）凡文已附見《聲韵考》《聲類表》《孟子字義疏證》者，則不再見於《文集》中，蓋合諸書爲《全集》也。而論音韵、論六書轉注、論義理之學諸大篇，不可不見《文集》中，故愚經韵樓刻輒補入。又因丁升衢旁搜得數篇附焉，定爲十二卷，近日江東人頗得家弦户誦矣。惜牽於家事，未能親校。友人臧庸、顧明編次失體，字畫訛誤，未稱善本，近日謀一新之，以垂久遠焉。

先生初謂：“天下有義理之源，有考核之源，有文章之源，吾於三者皆庶得其源。”後數年，又曰：“義理即考核、文章二者之源也。義理又何源哉？吾前言過矣。”按先生《與方晞原書》曰：“足下好道，而肆力古文，必將求其本。求其本，更有所謂大本者；大本既得矣，然後曰是道也，非藝也。如馬、班、韓、柳諸君子之文，惡睹其非藝歟？”先生於性與天道，瞭然貫澈，故吐辭爲經，如《句股割圜記》三篇、《原善》三篇、《釋天》四篇、《法像論》一篇，皆經也。其他文字，皆厚積薄發，純樸高古，如造化之生物，官骸畢具，枝葉并茂。嘗言：“做文章極難，如閻百詩極能考核，而不善做文章。顧寧人、汪鈍翁（按：汪琬，號鈍翁）文章較好。吾如大爐然，金銀銅錫入吾爐一鑄，而皆精良矣。”蓋先生合義理、考核、文章爲一事，知無所蔽，行無少私，浩氣同盛於孟子，精義上駕乎康成、程、朱，修辭俯視乎韓、歐焉。

《經義》十八首，吴江任上舍兆麟所抄贈也。此雖先生餘事，然名家未有能過之者。江明經沅受而讀之，以爲得未曾有。姚刑部姬傳《與秦小峴書》，言“《歸震川集》當附刻《經義》”，余謂如震川及先生《經義》，皆當附於《文集》也。記先生言“王雲劬文得徐思曠深處”。又云：“雲劬所選《明文冶》，便是時文之譜。”又曾言：“文有二種，一則題如大堅石，作者用大於石之鐵椎，一椎粉碎，此一奇也；一則用口氣一吹噓，便使大石軟如綿，飛舞空中，飄墮無迹，如吾此作是也。”因取“天下之言性”一章題文相示，至今猶仿僾當日音響云。

“璿璣玉衡”，《虞夏書》觀天之器，自漢以後失其傳，而先生神晤於四千年之下，即詳其制於《原象》第四章，令善讀者可構造矣。曾自指點巧匠爲之，藏於孔户部家。户部又曾命工仿造，將來有讀《遺書》而作儀器者，當知法物之尚存也。

《地圖》，先生之所制也。丙戌，見先生自畫《地圖》，白紙紅格，每格方減寸許，畫方計里，用晋裴秀法，而里數之遠近，即可計北極之高下。凡直省、府、州、縣，方鄉四至八到，無少差誤。玉裁彼時未臨摹，今日想此不可得。先生令子中孚在時，曾索此物，答書云："俟臨寫自齎至巫山。"今向中孚求之，絶無此物。記先生云："《地圖》畫三幅：一贈朱六先生，即文正公，一贈某，一自存。"今將寓書文正令嗣求之，或丁升衢家有之，亦未可知也。

《段譜訂補》：

北京國家圖書館藏有《深衣解》稿本一卷，分條列出經文，先引鄭注、孔疏。然後折中考辨。據段玉裁"嘗言此等須注乃明"云，則《文集》中《記冕服》等十三篇衹是内容提要而已，都要梳理考釋，寫成《深衣解》的形式。可見《學禮篇》寫作規劃是不小的。

"洪舍人《行狀》則曰'未成書，《水地記》七册'"，"洪舍人《行狀》"當爲"王昶《墓誌銘》"。洪榜《行狀》曰"《水地記》三十卷"。按，王、洪二氏所記皆是。《水地記》七册，當是王氏所見抄本的册數；三十卷，可能是戴震的寫作計畫。南通市圖書館現藏其抄本五册，記有河水、濟水、淮水等，四大瀆中少了江水。其中有兩册封面標有册次，其餘三册未標。標有册次的是"水地記初稿二"，内容記河水，又"水地記初稿五"，内容記濟水。孔繼涵題序曰："檢其遺稿，則皆整比爲長編，而未及作中第四、第六二册。"此四、六兩册當是記江水的初稿及其他有關内容。孔刻定本《水地記》一卷衹記了黄河流程的一半，另外《水地記》不僅記水，還要記山、記郡，原抄本已有了記山、記郡的初稿便是明證。因此，《水地記》要寫成三十卷的大書，則庶無疑問。

"孔户部刻《戴氏遺書》凡十五種"，然其下小字注總共衹列了十四種。按，在戴震身後，孔刊《戴氏遺書》爲十二種。小字注所列"曰《句股割圜記》三卷，曰《策算》一卷"，此二種刻在戴震生前，收在《算經十書》之中。《算經十書》之中還有戴震的《九章算術訂訛補圖》一卷，《五經算術考證》一卷。因此孔刻戴書乃十六種。《戴氏遺書》《算經十書》皆屬於《微波榭叢書》，我們可以統稱孔刻戴書十六種爲《微波榭叢書》本或微波榭本；如果把《算經十書》中的《策算》等四種也稱爲《戴氏遺書》本，則未必確當。

《戴氏遺書》所收的十二種子書皆有次第，其末"《文集》爲《遺書》之二十三"，段玉裁曰"未識次第之意"。按孔廣森《戴氏遺書總序》，包括《水經注》，共列其著作二十三種，估計孔氏原有全部刊刻之打算，無奈家境衰落，繼涵早逝，致使未得如願。

關於"《經義》十八首"，任兆麟《戴東原制義敘》曰："歲丙申，余甄綜近世名人制義爲一集，兄領從自京邸郵寄數家，休寧戴君東原文稿在焉。君於學靡所不通，爲世儒宗，制義抑其末也。顧識趣體格，并臻極至，言性諸篇，與所著《原善》相表裏……東原數藝俾長留天壤間，詎不幸與！他日有傳其別集者宜采焉。"今不知是書存佚。

戴震是《直隸河渠書》的修訂者之一，而不是這部書的著作者。詳見胡適《記中央圖書館藏的河渠稿本二十六册》。

在孔繼涵《微波榭叢書》之後，戴震著作依次刊刻的有：

《緒言》三卷，清無名氏刊，與《原善》合爲一册，今北京圖書館有藏。

《尚書義考》二卷，光緒中，貴池劉世珩刊，收入《聚學軒叢書》第三集。

《經考》五卷，南陵徐乃昌刊，收入《鄦齋叢書》。

《中庸補注》一卷，刊於《國粹學報》一九一〇年一號六十三期。

《續方言》手稿不分卷（按：實分二卷），劉半農一九二八年得之於北京廠肆，中央研究院一九三二年影印。

《經考附録》稿本七卷，一九三六年安徽叢書編印處影印，收入《戴東原先生全集》。

《屈原賦注初稿》三卷，同右。

《與段懋堂等十一札遺墨》一卷，同右。

《孟子私淑録》三卷，刊於四川省立圖書館《圖書集刊》一九四二年創刊號。

新編《戴震全書》增收未刊稿如下：

《毛詩補傳》二十六卷，原藏北京圖書館。

《深衣解》一卷，同右。

《石經補字正非》四卷，原藏北京大學圖書館。

《經雅》七卷，原藏湖北省圖書館。

《水地記初稿》五卷，原藏江蘇省南通市圖書館。

《水經考次》一卷，原藏北京圖書館。

《算學初稿四種》，原藏北京大學圖書館。

《戴東原先生文》一卷，同右。

《戴氏雜録》一卷，同右。

《段譜》所附言談輯要：

先生言："爲古文，當讀《檀弓》，余好批《檀弓》，朋儕有請余評點者，必爲之評點。"想休、歙間其本子猶有存焉者也。

先生言："閻百詩能考核而不能做文章，顧亭林文章較勝。"

先生言："方望溪釋《禮經》之文，多不似説《禮》語言，其説《春秋》較善。"

先生言："錢辛楣《五禮通考》中説話，多有似是處。"

先生言："朱子《四書注·大學》開卷，説'虚靈不昧'，便涉异學；云'以具衆理、應萬事'，尤非理字之旨。《中庸》開卷'性即理也'，如何説性即是理？《論語》開卷，言'學可明善以復其初'，復其初出《莊子》，絶非《孟子》以擴充言學之意。"

先生言："《讀史方輿紀要》衹是大體好，細處未能盡善。"

先生言："欲知山之脈絡，衹看水之去來，水無有不依山脈者也。"

先生言："精神好時，《句股割圜記》三篇不必要注，便就本文可以瞭然。"

先生言："爲學須先讀《禮》，讀《禮》要知得聖人禮意。"

先生言："《周易》當讀程子《易傳》。"

先生言："鄭康成之學，盡在《三禮注》，當與《春秋三傳》并重。"

先生言："學貴精，不貴博，吾之學不務博也。"

先生言："知得十件而都不到地，不如知得一件却到地也。"

先生言："總須體會《孟子》'條理'二字，務要得其條理，由合而分，由分而合，則無不可爲。"

先生言："明之王文成亦袛是借講學以自韜晦，成功不居之意也。"

先生言："《孟子》'必有事焉而勿正心，勿忘，勿助長也'，'正心'二字，不可强爲之説。依吾説，'正心'二字，便是'忘'字離爲二字，而亡訛正，乃字之誤也。'必有事焉而勿忘'下，復舉勿忘者，古人每多此文法。"玉裁按：此確不可易。既勿忘矣，又須勿助長，忘與助長二弊，各有所偏，不忘則又慮其助長，故頓跌言之，謂雖勿忘，却又不可助長也。如《詩》云"江有汜，不我以"矣，必再言"不我以"，而後可言"其後也悔"，謂始雖如此，而終不如此也。凡《詩》之復句，多此文法。

先生言："閻百詩善讀書，百詩讀一句書，能識其正面、背面。"

先生謂："《考工記圖》既成，後來乾隆某年所上江西大鐘，正與余説合。"

先生言："大國手門下，不出大國手；二國手、三國手門下，教得出大國手。"

先生言："守一説之確者，終身不易乃是。"

先生言："唐以前師弟道重，宋人言學，尚有漢人師弟之意。"

癸未初，見先生以《春秋改元即位考》三篇付抄云："《春秋》一經，余欲做此種文字數十篇，便令大義畢舉。"

癸未，先生言："《尚書今文古文考》此篇文字却認真。"

《文集》中《詩生民解》，本出《毛鄭詩考正》，先生曾爲余言，可取出修改，入於《文集》。玉裁刻《文集》十二卷時，因入諸卷五，而不敢修改一字也。其《詩摽有梅解》，亦取諸《詩經補注·毛鄭詩考正》，初名《詩補傳》。

先生言："唐初、漢時，書籍存者尚多，作《正義》者，不能廣爲搜羅，得所折衷。於《春秋》專取杜預，於《易》專取王弼，於《尚書》專取孔安國，遂使士人所習不精。即《三禮》用鄭注矣，而其疏紕繆不少，亦衹可有四五分也。"

先生言："《水經注》'水流松果之山'，鍾伯敬本'山'訛作'上'，遂連圈之，以爲妙景，其可笑如此。'松果之山'，見《山海經》。"

先生言："司馬相如《封禪文》，顔色如天上雲霞，奇麗絶。"

憶玉裁於庚寅夏，銓授貴州玉屏縣，先生自汾陽寄以書，今失其手迹。大略云"玉屏之地當五嶺起處"，今不記其詳。又云："想風氣未開，未必不可施教化也。"余乃於辛卯旋，以詿誤罷。由今思之，有負先生言多矣。

先生少時學爲古文，摘取王板《史記》中十篇，首《項羽本紀》，有《信陵君列傳》《貨殖傳》，其他題記憶不清，皆密密細字，評其結構、用意、用筆之妙。鄭炳也先生虎文曾借讀，今聞孔户部以此授長子伯誠爲讀本，伯誠雖亡，書猶在也。

先生言："江右風水，好在鄱陽湖一聚。"

先生言："《割圜》全體，衹吃一杯茶時，洞然瞭澈。"

先生言："《割圜》上二篇成，下一篇難做，却取太史公《信陵君列傳》玩味一番，遂成下篇。"

先生言："人須養神，若精乃是粗東西耳。"

先生言："書年代略舊，便有些子好處。"

先生言："宋本不皆善，有由宋本而誤者。"

先生言："劉耕南（按：劉大櫆，字才甫，一字耕南）小文章好，大文章不好。"

《段譜訂補》識語（楊應芹）：

《戴東原先生年譜》，作於嘉慶甲戌（一八一四）或前一年。該譜以治學爲中心，記述戴震一生的著述與交游，内容豐贍，材料翔實，是後世研究戴震及其同時代有關學者的必不可少的重要文獻。《年譜》的作者段玉裁，於乾隆癸未（一七六三）拜識戴震於都中，從此師友相交十幾年，對戴震最爲了解。始爲戴震作譜者，若非段玉裁，後世誰也不可能寫到如此詳盡的地步。玉裁作譜之功，當千秋不滅。

《年譜》之作成，戴震已故三十七八年，玉裁亦爲八十老翁。由於時間久隔，作者年邁，漏記誤記，在所難免。且譜成之次年，玉裁也與世長辭了，故未得嚴加修訂。

因與修《戴震全書》，陸續檢得部分材料，不揣淺陋，作補正於是；近年來又得部分新材料，發現訂補的錯漏，特作修正。謹俟同仁賜教。

2009年9月再修訂

附　編

乾隆四十三年戊戌(1778)—嘉慶二十年乙亥(1815)

乾隆四十三年戊戌(1778)　卒後一年

戴震靈柩歸鄉後,是年春暫葬於由山(即今油山,在隆阜西南約兩千米處)隆阜戴氏祖塋旁。

戴震之子中立是年致段玉裁書:"弟於今春底舍先君靈柩,尚未得好地。今暫厝祖塋之旁,俟覓好地而葬。"(段玉裁輯《戴東原先生札册》附)

春,段玉裁遣役人至徽州吊唁戴震,并厚賵戴震家人。夏,戴震之子中立致書段玉裁答謝,并寄書數種。玉裁時任四川巫山縣知縣。中立書曰:

> 迢遥雲樹,晤語無從,企仰芳規,彌深依結。今閱誦手函,欣知先生署巫山,正欲趨候,并賀賀也。弟於今春底舍先君靈柩,尚未得好地。今暫厝祖塋之旁,俟覓好地而葬。
>
> 前聞先君言,知先生好刊古書,湛深經術考據,精於韵學,辨古音者稀有之。弟早欲特往成都,兹因去年得失血症,至今未愈。今承尊署來役,又深蒙厚惠,經已收領,特修寸函申謝。啓者,先君誌銘,弟聞大理寺正卿王大人名昶字蘭泉老伯已修成,尚未寄與弟。而《行述》,湖北學政洪素人老伯之令弟就成,亦未刊刻。稿本寄上奉送。而先君所辦《永樂大典》散篇,如《水經注》四十卷、《儀禮識誤》三卷、《中庸講義》四卷、《五經算術》二

卷、《海島算經》六卷、《九章算術》十卷、《五曹算經》五卷、《夏侯陽算經》三卷、《孫子算經》三卷、《周髀算經》三卷、《項氏家説》十二卷、《儀禮集釋》三十卷、《儀禮釋宫》一卷、《方言》十三卷，計官書十五種，俱武英殿刊刻，弟尚未得數種。

先君已撰遺書二十三種，如《毛詩考正》四卷、《詩補注》一卷（即《二南》）、《尚書義考》二卷、《考工記圖》二卷、《儀禮考正》一卷、《爾雅文字考》十卷、《聲韵考》四卷、《聲類表》十卷、《原善》三卷（駁宋儒）、《孟子字義疏證》三卷（孔公將刻）、《大學補注》一卷、《中庸補注》一卷（未成）、《原象》一卷、《策算》一卷、《迎日推策記》一卷、《句股割圜記》三卷、《曆問》二卷、《古曆考》二卷、《水地記》不計卷、《直隸河渠書》不計、《屈原賦》二卷、《古文時文集》計六卷（俱孔公處）。此數種現在孔葒谷親翁處抄，尚未繳還，弟今所以不及寄上。而《聲韵考》，即廣西桂林府同知李公，係山東周諱永年同年、四庫館修書翰林之親家也，先曾寄過二部奉送，俱寄失落。今弟亦無底本，其板上年已送弟，而出京時未寄到京，弟轉送孔公處收，今已索數部，後再寄，今未知可在山東曲阜。亦因路途不便，往來書信難通。孔公所攜刻者，計六種：《毛鄭詩考正》一本、《詩經補注》一本、《聲類表》一本、《原善》一本、《原象》一本、《算術》一本，共六本，今寄上，希查收。又《九章算術》《海島算經》一部，并《方言》底本，查收，此書不可失，要緊！惟先生可將《方言》攜刻更妙。此書先君全精神費盡，而此書上年五月間就成，即得病歸陰矣。校定《儀禮集釋》武英殿刻本，弟未得見，而底孔公處尚有。校定《大戴禮》，弟亦無，而底本係繳館，今有不全者，不敢寄。又《句股割圜記》，俟明春刷印再寄，重訂者在孔公處。其地輿圖，弟明春影摹一張再寄。

再者，孔公舊冬即告假養親，刊刻書籍，博古之人也。今弟早欲移還南京，似明春俟金殿撰回籍相商闕，不居徽州而至本家。至親與夫□□俱爲小人之人也，先君平素不睦，欲還南京亦爲此，不能作久居之計也。明春弟往蘇、揚一行，以爲殯葬之計，即特往川。及書籍未刻者，俱帶至尊署請安。今肅數字，并候近祺，不一一。上若膺世臺先生侍右。愚世弟戴中立叩首。

家祖今春得半身不遂之症，此症乃難治之症也。家母藉庇平安。弟聘定事，俟明年秋間服滿之後，再作繼續也。恭請令尊老伯老大人萬福金安。不另贅稟。①

戴中立所言戴震遺書二十三種，當即其前文所列《毛詩考正》（即《毛鄭詩考正》）等二十二種以及後文所言戴震臨終前完成之《方言》（即《方言疏證》）。

十月，段玉裁作《祭戴東原先生文》，遣衙役李志德赴休寧代爲致祭奠其先師。祭文曰：

維乾隆四十三年歲次戊戌十月丁巳朔越八日，弟子巫山縣知縣段玉裁，謹遣役李志德，以清酌庶羞之奠，致祭於吾師東原徵君之靈曰：

嗚呼先生，名世之英，儲靈匯秀，先覺群生。自漢以後，六籍晦冥，辭章浮豔，道學虚聲，一華一空，無補於經。聖人之道，下學乃精，訓詁制度，物有其情。公實生知，絶學乃賡。六書九數，條貫縱横，至嘖不亂，胸羅列星。乃瀹其源，乃摭其菁，郊廟鴻巨，菹醢瑣零。天象地輿，制儀寫形，典謨雅頌，天人性命，洞發洞扃，殷奏其聲。潤色萬物，流浹杳冥。無疑不泮，無謬不劉。聿自癸未，始識先生。幸得爲徒，執摯請正，先生曰否，相友相型。玉裁唯唯，師弟之盛。盛於炎漢，六經孔明。昌黎抗顔，籍、湜硜硜。耻學於師，願鑒其酲。十年四聚，問答紛縈。如霁得霽，如劍得鎣。同之大原，同居燕京。行則同輿，飯則同鉶。自慚惷愚，不寤多瞠。别久會希，溯洄依巠。弟子至蜀，師揚於廷。

① 楊應芹、諸偉奇主編：《戴震全書》（修訂本）第六册，合肥：黄山書社2010年版，第536～538頁。

間闊五千，書郵不停。每奉翰墨，如聆咸謦。云胡丁年，起起悼驚。足疾而殞，庸醫可剄。易簀之前，書來錦城。細論音均，繩墨以絣。切切節節，丁丁嚶嚶。仲秋告歸，養痾筆耕。鄙人狂喜，亦擬東行。自今從遊，投老合併。豈意山頹，梁木其傾。哀音至蜀，風淒雨霝。翩其丹旐，言返休寧。遺書誰取，碑石誰銘？先生之才，而不公卿，禮樂黼黻，以光太平。先生之德，而不遠齡，鮐背凍梨，申公伏生。海内故交，淒其涕零。著録多士，哭寢失聲。矧兹淺劣，尤辱丁寧。負土九江，仰慚桓榮。日月如駛，東望傷情。一介之使，隻雞之誠。用述故言，用慰幽靈。無戀陔蘭，陔蘭孔馨。微言未絶，竊願參訂。魂兮有知，鑒此心盟。尚饗！①

自上年六月至是年，孔繼涵整理并始刊行《戴氏遺書》，寄《戴氏遺書》數種與盧文弨，請盧文弨撰序。八月，盧文弨作《戴氏遺書序》（見孔繼涵《微波榭叢書》本《戴氏遺書》之一《毛鄭詩考正》卷首），有"今年春，得曲阜孔君葒谷書，則已爲之開雕"之語。其文云：

千古之業，不爲一時之榮，而其道有兼得者，則以遭際盛時，搜羅拔擇，不使魁磊宏碩之彦終沉霾於草澤，於是出其所學，上可以契於君，而下可以孚於友。以視槁項黄馘，而一命未沾，平生辛苦著述，難必後世之有子雲者，其幸不幸何如也。

吾友新安戴東原先生，生於顧亭林、閻百詩、萬季野諸老之後，而其學足以與之匹。精詣深造，以求至是之歸，胸有真得，故能折衷群言，而無徇矯之失。其著爲説也，未嘗使客氣得參其間，泠然而入，豁然而解，理苟明矣，未嘗過騁其辨以排擊昔人，而求伸其説。其爲道若未足以變易當世之視聽，而實至名歸，一二名公卿賢士夫灑然异之，聲譽遂隆隆起。天子開四庫館，以網

① 段玉裁：《經韵樓集》卷七，上海：上海古籍出版社2008年版，第181～182頁。

羅放失，讎校之司必得如劉向、揚雄者，方足以稱上指。東原用薦者以鄉貢士起家，入館充校理，命與會試中式者同赴廷對，洊升翰林，天下士聞之咸喜，以爲得發抒所學矣。閲四三年，而東原以勤於其職致病，竟不起，此又天下士所爲同聲惋痛者也！

東原在館，校定《大戴禮記》《水經注》《五經算術》《孫子算經》等書，既已官爲版行，而其遺書尚夥，或不免有零墜之患，意獨竊竊然慮之。今年春，得曲阜孔君葒谷書，則已爲之開雕，以其先成若干種寄余，余於是大慰，東原於是乎爲不亡矣！

蓋人能爲可傳，而不能使後世之必傳，況乎學樸知希，不知則不愛，不愛則一聽其紙刓墨敝，鼠齧蠹蝕，而無肯爲之收拾，古今若此者多矣。葒谷嗜學，若飢渴之於飲食，尤好表章古人之遺文墜簡，嘗校梓唐人所爲《五經文字》《九經字樣》，訛者正之，疑者闕之，東原見而喜其精審，爲之作序，固宜其臭味之無差池也。今不以死生易慮而亟爲版行其遺書，以公諸天下之同爲是學者，使諸老師碩儒一綫相延之緒不墜於地，而常有人焉踵起代興，以益光我朝右文之盛治，其功良偉，匪特不負良友而已。

東原之書出，天下後世必有能闡揚之者。余於是不爲東原惜，而且爲東原幸。轉以惜夫古人有是學，而或不遇其時，當世又無知己，以致灰飛煙滅，徒有其目，而卒不得見其書者之尤可歎也。

乾隆四十有三年八月東里盧文弨書。

孔廣森爲撰《戴氏遺書總序》曰：

東原先生，姓戴氏，諱震，徽州休寧人也。學於古訓，言行可法，以薦爲《四庫全書》纂修，賜官庶吉士。春秋五十有五，乾隆丁酉五月二十七日疾卒。凡所著文章經義若干卷，叔父農部公，先生之昏因也，綴而刊之。廣森嘗聞先生緒論，又感先生崇闡漢儒，而不終其志以殁。乃爲序曰：

緬惟樂遊講藝，訪太傅於石渠，元日談經，坐侍中於重席。時則玉羊既遠，金虎初開，著學官者凡十四家，説稽古者成數萬字。至若五是六沴之徵，定君陽武；三科七缺之法，弊獄淮南。士苟通經，皆能致用。蓋原其授受，本屬參商；叙其世年，未睽昌闕。是以祖之前師，沿之後葉。北方戎馬，不能屏視月之儒；南國浮屠，不能改經天之義。夫學有優劣者，時也；經有顯晦者，數也。五君晚出，非漢博士之傳；千禩相仍，廢鄭司農之注。縱横异説，别創先天；顛倒聖文，悉更後定。特以腐儒炫視，易謬驪黄；末士明經，原求青紫。但遵甲令，粗知帖括之詞；疇克庚言，紹彼先民之作。敏而好學，信而好古，惟於戴君見之已！

君以梅、姚售僞，孔、蔡謬悠，妄云壁下之書，猥有杭頭之字。古文一卷，祇出西州；小序百篇，舊名北斗。正謨攝誥，歷黄序而僅存；月采豐刑，遘赤眉而已燼。乃或誤援《伊訓》，滋元年正月之疑；强執《周官》，推五服一朝之解。譬之争年鄭市，本自兩非；議瓜驪山，良無一是。是用翦除假託，折衷群淆，步驟五三，録目七四，爲《尚書義考》未成，成《堯典》一卷。

又以要聞五際，尚論四家。毛《傳》孤行，是觴源於牟、妙；鄭《箋》破字，每毫采於轅、嬰。莫不假聲注文，以意逆志，誠古訓之所式，多識之所資也。雖其篇冠以序，擇焉不精，或云托諸西河，或云造諸東海，然嗣衿貽玖，何必欲色之音；交扈羅鴛，實爲陳古之刺。爲《毛鄭詩考正》四卷，别爲《詩補傳》未成，成《周南》《召南》二卷。

君之入書局也，西京客史，夙善徐生；東觀中文，遂分淹《禮》。乃取忠甫《識誤》，德明《釋文》，殫求豕亥之差，期復鴻都之舊。互相參檢，頗有整齊，削康成長衍之條，退《喪服》廁經之傳，爲《儀禮正誤》一卷。

鄭斤粤鎛之篇，備遺事職；穹蓋星弓之教，首列巾車。九經九緯，營國有方；五溝五塗，奠水有則。尋筵既度，遂知洛邑之朝；圭槷未縣，孰辨營丘之夕。以至肆懸舞甬，五等琮璜，槐里樽空，棰成劍没。大夫嫁女之器，未必皆真；單於賄漢之銘，何嘗盡僞。諶鎰之所畫繪，梁聶之所更釐，不有參稽，將無競爽，爲《考工記圖》二卷。

古者冕服以祭，弁服以朝；祭則衣純，朝則以布。芾形連帶，制异於直方；屨色從裳，次分於繪繡。周壇餉帝，大裘降繁露之華；魯禘嫌王，旒璪飾丹雞之祝。等威昭焉，文質備焉。道學起而儒林衰，性理興而曲臺絶。齊、秦委武，莫識稱名；殷、夏圜章，焉能考據。溯增冰於積水，示祭海於先河，爲《學禮篇》一卷，冠其《文集》十卷之首。

且夫一陰一陽之爲道，見仁見知之爲性，通於六籍之爲學，辨於萬事之爲理。謂理具靈臺，則師智者得；謂學遺象罔，則悟寂者先。豈有略窺語録，便詡知天；解斥陽明，即稱希聖。信洛黨之盡善，疑孟氏之未醇，其説空空，其見小小。蓋繹鄭君生質之訓，誦周雅教木之箋，所謂受中自天，秉彝攸好。孔提可按，漢學非訛，爲《原善》一卷、《孟子字義疏證》三卷、《大學》《中庸補注》各一卷。君之學術，此其大端歟？

景純有云："《爾雅》者，九流之津涉，六藝之鈐鍵。"虎闈小學，未束髮而知書；豹鼠奇編，不下席而觀古。故辨言之樂，對於三朝；首基之文，問於五始。至於殊方别語，絶代離詞，皆轉注之指歸，亦《凡將》之墜緒，爲《爾雅文字考》十卷、《方言疏證》十三卷。

書教有六，最夥諧聲；叔重無雙，惟傳《解字》。若乃部分平仄，母别見溪，官家恨狹，羊戎之所自爲；天子聖哲，梁武之所不信。古人韵緩，止屬椎輪；後世音繁，實精引墨。君審其清濁，道以源流。旁通反紐，發周、沈之舊聞；上協《詩》《騷》，采顧、江之新義。爲《聲韵考》四卷、《聲類表》十卷。（先生文集，尚有《轉語二十章》及《六書論》三卷，自序此二種，遺稿未見。）

於是辨韵之餘，留觀百氏；研音之下，雅愛三閭。以爲娀臺訪女，近窈窕之遺聲；湘水搴芳，續榛苓之逸響。叔師注而未詳，《辨》《招》附而不可，核之《漢志》，名從主人，爲《屈原賦注》四卷。

自疇人分散，鄒大失居，《九章》中落，昧商高積矩之言；八線西來，竊師氏旁要之算。而耳聽下士，穴見小儒，不知五五之開方，輒薄九九之賤技。哨壺斗五，律管徑三，元晦以之存疑，季通以之强説。未知紀步，何能讀宅柳之經？未曉倨句，何能治上輿之記？爲《九章補圖》一卷、《原象》一卷、《古曆考》二卷、《曆問》二卷。

昔趙商難《禮》，先求五服之方；景伯受《詩》，即涉七州之地。君山川能説，郡縣成圖。酈元故籍，證其綿褫；昆、渤今流，條其絡脈。爲《戴氏水經注》四十卷、《水地記》一卷、《直隸河渠書》六十四卷。

嗚呼！君之著書，可謂博矣；君之見道，可謂深矣。向使壽之以年，行其所志，下安輪於都尉，授梯几於鴻臚。雍宫未建，命曹褒以定儀；大予將成，詔宋登而持節。雖復辨卿訟闕，公羊未必能明；子駿移書，逸禮難其置立。而太山郡將，北面稱師；上蔡通侯，西行受業。則何、湯既貴，輜車方賜於五更；君上從遊，録牒庶多於萬計。豈謂陰堂告祲，圓石鐫名，一經之寫定無年，三歲之瓊瑰已夢。清明卷佚，長封下馬之陵；通德人亡，不待嗟蛇之歲。然而《太玄》覆瓿，終遇桓譚；都養陳謨，彌尊伏勝。鄭鄉絶學，倘千百載而重興；《戴氏遺書》，於十三經其有補。悲懷逝者，延佇將來。①

戴震弟子汪灼聞知孔氏刻《戴氏遺書》成，撰《挽東原戴夫子》詩："千年學術繼康成，《禮經》《書傳》鎔鑄精。仰觀天文俯察地，字源音

① 孔廣森：《駢儷文》卷二，見《續修四庫全書》第1476册，上海：上海古籍出版社2002年版，第377～379頁。

韵皆通明。鳥獸草木復多識，垂世何慚討論名。忻逢御極三十有八載，舘開四庫招通經。先生首應徵聘詔，出入修纂恩寵榮。花磚暫待先生死，空讓槐廳據行李。馬帳徒思向浙懸，松嶠瞻拜惟弟子。友人告我遺編刻自衍聖公，三十餘種具精理。何時書達購微言，味道含經佐根柢。草莽才堪社稷臣，問途已經求諸己。”①

是年，章學誠作《與錢獻之書》，議論當代學風，品評戴震等人，其略曰："三十年來，學者鋭意復古，於是由漢唐注疏、周秦子緯，而通乎經傳微言，所謂絶代離辭，同實殊號，闡發要妙，補苴缺遺，可謂愈出而愈奇矣。至四庫舘開，校讎即爲衣食之業，一時所謂《爾雅》《三蒼》《説文》《玉篇》《廣韵》之書，裒然盈几案間，而中才子弟，亦往往能摘謟謟、商商之誤，則愈盛矣。……戴東原氏之訓詁，朱竹君氏之文章，皆無今古於胸中者也。其病則戴氏好勝而强所不知，朱氏貪多而不守統要，然而與風氣爲趨避，則無之矣。"②

乾隆四十四年己亥(1779)　卒後二年

是年，戴震遷葬於休寧商山鄉東北孝敬村几山。據龔麗正所撰碑文(詳見本譜"嘉慶十八年"下)"巽山乾加己亥"數字，知戴震於是年遷葬於此，墓向坐東南朝西北。

上年戴中立有致段玉裁書曰："弟於今春底舍先君靈柩，尚未得好地。今暫厝祖塋之旁，俟覓好地而葬。"可知中立覓其父葬地時間逾一年。

戴震之子中立病卒。段玉裁《誥封孺人戴母朱夫人八十壽序》："既葬先生，而中立又病歿……中立已娶，無子，夫人謀於宗族，以先生之弟漁卿孝廉之子中孚爲後，漁卿衹此一子，俟中孚子多，分紹之。"

---

① 汪灼：《漁村詩集》卷四，清抄本，中國國家圖書舘藏。

② 章學誠著，倉修良編注：《文史通義新編新注》，杭州：浙江古籍出版社 2005 年版，第 794～795 頁。

戴震之子嗣，爲一子中立，生年不詳。據上年戴中立《與段玉裁書》："弟聘定事，俟明年秋間服滿之後，再作繼續也。"可知中立當於是年秋方婚娶，或因隨母在京師侍奉戴震而延遲婚期。後又因服父喪而至是年秋方完婚。不幸新婚不久即病卒（前《與段玉裁書》中提及已患有失血症），無子嗣。朱夫人遂以戴震之弟漁卿（戴霖，字漁卿）之子中孚爲後。據戴震墓碑銘，中孚有子四人：國均、國培、國墉、國壿。段玉裁《誥封孺人戴母朱夫人八十壽序》"漁卿衹此一子，俟中孚子多，分紹之"，中孚四子中，以國均、國培爲戴震祀孫。

戴震一女某，嫁曲阜孔繼涵次子孔廣根。孔廣根生於乾隆二十九年（1764），戴震卒時，廣根年方十四，其娶戴震之女或當在數年之後。

自乾隆四十二年（1777）六月至是年年末，曲阜孔氏共刊刻《戴氏遺書》十二種。含《毛鄭詩考正》五卷（卷首和正文四卷），《杲溪詩經補注》二卷，《考工記圖》二卷，《孟子字義疏證》三卷，《聲韵考》四卷，《聲類表》十卷（卷首和正文九卷），《原善》三卷，《原象》一卷，《續天文略》一卷，《水地記》一卷，《方言疏證》十三卷，《文集》十卷。

而《句股割圜記》三卷，《策算》一卷，收入孔氏微波榭所刻《算經十書》[①]中，刊刻時間在戴震逝世之前，非屬《戴氏遺書》[②]。《水經注》三十五卷，有孔繼涵撰《序》，而爲戴震自刻，更非屬微波榭刻《戴氏遺書》。[③]

---

① 錢寶琮《校點算經十書序》："清乾隆三十七年開四庫全書舘，訪得毛氏的影宋抄本七種，又於《永樂大典》中録出《九章算術》《海島算經》《五經算術》三種，經過戴震的校訂，作爲四庫書的底本。與此同時，曲阜孔繼涵依據戴震的校定稿印行微波榭本《算經十書》，并將《數術記遺》和戴震的兩種著作（《策算》一卷，《句股割圜記》三卷）附刻於內。"（錢寶琮校點：《算經十書》，北京：中華書局 1963 年版，第 5 頁。）

② 阮元《疇人傳・戴震傳》有"《戴氏遺書・算經十書》"之謂，誤。

③ 《段譜》謂"《戴氏遺書》凡十五種"，後多襲此説。楊應芹《戴震著述書目補正》："查《微波榭叢書》，在《算經十書》中還有戴氏的《九章算術補圖》一卷，《五經算術考證》一卷。這樣，孔刻戴著的實際書目既不是十五種，也不是十四種，而是十六種。值得注意的是，近年整理出版的戴震著作（如《戴震集》《戴震文集》《戴震全集》等），仍沿襲孔刻戴著爲'十五種'這個錯誤的數位。……從版本的角度來説，我們可以統稱以上孔刻戴著爲《微波榭叢書》本，或稱微波榭本；若統稱爲'《戴氏遺書》本'或'《遺書》本'，則未免以偏概全，不盡確當。"（《江淮論壇》1994 年第 2 期）

戴震《文集》，據前引戴中立致段玉裁書："《古文時文集》計六卷（俱孔公處）。"可知戴震生前擬定《文集》爲六卷，孔氏刊刻《戴氏遺書》時，多有增訂，而成十卷。孔氏之增訂者，多爲戴震散落之遺文，然亦或有闌入之作。

王念孫校正《方言》，後與戴本《方言疏證》對勘，所見多同，而亦有小异，因作《方言疏證補》一卷，以補正戴書之訛誤。

劉台拱亦著有《方言補校》一卷，對戴書及盧文弨《重校方言》之疏漏加以校補。

是年五月，洪榜卒，年三十四。

孔廣森《駢儷文》卷三《洪舍人誄》："維乾隆四十有四年夏五月戊申，候補内閣中書歙縣洪君榜卒。"①

是年十月，劉大櫆卒，年七十二。

劉大櫆，字才甫，一字耕南，號海峰，安慶府桐城（今屬安徽省銅陵市樅陽縣）人，爲桐城派承前啓後之關鍵人物，師事方苞而傳授姚鼐。劉大櫆一生科舉、仕途極困頓，乾隆二十六年（1761）方獲徽州府黟縣教諭一職，至乾隆三十一年（1766）離任回籍，教授生徒以至終老。劉大櫆發展方苞古文理論，以文章名海内，有《海峰詩文集》。其在徽州期間，與汪梧鳳、汪灼父子及鄭牧、程瑶田、方矩等徽州學者文人均有交游。江永卒，劉大櫆撰有《江先生傳》。戴震與劉大櫆是否有交游，因無任何文獻可據，實不得而知。

是年十二月，于敏中卒，年六十六。于敏中卒於乾隆四十四年十二月初八，當爲公元1780年1月14日。

于敏中，字叔子，號耐圃，江蘇金壇人。乾隆二年（1737）狀元，官至文華殿大學士兼户部尚書。四庫舘開，任正總裁，與大學士劉統勳力争搜輯《永樂大典》之佚書，爲清廷采納。因紀昀、裘曰修舉薦，上書清廷特召戴震等入舘。卒謚文襄，并配祀賢良祠。後因牽入甘肅監糧冒賑案，被撤出賢良祠。

---

① 孔廣森：《駢儷文》卷三，見《續修四庫全書》第1476册，上海：上海古籍出版社2002年版，第393頁。

乾隆四十五年庚子(1780)　卒後三年

朱筠自上年冬任福建學政，是年二月撰《戴氏校訂水經注書後》，其文曰：

此吾友休寧戴東原初徵入四庫館，以其生平所校《水經注》本，更據《永樂大典》所引互校，損益至二三千言之多，而酈氏原序亦出焉，乃并録以成書，官刻編之聚珍板中者也。東原嘗言是書今本經、注混淆者不少，顧賴其書例可考而最易明者，若經稱一水必過一郡，而注則屢言是水逕某縣某故城，自西而南而東，或西北而東，此經與注一定之例也。傳寫者不明，往往取"過"與"逕"字妄改其舊；而郡縣及故城之例具在，不可易也。其刻本混淆者，大抵自宋以後，於是博考唐以前人撰著，若《通典》《初學記》諸書所引，輒與東原所意斷是非符合，用是益以自信，而條理秩然。余謂其所校有功於酈氏良多，然或過信其説，不疑而徑改者間有之。雖十得其八九，然於孔聖多聞闕疑之指，未敢以爲盡然也，要爲近來校讎絶無之本矣。歲乙未，余購得此本於武英殿中，越四年己亥冬，攜以來閩，庚子二月，在延平使院偶紬此書，紙裹㨶敗，爰令及門青陽徐生鈺章之，以琉球紙易去敗葉，裝爲八册，重閲之，因歎東原校讎之精，而墓草之宿於兹三歲，於是乎書。①

朱筠於戴震舘校《水經注》首肯居多，然亦有批評。

是年，錢大昕《廿二史考异》一百卷成書，有《自序》。是書爲錢氏考史論史名著。

---

① 朱筠：《笥河文集》卷六，見《續修四庫全書》第1440册，上海：上海古籍出版社2002年版。

乾隆四十六年辛丑(1781)　卒後四年

是年,朱筠卒,年五十三。

朱筠、朱珪兄弟與戴震關係皆甚爲密切。乾隆十九年(1754)戴震赴京後,即與朱筠有交游。乾隆三十六年至三十八年(1771—1773),朱筠任安徽學政期間,表彰江永、汪紱,章學誠、王念孫等學者皆游於其幕府。其於一時學術影響甚著。朱筠又奏請搜求遺書及整理《永樂大典》,於清廷之開四庫全書館助力甚多。戴震卒後,朱筠亦傷悼之;并推許其考據之功。然朱筠尚程、朱之學,故不欲洪榜《戴先生行狀》載録戴震《答彭進士允初書》,其學術追求與戴震顯然异趣。

是年,段玉裁自四川巫山縣令致仕歸金壇,自此專心讀書治學以至終老。

乾隆四十七年壬寅(1782)　卒後五年

是年,凌廷堪始讀《戴氏遺書》,知戴震之學。

張其錦《凌次仲先生年譜》:"乾隆四十七年壬寅,先生二十六歲。春夏,客揚州;季秋,始入京都。……翁覃溪師贈《戴氏遺書》。"[①]凌廷堪《戴東原先生事略狀》:"東原先生卒後之六年,廷堪始遊京師,洗馬大興翁覃溪先生授以《戴氏遺書》,讀而好之。"凌氏所言之"六年",當自戴震逝世之年起計之。

戴震外孫、孔廣根之子、孔繼涵之孫孔和不幸夭折,孔繼涵作《壬寅五月二十二日和孫殤於痘適刊〈九章算術〉竟感念東原題詩付兒子廣根》詩:"銜悲宛轉尋餘痛,直到初投縞紵年。黄土蓋棺今六載,麻衣掩面更新阡。經傳外氏曾奢望(自注:和孫,東原之外孫也),事歷

① 本社影印室輯:《乾嘉名儒年譜》第十册,北京:北京圖書館出版社2006年版。

中年感易延。剩寄悲懷留刊刻，强持清淚和朱研。”[1]傷和孫之夭折，兼悼東原之早逝，深摯動人。

是年正月，第一部《四庫全書》告竣。首部《全書》總存書3457部，79070卷；存目6766部，93556卷。藏於皇宫文華殿後之文淵閣(世稱《文淵閣四庫全書》)。

乾隆四十八年癸卯(1783)　卒後六年

是年，孔繼涵卒，年四十五。據翁方綱《皇清誥授朝議大夫户部河南司主事孔君墓誌銘》："君生於乾隆四年正月二日，卒於四十八年十二月十八日。"[2]知孔繼涵生於公元1739年2月9日，卒當公元1784年1月28日。

孔繼涵與戴震爲姻親，戴震之女嫁其次子孔廣根。戴震與孔繼涵學術交游亦甚多，已見本譜"乾隆三十三年"和"乾隆三十六年"下。

乾隆四十九年甲辰(1784)　卒後七年

是年十一月，《四庫全書》第四份抄成(原定抄録四份)，《四庫全書》主體工程完成。第五、六、七份爲續辦工程，至乾隆五十二年(1787)亦告竣。

《四庫全書》工程自乾隆三十七年(1772)徵集遺書開始，乾隆四十三年(1778)徵書結束；乾隆三十八年(1773)正式輯校整理工作，乾隆四十六年(1781)十二月，第一份《四庫全書》抄成；乾隆四十七年(1782)十一月，第二份告竣；乾隆四十八年(1783)冬，第三份抄畢，是

① 孔繼涵：《紅櫚書屋詩集》卷四，見《續修四庫全書》第1460册，上海：上海古籍出版社2002年版。

② 翁方綱：《復初齋文集》卷一四，見《續修四庫全書》第1455册，上海：上海古籍出版社2002年版，第481頁。

年完成原定全部四份抄録工作。乾隆傳諭内閣:“現在《四庫全書》四分告竣。該舘書籍,每分三萬六千册,卷帙浩繁。自第一分書成後,迄今甫届三年,其二、三、四分俱以次進呈全完,辦理尚爲迅速。所有總裁、總閲、總纂等交部從優議叙。”①

王念孫因四庫舘纂修僅記過十二次(按:四庫舘員多數被記過百次以上,最多達三千餘次),獲清廷嘉奬,補虞衡司主事。

鄭虎文卒,年七十一。

鄭虎文(1714—1784),字炳也,號誠齋,浙江秀水人。乾隆七年(1742)進士,博通學術,善詩文。有《吞松閣集》。鄭虎文與戴震、汪梧鳳等交往甚多;乾隆三十一年(1766),章學誠於京師鄭虎文寓所初識戴震。

程晋芳卒,年六十七。

程晋芳(1718—1784),字魚門,號蕺園,徽州歙縣人。乾隆三十六年(1771)進士,與修《四庫全書》。與戴震、吴敬梓等當時學者、文人多有交游。

乾隆五十年乙巳(1785)　卒後八年

是年,陸燿卒,年六十四。

陸燿曾與戴震論學,有《復戴東原言理欲書》,詳見本譜“乾隆四十二年”下。

乾隆五十一年丙午(1786)　卒後九年

是年,趙一清所著《水經注釋》四十卷始刊行。

段玉裁著《説文解字讀》三十卷成,有盧文弨撰序。此書實爲段氏《説文解字注》之前期基礎工作。

---

① 《清高宗實録》卷一二一九,見《清實録》第二十四册,北京:中華書局 1986 年版,第 355 頁。

是年，孔廣森卒，年三十五。

孔廣森（1752－1786），字衆仲，一字撝約，號巽軒，孔繼涵之侄。曾師姚鼐，而受戴震影響最深，撰《戴氏遺書總序》綜論戴震著述及學術成就。孔廣森精於《三禮》、策算、音韵等，有《春秋公羊通義》《大戴禮記補注》《詩聲類》等，又長於駢文，惜年壽短促，未竟其志。

是年，段玉裁《説文解字讀》五百四十卷成書。是書爲其《説文解字注》之前身。

乾隆五十二年丁未（1787）　卒後十年

是年，王引之研讀《爾雅》《方言》《説文解字》等，從事文字、音韵、訓詁研究。

梁玉繩《史記志疑》三十六卷刊行。王鳴盛《十七史商榷》一百卷刊行。

十二月，錢大昕撰《疑年録》四卷，著録自東漢學者鄭玄至當世學者惠棟、盧文弨、王鳴盛、戴震等三百多人生卒、年壽。

乾隆五十三年戊申（1788）　卒後十一年

是年，阮元著成《考工記車制圖解》并刻印。《揅經室一集》卷七《考工記車制圖解後跋》曰："右《車制圖解》，元二十四歲寓京師時所撰，撰成即刊之。其間重較、軓前十尺、後軫諸義，實可辨正鄭注，爲江慎修、戴東原諸家所未發，且以此立法，實可閉門而造，駕而行之。此後金輔之、程易田兩先生亦言車制，書出元後，其於任木、梢藪等義，頗與鄙説不同，其説亦有是者。元之説亦姑與江、戴諸説并存之，以待後學者精益求精焉。"①

---

① 阮元：《揅經室一集》，見《續修四庫全書》第1478册，上海：上海古籍出版社2002年版，第620頁。

乾隆五十四年己酉(1789)　卒後十二年

余廷燦作《戴東原先生事略》,已見本譜“乾隆四十二年”下。

是年八月,段玉裁至京師,始得與王念孫首次晤面,與之共訂古音。王念孫《王光禄遺文集》卷四《與劉端臨第二書》(乾隆庚戌):“若膺先生在都時,快談一切,竊恨相見之晚。其所著《尚書考异》,發前人所未發,有功經學甚巨。與《説文解字讀》《六書音均表》皆不朽之業也。”①

段氏見王念孫所著《廣雅疏證》,歎曰:“予見近代小學書多矣,動與古韵違异。此書所言聲同、聲近、通作、假借,揆之古韵部居,無不相合,可謂天下之精矣!”(《廣雅疏證序》)

王念孫、段玉裁爲戴震弟子之最著者,王氏於訓詁、段氏於文字均卓然一代大師。二人雖晤面甚晚,而實神交、筆交已久,且相互推許,可謂同得戴氏真傳。

是年,周永年《貸園叢書初集》十二種刊行。該叢書收録惠棟《春秋左傳補注》、江永《古韵標準》《四聲切韵》、戴震《聲韵考》等小學著作。

紀昀始著筆記小説《閱微草堂筆記》,該書録有戴震所述故事多則。

章學誠撰《書朱陸篇後》,批評戴震學行。本篇載《文史通義·内篇二》,其文曰:

> 戴君學問,深見古人大體,不愧一代鉅儒,而心術未醇,頗爲近日學者之患,故余作《朱陸》篇正之。戴君下世今十餘年,同時有横肆罵詈者,固不足爲戴君累。而尊奉太過,至有稱謂孟子後

① 王念孫:《王光禄遺文集》,見《清代詩文集彙編》第409册。上海:上海古籍出版社2010年版,第541頁。

之一人，則亦不免爲戴所愚。身後恩怨俱平，理宜公論出矣，而至今無人能定戴氏品者，則知德者鮮也。凡戴君所學，深通訓詁，究於名物制度，而得其所以然，將以明道也。時人方貴博雅考訂，見其訓詁名物，有合時好，以謂戴之絶詣在此。及戴著《論性》《原善》諸篇，於天人理氣，實有發前人所未發者；時人則謂空説義理，可以無作，是固不知戴學者矣。戴見時人之識如此，遂離奇其説曰："余於訓詁、聲韵、天象、地理四者，如肩輿之隸也。余所明道，則乘輿之大人也。當世號爲通人，僅堪與余輿隸通寒温耳。"言雖不爲無因，畢竟有傷雅道，然猶激於世無真知己者，因不免於已甚耳，尚未害於義也。其自尊所業，以謂學者不究於此，無由聞道。不知訓詁名物，亦一端耳。古人學於文辭，求於義理，不由其説，如韓、歐、程、張諸儒，竟不許以聞道，則亦過矣。然此猶自道所見，欲人惟已是從，於説尚未有欺也。

其於史學義例、古文法度，實無所解，而久遊江湖，恥其有所不知，往往强爲解事，應人之求，又不安於習故，妄矜獨斷。如修《汾州府志》，乃謂僧僚不可列之人類，因取舊志名僧入於古迹。又謂修志貴考沿革，其他皆可任意，此則識解漸入庸妄，然不過自欺，尚未有心於欺人也。余嘗遇戴君於寧波道署，居停代州馮君廷丞，馮既名家子，夙重戴名，一時馮氏諸昆從，又皆循謹敬學，欽戴君言，若奉神明。戴君則故爲高論，出入天淵，使人不可測識。人詢班、馬二史優劣，則全襲鄭樵譏班之言，以謂已之創見。又有請學古文辭者，則曰："古文可以無學而能。余生平不解古文辭，後忽欲爲之而不知其道，乃取古人之文，反覆思之，忘寢食者數日，一夕忽有所悟，翼日，取所欲爲文者，振筆而書，不假思索而成，其文即遠出《左》《國》《史》《漢》之上。"雖諸馮敬信有素，聞此亦頗疑之。蓋其意初不過聞大興朱先生輩論爲文辭不可有意求工，而實未嘗其甘苦。又覺朱先生言平淡無奇，遂恢怪出之，冀聳人聽，而不知妄誕至此，見由自欺而至於欺人，心已忍矣。然未得罪於名教也。

戴君學術，實自朱子道問學而得之，故戒人以鑿空言理，其説深探本原，不可易矣。顧以訓詁名義，偶有出於朱子所不及者，因而醜貶朱子，至斥以悖謬，詆以妄作，且云："自戴氏出，而朱子儌幸爲世所宗，已五百年，其運亦當漸替。"此則謬妄甚矣！戴君筆於書者，其於朱子有所异同，措辭與顧氏寧人、閻氏百詩相似，未敢有所譏刺，固承朱學之家法也。其异於顧、閻諸君，則於朱子間有微辭，亦未敢公然顯非之也。而口談之謬，乃至此極，害義傷教，豈淺鮮哉！或謂言出於口而無蹤，其身既殁，書又無大牴牾，何爲必欲摘之以傷厚道？不知誦戴遺書而興起者尚未有人，聽戴口説而加厲者，滔滔未已。至今徽歙之間，自命通經服古之流，不薄朱子，則不得爲通人。而誹聖排賢，毫無顧忌，流風大可懼也。向在維揚，曾進其説於沈既堂先生曰："戴君立身行己，何如朱子，至於學問文章，互争不釋，姑緩定焉可乎？"此言似粗而實精，似淺而實深也。

戴東原云："凡人口談傾倒一席，身後書傳，或反不如期期不能自達之人。"此説雖不盡然，要亦情理所必有者。然戴氏既知此理，而生平口舌求勝，或致憤争傷雅，則知及而仁不能守之爲累歟？大約戴氏生平口談，約有三種：與中朝顯官負重望者，則多依違其説，間出己意，必度其人所可解者，略見鋒穎，不肯竟其辭也。與及門之士，則授業解惑，實有資益；與欽風慕名，而未能遽受教者，則多爲慌惚無據，玄之又玄，使人無可捉摸，而疑天疑命，終莫能定。故其身後，縉紳達者咸曰："戴君與我同道，我嘗定其某書某文字矣。"或曰："戴君某事質成於我，我贊而彼允遵者也。"而不知戴君當日特以依違其言，而其所以自立，不在此也。及門之士，其英絶者，往往或過乎戴。戴君於其逼近己也，轉不甚許可之，然戴君固深知其人者也。後學向慕，而聞其恍惚玄渺之言，則疑不敢决，至今未能定戴爲何如人，而信之過者，遂有超漢、唐、宋儒，爲孟子後一人之説，則皆不爲知戴者也。[①]

是年，任大椿卒，年五十二。

任大椿乾隆二十七年(1762)與戴震同舉於鄉，治學頗受戴震影響，詳見本譜“乾隆二十五年”下。

是年，方矩卒，年六十二。

乾隆十八年(1753)，汪梧鳳聘江永講學不疏園，方矩與戴震等同學於此，并邀戴震等至其歙縣靈山家。後復聘江永至其家，與程瑶田、汪梧鳳等研學論文。詳見本譜“雍正六年”下。

是年，黄式三生。

黄式三(1789—1862)，字薇香，號儆居，浙江定海人。博覽經史諸子，明於典章制度。著有《復禮説》、《論語後案》二十卷、《儆居集經説》四卷等。黄式三推崇戴、段之學，謂段玉裁《説文解字注》於義理頗有創解；著《申戴氏氣説》《申戴氏理説》《申戴氏性説》以發明戴學。其《申戴氏理説》詳辨戴震之言理异於前儒及其緣由，謂當合理萃取戴氏理説之長。其文曰：

戴氏東原作《孟子字義疏證》，言理、言天理有异於昔儒。昔儒言天理之超乎陰陽氣化者曰：陰陽，氣也，形而下也；所以一陰一陽者理也，形而上也。是形上之道，惟天理足以當之矣。戴氏則據《易》言，“一陰一陽之謂道”，又言“立天地之道曰陰與陽”。陰陽即爲天道，不聞辨别所以陰陽始可當道之稱。《樂記》言天理，指人心中天然之分理，分陰陽而上别有所謂天理。此其异者一。

昔儒既眇言天理，而以天理之賦於人爲性之本矣。戴氏則云：“理者，察之而幾微必區以别之名，是故謂之分理，在物之質曰肌理，曰腠理，曰文理，得其分則有條不紊，謂之條理。”凡經傳

① 章學誠著，倉修良編注：《文史通義新編新注》，杭州：浙江古籍出版社2005年版，第132～134頁。

中言理，謂人情之不爽失者也，非指潔净空闊之一物也。此其异者二。

昔儒既言天理爲性之本，則以理之得於天而具於心爲人之所同。其説依據於《孟子》。戴氏則謂：理至聖人而後無蔽，始能推諸天下萬世而準。《易》稱："先天而天弗違，後天而奉天時。"《中庸》稱："考諸三王而不繆，建諸天地而不悖，質諸鬼神而無疑，百世以俟聖人而不惑。"如是，始得爲人心之所同然；如是，始謂之得理。孟子以聖人先得義理爲人心之所同然，其解如此，若未至於同然，而存乎人心之意見，不可謂理。六經、孔、孟之書以及傳記群籍言理者少，今雖至愚之人，悖戾恣睢，其處斷一事，責詰一人，莫不輒曰理者，由自矜理具於心，而遂以心之意見當之也。此其异者三。

昔儒既言天理同具於心，以此理爲完全自足，而人非生知安行，氣廪所拘，未有不汙壞。其所受於天之理，有學而後此理漸明，學者是以貴復其初。戴氏則謂：目能辨色，耳能辨聲，心能辨理義。血氣心知，皆有自具之能，是性善即於形氣見之，而非壞於形氣也。戴氏又謂：人因質之昧而失理學之有可進於智者，人之血氣心知，异於禽獸，心之精爽，學以擴充之，於事靡不得理，是求理不在血氣心知之外也。戴氏又謂：人之形體資乎飲食之養，始於幼小，終於長大，非復其初。人之德性資乎學問之養，始於蒙昧，終於聖智，亦非復其初。孟子是以貴擴充，不言復初也。此其异四、异五、异六。

昔儒既言理爲氣廪所壞，因謂人有氣廪，始有情欲之擾，其説以《樂記》爲依據。戴氏則以理即"情之不爽失"者，"在己與人皆謂之情，無過情無不及情之謂理"。《樂記》云："人生而静，天之性；感物而動，性之欲。"欲出於性，由一人之欲推之，知天下之同欲，此謂反躬而依天理；媾一人之欲，而滅没乎天下人之同欲，此之謂不能反躬而窮人欲。欲不可窮，非不可有，有而節之，使無過情無不及情，即合乎天理矣。此戴氏之説理，其异七也。

有此七异，聞者驚且嘩矣。雖然，盍言其同?《程子遺書》曰："天之付與之謂命，稟之在我之謂性，見於事業之謂理。"朱子於《孟子》注引程子《易·艮卦》之傳曰："在物爲理，處物爲義。"於《近思録》又引之於《論語或問》"五十有五"章，辨窮理盡性之分云"理以事别"。陳氏北溪，朱門高弟也，曰："理是事物當然之則。義所以處此理者。"明薛氏敬軒、羅氏整庵，大儒之遵守程、朱者也。薛之言曰："其中脈絡條理，合當如此也。"又曰："所謂理者，萬事萬物自然之脈絡條理也，循其脈絡條理而行，本無難事，惟不知循理而行，所以崎嶇險阻不勝其難也。"又曰："《論語》一書，聖人就事言，而理在其中。論理不及事，末流爲虚無之弊。"又曰："古者《詩》《書》《禮》《樂》，俱以事物教人，而窮理亦於事物窮究，故所學精粗本末并該而無弊。後世論理太高，未免有弊。"又曰："庖丁解牛，祇是循理。"又曰："理不外事，惟於事求其理。理既明，即以此理處此事，斯得其當。"羅之言曰："學者溺於明心見性之説，於天地萬物之理不復致思，故常陷於一偏而不可與入堯舜之道。"又曰："士之好高欲速者，以理但當求之於心。書可不必讀，讀可不必記，貽後學無窮之禍。"張氏楊園，近儒之專守程、朱者也。張之言曰："聖人教人，一則曰窮理，一則曰精義，有物斯有理，處之得宜則義也。故曰有物有則。"又曰："義之與比，是豈離事而懸想一理乎?世儒好非'在物爲理，處物爲義'之語，多見其惑於邪説而不自知返也。"又曰："事事物物，各有當然之天理，己所以應之，能各當其則，方爲無私心，而合天理。"程、朱、薛、羅、張之言如此，合戴氏言參之，則理也者，在物當然之則，是聖人所條分縷析而君子所不敢紊也。《大學》曰"格物"。物者，身心家國之事。此物本非外物，非外而謂格之在外乎?格物之理，所以致心之知，即可見求理於物之不同於告子外義矣。若後儒説理具於心，視此性爲光明洞徹，遂以意見爲理耳。

或曰：戴氏言意見之不可當理，固矣。而昔儒言“人欲净盡，天理流行”，亦復破之，得無使逞欲者之藉口乎？

曰：否，否，不然也。《論語》稱“公綽之不欲”，勸季康子以不欲，皆戒私欲也，戴氏所謂學者莫患乎自私也。《論語》言“欲而不貪”“富與貴是人所欲”；孟子言“生我所欲”“欲貴者人之同心”“廣土衆民，君子欲之”，此皆不諱言欲者。專恣之欲不可有，同嗜之欲不能無也。後儒爲列、莊、淮南之學者，謂儒家設立禮儀，辨别等次誘之以欲而劈之以節欲。此顯斥儒説而自申其清净無欲，毁棄禮義之旨，固不可不辯。其援無欲之説以附於程、朱者，謂人欲净盡即天理流行，故援异端之所謂真宰真空者即全乎聖智，即全乎理，主於去情欲以勿害之，不復以學問擴充之，是尤不可不辯。戴氏之所辯如此而已。

朱子辯《樂記》曰：“‘人生而静，天之性’，未嘗不善，‘感物而動，性之欲’，亦未嘗不善。至好惡無節於内，知誘於外，始爲惡。”又於《孟子》注云：“天理人欲同行异情。”又於《大學或問》“格致”章云：“飲食男女，皆人情之所有而不能無。”但學者宜察行乎其間孰爲天理，孰爲人欲，是朱子不用异端絶欲之説也。《論語》“三月不違仁”之注，程子竱以“無私欲爲仁”，朱子更之曰“心不違仁者，無私欲而有其德”，是不謂遏欲即存理也。薛氏敬軒曰：“無欲非道，人道自無欲始。”又曰：“聖賢所謂無欲者，非如釋氏盡去根塵，以其不流於人欲之私，即爲無欲也。”羅氏整庵曰：“《樂記》所言欲與好惡，與《中庸》所言喜怒哀樂，同謂之七情，其理皆根於性者也。七情之中欲較重，惟天生民有欲，順之則喜，逆之則怒，得之則樂，失之則哀，故《樂記》獨以性之欲爲言欲，未可謂之惡。其爲善爲惡，繫於有節無節耳。”使後之學者能知此旨，不援無欲之説以牽引异端，戴氏之辯，固可以已。

或曰：戴氏之言理欲，前儒既有與之同者矣，而以陰陽之氣爲道，則理氣不分，豈非戴氏之臆創乎？

曰:非也。程伯子於《易傳》"形而上者謂之道"、"一陰一陽之謂道",亦嘗合解之,謂陰陽曰道,惟截上下最分明,上者即是道,在人默而識之。朱子《答柯國材書》曰:"一陰一陽,往來不息,即是道之全體。"羅整庵取此二說,以明理氣之不可分。羅氏又曰:"通天地,亘古今,無非一氣而已。氣本一也,而一動一静,一往一來,一闔一辟,一升一降,迴圈無已,爲四時之温涼寒暑,爲萬物之生長收藏,爲斯民之日用彝倫,爲人事之成敗得失。千條萬緒而卒不可亂,是即所謂理也,初非别有一物依於氣而立,附於氣而行也。"凡此與戴氏説同乎?稍不同乎?夫後儒之疑戴罵戴者,爲其説之駁程、朱耳。而以程、朱之所自言,與尊信程、朱者之所言,參互引證,學者可平心讀之,去戴氏之矯枉過正,而取其所長,在善學者之實事求是也。雖然,今之言人同此心,心同此理者,其説如無星之稱、無寸之尺矣,何能與之强辯也哉?①

乾隆五十五年庚戌(1790)　卒後十三年

是年,陸費墀卒,年六十。

陸費墀於乾隆三十八年(1773)任《四庫全書》總校官,後復任副總裁,在館前後達十七年。因其負責校閲之《四庫全書》訛誤甚多,受罰獨重,遭革職後,鬱憤而終。

乾隆五十六年辛亥(1791)　卒後十四年

是年,周永年卒,年六十二。

乾隆三十八年(1773),四庫館開,周永年與戴震等同時被召入

---

① 黄式三:《儆居集經説》卷三,見《清代詩文集彙編》第563册,上海:上海古籍出版社2010年版,第481～484頁。

館，號“五徵君”。周永年負責《永樂大典》集部輯校，於《大典》中輯出劉敞《公是集》、劉攽《公非集》等十餘種重要别集。周永年又纂《制藝類編》，録戴震制藝文二篇。

乾隆五十七年壬子(1792)　卒後十五年

是年六月，段玉裁得臧庸、顧子述之助，刊刻《戴東原集》十二卷成，作《戴東原集序》（乾隆壬子經韵樓本《戴東原集》卷首）。文曰：

> 先生卒於乾隆丁酉，年五十有五。自先生以古學唱，三十年來，薄海内承學之士，至於束髮受書之童子，無不知有東原先生，蓋其興起者盛矣。
>
> 稱先生者，皆謂考核超於前古。始玉裁聞先生之緒論矣，其言曰："有義理之學，有文章之學，有考核之學。義理者，文章、考核之源也。熟乎義理，而後能考核、文章。"玉裁竊以謂義理、文章，未有不由考核而得者。自古聖人製作之大，皆精審乎天地名物之理，得其情實，綜其始終，舉其綱以俟其目，興以利而防其弊，故能奠安萬世，雖有奸暴不敢自外。《中庸》曰："君子之道，本諸身，徵諸庶民，考諸三王而不繆，建諸天地而不悖，質諸鬼神而無疑，百世以俟聖人而不惑。"此非考核之極致乎？聖人心通義理，而必勞勞如是者。不如是不足以盡天地民物之理也。後之儒者，畫分義理、考核、文章爲三，區别不相通，其所爲細已甚焉。
>
> 夫聖人之道在六經，不於六經求之，則無以得聖人所求之義理，以行於家國天下，而文詞之不工又其末也。先生之治經，凡故訓、音聲、算數、天文、地理、制度、名物、人事之善惡是非，以及陰陽、氣化、道德、性命，莫不究乎其實，蓋由考核以通乎性與天道。既通乎性與天道矣，而考核益精，文章益盛，用則施政利民，舍則垂世立教而無弊。淺者乃求先生於一名一物一字一句之

間，惑矣。先生之言曰："六書、九數等事，如轎夫然，所以舁轎中人也。以六書、九數等事盡我，是猶誤認轎夫爲轎中人也。"又嘗與玉裁書曰："僕生平著述之大，以《孟子字義疏證》爲第一，所以正人心也。"噫！是可以知先生矣。

先生所爲書，或成或未成。孔氏體生梓於曲阜十餘種，學者苦其不易得。《文集》十卷，先生之學，梗概具見。武進臧氏在東、顧氏子述因增其未備，編爲十二卷，精校重刊，略以意類分次其先後，不分體如他文集者，意欲求其學者之易爲力也。壬子六月，弟子金壇段玉裁謹序。

臧庸(1767—1811)，字在東，號拜經，江蘇武進人。與弟禮堂俱師盧文弨，并從錢大昕、段玉裁等討論學術。沉默樸厚，學術精進，後入阮元幕府。著有《孝經考异》《月令雜説》《臧氏文獻考》《拜經堂文集》等。

顧明，字子述，生卒年不詳。

陳鴻森《丁傑行實輯考》："先生爲蒐得(戴震)遺文數篇增入之，六月刊成。"①

而《戴東原集》初刻欠善。段玉裁《與趙味辛書》云："東原師集刻雖成，而多未妥，容日再寄。"②又段氏《與劉端臨第九書》："東原師集已刻成，費而不佳，俟刷印後再奉送海内同志。"③

是年八月，段玉裁覆校《戴東原集》，并作《戴東原集覆校札記》，末識曰："刻版既成，不欲多剜損，故箋其後如此。傳此書者尚依此。研朱校改，以俟重刊。乾隆壬子八月段玉裁記。"

段玉裁經韵樓刻《戴東原集》依孔繼涵微波榭刻《東原文集》而頗有增損，現將經韵樓刻《戴東原集》(簡稱"段刻本")與微波榭刻《戴氏

---

① 陳鴻森：《丁傑行實輯考》，見《傳統中國研究輯刊》第六輯，2009年版，第296頁。

② 段玉裁：《經韵樓集・補編》卷下，上海：上海古籍出版社2008年版，第420頁。

③ 段玉裁：《經韵樓集・補編》卷下，上海：上海古籍出版社2008年版，第398頁。

遺書》本《東原文集》(簡稱“孔刻本”)簡略比較如下:

孔刻本十卷計刊戴震文115篇(末附孔繼涵《吴太孺人墓誌銘》1篇),大體以題名分卷:卷一“記”15篇,卷二“記”5篇,卷三“釋(解、讀、原)”13篇,卷四“考”10篇,卷五“序”18篇,卷六“序”10篇,卷七“後語(書後、跋)”13篇,卷八“書”11篇,卷九“碑(傳)”9篇,卷十“事略狀(墓誌銘)”11篇。

段刻本十二卷計刊戴震文138篇,大體依文章類型分卷:卷一經考類17篇,卷二禮制類17篇,卷三文字訓詁類11篇,卷四音韵類9篇,卷五天文類9篇,卷六地理類5篇,卷七數算類9篇,卷八哲學類9篇,卷九書牘類7篇,卷十序跋類12篇,卷十一應酬類15篇,卷十二碑傳類18篇。

孔刻本之外,段刻本增入27篇;而段刻本刊落孔刻本4篇(孔刻本卷五《閩中師友淵源考序》、卷六《温方如西河文匯序》、卷七《跋吴潛夫殘本聖教序》、卷十《直奉大夫刑部浙江清吏司員外郎毛公墓誌銘》),故段刻本篇數較孔刻本增加23篇。

段刻本所增27篇中,有19篇已見孔氏微波榭所刻《戴氏遺書》等戴震著作。其中,見於微波榭刻《聲韵考》6篇(卷三《論韵書中字義答秦尚書蕙田》《答江慎修先生論小學書》,卷四《書盧侍講所藏宋本廣韵後》《顧氏音論跋》《書玉篇卷末聲論反紐圖後》《書劉鑒切韵指南後》),《句股割圜記》3篇(卷七《句股割圜記》上、中、下),《毛鄭詩考正》2篇(卷一《詩摽有梅解》《詩生民解》),《孟子字義疏證》2篇(卷八《答彭進士允初書》《孟子字義疏證序》),《聲類表》1篇(卷四《答段若膺論韵》),《續天文略》1篇(卷五《續天文略序》),《策算》1篇(卷七《策算序》),《水經注》1篇(卷六《書水經注後》),《原善》1篇(卷八《原善序》),《原象》1篇(卷五《原象》)。

故段刻本新增者實爲8篇:卷五《九道八行説》《與丁升衢書》《再與丁升衢書》,卷六《記洞過水》,卷七《夏侯陽算經跋》,卷十《孟子趙注跋》,卷一一《族支譜序》,卷一二《鄭之文傳》。而《記洞過水》一文或爲段玉裁原作，戴震增删修改之，段玉裁弟子整理段氏遺著時，復將其收入《經韵樓集》卷七中。

是年，趙佑（1727—1800，字啓人，號鹿泉，浙江仁和人，乾隆十七年進士）任安徽學政，議以東原配食朱子祠堂，爲諸生葉元習力持不可而議寢①。

乾隆五十八年癸丑（1793）　卒後十六年

是年，凌廷堪有《與胡敬仲書》，論古今學術嬗變，并批評近人株守漢學之弊。其略曰："近之學者，多知崇尚漢學，庶幾古訓復申，空言漸絀，是固然已。第目前侈談康成，高言叔重者，皆風氣使然。容有緣之以飾陋，借之以竊名，豈如足下真知而篤好之乎？且宋以前學術屢變，非漢學一語遂可盡其源流。即如今所存之《十三經注疏》，亦不皆漢學也。蓋嘗論之，學術之在天下也，閱數百年而必變。其將變也，必有一二人開其端，而千百人譁然攻之；其既變也，又必有一二人集其成，而千百人靡然從之。夫譁然而攻之，天下見學術之异，其弊未形也；靡然而從之，天下不見學術之异，其弊始生矣。當其時亦必有一二人矯其弊，毅然而持之。及其變之既久，有國家者，繩之以法制，誘之以利禄，童稚習其説，耄耋不知非，而天下相與安之。天下安之既久，則又有人焉，思起而變之，此千古學術之大較也。……元明以來，儒者墨守程、朱，亦如隋唐以前儒者墨守鄭、服也。元行冲謂'寧道孔聖誤，諱言鄭服非'者，則又寧道孔聖誤，諱言程、朱非矣。疑之者，自陳氏《經典稽疑》、郝氏《九經通解》開其端，然其書或守誦習之説而未安於心，或舍傳注之文而别伸其見，學者咸以詭异視之。固

---

① 許承堯《歙事閑譚》卷二八："《初月樓聞見録》云：葉元習，名斆，歙人，有志節。少補諸生。……庶常（戴震）纂修館中，以勞卒，喪歸。同郡先達議以其主配朱子。元習以諸生力持不可，且謂庶常説經盡與朱子反，生則背之，死不宜配食。衆不能奪，其議遂寢。"（《歙事閑譚》，合肥：黄山書社2001年版，第999頁。）

陵毛氏出，則大反濂洛關閩之局，掊擊詆訶，不遺餘力，而矯枉過正，武斷尚多，未能盡合古訓。元和惠氏、休甯戴氏繼之，諧聲詁字必求舊音，援傳釋經必尋古義，蓋彬彬乎有兩漢之風焉。浮慕之者，襲其名而忘其實，得其似而遺其真。讀《易》未終，即謂王韓可廢；通《詩》未竟，即以毛鄭爲宗；《左氏》之句讀未分，已言服虔勝杜預；《尚書》之篇次未悉，已云梅賾僞古文。甚至挾許慎一編，置《九經》而不習；憶《說文》數字，改六籍而不疑。不明千古學術之源流，而但以譏彈宋儒爲能事，所謂天下不見學術之异，其弊將有不可勝言者。嗟乎！當其將變也，千百人譁然而攻之者，庸人也；及其既變也，千百人靡然而從之者，亦庸人也。矯其弊，毅然而持之者，誰乎？”①

墨守漢學而不求其是，本爲戴震所摒。戴震治學，向以求是聞道爲旨歸，又反對所謂學分漢、宋。凌廷堪推崇戴震，針對當世株守漢學、妄議宋儒之弊風批評深刻。稍後焦循、王引之等亦有類似批評文字。

錢載卒，年八十六。

錢載爲乾隆時期著名詩人、書畫家。戴震在四庫舘時期，與錢載頗有學術交争，詳見本譜“乾隆三十九年”下。

乾隆五十九年甲寅(1794)　卒後十七年

是年，孔廣森所著《大戴禮記補注》十三卷刊行，阮元撰序。阮元《大戴禮記補注序》曰：“顧自漢至今，唯北周盧僕射爲之注，且未能精備。自是以來章句溷淆，古字更舛，良可慨歎。近時戴東原庶常、盧紹弓學士相繼校訂，蹊徑略辟。曲阜孔檢討巽軒乃博稽群書，參會衆

① 凌廷堪著，王文錦點校：《校禮堂文集》卷二三，北京：中華書局 1998 年版，第 203～206 頁。

説，爲注十三卷，使二千餘年古經傳復明於世，用力勤而爲功巨矣。”①

段玉裁始在《説文解字讀》基礎上撰寫《説文解字注》，是書成於嘉慶十二年（1807），公認爲解釋《説文解字》最重要之著作，王念孫贊之爲許慎之後“千七百年來無此作矣”②。

陳奂《説文解字注跋》記：“奂聞諸先生曰：‘昔東原師之言，僕之學不外以字考經，以經考字。余之注《説文解字》也，蓋竊取此二語而已。經與字未有不相合者，經與字有不相謀者，則轉注假借爲之樞也。’”③

紀昀主纂《四庫全書總目》（亦稱《四庫全書總目提要》）二百卷經修訂，由武英殿刊行。是書爲中國古代規模最大之目録著作，後來學者譽之爲“治學之門徑”。

《四庫全書總目》爲正式收入《四庫全書》之約 3500 種文獻及存目之 6000 餘種文獻一一撰著提要，永瑢雖題爲領銜編纂人，實際領銜者則是紀昀，其重要編撰者另有戴震、邵晋涵、周永年、翁方綱等人。删訂潤飾，總其成者則爲紀昀一人。張舜徽曾詳論之：

> 朱珪稱昀館書局，筆削考核，一手删定爲《全書總目》，裒然巨觀。又稱昀生入玉關，總持四庫，萬卷提綱，一手編注。朱氏與昀爲同年進士，又爲修《四庫全書》時總閱官，乃云：“《四庫全書總目提要》，爲昀一手所成。”當不誣也。獨清末李慈銘以爲不然，謂當日《四庫提要》之修，經部屬之戴震，史部屬之邵晋涵，子部屬之周永年，皆各集所長。昀雖名博覽，而於經史之學實疏，集部尤非當家。今證之是集（按：紀昀《紀文達公文集》），而知李氏所言，似是而實大非也。觀昀自道有曰：“余於癸巳受詔校書，殫十年之力，始勒爲《總目》二百卷，進呈乙覽，以聖人之志，藉經

① 阮元：《揅經室一集》卷十一，見《續修四庫全書》第 1478 册，上海：上海古籍出版社 2002 年版，第 663～664 頁。

② 段玉裁：《説文解字注》，上海：上海古籍出版社 1988 年版，第 1 頁。

③ 段玉裁：《説文解字注》，上海：上海古籍出版社 1988 年版，第 789 頁。

以存；儒者之學，研經爲本，故經部尤纖毫不敢苟……”又曰：“余向纂《四庫全書》，作經部《詩》類小序云云。”又曰：“余校録《四庫全書》，子部凡分十四家……”又曰：“詩日變而日新，余校定《四庫》，所見不下數千家。”據此，可知當日《總目》之分類，類序之撰述，以及斟酌損益，輕重先後之際，皆昀一手裁定，而尤致詳於經部。昀視此二百卷之書爲一己之著作，固甚明，他人又奚從謂爲不然耶。蓋當日撰述提要，雖有戴、邵、周諸君分爲撰稿，而别擇去取、删節潤色之功，則固昀一人任之。①

是年，揚州學者汪中卒，年五十一。

汪中祖籍徽州歙縣，自曾祖落魄至揚州。汪中家道艱困，治學勤苦，雖未能獲交戴震，而好戴氏之學，治學頗受戴震影響。

乾隆六十年乙卯(1795)　卒後十八年

是年，盧文弨卒，年七十九。

文弨字紹弓(一作召弓)，號磯漁，又號抱經，浙江餘姚人。乾隆十七年(1752)進士，官至侍讀學士。晚年主講鍾山、崇文等書院。擅校勘，所校理諸書匯刻爲《抱經堂叢書》。《清史稿》卷四八一《儒林·盧文弨傳》：“文弨孝謹篤厚，潛心漢學，與戴震、段玉裁友善。好校書，所校《逸周書》《孟子音義》《荀子》《吕氏春秋》、賈誼《新書》《韓詩外傳》《春秋繁露》《方言》《白虎通》《獨斷》《經典釋文》諸善本，鏤板惠學者。又苦鏤板難多，則合經、史、子、集三十八種而名之曰《群書拾補》。所自著書有《抱經堂集》三十四卷，《儀禮注疏詳校》十七卷，《鍾山札記》四卷，《龍城札記》三卷，《廣雅釋天以下注》二卷，皆使學者諟正積非，蓄疑涣釋。”②

---

① 張舜徽：《清人文集别録》，武漢：華中師範大學出版社 2004 年版，第 173～174 頁。

② 趙爾巽等：《清史稿》，北京：中華書局 1977 年版，第 13191 頁。

盧文弨與戴震交游論學頗多，詳見本譜“乾隆二十二年”至“乾隆二十六年”下。

王念孫著《廣雅疏證》十卷成書。是書爲乾嘉時期訓詁考據之代表著作之一，繼承戴震小學，而又有所發展。《清史稿》卷四八一《王念孫傳》曰：“初從休寧戴震受聲音文字訓詁，其於經，熟於漢學之門户，手編《詩三百篇》、九經、《楚辭》之韵，分古音爲二十一部。於支、脂、之三部之分，段玉裁《六書音均表》亦見及此，其分至、祭、盍、輯爲四部，則段書所未及也。念孫以段書先出，遂輟作。又以邵晋涵先爲《爾雅正義》，乃撰《廣雅疏證》。日三字爲程，閱十年而書成，凡三十二卷。其書就古音以求古義，引伸觸類，擴充於《爾雅》《説文》，無所不達。然聲音文字部分之嚴，一絲不亂。蓋藉張揖之書以納諸説，而實多揖所未知，及同時惠棟、戴震所未及。”①

嘉慶元年丙辰（1796）　卒後十九年

是年正月初一，乾隆退位。皇太子愛新覺羅・顒琰即位，改元嘉慶，尊乾隆爲太上皇帝。

章學誠撰《上朱中堂世叔》（按：朱中堂即朱珪），論經學與史學不宜强分疆界、强争高低；并不滿於戴震之譏評朱彝尊《經義考》。其略曰：“近刻數篇呈誨，題似説經，而文實論史，議者頗譏小子攻史而强説經，以爲有意争衡，此不足辨也。戴東原之經詁，可謂深矣。乃譏朱竹垞氏本非經學，而强爲《經義考》以争名，使人啞然笑也。朱氏《經考》，乃史學之支流，劉、班《七略》《藝文》之義例也，何嘗有争經學意哉？且古人之於經史，何嘗有彼疆此界，妄分孰輕孰重哉！”②

是年，學者邵晋涵卒，年五十四。

---

① 趙爾巽等：《清史稿》，北京：中華書局1977年版，第13212頁。

② 章學誠著，倉修良編注：《文史通義新編新注》，杭州：浙江古籍出版社2005年版，第759～760頁。

邵晋涵乾隆三十八年(1773)與戴震同徵入四庫全書舘,其長於史學,於《永樂大典》中輯録纂成《舊五代史》等重要典籍,於史部貢獻極大。

嘉慶二年丁巳(1797)　卒後二十年

是年,章學誠撰《又答朱少白書》,批評戴震、程瑶田、洪亮吉、孫星衍等人。其文略曰:"人不自知分量,豈少也哉。程易田之於孫、洪諸君,自較勝矣,彼刻《通藝録》,直《周官》之精要義也。而不今不古之傳誌狀述,猶自以爲文也,而亦列其中,豈非自具村俚供招。若戴東原氏則更進乎程矣!然戴集中應酬傳誌,亦自以爲文也而存之,且以惹人笑柄之《汾州府志》,津津自道得意,然則人之真自知者寡矣!自己尚然不知,如何能知古今人之是非?良可慨也!"①

是年,畢沅卒,年六十八。

戴震與畢沅初交於乾隆三十二年(1767),當年,戴震有《送右庶子畢君赴鞏秦階道序》。乾隆四十一年(1776),戴震又有《送巡撫畢公歸西安序》。

嘉慶三年戊午(1798)　卒後二十一年

是年,阮元於杭州主編《經籍籑詁》一百一十六卷成書,明年刊行,錢大昕、王引之等爲之撰序。是書徵引典籍數百種,總二百餘萬字,爲匯輯故訓資料之訓詁巨著。

是年,王鳴盛卒(嘉慶二年十二月二日,當公元1798年1月18日),年七十七。

鳴盛字鳳喈,號禮堂,又號西莊,晚號西沚居士,江蘇嘉定(今屬

---

① 章學誠著,倉修良編注:《文史通義新編新注》,杭州:浙江古籍出版社2005年版,第779頁。

上海市)人。乾隆十九年(1754)進士,官至内閣學士兼禮部侍郎。乾隆二十八年(1763)以丁母憂辭官歸里,後居蘇州三十年。王鳴盛曾師從惠棟,精於經史考據,爲乾嘉時期著名史學家。著有《十七史商榷》一百卷,《蛾術編》一百卷等。其《十七史商榷》與錢大昕《廿二史考异》及趙翼《廿二史札記》并稱清代三大史學著作。

自乾隆十九年(1754)戴震至京師後,王鳴盛與戴震亦有較多學術交往,洪榜《戴先生行狀》曾引王鳴盛論戴震之言:"嘉定光禄王君鳴盛嘗言曰:'方今學者,斷推兩先生,惠君之治經求其古,戴君求其是,究之,舍古亦無以爲是。'王君博雅君子,故言云然。其言先生之學,期於求是,亦不易之論。"王鳴盛之論惠、戴异同,後爲章太炎、梁啓超等近代學者進一步發揮而影響深遠。

嘉慶四年己未(1799)　卒後二十二年

是年正月初三,太上皇乾隆愛新覺羅・弘曆崩。嘉慶始親政。

段玉裁致書劉台拱,稱其"近來宿食不寧,兩目昏花,心源枯槁,深惜《說文》之難成"[①]。

王念孫、廣興正月初八首劾大學士和珅。和珅即被革職,下獄治罪,旋賜死。

是年,江聲卒,年七十九。

江聲,字鯨濤,又字叔沄,號艮庭,祖籍徽州休寧,蘇州吴縣人。師事惠棟,而江藩、顧廣圻等皆爲其高足。長於小學,尤精音韵。江藩《漢學師承記》卷二《江艮庭先生》:"先生精於小學,以許叔重《說文解字》爲宗,《說文》所無之字,必求假借之字以代之。生平不作楷書,即與人往來筆札,皆作古篆,見者訝以爲天書符籙。俗儒往往非笑之,而先生不顧也。嘗著《六書說》一首,自書勒石。其說轉注,以五

① 段玉裁:《經韵樓集・補編》卷下,上海:上海古籍出版社 2008 年版,第 405 頁。

百四十部爲建類一首,以'凡某之屬皆從某'爲同意相受,實前人所未發。"[①]江聲著述尚有《尚書集注音疏》《六書淺説》等。

嘉慶五年庚申(1800)　卒後二十三年

是年,趙翼《廿二史札記》三十六卷刊行。

阮元出任浙江巡撫,將其於杭州西湖編纂《經籍籑詁》處辟爲詁經精舍,其所撰《西湖詁經精舍記》略曰:"聖賢之道存於經,經非詁不明。……舍經而文,其文無質;舍詁求經,其經不實。爲文者尚不可以昧經詁,況聖賢之道乎?"[②]

嘉慶六年辛酉(1801)　卒後二十四年

是年,畢沅主纂《續資治通鑑》二百二十卷刊行。

章學誠《文史通義》成書。

《文史通義》九卷,爲乾嘉學術名著,中國古代史學理論巨作。始作於乾隆三十六年(1771),至章氏臨終前方定稿。《文史通義》藉考史、論史以明道,於劉知幾史才、史學、史識之外,更推史德,以爲治史心術不可不正。又倡"六經皆史"之説,以爲古無經史之分,六藝皆古史之遺。章氏認爲,史學所以經世,固非空言著述。

五月,段玉裁應阮元之召,至杭州詁經精舍,主事《十三經注疏》校勘,并與孫星衍、程瑶田等雅集。

是年,徽州學者金榜卒,年六十七。

金榜治學博采深思,慎於去取,精於禮學,著有《禮箋》十卷。吴

---

① 江藩纂,漆永祥箋釋:《漢學師承記箋釋》卷二,上海:上海古籍出版社 2013 年版,第 245 頁。

② 阮元:《揅經室二集》卷七,見《續修四庫全書》第 1479 册,上海:上海古籍出版社 2002 年版,第 159 頁。

定《翰林院修撰金先生榜墓誌銘》:“先生少負偉志,思博學深造爲通儒,而不肯溺没聰明於科舉之學。受經學於江永慎修暨戴東原,學詩古文辭於吾師劉大櫆耕南,學科舉之文於方楘如樸山。”[①]

著名史學家章學誠卒,年六十四。

章學誠自乾隆三十一年(1766)起與戴震頗有交往,二人後期學術争辯亦較多。詳見本譜“乾隆三十七年”下。

嘉慶七年壬戌(1802)　卒後二十五年

是年四月,錢大昕致書王念孫論《廣雅疏證》。王念孫於上年寄《廣雅疏證》與錢大昕,《廣雅疏證》爲清代訓詁之代表性著作,錢大昕贊其“體大思精,於文字聲音之原本,燭照數計,其啓佑後學,功不在許祭酒(按指許慎)、張博士(按指張揖)下”[②]。

是年,段玉裁文集《經韵樓集》十二卷刊行。

焦循會試不第,遂築雕菰樓,潛心著述。

程瑶田至杭州阮元處。

錢大昕主講蘇州紫陽書院,朱駿聲(1788—1858,字豐芑,江蘇吴縣人)等來受業。朱氏後著《説文通訓定聲》,與段玉裁《説文解字注》、桂馥《説文解字義證》、王筠《説文釋例》并稱爲清代《説文解字》研究四大名著。

嘉慶八年癸亥(1803)　卒後二十六年

是年,阮元邀陳壽祺(1771—1834,字恭甫,福建侯官人)主講杭州敷文書院。陳壽祺曾問學於錢大昕、程瑶田、段玉裁、王念孫等。

---

① 吴定:《紫石泉山房文集》卷十,見《清代詩文集彙編》第408册,上海:上海古籍出版社2010年版,第383頁。

② 《與王石臞論廣雅書》,見羅振玉輯《昭代經師手簡》,臺北:藝文印書舘1976年版。

王念孫署山東運河道。

吴敬梓《儒林外史》五十六回刊行。

程瑶田《通藝録》四十二卷刊行。

嘉慶九年甲子(1804)　卒後二十七年

是年,段玉裁致書王念孫,述《説文解字注》等事。段氏《與王懷祖第一書》曰:"弟年七十餘耳,乃昏眊如八九十者,不能讀書。惟恨前此三年,爲人作嫁衣而不自作,致此時拙著不能成矣。所謂一個錯也。"①段氏似對前此爲阮元編寫《十三經注疏校勘記》時承擔任務過重且耽擱其《説文解字注》頗有微詞。

是年十月,著名學者錢大昕卒,年七十七。

戴震自乾隆十九年(1754)起,與錢大昕交往極多,相互推重,學術當互有影響。錢穆先生論曰:"竹汀之學,所涉甚廣,而識力不高,持論惟循惠、戴藩籬。"②

乾隆四十一年(1776),汪中致書劉台拱,推重錢大昕爲"一代儒宗"。劉文興《劉端臨先生年譜》"乾隆四十一年,二十六歲"下録汪中書札,稱:"中前造嘉定,與錢先生(曉徵)語彌日。其人博學無方,而衷於至當,其高出戴君不止十等,誠一代之儒宗也。"③

汪中之推錢氏爲"一代儒宗",實重其博學無涯。錢大昕之博學,當時、後世共論之。江藩《漢學師承記》有所謂"曉徵第二、東原第一"之公案,《漢學師承記》卷三《錢大昕傳》曰:"戴編修震嘗謂人曰:'當代學者,吾以曉徵爲第二人。'蓋東原毅然以第一人自居。然東原之學,以肄經爲宗,不讀漢以後書;若先生學究天人,博綜群籍,自開國

---

① 段玉裁:《經韵樓集·補編》卷下,上海:上海古籍出版社 2008 年版,第 414～415 頁。

② 錢穆:《中國近三百年學術史》,北京:九州出版社 2011 年版,第 358 頁。

③ 劉文興:《劉端臨先生年譜》,見鄭晚霞、吴平標點《揚州學派年譜合刊》,揚州:廣陵書社 2008 年版,第 206 頁。

以來，蔚然一代儒宗也。以漢儒擬之，在高密之下，即賈逵、服虔亦瞠乎後矣，况不及賈、服者哉！”[①]

江藩對戴震“以曉徵爲第二人”之言顯有异詞。對此徐道彬先生以爲：“戴氏重開拓，錢氏多成就，二人志同道合，各有千秋，江氏所言純屬臆造，無事生非。”[②]輕易否定江藩之説似有不妥。而徽州學者有所謂戴震實以當世皇帝乾隆爲第一、錢大昕爲第二之説，立論雖新奇，實則難以令人信服。學者仍多信江藩之記載，且多認同“曉徵第二、東原第一”之説，唯認識略有分歧。錢穆不僅以爲錢氏識力不及戴震，而且“竹汀治聲音、訓詁之學，實聞惠、戴而起者，宜東原之以第二人處之也”[③]。余英時先生則曰：“東原憑什麽理由把錢大昕貶爲第二人，而又毅然自居第一呢？顯然東原在這裏是用義理作爲判斷的標準。因爲如果以考證範圍的廣博而論，錢大昕在乾、嘉時代决無人可與之比肩。”[④]此論似頗爲合理，然似未考慮戴震論斷之時間，亦未審察錢大昕主要學術成就之取得均在戴震卒後之二十餘年間。或目戴震爲驕狂自大者。近人李詳言：“戴東原先生窮走京師，因錢少詹遊揚之言，其名始著。而戴乃云：‘當代學者，吾以曉徵爲第二人。’錢學之博，非戴君所可望，少詹且甘之，爲作《戴先生傳》，附於潛丘、定宇、慎修諸先生後，其度真不可及。”[⑤]皆有同樣之問題。戴震此言定非在初交錢大昕之時，而當在與錢氏交往日深，深知竹汀學術之時。陳鴻森《漢學師承記箋釋・序》列諸家之説後，分析曰：

> 乾隆四十二年東原卒時，竹汀著作已刻者，僅《金石文跋尾》六卷耳。而東原以名物、天算、地理、音韵名家，三十八年詔開四

---

① 江藩纂，漆永祥箋釋：《漢學師承記箋釋》卷五，上海：上海古籍出版社 2013 年版，第 321 頁。

② 汪良發、潘定武主編：《2014 全國戴震學術研討會論文集》，合肥：黄山書社 2015 年版，第 204 頁。

③ 錢穆：《中國近三百年學術史》，北京：九州出版社 2011 年版，第 358 頁。

④ 余英時：《論戴震與章學誠》，北京：生活・讀書・新知三聯書店 2005 年版，第 118 頁。

⑤ 李詳：《愧生叢録》卷二，宣統元年(1909)江寧刊本。

庫全書館，被薦爲纂修官。相對於錢氏主要著作皆未成書，戴氏則已完成《尚書義考》二卷、《杲溪詩經補注》二卷、《毛鄭詩考正》五卷、《經考》五卷、《中庸補注》一卷、《深衣考》一卷、《考工記圖》二卷、《方言疏證》十三卷、《聲韵考》四卷、《聲類表》九卷、《策算》一卷、《句股割圜記》三卷、《水地記》三卷、《屈原賦注》十二卷，并校定《水經注》《大戴禮記》，纂修《汾州府志》《汾陽縣志》，及撰成《孟子字義疏證》之巨著。然則以當日實際情況而論，戴氏"吾以曉徵爲第二人"之説，并非唐突之言。東原卒後，錢氏迄嘉慶九年冬方謝世，此二十七年間，竹汀陸續完成《廿二史考异》一百卷、《十駕齋養新録》二十卷、《潛研堂金石文跋尾》二十五卷、《潛研堂文集》五十卷及《元史稿》等。此外，别有《三史拾遺》五卷、《諸史拾遺》五卷、《通鑒注辨正》二卷、《宋遼金元四史朔閏考》四卷、《元史藝文志》四卷、《元史氏族表》八卷、《聲類》四卷，另其他雜著十數種。惟此諸書俱非東原當日所及見，吾人不得以錢氏後來之成就，扭曲東原當日此語之原意。其時竹汀著作刊成者僅《金石文跋尾》六卷，東原乃目之爲天下第二人，斯可謂精鑒知人矣。江藩失於考覈，後人遽引爲口實，百年之下，東原竟含冤莫白矣。①

此説當最爲允當。

嘉慶十年乙丑（1805）　卒後二十八年

是年，王芑孫（1755－1817，字念豐，清代學者、文學家、書法家）爲戴祖啓作《師華山房文集序》云：

上元戴生衍善以文贄余揚州，讀其辭，接其人，莊莊然有老

① 江藩纂，漆永祥箋釋：《漢學師承記箋釋》，上海：上海古籍出版社 2013 年版，第 10～11 頁。

成之風。心异之,叩所從來,乃知爲故國子監學正未堂先生子。余故嘗聞先生以宿學主關中書院……先生述其家東原晚歲病困,自言生平讀書茫不復記,到此方知義理可以養心。烏乎,其亦可傷也已!夫所號謂聰明才傑者,其所得未必人人果逮。東原即快然無愧東原矣,而聞東原易簀之言,亦有矍然自反、窅然自悲者乎!……嘉慶十年秋九月朔長洲王芑孫書於揚州樗園。[①]

是年,王昶選編《湖海文傳》75卷成書。王昶自言"就生平師友及門下士所作,匯爲《湖海文傳》"[②]。是編選輯康熙至乾嘉之交181位作者823篇作品。是編收録戴震作品22篇,篇目爲:《在璿璣玉衡以齊七政解》《周禮太史正歲年解一》《周禮太史正歲年解二》(以上卷九),《周髀北極璿璣四游解一》《周髀北極璿璣四游解二》(以上卷十),《毛詩補傳自序》(卷一九),《六書論自序》(卷二二),《九數通考序》(卷二八),《記堯典中星》《記夏小正星象》(以上卷三九),《與王編修鳳喈書》(卷四〇),《答江慎修先生論小學書》《論韵書中字義答秦尚書書》(以上卷四一),《與是仲明書》(卷四四),《江慎修先生事略狀》(卷六〇),《于清端傳》(卷六一),《大戴禮記目録後語》《書玉篇卷末聲論反紐圖後》《書盧侍講所藏宋本廣韵後》《書劉鑒切韵指南後》《讀淮南子洪保》(以上卷六九),《顧氏音論跋》(卷七一)。

《湖海文傳》所録《九數通考序》《讀淮南子洪保》二文微波榭刻《東原文集》及經韵樓刻《戴東原集》均未收。《在璿璣玉衡以齊七政解》《記堯典中星》,二刻亦未收,均出戴震《經考》卷二。另,《湖海文傳》所録戴氏文字與孔刻本及段刻本也多有异同,頗可關注[③]。

---

① 戴祖啓:《師華山房文集》卷首,見《清代詩文集彙編》第359册,上海:上海古籍出版社2010年版。

② 王昶:《湖海文傳凡例》,見《續修四庫全書》第1668册,上海:上海古籍出版社2002年版,第380頁。

③ 蔡錦芳《試論戴震一批文章的初稿的學術價值》對此已有一定論析(《戴震生平與作品考論》,桂林:廣西師範大學出版社2006年版,第272~281頁)。

是年,紀昀卒,年八十二。

自乾隆二十年(1755)起,戴震與紀昀交往密切,戴震在京前後數次寓居紀昀處,并探討學術,互有促進。紀昀稱:"東原與昀交二十餘年,主昀家前後幾十年。"(《紀文達公遺書》卷一二《與余存吾太史書》)乾隆二十一年(1756),紀昀爲戴震刊刻《考工記圖注》。乾隆三十八年(1773)清廷開四庫舘,因紀昀等之薦,戴震入舘,纂校典籍直至病逝。

王傑卒,年八十一。

王傑於乾隆四十二年至四十四年(1777—1779)任四庫舘副總裁。乾隆五十一年(1786)任軍機大臣。嘉慶即位,爲首輔大臣。卒贈太子太師,謚文端。

劉台拱卒,年五十五。

劉台拱爲揚州重要學者。四庫舘開,劉台拱與戴震、邵晉涵、王念孫等多有交游論學。後與王念孫、段玉裁、阮元等論學尤多。

嘉慶十一年丙寅(1806)　卒後二十九年

是年,阮元主纂《十三經注疏校勘記》二百四十三卷刊行。

張鑑等《阮元年譜》"嘉慶十一年丙寅":"先是,先生弱冠時,以汲古閣本《十三經注疏》多訛謬,曾以《釋文》、唐石經等書手自校改。督學以後,始以宋十行本爲主,参以開成石經及元明舊刻、葉林宗影宋抄本、陸氏《釋文》等書,屬友人門弟子分編,而自下鉛黄,定其同异……至是刊板始成。"[①]

阮元領銜校勘之《十三經注疏》(實際主校者爲段玉裁、顧廣圻等人)成爲此後《十三經》最通行之版本。

是年,王昶卒,年八十二。

---

① 張鑑等:《阮元年譜》,北京:中華書局1995年版,第65頁。

王昶與戴震相交，始自乾隆十九年(1754)。至戴震入舘，仍多有交游。王昶自謂"知東原之深，莫如余也"(《戴東原先生墓誌銘》)。

王昶著有《春融堂集》六十八卷，輯纂有《湖海詩傳》四十六卷，又纂《湖海文傳》七十五卷，載録戴震文二十二篇。

朱珪卒，年七十六。

朱珪爲朱筠之弟，於乾隆三十四年(1769)任山西布政使，邀戴震至署編纂《汾州府志》等，與戴震交誼頗深。

嘉慶十二年丁卯(1807)　卒後三十年

是年，段玉裁《説文解字注》初稿三十卷著成。王念孫寄金段玉裁，助其刊刻《説文解字注》。是書爲清代《説文解字》研究之代表作，亦是乾嘉時期文字訓詁之代表性成果。王念孫譽爲"蓋千七百年來無此作矣"(《説文解字注序》)。

約在是年，顧廣圻與段玉裁因關於《禮記・王制篇》虞庠在國之四郊抑或西郊意見相左，顧氏以爲當從《禮記》"虞庠在國之西郊"，段氏則以爲"西郊"當是"四郊"之誤，彼此争執不下，往復不已[①]。

現代著名學者余嘉錫先生著《四庫提要辨證》，於史部地理類《水經注》曰：

> 後魏酈道元撰。道元字善長，范陽人，官至御史中尉，事迹具《魏書・酷吏傳》。《水經》作者，《唐書》題曰桑欽，然班固嘗引欽説，與此經文异，道元注，亦引欽所作《地理志》，不曰《水經》。觀其涪水條中，稱廣漢已爲廣魏，則决非漢時。鍾水條中，稱晋寧仍曰魏寧，則未及晋代。推尋文句，大抵三國時人。今既得道

① 顧廣圻與段玉裁學術分歧始於嘉慶六年(1801)杭州詁經精舍校勘《十三經注疏》，時顧氏認爲諸經之《注》與《疏》合刊始自南宋，段氏則以爲合刊始自北宋。因段玉裁主持校勘，顧氏於翌年即辭去校勘之事。參尚小明《學人游幕與清代學術》第三章(東方出版社 2018年版)。

元原序，知并無桑欽之文，則據以削去舊題，亦庶幾闕疑之義云爾。

嘉錫案：錢大昕《三史拾遺》卷三《漢書·地理志·研吴山在西古文以爲汧山》條下云："案志稱古文者十一，汧山、終南、惇物在扶風，外方在潁川，内方、倍尾在江夏，嶧陽在東海，震澤在會稽，傅淺原在豫章，豬壄澤在武威，流沙在張掖，皆《古文尚書》家説，與《水經注》所載《禹貢》山澤所在，無不吻合。相傳《水經》出於桑欽，欽即傳《古文尚書》者，則《水經》爲欽所作信矣。戴東原以《水經》有廣魏縣，斷爲魏人所作。大昕謂《水經》郡縣，間有與西漢互异者，乃後人附益改竄，猶《爾雅》周公作，而有張仲孝友之語；《史記》司馬遷作，而有揚雄之語也。然則志何以别有桑欽，説曰，《禹貢》山水澤地所在一篇，本古文家相傳之學，而欽引以附《水經》之末，《水經》則欽自出新意爲之，故不可合而爲一。"案《水經》，實戴震徵入四庫館後奉敕所校，戴以此負盛名，結主知，奉旨賞進士，一體殿試。及以勞卒於官，高宗尚使太監持所校《水經注》，詢其人所在，既知已卒，爲之太息，此見之於《漢學師承記》及諸家所作戴氏傳誌者也。武英殿聚珍板印行《水經注》篇末，署銜尚題纂修官庶吉士臣戴震。故錢氏引《提要》此篇，直稱之爲戴東原謂云云，錢氏所引《爾雅》周公作，而有張仲孝友之語者，本之《顔氏家訓·書證篇》，論《山海經》云爾也。但《爾雅》是否爲周公作，昔賢頗有异論，自當存疑，不似《史記》司馬遷作，而有揚雄之語，明出後人附益改竄，毫無可疑也。其實周密《齊東野語》已言之，錢氏用其語耳。至於《水經注》之作者，自當仍屬之桑欽，戴氏雖以是書名家，其説未有確據，徒以一二地名之疑似，遽翻前人之存案，未可從也。戴氏所校之《水經》，魏源《古微堂集》中，有書後二篇，譏其攘趙一清《水經注釋》，點竄之以爲己作，雖其先戴之弟子段玉裁力辨以爲趙氏雖成書在前，而刻書在後，乃趙攘戴，非戴攘趙，然近人仍分左右袒，莫衷一是，衹可付之存疑。蓋戴氏雖經學極精，而其爲人專己自信，觀其作《孟子字義疏證》，以詆朱子，及其著《屈原賦注》，衹是取朱子《楚辭集注》，改頭换面，略加點竄，以爲己作。於人人習見昔賢之名著，尚不難公然攘取，况區區趙一清，以同時之人，聲譽遠出於其下者乎？段懋堂謂非戴竊趙，在戴誠無所用其攘也，此正如王子雍之於鄭康成，直奪而易之而已矣。不然，何《直隸河渠書》又適重修於趙氏之後乎？錢竹汀學問之精，不在戴氏之下，而博通過之，當時雖與紀曉嵐齊名，有南錢北紀之目，實則紀不足望其項背，故《提要》常引《潛研堂文集》，而錢氏《潛研堂全集》及其他著作中，於《提要》鮮所稱道。宜乎此篇，獨持异議，而無所恤，幾乎發墨守而箴膏肓矣。雖然，亦幸而錢氏書成於戴氏身後，爲戴所不及見耳，否則戴必怫然不悦，變色相争。如東原集中，與顧千里争《禮記・王制篇》虞庠在國之西郊，各執一説，書牘往還，愈辨愈烈，卒之毒詈醜詆無所不至。雖其於竹汀或不至如此之甚，然必不默爾而息也。[①]

余嘉錫先生爲文獻大家，其《四庫提要辨證》更爲文獻考論名著，然此節謂“東原集中，與顧千里争《禮記・王制篇》虞庠在國之西郊”等内容頗有可商之處，要而言之，約有以下數端：其一，戴震關於《水經》作者問題之討論，非始自官刊《水經注》之《提要》。其二，戴震之疑《水經》非桑欽所著，非僅因一二地名之問題。其三，《屈原賦注》非僅對《楚辭集注》改頭换面之作。其四，戴震之修《直隸河渠書》在趙一清後，乃應方觀承之邀，非戴震主動承攬，更無攘奪趙一清之事。其五，戴震與顧廣圻并無交集，與顧廣圻産生學術之争者爲段玉裁，而非戴震。以上諸端關乎戴震甚重，故試縷述如下。

戴震關於《水經》作者之討論，見於其乾隆三十年(1765)所作《書水經注後》：

---

① 余嘉錫：《四庫提要辨證》卷七，北京：中華書局1980年版，第427～429頁。

夏六月，閲胡朏明《禹貢錐指》所引《水經注》，疑之，因檢酈氏書，輾轉推求，始知朏明所由致謬之故……

《水經》有郭璞注三卷，唐時猶存。杜氏《通典》引《水經》四事，證其爲順帝以後纂叙。《郡國志》，桂陽郡漢寧，永和元年置，吴改曰陽安，晋太康元年改曰晋寧縣，在桂陽郡東百二十里。三國時吴與蜀分荆州，南郡、零陵、武陵以西爲蜀，江夏、桂陽、長沙以東爲吴，南陽、襄陽、南鄉三郡爲魏。《吴志》，孫皓甘露元年十一月，以桂陽南部爲始興郡，十二月晋受魏禪，未聞魏取陽安事，而《水經》鍾水北過魏寧縣之東，蓋作《水經》者魏人，故於廣漢、漢寧悉改曰魏。其書實出一手。《舊唐志》云郭璞撰，《新唐志》以爲桑欽，晁公武云欽爲此書而後人附益，王伯厚云酈氏附益，皆非也。今就酈氏所注，考定經文，别爲一卷，兼取注中前後倒紊不可讀者爲之訂正，以附於後。是役也，爲治酈氏書者，棼如亂絲而還其注之脈絡，俾得條貫，非治《水經》而爲之也。乙酉秋八月，戴震記。

戴震最晚於乾隆三十年(1765)已明確提出《水經》作者非桑欽，而并非乾隆三十九年(1774)於官修《水經注提要》中始論及此問題。故錢氏之辨戴震關於《水經》作者之説，恐非針對《提要》而言，故余先生所謂"武英殿聚珍板印行《水經注》篇末，署銜尚題纂修官庶吉士臣戴震。故錢氏引《提要》此篇，直稱之爲戴東原謂云云"，恐有誤。又戴震辨《水經》作者非桑欽之依據，并非僅持一二地名爲據，無論官修《水經注提要》還是其自刻《水經注序》，戴震所論《水經》作者非桑欽之依據：一是《水經》有地名非漢地名，二是班固引桑欽之説與《水經》相違，三是酈道元於《水經注》引桑欽《地理志》，而不曰《水經》。故戴震斷《水經》作者非桑欽，而是三國魏人，證據較充分，也爲諸多學者所認可。余先生所謂"至於《水經注》之作者[①]，自當仍屬之桑欽，戴氏

① "《水經注》之作者"疑爲"《水經》之作者"之誤。余先生原文如此。

雖以是書名家，其説未有確據，徒以一二地名之疑似，遽翻前人之存案，未可從也"，顯未全面考察戴震之立論，而其所謂戴震"以是書（即《水經注》）名家"之説，亦欠妥。戴震於乾隆十九年（1754）初至京師，即以其經學考據享譽闕下，其雖因官修《水經注》等助其獲得殿試資格而賜同進士，但戴震絶不因此《水經注》成名，幾毋需辯。同輩及稍後學者稱頌東原爲乾嘉學術巨擘，亦無一視官修《水經注》爲其主要之學術成就。故趙東潛若無《水經注釋》，則其學術地位或大受影響；戴震若無官修《水經注》，其學術地位當毫無折損。東原自身當亦并非以此《水經注》爲榮①，其自身最爲看重者，爲《緒言》《孟子字義疏證》之類義理撰著，而非其考據之作，因戴震向以考據爲義理之手段，而非終極目標。

戴震早期著作《屈原賦注》，參酌前賢，對王逸、洪興祖、朱熹等前賢成果均既有繼承吸收，亦有辨析駁正。其對朱熹《楚辭集注》既吸收較多，亦駁正較多，其於初稿中駁正朱子時多明確提及，而定稿則直陳己見，而略去朱熹及《集注》之名。在其定稿由徽歙汪梧鳳爲之刊刻時，盧文弨爲之撰《序》，盛推其"微言奧指，具見疏抉，其本顯者不復贅焉。指博而辭約，義創而理確。其釋'三后''純粹'，謂指楚之先君。'夏康娱以自縱'，謂'康娱'連文，篇中凡三見，不應以爲夏太康。'宓妃之所在'及有娀、有虞，皆因其人，思其地，冀往遇今之淑女，用輸寫其哀無賢士與己爲侣之意。《九歌·東皇》等篇，皆就當時祀典賦之，非祠神所歌。《九章》無次第，不盡作於頃襄王時。《懷沙》一篇，則以《史記》之文相參定。'薜荔拍兮蕙綢'，王逸釋'拍'爲'搏壁'，近代多不知此爲何物，乃引《釋名》'搏壁，以席搏著壁'，增成其義。其典確舉類此"。比較戴震《賦注》與朱熹《集注》，單就《離騷》而

① 楊應芹《御用之作與獨立研究的終極成果——戴震兩種不同版本的〈水經注〉》（《文史哲》2014年第2期）認爲官校《水經注》"無疑是四庫當局的主意，而戴震衹有痛苦地被牽著鼻子走。爲了申冤，即對社會和歷史有個交代，戴震節衣縮食，最後還是完成了自刻本的刊刻。……自刻本積聚了戴震大半生的心血，是他獨立研究《水經注》的終極成果"。可參看。

言，戴震直接撥正朱熹者即至少二十處，如“肇”“三后”“曰黄昏以爲期，羌中道而改路”“胡繩”“蕙纕”“攘垢”“將往觀乎四荒”“余聽”“夏康娱”“敷衽”“高丘”“下女”“宓妃”“蹇脩”“理弱而媒拙”等等。全部《賦注》不但對《集注》注解撥正更多，而且具有哲學層面之超越，學者對此已有論述[①]。文獻注解吸收前賢成果不但極爲正常，而且屬於必須，如無視前賢成果，或刻意立异標新，是爲苟异，必爲嚴肅學者所不取。然如處處雷同古人，缺乏思考與新見，則全然不必作。戴震之《屈原賦注》在清代衆多楚辭注解著作中，廣爲後人所重，與王夫之《楚辭通釋》、蔣驥《山帶閣注楚辭》并稱清代楚辭學三大名作。如僅僅是對《楚辭集注》“改頭换面，略加點竄”，則《屈原賦注》恐早已遭二百餘年來楚辭學界唾棄。

關於戴震與修《直隸河渠書》之事，究其原因，實起於孔繼涵亦因不明情况而將其誤作戴震遺著，而段玉裁同樣不明緣由且過於尊師，又使此問題更加復雜化[②]，詳述已見本譜“乾隆三十三年”下。余先生曰：“何《直隸河渠書》又適重修於趙氏之後乎？”亦欠妥。

顧廣圻(1766—1835)，字千里，元和(今江蘇蘇州)人，清代著名校勘學家。其與戴震顯然并無交集，因戴震卒時(1777)，顧廣圻年僅十二，戴震卒時當不知顧廣圻之名，顧廣圻彼時亦當不知戴震。故余先生所謂“東原集中，與顧千里争《禮記·王制篇》虞庠在國之西郊，各執一説，書牘往還，愈辨愈烈，卒之毒詈醜詆無所不至”之語，顯係失考。略考之，與顧千里因《禮記·王制篇》而起争執者，戴震弟子段玉裁也。段、顧本屬學術知交，然在嘉慶十二三年(1807—1808)間，二人因關於《禮記·王制篇》虞庠在國之四郊抑或西郊意見相左，顧氏以爲當從《禮記》“虞庠在國之西郊”，段氏則以爲“西郊”當是“四

① 汪大白：《戴震〈屈原賦注〉對朱熹〈楚辭集注〉的借鑒與超越》，《阜陽師院學報》1993年第3期。

② 潘定武《戴震與〈直隸河渠書〉問題及思考》(《黄山學院學報》2016年第1期)詳論之，請參看。

郊”之誤，彼此争執不下，往復不已，至言辭頗爲激烈[①]。

是年，畢亨中舉人。

畢亨，生卒年不詳，山東文登人。早年曾師從戴震。精於小學，有《古文尚書經傳釋疑》《九水山房文存》。孫星衍著《尚書今古文注疏》《周易集解》，畢氏多有助益。楊以增《九水山房文存序》曰："先生山東之文登人，姓畢氏，初名以珣，改名以田。嘉慶丁卯領鄉薦，累困春官，又改名亨……從休寧戴東原先生遊，精漢人訓詁之學，尤長於《書》……先生之學出於休寧，休寧猶時有據孤證意改故籍之弊。先生則非集衆證不肯輕下一字。"[②]

是年，丁傑卒，年七十。

丁傑學識精博，長於校讎，與戴震論學較多。乾隆四十二年(1777)，戴震有與之論學書札二則。

嘉慶十三年戊辰(1808)　卒後三十一年

是年，王念孫爲段玉裁《説文解字注》撰序，稱譽有加。

王履泰進呈《畿輔安瀾志》刊行，引起段玉裁及戴震繼子戴中孚關注，并致戴震與《直隸河渠書》問題之討論，且牽及《水經注》一案。

關於《畿輔安瀾志》與《直隸河渠書》關係及戴震與《直隸河渠書》問題，詳見本譜"乾隆三十三年"下。

嘉慶十四年己巳(1809)　卒後三十二年

是年，段玉裁爲嚴元照(1773－1817，字久能)《娱親雅言》作序，

---

① 對於段、顧之争，後世多以段説爲是。張舜徽先生謂："近世若黄以周《禮書通故》、孫怡讓《周禮正義》，并以段義爲長。黄、孫最深於禮者也，可謂定論矣。"(張舜徽：《清人筆記條辨》，武漢：華中師範大學出版社 2004 年版，第 326 頁。)

② 畢亨：《九水山房文存》，見《清代詩文集彙編》第 451 册，上海：上海古籍出版社 2010 年版，第 643 頁。

論爲學之旨在爲人，宋之理學與漢之氣節須兼重。《娱親雅言序》有曰："抑余又以爲考核者，學問之全體，學者所以學爲人也。故考核在身心性命倫理族類之間，而以讀書之考核輔之。今之言學者，身心倫理之不務，謂宋之理學不足言，漢之氣節不足尚，别爲异説，簧鼓後生，此又吾輩所當大爲之防者。然則余之所望於久能者，勿以此自隘，有志於考核之大而已矣。"①

四月，段玉裁爲戴震遺著《聲類表》作序。《聲類表序》載《經韵樓集》卷六。

十月，王念孫致書段玉裁，議刻《直隸河渠書》事。

十一月，段玉裁致書梁玉繩（1745－1819，字曜北，一作耀北），疑梁氏兄弟校訂趙一清《水經注釋》多參取戴震官校《水經注》，其《與梁耀北書論戴趙二家水經注》云：

玉裁拜白耀北大兄足下：

邇者想侍奉萬安，尊體佳勝！《水經注》一書，爲言水道言地理者所必資，顧自宋以來，踳駁幾不可讀，惟吾師東原氏治之最勤，整齊其訛亂，鉤棘引歸，文從字順，上邀高宗純皇帝歎賞，詩褒悉心編纂，可爲中尉素臣，食其利者沾溉無窮矣。然東原氏之功細大宜辨，據古本，搜群籍，審地望，尋文理，一字之奪必補之，一字之羨必删之，一字之誤必更之。東原氏之能事也，然而其功細。自唐、宋淺學，移書不知其義例，誤認"過某""逕某"之文無區别，任意互訛，大抵注訛經者十八，經訛注者十之二。東原氏得其例有三：一曰獨舉、復舉之不同。經文甚簡，首舉水名，下不再出；注文繁，一水内必詳其注入之小水，以間廁其間，是以主水之名屢舉不厭，雖注入小水有所攜帶者相間，亦屢舉小水之名，經文斷無是也。一曰"過""逕"之不同也。經必曰過某，注則必曰逕某，所以别於經。一曰"某縣"及"某縣故城"之不同也。注

① 段玉裁：《經韵樓集》卷八，上海：上海古籍出版社 2008 年版，第 192～193 頁。

所謂某縣故城者即經之某縣也，經時之縣，注時多爲故城，經無言故城者也。執此三例，沛乎莫御，釐之猶如振槁，承學讀至白首不解者，豁然開朗。王伯厚、顧景范、胡朏明、閻百詩稱引之誤，今皆可正，此則東原氏功之大者也。

東原氏明智卓絶，而於是書亦久乃得之。僕從先生遊，見歲乙酉六月，始因胡朏明南、北磲溪之誤霍然大悟，將經、注畫清，是年八月，專寫經文爲一卷，摘注文前後倒亂甚者，附考於後，又舉經注三例爲跋尾，略同殿版《提要》。癸巳因召入纂修《四庫》，遂創改自宋以來經注，拘迂者駴不之信，其雄膽由其卓識也。

戴書上於甲午，奉命刊版，越十有三年，丙午，杭郡趙誠夫先生《水經注釋》一書始出，而東原没於丁酉之夏矣。僕至今年始從友人借讀趙書，其所據古本校本之多，所考諸史百家之富，所采諸老宿顧亭林、顧景范、閻百詩、胡朏明、何屺瞻、全謝山緒論，折衷群言，自抒所得，其於字句各本异同，别黑白，定一是，與戴書詳略可互證，精詣可互求，而最异者，更正經注亦大略與戴無异。夫字句偶竄一二，校古之常也，取經注互易之，校古之創人所不能爲者也。東原氏灼知而創爲之，故條舉經注之義例，冠於全書之首，大白於天下，又於分注逐事疏通，以爲不如是不可以信從也；誠夫於字句偶竄，必詳其原本，而經注混淆突兀創改者，不將何以互改之故詳於自序，及分注，及附録，及朱箋刊誤，假令無戴書，則互改之必可信者，誰其知之？爲駭俗之事而深没其文，非著書之體也。

趙書成於乾隆甲戌，戴書成於乙酉，相距十二年。趙先於戴；戴書出於甲午，趙書出於丙午，相距十三年，戴先於趙。其果閉户造車，出門合轍與？何以東原氏條舉義例，誠夫不著一字也？兩先生之齒，趙長於戴，其將謂戴取諸趙與？則東原氏之德行，非盗竊人物以欺主上及天下者也。僕從遊日久，未嘗言有所聞之也，且兩先生者面未嘗相識也，足未嘗相過也，音問未嘗相通也，誠夫之書，秘藏高庋，至其孫刊行，未嘗稍傳於外也，此兩

> 家子弟所知，不可誣者也。將謂趙取諸戴與？則誠夫之學，亦必非盗竊人物以欺天下者也。未詳其卒於何年，即乙酉以後，獲聞東原氏之説，補綴己書，亦必明言所出，斷不深没其文，默默而已也。此僕所不能無疑者也。
>
> 丙午、丁未間，盧召弓先生爲予言梁氏耀北、處素昆仲，校刊趙氏《水經注》，參取東原氏書爲之。僕今追憶此言，意足下昆仲校刊時，一切仍舊，獨經、注互訛之處，不從戴則多不可通，故勇於從戴，以補正趙書，以成酈書善本，與戴并行，所以護酈，而非所以阿趙。召弓所云"參取東原氏爲之"者，此也。足下昆仲之意則善矣，但足下亦不宜深没其文，默默而已也。果出於閉户造車，出門合轍，當著其奇，以見東聖西聖，心理之必同；果出於相取，當著其實，以見多聞從善之有益；果二公未嘗相取而出於校刊者集腋成裘，亦當爲後序以發明之，以見期於酈書完善而非借光鄰壁；不則無解於僕之疑，亦無解於天下後世或謂戴取趙、或謂趙取戴之疑。是則足下昆仲將尊戴而適侵戴，將助趙而適誣趙也。此僕所以不敢不言也。
>
> 三代人作述，不自言姓字，惟其理明而已，後此乃譤譤自矜其名。創而確之説，必出於命世大儒，言未嘗不以人重也。令弟不可作矣，足下及今爲後序，刊於趙書之末，洞陳原委，破天下後世之疑，俾兩先生皆不被竊美之謗於地下，僕實企望焉。願明以教我。[①]

今梁玉繩《蜕稿》無其復段玉裁書札，梁氏或并無復書，然《水經注》趙、戴相襲之公案所起，與段玉裁此書關係極大，本譜"乾隆三十三年"及"乾隆三十九年"下已詳述。

是年，姚鼐撰《安慶府重修儒學記》，批評漢學曰："近時陽明之焰熄，而异道又興。學者稍有志於勤學法古之美，則相率而競於考證訓詁之途，自名漢學，穿鑿瑣屑，駁難猥雜。其行曾不能望見象山、陽明

① 段玉裁：《經韵樓集》卷七，上海：上海古籍出版社 2008 年版，第 172～174 頁。

之倫，其識解更卑於永嘉，而輒敢上詆程、朱，豈非今日之患哉！”[①]

是年，吴定卒，年六十六。

洪亮吉卒，年六十四。

凌廷堪卒，年五十三。

嘉慶十五年庚午(1810)　卒後三十三年

是年，段玉裁復王念孫書，言刊刻戴震《直隸河渠書》及《孟子字義疏證》。

段玉裁《與王懷祖第六書》曰：

> 愚弟段玉裁頓首啓懷祖大兄先生閣下：
>
> 《直隸河渠書》一事，誠如尊諭，但鳩同志輯費刻之，此事恐難，安得此等同志也！故命孫輩抄一部藏之而已。方葆巖制府進京，已託其清理改正，不知彼能辦否？吾兄眠食無恙，令郎任滿入都，可以就其禄養，似無庸盡疲於衰髦也。弟今年七十有六，心脈甚虚，既不能讀書，又不喜閑坐，甚有暇日，幸有以教之。東坡云：“疾病連年，人皆相傳已死。”柳州與王粲元書：“因人南來，致書訪死生。”《説文注》未能刻，吾兄之相助者，他用矣。東原師著作皆簡嚴，比書詳贍，亦各有體也。謹候近安。諸惟珍攝自重，不宣。玉裁再拜。
>
> 東原師曾與弟書云：“僕生平著述，以《孟子字義疏證》爲第一，所以正人心也。”今詳味其書，實實見得宋儒説理學其流弊甚大，閣下可曾孰之覆之？弟擬刻此書以廣其傳，俾言義理者有所折衷。又拜。[②]

---

① 姚鼐：《惜抱軒文集·後集》卷十，見《惜抱軒全集》，北京：中國書店1991年版，第308頁。

② 段玉裁：《經韵樓集·補編》卷下，上海：上海古籍出版社2008年版，第418頁。

王念孙復书段氏曰：

愚弟王念孫頓首啓若膺大兄先生閣下：

前奉手書，碌碌未暇作答爲歉。……傾戴信堂（按即戴中孚）世兄攜東原師《河渠書》稿本，并將先生寄信堂原札見示，足徵尊崇師誼，日久不渝，實深嘆服。弟檢閲戴世兄所攜之稿，當日却爲方官保代作。今王通判（按即王履泰）所呈之本，是否即係原本，抑已被改頭换面？未見其書，難以懸斷。如欲伸理，則方氏現有貴顯後裔，尚須伺伊動静；且戴世兄又無力與人争勝，亦衹可隱忍有待而已。刻下戴世兄與弟相商，意欲付梓，以别真僞，擬即請先生校讎，囑弟作序。弟本不勝任，且於師弟名分又不敢稱序，可否請先生校定，添加一跋語，以傳千秋。將來刊刻時，卷帙繁多，必得同門相好十數人共襄斯舉；弟名下若干，當無不盡力也。微有商者，此書雖出自東原師手筆，究係方官保出名，將來若不易名，則爲方氏刻書，同人亦斷不肯助力。倘竟换東原師之名，未免與當日草創本意有違；且東原師所著之書精且簡，未有卷帙浩繁若此者，是不可不斟酌盡善也。弟識見淺隘，不敢臆斷，還祈先生有以教之。①

王念孫、段玉裁均有刊刻戴震與修《直隸河渠書》之意，無奈人事艱難，難以實施。段玉裁此次致書，再次申明戴震撰著《孟子字義疏證》之特殊意義，表達對其師之推崇。

是年，江藩始著《國朝漢學師承記》。《漢學師承記》卷一："藩綰髮讀書，授經於吴君通儒余古農、同宗艮庭二先生，明象數制度之原，聲音訓詁之學。乃知經術一壞於東西晋之清談，再壞於南北宋之道學，元、明以來，此道益晦。至本朝，三惠之學，盛於吴中，江永、戴震諸君，繼起於歙，從此漢學昌明，千載沉霾，一朝復旦。暇日詮次本朝

① 據陳鴻森《〈段玉裁年譜〉訂補》，臺北《歷史語言研究所集刊》第六十本第三分，1989年9月。

諸儒爲漢學者，成《漢學師承記》一編，以備國史之采擇。”①

嘉慶十六年辛未(1811)　卒後三十四年

是年，戴震夫人朱氏年八十。

段玉裁爲戴震夫人朱氏作《誥封孺人戴母朱夫人八十壽序》，其文曰：

古之聖賢豪傑，蓋莫不有中饋之美焉。其所遇不同，其用心一也。其所遇愈艱，則其用心愈苦；其艱愈久，則其苦愈深，而婦道益彰，雖屬庸德之常，非有奇節瑰行而所以自壽於天地、垂教於鄉邦者，非細故矣。

誥封孺人戴母朱夫人，吾師戴東原先生之伉儷也。先生道德文章，冠冕一代，受特達之知，勤於王事以卒，位不稱其德，年不逮六十，天下惜之。先生年將三十，夫人歸於先生，先生方爲諸生，攻苦食淡，以侍舅姑，事君子，米鹽凌雜，身任之，俾先生專壹於學。既而先生與族中争祖墓之被侵者，訟不能勝，乃入都門。自此往來南北，以館穀供家用。惟時夫人拮据於内者，蓋二十餘年。玉裁憶在都門時聞先生閑話曰：“余注《屈原賦》時，糧絶米貴，乃與賣麵者相約，賒取俟償，遂舉家食麵者纍月，成《屈原賦注》。”此二十年中事也。

迨乎乾隆癸巳，先生年五十有一，朝廷開四庫館，賜進士翰林院庶吉士，充纂修官，夫人侍舅文林公就養至京師，京職俸薄，不足菽水，先生又無人事於外，所治官書，皆天文、曆算、水道、方言，紛賾難理者，悉心讎校，夜則焚膏，時復自有撰述。家事皆夫人庀之，故夫人之勞特甚。先生將以丁酉之秋告歸，而心力既

① 江藩纂，漆永祥箋釋：《漢學師承記箋釋》卷一，上海：上海古籍出版社 2013 年版，第 34 頁。

竭，五月遂不起矣。夫人率子中立，匍匐扶柩南歸，幸文林公尚健，既葬先生，而中立又病歿，文林公享年八十而亡，凡喪葬之事，經營困瘁，期於先生九原無恨。中立已娶，無子，夫人謀於宗族，以先生之弟漁卿孝廉之子中孚爲後，漁卿祇此一子，俟中孚子多，分紹之。爲中孚娶婦，婦卒，又爲續娶。今中孚補弟子員，有聲。蓋自癸巳至今，幾四十年，夫人之勤苦如是。

嘉慶辛未七月十六日，夫人年登八袠，中孚屬玉裁一言爲壽，玉裁謂先生持己不苟，待人無憾，道足以發揮孟子，學足以補漢儒、宋儒之缺陷，文足以并肩龍門、昌黎。明德之後，必有達人，固當蹇困既極，而漸昌熾之，隆隆日起，天道之必可信者。若夫人夙夜匪懈，以勤勞節儉治其家，持門户於先生既逝後三十餘年，其爲戴氏功臣何如？中孚好學不倦，方大其家聲，夫人齯齒康健，壽未有艾，行且含飴弄孫，見中孚之一飛翀天也。王右軍夫人郗氏，子孫蕃衍，九十而視聽不衰，天之所以厚夫人者，不當媲王夫人也哉？

門下弟子原任四川巫山縣知縣段玉裁頓首謹序。

江藩《國朝漢學師承記》約初成於是年。

《漢學師承記》總八卷，述論清初以來諸多經學學者之學術思想、師承關係等，其於梳理清代學術史有重要意義。然標榜漢學，且有一定門户之見，故是書問世，褒貶互見。

《漢學師承記》卷五記江永、金榜、戴震三人，而以戴震爲主（末附其弟子王念孫、段玉裁），爲了解戴震生平、學術及戴學源流之重要資料。

是年，湖北數學家李潢卒，年六十六。

嘉慶十七年壬申(1812)　卒後三十五年

是年，徐頲（？—1823，字少鶴，號直卿，江蘇蘇州人，嘉慶十年乙丑科進士。曾師事段玉裁）任安徽學政，尊戴震，終以東原配食朱子祠堂[1]。

是年，段玉裁作《十經齋記》曰："近者亦閉户一室中，以二十一經及吾師《原善》《孟子字義疏證》恭安几上，手披口讀，務欲訓詁、制度、名物、民情、物理稍有所見，不敢以老自懈。"[2]

是年，段玉裁之婿、龔自珍之父龔麗正任徽州知府。

段玉裁游徽州。段玉裁《桂未谷札樸序》曰："壬申，薄遊新安而歸。"[3]又其《爲吴小巖作説文引經异字序》末署："壬申十月朔，茂堂老人段玉裁識於新安郡齋。"[4]

1811年，段玉裁爲戴震夫人朱氏作《誥封孺人戴母朱夫人八十壽序》，是年游徽州，當因其婿本年知徽州，或因師母朱氏辭世而親赴吊唁。

段玉裁撰《江氏音學序》(《經韵樓集》卷六)，推崇江有誥（字晋三，徽州歙縣人）能集音學之成，并感慨學術知己之難得。其文略曰：

> 歙江君晋三今年春寓書於余論音，余知其未見戴、孔之書也，而有適合戴、孔者，欣喜偉其所學之精。九月，謁余枝園，以《江氏音學》請序。余諦觀其書，别爲十種，蓋顧氏及余皆考古功多，審音功淺，江氏、戴氏二者皆深，而晋三於二者尤深。……余不及見顧氏、江氏，孔氏又早亡，每有彼此不相見之恨。幸得見吾師戴氏，戴氏既没，粤三十六年，又幸得見吾晋三，皆有知我之樂焉，皆有彼此互相挹注之益焉。假令天不假我以年，余即獲親戴氏，而不獲見吾晋三，安能知晋三集音學之成，於前此五人，皆有匡補之功哉！

---

① 許承堯《歙事閑譚》卷二八："元和徐學士頲視學安徽，親送庶常（戴震）主入朱子廟廷。"(《歙事閑譚》，合肥：黄山書社2001年版，第999頁。)

② 段玉裁：《經韵樓集》卷九，上海：上海古籍出版社2008年版，第237頁。

③ 段玉裁：《經韵樓集・補編》卷上，上海：上海古籍出版社2008年版，第378頁。

④ 段玉裁：《經韵樓集・補編》卷上，上海：上海古籍出版社2008年版，第378頁。

段玉裁論清代音學，謂始於顧炎武，經江永、戴震、段玉裁、王念孫等補葺，至江有誥而集成之，此論已成爲學界共識。

汪喜孫爲《漢學師承記》作跋，有曰："國朝漢學昌明，超軼前古，閻百詩駁僞孔，梅定九定曆算，胡朏明辨《易》圖，惠定宇述漢《易》，戴東原集諸儒之大成，裒然著述，顯於當代。顓門之學，於斯爲盛。"①

翁方綱著《自題校勘諸經圖後》，批評乾嘉考據之學云：

> 考訂之學何以專繫之經也？曰考訂者爲義理也。其不涉義理者亦有時入考訂，要之以義理爲主也。學者束髮受書，則由程、朱以仰窺聖籍，及其後，見聞稍廣而漸欲自外於程、朱者，皆背本而騖末者也。是亦因宋後諸家專務析理，反置《説文》《爾雅》諸書不省，有以激成之。吾今既知樸學之有益博綜考訂，勿蹈宋後諸家之弊，則得之矣，而豈敢轉執考訂以畔正路乎？嘉興王惺齋曰："學莫陋於厭薄韓、歐慣用之字，而嗜講《説文》内不常用之字。"吾每敬佩斯言，以爲切中今日學者之痼疾。蓋考訂家以墨守宋儒爲陋，而惺齋乃以苦研《説文》爲陋，所謂彼我易觀更相笑也。讀《易》而兼及考禘，因考禘而兼及明堂；讀《禮》而必合證明堂、路寢，其於《大司樂》鄭注、《盛德篇》盧注，别無可取，徵之書而必齗齗傅合之，吾不知其意欲何爲也。即夏五十畝、殷七十畝與《周官》分田制禄，必欲如目見而詳説之，吾不知其意欲何爲也。則若李資州之於《易》，杜江陽之於《春秋》，博涉其津涘以資問途，奚不可也？尚憾陸元朗所釋有未盡歸一者，徐楚金所繫有未盡校核者，尚憾秀水朱氏所考於前後歲月有失於備記者，若非實有確據，遽援鄭氏禮堂爲定，以整不齊爲任也，則豈敢乎。夫惟兢兢恪守聖言，曰多聞，曰闕疑而已矣。②

---

① 江藩纂，漆永祥箋釋：《漢學師承記箋釋》，上海：上海古籍出版社2013年版，第872頁。

② 翁方綱：《復初齋文集》卷六，見《續修四庫全書》第1455册，上海：上海古籍出版社2002年版。

嘉慶十八年癸酉(1813)　卒後三十六年

是年，龔麗正爲戴震墓題碑銘，銘文如下：

> 賜進士出身誥授朝議大夫知江南徽州府事禮部郎中軍機處行走戊辰科廣西正考官加級記録七次年愚姪龔麗正頓首拜題：皇清授進士出身敕授文林郎翰林院庶吉士先考東原府君、先妣朱氏孺人之墓。祀男中立、中孚，孫國均、國培仝百拜。皇清敕授文林郎丁酉科舉人候選知縣本生先考漁卿府君之墓。祀男中孚，孫國墉、國壿仝百拜。龍飛嘉慶十八年歲次癸酉仲冬月。

墓碑中部偏上處横書"隆阜戴氏"四字；"祀男中立、中孚，孫國均、國培仝百拜"與"皇清敕授文林郎丁酉科舉人候選知縣本生先考漁卿府君"兩行間有"巽山乾加己亥"六字。

戴震墓在今休寧縣商山鄉東北孝敬村几山，在隆阜之南約十二千米處，爲戴震與夫人朱氏及戴震胞弟戴霖(字漁卿)合葬之墓。朱氏當卒於上年或是年，壽八十一或八十二。戴霖卒年不詳。

龔麗正爲段玉裁之婿，時任徽州郡守。

是年，徽州數學家汪萊卒，年四十六。

嘉慶十九年甲戌(1814)　卒後三十七年

是年，段玉裁撰成《戴東原先生年譜》一卷，并彙集其師手迹爲《戴東原先生札册》一卷，作《東原先生札册跋》(《經韵樓集》卷七)。其跋語云：

> 輯先生手迹十五，匯爲一册，時時覽觀。嗚呼！哲人其萎，失聲之哭，於兹三十有八年矣。思先生而不可見，於是修先生

《年譜》一卷付刻，又裒先生札，得十四，付裝潢，末附與漁卿家信并函封。漁卿者，名霖，先生之弟也。

嗚呼！余與先生，鄉舉皆出青田韓介屏先生諱錫胙之門，時先生宰金匱，余於庚辰，東原於壬午。介屏先生學問淵博，有《滑疑集》行世。當時謂此二科得此二人，洵乎伯樂之能空馬群也。余辛巳不第，旅食都門，癸未，東原先生至，心慕其學，屢請正師弟之稱，不許。先生不第，歸；遂致書稱弟子。丙戌相見，遽言尊柬久欲奉還，朋友自可取益，奚必此也。今册中猶存三札，繳還稱謂。於以知先生德盛禮恭，遠出昌黎氏抗顔之上。其言《壽陽志》一札，壽陽令龔君導江以《壽陽志》稿請訂正之答書也。其言"五支、六脂、七支，如清、真、蒸三韵之不相通，能發自唐以來講韵者所未發，今春將古韵考訂一番，斷從此説爲確論"，則先生言韵之一變也。蓋先生壬午以前，與江慎修氏成《古韵標準》，至己丑，余以《詩經》及《群經韵譜》請業，言支、脂、之不相通，初不以爲然，遲之七年，至於癸巳，乃謂此説最確。從此古音之全，通邑大都，家喻户曉，謂非先生一言重於九鼎哉！又以見先生始之不輕信，終之勇於從，好學深思，聞義則服，豈比夫淺夫，知非不改，堅自護短哉！其言"非從事於字義、制度、名物，無由以通六經"之語，言"非知天理之不外於人欲，則以意見誤名之曰理而禍斯民。僕生平論述最大者爲《孟子字義疏證》一書，此正人心之要"；此二札者，聖人之道在是，殆以玉裁爲可語而傳之也。其他具見朋友之誼。

此外，尚有二札，未能檢得者。一爲初銓貴州玉屏縣時，自汾州寄都門，言"玉屏地在五嶺發脈之所，想風氣未開，未必不可施教也"。一爲在蜀時，自都門寄，言在四庫館校《水經注》事。二札久亡之，時往來於懷，吾儕有得之者，必能什襲珍之也。

嗚呼！師弟之道不講，故世無學問。玉裁年八十矣，距與先生在都門周旋講學，已四十餘年，猶於蛛絲煤尾蠹紙敗墨，日夕摩挲，宛見先生之頎然長，偉然雄健，聲如洪鐘，容貌温睟，將終身以之者，蓋嚮往之，誠有不容已；亦以傳示子孫，俾知世有剽竊師門一二，遽勇於樹幟，欲爲逢蒙者之爲可恥，而當以爲大戒也。册之背，爲故友孔葒谷書，爲先生令嗣中立札。嘉慶甲戌，十二月二日。段玉裁記。

《清史稿》卷四八一《段玉裁傳》："初，玉裁與念孫俱師震，故戴氏有段、王兩家之學，玉裁少震四歲（按：應爲十二歲。《清史稿》原誤），謙，專執弟子禮，雖耄，或稱震，必垂手拱立，朔望必莊誦震手札一通。"①亦可參讀。

李慈銘論曰："段氏年輩與戴相若，而先戴舉於鄉。入都後，始相見，時戴尚爲諸生，段之學亦已卓然成就，而委摯師事，終身北面。戴没後，寶其遺書，事必盡力，服習師説，没齒不衰，猶有漢儒之風，可謂真師弟也。"②

段玉裁《戴東原先生年譜》爲首部戴震年譜著作，匯輯戴震諸多重要生平思想資料，然因撰作於段玉裁晚年，時段氏已近八十高齡。段玉裁初識戴震在乾隆二十八年（1763），後雖與戴震文字往來頻繁，然僅有五次會面，除乾隆三十四年（1769）赴晉期間時間較久，其餘四次時間均較短，加之段玉裁晚年精力衰退，記憶模糊，故該《年譜》關於戴震前期經歷總體所述過簡（若干年份付之闕如），且有訛誤（或因所據洪榜《戴先生行狀》等原誤），戴震後期經歷相對較詳，然仍有不够詳明乃至訛誤之處。現代以來，魏建功在《段譜》等基礎上新撰戴氏《年譜》，有所補充訂正，然僅至乾隆十七年（1752）爲止。楊應芹先生復於《段譜》基礎上進行訂補（收入《戴震全書》第七册），總約六萬

① 趙爾巽等：《清史稿》，北京：中華書局 1977 年版，第 13203 頁。

② 李慈銘著，由雲龍輯，虞雲國整理：《越縵堂讀書記》，瀋陽：遼寧教育出版社 2000 年版，第 965 頁。按李氏所言似有小誤。段、戴於乾隆二十八年（1763）首次晤面於京師，時戴震業已中舉，且蜚聲學界；而段氏年不及而立，雖早於戴震兩年中舉，然其學術尚屬發展早期，成就未彰。

字，訂正、補充内容甚多，但仍不够詳細，且仍有若干可商之處。

是年，程瑶田卒，年九十。

程瑶田（1725－1814）早年於不疏園得江永傳授經學，爲"江門七子"之一。瑶田少戴震二歲，性駑鈍，而好深沉之思，曾九應鄉試，至乾隆三十五年（1770）始中式。五十三年（1788）大挑，得選爲嘉定縣儒學教諭，後乞病歸。錢大昕、王鳴盛等甚重之。程氏音律、書法精善，著《通藝録》十九種，近百萬言，於訓詁、制度、名物、聲律無不賅備。與戴震結識甚早，交誼甚深，其爲學亦善獨立思考、實事求是，且能知行并重。程瑶田與戴震同學於江永，均能繼承江永而恢宏皖派，而程瑶田治學又多受戴震啓發。戴震卒後，程瑶田撰《五友記・戴震》，詳記其與戴震之交誼及戴氏學行：

> 庚午、辛未之間，余與稚川及余姊婿汪松岑三人同研席，每論當世可交而資講習益者，余曰戴東原也。東原名震，休寧隆阜人。先是己巳歲，余初識東原，當是時，東原方躓於小試，而學已粗成，出其所校《太傅禮》示余。《太傅禮》者，人多不治，故經傳錯互，字句訛脱，學者恒苦其難讀。東原一一更正之，余讀而驚焉，遂與東原定交。至是，稚川、松岑亦咸交於東原矣。壬申夏，松岑言於其從祖之弟在湘，在湘因延東原至其家，以教其子，於是余數人時時與東原處，故知東原最深也。
>
> 東原曰："《水經》酈道元注亦如《太傅禮》，人所不治者，其經注之錯互，字句之訛脱，與《太傅禮》無异。揚雄《方言》，所謂'懸諸日月，不刊之書'，治古文者資之，與《爾雅》《説文》同功。而文章之古，益以轉寫之訛，人望之如蠶叢未辟者，然是皆不可不治其蕪雜，使就條理。"余觀東原之學以治經爲先，自諸經而外，又旁及於百家衆流，無所不窺，而獨致意於是三書者，蓋東原之治經也，以能知古人之文章。其知古人之文章也，以能窺六書之微指，而通古人之訓詁。三書之舛謬難治，苟非東原以其所能治

之，後之人雖有一知半解，欲爲功於三書者，吾知其有所不能也。有東原以其所能先治之，後之人或有拾遺補闕，以裨益於三書者，吾知其有所甚易也。東原生九歲始能言，十五始力學，既通訓詁知古人之文章，挾其真知灼見以上下古今，如是者二十年。學成而人皆知之，出與當世學士大夫遊。所交皆窮經博洽之士，然往往讓東原出一頭地。當是時，著作之富盈箱篋矣，而東原益用弢掩，謂古人每悔成書太早也。然知東原者，欲争先睹，皆慫恿之，乃曰："吾圖《考工記》，蓋少日爲之，已數易稿矣。《句股割圜記》，專家之學也，自不知者視之，茫然無所從入，知而言之，亦非復有疑義者。《屈原賦注》則於諸家注外，竊寓表章之旨，必欲付梓，姑以是先焉。"

國家大集《四庫全書》，東原與纂修，官翰林，所校《太傅禮》《水經注》《方言》諸書，皆編入《全書》，而《水經注》更邀御製詩冠之篇首。同時有趙一清者亦治是書，校讎酈注所得多於東原，其書出，人皆珍异之。然東原之書能以經之下互於注者，出而還之於經；注之上互於經者，擇而歸之於注，於此益見東原之不可及也。《水經》自《唐·藝文志》以爲桑欽撰，至今因之。東原謂班固嘗引欽言，欽在固前，而《水經》有小廣魏、魏寧諸地，是撰者上不逮漢，下不及晋，斷爲魏人，非桑欽也。東原讀書特識，往往如此。東原在官，諸書經其排類者，皆今世絶學。

其所著書，東原死後，曲阜孔葒谷盡爲付諸開雕，人皆謂東原死且不朽。然余獨念與東原交垂三十年，知東原最深，死之日僅五十五歲，其素所蓄積，尚有未筆之書者，有雖筆之書而未竟者。如假之年，治經之功豈止於是！抑古今之秘，天地將泄之；而又不欲盡泄之，是則余之所不能知也。

史學家、文學家趙翼卒，年八十八。

嘉慶二十年乙亥(1815)　卒後三十八年

是年,段玉裁《説文解字注》三十卷定本刊行,王念孫作《序》,陳奂撰《跋》。

九月初八日,段玉裁卒於蘇州枝園。

劉盼遂《段玉裁先生年譜》:"嘉慶二十年乙亥,先生八十一歲。……九月八日,先生卒。後歸葬金壇縣城西之大壩頭。"羅繼祖《段懋堂先生年譜》:"(嘉慶)二十年乙亥,八十一歲。五月,《説文注》刻成。是年,阮文達延主杭州敷文書院講席,未幾,卒。"陳奂(段玉裁弟子)《師友記》:"丙子秋,從海門歸謁師,喟然曰:'吾似春蠶一般,繭既成,惟待斃焉已。'八月,金陵試畢,視師疾,曰:'吾年二十餘,曾遘疾,六十年未嘗一日呻吟,今病不起。'九月八日,終於枝園,壽八十有一。"劉盼遂《段玉裁年譜》:"先生卒年,各家記載均作嘉慶二十年乙亥,陳氏獨繫嘉慶丙子,未詳其故。"

段玉裁爲戴震最著名弟子,且巋然爲一代樸學大師。阮元謂:"先生有功於天下後世者三:言古音一也,言《説文》二也,《漢讀考》三也。"(《清史稿》卷四八一《儒林傳二》引)段玉裁自乾隆二十八年(1763)初識戴震,即因仰慕其學其人而欲拜師,至乾隆三十四年(1769)終爲戴震所允。至段氏終老,始終禮敬東原,在學術上既能繼承戴震,又能創新發展,與王念孫共同成爲戴氏學術極重要傳承人,因而并稱"戴段二王"(含王念孫之子王引之)。段玉裁對戴震哲學思想也有繼承與發揮,其增訂《戴東原文集》,編纂《戴東原先生年譜》等,於弘揚戴震學術思想貢獻至巨。近世以來,學界或謂段氏雖能繼承光大戴震之小學考據,而未能深識并繼承戴震之義理,實恐非如此。戴震晚年曾兩次致書段氏,與其討論《孟子字義疏證》等,段氏則曰:"此二札者,聖人之道在是,殆以玉裁可語此而傳之也。"[①]又曰:

① 段玉裁:《經韵樓集》卷七《東原先生札册跋》,上海:上海古籍出版社2008年版,第180頁。

"先生之治經,凡故訓、音聲、算數、天文、地理、制度、名物、人事之善惡是非,以及陰陽、氣化、道德、性命,莫不究乎其實,蓋由考核以通乎性與天道。既通乎性與天道矣,而考核益精,文章益盛,用則施政利民,舍則垂世立教而無弊。淺者乃求先生於一名一物一字一句之間,惑矣。"[①]段氏晚年,更屢次論及戴震《孟子字義疏證》發明義理價值,并欲播揚之。一則曰:"《孟子字義疏證》所言,實能發明孔、孟之旨,而非宋人所能見到。"[②]再則曰:"今詳味其書(按指《疏證》),實實見得宋儒説理學,其流弊甚大。……弟擬刻此書以廣其傳,俾言義理者有所折衷。"[③]又曰:"擬將《疏證》刻諸吴中,或兼刻《緒言》兩存之,以持贈同學。雖下士必大笑之,無傷也。"[④]可見段氏深知戴震治學大端在乎究明性理天道,且屢屢揚之於學界。要之,戴震、段玉裁二人均能卓立於乾嘉學壇,又可謂師弟輝映,相得益彰。

段玉裁外孫龔自珍(1792—1841),字璱人,號定庵,浙江仁和人,父龔麗正,母爲段玉裁之女段馴,自珍幼年從學於段玉裁,段氏有意傳戴震義理之學於外孫,故龔自珍亦接受戴震影響。嘉慶二十二年(1817),龔自珍致書江藩,論江氏《漢學師承記》之"漢學"宜改爲"經學"。其《與江子屏箋》曰:

> 大著讀竟,其曰《國朝漢學師承記》,名目有十不安焉,改爲《國朝經學師承記》。敢貢其説:夫讀書者實事求是,千古同之,此雖漢人語,非漢人所能專,一不安也;本朝自有學,非漢學,有漢人稍開門徑而近加邃密者,有漢人未開之門徑,謂之漢學,不甚甘心,不安二也;瑣碎餖飣,不可謂非學,不得爲漢學,三也;漢

---

① 段玉裁:《經韵樓集·補編》卷上《戴東原集序》,上海:上海古籍出版社 2008 年版,第 370 頁。

② 段玉裁:《經韵樓集·補編》卷下《與劉端臨第十二書》,上海:上海古籍出版社 2008 年版,第 400 頁。

③ 段玉裁:《經韵樓集·補編》卷下《與王懷祖第六書》,上海:上海古籍出版社 2008 年版,第 418 頁。

④ 段玉裁:《經韵樓集》卷七《答程易田丈書》,上海:上海古籍出版社 2008 年版,第 184 頁。

人與漢人不同,家各一經,經各一師,孰爲漢學乎？四也;若以漢與宋爲對峙,尤非大方之言,漢人何嘗不談性道？五也;宋人何嘗不談名物、訓詁？不足概服宋儒之心,六也;近有一類人,以名物、訓詁爲盡聖人之道,經師收之,人師擯之,不忍深論,以誣漢人,漢人不受,七也;漢人有一種風氣,與經無與而附於經,謬以裨灶、梓慎之言爲經,因以汩陳五行、矯誣上帝爲説經,《大易》《洪範》,身無完膚,雖劉向亦不免,以及東京内學,本朝何嘗有此惡習？本朝人又不受矣,八也;本朝别有絶特之士,涵詠白文,創獲於經,非漢非宋,亦惟其是而已矣,方且爲門户之見者所擯,九也;國初之學,與乾隆初年以來之學不同,國初人即不專立漢學門户,大旨欠區别,十也。有此十者,改其名目,則渾渾圜無一切語弊矣。自珍頓首。丁丑冬至日。①

龔氏所論有是有非,而與江藩著述宗旨不合(江氏撰述不僅在梳理清代漢學源流支脈,更在捍衛漢學而貶抑宋學),故不爲江氏所接受。

然龔自珍强調"本朝别有絶特之士,涵詠白文,創獲於經,非漢非宋,亦惟其是而已矣,方且爲門户之見者所擯","國初之學,與乾隆初年以來之學不同,國初人即不專立漢學門户,大旨欠區别",顯然所指戴震代表之治學實事求是、空所依傍,旨在聞道,不立門户。

是年九月十三日,姚鼐卒於江寧鍾山書院,年八十五。姚瑩《東溟文集》卷六《朝議大夫刑部郎中加四品銜從祖惜抱先生行狀》:"嘉慶二十年九月,惜抱先生卒於江寧鍾山書院。"②

---

① 龔自珍:《龔定庵全集類編》卷七,北京:中國書店1991年版,第211～212頁。

② 姚瑩:《東溟文集》,見《續修四庫全書》第1512册,上海:上海古籍出版社2002年版。

附録　戴震著述簡編

乾隆七年壬戌(1742)　二十歲

著《嬴旋車記》《自轉車記》。載入孔繼涵微波榭刻(以下簡稱“孔刻”)《戴氏遺書》之《東原文集》卷二,段玉裁經韵樓刻(以下簡稱“段刻”)《戴東原集》卷七。

乾隆九年甲子(1744)　二十二歲

成《策算》一卷(《段譜》謂初名《籌算》;《魏譜》謂本名《策算》),并有《策算序》。《策算》載入孔刻《戴氏遺書》;《策算序》載入段刻《戴東原集》卷七。

乾隆十年乙丑(1745)　二十三歲

孟冬,成《六書論》三卷,并有《六書論序》。《六書論序》載入孔刻《東原文集》卷五,段刻《戴東原集》卷三。

是年,戴震或撰《聲律總持》及《六書樞言》,二書不傳(《六書樞言》或爲《六書論》初名)。

乾隆十一年丙寅(1746)　二十四歲

《段譜》:是年,《考工記圖注》成。《段譜訂補》:"當作《考工記圖》。"《考工記圖》載入孔刻《戴氏遺書》。

乾隆十二年丁卯(1747)　二十五歲

是年仲春,成《轉語》二十章(是書或已佚),并有《轉語二十章序》。《轉語二十章序》載入孔刻《東原文集》卷五,段刻《戴東原集》卷四。

近代以來,有謂《轉語》與《聲類表》爲一書。待考。

乾隆十四年己巳(1749)　二十七歲

有《爾雅文字考》十卷,并有《爾雅文字考序》(周德美於《文獻》2003 年 3 期有文論此序實爲任基振《爾雅注疏箋補》自序)。《爾雅文字考》,《段譜》云"書稿藏曲阜孔户部家",道光《徽州府志》卷一一《儒林・戴震傳》又云在蘇州吴俊處。今未見,存佚待考。

校《大戴禮》(《太傅禮》)。

乾隆十五年庚午(1750)　二十八歲

《與是仲明論學書》或作於是年,或作於乾隆二十二年(1757)。載入孔刻《東原文集》卷八,段刻《戴東原集》卷九。

乾隆十七年壬申(1752)　三十歲

作《屈原賦注》九卷(含《注》七卷、《通釋》二卷),另《音義》三卷

(或以爲汪梧鳳撰,或以爲戴震撰而假名汪梧鳳)。

《戴節婦家傳》或作於是年。載入孔刻《東原文集》卷十,段刻《戴東原集》卷一二。

約於是年末,作《經雅》七卷。書稿爲孔繼涵藏,未刻。稿本後爲晚清高翰生所得,今藏湖北省圖書館。

乾隆十八年癸酉(1753) 三十一歲

成《詩補傳》二十六卷(即《毛詩補傳》)。抄本原名《戴氏經考》,今藏國家圖書館。

《毛鄭詩考正》亦成於是年或稍後。首刻於孔刻《戴氏遺書》中。

《族支譜序》作於是年或稍前。載入段刻《戴東原集》卷一一,孔刻《東原文集》未録。

乾隆十九年甲戌(1754) 三十二歲

約在是年,成《水地記初稿》(此稿爲戴震早期研究《水經注》成果)。抄本爲孔繼涵所藏。今藏國家圖書館、南通市圖書館。北京大學圖書館另有手稿殘卷。文字均有异同。

乾隆二十年乙亥(1755) 三十三歲

《句股割圜記》三卷。乾隆二十三年(1758)歙縣吴思孝初刻。後修訂收入孔刻《戴氏遺書》之《算經十書》。

《與姚孝廉姬傳書》《與王内翰鳳喈書》。載入孔刻《東原文集》卷八,又分别載入段刻《戴東原集》卷九、卷三。

《與方晞原書》。載入孔刻《東原文集》卷八,段刻《戴東原集》卷九。

始校正《方言》,將《方言》寫於李濤所著《許氏説文五音韵譜》上。

《準望簡法》《割圜弧矢補論》《句股割圜全義圖》《方圓比例數表》或均作於是年。

乾隆二十一年丙子(1756)　三十四歲

修訂《考工記圖》。於本年由紀昀閱微草堂首次刊刻。

冬,盧文弨示其外祖馮景所著《淮南子洪保》於戴震,戴震作《讀淮南子洪保》。

乾隆二十二年丁丑(1757)　三十五歲

與纂《金山志》。

《大戴禮記目録後語一》《大戴禮記目録後語二》《周易補注目録後語》。三文載入孔刻《東原文集》卷七,段刻《戴東原集》卷一。

《沈學子文集序》。載入孔刻《東原文集》卷六,段刻《戴東原集》卷一一。

《經考》改定於是年。《經考》首刻於民國初南陵徐乃昌《鄦齋叢書》中。

《周禮太史正歲年解一》《周禮太史正歲年解二》。載入孔刻《東原文集》卷三,段刻《戴東原集》卷一。

《周髀北極璿璣四游解一》《周髀北極璿璣四游解二》。載入孔刻《東原文集》卷三,段刻《戴東原集》卷五。

乾隆二十三年戊寅(1758)　三十六歲

《句股割圜記》刊行,歙人吴思孝作序。

《汪氏捐立學田碑》或作於是年。載入孔刻《東原文集》卷九,段刻《戴東原集》卷一一。

《答江慎修先生論小學》作於是年前後。載入段刻《戴東原集》卷三，孔刻《東原文集》未録。

乾隆二十四年己卯(1759)　三十七歲

作《鄭學齋記》。載入孔刻《東原文集》卷二，段刻《戴東原集》卷一一。

《書小爾雅後》。載入孔刻《東原文集》卷七，段刻《戴東原集》卷三。

《春秋究遺序》。載入孔刻《東原文集》卷五，段刻《戴東原集》卷十。

又助紀昀審定史榮(字漢桓，一字雪汀)《風雅遺音》。

是年或稍前，助江永參定《古韵標準》四卷、《詩韵舉例》一卷。

乾隆二十五年庚辰(1760)　三十八歲

作《沈處士戴笠圖題詠序》。載入孔刻《東原文集》卷六，段刻《戴東原集》卷一一。

《與盧侍講紹弓書》。載入孔刻《東原文集》卷八，段刻《戴東原集》卷三。

《與任孝廉幼植書》。載入孔刻《東原文集》卷八，段刻《戴東原集》卷九。

冬，刻成《屈原賦注》(含注七卷、通釋二卷、音義三卷)，由汪梧鳳不疏園刊刻。

是年，戴震與沈大成於揚州共校何焯校本《水經注》。

乾隆二十六年辛巳(1761)　三十九歲

作《再與盧侍講書》。載入孔刻《東原文集》卷八，段刻《戴東原集》卷三。

爲汪梧鳳祖父汪景晃作《某翁頌辭》。

乾隆二十七年壬午(1762)　四十歲

鄉試中舉。《乾隆壬午科江南鄉試詩四房同門録》(温州市圖書舘藏)録有戴震鄉試制藝三篇《鄉人儺朝服而立於阼階》《禘嘗之義》《遠方之人爲食》。

《江慎修先生事略狀》。載入孔刻《東原文集》卷十，段刻《戴東原集》卷一二。

《原象》八篇，成於是年或稍前。孔刻《戴氏遺書》之十五與《迎日推策記》合爲《原象》一卷。載入段刻《戴東原集》卷五。

《迎日推策記》一卷。載入孔刻《東原文集》卷二，亦刻入《原象》一卷中，然與《文集》内容有异；段刻《戴東原集》卷五。

《記夏小正星象》或作於是年。載入孔刻《東原文集》卷一，段刻《戴東原集》卷五。

乾隆二十八年癸未(1763)　四十一歲

《論韵書中字義答秦尚書蕙田》。載入段刻《戴東原集》卷三，孔刻《東原文集》未録。

《書玉篇卷末聲論反紐圖後》《書劉鑒切韵指南後》《顧氏音論跋》《書盧侍講所藏宋本廣韵後》。載入段刻《戴東原集》卷四，孔刻《東原文集》未録。

《鳳儀書院碑》(《魏譜》謂作於乾隆十五年,誤)。載入孔刻《東原文集》卷九,段刻《戴東原集》卷一一。

《沈學子文集序》。載入孔刻《東原文集》卷六,段刻《戴東原集》卷一一。

《尚書今文古文考》《春秋改元即位考》作於1753—1763年間(具體待考)。載入孔刻《東原文集》卷四,段刻《戴東原集》卷一。

《學禮篇》十三首作於是年前後。

《讀易繫辭論性》《讀孟子論性》《法象論》,大抵爲丁丑(1757)至是年所作。載入孔刻《東原文集》卷三,段刻《戴東原集》卷八。

《尚書義考》或成於是年。有清抄本。另有晚清劉世珩刻《聚學軒叢書》本。

《原善》三篇成於是年前後。

乾隆二十九年甲申(1764)　四十二歲

《代程虹宇爲程氏祀議》或作於是年。載入孔刻《東原文集》卷三,段刻《戴東原集》卷一一。

乾隆三十年乙酉(1765)　四十三歲

考定《水經》一卷(即《水經考次》),有《書水經後》(段刻《文集》卷六有《書水經注後》,"注"字當衍)、《水經酈道元注序》。

作《題惠定宇先生授經圖》。載入孔刻《東原文集》卷七,段刻《戴東原集》卷一一。

乾隆三十一年丙戌(1766)　四十四歲

《聲韵考》四卷成。後仍有改定。有乾隆四十一年(1776)段玉裁刻《經韵樓叢書》本,孔刻《戴氏遺書》本。

《原善》三卷(三篇之擴大本)。載入孔刻《東原文集》卷三,段刻《戴東原集》卷八。

《孟子私淑録》。因孔刻《戴氏遺書》未録此書,段玉裁亦未言及,此書的作時争議較大,説見正編本年下。又,此書現有清張海鵬照曠閣抄本,而發現較晚。二十世紀三十年代,錢穆首見并抄録之,刊行於四川省立圖書館編《圖書集刊》創刊號。現國家圖書館、北京大學圖書館均藏有抄本。

《杲溪詩經補注》二卷(亦名《詩經補注》或《詩經二南補注》)或成於是年。首刻於孔刻《戴氏遺書》中。

乾隆三十二年丁亥(1767) 四十五歲

《送右庶子畢君沅赴鞏秦階道序》。載入孔刻《東原文集》卷六,段刻《戴東原集》卷一一。

《續天文略》或撰於是年,并撰《續天文略序》。序文載入段刻《戴東原集》卷五,孔刻入《戴氏遺書》之《續天文略》中。

乾隆三十三年戊子(1768) 四十六歲

與修《直隸河渠書》。

作《鶴岑胡公墓誌銘》。載入孔刻《東原文集》卷十,段刻《戴東原集》卷一二。

乾隆三十四年己丑(1769) 四十七歲

纂修《汾州府志》。

《應州續志序》(代徐浩)。載入孔刻《東原文集》卷六,段刻《戴東原集》卷六。

《大學補注》《中庸補注》或成於是年。《大學補注》今未見。《中庸補注》有國家圖書館藏道光長留閣抄本。清末上海《國粹學報》據戴望抄本刊刻。

撰《緒言》初稿。

《與段若膺論縣志》。載入段刻《戴東原集》卷六,孔刻《東原文集》未録。

《聲韵考》或成於是年。

《古經解鉤沉序》(或作於戴震入四庫館後)。載入孔刻《東原文集》卷五,段刻《戴東原集》卷十。

乾隆三十五年庚寅(1770)　四十八歲

《答曹給事書》。載入孔刻《東原文集》卷八,段刻《戴東原集》卷六。

《沂川王君祠碑》。載入孔刻《東原文集》卷九,段刻《戴東原集》卷一一。

《于清端傳》《張義士傳》《王廉士傳》。載入孔刻《東原文集》卷九,段刻《戴東原集》卷一二。

《答朱方伯書》。載入孔刻《東原文集》卷八,段刻《戴東原集》卷九。

《例贈宣武大夫王公墓表》《輯五王先生墓誌銘》。載入孔刻《東原文集》卷十,段刻《戴東原集》卷一二。

《山陰義莊序》(代冀寧道徐浩)。載入孔刻《東原文集》卷六,段刻《戴東原集》卷一一。

《查氏七烈女墓誌銘》。載入孔刻《東原文集》卷十,段刻《戴東原集》卷一二。

《重刊五經文字九經字樣序》。載入孔刻《東原文集》卷五,段刻

《戴東原集》卷十。

與修《寧鄉縣志》,代作《寧鄉縣志序》。

《孝義縣志序》(代)。

與修《壽陽縣志》。

《寧鄉縣修城臺樓堞記》(代朱懋炳)。載入孔刻《東原文集》卷二,段刻《戴東原集》卷一一。

《范忠貞傳》《養浩毛先生傳》。載入孔刻《東原文集》卷九,段刻《戴東原集》卷一二。

《記洞過水》(此篇原稿段玉裁作,戴震修改)。載入段刻《戴東原集》卷六,孔刻《東原文集》未録。

乾隆三十六年辛卯(1771)　四十九歲

纂《汾陽縣志》。

《温方如西河文匯序》。載入孔刻《東原文集》卷六,段刻《戴東原集》未録。

《董愚亭詩序》。載入孔刻《東原文集》卷六,段刻《戴東原集》卷一一。

秋作《沈學子文集序》。載入孔刻《東原文集》卷六,段刻《戴東原集》卷一一。

江永《古韵標準》四卷初刻,是書曾由戴震參定。

乾隆三十七年壬辰(1772)　五十歲

《爾雅注疏箋補序》。載入孔刻《東原文集》卷五,段刻《戴東原集》卷三。

《孟子趙注跋》。載入段刻《戴東原集》卷十,孔刻《東原文集》未録。

《緒言》(定稿)。《段譜》謂"《孟子字義疏證》原稿名《緒言》,有壬辰菊月寫本,程氏易田於丙申影抄"。而首刻於道光南海伍崇耀《粤雅堂叢書》中。

乾隆三十八年癸巳(1773)　五十一歲

校《水經注》四十卷(自刻本不分卷,有自序)。

《光禄大夫工部尚書太子少傅裘文達公墓誌銘》(代)。載入孔刻《東原文集》卷十,段刻《戴東原集》卷一二。

《九數通考序》(爲屈曾發《數學精詳》撰,并更名《九數通考》)。

《儀禮考正》《續方言》《爾雅注疏箋補序》或均作於是年。

乾隆三十九年甲午(1774)　五十二歲

校成《大典》本《水經注》《九章算術》《五經算術》等(有《提要》)。

《九章算術訂訛補圖》(微波榭本《算經十書》之二《九章算術》附)。

《五經算術考證》一卷(微波榭本《算經十書》之《五經算術》附)。

乾隆四十年乙未(1775)　五十三歲

《四川布政使司布政使李公墓誌銘》。載入孔刻《東原文集》卷十,段刻《戴東原集》卷一二。

始著《孟子字義疏證》。

《序劍》作於是年或稍後。載入孔刻《東原文集》卷六,段刻《戴東原集》卷一一。

《跋吴潜夫殘本聖教序》約作於是年。載入孔刻《東原文集》卷七,段刻《戴東原集》未録。

校《海島算經》(有《提要》)、《周髀算經》(有《提要》)、《張丘建算經》(有《提要》)、《儀禮識誤》(有《提要》)等。

乾隆四十一年丙申(1776)　五十四歲

《平定兩金川大功告成頌》。戴震佚文,載録奏摺本《平定兩金川大功告成頌、恭紀》,今藏吉林省圖書館。

《送巡撫畢公歸西安序》。載入孔刻《東原文集》卷六,段刻《戴東原集》卷一一。

《昆山諸君墓誌銘》《直奉大夫浙江清吏司員外郎毛公墓誌銘》。載入孔刻《東原文集》卷十,段刻《戴東原集》未録。

《答段若膺論韵》。載入段刻《戴東原集》卷四,孔刻《東原文集》未録。

《詩比義述序》。載入孔刻《東原文集》卷五,段刻《戴東原集》卷十。

《韵譜》(輯纂)。

《禮記纂圖注義》(輯纂,即《彭氏禮記纂圖匯解》)。

《禮記句解》(輯纂)。

《刊九章算術序》。載入段刻《戴東原集》卷七,孔刻《東原文集》未録。

《于公敏中壽頌》。見於北京大學圖書館所藏的李氏麐嘉舘藏書《戴東原先生文》抄本。

自刻分篇《水經注》(不分卷,由孔氏微波榭刊刻)。

校《夏侯陽算經》(有《提要》)、《孫子算經》(有《提要》)、《五曹算經》(有《提要》)。

乾隆四十二年丁酉(1777)　五十五歲

《孟子字義疏證》(春季著成)。首刻於孔刻《戴氏遺書》中。

《答彭進士允初書》(作於是年四月)。載入段刻《戴東原集》卷八,孔刻《東原文集》未録。

《與某書》亦或是年作。載入孔刻《東原文集》卷八,段刻《戴東原集》卷九。

《與陸朗夫(燿)書》(據陸燿《復戴東原言理欲書》,是年仲春戴震有致陸燿書)。未見,存佚待考。

爲段玉裁撰《六書音均表序》。載入孔刻《東原文集》卷五,段刻《戴東原集》卷十。

《與段若膺論理欲書》,即段玉裁輯《戴東原先生札册》第九札。

《與丁升衢書》《再與丁升衢書》。載入段刻《戴東原集》卷五,孔刻《東原文集》未録。

《聲類表》九卷。首刻於孔刻《戴氏遺書》中。

《方言疏證》《方言疏證序》。《方言疏證序》載入孔刻《東原文集》卷五,段刻《戴東原集》卷十。《方言疏證》首刻於孔刻《戴氏遺書》中。

手披段玉裁《六書音均表》。

校《周髀算經》《孫子算經》《張丘建算經》《夏侯陽算經》《五曹算經》《儀禮釋宫》《儀禮集釋》《項氏家説》《蒙齋中庸講義》《大戴禮》《方言》等。

主要參考文獻

《戴震全集》(全六册),戴震研究會等編纂,北京:清華大學出版社 1991—1999 年版。

《戴震全書》(修訂本,全七册),楊應芹、諸偉奇主編,合肥:黄山書社 2010 年版。

《戴東原先生全集》(二十三種),《安徽叢書》第六期,安徽叢書編印處 1936 年版。

《戴氏遺書》(十五種),曲阜孔氏微波榭刻,乾隆刻本,日本國會圖書舘藏。

《戴東原集》,上海:商務印書舘 1933 年版。

《戴震文集》,趙玉新點校,北京:中華書局 1980 年版。

《戴震集》,湯志鈞校點,上海:上海古籍出版社 1980 年版。

《緒言》,《粤雅堂叢書》第四集,道光三十年(1850)粤雅堂刻本。

《戴氏三種》,樸社 1924 年刊印。

《原善孟子字義疏證》,章錫琛校點,北京:古籍出版社 1956 年版。

《孟子字義疏證》,何文光整理,北京:中華書局 1961 年版。

《屈原賦注》,褚斌傑、吴哲賢點校,北京:中華書局 1999 年版。

《戴震哲學著作選注》,安正輝選注,北京:中華書局 1979 年版。

《孟子字義疏證全譯》,冒懷辛譯注,成都:巴蜀書社 1992 年版。

《乾隆壬午科江南鄉試詩四房同門録》,乾隆刻本,温州市圖書舘藏。

《平定兩金川大功告成頌、恭紀》(奏摺本),(清)戴震、五泰、瑞保撰,吉林省圖書舘藏。

《直隸河渠書》,(清)趙一清撰,戴震删訂,臺北:臺灣學生書局 1987 年版。

《合校水經注》,(北魏)酈道元著,王先謙校,北京:中華書局 2009 年版。

《分篇水經注》,(北魏)酈道元著,戴震分篇,楊應芹校點,合肥:黄山書社 2015 年版。

《算經十書》,錢寶琮校點,北京:中華書局 1963 年版。

《湖海文傳》,(清)王昶輯,上海:上海古籍出版社 2013 年版。

《戴東原二百年生日紀念論文集》(《晨報社叢書》第十三種),北京:明明印刷局 1924 年印刷。

《戴震評傳》,李開著,南京:南京大學出版社 1992 年版。

《戴震》,祁龍威、華强著,南京:江蘇古籍出版社 1984 年版。

《戴震——十八世紀中國唯物主義哲學家》,周輔成著,武漢:湖北人民出版社 1957 年版。

《戴震生平與作品考論》,蔡錦芳著,桂林:廣西師範大學出版社 2006 年版。

《戴震》,張立文著,臺灣東大圖書公司 1991 年版。

《戴震哲學研究》,張立文著,北京:人民出版社 2014 年版。

《戴震哲學新探》,周兆茂著,合肥:安徽人民出版社 1997 年版。

《戴震、乾嘉學術與中國文化》,吴根友、孫邦金等著,福州:福建教育出版社 2015 年版。

《戴震學術思想論稿》,戴學研究會編,合肥:安徽人民出版社 1987 年版。

《戴學新探》,戴震研究會編,南京:南京大學學報編輯部 1991 年印行。

《戴震研究》,鮑國順著,臺北:"國立"編譯舘 1997 年版。

《戴震原善研究》,成中英編譯,香港:美國東方研究所香港辦事處 1969 年版。

《戴震原善表微》,李暢然著,北京:北京大學出版社 2014 年版。

《戴震經學之研究》,林文華著,臺北:花木蘭文化出版社 2008 年版。

《戴東原思想析論》,劉錦賢著,臺北:花木蘭文化出版社 2009 年版。

《戴震的哲學——唯物主義與道德價值》,[日]村瀨裕也著,王守華等譯,濟南:山東人民出版社 1995 年版。

《論戴震與章學誠》,余英時著,北京:生活·讀書·新知三聯書店 2005 年版。

《戴東原經典詮釋的思想史探索》,鄭吉雄著,臺北:臺大出版中心 2008 年版。

《戴東原哲學析評》(博士論文),[韓]高在旭撰,臺北:私立輔仁大學哲學研究所 1990 年。

《戴震與中國文化》,許蘇民著,貴陽:貴州人民出版社 2000 年版。

《戴震語文學研究》,李開著,南京:江蘇古籍出版社 1998 年版。

《戴震學的形成:知識論述在近代中國的誕生》,丘爲君著,北京:新星出版社 2006 年版。

《獨樹一幟——戴震與乾嘉學派》,申笑梅、張立真著,瀋陽:遼寧人民出版社 1997 年版。

《清代儒學大師:惠棟與戴震》,江華著,鄭州:中州古籍出版社 2017 年版。

《戴震樸學研究》,陸忠發著,北京:中國文聯出版社 2001 年版。

《戴震考據學研究》,徐道彬著,合肥:安徽大學出版社 2007 年版。

《戴震詩經學研究》(博士論文),程嫩生撰,浙江大學 2005 年。

《皖派學術與傳承》,徐道彬著,合肥:黄山書社 2012 年版。

《清代學術史研究》,胡楚生著,臺北:臺灣學生書局 1988 年版。

《以禮代理——凌廷堪與清中葉儒學思想之轉變》,張壽安著,石家莊:河北教育出版社 2001 年版。

《清代諸子學研究》,劉仲華著,北京:中國人民大學出版社 2004 年版。

《2014 全國戴震學術研討會論文集》,汪良發、潘定武主編,合肥:黄山書社 2015 年版。

《周敦頤集》,(宋)周敦頤著,陳克明點校,北京:中華書局 1990 年版。

《張載集》,(宋)張載著,章錫琛點校,北京:中華書局 1978 年版。

《二程集》,(宋)程顥、程頤著,王孝魚點校,北京:中華書局 2004 年版。

《朱子全書》,(宋)朱熹著,朱傑人等編,上海:上海古籍出版社 2010 年版。

《王陽明全集》,(明)王陽明著,上海:上海古籍出版社 2012 年版。

《顧炎武全集》,(清)顧炎武著,上海:上海古籍出版社 2011 年版。

《船山遺書》,(清)王夫之著,北京:中國書店 2016 年版。

《黄宗羲全集》,(清)黄宗羲著,杭州:浙江古籍出版社 2012 年版。
《顏元集》,(清)顏元著,王星賢等點校,北京:中華書局 1987 年版。
《經韵樓集》,(清)段玉裁著,鍾敬華校點,上海:上海古籍出版社 2008 年版。
《段玉裁全書》,賴永海主編,南京:江蘇人民出版社 2015 年版。
《潛研堂集》,(清)錢大昕著,上海:上海古籍出版社 2009 年版。
《嘉定錢大昕全集》,(清)錢大昕著,陳文和主編,南京:鳳凰出版社 2016 年版。
《蛾術編》,(清)王鳴盛著,顧美華標校,上海:上海書店出版社 2012 年版。
《程瑶田全集》,(清)程瑶田著,陳冠明點校,合肥:黄山書社 2008 年版。
《漁村詩文集》,(清)汪灼著,清抄本,中國國家圖書舘藏。
《劉大櫆集》,(清)劉大櫆著,吴孟復標點,上海:上海古籍出版社 1990 年版。
《惜抱軒全集》,(清)姚鼐著,北京:中國書店 1991 年版。
《文史通義新編新注》,(清)章學誠著,倉修良編注,杭州:浙江古籍出版社 2005 年版。
《述學校箋》,(清)汪中著,李金松校箋,北京:中華書局 2014 年版。
《校禮堂文集》,(清)凌廷堪著,王文錦點校,北京:中華書局 1998 年版。
《雕菰集》,(清)焦循著,北京:中華書局 1985 年版。
《夏仲子集》,(清)夏炯著,咸豐四年(1854)刻本。
《揅經室集》,(清)阮元著,鄧經元點校,北京:中華書局 1993 年版。
《宋恕集》,(清)宋恕著,胡珠生編,北京:中華書局 1993 年版。
《章太炎全集》,章太炎著,上海人民出版社編,上海:上海人民出版社 2018 年版。
《梁啓超全集》,梁啓超著,湯志鈞、湯仁澤編,北京:中國人民大學出版社 2018 年版。
《王國維全集》,王國維著,謝維揚、房鑫亮主編,杭州:浙江教育出版社 2010 年版。
《劉申叔遺書》,劉師培著,寧武南氏校印本 1934 年印。

《胡適全集》,胡適著,合肥:安徽教育出版社 2003 年版。

《揚州畫舫録》,(清)李斗著,北京:中華書局 1960 年版。

《顔氏學記》,(清)戴望著,劉公純標點,北京:中華書局 1958 年版。

《漢學師承記箋釋》,(清)江藩著,漆永祥箋釋,上海:上海古籍出版社 2013 年版。

《漢學商兑》,(清)方東樹著,上海:商務印書舘 1937 年版。

《清學案小識》,唐鑒著,臺北:臺灣商務印書舘 1975 年版。

《無邪堂答問》,(清)朱一新著,吕鴻儒、張長法點校,北京:中華書局 2000 年版。

《(道光)徽州府志》,《安徽府縣志輯》48—50,南京:江蘇古籍出版社 1998 年版。

《(道光)休寧縣志》,《安徽府縣志輯》52,南京:江蘇古籍出版社 1998 年版。

《休寧名族志》,(明)曹嗣軒編撰,胡中生、王夔點校,合肥:黄山書社 2007 年版。

《休寧戴氏家譜》,明嘉靖二十一年(1542)刻本。

《休寧隆阜紫竹園戴氏人房家譜》,明抄本。

《休寧戴氏族譜》,明崇禎五年(1632)刻本。

《戴氏荆墩家譜》,清乾隆二十八年(1763)抄本。

《星源甲道張氏宗譜》,(清)張琴等修,清光緒刻本。

《歙事閑譚》,許承堯著,合肥:黄山書社 2001 年版。

《清實録》,北京:中華書局 1986 年版。

《清會典》,北京:中華書局 1991 年版。

《清代官員履歷檔案全編》,秦國經主編,上海:華東師範大學出版社 2008 年版。

《文淵閣四庫全書》,上海:上海古籍出版社 1987 年版。

《四庫全書總目》,(清)永瑢等撰,北京:中華書局 1965 年版。

《四庫提要辨證》,余嘉錫著,北京:中華書局 1980 年版。

《四庫全書存目叢書》,濟南:齊魯書社 1997 年版。

《四庫未收書輯刊》,北京:北京出版社 2000 年版。

《四庫禁燬書叢刊》,北京:北京出版社 1997 年版。

《續修四庫全書》,續修四庫全書工作委員會等編,上海:上海古籍出版社 2002 年版。

《續修四庫全書總目提要》,續修四庫全書總目提要編纂委員會編,上海:上海古籍出版社 2015 年版。

《清代詩文集彙編》(全 800 册),國家清史編纂委員會編,上海:上海古籍出版社 2010 年版。

《辦理四庫全書檔案》,陳垣纂,臺北:新文豐出版公司 1993 年版。

《陳垣學術論文集》(第二集),北京:中華書局 1982 年版。

《四庫全書纂修考》,郭伯恭著,長沙:岳麓書社 2010 年版。

《纂修四庫全書檔案》,張書才主編,上海:上海古籍出版社 1997 年版。

《四庫全書纂修研究》,黄愛平著,北京:中國人民大學出版社 1989 年版。

《四庫全書館研究》,張升著,北京:北京師範大學出版社 2012 年版。

《清史列傳》,王鍾翰點校,北京:中華書局 1987 年版。

《清史稿》,趙爾巽等撰,北京:中華書局 1977 年版。

《清國史》,北京:中華書局 1993 年影印嘉業堂鈔本。

《清代文字獄檔》(增訂本),上海書店出版社編,上海:上海書店出版社 2011 年版。

《清代傳記叢刊》,周駿富輯,臺北:明文書局 1985 年版。

《清代樸學大師列傳》,支偉成著,上海:上海泰東圖書局 1925 年版。

《國朝先正事略》,李元度著,臺北:明文書局 1985 年版。

《乾嘉名儒年譜》,本社影印室輯,北京:北京圖書館出版社 2006 年版。

《清代徽人年譜合刊》,薛貞芳主編,合肥:黄山書社 2006 年版。

《揚州學派年譜合刊》,鄭曉霞、吴平標點,揚州:廣陵書社 2008 年版。

《清儒學案》,徐世昌等著,北京:中華書局 2008 年版。

《清代學者象傳校補》,葉衍蘭、葉恭綽編,陳祖武校補,北京:商務印書館 2017 年版。

《乾嘉學術編年》,陳祖武、朱彤窗著,石家莊:河北人民出版社 2005 年版。

《中國學術編年》,梅新林、俞樟華主編,上海:華東師範大學出版社 2013 年版。

《清代學術辭典》,趙永紀主編,北京:學苑出版社 2005 年版。

《桐城派編年》,俞樟華、胡吉省著,北京:人民文學出版社 2015 年版。

《中國古文獻學史》,孫欽善著,北京:中華書局 2015 年版。

《清代士人游幕表》,尚小明編著,北京:中華書局 2005 年版。

《乾嘉四大幕府研究》,林存陽著,北京:中國社會科學出版社 2016 年版。

《學人游幕與清代學術》(增訂本),尚小明著,北京:東方出版社 2018 年版。

《中國古代著名哲學家評傳》(第三卷),張立文、默明哲編,濟南:齊魯書社 1981 年版。

《惠棟評傳》,李開著,南京:南京大學出版社 1997 年版。

《段玉裁評傳》,董蓮池著,南京:南京大學出版社 2006 年版。

《段玉裁評傳》,趙航著,南京:江蘇人民出版社 2009 年版。

《段玉裁年譜長編》,王華寶著,南京:江蘇人民出版社 2016 年版。

《章學誠評傳》,倉修良著,南京:南京大學出版社 1996 年版。

《阮元年譜》,(清)張鑑等撰,黄愛平點校,北京:中華書局 1995 年版。

《張舜徽儒學論集》,張舜徽著,周國林選編,成都:四川大學出版社 2010 年版。

《清人文集别録》,張舜徽著,武漢:華中師範大學出版社 2004 年版。

《黄丕烈藏書題跋集》,(清)黄丕烈撰,余鳴鴻、占旭東點校,上海:上海古籍出版社 2013 年版。

《藏園批注楹書隅録》,楊紹和撰,傅增湘批注,北京:中華書局 2017 年版。

《清代名人傳略》,[美]恒慕義主編,中國人民大學《清代名人傳略》翻譯組譯,西寧:青海人民出版社 1995 年版。

《清代曲阜孔氏家族學術研究》(博士論文),陳冬冬撰,華中師範大學 2013 年。

《稗稿且存》,楊應芹著,合肥:安徽大學出版社 2010 年版。

《經學歷史》,(清)皮錫瑞著,周予同注釋,北京:中華書局 2004 年版。

《經學通論》,(清)皮錫瑞著,北京:中華書局 1954 年版。

《清代學術思想論集》,鮑國順著,高雄:高雄復文圖書出版社 2002 年版。

《中國早期啓蒙思想史》,侯外廬著,北京:人民出版社 1956 年版。

《中國近三百年學術史》,錢穆著,北京:九州出版社 2011 年版。

《焦學三種》,王孝魚著,北京:中華書局 2014 年版。

《義理學十講綱要》,張君勱著,北京:中國人民大學出版社 2009 年版。

《清代學術源流》,陳祖武著,北京:北京師範大學出版社 2012 年版。

《清儒學術拾零》,陳祖武著,北京:故宫出版社 2012 年版。

《中國哲學思潮發展史》,張立文著,北京:人民出版社 2014 年版。

《中國思想史》,韋政通著,上海:上海書店出版社 2003 年版。

《明清啓蒙學術流變》,蕭萐父、許蘇民著,北京:人民出版社 2013 年版。

《新安理學與宋元明清哲學》,王國良主編,合肥:安徽大學出版社 2005 年版。

《新安理學》,周曉光著,合肥,安徽人民出版社 2005 年版。

《徽派樸學》,洪湛侯著,合肥,安徽人民出版社 2005 年版。

《徽州宗族社會》,唐力行著,合肥,安徽人民出版社 2005 年版。

《中國哲學史上的真理觀》,陶清著,哈爾濱:黑龍江人民出版社 1997 年版。

《漢學更新運動研究——清代學術新論》,陳居淵著,南京:鳳凰出版社 2013 年版。

《走出理學》,姜廣輝著,瀋陽:遼寧教育出版社 1997 年版。

《中國思想史講義》,錢新祖著,上海:東方出版中心 2016 年版。

《乾嘉考據學研究》,漆永祥著,北京:中國社會科學出版社 1998 年版。

《徽州傳統學術文化地理研究》,周曉光著,合肥:安徽人民出版社 2006 年版。

《姚鼐與乾嘉學派》,王達敏著,北京:學苑出版社 2007 年版。

《中國前近代思想の屈折と展開》,[日]溝口雄三著,東京:東京大學出版會 1980 年版。

《中國思想論集》,[日]西順藏著,築摩書房 1969 年版。

《氣的思想:中國自然觀和人的觀念的發展》,[日]小野澤精一等編著,李慶譯,上海:上海人民出版社 1990 年版。

《章學誠的知識論》,[日]山口久和著,王標譯,上海:上海古籍出版社 2006 年版。

《明清史論著集刊續編》,孟森著,北京:中華書局 1986 年版。

《中國歷史地理論文集》,鄭德坤著,臺北:臺灣聯經出版事業公司 1981 年版。

《水經注研究史料滙編》(上、下),鄭德坤、吴天任纂輯,臺北:藝文印書舘 1984 年版。

《中國科學技術史·數學卷》,郭書春主編,北京:科學出版社 2010 年版。

《管錐編》,錢鍾書著,北京:中華書局 1986 年版。

後　記

我 2003 年即入黄山學院，但真正接觸戴震却頗晚。2011 年，時已年逾花甲的戴震研究會秘書長方利山教授希望我能接任其秘書長一職，我雖然 2008 年即有幸被邀加入戴震研究會，但因所從事的先秦兩漢文學領域與戴震相距較遠，對戴震學術思想一直没有真正的了解，所以自知難以擔此重任，故極力推辭。嗣後，戴震研究會會長汪良發先生、著名徽學研究專家汪大白教授均極力鼓勵，我終於誠惶誠恐地接受了此任。

我從閲讀戴震的若干著作和了解戴震的生平經歷等最基本的文獻入手，并向戴學前輩學習，初步感到海内外戴震研究成果雖豐，但關於戴震的基礎性研究仍明顯不足。2013 年主持申報并有幸獲批國家社科基金項目《戴震年譜長編》後，課題組同人即進一步商討研究計劃，并分工協作，分赴國家圖書館、中國社科院圖書館、中國科學院圖書館、北京大學圖書館、上海圖書館、南京圖書館、温州圖書館、安徽省圖書館等廣泛查閲資料。課題組同時向海内戴學界虚心請教，得到了張立文、陳祖武、劉躍進、李開、楊應芹、陳居淵、漆永祥、陶清、蔡錦芳、郭全芝、吴根友、徐道彬、王華寶、孔定芳、李暢然等諸先生和戴學界諸多賢哲以及戴震研究會其他同人的真誠關心與幫助，黄山學院科研處和文學院也始終關心和支持本課題的研究。歷時約六年後，終成約 60 萬字之書稿（其中潘定武撰寫約 30 萬字，朱宏勝博士、張慶偉博士各撰寫 15 萬餘字，由潘定武統稿），於 2019 年 10 月順利結項。

結項等次雖爲良好,但我們深知書稿還很不完善。我們認真吸收了各位評審專家的意見,歷時兩年有餘,對書稿内容進行反復調整和補苴,其間還得到萬仕國等先生的幫助。但限於學力,仍不得不留下諸多問題與遺憾,我們懇請海内外讀者不吝指教。

我的訪學導師、中國社會科學院文學研究所劉躍進研究員始終關注書稿的撰寫與修改,并熱情賜序,至爲銘感!

安徽大學出版社李君老師、李加凱老師爲書稿的編輯出版付出了辛勤的勞動,謹致謝忱!

2017年爲戴震逝世二百四十周年,當年10月,黄山市隆重舉辦了全國性戴震學術研討會。筆者不揣淺陋,於盛會前夕草撰《東原長歌》以志紀念,現謹附於後:

休陽蔥蘢之萬山,率水横江縈其間。
横江率水會隆阜,秀峰遞衍爲平川。
隆阜一戴傳千載,降子名震字東原。
時維癸卯冬臘月,殷雷忽發驚歲寒。
休歙自古屬徽郡,水陸逶迤到武林。
口蕃資乏窮思變,十七行商居要津。
富商巨賈遍閭邑,瞥生計拙獨守屯①。
沉思藴藉罕言語,家貧無由名師親。
究明《大學》善致疑,問難塾師勇求是。
獨喜叔重、康成書,推求音義識文字。
繼晷焚膏耽典墳,《十三經注》皆諳記。
隨父鬻布行東南,閩中授業樂童稚。
弱冠歸鄉業轉精,但覓良師置科名。
獲愛同邑程太史,慎齋一晤喜且驚。

① 《易·屯卦》:"屯,剛柔始交而難生。動乎險中,大亨貞。"《説文·屮部》:"屯,難也,象屮木之初生也,屯然而難。"

口講指畫本末見，切磋問學師友情。
聚首日短慊懷抱，筆札常往快平生。
江寧長源識才分，嗟歎當今無此人。
文輈許以徐子卿，同學駭然服其文。
不疏園中樂討論，有時相持或齗齗。
江門一時最稱盛，先生傳法全且真。
其學益進遇益困，道勝甘分原憲貧。
幸得夫人云朱氏，米鹽凌雜任一身。
攻苦食淡僅果腹，不輟著述能潛心。
治學不作媚時語，力尋真知啓後昆[①]。
義理不空賴考據，由之明道見真知。
《考工》《句股》極思致，注釋《屈賦》最情癡。
讀書治學惟專力，鉤棘艱深冰釋之。
邃密精誠開金石，析經辨史屢解疑。
六書轉注數語明，韵考清濁兼四聲。
因聲求義破假借，疏校《方言》詳考徵。
吴中二子恨未識，天台學士更眼青。
不意鄉豪逞霸凌，孑然策蹇遠赴京。
饘粥無繼志彌堅，孤吟南窗輕高軒。
京師出入多儒彦，一晤先生競虚筵。
嘉定、餘姚皆叩問，河間學士助梓傳。
文恭《通考》邀商訂，闕下從此知東原。
桐城傾服爲子弟，婉辭願與交相師。
友者原分師之半，此義天下幾人知？
樂育春圃之幼子，三辭茂堂不獲辭。
文字訓詁最精進，段、王小學傳法衣。

① 用楚圖南先生題戴震紀念舘之"治學不爲媚時語，獨尋真知啓後人"聯句，稍變之。

維揚校書兼交游，討論學問更葛裘。
拜晤松崖於盧府，復交吴門之侶儔。
崇光漢學篤考據，辭章義理鎔一爐。
論古姑舒秦以下，游心獨在物之初。
求古求是本一理，棄古求是失憑依。
制度名物通文字，登高豈可舍階梯？
天性端嚴不苟止，文章高古難入時。
不惑始得舉鄉試，春闈屢屢違有司。
東歷西游衣食趨，承續趙、余治《河渠》。
汾晋葺纂府縣志，胥吏驚服山川圖。
按文稽考得條次，山水枝幹始秩如。
明其脈絡求郡縣，古今沿革悉浚疏。
究心《水經》數十稔，發明義例出匠心。
趙、戴公案何由起，廿紀囂囂落埃塵。
四庫館開搜彦俊，總纂總裁齊薦申。
特召入京理編修，輯校《大典》最殷勤。
俸禄幾希生計無，苟利國事從容赴。
乙未得旨與殿試，授職翰林在史部。
四載纂書數十編，兩春足疾倍辛苦。
困居穎園度寒歲，雙親難養心如堵。
早圖南旋覓書院，職事未了復何云。
丁酉遽然逝邸舍，京師知己致哀音：
孟子之功比於禹，明德之後有達人。
孤子千里扶柩歸，葬之故園西水濱。
故園西水起秋風，新塋寂寂斜陽送。
魂兮歸來悄難説，子先逝兮親何奉？
情知多才非福禄，盡瘁薄軀爲世用。
豈效古來曠達士，身後名輕一抔重。

嗟哉東原真儒英，淹博條理貫六經。
克承前賢辟新路，疆域一開縱横行。
出入古今别體用，辨析中西贊文明。
期在無蔽復無憾，力避要名逞私情。
既嘆鄙儒徒守株，更傷老、釋亂真知。
宋儒尚或行道義，末學皮傅陷空虚。
更以意見誤作理，以理殺人天敢欺。
修訂《原善》作《疏證》，推原孔、孟别程、朱。
究明人性正人心，理寓欲中原無分。
體民之情遂民欲，違情逆理羞人神。
先生之才堪經世，先生之志在富民。
已仰漢吏崇德讓，復規撫臺多知人。
一生奇蹇長飄摇，許身依然與天高。
孑立天地發忠憤，此心原與往聖邀。
學術乾嘉擎大纛，情懷百年何蕭蕭。
敢以長歌頌東原，魂其有知慰寂寥。

潘定武

2022 年 2 月 20 日於黄山學院

補　記

2022 年 7 月 22 日至 26 日，保利拍賣行在北京春季拍賣會拍賣若干古代書畫作品，其中有乾隆時期丁觀鵬、張宗蒼二人爲方琮所繪《檢書看劍圖》一幅。據丁觀鵬及張宗蒼題款，此畫作時爲乾隆十八年癸酉(1753)。畫附當時士林名流約 30 人之題跋，而以戴震題跋爲首。署名“休寧戴震”之題跋，未題時間，據其內容，實即戴震之《序劍》一篇，與《戴震文集》卷一一之《序劍》相較，數處文字存在小异。

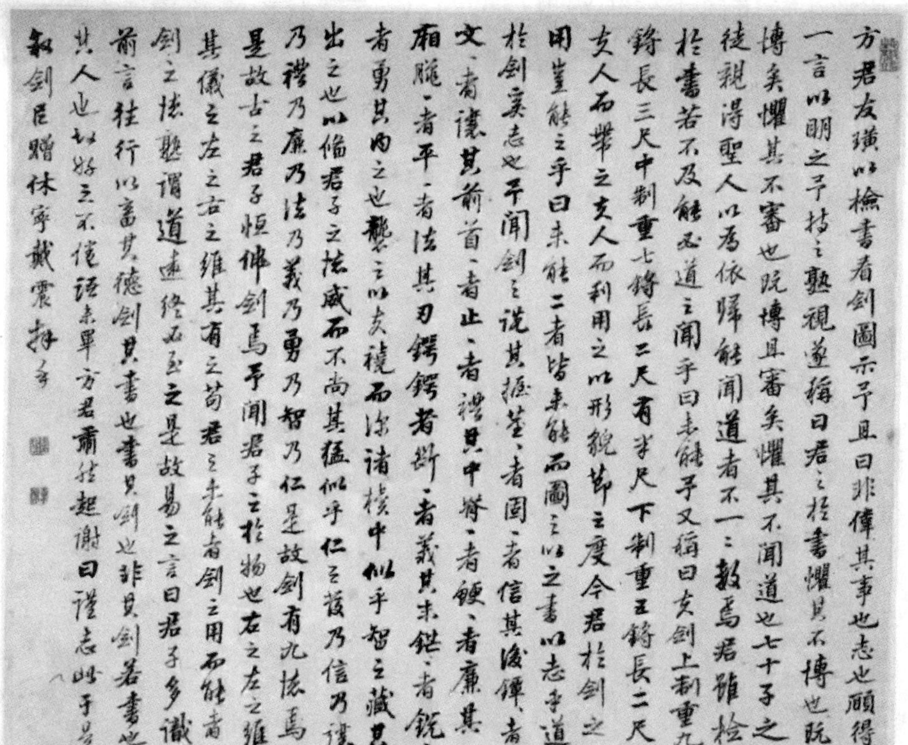
方君友琮以檢書看劍圖示予且曰非偉其事也志也願得
一言以明之予持之熟視遂稱曰君之於書懼其不博也既
博矣懼其不審也既博且審矣懼其不聞道也七十子之
徒親得聖人以爲依歸能聞道者不一二數焉君雖檢
於書若不及能必道之聞乎曰未能予又稱曰古劍上制重九
鋝長三尺中制重七鋝長二尺有半尺下制重五鋝長二尺
古人而帶之古人而利用之以形貌節之度今君於劍之
用豈能之乎曰未能二者皆未能而圖之以之書以志乎道
於劍奚志也予聞劍之說其握莖、者固、者信其後鐔、者
文、者讓其前首、者止、者禮其中脊、者便、者廉其
廂臘、者平、者法其刃鍔鍔者斷、者義其末鋩、者銳、
者勇其內之也藏之以文穢而除諸核中似乎智之藏其
出之也以備君子之法威而不尚其猛似乎仁之設乃信乃讓
乃禮乃廉乃法乃義乃勇乃智乃仁是故劍有九德焉
是故古之君子恆佩劍焉予聞君子之於物也右之左之維
其儀之左之右之維其有之苟君之未能者劍之用而能者
劍之德懸謂道遠終必至之是故易之言曰君子多識
前言往行以畜其德劍其書也書其劍也非其劍若書也
其人也故好之不倦語未畢方君肅然起謝曰謹志此予是
叙劍序贈休寧戴震拜手

其餘題跋者鄭虎文、汪由敦、董邦達、程晋芳、胡天游、沈德潜、吴鴻、錢維城等，或署時，或未署時，署時者博明（1721－1787?）而外，最早者爲乾隆十九年甲戌（1754），最晚者爲乾隆二十九年甲申（1764），而時間前後多有顛倒者。據此《檢書看劍圖》博明最後之題跋，可知，方琮卒後，乾隆五十一年丙午（1786），博明於方琮之子處得此畫，并作跋語。跋語叙方琮事迹，并提及與其相交之戴震、沈德潜、沈栻、吴鴻等人均已過世，確無可疑。然此戴震題跋，與東原手迹殊不相類（見附圖）。

筆者請教上海大學蔡錦芳教授，蔡教授謂此畫中題跋内容爲戴震所撰無疑，而書寫或另有其人。據此，最有可能爲戴震應方琮之請，撰寫跋語（即《序劍》），爾後方琮再倩人謄抄。

戴震題跋未署時間，然沈德潜跋語有"觀《説劍》九德"之語，當指戴震《序劍》所論劍之九德。又，沈德潜題跋署曰："時年八十有四。"沈德潜生於康熙十二年癸丑（1673），當乾隆二十一年丙子（1756）八十四歲。如沈德潜題跋可靠，則戴震題跋（即《序劍篇》）當作於乾隆十九年至二十一年（1754－1756）間。特予補記。